THE HOUSING WELFARE POLICY

한국주거복지정책

:: 과제와 전망 ::

하성규 외 공저

박영사

머 리 말

인간다운 삶이란 무엇인가?

우리나라 헌법은 모든 국민에게 "인간다운 생활을 할 권리"(제34조)를 보장하고 동시에 이 권리의 실효성을 확보하기 위하여 국가의 사회정책적 책무를 명시하고 있다. 인간다운 삶의 가장 기본적인 요건으로 전통적으로 "의·식·주"를 꼽고 있다. 즉 먹고, 입고, 잠잘 수 있는 집이 있어야 한다는 말이다. 그러나 요즘 대한민국의 대다수 국민은 먹고, 입는 문제보다는 집 문제 때문에 주거불안 및 삶의 고통을 겪는 경우가 너무 많다. 아울러 선진 자본주의 국가의 대부분은 "의·식·주"는 말할 것도 없고 여기에 더하여 "교육," "보건," "취업" 등 보다 더 적극적인 삶의 질 향상을 위한 사회정책적 노력을 하고 있다.

우리나라 집 문제는 그 성격상 크게 몇 가지로 대별할 수 있다. 하나는 주택의 양적 부족 문제이다. 이 양적 부족 문제는 도시지역, 특히 수도권도시들이 심각하다. 단순히 주택공급률을 기준으로 보면 가구수에 비해 주택수가 모자라지 않다지만 선진외국 도시들과 비교하면 우리나라 도시들의 주택이 양적으로 매우 부족하다는 점을 알 수 있다. 이를 대변하는 지표로서 인구 1,000명당 주택수의 경우 선진국은 대부분 400~500호 수준이지만 우리나라는 363호 수준(2010년)이다.

또 다른 우리나라 주택 문제는 주거빈곤층의 열악한 주거수준이다. 2010년 인구 및 주택센서스 조사 자료를 바탕으로 보면 우리나라 전체가구의 약 10%가 최저주거기준에 미달한다. 최저주거기준이란 정부가 주택법에 명시된 기준으로서 대한민국 국민은 이 기준 이상의 주택에 거주해야 함을 명시적으로 나타내는 것이다. 이 이외에도 소위 주거취약계층 주민이 거주하는 곳을 보면 쪽방, 비닐하우스,

움막, 고시원, 옥탑방 등 매우 다양하다.

지난 반세기 동안 우리나라 주거수준은 괄목할 만한 발전이 있었다. 즉 주거의 질적 개선이 이루어진 것은 부정할 수 없는 일이다. 그러나 주거빈곤층은 여전히 열악한 주거수준을 벗어나지 못하고 있다. 주거의 빈익빈 부익부가 심화되고 있으며 주거 빈곤층의 주거권(housing rights)의 확보가 주요한 정책과제로 등장한 지 오래다.

정부의 주거정책은 다양하게 전개되어 왔다. 그러나 정책 수혜자들의 주거복지는 얼마나 향상되고 그들의 주거안정은 확보되었는지 의심스럽다. 예를 들어 도시빈민들이 거주하는 열악한 동네의 재개발 혹은 뉴타운 사업은 그 곳에 오래 거주한 가난한 원주민을 괴롭히는 결과를 가져왔다. 새로 지은 재개발 아파트에 거주할 만한 경제적 능력이 없는 주민들, 특히 세입자들은 쫓겨나가 해당 도시주변의 저렴주택을 찾아 떠도는 신세가 된다.

공공임대주택이 공급되고 있지만 수혜대상은 제한적이고 공공주택의 배분적 형평성 문제도 해결되지 않고 있다. 진정으로 공공주택이 필요한 주민에게 공급되고 배분되는지를 따져보아야 한다.

이 책은 우리나라 주거복지정책의 발상과 인식의 전환을 바라는 마음에서 출발한 것이다. 책은 구성은 1부와 2부로 구분되며, 1부는 주로 주거복지의 이론적 논의와 외국의 경험을 소개한다. 1부의 1장과 2장은 주거복지의 개념, 발전배경 등 이론적 논의를 다룬다. 그리고 3장은 한국의 주거복지정책을 개관하고 4장은 북미(미국과 캐나다)의 주거복지정책, 그리고 5장은 유럽의 주거복지정책을 소개한다.

2부는 6장부터 16장까지로서 개별 주거복지정책 주요 이슈를 다룬다. 우리 사회에서 주거복지의 핵심 과제로 등장한, 주거취약계층에 대한 논의(6장), 노숙자(7장), 노인주거(8장), 장애인(9장), 재개발 원주민(10장)을 집중적으로 다루고 있다. 그리고 11장은 농어촌 주거빈곤문제, 12장에서는 지역사회주거복지를 분석한다. 그리고 한국사회에 새롭게 등장하고 있는 "사회적 배제" 문제를 공공주택단지에서의 사례로 분석한다(13장). 주거복지프로그램으로서 소비자 지원형 주거복지로 "바우처" 제도는 14장에서 그리고 15장은 많은 서민들이 관심을 가지는 소위 "반값아파트" 논쟁과 연관되는 토지임대부 주택을 다룬다. 마지막 장인 16장은 그동안 정부가 추진한 공공주택정책을 평가하고 풀어야 할 과제가 무엇이며 향후 어떤 방향으로 나아가야 할지를 논의한다.

이 책의 저자들은 공통점을 가진다. 공저자의 한 사람인 본인(하성규)의 학문적 교류를 경험한 학자들이다. 대부분 본인의 석사 혹은 박사학위 논문지도를 받았거나 학부 및 대학원 과정에서 "주택정책론"과목을 수강한 사람들이다. 따라서 학문적 뜻을 같이하고 유사한 길을 걷는 동지들이다.

공저자들은 지난해부터 이 책의 구성 및 집필절차를 논의해 왔다. 이러한 논의의 출발점은 본인이 올해로 공식적인 교수생활을 마감하는 시점을 택해 책을 발간하자는 의미있는 결단을 내리고 작업에 착수했다. 나는 공저자의 한 사람으로 이 책의 각 장을 집필한 분들에게 진심으로 감사의 말을 전하는 바이다. 특히 이 책의 집필을 위해 수차례 미팅을 주선한 임경수(성결대) 교수, 윤원근(협성대) 교수, 이성우(서울대) 교수와 김성연(감사원) 박사에게 노고를 치하하는 바이다. 그리고 이 책의 교정과정에서 수고한 석사과정 이하늘, 정가영 두 학생에게도 감사의 마음을 전하는 바이다.

최근 어려움이 많은 출판업계의 상황에도 불구하고 이 책의 출판을 선뜻 수락한 박영사측에 감사함을 전하는 바이다. 주거복지는 주택소비 또는 주거서비스를 통한 개인효용의 획득과 극대화를 의미하며 동시 주거빈곤층의 주거권 확보를 통해 사회안정과 삶의 질을 향상하는 중요한 시대적 과제이다. 이 책을 통해 이러한 과제를 해결하는 데 많은 정보와 자료를 제공하는 계기가 되길 희망하는 바이다.

2012년 8월

공저자를 대표하여 **하 성 규**

차　　례

제1장　사회적 약자와 주거빈곤　1　하성규

Ⅰ. 누가 사회적 약자인가 …… 2
Ⅱ. 사회적 약자와 주거빈곤층 …… 8
Ⅲ. 주택소요와 주거빈곤 …… 13

제2장　주거복지: 개념과 발전배경　19　하성규

Ⅰ. 주거복지의 개념과 범위 …… 19
Ⅱ. 삶의 질과 주거 …… 21
Ⅲ. 사회정책과 주거 …… 24
Ⅳ. 신자유주의와 주거복지 …… 27
Ⅴ. 주거복지 모형과 동향 …… 32

제3장　한국의 주거복지정책　37　이성우 · 황재희

Ⅰ. 서　　론 …… 37
Ⅱ. 우리나라의 주거복지정책 …… 40
Ⅲ. 주거복지정책의 시기별 전개 및 그 영향 …… 43
1. 6공화국 이전(1960~1987)　43
2. 6공화국(1988~1992)　44
3. 문민정부(1993~1997)　47
4. 국민의 정부(1998~2002)　48
5. 참여정부(2003~2007)　54
6. 이명박 정부의 주거복지정책 및 현황(2008~현재)　62
Ⅳ. 주거복지정책의 발전방향 …… 69

제4장 북미국가의 주거복지정책: 미국, 캐나다 75 전희정

Ⅰ. 미국의 주거복지정책 ······ 76
1. 공공임대주택 76
2. 주택바우처 78
3. 저소득주택 세금면제 80
4. 노인과 장애우를 위한 주택 81
5. 주정부와 지방정부의 주거복지정책과 비영리 분야의 역할 82

Ⅱ. 캐나다의 주거복지정책 ······ 85
1. 사회주택 86
2. 연방정부의 주거복지정책에 대한 재개입 89

Ⅲ. 결론 및 정책 시사점 ······ 90

제5장 유럽국가의 주택 및 주거복지 정책 97 서원석

Ⅰ. 유럽국가의 주택 및 주거복지정책 개요 ······ 97
Ⅱ. 유럽국가의 주택 및 주거수준 ······ 99
1. 주거유형 99
2. 주택의 가용성 100
3. 주거의 수준 101
4. 소득대비 주거비부담 수준 103

Ⅲ. 유럽국가의 주택 및 주거복지정책 현황 ······ 105
1. 유럽국가의 사회주택 현황 105
2. 유럽국가의 주택정책과 복지국가체계의 관계 106
3. 유럽국가의 주택 및 주거복지정책 목표 108

Ⅳ. 유럽 주요국가의 주택 및 주거복지 정책: 영국과 프랑스를 중심으로 ······ 111
1. 개요 및 정책특징 111
2. 영국의 정책 113
3. 프랑스의 정책 124

Ⅴ. 결 론 ······ 133

제6장 주택에 살지 못하는 주거취약계층 137 서종균

Ⅰ. 빈곤한 1인 가구의 불안정한 거처 …… 137
Ⅱ. 쪽　방 …… 139
1. 형성과 변천 139
2. 정의의 문제 140
3. 규모에 대한 이해 142
4. 생　활 145
Ⅲ. 여관 및 여인숙 장기 거주 …… 146
1. 숙박업소 감소 추세 146
2. 저렴한 숙박시설의 장기 거주 기능 증가 147
Ⅳ. 고 시 원 …… 149
1. 고시원 거주자의 급증 149
2. 고시원 증가의 메카니즘 153
Ⅴ. 정책대안 …… 154
1. 수요 변화를 고려한 주거전략 구상 154
2. 다중주택 및 준주택에 대한 집행력 있는 최저기준 도입 156
3. 공공의 지원을 받는 소규모 임대용 거처 확보 158

제7장 노숙인과 주거복지 161 김수현

Ⅰ. 노숙인은 누구인가? …… 161
1. 거리에 자는 사람만 노숙인이 아니다. 161
2. 노숙인의 규모 164
3. 노숙인들의 생활과 건강 165
Ⅱ. 노숙에 이르는 이유 …… 167
1. 노숙은 개인책임인가 사회구조 때문인가? 167
2. 우리나라의 노숙위험 구조 169
Ⅲ. 노숙인 대책의 방향 …… 171

Ⅳ. 노숙인과 주거복지 ··· 174
1. 노숙과 주거 논의 174
2. 노숙인 주거복지 정책 과제 176

제8장 고령화 사회를 대비한 노인주거복지 181 조덕호

Ⅰ. 서 론 ··· 181
Ⅱ. 고령화 및 노인주거 현황 ··· 183
1. 인구의 고령화 183
2. 고령가구의 경제적 특성 187
Ⅲ. 노인가구의 주거복지의 이론적인 검토 ··· 188
1. 주거빈곤 188
2. 노인가구의 주거복지 189
Ⅳ. 노인주거와 주거복지지표의 기술적 검토 ··· 192
1. 주거안정성 193
2. 양적 지표 194
3. 주거의 질적 지표 194
4. 주거비 부담 195
5. 주거빈곤 196
6. 연금 및 보건의료지표 196
Ⅴ. 노인주거복지 분석 ··· 197
1. 데이터 및 변수의 설정 197
2. 이항로짓모형의 정립 198
3. 주거복지지표를 활용한 노인가구 주거복지 201
Ⅵ. 결 론 ··· 206

제9장 장애인의 주거복지 211 강미나

Ⅰ. 서 론 ··· 211

Ⅱ. 장애인가구의 가구특성 및 주거실태 ······ 216
1. 장애인가구의 가구특성 216
2. 장애인가구의 주거실태 219
3. 시 사 점 226
Ⅲ. 현행 주거복지정책 및 문제점 ······ 226
1. 장애인 주거복지정책의 개요 226
2. 장애인 주택공급정책의 현황 및 문제점 227
3. 장애인 주거비지원 및 주택금융지원정책의 현황 및 문제점 230
4. 장애인 주택개조지원정책의 현황 및 문제점 231
5. 영국의 장애인 주거복지정책 현황과 시사점 235
Ⅳ. 장애인 주거복지정책 개선방향 ······ 239
1. 장애인주거복지 장기계획 수립 239
2. 장애인특성을 반영한 지원조건 및 선정기준 개선 240
3. 장애인의 주거상황과 욕구를 반영한 다양한 프로그램 개발 242
4. 자립생활지원 정책 강화 244

제10장 재개발 원주민과 주거복지 247 김태섭

Ⅰ. 머 리 말 ······ 247
Ⅱ. 사회경제적 특성과 주거복지적 접근의 필요성 ······ 248
1. 사회경제적 특성 248
2. 주거복지 관점에서 정책 접근의 필요성 256
Ⅲ. 도시재정비사업과 주거복지 관련 주요 제도 ······ 257
1. 주택의 규모와 건설 비율 257
2. 순환정비방식 258
3. 임시수용시설 설치 259
4. 이주대책 및 손실보상 259
5. 상가 세입자 대책 261
6. 소 결 262

Ⅳ. 도시재정비의 주거복지적 접근 ······ 262
1. 주민편의 증진을 고려한 저층주거지 관리 262
2. 주민을 고려한 정비계획수립 264
3. 재정비사업의 주거복지적 접근 265
Ⅴ. 결 론 ······ 270

제11장 농어촌 주거실태와 주거복지 273 박윤호 · 윤원근

Ⅰ. 서 론 ······ 273
Ⅱ. 농어촌 주택 및 주거실태 현황 ······ 275
1. 농어촌 주택의 개념과 범위 275
2. 농어촌 주택의 정책환경 변화 277
3. 농어촌 주택의 현황 280
4. 농어촌 주거실태 286
Ⅲ. 농어촌주택 관련 정책의 현황과 문제점 ······ 293
1. 농어촌주택 정책의 개요 293
2. 농어촌 주택 정책의 시기별 변화 294
Ⅳ. 농어촌 주택정책의 추진방향 및 과제 ······ 301
1. 정책목표의 명확화 및 세분화 301
2. 농어촌주택의 실태분석 및 계획수립 강화 302
3. 고령화에 대응한 주택공급 및 주거복지 확대 302
4. 취약계층에 대한 정책지원 강화 및 공공 임대주택의 확대 303
5. 농어촌주택 관련 사업들의 통합적 연계 추진체계 구축 305
6. 정책의 기본 원칙 정립 및 균형 잡힌 정책기조 유지 306

제12장 사회적 약자의 주거복지와 지역사회 역할 311 임경수

Ⅰ. 서 론 ······ 311
Ⅱ. 지역사회 차원에서 주거복지 의미 ······ 312

1. 지역사회 개념과 주거문제　312
2. 지역사회에서의 주거복지의 의미　315
Ⅲ. 지역사회에서 주거복지 실태 ········· 318
1. 지역사회 주거취약계층의 일반적 특성　318
2. 주거취약계층의 주거 실태　318
3. 주거취약계층에 대한 주거복지 서비스 실태　323
Ⅳ. 결론: 지역사회 역할 정립 ········· 329
1. 주거복지센터의 역할　333
2. NGO·NPO의 역할　333
3. 사회적 기업의 역할　334
4. 지자체의 역할　334
5. 전문가 집단의 역할　335

제13장 공공임대주택과 사회적 배제 339 하성규·서종녀

Ⅰ. 서　론 ········· 339
Ⅱ. 이론적 배경 ········· 342
1. 사회적 배제 개념　342
2. 선행 연구　344
3. 분석틀과 가설 설정　347
Ⅲ. 연구방법 ········· 349
1. 조사도구 및 척도의 구성　349
2. 자료대상 및 자료수집과 분석방법　350
Ⅳ. 실증분석 ········· 351
1. 조사대상자의 특성　351
2. 사회적 배제(주거지 차별)　351
3. 물리적, 사회경제적 그리고 공동체 특성별 영구임대주택단지 부정적 요소 및 이미지(가설1)　354
4. 사회적 배제와 관련 변수들 간의 인과관계(가설2)　355

Ⅴ. 결론 및 정책적 시사점 ······ 356

제14장 주택바우처 프로그램 365 박미선

Ⅰ. 주택바우처 프로그램의 특징과 도입 과정 ······ 365
1. 주택바우처 프로그램의 특징 365
2. 주택바우처 프로그램의 도입 과정 및 발전 367
Ⅱ. 바우처 프로그램의 절차 및 특징 ······ 371
1. 절차 및 자격요건 371
2. 주요 참여자 373
3. 공정시장임대료 376
4. 주택질 기준 379
Ⅲ. 바우처 프로그램을 통한 저소득층 주거복지 개선효과 ······ 380
1. 가구 차원: 바우처 수혜자의 특성 380
2. 근린 차원: 바우처를 통한 주거수준 개선 효과 384
3. 조직 차원: 공공주택청의 바우처 운영 387
Ⅳ. 바우처 관련 저소득층 자립 지원 프로그램 ······ 390
1. 자가소유지원 바우처 프로그램 390
2. 가구자립 지원 프로그램 392
3. 바우처를 통한 가정결합 프로그램 393
Ⅴ. 소결 및 시사점 ······ 394

제15장 주거복지정책과 토지임대부 분양주택 405 배문호

Ⅰ. 토지임대부 분양주택의 의미 ······ 405
Ⅱ. 주거복지정책으로서 토지임대부 분양주택 ······ 408
1. 주거복지정책과 토지임대주택 408
2. 중간 주택점유시장의 형성 필요성 409
3. 현행 토지임대주택 정책의 위치 412

Ⅲ. 토지임대부 분양주택의 도입배경 ······ 415
1. 우리나라 주택시장의 특성과 변화 동향 415
2. 택지공급 정책의 현황과 문제점 420
3. 공공임대주택 정책의 현황과 문제점 425
Ⅳ. 토지임대부 분양주택의 특징과 도입과정 ······ 434
1. 주택공급방식 다양화로서 토지임대주택 434
2. 토지임대주택 국내 도입과정 439
Ⅴ. 토지임대주택에 대한 주요 쟁점 ······ 445
1. 택지 확보의 문제 446
2. 재원 조달의 문제 448
3. 저렴한 주택가격 유도를 위한 용적률 조정 449
4. 분양가 및 기존주택의 하락 가능 451
5. 수요자들의 수용가능성 452
Ⅵ. 토지임대부 분양주택 활성화 방안 ······ 454
1. 토지임대주택의 활성화 방안의 모색 454
2. 토지임대주택의 정책요소 우선순위 도출 455
3. 공급자 측면에서의 정책 460
4. 수요자 측면에서 정책 461
Ⅶ. 결론(정책 제언) ······ 464

제16장 한국의 공공주택정책 평가와 과제 469 김성연 · 한봉수

Ⅰ. 서 론 ······ 469
Ⅱ. 정부의 주택시장 개입 ······ 470
1. 정부 개입 470
2. 사회적 약자의 주택문제 해결을 위한 정부 개입 유형 473
3. 공공주택 개념 정립 475
Ⅲ. 한국의 공공주택정책 흐름과 평가 ······ 478
1. 군사정부(제3공화국~제6공화국, 1962~1992년) 479

2. 문민정부(1993~1997년) 484
3. 국민의 정부(1998~2002년) 486
4. 참여정부(2003~2007년) 487
5. 현 정부(2008~현재) 491
6. 소 결 493
Ⅳ. 결론: 향후 한국 공공주택정책 과제 495
1. 정책대상 세분화에 따른 수요자 밀착형 공공주택 공급 496
2. 사회적 약자 발굴·집행을 통한 공공주택정책 정착화 497
3. 공공주택 입주에서 관리까지 One-Stop 서비스 구현 497

찾아보기 501

제1장

사회적 약자와 주거빈곤

부(富)와 소득격차의 확대로 발생하는 상대적 빈곤감은 오늘날 우리사회에서 야기되고 있는 계층 간의 위화감과 갈등을 조성하는 중요한 요인이 되고 있다. 아울러 경제사정이 과거와는 달리 많이 좋아졌지만 절대적 빈곤의 실체는 "주택 및 주거실태"를 통해 극명히 나타나고 있다.

주택문제의 특성은 사회변화과정 속에서 잘 이해할 수 있다. 지난 반세기 동안 우리나라 사회변화과정 속에서 분명하게 나타난 구조적 변동은 무엇인가를 먼저 살펴보자. 한국사회가 근대화를 추구하면서 겪는 사회변동은 크게 세 가지로 요약된다. 이는 구조적 변동의 성격을 지닌 것으로서, 경제구조는 산업화의 방향으로, 정치구조는 민주화의 방향으로, 그리고 공간구조는 도시화의 방향으로의 진행이다.

사회변동의 과정 속에서 주택문제는 어떻게 인식되었고, 이러한 주택문제를 풀기 위한 정부의 주택정책의 대응논리는 무엇인가. 한편 오늘날 한국의 사회적 갈등은 주택이라는 자원배분의 구조적 모순에서 나타나고 있으며 이로 인한 사회적 분열 현상이 심각하게 표출되고 있다. 주거 빈곤층의 주거불안과 주택을 통한 계층 간 위화감과 갈등을 방치해 두고 경제성장은 한계에 직면할 수밖에 없을 것이다. 특히 주거 빈곤층의 최저주거수준도 확보되지 못하는 상태에서 정치적 · 사회적 안정을 기대하기는 어려울 것이다.

본 장에서는 한국의 주택문제를 재인식하고 동시 사회적 약자와 주거빈곤 문제를 논의하고자 한다. 일반적인 주택문제의 인식은 "나타난 현상"으로서의 주택문제, 즉 수요와 공급의 불균형, 주택의 질적 양적인 문제, 열악한 주거환경에 초점을 맞추고 있다. 이러한 주택문제는 단지 사회에 노출된 "현상"에 지나지 않아 구조적이고 본질적인 문제는 파악되지 못하는 경우가 허다하다. 문제의 본질을 이해하기 위하여 "사회적 약자 혹은 사회취약계층"은 누구인가를 먼저 살피고 그들의 주거상황을 파악하기로 한다.

Ⅰ. 누가 사회적 약자인가

대한민국 헌법 제34조 제1항은 '모든 국민은 인간다운 생활을 할 권리를 가진다'로 명기되어 있으며, 동법 제35조 제3항은 '국가는 주택개발정책 등을 통하여 모든 국민이 쾌적한 주거생활을 할 수 있도록 노력하여야 한다'고 밝히고 있다. 이는 주택이 모든 국민의 인간다운 생활을 위한 가장 중요한 항목으로 인식하고 있음을 전제로 주택부문에 대한 국가의 개입을 정당화하는 것이다.

한국의 주택정책에 대한 평가는 '누구를 위한 것인가?'에 대한 논의에서 출발해야 한다. 한국정부는 지난 반세기 동안 다양한 형태로 주택정책을 수립·집행해 오고 있다. 이처럼 다양한 주택정책은 당시 시대상을 반영하며 진행되었는데, 해방 이후 절대적 빈곤국이었던 한국은 먹고(食) 입는(衣) 문제에 함몰되어 주택문제는 정책의 우선순위 고려대상은 아니었다. 이후 6·25 전란을 거치면서 많은 주택이 파괴되고 1970년대 이후 급격한 산업화·공업화는 심각한 이촌향도 현상이 전국적으로 발생함으로써 도시주택의 절대적 부족이라는 결과가 초래되었다.

1980년대 이후에는 주택이 투기와 이재의 수단으로 인식됨에 따른 주택가격 폭등으로 계층별 빈부격차 심화, 저소득층 주거불안 야기 등 심각한 사회문제가 발생하였다. 1990년대 들어 선진자본주의 국가들의 신자유주의 사상은 주택문제에 대하여 아담 스미스(Adam Smith)[1]의 '보이지 않는 손(invisible hand)'에[2] 의한 처방을 기대한 결과, 주택이 사회재적 성격이 약화되는 경향을 보였다. 그리고 2000년대 이후에는 세계 경제의 침체에 따라 한국의 주택시장도 연계됨으로써 주택문제가 더 이상 한 국가 내 영역으로 한정될 수 없는 환경이 도래하였다.

시대별 주택문제에 대하여 정부의 주택정책이 변해오고 있으며, 앞으로도 변해갈 것으로 예측된다. 중요한 사실은 정부의 주택정책이 앞으로 사회 내 어떤 계층, 혹은 누구를 위해 어떤 형태의 주택정책이 수립·집행되어야 하는 문제가 중요한 과제이다. 이러한 문제의식에 기초하여 주택정책수립과 집행에 있어 사회적 약자는 누구를 지칭하고 있는가를 살펴보기로 한다.[3]

한국은 사회적 약자에 대해서는 법적, 제도적 명확한 기준이 미비하고 정책사업 추진 시 부처별로 그 대상과 범위를 각각 자의적으로 해석하여 사용하고 있다. 이러한 이유는 사회적 약자에 대한 개념이 이론적, 학술적 토대로 도출된 것이 아니라 학자, 전문가 및 실무자 등이 당해 연구 또는 실무적 접근에서 사용하는데 기인한다. 주택정책 결정에 중요 대상인 사회적 약자에 대한 기준 정립이 불명확할 때, 정책 수혜계층의 중복, 누락, 과잉, 과소 적용 등의 문제가 발생하여 당해 정책이 제대로 작동하지 못하거나 정책취지와 다른 방향으로 왜곡될 수 있다. 사회적 약자에 대한 개념을 차용한 분야는 사회복지 및 주거복지 정책 대

---

1) 아담 스미스(Adam Smith 1723년 6월 5일 ~ 1790년 7월 17일)는 스코틀랜드 출신의 정치경제학자이자 윤리철학자이다. 후대의 여러 분야에 큰 영향을 미친 《국부론》(An Inquiry into the Nature and Causes of the Wealth of Nations)의 저자이다. 고전경제학의 대표적인 이론가인 아담 스미스는 일반적으로 경제학의 아버지로 여겨지며 자본주의와 자유무역에 대한 이론적 기초를 제공했다.

2) 스미스를 시조로 하는 고전학파 경제학자들은 모든 경제주체가 건전한 사회제도의 배경 하에서 사전 조정 없이 각자의 이기심에 따라 경쟁을 전개하면, 시장기구라는 보이지 않는 손에 이끌려 국민경제 전체에 질서를 가져오고 부(富)와 번영을 이루게 된다고 보았다. 이러한 견해는 자유방임주의와 경제적 자유주의의 사상적 기초가 되었다. 스미스는 《국부론》(An Inquiry into the Nature and Causes of the Wealth of Nations)(1776)을 통해 이기심은 중세에서처럼 천한 것이 아니라, 인간의 행복 실현을 위해 신(神)이 내려준 수단으로서 비능률·불합리를 제거하는 유일한 요소이며 국부의 원동력이라고 주장했다.

3) 본 절의 사회적 약자에 대한 논의는 김성연(감사원 연구관)이 2011년 감사연구원에서 수행한 '저소득서민 주거안정시책 감사를 위한 실태분석'연구와 2012년에 수행한 '도시재정비사업 감사접근방안'연구에 수록한 내용을 토대로 재정리하였다.

상 구분, 임대주택 건설과 수혜계층 선정 등 그 대상과 범위가 다양하다. 즉, 정부정책의 직·간접적인 대상자로써 정책집행 및 수혜계층을 명확히 설정하는데, 사회적 약자에 대한 이론적 논의가 중요한 기준이 된다.

사전적 의미의 사회적 약자(the underprivileged)는 사회·경제적으로 혜택을 못 받는 집단으로 정의된다. 학자들의 논의를 정리해보면, "연령, 인종, 성, 신체장애 등 주어진 사회여건에 의해 다수의 집단과 분리, 차별 혹은 소외되기 쉬운 소수집단(minor group)을 일컫는 용어"로 정의하고 있다(이영아, 1999; Barnett and Lowe, 1990). 사회적 약자와 유사하게 사용되는 단어로는 저소득층, 경제적 약자, 사회소외계층 등이 있다.

주택정책영역에서 저소득층은 주로 최저주거기준 미달가구 또는 소득구분으로 나뉜다. 전자는 물리적 측면의 입장에서 최저주거기준에 미달하는 가구를 의미한다(하성규, 1994, 1996; 김성연, 2011; 장성수·권영수, 2008). 이때, 최저주거기준은 국민이 쾌적하고 살기 좋은 주거생활을 위해 필요한 최소 주거면적을 의미하는데, ① 가구 구성별 최소 주거면적 및 방수, ② 상수도, 입식부엌 등 필수 설비기준, ③ 구조강도 확보, 채광·난방설비 구비 등 구조·성능 및 환경기준의 3가지 항목으로 구성된다(주택법 참조). 동일한 맥락에서 최저주거기준 미달가구를 토대로 참여정부의 국민임대주택 100만호 건설 사업 수요를 추정하였다(유성용, 2005). 후자는 경제적 측면의 입장에서 구분하는데, 주로 가구의 소득에 의한 구분이 다수를 이루고 있다. 대표적으로 국민임대주택 공급이 소득에 따라 결정됨을 이유로 소득 4분위 이하 가구를 저소득층으로 한정하고 있다(박신영, 2006). 진정수 외 2(2009)는 최저주거기준 미달가구를 포함한 공공임대주택 입주 가능 대상인 도시근로자 가구당 월평균소득의 80% 이하 가구로 한정하였다. 국토해양부(2009)는 2008년 주거실태 조사를 수행함에 있어 소득 10분위를 기준으로 저소득층을 소득 1~4분위로 한정하였다. 앞서 언급한 저소득층의 범위를 화폐 단위로 환산하여 비교해보면(표 1 참조), 저소득층의 소득범위는 소득 1분위(1,240,294.원/월)부터 4분위(2,953,803원/월)까지로 구분된다.

표 1 분위별 가구당 월평균소득

분 위	분위별 평균소득(원)	경계값		(원) 소득범위
1분위	1,240,294	p10	1,664,654	~1,664,654
2분위	1,966,567	p20	2,279,958	1,664,655~2,279,958
3분위	2,526,661	p30	2,750,818	2,279,959~2,750,818
4분위	2,953,803	p40	3,172,574	2,750,819~3,172,574
5분위	3,382,535	p50	3,593,154	3,172,575~3,593,154
6분위	3,832,381	p60	4,101,282	3,593,155~4,101,282
7분위	4,373,198	p70	4,660,125	4,101,283~4,660,125
8분위	5,063,850	p80	5,460,657	4,660,126~5,460,657
9분위	6,001,405	p90	6,748,371	5,460,658~6,748,371
10분위	8,577,168			6,748,372~

주) 도시근로자 2인 가구 이상
자료: 국가통계포털, '분위별 경계값 및 적자가구비율'(2010. 4/4기준)

저소득층에 대한 외국사례를 살펴보면, 미국 연방정부는 가구소득이 지역중위 소득 50%이하를 최저소득층, 지역중위소득 50~80%를 차지하는 계층을 저소득·중저소득층으로 구분하였다. 이와 함께 영국의 공공주택(Intermediate Affordable Housing)[4] 공급과 관련하여 주된 수혜계층을 저소득 가구[5]로 한정하였다(차지은 외2, 2008).

둘째, 경제적 약자에 대한 구분은 경제적 능력이 부족한 비경제적 활동대상

4) 어포더블하우징(Intermediate Affordable Housing)은 과거 공공임대주택지역이 저소득 가구만 모여 사는 지역이라는 인식의 전환을 위해서 도입한 개념으로 주택 소유자 수를 증가시키며, 주택 세입자의 선택군을 넓히려는 목적에서 실시하였다. 이는 우리나라 보금자리주택 사업에 있어 자가보유 촉진을 위한 분양주택 확대 도입, 생애최초 특별공급 등과 일맥상통하다.

5) 저소득 가구 요건은 각 지역마다 다르지만, 영국 전체에서 공공임대주택을 신청할 수 없는 가구를 ① 나이가 60세 이하이면서 저축금액이 £16,000를 넘지 않고(60세가 넘은 사람은 저축한 금액과 상관없음), 60세가 넘는 경우 확실한 연금이 보장되는 사람, ② 가까운 친척과 함께 살고 있거나 풀타임 학생인 사람, ③망명자로 신청한 사람이나 영국에서 보조를 받고 있는 사람을 말하며, 또한 파트너와 함께 살고 있는 사람으로 정하고 있다(차지은 외2, 2008).

을 포함하는 가운데 기초생활수급자, 기초생활수급권자 및 차상위계층을 의미한다. 이러한 구분은「국민기초생활보장법」을 따르고 있는데, 기초생활수급자는 「생활보장법」에 의한 급여를 받는 자, 기초생활수급권자는 「생활보장법」에 의한 급여를 받을 수 있는 자격을 가진 자로서 그 범위는 부양의무자가 없거나, 부양의무자가 있어도 부양능력이 없거나 부양을 받을 수 없으며, 소득인정액[6]이 최저생계비[7] 이하이어야 한다.[8] 차상위계층은 수급권자에 해당하지 않는 계층이나, 소득인정액이 최저생계비의 100분의 120(1,727,296원/월,'11년 최저생계비 4인 가구 기준) 이하인 자를 의미한다.[9] 즉, 경제적 관점에서 저소득층의 범위는 절대지원계층으로 판단할 수 있는데, 기초생활수급가구의 최저생계비(1,363,091원/월)[10]부터 차상위계층(Ⅱ, 1,635,709원/월~2,044,637원/월)에 해당하는 구간으로 구분된다. 이상에서 언급한 수급자, 수급권자(비수급층) 및 차상위계층을 도식화 하면, [그림 1]과 같다.

6) 소득인정액은 개별가구의 소득평가액(실제소득-가구특성별 지출비용-근로소득공제)과 재산의 소득환산액((재산-기본재산액-부채)×소득환산율)을 합산한 금액으로 산출한다.

7) 최저생계비는 국민이 건강하고 문화적인 생활을 유지하기 위하여 소요되는 최소한의 비용으로서 보건복지부장관이 공표하는 금액을 의미하며, 국민의 소득·지출수준과 수급권자의 가구유형 등 생활실태, 물가상승률 등을 고려하여 3년마다 계측조사를 통해 최저생계비를 결정한다.

<표> 2011년 최저생계비

구 분	1인가구	2인가구	3인가구	4인가구	5인가구	6인가구	7인가구
금액 (원/월)	532,583	906,830	1,173,121	1,439,413	1,705,704	1,971,995	2,238,287

주: 8인 이상 가구의 최저생계비 : 1인 증가시마다 266,291원씩 증가(8인 가구:2,504,578원)
자료: 보건복지부 고시 제2010-65호(2010.8.31.)

8) 수급권자 범위에 해당되지 않아도 생활이 어려운 자로서 일정기간동안 생활보장법에서 정하는 급여의 전부 또는 일부가 필요하다고 보건복지부장관이 정하는 자는 수급권자로 본다(동법 § 5 개정 2008.2.29, 2010.1.18.).

9) 차상위계층의 기준이 수급자 바로 위를 점하고 있어 극빈층으로 간주되는 수급자와 유사하거나 또는 빈곤층으로 진입 가능성으로 생활상의 취약성을 내포하고 있다(이현주 외17, 2008: 120)

10) 기초생활수급가구의 최저생계비는 도시근로자 가구당 평균소득 및 분위별 가구당 월평균소득 간 상호 비교를 위하여 기준년도 2010년 자료를 활용하였다.

그림 1 재산 기준을 고려한 빈곤층 규모(2003)

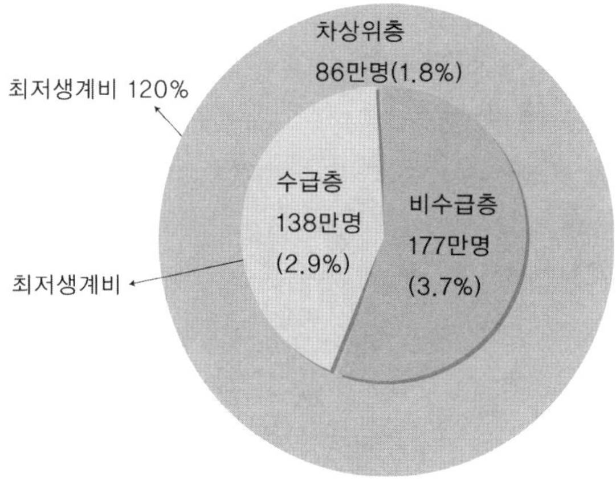

자료: 보건복지부(2006; 9)

셋째, 사회 소외계층은 주로 복지 분야에서 언급하고 있는데, 아동, 청소년, 고령자, 장애인, 외국인 등 신체적, 정신적, 육체적 어려움이 있는 소수집단 또는 실업자, 노숙자 등 비경제적 활동집단으로 구분하고 있다(이영아, 1999). 이러한 분류는 생물학적 또는 사회 현상학적 구분을 통해 특정 대상을 지칭하고 있음을 알 수 있다.

이상의 논의를 종합적으로 검토하여 사회적 약자의 범위를 규정해보면, 광의의 의미의 사회적 약자는 아동, 고령자, 장애인 등 사회적 소외 집단과 실업자, 노숙자 등 비경제적 활동 집단을 포괄하는 개념으로 이해된다. 그리고 협의의 의미에서 사회적 약자는 광의의 의미의 사회적 약자 집단 중 저소득층과 경제적 약자의 개념이 포함된 소득1~4분위 내 해당하는 집단으로 규정할 수 있다(그림 2 참조).

그림 2 사회적 약자 개념화

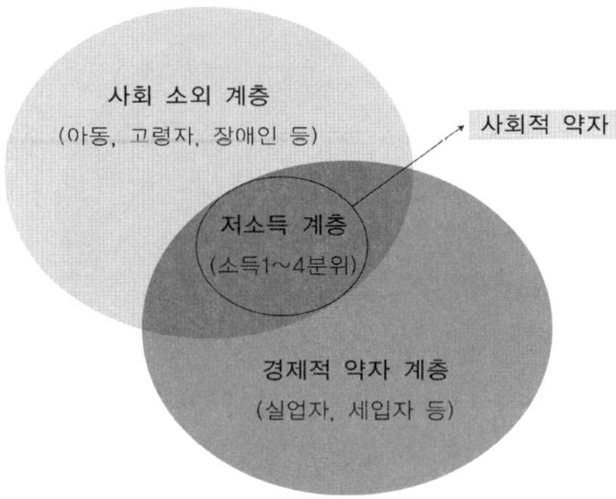

사회적 약자에 대한 개념은 적용분야마다, 학문분야마다 다양하게 개념화되며, 사회적 약자를 어떻게 볼 것인가는 결국, 정책방향이나 목표에 따라 차이가 있음에 대해서는 전술하였다. 하지만, 무엇보다 중요한 사실은 지금까지 사회적 약자의 문제에 대해서는 제도나 사회구조의 문제가 아니라 개인적인 문제로 치부되어 왔다는 데 있다. 결국, 사회적 약자가 스스로 일상적인 생활이 가능할 수 있도록 주택정책이 수립·집행될 때, 사회적 약자의 삶의 질은 향상될 수 있다. 법학적 관점에서 보면, 사회적 약자에 대한 보호를 단순히 시혜(施惠)로 인식할 것이 아니라 인권(人權)으로 파악할 때, 사회적 약자는 보다 더 적극적인 복지의 대상임과 동시 국가의 역할이 중요함을 인식하게 된다.

Ⅱ. 사회적 약자와 주거빈곤층

주택은 가정을 유지하는 보금자리이자 신분재화와 재산으로서 기능하고 있다. 주택은 물리적이고 공간적인 특성과 사회적·문화적·경제적 실체로서 중요한 의미와 기능을 내포하고 있다. 일반적으로 사회적 약자의 주거는 “주거빈곤”상태를 벗어나지 못한 경우가 대부분이다.

주거빈곤(shelter poverty, housing poverty)은 무엇인가?(하성규, 2007, pp.44-47)

〈표 2〉에 정리된 바와 같이 크게 4개 부분에 기초하여 주거빈곤을 고려해볼 수 있다. 첫째, 주거빈곤은 주택의 주요한 기능, 즉 자녀의 교육 및 성장환경, 신분재화, 삶의 안전성과 영속성 그리고 재산의 기능을 향유하지 못하거나 미흡한 상태라 할 수 있다(Bourne, 1980; Stone, 1993). 주거빈곤상태는 인간으로서 필요로 하는 한 가정을 유지하는데 필수적인 조건이며 이를 충족하지 못함은 인간다운 삶을 영위하지 못하고 있음을 보여주는 것이다.

둘째, 주거빈곤을 절대적 주거빈곤과 상대적 주거빈곤으로 구분하여 논의가 필요하다. 절대적 주거빈곤이란 주거에 있어 기본적으로 필요한 부분이 결핍된 상태이다. 예를 들어 집이 없어 거리에 잠을 자야할 상황이 최악의 주거빈곤 상태라 할 수 있다. 상대적 주거빈곤은 우리나라 전체 주거평균수준에 못 미치는 평균 이하 주거수준에 있는 주거빈곤층을 말하는 것이다.

셋째, 주거빈곤이란 "일정 수준 이하의 주거수준에서 거주하는 사람들에게 요구되는 주택의 양과 질" 그리고 "주거의 최저기준에도 미치지 못하는 빈곤한 상태"를 말한다(Murie, Niner and Watson, 1976; Stone, 1993). 이러한 관점에서 보면 주거빈곤은 위에서 말한 절대적 주거빈곤 개념과 유사개념이라 할 수 있다. 그러나 주거빈곤을 단순히 절대적 빈곤 개념으로만 파악하기는 문제가 있다. 왜냐하면 일정 수준 이하의 주거수준 혹은 최저주거기준 이하의 상태를 주거빈곤이라 할 때 "일정 수준" 그리고 "최저주거기준"설정의 어려움이다. 최저주거기준은 각국이 주택정책 혹은 사회정책을 수행하기 위하여 해당 사회의 주거상태와 사회·경제적 여건 등을 감안하여 설정한 것이며, 해당 국가(지역)의 경제수준, 주거문화, 기후 등 자연적 조건, 관습 등의 차이에서 최저주거기준은 상이하게 나타날 수 있다.

우리나라 정부는 주거빈곤을 파악할 수 있는 기준, 즉 최저주거기준을 설정하였다.[11] 정부가 정한 "최저주거기준"은 ① 면적기준, ② 시설기준, ③ 구조·성

---

11) 건설교통부는 2000년 9월 최저주거기준을 제안한바 있으며, 법적으로는 주택법 제5조의2 및 제5조의3에 근거하고 있다. 제5조의2(최저주거기준의 설정 등): ① 국토해양부장관은 국민

능·환경기준 등 세가지 요소로 구성되는데, 면적기준은 가구원 수에 따라 필요한 최소한의 침실 수를 제시하고, 침실·부엌·화장실·현관·수납공간등을 합한 총 주거면적을 설정한 것으로 1인 가구의 경우 12㎡(3.6평), 4인 가구의 경우 37㎡(11.2평)이다.[12] 그리고 시설기준은 침실·부엌·화장실 등 주거 및 부대시설 설치기준으로서, 침실은 기본적으로 부부 침실을 확보하고, 만 5세 초과자녀의 침실은 부부침실과 분리되어야 하며, 만 8세 이상 이성 자녀의 침실과 노부모의 침실은 별도로 확보하도록 하는 동시에, 전용부엌 및 화장실을 확보하되, 부엌에는 상수도 또는 수질이 양호한 지하수 이용시설을 완비하도록 하였다. 구조·성능·환경 기준으로는 영구 건물로서 구조 강도가 확보되고, 주요 구조부의 재질은 내열·내화·방열·방습에 양호한 재질을 사용하며, 적절한 방음·환기·채광·냉방·난방 설비를 갖추는 한편, 소음·진동·악취·대기오염 등 환경요소가 법정기준에 적합하도록 규정하였다.

지방자치단체로는 최초로 최저주거기준을 연구를 시도하고 이를 정책적으로 활용하고자 하는 서울시의 경우, 이 기준에 미달하는 주거빈곤 가구수는 서울시 전체가구의 약 20%를 차지하는 것으로 나타났다(서울시정개발연구원, 1998).

2011년 5월 국토부는 최저주거기준 개선방안을 공고하였다. 1인 가구가 거주할 최소주거면적이 12㎡에서 14㎡로 상향 조정되는 등 최저주거기준이 제도 도입 11년 만에 대폭 개선된다. 국토해양부는 쾌적하고 살기 좋은 주거생활을 위해 최소주거면적을 종전 대비 2~7㎡ 늘리고 설비구조·성능기준 등을 강화하는 내용의 '최저주거기준 개선방안'을 마련하였다. 정부는 우리 국민들의 신체치수 증가와 소형주택(전용 60㎡ 이하) 면적조사 결과 등을 반영해 최소주거면적을 1인

이 쾌적하고 살기 좋은 생활을 하기 위하여 필요한 최저주거기준을 설정·공고하여야 한다. ② 제1항에 따라 국토해양부장관이 최저주거기준을 설정·공고하려는 경우에는 미리 관계 중앙행정기관의 장과 협의한 후 제84조에 따른 주택정책심의위원회(이하 "주택정책심의위원회"라 한다)의 심의를 거쳐야 한다. 공고된 최저주거기준을 변경하려는 경우에도 또한 같다. ③ 최저주거기준에는 주거면적, 용도별 방의 개수, 주택의 구조·설비·성능 및 환경요소 등 대통령령으로 정하는 사항이 포함되어야 하며, 사회적·경제적인 여건의 변화에 따라 그 적정성이 유지되어야 한다.

12) 1인 가구의 주거면적 3.6평은 '95년도 1인당 평균 주거면적 5.2평의 69%, 일본의 1인 가구 최저주거면적 4.2평의 85% 수준임.

가구의 경우 종전 12m^2에서 14m^2로 늘리고, 부부(2인)가 거주할 원룸형은 20m^2에서 26m^2로, 부부와 자녀 1명이 거주하는 3인 가구는 29m^2에서 36m^2로 각각 상향 조정했다. 또 4인가구(부부+자녀2)는 37m^2에서 43m^2로, 5인 가구(부부+자녀3)는 41m^2에서 46m^2, 6인가구(노부모+부부+자녀2)는 49m^2에서 55m^2로 각각 늘렸다. 정부가 11년만에 제도 개선에 나선 것은 그동안 1인당 주거면적이 증가하는 등 주거수준이 상향됐고, 현행 기준이 주요 선진국 기준에 크게 못 미치고 있다는 점이다.

현재 1인 가구 기준 최소주거면적은 일본이 25m^2로 우리나라(12m^2)에 비해 2배 이상 크고, 미국은 침실 면적만 11.15m^2로 규정하고 있다. 최저주거기준 미달가구 비율이 1995년 11.5%에서 2000년 9.1%, 2008년에는 2.5%로 꾸준히 감소추세에 있다는 점도 고려됐다. 국토부는 현재 12m^2로 규정된 도시형 생활주택 최소면적을 중장기적으로 상향 조정하는 방안도 검토하기로 했다. 필수 설비기준은 종전 상수도 시설, 전용 입식부엌, 전용 수세식 화장실 및 목욕시설 외에 하수도 시설을 추가하기로 했다. 구조·성능·환경기준에는 화재안전시설을 추가해 미달 여부에 대한 파악이 가능하도록 평가항목을 구체화했다.

정부는 새로 마련된 최저주거기준을 활용해 미달 가구에 대해서는 주택 우선공급과 주택기금 원 등의 혜택을 부여하도록 별도의 활용방안을 마련하기로 했다. 현재는 기존주택 매입·전세임대의 입주자 선정시 기준 미달가구에게 가산점 부여하는 용도로만 사용되어 왔다. 고령자·장애인을 위한 주택 안전기준도 마련됐다. 국토부는 고령자·장애인을 위해 기본적으로 바닥 단차제거, 미끄럼 방지 바닥재 등을 설치하도록 하고, 장애유형별로 좌식싱크대(지체장애), 야간센서등(시각장애), 비디오폰(청각장애) 등의 시설을 충족하도록 했다. 이 기준은 토지주택공사 등 공공에서 공급하는 고령자·장애인 전용주택부터 우선 적용된다.

또 하나의 중요한 개념적인 접근으로 주거빈곤을 인권, 즉 주거권의 관점에서 접근하는 경우이다. 주거권(housing rights)이란 "인간으로서 존엄과 가치를 훼손하지 않는 최소한의 주거생활의 보장"이다. 인간의 존엄과 가치를 유지하기 위해서는 "최소한의 주거수준"이 확보되어야 하고 "적절한 주거(adequate housing)"는 유지, 보장되어야 한다. 적절한 주거(adequate housing)란 아래에 언급된 사항이 확보됨을 말한다(UN Committee on Economic, Social and Cultural Rights, 1966; 김형국·

표 2 주거빈곤의 개념

구 분	기준과 설명변수
1) 경제적 빈곤 개념을 응용한 주거빈곤	- 절대적 빈곤과 상대적 빈곤 - 기능주의적, 갈등론적, 낙인적 관점
2) 주택의 기능을 기준으로 한 주거빈곤	- 주택이 지닌 제 역할과 기능을 제공받지 못하거나 향유하지 못 한 상태(주택의 자녀교육기능, 신분재화, 투자가치 등)
3) 최저주거기준에 기초한 주거빈곤	- 최저주거기준 혹은 주거빈곤선 이하의 수준 - 최소주거면적, 주택의 설비수준 등
4) 주거 권리 여부에 기초한 주거빈곤	- 주거권을 보장받지 못한 상태(강제철거, 집주인으로부터 차별, 학대 등)

자료: 하성규(2007)참조

하성규, 1998).

첫째, 점유의 법적 안정성(legal security of tenure)이다. 점유형태에 관계없이 모든 사람은 강제퇴거, 철거 등에 대한 법적 대항력을 가져야 한다고 유엔은 규정하고 있다. 우리나라의 경우 강제철거는 주로 불량주택재개발지구에서 흔하게 나타나는 현상으로서 철거용역반을 동원한 폭력적 방식이 근절되지 않고 있는 실정이다.[13] 그리고 모든 세입자(임차가구)는 정당한 사유 없이 세입자의 의사에 반하여 강제퇴거 당하거나, 철거당하는 일이 있어서는 안 된다는 임차가구(세입자)보호의 원칙이 제도적으로 확실히 보장되어 있지 않은 상태이다. 둘째, 적절한 주택에 거주하는 데는 차별이 있어서는 안 된다. 모든 사람들, 즉 어린이, 여성, 인종, 종교, 문화, 소득수준, 연령, 시민권 취득여부, 고용상태 등 어떤 것으로부터도 차별을 받아서는 안 된다는 비차별성의 원칙(차별성 배제의 원칙)이다.

셋째, 모든 사람들이 접근가능(accessibility)하고, 이용가능하고, 안전해야 하며, 그리고 평화롭게 살아갈 수 있는 집(거처)이 필요하다. 접근－이용가능성이란 내집 마련이 용이한(affordable) 가격의 집(자가소유의 경우)과 임대료 지불이 가능

13) 대표적인 사례로는 1980년대 중반 이후 서울 상계동, 목동 등의 재개발사업을 통한 강제철거와 최근의 노원구 중계동 광석마을, 종로구 무학동, 관악구 봉천동, 하황 2-1지구, 금호 1-6지구 등으로 너무나 많아 일일이 열거할 수 없을 정도이다.

한 집(적정 임대료)이 존재해야 한다는 것을 포함한다.[14] 넷째, 노숙자는 국가로부터 특별한 보호를 받으며 이들을 위해 국가는 임시거처를 마련하는 노력을 기울여야 한다. 이는 노숙자(homeless) 우선의 원칙이다. 다섯째, 모든 사람들은 물, 전기, 채광, 상하수도, 도로 등 공공서비스와 지역사회 편의시설을 이용할 권리를 가진다. 적절한 주거란 이러한 주거서비스가 보장되어야 하는 것이다.

여섯째, 적절한 주거란 주거공간이 너무 좁아서는 안되며, 추위, 습기, 더위, 비, 바람 등을 막을 수 있는 수준이어야 한다(habitable). 일곱째, 인간다운 주거생활을 영위하려면 문화적 특성이 보호되어야 한다(culturally adequate). 예를 들어 빈민들은 그들 나름대로의 주거문화와 지역공동체적 전통과 속성이 존재한다. 특히 철거재개발로 인해 빈민들의 공동체문화가 사라지는 것은 사회적으로 많은 문제를 야기시키고 있다.

Ⅲ. 주택소요(housing needs)와 주거빈곤(shelter poverty)

주거빈곤의 개념적 인식은 "주택소요(住宅所要, housing needs)"를 통해 파악할 수 있을 것이다. 주택소요란 "일정기준 이하의 주거수준에서 거주하는 사람들에게 요구되는 주택의 양과 질"을 의미한다. 즉, 해당사회에서 정한 최저주거수준(a specified minimum standard) 을 충족하고 있지 못한 상태를 나타내는 것이다.

인간은 어떠한 형태이든 거처를 갖게 되는데, 문제는 어떤 주거수준을 갖추어야 주택으로서의 기능을 수행할 수 있느냐 하는 점이다. 즉 주택 및 주거의 사회적 기준에 관한 것이다. 한 사회가 인간의 삶의 터전으로서 수용할 수 있는 일정 기준이나 규범에 따라 주택의 최저수준을 규정했을 때, 그 수준 이하의 주거

14) 모든 소득계층에게 '적절한 주택(adequate housing)'이란 각 소득계층이 부담 가능한 수준에서 제공되는 주택을 말한다. 우리나라의 주거비는 소득수준에 비해 매우 높다. 서울의 경우 주택가격은 1990년대 연소득의 7-9배 (Price to Income Ratio: PIR)에 이르고 있는데, 이것은 선진국 도시들이 3-5배 정도인 것과 비교하면 대단히 높은 수준이다. 또 연소득에서 임대료가 차지하는 비중(Rent to Income Ratio: RIR)도 서울의 경우 25-29%로 세계 주요도시에 비해 월등히 높은 수준이다.

환경에 있는 모든 주택을 물리적, 사회적, 경제적 기준에 맞도록 개선될 필요가 있는데 이를 주택소요라고 한다.

주택소요를 주택재고(housing stock)적 측면에서 보면 일정 기준 이상의 주택이 부족하다는 뜻을 담고 있다. 이는 양적인 부족과 질적인 부족 양자를 다 포함하며, 양적인 부족은 일정 기준 이상의 주택을 많이 공급함으로써, 그리고 질적 부족은 기존 일정 기준 이하의 주택을 개량, 보수 등을 통한 질적 수준을 제고시킴으로써 해결이 가능해 진다. 그러나 일반적으로 주택소요는 두번째의 주택 질적인 면을 주로 다루고 있다. 주택소요를 판단하는 준거는 크게 두 가지로 나누어 지는데, 하나는 수용 가능한 주거의 수준(acceptable standard)이며, 다른 하나는 주택소요를 겪고 있는 가구수의 확인이다.

주택소요를 분명히 파악하기 위해서는 각국의 수용 가능한 주택최저기준(housing minimum standard)을 활용할 수 있다. 이 최저기준은 각국의 주거문화와 양식, 경제적 부담능력 그리고 전반적인 주택재고의 질 등을 고려한 것이어야 한다. 그래서 주택최저기준은 물리적 기준, 사회적 기준 그리고 경제적 기준에서 판단해야할 필요성이 있다. 주택소요를 판단하는데 요구되는 최저주거수준 설정상의 어려움과 문제점으로는; (1) 최저수준을 정확히 설명하는 기준상의 문제, (2) 어떤 기준이 제시된다 해도 합의(concensus)에 도달하기에는 어려움이 많으며, (3) 설령 적정한 최저수준을 설정했다 해도 이를 정책적으로 실행하지 못한다면 무의미해 진다는 문제점을 지적할 수 있다.

주택소요 개념과 구별되어야 할 개념은 주택수요(housing demand)이다. 주택수요는 주택을 원하는 가구(家口) 혹은 개인의 소망, 능력, 욕구의 집합적 표현이다. 또한 주택의 수요는 주택부문에 대한 모든 가계지출, 정부지출 및 제도적 투자를 총칭하여 나타내기도 한다. 여타 내구재처럼 주택수요의 수준은 몇몇 상이한 요소의 변화에 대한 상대적 균형에 의존하는바, (1) 인구성장, (2) 인구구조, (3) 가처분소득, (4) 주택선호 및 기호 그리고 (5) 조세 및 투자 등을 들 수 있다. 주택소요를 인간이 기본적으로 갖추어야 할 「기본적 주거욕구」라 한다면 이는 일반적으로 빈곤을 논의할 때 언급되는 「절대적 빈곤」의 개념과 유사하다. 그러면 「상대적 주거빈곤」은 무엇인가? 유럽선진국 특히 복지제도가 발달한 북유럽국가에서는 주택의 절대적 빈곤층은 이제 거의 사라졌다고 보고 오히려 상대적 주거빈곤 내지 정책적 주거빈곤층에 대한 관심이 모아지고 있다. 상대적 주거빈곤 개념은 주택의 최저주거수준을 확보하고 있으나 보다 질이 좋은 주택을 요구하고 동시 전통적 물리적 수준에 근거한 최저주거수준을 넘어선 문화적 주거생활수준 까지를 포함하는 개념이라 할 수 있다.

향후 한국의 사회적 약자에 대한 주거복지 정책은 위에서 언급한 주거빈곤의 인식은 물론 절대적 주거빈곤층 뿐 아니라 상대적 주거빈곤층을 정확히 파악하고 점진적, 단계적, 체계적인 접근 방법이 강구되어 보다 더 적극적인 주거복지 프로그램을 제시해야 할 것이다.

참고문헌

김덕현 · 권용우, 1995, 삶의 질 대두와 공간-환경, 「사회과학연구」, 14(1).

김성연, 2011, 「저소득서민 주거안정시책 감사를 위한 실태분석」, 감사연구원.

김성연, 2012, 「도시재정비사업 감사접근방향」, 감사연구원.

김영모, 1992, 「한국빈곤연구」, 한국복지정책연구소 출판부.

김형국 · 하성규, 1998, 「불량주택 재개발론」, 나남.

박신영, 2006, 참여정부의 무주택 저소득층을 위한 주택정책의 내용과 성과, 「한국사회정책」, 13:199~228.

신동빈 · 김미정 · 이영아, 2009, 「사회적 약자를 위한 국토공간정보 구축전략연구」, 국토연구원.

연세대학교 사회발전연구소, 1895, 「한국 근로자들의 삶의 질에 관한 연구」.

유성용, 2005, 국민임대주택정책의 주요내용과 발전방향, 「국토」, 286:6-19.

윤석범, 1994, 「한국의 빈곤」, 세경사.

윤종태, 1993, 도시빈곤층의 빈곤원인과 대책에 관한 연구, 「지방자치연구」, 5(1), 한국지방자치학회.

이영아, 1999, 사회적 약자를 고려한 도시시설 정비방안, 「도시문제」, 34(367): 77-90.

이정우, 1996, 한국의 지역간 경제력 격차: 추이와 특징, 「환경과 사회」, 9.

장성수 · 권영수, 2008, 사회적 약자를 위한 주택 공급정책 방향, 「도시정보」, 320: 3-17, 대한국토도시계획학회.

장영희, 1997, 서울시 최저주거기준 설정 및 저소득층 주택정책 방향, 「복지주거기준 설정 및 정책구현을 위한 시민 공청회」, 서울특별시/서울시정개발연구원.

전성표, 2010, 「사회적 약자계층에 대한 실태분석 및 정책방안」, 집문당.

진정수 외 2명, 2009, 「저소득 · 서민의 주거안전망 구축을 위한 기초 연구」, 국토연구원.

차지은 외 2명, 2008, 영국의 도시서민 주거안정 대책, 「도시문제」, 43(481):80-91.

최병두, 1996, "사회 환경적 삶의 질의 의의와 지역차", 「환경과 사회」, 9.

카람진 · 푸슈킨 · 고골 외 2명, 2011, 고일, 이나미 외 1명 역, 2011, 「사회적 약자」, 에디터.

하성규, 1995, 주거빈곤실태와 복지증진방안, 서울시정개발연구원 개원 3주년 기념심포 지움.
하성규, 1996, 주거권과 삶의 질 개선, 국민복지추진연합 심포지움.
하성규, 1999, 「주택정책론」, 박영사.
하성규, 2007, 「한국인의 주거빈곤과 공공주택」, 집문당.
하성규·김재익, 2009, 「현대도시관리론: 이론과 현실」, 형설.
한표환, 1994, 「도시지표의 개발과 적용에 관한 연구」, 한국지방행정연구원.

Allen, L. 1958, *Management and Organization*, Macgraw－Hill, New York.
Barnett, R. and Lowe, S. 1990, Measuring Housing Need and the Provision of Social Housing, *Housing Studies*, 5(3):184－194.
Bauer, R. A. (ed.). 1966, *Social Indicator*, MIT Press, Cambridge.
Bourne, L. 1980, *The Geography of Housing*, New York, Arnold.
Campbell, A. 1972, Aspiration, satisfaction and fulfillment, in A. Campbell and P. Converse(eds.), *The Human Meaning of Social Change*, Russell Sage Foundation:442－453.
Department of Environment, 1980, *Housing Requiremednts*, London, Her Majesty's Stationary Office.
Drucker, P. 1989, *The New Realities*, Haper and Row, New York.
Dunleavy, P. and Bredan O'Leary, 1987, *Theories of the State*, Macmillan, London.
Friedman, J. and Weinberg, D. H. 1982, Housing Consumption under a Constrained Income Transfe, *Journal of Urban Economics*, 11.
Gans, H. J. 1973, *More Equality*, Pantheon, N.Y.
Ha, Seong－Kyu (ed.), 1987, *Housing Policy and Practice in Asia*, Croom Helm, London.
Johstone, D. F. 1988, Toward a Comprehensive Quality of Life Index, *Social Indicator Research* 20.
Murie, A. Niner P. and Watson, C. 1976, *Housing Policy and the Housing System*, George Allen & Unwin, London.
Needleman, L. 1965, *The Economics of Housing*, London, Staples Press.
Stone, M. E. 1993, *Shelter Poverty*, Philadelphia, Temple University Press.
Zolotas, Xenophon. 1981, *Economic Growth and Declining Social Welfare*, Bank of Greece.

제2장

주거복지: 개념과 발전배경

Ⅰ. 주거복지의 개념과 범위

현대사회에서의 주택은 단순히 가족의 안전을 위해 외부로부터 방어나 휴식 공간으로서의 역할 뿐 아니라 사회적 신분, 재산가치, 인권의 보장 등으로 인식되고 있다. 인간다운 삶을 영위하기 위해서는 기본욕구로서 의식주(衣, 食, 住) 뿐만 아니라 직업을 갖고자 하는 욕구, 교육을 받고자 하는 욕구 등을 들 수 있다. 이러한 욕구충족에 결핍이 생기면 인간다운 생활을 보장할 수 없다.

인간의 기본욕구 충족은 매우 중요하다. 그러나 인간이 스스로의 노력으로 자신의 기본욕구를 충족하지 못하는 경우가 발생한다. 특히 신체장애자, 노약자, 빈민 등은 기본욕구를 자신이 스스로 해결하지 못하여 가족, 친척이나 자선단체 등으로부터 원조를 받아 기본욕구를 충족하기도 한다.

위에서 말한 특수한 상황에 처해 있는 경우가 아니더라도 주택부문에 있어서는 대부분의 저소득층이 개인의 경제능력으로는 해결하기 힘든 경우가 많다. 이러한 저소득 가구는 주택에 대한 지불능력(affordability)이 부족하기 때문이다.

자본주의 시장경제 메커니즘은 주택시장에서 소비자 역할을 못하는 사람들에게까지는 주택자원을 골고루 적정하게 배분하지 못하고 있다. 주택시장 하에서는 지불의사와 지불능력이 없는 소비자를 위한 주택은 존재하지 않는다. 그래서 저소득 가구는 이웃, 친척, 자선단체 등의 도움과 지원을 통해 주거문제를 부분적으로 해결해 나가는 경우도 있다.

현대자본주의 사회에서는 개인의 노력부족이나 결함에 연유하여 주거안정을 이루지 못한 경우도 있지만 현대사회가 지닌 구조적 모순과 제도적 결함에 의한 경우도 많다. 그래서 개인 및 가족의 주거기본욕구를 해결함에 있어 사회복지적 주거서비스를 국가가(혹은 공공부문) 제공할 때 이를 '주거복지'라 일컫는다.

인간다운 삶을 영위하기 힘든 불량주택 그 자체는 가장 단순하고 분명한 주거빈곤의 실체를 말해준다. 주거빈곤층의 많은 사람들은 주거비가 저렴한 불량주거지 혹은 슬럼(slum)지역에 거주하게 된다. 이들이 주로 거주하는 불량주거지(슬럼, 불량무허가 주거지)는 종종 도시재개발(주거지재개발)의 대상지로서 철거당하는 경우가 허다하다. 재개발 등을 통하여 아무런 주거대책 없이 강제철거를 당하는 것은 주거권(housing rights)을 침해하는 행위로 규정하고 있다. 유엔(UN) 인권위원회는 인간의 주거권 보장에 대하여 아래와 같이 정의하였다.

> 적절한 주거의 확보는 인간의 자유, 존엄성, 평등 그리고 안전을 위해 필수적이다. 주거권은 인간의 기본적인 권리이며 모든 국가는 자국민의 주거권 보장을 위해최선을 다해야 한다(UN special Rapporteur on Housing Rights, August 1994).

주택은 인간의 가장 기본적인 복지요소 중의 하나이다. 그래서 주택은 중요한 사회적 서비스(social services)로 간주한다(Spioker, 1989, p. 9). 베버리지(W. Beveridge)는 사회악을 제거하고 인간다운 삶을 보장하기 위해서는 사회정책이 수립되어야 하고 세부적인 정책으로 "사회보장, 의료보장, 교육보장, 주택보장 그리고 고용보장"을 들고 있다. 역사적으로 보면 주택보장을 요구하는 주거빈곤층의 집단적 행동이 국가의 주거서비스 제공을 가능하게 한 경험을 발견할 수 있다. 영국의 경우는 1915년 글라스고(Glasgow) 저임금 노동자들의 임대료 지불거부 대규모 시위 및 폭동(rent strike)과 세입자 운동 등이 공공주택의 확대를 통한 주거복지정책 프로그램 개발을 가져오게 하였다.

대부분 현대 자본주의 국가들이 주거복지의 핵심으로 사회주택(social housing)을 공급하거나 임대료 보조제도를 실시하고 있다. 사회주택은 저소득층 가구 등이 주택문제를 스스로의 힘으로 해결하기 힘든 경우 시장가격 이하의 값싼 임대료의 주택을 공급하여 주거안정을 도모하게 하는 정부 혹은 공공기관이 공급한 주택을 말한다.

이러한 논의를 종합해 보면 주거복지의 개념은, 첫째, 주택서비스 제공 동기가 이윤을 추구하기 위한 목적이 아니며, 둘째, 주택서비스 제공의 구체적 프로그램은 국가가 주택시장에 직·간접으로 개입하여 제공하는 사회주택(공공임대주택) 혹은 임대료 보조 등으로 나타나며, 셋째, 적정한 주거의 확보는 인간의 권리, 즉 주거권으로 인식되고 있다. 주거복지를 이해하기 위해 몇 가지 관련되는 개념과 배경을 이해할 필요가 있다. 특히 "삶의 질과 주거", "사회정책과 주거", "신자유주의와 주거복지" 그리고 "주거복지모형"에 관한 것이다.

Ⅱ. 삶의 질과 주거[1)]

삶의 질은 인간다운 생활을 영위하는 기본요건이다. 삶의 질은 인간의 존엄과 가치가 훼손 받지 않고 건강하고 문화적인 최저한도의 생활이 확보되는 것으로부터 출발한다. 그러므로 삶의 질을 논의할 때 먼저 인간의 기본욕구인 의, 식, 주는 물론 문화적·물질적 최저생활의 보장이 포함되어야 한다.

1970년대 말 외환위기(IMF)와 2007년부터 경험한 세계경제위기(global economic crisis)를 통해 국민들은 경제적으로 큰 고통을 겪었으나 다시 총량경제는 성장·회복하고 있다. 그러나 오늘날 대한민국 국민 모두가 살기에 안전(safe and

1) 하성규·김재인, 2008, 「현대도시관리론: 이론과 현실」, 제10장, pp.217~224 참조.

healthy)하고, 편리한 사회 그리고 삶의 질을 구가하는 수준에는 도달했는가를 확인할 필요가 있다. 외환위기 이후 대표적 주거 빈곤층이라 할 수 있는 노숙자(homeless)가 증가하였고 도시빈민들의 주거사정은 더욱 악화되었다. 그리고 2007년 세계경제위기 이후 저소득층의 주거비 부담과 주거불안정은 더욱 증가하는 추세이다. 국민들의 주거생활안정과 삶의 질 향상이 가장 기본적이면서도 시급한 과제로 대두되고 있다.

삶의 질 개념은 간단하게 정의되지 않는다. 한 개인의 삶의 질이 자신이 처한 환경과 선호에 따라 주관적으로 판단되는 것처럼 사회적 관점에서의 삶의 질도 그 사회가 처한 여건에 따라 내용과 기준이 달라지는 경향이 있기 때문이다. 아울러 삶의 질을 논의함에 있어 저소득층의 주거빈곤 실태를 빼놓을 수 없다.

인간은 1차적으로 생리적 욕구 충족과 함께 생존의 안전이 보장되기를 원하며, 2차적으로는 소유와 소비욕구를 충족·증대시키고자 한다. 그리고 이 욕구들이 충족되면 "존재와 자기계발(啓發)"의 가치관에 관심을 가지며 이로서 정신적 만족감이 매우 중요한 생활관으로 등장한다. 이는 삶의 질과 가치관의 관계성 속에서 나타나는 현상이라 할 수 있다. 삶의 질과 주거는 어떤 관계가 있는가?

일반적으로 사회지표는 현재 상태, 이행방향, 원하는 상태와의 격차 등을 쉽게 이해하기 위해 설정·측정된다. 좋은 지표는 문제가 심각해지기 이전에 경고할 수 있고 또 문제를 해결하기 위한 대응책이 무엇인가를 알려 주는 기능을 하는 것이다. 삶의 질 지표도 이러한 성격을 가져야 적절한 지표라고 할 수 있다. 그러나 삶의 질은 인간생활에 영향을 미치는 모든 것이 포함되어야 하고 또 개인적 특성에 따라 강조사항이 천차만별이어서 지표를 정하기가 쉽지 않다. 그러므로 먼저 삶의 질을 무엇으로 설명할 수 있는가를 규명해야만 지표화 및 측정을 시도할 수 있다. 삶의 질은 시대에 따라 다양하게 인식되면서 지표화되고 있는데 이에 관한 선행연구를 살펴보면 다음과 같다.

삶의 질 지표는 사회적 복지수준을 계량적으로 측정하고 이를 정부정책에 반영하기 위한 수단으로 개발되었다고 볼 수 있다. 미국의 경우 도시마다 다양하게 나타나는 빈부격차, 인종문제 등이 1960년대에 사회문제로 부각되었고 이로 인한 사회적 갈등이 심화되었다. 이 문제는 국가정책 개발을 촉진하였고 나아가서는 삶의 질 향상을 위한 사회지표운동으로까지 확산되었다(Bauer et al. 1966). 그 결과 삶의 질을 반영하는 지표들이 다양하게 제시되었다. 미국의 연방예산국은 1976년 삶의 질을 반영시키기 위하여 분류기준을 제시한 바 있는데 그 내용은 ① 보건, ② 교육, ③ 고용, ④ 보수(개인수입, 소득분배), ⑤ 주거환경(주택 및 생활의 질적 조건, 이웃 및 주변환경), ⑥ 여가와 오락, ⑦ 안전과 법적지위(범죄로부터 안전, 사회질서) ⑧ 인구(인구, 생활설비 및 가족구조)이다.

한편 존스톤(Johnstone, 1988)은 건강, 안전, 교육, 고용, 소득, 빈곤, 주택, 가족, 평등성 등 9개 영역으로 나눈 바 있다. 또 쟈프(Zapf, 1987)는 삶의 질 분석을 위한 요인들로서 첫째, 생활조건(수입, 건강, 교육, 노동시장, 일에 대한 만족도, 주택, 가구상황, 결혼과 가족, 사회참여, 환경보호), 둘째, 사회구조(사회계층과 이동, 문제집단, 이민노동) 그리고 셋째, 사회, 정치(시민의식과 정치, 공공 및 개인기능)를 들었다. 국내의 삶의 질 연구 역시 삶의 질을 평가하는 영역과 지표의 하나로서 주거부문을 필수적으로 지적하고 있는 바, 주택(신도철, 1982), 주거장소(하재구, 1986), 주택과 지역사회(최태룡, 1996), 주택과 정주환경(하성규, 1997)을 중요한 지표로 채택하고 있다.

국내외 거의 모든 연구에 있어 삶의 질을 나타내는 지표로서 '주택', '주거환경(지역사회), '주거장소'등 주거에 관한 사항이 포함되어 있다. 이러한 선행연구의 결과 주택 및 주거환경은 삶의 질을 평가하는 가장 기본적이고 필수적인 요소임을 확인할 수 있다.

삶의 질에 관한 다차원적 해석과 견해, 통일된 기준의 설정상의 어려움 그리고 지표의 추상성 등의 한계가 있다. 삶의 질은 다양하게 받아 들여 지고 또 이를 반영하는 지표도 대상국가 및 연구목적에 따라 달리 나타난다. 특히 삶의 질 지표에 있어 문제가 되는 것은 개인의 차원에서 평가되는 소위 "주관적"인 견해와 평가기준이다. 삶의 질은 매우 주관적일 수 있으며 다차원적인 개념으로, 개개인이 어떤 직종, 어디에서 어떤 역할을 하면서 살아가느냐에 따라 달라질 수 있다(최병두, 1996). 아울러 사회변화에 대한 개인적인 의식과 가치에 따라 요구, 만족감, 성취감 등이 달리 나타날 수 있다는 문제점이 지적되기도 한다(Campell, 1972). 사실 삶의 질을 지표화 하는데는 통일된 기준이 없을 뿐만 아니라 측정될 수 있는 객관적 지표는 너무 제한적이고 추상적인 것이 많다는 문제점이 따른다.

이러한 문제점이 있음에도 불구하고 인간의 주거영역(주택, 주거장소, 주거환경 등)은 삶의 질을 나타내는 가장 중요한 대표적인 영역임을 부정하기 힘든다. 즉 주거복지는 인간의 삶의 질을 평가하는 가장 중요한 요소 중의 하나이며, 동시 주거 빈곤층의 삶의 질을 확보하기 위해서는 주거복지의 필요성을 이해할 수 있다.

Ⅲ. 사회정책과 주거[2)]

사회정책이란 국가가 시민들의 복지를 향상시키기 위하여 적정하게 자원 배분을 위한 개입이라 할 수 있다. 고전적 사회정책의 정당화 논리는 사회정의를 유도하기 위한 것이라 했다(Boldock, Manning, Miller, and Vickerstaff, 1999, pp.14-15). 이러한 사회정책이 필요하다고 주장한 것으로는 대표적으로 베버리지(Beverage) 보고서를 들 수 있다. 이 보고서는 5가지 사회악을 제기하기 위한 것이라 강조한 바 있다. 이 5가지 사회악은 결핍(want), 질병(disease), 무지(ignorance), 불결(squalor), 그리고 나태(idleness)로 분류하였다.

보다 구체적인 사회정책적 영역으로서 사회보장(social security), 보건서비스(health service), 교육(education), 주택정책(housing policy) 그리고 고용정책(employment policy)으로 구분하기도 한다. 또 서유럽 국가들의 핵심적 복지 분야를 일반적으로 5개 영역, 사회보장(social security), 보건(health care), 사회(social care), 주택(housing), 교육(education)으로 구분되고 있다.

사회복지는 일반적으로 인간의 기본적 욕구에 대한 서비스로 해석하였다. 예를 들어 사회적 욕구로서 소득, 보건, 교육 등으로서 국가의 역할이 강조되었다. 그러나 주택부문의 경우 주로 시장기능에 따라 인간의 욕구가 충족될 수 있기를 희망하고 자유시장에 맡겨 문제가 해결되기를 바라고 있다.

만일 인간의 기본적 욕구인 주생활 문제가 해결되지 못할 경우 반사회적 행위가 나타나게 된다. 주거결핍 혹은 주거빈곤상태에서 가족의 별거, 슬럼의 형성,

---

2) 하성규, 2003, "신자유주의시대 주거복지에 관한 이론적 논의", 「한국지역개발학회지」, 제15권 4호, pp.71-96 참조.

노숙자의 증가, 임대료지불거부(rent strike) 등의 문제는 매우 중요한 사회문제가 된다.

국민의 기본적 주거욕구를 해소하기 위한 노력의 일환으로 선진국의 경우 다양한 사회정책적 주택프로그램을 실시한다. 예를 들어 공공임대주택의 공급, 임대료보조(바우처 제도 등), 노숙자의 임시거처 마련, 임대료 규제 등을 들 수 있다. 이러한 정책 형성과 집행의 이면에는 자유경쟁, 사적 소유, 이윤추구를 바탕으로 하는 시장경제가 지닌 결함으로 나타나는 사회문제를 예방하고자 하는 목적을 지니고 있다.

물론 각국이 처한 경제적 수준과 상황에 따라 재정투입의 정도 주거복지 프로그램이 달리 나타난다. 그러나 중요한 것은 국민의 기본적 주거욕구 충족은 복지권, 사회권, 주거권 등으로 해석되고 있다. 즉 종전의 일반적으로 알려진 자선사업이나 사회봉사사업의 수준을 넘어 주민의 기본적 욕구 실현을 위한 국민의 권리라고 주장할 수 있다. 주거수준 향상과 기본적인 주거욕구를 충족시키고 주택관련 제 사회문제를 예방하는 차원의 정부의 노력과 의지가 바로 사회정책으로 나타나는 것이다.

마셜(Marshall)은 한 사회가 구성원 모두에게 완전한 성원으로 역할하기 위해서는 제반 조건과 권리가 주어져야 한다는 주장을 폈다. 자본주의 사회에서의 자유시장은 때로 불평등, 정보의 독점, 시장실패 등으로 인해 구조적으로 한계를 지니는 경우가 허다하다. 이를 예방하고 보완하는 차원에서 시장에 대한 국가개입의 필요성을 마샬은 강조하였다. 이를 보다 구체적으로 정리해 보면;

(1) 사회적으로 요구되는 매우 중요한 복지서비스를 시장(market)이 적절히 공급하지 못하기 때문에 국가개입이 필요하며, (2) 국가에 의한 복지제공은 경제적으로도 효율성을 담보할 수 있으며, 무료(의무)교육, 무료의료 등으로 노동생산성을 증대시키며, (3) 시장은 때로 독점과 과점에 의해 완전 경쟁을 보장하지 못해 불공정 거래, 소비자 주권이 무시되거나 훼손되는 문제점을 발견할 수 있다.

이러한 근거에서 국가가 주택 시장에 개입하게 되며, 국가의 주택시장개입은 정도의 차이는 있을 지라도 모든 자본주의 국가가 시행하고 있다는 점을 정당화 논리로 알려져 있다. 국가가 재정적으로 지원한 공공임대주택, 임대료 보조, 임대료 규제 등이 대표적인 국가개입의 형태이다.

문제는 국가의 시장개입 및 복지프로그램의 실시는 가난한 사람, 사회취약계층 등에게만 선택적으로 실시하고 그들에게만 한정하여 주거복지 서비스를 제공되어야 하는가 아니면 모든 시민들에게 혜택이 돌아가는 보편적인 것으로 제공해야 하는가라는 근본적이고 풀기 힘든 이슈가 존재한다.

복지가 보편적 권리로 주어져야 한다고 주장하는 측을 사회민주주의적 접근이라 불린다. 이러한 주장의 근거는 자유시장모델로는 복지사회 구현이 어려울 뿐 아니라 복지 전달상 문제가 야기된다고 전제한다. 그리고 대안적으로 복지를 가장 효율적으로 제공, 전달할 수 있는 것이 사회민주주의적 모델이라 주장한다.

사회민주주의적 접근은 시장경제를 전면 부인하는 것이 아니다. 이들은 시장이 지니는 문제점과 불평등이 존재하긴 하나 국가의 개입을 통해 점진적으로 시장의 한계를 극복할 수 있다는 측면에서 시장경제를 인정하고 있다. 마르크스주의적 접근이 자본주의 체제 자체를 부인하고 있는 점과는 큰 차이를 보이고 있다.

한편 1970년대 이후 풍미하는 신자유주의적 관점에서는 시장에 대한 국가개입은 장점보다는 단점, 득 보다 실이 많다는 점을 지적한다. 이들은 자원분배는 국가의 조정과 개입을 통하기보다는 시장의 경쟁과 자율의 움직임에 따르는 것이 가장 효율적이라 주장한다.

사회민주주의적 접근에서 주장하는 시장의 결함으로 인한 불평등 문제에 대하여 시장주의자들은 다른 시각을 지니고 있다. 시장 메커니즘이 지닌 어느 정도의 불평등은 창의력과 노력을 촉진시키는 결과를 가져올 수 있다는 불평등 이데올로기를 주창하고 있다. 이 불평등 이데올로기는 근본적으로 사적 재산의 보호와 부의 옹호라는 이념이 지배적이다. 개인 재산보호는 국가가 해야할 가장 중요한 일 중의 하나이며 개인의 부가 축적되고 확대되어 사회의 부, 국가의 부로 이어진다는 것이다.

시장모델은 개인의 노력과 선의의 경쟁관계를 중시하고 있다. 그래서 국가가 시장에 개입, 간섭하는 것은 궁극적으로는 개인의 권리침해와 자원배분의 효율성, 즉 시장효율성을 저해하는 요소로 지적하고 있다. 주택부문의 시장모델은 이론적으로 필터링 전략(filtering strategy)이라 할 수 있다. 주택시장에서 필터링이란 중산층과 고소득층에게 신규주택을 공급하게 되면 이들이 거주하던 주택이 하향여과되어 장기적으로 저소득층 주민들의 주거부담을 줄이고 주거수준이 향상될 수 있다는 이론이다(Bourne, 1981). 즉 시장기제에 따라 주택공급이 이루어져야한다는 논리이며, 이를 근거로 보면 정부가 주택을 직접 저소득층에게 공급하는 것은 시장에서 발생하는 필터링에 반하는 것이 된다. 또 필터링 접근에 따라 주택정책을 편다면 "선 중산층 주택공급 후 저소득층 주거안정"이라는 형식을 취하게 된다. 이를 경우 시급히 주거안정을 요하는 주거빈곤층에게 직접적인 정부개입이 정당화되지 못하는 문제점에 봉착하게 될 수 있다. 일부 서유럽 학자들은 '필터링 전략(filtering strategies)'은 주택공급율이 낮은 지역이나 국가에서 저소득층의 주거복지책으로는 한계가 있다는 지적이 있다.

한 국가가 주거빈곤층의 주거문제해결을 위해 주거복지를 중요한 사회정책의 한 영역으로 인식하느냐에 따라 주거복지정책의 성패를 좌우하게 된다. 주택을 일반재화와 동일한 것으로 인식하고 시장기능에 따라 공급, 소비, 배분될것으로 전제하는 경우 주거복지는 사회정책의 영역이 될 수 없다.

Ⅳ. 신자유주의와 주거복지

신자유주의(new liberalism)[3] 접근이 풍미했던 배경은 무엇인가? 그 핵심적 배경으로는 1970년대부터 점차 서구 자본주의 경제가 침체의 위기감을 감지하면서부터다. 소위 케인지언(Keynesian) 정책으로 스태그플레이션 문제를 해결하기 어렵다는 것을 깨닫게 된다. 이 문제의 속성은 국가의 역할이 너무 비대해진 것에서 찾고자 했으며 국민들의 요구를 지나치게 수용함으로써 발생된다고 보았다(Britain, 1977; Crozier and Huntington, 1975).

3) 학자에 따라서는 신자유주의(new liberalism)를 신보수주의(new conservatism), 신우파(New Right)와 유사개념으로 사용하기도 한다. 특히 영국의 대처리즘 (Thatcherism)을 신우파 이념으로 규정하며, 이는 19세기에 풍미한 자유주의(liberalism), 즉 경제적 자유주의와 국가개입의 최소화를 기본으로 하고 있다 (Mishra, 1984; Baldock and Others, 1999).

1970년대 오일 쇼크이후 고실업·저성장이 장기화 되고 케인즈주의적 경제정책이 실효를 거두지 못하자 새로운 주장이 바로 신자유주의 접근이다. 서구 선진국들이 과도하게 복지를 지향함으로써 시장의 국가개입이 지속적으로 강화되었고 아울러 재정위기를 경험하게 되었다. 그래서 국가개입의 축소와 시장의 기능과 역할의 중요성을 강조하게 된다. 이러한 접근과 이념의 정책적 실현은 영국의 대처 정부(Thatcherism, 대처리즘)와 미국의 레건 정부(Reaganomics, 레이거노믹스)의 등장으로 더욱 힘을 받게 되었다.

아울러 1980년대부터 세계화(globalization)가 가속화 되었다. 특히 WTO체제의 출범으로 개방과 경쟁체제가 자리 잡게 된다. 아울러 동구권 사회주의가 붕괴되고 시장경제가 확대됨에 따라 세계경제는 하나의 통합된 자본주의 경제체제로 이동하게 되었다. 이러한 세계사적 변화는 국가개입과 간섭에 의한 경제성장보다는 더욱 시장논리에 의한 개방적 경제체제를 요구하는 환경을 경험하게 된다. 특히 제3세계 국가들의 권위주의 정부 퇴조와 민주정부 구성은 시장경제의 도입을 가속화 시키게 된다. 이러한 시장메커니즘의 강조는 자연스럽게 신자유주의 사조를 더욱 확고하게 만드는 계기가 된 것이다.

한편 복지의 증대는 정부조직의 비대화와 관료제화를 초래한다고 보았다. 정부의 시장개입의 강화는 '시장의 실패' 보다 더욱 큰 사회적 손실을 초래한다고 보는 '정부실패'로 연결된다는 주장이 많았다(Wolf, 1988; Niskanen, 1971). 그리고 관료화된 복지의 증대는 국민들로 하여금 '도덕적 해이' 혹은 '무임승차' 등의 문제가 발생되고 이는 곧 시장의 효율성과 생산성의 저하를 초래한다는 것이다. 관료제가 비대화 되고 정부개입이 강화됨은 경쟁과 자유를 제한하는 결과이며 결국은 국가발전의 저해요소가 될 수 있다는 것이다. 그래서 복지를 과감하게 축소하고 다양한 복지급여인 보험, 사회복지서비스, 보건서비스, 교육, 그리고 주택서비스 등을 민영화하는 방안이 강구되어야 한다는 주장이 설득력을 얻었다.

신자유주의 체제에서 강조되는 것을 정리해보면, (1) 국가개입의 축소 및 민영화, (2) 노동시장의 규제완화 및 유연화, (3) 탈 상품화(decommodification)전략에서 재상품화(recommodification)전략으로 이동, (4) 소득이전(income transfer) 정책에서 근로복지(workfare)정책으로 변환, (5) 복지다원주의(welfare pluralism)의 추구,

(6) 케인WM주의(Keynesian)에서 통화주의(monetarism)로의 전환, 그리고 (7) 완전고용의 한계를 수용하고 시장원리에 입각한 자연실업률을 인정하는 것 등이다.

선진 자본주의 국가들은 제2차 세계대전이후 국민들의 질병, 노령화, 재해, 실직과 같은 생계 위협형 각종 사회문제에 직면하게 되었다. 사회구성원들을 보호하는 기능으로서 국가의 역할이 강조되었고 사회복지가 확대되기 시작하였다. 특히 서구 복지국가(Western welfare state)라 불리는 이유는 사회복지에 대한 국가의 역할이 확대된 서유럽국가들을 지칭하는 뜻에서 연유된 것이다.

복지국가에 대한 정의는 이미 많은 학자들에 의해 논의되어 왔다. 복지국가에 대한 포괄적인 정의로는 "복지국가란 시장기제의 작동에서 오는 문제들을 수정하기 위한 노력의 하나로 정치와 행정을 통해 조직화된 권력을 다음의 세 가지 방향에서 의도적으로 이용하는 국가"를 말한다(Briggs, 1969). 첫째, 노동시장에서 개인 혹은 가족이 갖는 노동이나 자산의 가치와는 상관없이 최저임금을 보장받도록 한다. 둘째, 질병·노령화·해고와 같은 사회적 우발상황(social contingencies)에 대처할 수 있는 제도적 장치를 마련한다. 셋째, 일정한 사회서비스의 공급에 지위나 계급에 대한 차별을 두지 않는다. 이 가운데 앞의 두 가지는 사회적 혹은 국민적 최저선을 보장하는 것이라면, 세 번째는 최저선보다는 최선(optimum)을 보장한다는 뜻에서 보다 제도화된 복지모델을 전제로 하는 것이다.

복지는 하나의 권리로 규정하기도 한다. 마셜(Marshall, 1983)은 시민권을 개인의 자유에 필요한 권리인 시민적 요소, 정치에 참여할 권리인 정치적 권리, 교육·사회적 서비스 등에 대한 사회적 권리로 구성된다고 보았다. 따라서 인간은 누구나 복지의 기본권을 가지고 태어난다고 하였다.

티트머스(Titmuss, 1968)에 따르면 복지국가는 저소득층을 위한 잔여적(residual) 복지와 모든 계층에 해당되는 제도적(institutional) 복지라는 개념으로 구분하여 잔여적(residual) 복지국가란 제한적인 대상계층에만 복지서비스를 제공하는 국가를 말한다.[4] 그리고 제도적(institutional) 복지국가란 모든 대상계층, 보편성, 복지에 대한 구조적 접근을 강조하고 있다.

---

4) 이 경우는 가족으로부터 지원과 보호를 받지 못하거나 시장기능에 의존해서는 인간다운 삶을 기대할 수 없을 경우에 한해 정부의 복지서비스가 집행되는 것을 의미한다.

최근 일부 선진 자본주의 국가에서는 복지국가 축소논의에 따라, 복지국가에 대한 정의는 시장에 대한 국가의 적극적 개입을 대표하는 제도화된 복지국가의 개념에서 잔여적 복지국가의 개념으로 이동하는 경향을 보이고 있다. 에스핑－앤더슨(Esping-Anderson, 1990)은 복지국가의 활동을 탈상품화와 계층화라는 기준에 따라 구분하고 있다. 탈상품화(decommodification)기준이란 복지서비스가 하나의 권리로 부여되거나 아니면 한 사람이 시장부문에 대한 의존 없이 유지될 수 있는가와 관련된 기준이다.

복지프로그램으로서 국민적 최저선(national minimum) 이하에 있는 사람들에 대한 사회적 지원이 지배적인 국가는 탈상품화 효과가 적고 시장원리가 강하게 적용된다. 두 번째로 사회보험이 지배적인 국가에서는 탈상품화 정도는 높지만 혜택은 급여에 대한 기여, 노동, 고용을 통해 이루어지게 되는 것이다. 이것은 시장의존성에 대한 부분적 수정이라고 평가된다. 셋째, 소득수준, 기여 혹은 개인의 성과에 관련 없이 모든 사람들이 평등하게 기본적인 혜택을 제공받는 모델이다. 이러한 기준에 따라 복지국가는 군집화(cluster)되어 있는 것으로 나타난다(표 1 참조).

먼저 자유주의 복지국가(liberal welfare state)는 복지는 시장경제에 해를 주지 않는 방향에서 그리고 시장경제 유지와 강화를 위한 수단으로 파악된다. 결과적으로 '탈상품화' 효과는 매우 낮고 민간부문의 역할이 강조된다. 이러한 대표적 국가로는 미국과 호주를 들 수 있다. 둘째, 근본적 탈상품화가 아닌 신분적 지위를 유지하는데 많은 부분의 국가지출이 일어나는 조합주의적 복지국가(corporatist-statist welfare state)를 들 수 있다. 사회적 협약에 따라 복지서비스 전달체계를 가지고 있는 이 모델에서는 노동자와 경영자 그리고 국가 간 복지기금 및 재정에 대한 분담이 이루어지고 있다. 이 모델에 속하는 나라로는 독일, 오스트리아, 프랑스, 이탈리아 등이다. 셋째, 사회민주주의 복지국가(social democratic welfare state)로서 복지의 보편주의 원칙아래 국가가 최소한의 생활수준 보장 뿐 아니라 가능한 최대 수준에서의 평등을 추구한다. 따라서 사회의 모든 계층이 하나의 보편적이고 포괄적인 복지체계에 통합된다. 이 모델에서는 조합주의 모델에서처럼 국가가 개인이나 가정이 복지서비스를 조달할 역량 여부와 관계없이 개입한다. 이에 속하는 국가들로는 스웨덴, 노르웨이, 핀란드, 덴마크 등이다.

표 1 복지국가모형

복지국가모형	주택정책 초점 및 특징	해당국가
자유주의 모형 (liberal model)	- 잔여적 복지 - 시장 지향적, - 정부규제의 최소화	미국, 호주, 아일랜드
보수적 조합주의 모형 (conservative-corporatist model)	- 잔여적 그러나 사회주택 제도 - 계층과 직업에 따른 주거복지제공	독일, 오스트리아, 스위스
사회민주주의 모형 (social-democratic model)	- 탈상품화, 탈계층화 - 주거권 강화 - 정부개입의 강화	스웨덴, 덴마크, 노르웨이, 핀란드

자료: Esping-Anderson, 1990; Barlow and Duncan, 1994, pp.28-31

서구 복지국가들은 매우 다양한 복지제도를 유지해 왔다. 누가 복지를 사회구성원에게 제공하느냐에 따라 복지국가는 크게 세 가지로 분류될 수 있다. 복지를 제공하는 주체가 국가인가, 시장인가, 아니면 공동체인가에 따라 분류 한다[5] (Streek and Schmitter, 1985).

복지국가의 유형화는 복지비와 시장소득을 기초로 분류된 것이다.[6] 국가와 시장 모두 약한 국가는 GDP대비 사회복지 비중이 낮고 시장소득의 비중 역시 낮은 국가들(평균값 미만)로서 한국, 일본이다. 국가와 시장 역할 모두 강한 국가들은 평균값을 초과하는 국가들로서 덴마크, 영국이며 시장이 강한 나라는 미국과 호주, 그리고 국가가 강한 나라로서 스웨덴, 네덜란드를 꼽고 있다(홍준경, 2002).

5) 첫째는 국가부문으로 합법적 강제력으로 자원을 배분하는 것, 둘째로는 시장을 통한 경쟁원리에 입각하여 조정과 배분을 이루어 나가는 것, 그리고 셋째는 공동체 부문(community sector)으로 자발적 협동을 통해 이루어지는 것이다.

6) 복지비는 'GDP 대비 국가복지비'를 그리고 시장소득은 '노인의 수입 중 시장소득비율'이라는 대리지표를 활용하였다. 전자는 지표값이 클수록 국가의 역할이 크며, 그 반대의 경우는 작다고 판단하였다. 그리고 후자는 지표값이 클수록 시장부문의 역할이 중요하며, 지표값이 작을수록 그 반대이다.

Ⅴ. 주거복지 모형과 동향

할로우(Harloe, 1995)는 주택문제에 대한 국가개입에 대해 크게 3가지로 유형화한 바 있다. 첫째, 덴마크, 네덜란드와 같은 사회민주주의 모델(social democratic model), 둘째, 프랑스나 독일과 같은 보수적 조합주의 모델(conservative-corporatist model), 그리고 셋째, 미국과 같은 자유주의 모델(liberal model)이다. 그리고 번(Bourne, 1981)은 주택시장에 대한 국가개입의 유형을 ① 자유방임형(laissez-faire: 미국, 캐나다), ② 자유주의 국가개입형(liberal interventionists: 영국), ③ 사회민주주의형(social democratic: 스웨덴), ④ 사회주의 국가주도형(socialist-dominant state control: 폴란드), ⑤ 사회주의 국가통제형(Socialist-pure state control: 구소련)으로 분류하기도 하였다. 번(Bourne)의 분류는 이미 폴란드와 구소련이 사회주의적 국가시스템이 무너지고 시장경제를 도입하고 있어 설명력이 크지 못하다.

복지는 안락하고 만족스런 생활, 건강, 물질적인 풍요, 행복과 기타 안녕(well-being)에 관한 상태나 조건을 뜻한다. 그래서 복지정책은 구체적으로 소득, 주택, 의료, 고용, 교육의 5가지 핵심영역에서 이 같은 목적을 실현시키고자 하는 것이 일반적인 추세이다.

사회보장에 있어서 국민적 최저선(national minimum)이 중요한 것처럼 주거생활에 있어서도 최저주거기준이 중요하게 다루어져야 하고, 이를 위한 지원정책이 제도적으로 마련되어야 한다. 개인 및 가족의 주거기본욕구를 해결함에 있어서 사회복지적 주거서비스를 국가가 제공할 때 이를 주거복지라 하며, 구체적 프로그램으로는 국가가 주택시장에 직·간접적으로 개입하여 제공하는 공공임대주택을 예로 들 수 있다.

복지국가 유형별 주거복지정책의 특징은 다음과 같이 설명된다. 자유주의 복지국가(liberal welfare state)에서 주택은 제도화된 복지서비스의 대상이라기보다는 시장소외계층에 대한 잔여적 의미의 복지서비스 대상이다. 미국 등의 자유주의 모형하에서는 자유시장경제 원리를 핵심으로 하고 빈민층에 대한 최소한의 정부개입이 있을 뿐이다. 이 모델에서는 복지서비스 제공이 탈상품화·계층화 효과를 내기 때문에 전반적인 자가주택위주의 주택정책에 초점이 맞추어져 있다. 조합주의 복지국가모델(corporatist welfare state)에서 주택은 현재의 지위를 보장해주기 위한 서비스대상이므로 한편으로는 잔여적이지만, 다른 한편으로는 사회주택의 공급을 통해 제도적 보장도 부분적으로 이루어지는 모델이다. 이 모델에 속하는 국가들에서는 다양한 계급과 직업에 맞는 주택을 공급하려 하고 시장이 국가를 대신해서 주거복지를 공급하게 된다.

사회민주주의 모델(social democratic welfare state)에서는 주거권이 보편적 권리로서 인정된다. 국가가 주거문제 해결을 위해 토지의 국유화 및 주택의 공공성을 강화한다. 공공부문이 중산층 이상에게도 사회주택 공급을 통해 주거복지를 해결하기 위한 노력을 하고 있다. 사민주의 모델은 탈상품화의 효과가 가장 크지만 계층화의 효과를 가장 덜 내는 복지모델이라고 할 수 있다. 이렇게 탈상품화와 탈계층화의 효과가 크기 때문에 국가의 단일체계에서 주거서비스를 사회적으로 공급하게 된다. 이런 유형에서는 사회(공공)주택의 제공으로 주거복지 향상에 주력하게 된다(Esping-Anderson, 1990; Harloe, 1995).

대부분의 서유럽 국가들은 1970년대 중반 이후 주택 보급률이 100%를 넘었다. 이러한 배경아래 서구유럽의 주택정책은 주택공급위주에서 주택 개보수 및 관리위주의 정책을 택하거나 또는 영국의 경우와 같이 관리적 효율성 및 신자유주의 경제운용의 원칙에 의거하여 시장화(marketization) 내지 민영화(privatization)로 전환하고 있다.

서구 선진국들의 주거복지 경향과 특징을 시대적으로 구분하면, 1960－1970년대는 주택을 집합적 소비재로서의 역할, 주택의 공공성 강조, 사회주택의 공급 확대 등 정책에 관심이 많았다. 그러나 1980년대 이후부터 기존 공공주택의 불하(민영화) 혹은 시장화, 사적 소비재로서의 주택, 자가소유 촉진 지원책, 공공주택 공급의 축소라는 경향을 보여 왔다.

서유럽국가에서는 1970년대에 개혁주의자들에 의해 공공임대주택이 자본주의 국가의 축적과 정당화기능을 보장하기 위한 수단으로 집합적 소비재로 인식되었다. 자본주의 도시에서 노동력과 사회관계의 효과적인 재생산을 위해 집합적 소비수단(대중교통, 학교, 공원, 보건시설, 공공주택 등)을 강조되었다. 사적 자본과 시장기능에 의존해서는 이러한 재화와 서비스를 충분히 그리고 공정하게 제공할 수 없기 때문에 점차 집합적 소비의 문제로 인식하게 되었다(Basset & Short, 1980).

서유럽에서도 1980년대 이후 보수적 경제운용과 대처리즘과 같은 신자유주의의 영향으로 공공임대주택이 민영화 내지 매각의 대상이 되기도 하였다. 이러한 변화는 영국의 임대주택재고가 축소된 것을 통해 나타나고 있다. 그럼에도 유럽 주요국의 공공임대주택재고는 여전히 한국과 북미국가들보다는 훨씬 높음을 확인할 수 있다.

1980년대 이후 주택점유형태 변화를 보면 서유럽 주요국가 중 스웨덴을 제외하고 모든 국가가 자가(自家)의 증가추세를 보이고 있다. 반대로 공공임대는 대부분 국가가 축소되는 경향을 보였다. 영국은 1980년대 이후 대처(Thatcher)가 이끄는 보수당이 집권한 이후 공공주택을 입주자에게 불하하는 정책(Right to Buy)으로 제도화된 복지모델에서 잔여적 모델로 전환하였다. 영국은 공공임대주택의 공급보다는 자가 소유를 증대하는 정책에 큰 비중을 두고 있어 EU 평균보다 높은 수준의 자가 부문을 지니며, 공공임대주택의 비중 역시 여전히 20% 수준으로서 유럽평균인 18%보다 더 높다. 사회주택비중이 높은 국가로는 네덜란드, 스웨덴 오스트리아 등의 복지 지향적 주택정책을 실시하는 국가들이다.

민간임대주택 위주의 국가(민간임대주택 비중이 유럽연합 평균보다 높은 나라)로는 독일, 스위스, 벨지움을 들 수 있다. 전통적으로 독일은 민간임대주택의 비중이 높은 국가로서 1996년에는 공공임대주택 13%, 민간임대주택 42%, 자가 41%(모기지 이용비율 19%, 모기지 없는 비율 22%), 기타 4% 등이다(Eurostat, SCP, 2000: 415). 독일에서는 시장화의 강화 속에 자가와 민간임대주택의 비중이 점차 커지고 있으며 이유는 공공임대주택 공급 프로그램이 1965년이후 주택 보조금과 같은 수요자 보조로 전환된 것에 기인된다.

참고문헌

김덕현 · 권용우, 1995, 삶의 질 대두와 공간-환경, 「사회과학연구」, 14(1), 경상대학교 사회과학연구소.

김재익, 1996, 지속가능한 도시개발을 위한 계획방안에 관한 연구, 「계명대학교 산업기술연구소 논문보고집」, 19(1).

백종만, 1995, 사회복지분야의 지역간 격차, 「환경과 사회」, 9.

연세대학교 사회발전연구소, 1995, 「한국 근로자들의 삶의 질에 관한 연구」.

이정우, 1996, 한국의 지역간 경제력 격차: 추이와 특징, 「환경과 사회」, 9.

정규현 · 배규환 · 이달곤 · 최영명, 1994,「21세기 한국의 사회발전전략」, 나남.

조용식, 1996, 「공공계획에서 삶의 질 계획지표의 설정과 활용기법에 관한 연구」, 서울대 환경대학원 석사학위 논문.

중앙일보사, 1995, 「전국 74개도시 비교평가 자료집-삶의 질 입체분석」.

최병두, 1996, 사회 환경적 삶의 질의 의의와 지역차, 「환경과 사회」, 9.

하성규, 1995, 주거빈곤실태와 복지증진방안, 서울시정개발연구원 개원 3주년 기념심포지움.

하성규, 1996, 주거생활의 지역간 격차, 「환경과 사회」, 9.

하성규, 1996, 주거권과 삶의 질 개선, 국민복지추진연합 심포지움.

하성규, 2003, 신자유주의시대 주거복지에 관한 이론적 논의, 「한국지역개발학회지」, 15(4):71-96.

하성규, 2009, 「주택정책론」, 박영사.

하성규 · 구자인, 1995, 지방자치시대의 님비 현상에 관한 연구, 「경제정의」, 26.

하성규 · 김재익, 2008, 「현대도시관리론: 이론과 현실」, 형설.

하재홍, 1996, 서울 시민의 삶의 질 실태와 시정부의 공공정책의 발전방향에 관한 연구, 「한양대 행정논문집」, 11.

홍준경, 2002, 복지국가 유형에 관한 질적 비교분석, 「한국복지국가 성격논쟁 1」, 인간과 복지.

Barlow, J. and Duncan, S. 1994, *Success and Failure in Housing Provision*, Oxford, Pergamon.

Basset, K. and Short, J. 1980, *Housing and Residential Structure*. Lonson, Routledge and Kegan Paul.

Bauer, R. A. (ed.). 1966, *Social Indicator, Cambridge, MIT Press.*

Boldock, J. Manning, N. Miller, S. and Vickerstaff, S.(eds). 1999, *Social Policy*, Oxford, Oxford University Press.

Briggs, A. 1969, The Welfare State in Historical Perspective. in Scotland, C., *The Welfare State*, New york, Harper and Row.

Britain, S. 1977, *The Economic Consequence of Democracy*, London, Temple Smith.

Campbell, A. 1972, Aspiration, satisfaction and fulfillment, in A. Campbell and P. Peverse(eds.), *The Human Meaning of Social Change,* (442–453), Russell Sage Foundation.

Crozier, M. and Huntington, S. 1975, *The Crisis of Democracy: Report on the Governability of Democracies to the Trilateral Commission,* New York, New York University Press.

Drucker, P. 1989, *The New Realities*, New York, Haper and Row.

Esping–Anderson, G., 1990, *The Three Worlds of Welfare Capitalism*, Oxford, Polity Press.

Harloe, M. 1995, *The People's Home*, Oxford, Blackwell.

Johstone, D. F. 1988, *Toward a Comprehensive Quality of Life Index*, Social Indicator Research 20.

Marshall, T. H. 1975, *Social Policy*, London, Hutchinson.

Niskanen, Jr. William A., 1971, *Bureaucracy and Representative Government*, Chicago, Aldine.

Streek, W. and Schmitter, P.(eds.). 1985, *Private Interest Government: Beyond Market and the State*, London, Sage.

Titmuss, R. 1968, *Commitment to Welfare*, London, Allen Unwin.

Wolf, Jr. Charles. 1988, *Markets or Government: Choosing Between Imperfect Alternatives*, Cambridge, MA, MIT Press.

Zapf, W. 1987, *German Social Report*, Social Indicator Research.

Zolotas, X. 1981, *Economic Growth and Declining Social Welfare*, Bank of Greece.

제3장

한국의 주거복지정책

Ⅰ. 서　　론

주거복지는 시장의 자생적 동력을 통해서도 달성할 수 있지만, 부의 불균형 분포에 따른 주거수준 차이가 일반적인 자본주의 체제 국가의 경우 정책적 개입을 통한 주거소외 계층의 주거안정 및 복지 향상을 목표로 하는 것이 일반적이다. 주거 안정 및 복지 향상의 목표를 위한 수단으로 활용되는 주거복지정책은 특정 계층에 대한 주거지원을 중심으로 수립되어, 국가적 차원에서의 사회복지 구현 체계로 작동한다. 따라서 주거복지정책의 근본 목적은 취약계층에게 주거를 지원하는 것에서 나아가 주거와 복지의 연계를 통해 취약계층의 자립 및 삶의 질 향상을 유도하는 것에 있으며(하성규, 2011), 주거복지를 향한 정책적 개입 정도 및 수준은 해당 국가의 복지기조 및 주택시장의 동향을 근간으로 결정되는 것이 일반적이다(Priemus & Dieleman, 2002; Lawson & Milligan, 2007).

하성규(2011)는 공공부문에 의해 이루어지는 일련의 주거복지체계를 다음과 같이 정리하고 있다. 첫째, 주택서비스 제공 동기가 이윤추구와 같은 경제적 동기가 아니고, 둘째, 주택서비스 제공의 구체적 프로그램은 국가가 주택시장에 직·간접적으로 개입하여 제공하는 공공임대주택 및 임대료 보조 등으로 나타나며, 셋째, 적정한 주거의 확보를 인간의 기본적 주거권으로 인식하는 주택 및 복지정책의 시행이 주거복지체계를 형성한다고 설명하고 있다.

하지만 이러한 공공의 주거복지체계 구현은 시장재로서의 주택에 대한 이해를 중심으로 하는 자본주의 체제에서는 한계를 노정할 수밖에 없다. 따라서 주택의 배분에 있어 시장중심적 자세를 취하는 대부분의 서구 국가에서는 공공재로서의 주거복지 부문이 복지정책의 맹점(Wobbly pillar)으로 여겨진다(Torgersen, 1987). 주거복지정책이 주택시장 동향에 상당한 영향을 받는 양상은 주택정책에 경기의존적 성향이 강하게 반영되었던 우리나라에도 여과 없이 적용된다. 그러므로 주거복지정책은 보건·교육·사회보장·고용 등과 함께 복지정책의 주요 축으로 작용함에도 불구하고, 정부의 지원 및 개입을 통해 구체적인 대안을 제시하는 여타 복지정책과 상이한 양상을 보인다(Lawson & Milligan, 2007).

하지만 대부분의 유럽국가들은 주택을 사회정책과 사회보장의 주요 과제로 취급하여 주택시장의 한계를 보완하는 주거복지정책을 선도하고 있다(김혜승, 2011). 선진 유럽국가들의 주거복지정책은 국가별 복지기조에 따라 <표 1>과 같이 유형화될 수 있는데, 이들 국가들은 오랜 기간 집합적 소비재로서의 주택, 주택의 공공성, 공공임대주택의 확대에 주목해왔다.(하성규, 2003). 하지만 1980년대 이후

표 1 유럽지역의 복지국가모형과 주택·주거복지정책의 특징

복지국가모형	주택 및 주거복지 기조	해당 유럽지역 국가
자유주의	- 정부규제 최소화 - 잔여적 복지	- 영국, 아일랜드
보수적 조합주의	- 잔여적 복지의 외연 확장과 공공임대주택 공급 - 계층과 직업에 따른 주거복지 제공	- 독일, 오스트리아, 프랑스, 스위스
사회민주주의	- 정부개입 증대 - 주거권 강화에 따른 주택의 탈상품화 및 탈계층화	- 덴마크, 스웨덴, 노르웨이, 핀란드

자료: 고철 외(2002) 및 하성규(2003)에서 재인용.

보수적 경제운용과 신자유주의의 영향은 주택시장의 자율화를 촉진하였고, 유럽 국가들의 주거복지정책은 점차 <표 1>의 자유주의·조합주의·사회민주주의 유형에 불일치하는 흐름을 보여 왔다(Priemus & Dieleman, 2002; Lawson & Milligan, 2007).

최근 들어 이들 국가의 주거복지정책은 상기 복지정책의 맹점으로 언급된 주거복지정책이 지니는 특징을 상당 부분 방증하고 있다. 2000년대 이후 대부분의 유럽국가에서는 직접적인 정부지원보다는 다양한 형태의 민-관 협력을 통한 임대주택 재고 조정을 우선순위로 강조하는 경향이 나타났다(Whitehead & Scanlon, 2007). 특히, 최근의 저금리 현상은 주택가격의 상승을 상쇄하며 주택구매능력(Affordability)을 향상시켰고, 이에 따라 각국 정부는 임대주택 부문의 보조금 축소 및 시장자율화 촉진에 주력하는 방식으로 공공임대주택 부문의 정부개입을 축소하고 있다(Scanlon & Whitehead, 2004; Hills, 2007). 또한 일부 서유럽 국가에서는 공공임대주택의 소유권, 금융지원, 보조금, 관리체계를 다양화하고, 지자체 및 주택협회의 역할을 강화하는 추세가 나타나고 있다(Lawson & Milligan, 2007). 이러한 공공임대주택의 공급감소는 재정지출 우선순위에 대한 정계의 새로운 시각과 내수 주택시장의 수요·공급간 균형 논의[1]에 대한 반향인 것으로 지적된다(Priemus & Dieleman, 2002).

우리나라의 주거복지정책 전개는 상당 부분 과거 유럽지역의 주거복지 확장기와 궤를 같이 하고 있다. 우리나라는 1980년대 들어 부분적으로 주거복지 및 복지이념에 관한 논쟁이 등장하였으며(하성규, 2003), 주거권 및 주거복지 개념 도입은 1996년 제2차 유엔인간정주회의[2](HabitatⅡ)에서 강조된 주거권 개념에 대한

1) Priemus & Dieleman(2002)는 이러한 현상이 북유럽 지역의 EU 회원국에서 주로 나타나고 있음을 지적한다. 스웨덴, 핀란드, 덴마크 등지에서는 인구 1,000명당 주택수가 매우 높은 편에 속하는 연유로 수요의 감소가 공급과잉으로 이어질 가능성이 높기 때문이다. 따라서 이들 국가는 공급과잉 방지를 위해 공공임대주택 건설의 축소를 진행하고 있다.

2) 임서환(2004)에 따르면, 제2차 유엔인간정주회의(HabitatⅡ)는 '적절한 주거'란 적절한 사생활보호, 적절한 공간, 물리적 접근성, 적절한 안정성, 점유의 안정성, 구조적인 안정성과 내구성, 적절한 조명·난방·확인, 물 공급과 위생 및 쓰레기 처리 시설과 같은 적절한 기반시설, 바람직한 환경의 질과 건강에 관련된 요소들, 일자리와 기본적인 편의시설에 인접한 입지 등을 의미함과 아울러, 이 모든 것이 부담할 만한 적절한 지출을 통하여 이용할 수 있는 것을 뜻한다고 규정하고 있다.

논의를 그 시발점으로 한다. 그러나 사실상 2000년대 이전까지는 변동성이 높은 시장의 흐름에 근거하여 주택정책을 수립하였고, 이는 주거복지 부문에 대한 소홀과 비일관성을 초래하였다. 안정적 주거복지 제공을 위한 정책적 노력은 근래 10년 이내에 이루어졌다는 것이 정설이며, 주거복지 정착 및 확장기로의 진입은 최근 들어 나타나는 현상이라 할 수 있다. 이에 따라, 이후 우리나라의 주거복지 정책 전개는 유럽지역 주거복지정책의 전철을 밟으며 이들 국가의 최신 경향과 상통할 수 있지만, 반대로 한국적 주거복지정책 및 문화를 형성하는 방향으로 나아갈 수도 있으리라 판단된다. 이번 장의 주요 목표는 우리나라 주거복지정책의 전개를 정권의 변화에 따라 망라적으로 정리하고, 그 한계 및 진전과정을 살펴봄으로써 우리나라 주거복지정책의 발전방향을 제시하는 데 있다.

Ⅱ. 우리나라의 주거복지정책

우리나라의 주거복지정책은 단일 정책적 측면보다 주택정책의 일환으로 시행되어 온 측면이 강하다. 따라서 각 정권의 주택정책기조와 주거복지정책을 연계하고, 이어 주거권 보장의 가장 직접적인 수단인 공공임대주택의 확충 및 주거복지정책의 배경과 실질적인 이행 정도를 함께 비교하여 우리나라 주거복지정책 전개과정의 개괄을 시도할 필요가 있겠다.

2000년대 이전까지 우리나라의 주택정책은 일반경기변동에 대한 정책수단, 양적공급중심의 정책, 기간적으로는 1년 단위의 주택건설계획을 수립하여 정책을 집행하는 세 가지 특징이 주를 이루었다(임서환, 2004). 이러한 특징은 재정지원이 극히 한정되어 민간자금에 크게 의존하면서도 행정규제를 통해 시장통제 및 배분을 관리하는 우리나라 주택공급 시스템의 구조적 딜레마에서 기인하였다(국정브리핑 특별기획팀, 2007). 따라서 1967년 이후 발표된 주택관련 주요 정책은 경기의존적인 성향을 나타내게 되었고, 그 결과 부동산경기 부양 및 투기억제 대비 주거복지를 표방하는 정책의 빈약이 초래되었다(그림 1 및 표 2 참고).

그림 1 우리나라 주택정책동향 및 주거복지정책의 위치

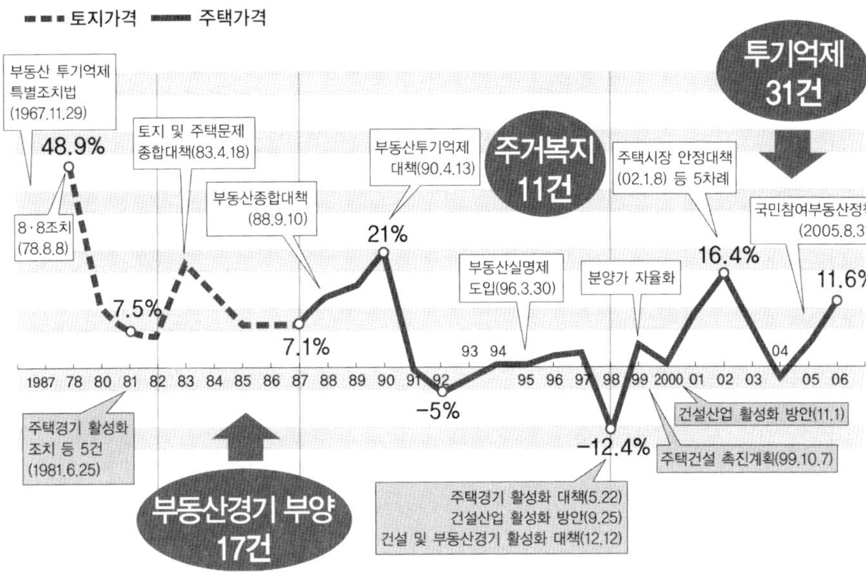

자료: 국정프리핑 특별기획팀(2007) p.15에서 인용.

표 2 주택정책 및 주거복지정책의 시기별 전개

구분	6공화국 이전 (1960~1987)	6공화국 (1988~1992)	문민정부 (1993~1997)	국민의 정부 (1998~2002)	참여정부 (2003~2007)	이명박 정부 (2008~현재)
주택정책 기조	정책기반 조성 및 간접조정시기	직접개입 확대기	간접개입시기	주택시장 자율화 확대시기	직접개입시기	주택시장지원 및 수요정책 융화기
	- 주택공급 확대 - 주택건설환경 조성 - 주거환경 개선	- 주택가격 안정 및 투기 억제 - 택지공급 원활화 - 임대주택 건설 - 주택금융제도 발전	- 주택시장 안정 및 자율성 증대 - 주택건설의 민간주도 전환 - 공공주택자금 지원체계 개선	- 규제완화 및 민간주도 주택 건설 촉진 - 주거의 질적 수준 향상 - 중산층 및 저소득층 주거 안정 지원	- 주택시장의 안정 기반 구축 - 주택부족 문제 해소 - 저소득층 주거 수준 향상 및 주거격차 완화	- 주택시장 활성화 - 국민주거안정 - 미분양 해소 및 주택공급 확대의 조화

주거복지정책	대물보조	- 공공임대주택 정책의 시초	- 영구임대주택의 공급과 중단	- 50년 공공임대주택 본격 도입 및 민간참여 활성화	- 국민임대주택 도입	- 공공임대주택 유형의 다양화	- 보금자리주택으로서 공공임대주택정책 추진
		- 장기임대주택 공급(1982)	- 영구임대주택 공급(1988)	- 공공임대주택 공급(1992-1993)	- 국민임대주택 공급(1998)	- 매입임대주택 공급(2004)	- 보금자리주택 도입(2008)
		- 임대주택 건설 촉진 제도화 (1984)	- 임대주택 60만호 공급계획(1988)	- 주요 공공임대주택 정책 중단(1994)	- 국민임대주택 10만호 공급계획(2001)	- 국민임대주택 50만, 장기공공임대주택 150만호 공급계획(2003)	- 보금자리주택 150만호 공급계획(2008)
	대인보조			- 주거환경개선사업 본격화 (1989)	- 주거급여제도 시행(2001)	- 최저주거기준 법제화(2003) - 소득계층별 차등 주거복지정책 도입(2003)	- 주택바우처 추진(2008)
주택건설실적 對比 임대주택건설비율		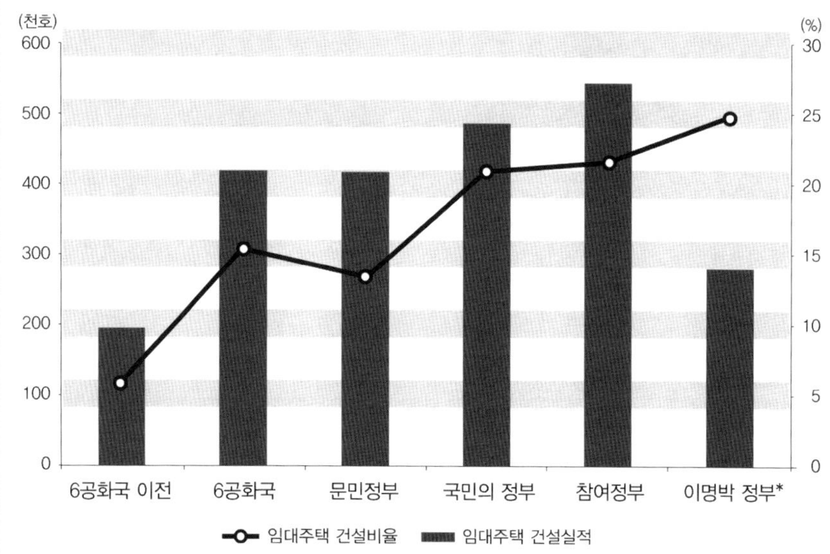					

주: 2011년 임대주택 건설 통계가 발표되지 않은 관계로, 이명박 정부의 수치자료는 2008~2010년 통계를 근거로 하였음.

자료: 국정브리핑 특별기획팀(2007), 이태진 외(2010), 국토해양통계누리(http://stat.mltm.go.kr) 및 국가통계포털(http://kosis.kr/) 참조·재작성.

이러한 경향은 우리나라의 주택정책 전반에 중장기적인 정책비전 제시의 취약, 주택공급량 확충에의 과도한 집중이라는 부작용을 야기하였고, 이에 따라 저소득층의 주거복지 강화 등 주거생활의 질적 수준을 향상시키는 데 있어 한계를 노정하였다(임서환, 2004). 하지만 국민의 정부 임기 말인 2000년대 들어 우리나라의 주택정책이 주택물량 확보에서 주거복지 확대로, 일시적인 주택지원에서 자가소유를 촉진하는 정책으로 전환됨으로써 주거복지정책이 본격적으로 활성화되었다.

Ⅲ. 주거복지정책의 시기별 전개 및 그 영향

정권변화에 따른 주거복지정책의 전개는 문헌연구를 통해 조망하였다. 시기별 주거복지정책은 공공임대주택 및 분양주택으로 분류되는 주택지원정책, 전월세지원과 주택금융으로 구분되는 주택구입 및 전세자금지원정책, 주거급여제도, 주거환경개선정책의 네 가지 항목으로 구성하였다. 이는 저소득층을 대상으로 하는 주거복지정책이 공공임대주택정책, 주택구입 및 전세자금 프로그램과 주거급여제도를 중심으로 구성되어 있음에 기인한다(고철 외, 2002).

1. 6공화국 이전(1960~1987)

6공화국 출범 이전 시기는 도시인구가 급격히 증가하기 시작하면서 대도시에서 주택공급확충의 필요성이 높아지던 시기였다(대한주택공사, 2002). 따라서 주거복지에 앞서 주택공급 확대가 주택정책의 근간이 되었고, 공급물량 확충을 중심으로 각종 주택관련 제도와 체제가 정비되었다.

1962년 제정된 건축법, 도시계획법, 대한주택공사법, 주택자금융자법은 주택보급률 80%라는 당시의 주택정책목표에 근거하여 수립되었고, 이어 제정된 공영주택법(1963), 토지구획정리사업법(1966), 한국주택은행법(1969)과 함께 주택정책관련 법제의 기틀을 마련하였다. 주택과 관련한 일련의 법제 정비는 주택물량 확보에 대한 정부 차원의 의지를 반영하는 것으로, 공공주도에 의한 주택공급 확대를 목표로 시행되었다.

1970년의 경제호황으로 인한 통화팽창과 인플레는 주택 및 토지가격 폭등으로 연결되었고, 제 1, 2차 경제개발5개년계획이 주도한 도시화와 공업화는 도시지역의 주택보급률이 60%에 미치지 못하는 주택 품귀현상을 초래하였다. 이에 따라 정부는 체계적인 신규주택공급중심을 도모하는 주택계획 및 법령 정비를 주택정책의 최우선 과제로 설정하였다. 도시의 주택 부족문제 해소를 위해 1972년 주택건설촉진법 제정을 시작으로 주택건설 10개년계획(1972~1981)을 수립하였으며, 이어 재개발법(1976), 주택건설촉진법(1977), 주택공급에 관한 규칙(1978) 등이 제정되었다. 또한 이 시기 주택건설업자의 등록제도와 지정업자제도 도입, 민영주택청약제도 실시(1978), 택지개발촉진법 제정(1980), 한국토지개발공사의 설립(1979), 국민주택선매청약저축(1981) 등 각종 제도가 구체화되었다. 이 기간 동안 중산층의 주거형태로서 아파트가 확산되는 등 무주택 국민의 주택문제 해결에 대한 노력이 지속되었으나, 실질적인 주택공급 실적은 계획대비 10% 미달되었을 뿐만 아니라 무주택 저소득층을 대상으로 한 주거복지정책은 거의 전무한 실정이었다.

1980년대의 주택정책은 주로 경기조절의 수단으로서 경기 활성화정책 또는 부동산투기억제 정책에 반복적으로 활용되었다(대한주택공사, 2002). 이후 1980년대 후반까지의 주택정책은 경제정책의 일환으로, 주로 민간부문을 통한 주택 공급에 주력하였다. 이러한 전략은 일정 수준 이상의 지불능력을 보유한 중산층 이상을 신규주택에 대한 수요계층으로 설정하였으며, 해당 계층이 거주하던 기존주택에 저소득층이 입주하기를 기대하는 주택순환이론에 근거하여 정책을 전개해 나갔다(김혜승, 2011). 이는 주택정책의 주요 대상이 중산층 또는 중산화 가능계층에 초점을 맞추었음을 나타내며, 범국민적 주거복지 향상에 기여하는 주거복지정책의 결핍을 방증한다. 그럼에도 불구하고 무주택 서민의 주거생활 안정을 목표로 제정된 임대주택건설촉진법(1984)은 저소득층을 위한 임대주택정책이라는 화두를 제시하였고, 주거복지정책 마련의 단초를 마련해주었다.

2. 6공화국(1988~1992)

6공화국의 주거복지 정책은 정치적 민주화에 대한 요구와 경제성장이 결부된 주택시장 급변과 함께 등장하였다. 1986년 이후 정치적 민주화와 경기호황이 겹치면서 주택보급률이 상승한 반면, 주택과 토지가격이 급등하는 등 주택공급체계에도 일련의 변화가 발생하였다. 이러한 변화는 부의 불균등과 자본의 비생산적 활동 증가를 야기하였고, 국가의 시장통제능력이 상대적으로 약화됨에 따라 정부와 노동자, 도시빈민, 기업, 토지소유자 간의 갈등이 표면화되었다. 특히 이 시기에는 노동운동 과정에서도 주거안정이 요구사항으로 등장하였을 뿐만 아니라, 철거민을 중심으로 한 도시빈민운동으로 도시빈곤층의 주택문제가 정치적인 이슈가 되었다. 이에 따라 정부는 주거안정 부문의 재정을 확충하였고, 저소득층 대상의 주택공급계획을 수립하였다(남동희, 2007).

1988년 4월 총선 이후 조성된 여소야대 정국과 1989년 1월 계획된 정권 중간평가 방침은 광범위한 지지층을 결집할 수 있는 정책 수립을 필요로 했다. 더욱이 1980년 후반부터 1990년까지 68%에 달하는 주택가격 상승률과 함께 정치적 이슈로 등장한 저소득층의 주거문제는 1988년 대규모 주택공급을 목표로 한 정부의 적극적인 개입을 유도하였다(표 3 참고). 1988년 7월 확정된 주택200만호 계획은 국민주택 85만호, 임대주택 60만호 확보를 명문화하는 정책이었다. 이를 통해 저소득층의 주거복지를 위한 정부의 직접적인 개입 정책으로서, 영구임대주택 공급을 포함한 저소득층 주거프로그램이 체계적으로 구상되었다(임서환, 2002). 소득계층별 주택공급전략의 적용으로 주택공급대상·주택규모·정부지원 등이 소득분위별로 차등 적용되었으며, 임대주택은 저소득층을 대상으로 공급되었다. 특히 임대주택 60만호 공급계획은 정부의 적극적인 임대주택공급의지를 보여주었는데, 이는 영구임대주택 25만호와 장기임대주택 35만호 공급을 골자로 하였다. 그러나 1990년 당초 계획된 임대주택 60만호는 50만호로 축소되었으며, 영구임대주택은 25만호에서 19만호로 장기임대주택은 35만호가 25만호 공급으로 변경되었다. 영구임대주택의 입주대상은 입지여건 등을 고려하여 1992년 2월 저소득층 모자가정 및 전용 40㎡ 이하 청약저축가입자(2~5만원) 중 전년도 도시근로자가구 월평균 소득의 80% 이하인 경우까지 확대되었고, 1982년부터 건설되기 시작한 장기임대주택은 1992년 건립 종료까지 15만호가 건설되는 변동이 있었다.

1990년부터 영세민전세자금 지원이 실시되었고, 1992년부터는 공공임대주택을 공급을 공식화하며 문민정부 시기 5년형 및 50년형 공공임대주택 공급의 근간을 마련하였다. 또한 도시 내 저소득주민 밀집거주지역의 주거환경개선을 목표로 제정된 「도시저소득주민의 주거환경개선을 위한 임시조치법」(1989)을 통해 재개발 지역에 거주하는 저소득주민의 주거안정을 위한 주거환경개선사업이 시행되었다.

그러나 이 시기 주택정책의 근본목적이 여전히 주택부족문제를 해결하기 위한 주택물량의 양적 확대에 있었던 연유로, 주거부문에서의 국민의 행복한 삶이라는 주거복지에 충실한 주택정책이었다고 보기는 어렵다(김혜승, 2011).

표 3 6공화국의 주거복지 정책

구분		정책개요 및 특징	정책내용
주택지원	영구임대주택	- 도시영세민의 주거안정을 위해 영구 전세임대주택 공급	- '89~'92년 건설 완료 - 사업비의 85% 재정지원 - 전용면적 23~43㎡의 소형주택 위주로 총 19만호 건설
	장기임대주택	- 영구임대주택보다 다소 높은 소득계층 대상으로 저렴하게 임대 - 5년간 임대 후 분양전환	- '82~'92년 15만호 건설 - 전용면적: 60㎡이하 - 입주대상: 도시근로자 월평균소득 이하의 무주택 청약저축 가입자(월 2~10만원 불입) - 보증금 및 임대료: 영구임대보다 임대보증금은 2.9배, 임대료는 1.77배 높음
주택구입 및 전세자금 지원	영세민 전세자금 지원	- 무주택 영세민 주거안정 지원	- 국민주택기금을 활용하여 저소득 영세민 대상의 수요자 지원을 실시함
주거환경개선		- 재개발 지역에 거주하는 저소득주민의 주거 안정에 기여	- 도시저소득주민의 주거환경개선을 위한 임시조치법에 의해 보장 및 시행

자료: 고철 외(2002) 참조·재작성.

3. 문민정부(1993~1997)

문민정부로서의 정체성을 표방한 김영삼 정권은 과거 군사정권과는 달리 정치적 정당성 확보에 대한 부담이 적었으며, 초기의 개혁을 통해 국민적 지지를 받게 됨으로써 복지프로그램에 대한 의존이 상대적으로 축소되었다. 이에 따라 공공임대주택 정책은 대도시 재개발 사업 활성화에 기여하는 재개발구역 세입자용 공공임대주택을 제외하고는 1994년부터 사실상 중단되었다(김수현, 1996). 이러한 측면은 공공부문의 직접개입보다는 민간부문 지원을 통해 주택건설 활성화를 촉진한 문민정부의 주택정책 기조에 여실히 반영되고 있다. 노태우 대통령 재임 초기에 확립된 200만호 주택건설 계획 등 주택공급 물량의 확대를 강조한 기존의 정책은 건설산업 부문의 비대화를 야기했고, 경기침체가 건설산업의 활력을 저하시킴에 따라 정부의 주택정책이 건설업계 지원에 치중되었다. 이에 더해 21세기 세계화 시대의 경쟁력 향상이 국정 화두로 떠오름에 따라 주택수요 조정 및 주거복지 화두보다 건설산업 활력 제고에 기반한 경기활성화가 보다 강조되었다. 또한 문민정부는 대규모의 주택공급물량 확보를 골자로 주택시장의 안정화, 택지공급방식의 다양화 및 주택의 질적 수준에 대한 관심 증대, 주택행정의 효율화 등 주택정책을 다양화하는 데 치중하였다(남동희, 2007). 이 시기 주거복지정책은 주택지원에 한정되어 있었으며, 1989년 도입된 영구임대주택, 시영공공임대주택과 더불어 공공임대주택(50년임대)을 새롭게 도입·시행하였다(표 4 참고).

이어 문민정부 집권 후기에 제안된 주거비 보조제도는 초기 투자비용의 과도한 부담 없이 비교적 용이하게 주거복지의 향상을 꾀할 수 있다는 점에서 정책의 확충이 시급한 제도로 논의되었다. 또한 해당 제도가 주택구입 및 전세자금을 직접 지원하고, 공공임대주택 건설 대비 수혜자 지원의 특성을 지닌다는 점도 제도의 수립 필요성을 강화해주었다. 이에 따라, 영세민전세자금 융자제도와 주거환경개선사업 지구의 주택개량 보조제도를 통해 구체화된 문민정부의 주거비 보조제도는 저소득 가구들의 실질적인 주거빈곤 해소에 기여하였다(이영환, 1999b).

표 4 문민정부의 임대주택 프로그램

구	분	사업주체	입주대상자	재원조달	임대조건
1989년 도입	영구 임대주택	주공, 지자체	- 생활보호대상자 중 거택보호 및 사활보호자 - 보훈대상자 중 자활보호자의 소득수준 이하인 자 - 보호대상 모자가정	- 1989년 - 재정: 85%, - 임대보증금: 15% - 1991년 이후 - 재정: 50%, - 국민주택기금융자: 20%, - 임대보증금: 30%	- 서울 12평 기준 (법정영세민) 보증금: 275만원, - 임대료: 5만원
	시영공공 임대주택 (재개발 구역)	주공, 지자체	- 재개발구역내 사업계획 결정 고시일 현재 3개월 이상 거주한 무주택 세입자	- 지자체 조달: 70%, - 임대보증금: 30%	- 공공임대주택 수준
1993년 도입	공공 임대주택 (50년 임대)	지자체	- 청약저축가입자 - 철거세입자 - 보훈대상자	- 재정: 70%, - 임대보증금: 30% - 1994년부터 재정지원 중단, 국민주택기금으로 대체	- 서울 13평 기준 - 보증금: 872만원, - 임대료: 13만원

자료: 김수현(1996) p.145 참조·재구성.

4. 국민의 정부(1998~2002)

국민의 정부 시기 주택시장 및 주택정책은 경제위기 및 IMF 금융관리체제의 영향으로 역동적인 변화상을 시현하였다. 1997년 말에 증폭된 외환위기는 일반경기의 침체와 함께 주택시장의 침체를 초래하였다. 이에 따라 주택시장의 수요와 공급이 급격히 감소하였고, 정부는 주택경기 활성화를 위해 각종 제도를 정비하고 규제를 대폭적으로 완화하였다. 규제 위주의 정책에서 시장지향적 주택정책으로의 전환을 통해 분양가자율화(1998), 소형주택건설 의무비율 폐지(1998), 주택저당채권 유동화제도(1999)가 도입되기 시작하였다(대한주택공사, 2002). 이 시기 제정된 국민기초생활보장법(1999)은 생활보호대상자들에게 임대료 등을 보조하는 주거급여를 명문화하고 주거비 급여제도를 공론화함으로써, 각종 규제완화 정책 속에서 취약계층을 대상으로 한 주거복지를 일부 보조하였다(이영환, 1999a).

그러나 건설산업이 위축된 상태에서 2000년 이후의 경기회복 및 주택수요 증가는 주택시장과열로 인한 부동산투기 확대를 초래하였고, 이어 주택수급 불균형 현상과 주택가격 상승을 야기하였다. 더욱이 저금리로 인한 전세물량 감소와 전세가격 상승은 주택시장의 안정을 위협하였다. 이러한 현상은 저소득층의 주거안정 화두를 사회적 이슈로 확대시켰고, 정부는 저소득층 주거안정을 위한 국민임대주택과 택지공급 확대를 추진하게 되었다. 따라서 주택시장 안정화를 목표로 한 건설산업 지원은 국민의 정부 전반기의 주요 주택정책 과제로 대두되었고, 주택공급 물량 확대를 근간으로 국민임대주택의 확대를 위시한 저소득층 주거안정 대책을 모색 · 수행하였다(남동희, 2007).

2001년 외환위기가 안정세에 접어들며 서민주거생활 안정을 위한 본격적인 정책적 논의가 활성화되었다. 서민주거생활 안정을 위한 전월세 종합대책(2001.3)에서 국민임대주택 10만호 건설을 발표하였으며, 건설산업 투자적정화 방안(2001.5), 임대주택 활성화 대책(2001.5) 등이 정부 시책으로 등장하였다. 이를 전후로 1998년부터 공급된 국민임대주택의 본격적인 입주가 시작되었고, 장기 거주가 가능한 10년형과 20년형으로 분류되어 실질적인 임대주택 재고 확보에 기여하였다(대한주택공사, 2002). 이어 정부는 2002년 4월 국민임대주택 50만호를 포함한 장기공공임대주택 100만호 건설을 발표하며 임대주택 재고 비중을 3.4%에서 10%로 확대할 것을 공식화하였다. 또한 2002년 9월 국민임대주택의 임대기간을 30년으로 연장시키는 방향으로 임대주택시행령을 개정, 그 해 12월 민간부문 임대주택 건설 확대를 위한 임대주택조합 제도 도입을 위한 임대주택법을 개정하였고, 2003년 3월에는 국민임대주택단지 10개 지구에 대해 개발제한구역을 해제하였다(강호석, 2004).

국민의 정부 집권말기인 2003년 5월 제안된 '저소득층을 위한 주거복지 지원 방안'은 정부 주도의 저소득층 주택마련 보조를 강조하였다. 해당 정책은 공동택지지구 내 공동주택지 중 20% 이상을 국민임대주택으로 배정, 전용면적 11평 이하의 국민임대아파트 건설자금을 지원하고, 2007년까지 국민임대주택 50만 가구를 건설해 소득 하위 11~40%에 속하는 저소득층을 위한 장기임대주택 재고량을 6.4%까지 확대할 것임을 밝혔다. 또한 소득하위 41~60%의 경우 중산층으로 편입이 가능한 계층으로 판단, 소형주택 건설 의무화 등을 통하여 자가점유 확대를 촉진하는 프로그램을 가동시켰다(강호석, 2004).

이 시기에 본격적으로 구체화되기 시작한 <표 4>의 공공임대주택, 소형분양주택, 주택구입 및 전세자금 지원, 주거급여제도, 주거환경개선제도 등의 정책들은 주거복지에 대한 기여와 한계점을 동시에 보유하고 있었다. 특히, 2000년 12월을 기준으로 전체 주택재고의 5.8%를 차지하였던 공공임대주택의 경우, 주거지원에 대한 실질적인 기여분 외에 분양을 전제로 한 임대주택[3]이 대부분이었다는 한계를 내포하고 있었다. 진정한 의미의 공공임대주택이라 할 수 있는 영구임대주택과 50년 공공임대주택의 재고는 2000년 12월 기준 269,116호로 전체 주택재고의 2.3%에 불과하였다. 특히 공공임대, 국민임대주택과는 달리 청약저축과 무관하여 저소득층 주거안정의 실질적인 향상에 기여하는 바가 큰 영구임대주택의 재고는 19만호로 절대적으로 부족한 상황이었다. 즉, 공공임대주택 역시 영구임대나 50년 공공임대를 제외하고는 5년 임대 후 분양으로 전환되는 임대 형태가 주를 이룸으로써, 저소득층을 위한 주택공급으로서의 기능은 거의 없이 자가소유를 위한 전이지대로 작용하였다. 이러한 단기형 임대주택의 한계 및 공급과잉 따라 장기임대주택 건설 및 공급에 대한 지원 강화 부문이 정책현안으로 부상하였다.

소형분양주택은 주택구입능력이 있는 시장참여 가능계층을 대상으로 한 정책이나, 주택200만호 건설계획 당시 소득2~5분위에 대한 지원을 명시한 것에 근거하여 저소득층 및 중산화 가능계층을 입주대상으로 설정하였다. 당시에는 선분양제도[4] 또한 주택구입능력이 있는 저소득층 및 중산층을 대상으로 하였다는 점에서 주거복지적 개념을 일부 함축하고 있는 정책으로 인식되었다(대한주택공사, 2002).

무주택자의 주택구입자금 지원금액은 국민의 정부 집권 중반인 2000년도를

3) 1980년대부터 국민의 정부까지 주로 공급된 공공임대주택은 대개 5년 정도의 임대기간을 거친 후 분양되었기 때문에 사회복지적 의미를 갖는 공공임대주택이라고 할 수는 없었다(이영환, 1999a).

4) 선분양제도는 청약예금제와 주택공급에 관한 규칙에 따른 중산층용 아파트를 집중적으로 건설하기 위해 주택건설재원을 수요자로부터 직접 조달하는 방식이었는데, 이는 분양가가 규제되는 시장에서 발생하는 상시적인 초과수요상태에서 기인하였다.

기점으로 확대 시행되었다. 주택구입 지원정책으로는 연소득 3000만원 이하 무주택자가 주택구입시 집값의 1/3 범위에서 최고 6000만원까지 연 7~7.5%로 지원하는 근로자서민 주택구입자금과 함께, 만 20세 이상 무주택세대주를 대상으로 7000만원까지 연리 6%로 지원하는 생애 첫 주택구입자금 지원이 실시되었다. 더

표 5 국민의 정부 주거복지 정책

구 분			정책개요	정책내용 및 계획
주택지원	건설기반	영구임대	- 영구적인 전세임대주택 제공으로 영세민 주거안정을 지원	- 입주자격은 청약저축과 무관
		공공임대	- 청약저축에 가입한 무주택자의 주거안정 지원	- 5년형과 50년형으로 분류 - 5년 임대 후 분양으로 전환되는 장기임대가 물량의 대부분을 차지
		국민임대	- 청약저축에 가입한 무주택자의 주거안정 지원	- 5년형 공공임대주택 대비 소득수준이 낮은 계층 대상
	분양주택	소형분양주택	- 선분양제도를 통해 주택건설재원을 수요자로부터 직접 조달	- 소득2~5분위 중 주택구입능력 보유계층 대상 - 청약예금제 및 주택공급에 관한 규칙에 근거 - 중산층용 아파트 집중 건설
주택구입 및 전세자금 지원	구매지원	근로자서민 주택구입자금	- 연소득 3000만원 이하 무주택자를 대상으로 주택구입자금을 지원	- 주택구입시 집값의 1/3 범위에서 최고 6000만원까지 연 7~7.5%로 지원
		생애 첫 주택구입자금	- 만 20세 이상 무주택세대주에게 주택구입자금을 지원	- 7000만원까지 연리 6%로 지원 - 2001년 6월부터 실시
	전세지원	근로자·서민 전세지원자금	- 중산층 이하 무주택세대주의 주거안정 확대	- 대상자는 연소득 3,000만원 미만인 무주택세대주이며 지원조건은 연 7~7.5%
		영세민 전세자금	- 전세계약 완료 무주택 세대주에 장기간 안정적인 대출자금 제공	- 서울의 경우 보증금 5,000만원 이내에서 3,500만원까지 연 3%
주거급여제도		주거급여 지급	- 기초생활수급자의 최저생활보장 및 생계유지를 목적으로 주거급여를 현금으로 직접 지원	- 국민기초생활보장법 상 수급권자 대상 - 수혜자의 생계유지 및 여타활동(교육, 의료, 자활 병행) 지원

자료: 고철 외(2002) 및 대한주택공사(2002) 참조·재작성.

불어 주택시장 동향을 반영한 전세자금 지원정책도 시행되었는데, 연소득 3,000만원 미만인 무주택세대주를 대상으로 연 7~7.5% 전세자금을 지원해주는 근로자서민 전세지원자금과 보증금 5,000만원 이내에서 3,500만원까지 연 3%로 전세자금을 보조하는 영세민 전세자금 지원정책이 이에 해당된다.

주거급여제도는 1999년 제정된 국민기초생활보장법에서 규정하고 있으며, 내용상으로는 주거에 관한 지원에 해당하나 일반적인 주거복지정책과 달리 보건복지부의 관장업무로 귀속되었다. 본 제도는 2001년부터 실시되었으며, 수급권자에게 주거안정에 필요한 임차료와 유지수선비 및 기타 대통령령이 정하는 수급품을 지급하는 것으로 규정하였다. 또한 임차료지원은 월세임차료를 현금으로 지급하거나 전세자금을 대출해 주는 것으로 명문화하였다. 월임차료는 2002년까지는 가구원수에 따라 23,000~51,000원으로 동일 금액을 현금으로 정액 지급하였다.[5] 이를 통해 저소득층에 대한 생계, 교육, 의료부문 외에 주거에 대한 급여가 최초로 실시되었다는 점에서 상징적 의미가 있었으나, 가구당 2~5만원을 지급하는 등 실질적인 주거비 보조의 의미가 미약하다는 점을 들어 제도의 보완이 요구되기도 하였다(대한주택공사, 2002).

통상적으로 공공임대주택은 「임대주택시행령」에서 정의하고 있는 국가 또는 지방자치단체의 재정으로 건설하거나 국민주택기금에 의한 자금으로 건설 후 임대하는 주택으로서 영구임대주택, 공공임대주택, 국민임대주택 등을 포함하는 포괄적인 개념이다(고철 외, 2002; 대한주택공사, 2002).

영구임대주택은 1988년 「주택200만호계획」의 일환으로 건설되었으며 최종 19만호 건설 후 종료되었다. 국민의 정부 시기 영구임대주택의 건설재원은 정부가 호당 85%의 사업비를 제공하고 나머지는 임대보증금 형식으로 입주자가 부담하였다. 해당 주택은 생활보호대상자 중 거택보호자와 자활보호자, 의료부조자, 저소득보훈대상자, 저소득모자가정 등을 주요 입주대상으로 설정하였다. 공공임대주택은 임대기간과 전용면적에 따라 5년형과 50년형으로 구분되었으며, 「주택공급에 관한 규칙」은 무주택 청약저축에 가입한 무주택세대주로서 생활보호대상

5) 2003년부터는 임대료의 상·하한선을 정하여 지출하는 주거비의 50%까지 지원하도록 규정하였다.

자, 국가유공자, 일군위안부, 보호대상모자가정, 귀순북한동포 등을 공공임대주택의 입주대상자로 규정하였다(고철 외, 2002). 저소득층의 주거안정을 목표로 공급된 국민임대주택은 1997년 도입되어 국민의 정부 시기 본격화된 공공임대주택 프로그램이었다. 이 시기 국민임대주택 건설에 따라 주택부문에 대한 정부재정 투입이 증대되었고, 공공임대주택의 총량 또한 확대되어 주거복지 향상에 다각도로 기여하였다(표 6 참고).

표 6 국민의 정부 임대주택 프로그램

구분		사업주체	공급목적	입주대상자	재원조달	전용면적
영구임대		주공, 지자체	- 영세민 주거안정	- 기초생활 수급자 - 의료부조자 - 보훈대상자 등	- 재정: 85%, 입주자: 15%	- 23.1~39.6㎡
사원임대		주공, 지방공사, 민간업체, 고용자	- 근로자의 고용안정과 주거안정	- 5인이상 고용사업체의 무주택세대주 피고용자	- 규모별 국민주택기금 융자	- 85㎡ 이하
공공임대	5년형	주공, 지방공사, 민간업체	- 무주택국민의 주거안정	- 무주택 청약저축 가입자	- 국민주택 기금	- 60㎡ 이하
	50년형	주공, 지자체	- 무주택국민과 저소득층의 주거안정	- 무주택 청약저축 가입자 - 특별공급 대상자(국가유공자, 철거민 등)	- 재정: 50%, 국민주택기금: 20%	- 40㎡ 이하
국민임대*	10년형	주공, 지자체	- 저소득층의 주거안정	- 전년 도시근로자가구 월평균소득의 70%이하인 무주택세대주	- 재정: 30%, 국민주택기금: 40% 주공: 10%, 입주자: 30%	- 60㎡ 이하
	20년형			- 전년 도시근로자가구 월평균소득의 50%이하인 무주택세대주		- 50㎡ 이하
민간건설 중형임대		-	- 중산층의 주거안정	-	- 국민주택 기금	- 60~85㎡

주: 국민임대주택의 입주 기간은 2002년 개정된 임대주택법을 근거로, 30년으로 연장되었음.
자료: 고철 외(2002) p.98 참조·재구성.

국민의 정부 당시 등장하게 된 영구임대주택은 건물의 수명이 다할 때까지 영세민을 위한 임대용으로만 사용되며, 이를 위해 건설비의 85%가 국고에서 지원되었다. 이와 같은 지원은 기존의 5년 정도의 임대기간을 거친 후 분양된 공공임대주택이 주를 이루던 우리나라에서 유래 없던 파격적인 수준이었다. 이에 따라, 영구임대주택은 우리나라 주택정책에 주거복지의 개념이 도입되는 주요한 계기로 작용하게 되었다. 아울러 영구임대단지의 사회문제에 대처하기 위해 설치된 지역사회복지관은 전체 사회복지시설의 양적 확대를 견인하였고, 사회복지 화두를 주요 이슈로 조성하는 데에도 크게 기여하였다(이영환, 1999a). 그러나 경기침체 시에는 경기부양을, 주택경기 활황시에는 부동산투기억제를 반복하였던 국민의 정부 시기 주택정책은 소수계층에게는 개발로 인한 혜택을 준 반면, 저소득층을 위한 실질적인 주거복지 개선에는 크게 기여하지 못했다는 평가를 받으며 주택시장의 양극화 심화에 대한 논란을 야기하였다.

5. 참여정부(2003~2007)

주거복지에 대한 논의는 참여정부의 출범과 함께 본격화되기 시작하였으며, 참여정부의 주거복지에 대한 논의는 정책방향과 대상, 그리고 그 추진방안까지 비교적 구체화된 내용을 담고 있다는 점에서 이전 정권들과 다른 양상을 보였다(홍인욱, 2006).[6]

참여정부는 출범 초부터 서민주거안정을 위한 주거복지의 중요성을 강조하면서 주거정책의 목표를 '주거복지와 주거생활의 질적 수준 향상을 통한 집 걱정 없는 사회구현'으로 명시하고, 주거복지 관련 정책들을 지속적으로 전개하여 왔다(홍인옥, 2006). 참여정부는 주택보급률이 101.2%에 이르는 등 양적인 측면의 주택문제가 상당 부분 해소된 시점인 2003년 출범한 연유로, 주거의 질적 향상을 강조한 주거복지정책을 주택정책의 주요 쟁점으로 설정하였다. 이에 따라, 주택

6) 참여정부 이전의 주거복지 논의가 주택의 양적 부족 문제를 해소하는 것뿐만 아니라 주택의 질적 문제에 대한 고려가 필요하다는 차원에서 주거복지적 접근의 필요성을 제기하는 수준이었다고 지적된다(홍안옥, 2006).

정책의 목표를 양적 공급 중심에서 수요자 위주의 질적 공급으로 전환하고, 주택의 개념을 소유의 개념에서 주거의 개념으로 전환하는 주택정책의 패러다임 변화는 참여정부 주택정책의 선결과제로 지적되었다(강호석, 2004).

먼저, 「2003－2012 주택종합계획」의 수립으로 주거복지 중심의 주택정책으로 전환하기 위한 제도가 정비되기 시작하였다. 참여정부는 이 계획을 통해 주택문제 해결을 위해 사회정책적 차원의 접근이 필요함을 강조하였으며, '국민 주거복지 향상 및 계층간·지역간 주거불평등 해소를 통한 국민통합'을 주요 이념으로 제시하였다(김혜승, 2011). 계획내용에 따르면, 5년 동안 주택 250만호를 건설하되, 수도권에 150만호를 건설하여 2006년 수도권의 주택보급률이 100%를 달성하도록 하고, 과세체계를 조정하여 불로소득을 환수하는 등 투기 방지를 위한 대책강구를 주요 목표로 설정하였다. 또한 저소득층을 세분화하여 소득계층별로 주거급여지원, 적정 평형의 국민임대주택 공급, 주거환경 개선 등 소득계층별로 상이한 지원체계를 구축하고자 하였다. 아울러 기초생활수급자에 대한 주거급여의 상향조정을 추진하고, 국민임대 소형평형(전용11평 이하)에 대한 재정지원을 확대하여 최저소득층의 실질적인 입주기회를 부여함은 물론, 기 지정된 486개 지구의 주거환경을 2005년까지 정비하고, 추가적인 지구를 지정함으로써 노후불량지를 지속적으로 정비할 것임을 명시하였다. 이에 더해 향후 10년간 장기 공공임대주택 150만호를 건설하여 임대주택 재고를 선진국 수준으로 제고하는 것을 목표로 하되, 2007년까지 국민임대 50만호를 건설하여 저소득층의 주거안정에 기여한다는 내용을 포괄하였다(박신영, 2006). 상기 「2003－2012 주택종합계획」의 내용을 근간으로 참여정부의 주택정책 목표는 주택시장 안정과 국민 주거복지 향상으로 설정되었고, 이는 다시 주택부족문제의 해소, 저소득층 주거수준 향상 및 주거격차완화, 주택시장의 안정기반 구축이라는 세 가지 측면으로 세분화되었다(홍인옥, 2006). 이어 「2004－2008 참여복지 5개년계획」에서도 주거복지계획을 구체화하고 있는데, 이 계획을 통해 주거복지에 대한 사회복지 측면의 논의가 시작되었다(박신영, 2006).

2003년 5월 발표된 「서민·중산층 생활안정 대책(주거지원부분)」과 9월 발표된 「서민·중산층 주거안정 지원대책」은 상기 세 가지 측면을 중심으로 주거복지

정책의 당면과제인 저소득층의 주거안정과 새로운 정책기반으로서의 주거복지정책 기틀 마련이라는 두 가지 특성을 모두 포괄한 시책이었다. 이들 대책은 참여정부의 주요 주거복지정책으로서 최저주거기준의 설정 및 공고, 국민임대주택 5년간 50만호 건설, 장기공공임대주택 10년간 150만호 공급, 노후불량주거지 주거여건 개선과 함께, 소득계층별로 차별화된 주거복지 지원로드맵을 제시하는 것으로 요약해 볼 수 있다(표 7 참고).

표 7 참여정부의 주거복지 정책기조

구 분	정책목표	주요 내용	
최저주거기준 설정 및 공고	주거복지 지표 개발	면적기준	- 만 5세 초과자녀와 분리된 부부침실 확보 - 만 8세 이상 이성 자녀의 침실과 노부모의 침실 별도 확보
		시설기준	- 전용부엌 및 화장실 확보 - 부엌 내 상수도 또는 수질이 양호한 지하수 이용시설 완비
국민임대주택 공급 확대	소득계층별 차별적 주거지원	최저소득층 (소득1분위, 월소득 83만원 이하)	- 영구임대주택 공급 - 주거급여의 단계적 조정 - 저리 전월세자금 지원 - 소형평형 국민임대주택 공급
		저소득층 (소득2~4분위, 월소득 190만원 이하)	- 주거환경 정비 - 국민임대주택 공급 - 전월세자금 지원
		중산화 가능계층 (소득5~6분위, 월소득 255만원 이하)	- 중형 장기임대주택 공급 - 소형분양주택 공급 - 주택금융 확대
매입임대주택 공급	최저소득계층 지원	- 다가구주택을 매입하여 도심 내 최저소득계층을 위한 임대주택으로 공급	
노후불량 주거지 개선	주거환경 개선	- 빈곤층 집단 거주지역(비닐하우스촌, 쪽방촌, 노후불량주택 집성촌지역 등)의 주거환경 증진 지원	

자료: 건설교통부(2005), 홍인옥(2006) 및 박신영(2006) 참조·재작성.

참여정부 시기 주거복지정책의 정책지표로 채택된 최저주거기준은 2003년 7월 주택법 개정을 통해 최초로 법제화되었고, 이후 수립된 주거복지정책의 주요 목표는 이러한 최저주거기준 미달 가구 수를 축소하는 데 있었다. 또한 정부는 「소득계층별로 차등화한 주거복지 지원 로드맵」(2003.5)을 통해 최저소득계층(소득1분위), 저소득층(소득2~4분위), 중산화 가능계층(소득5~6분위)로 세분화된 저소득층을 대상으로 각 계층별 특성에 따라 차별화된 임대주택 지원방안을 제시하였다(〈그림 2〉 참고).

또한 2004년 도입된 매입임대주택 공급정책은 기성시가지 내 최저소득계층이 '현 생활권에서 현재의 수입으로' 거주할 수 있도록 기존주택을 매입하여 저렴하게 임대하는 방안으로, 정부의 다가구주택 매입을 통한 저소득층 주거지원에 기여하였다(박신영, 2006). 또한 임대주택 건설 및 공급과 함께 임대주택정책의 제반현황을 점검하고 개편방안을 마련하는 것에도 주력하였다. 그 외에도 비닐하우스촌,

그림 2 2017년 소득분위별 주거복지 청사진

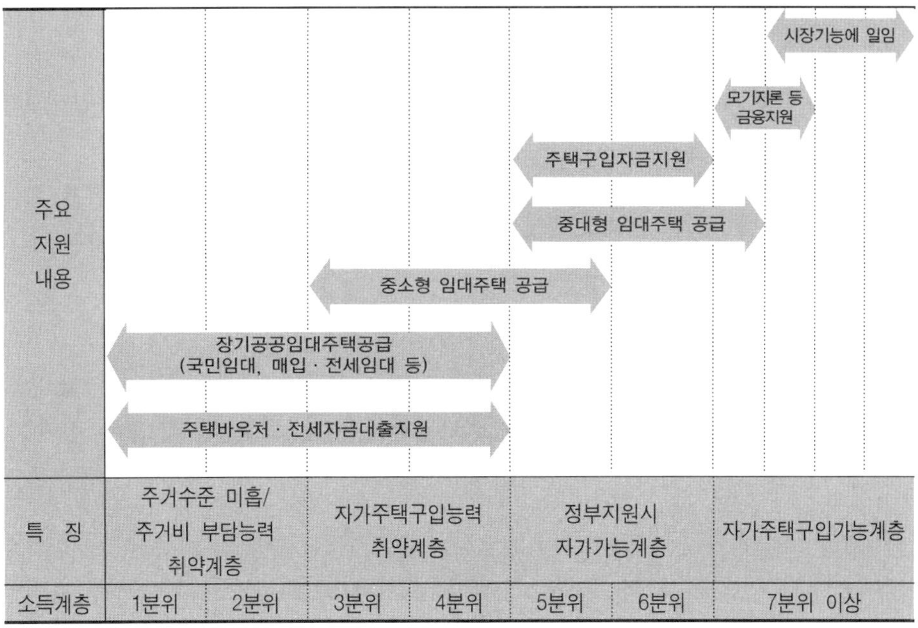

자료: 김혜승(2007) p.14에서 인용.

쪽방촌, 노후불량주택 집성촌지역 등 빈곤층 집단 거주지역에 대한 지원대책 수립을 비롯하여 민간이 건설한 부도임대주택의 임차인 지원제도 및 부도예방 방안 등 주거복지실현을 위한 다양한 방안들을 도입 · 시행하였다(홍인옥, 2006).

참여정부는 주택가격 안정과 함께, 주택가격 급등으로 인한 주거격차 해소를 위해서도 노력했다. 주거격차 해소를 위한 초기 방안은 강북 뉴타운 개발과 같은 형태로 구체화되었다. 뿐만 아니라, 청약제도 개편을 통해 기존 주택보유자들이 신규분양시장에 들어오는 것을 차단하거나 주택담보대출 인정비율 하향조정을 통해 기존 주택의 담보력을 이용한 주택확보를 저지하였다. 이후 이러한 격차 해소 정책은 저소득층에 집중한 실질적인 주거복지정책으로 확대되었다. 그리고 이를 달성하기 위한 당면과제와 대책으로 첫째, 지역 주택시장의 상황 및 다양한 수요에 대응하는 지속적인 주택공급, 둘째, 투기적 수요 및 주택과소비 억제대책을 통한 주택시장 안정유지, 셋째, 한정된 주택자원의 효율적인 활용, 넷째, 저소득층 주거안정을 위한 공공주택정책의 강화 등을 적시하였다(남동희, 2007). 이러한 주택정책 목표를 뒷받침하는 이념적인 문제에 대해서도 주택문제는 사회 전체의 발전과 국가 성장의 원동력이라는 인식을 강조하고, 주택에만 치중한 협의의 주택정책이 아닌 전 국민적 주거복지 향상을 도모하는 사회정책적 접근시각의 중요성을 역설하였다.

그 구체적 대안으로서, 주거복지 향유의 공정성이라는 상위 목표 아래 연차적으로 집행되는 임대주택건설계획과 소득수준별로 선별 지원되는 다양한 주거복지 프로그램이 마련되었다(표 8 참고). 이는 임대주택의 관리 및 소득수준별 형평성 확보의 어려움에도 불구, 주거복지정책에 대한 기본적인 토대 구축 작업의 일환으로 분석되었다. 임대주택의 공급 확대와 도심의 다가구주택을 매입해서 전세임대하는 매입임대 등의 주거지원 프로그램을 중심으로, 국민의 정부 집권 후기 주거복지정책과 연계한 주택구입 및 전세자금 지원, 주거급여제도, 주거환경 개선 정책이 시행되었다.

표 8 참여정부의 주거복지 정책

구분			정책개요	정책내용
주택지원	건설기반	영구임대	- 최저소득계층 및 사회보호계층의 주거안정 지원	- '89~'92년 건설 완료 후 지속적 재고 관리 및 활용 - 분양 전환 불가
		국민임대	- 무주택 저소득층의 장기적인 주거안정 도모를 위하여 재정 및 주택기금 지원을 통해 건설 및 매입	- '03~'12 내 100만호 건설계획 - 30년 이상 장기 임대 가능 - 3가지 유형으로 제공하여 입주민의 소득수준 및 가족수에 따라 선택 가능 (유형① 50㎡미만, 유형② 50~60㎡이하, 유형③ 60㎡초과) - 기존주택, 부도임대주택을 매입하여 국민임대주택으로 공급 가능
		공공임대	- 무주택 저소득층의 주거안정 지원	- 5년형, 10년형, 50년형으로 다양화 - 50년형은 '92년 건설된 영구임대주택의 보완책으로 분양 전환 불가
	매입임대		- 기존주택을 매입하여 저소득층에 저렴하게 임대	- 다가구, 부도, 미분양, 재건축 매입임대주택으로 분류
	전세임대		- 기존 주택에 전세계약 체결 후 저소득층에 저렴하게 임대	- 저소득가구, 신혼부부, 소년소녀가정을 대상으로 지원
주택구입 및 전세자금 지원	저소득 영세민 전세자금 융자		- 가구의 주거비부담 경감을 목적으로 한 저리의 전세자금 융자	- 지역별 전세보증금 이하의 전세를 체결하는 무주택 저소득 세입자 대상 - 대출금액은 지역별 전세보증금의 70% 이내에서 소득 및 부채에 따라 변동
	근로자/서민 전세자금 융자			- 대출신청 시기 무주택 세대주로 인정되는 근로자와 서민 대상 - 대출금액은 지역별 전세보증금의 70% 이내에서 소득 및 부채에 따라 변동
주거급여제도	최저주거비 보장		- 국민기초생활보장사업에 의거하여 저소득층의 최저주거비 확보	- 주거급여와 생계급여에 포함된 주거비를 통해 최저주거비 보장 - 가구규모에 따라 정액으로 지급
	주거현금급여		- 기초생활수급자의 최저생활보장 및 생계유지를 목적으로 주거급여를 현금으로 직접 지원	- 최저주거비 보장 제도를 근거로 제공되는 주거급여 중 70%

자료: 이태진 외(2010) p.64 참조·재작성.

참여정부의 주거복지정책은 공공임대주택의 공급에 가장 큰 비중을 두었는데(국정브리핑 특별기획팀, 2007; 김혜승, 2011), 1.31대책을 통해 장기공공임대주택의 비중을 총 주택재고의 20% 수준으로 확대할 것을 계획한 것이 이를 방증한다. 또한 2005년 8월 부동산 대책 이후 공공임대주택은 과거 서민 주거안정 및 주거복지 지원 수단 뿐만 아니라 시장안정을 위한 수급 조절, 중산층 주거지원 수단으로 확대되고 다양화되었다(김종림 외, 2006). 참여정부의 공공임대주택 프로그램은 크게 법정영세민을 위한 영구임대주택과 저소득가구를 위한 5년 및 50년형 공공임대주택, 국민임대주택으로 구성된다(표 9 참고).

영구임대주택은 주택200만호 건설계획의 일환으로 도시영세민의 주거안정을 위해 1989~1993년 동안 정부가 호당 85%의 사업비를 재정에서 지원하여 건설한 공공임대주택으로, 전국적으로 총 109.1천호가 공급된 후 건설이 중단되었다(장영희 외, 2005). 5년 및 50년형 공공임대주택 중 저소득층의 주거복지 향상에 보다 기여하는 공공임대주택 형태는 50년형이며, 이는 재정지원방식과 공급방식에 따라 50년 공공임대주택, 재개발임대주택, 주거환경임대주택 등 다양한 명칭으로 구분되어 왔다. 또한 50년형 공공임대주택은 국민임대주택과 함께 30년 이상의 장기 임대를 목적으로 하였다. 또한 10년 임대가 가능한 장기임대주택을 확충하고, 기존 수급물량을 활용하여 다가구 매입임대 및 기존주택 전세임대 정책을 시행함으로써 취약계층을 대상으로 한 임대주택 공급이 증대되었으며, 그 공급방식도 다변화되었다. 그러나 주거복지정책의 다변화 및 실효성 확보 노력에도 불구하고, 참여정부의 주택정책은 여전히 물량 위주의 공급정책에 기반하였으며, 주거복지에 대한 정책적 개념 또한 명확하게 정립되지 않은 채 시행된 것이 대다수였다. 물론, 참여정부 시기 저소득층의 안정적인 주거생활 영위를 위한 적정수준의 임대주택 재고 확보에 대한 논의는 상당했다. 그럼에도 참여정부의 100대 국정과제에서는 주거복지 확대를 10년간 100만호의 국민임대주택 공급을 통해 달성하고자 하는 등 과거 주거복지정책의 한계를 답습하였으며, 이에 따라 정책적 합리성 및 실효성이 결여되었다. 하지만 이러한 한계에도 불구, 도시 내 기존 주택의 매입 내지는 임차를 통한 임대주택 확보 등 임대주택 공급방식의 다변화는 주거복지정책 발전의 기반을 마련하였다는 의의를 지닌다(박신영, 2006).

표 9 참여정부의 임대주택 프로그램

<table>
<tr><th colspan="2">구 분</th><th>사업주체</th><th>입주대상자</th><th>건설 계획</th><th>재원조달</th><th>보증금 및 월 임대료 수준</th></tr>
<tr><td colspan="2">영구임대</td><td>국가, 지자체, 주공</td><td>- 기초생활 수급자
- 의료부조자
- 보훈대상자 등</td><td>건설 중단</td><td>-</td><td>- 보증금: 250~310만원, 임대료: 5~6만원</td></tr>
<tr><td rowspan="2">공공 임대</td><td>5년형</td><td>국가, 지방공사, 민간업체</td><td>- 무주택 청약저축 가입자</td><td>-</td><td>- 국민주택기금 융자</td><td>- 시중 임대료의 70~90%</td></tr>
<tr><td>50년형</td><td>국가, 지자체, 주공</td><td>- 무주택 청약저축 가입자
- 특별공급(국가유공자, 철거민 등)</td><td>대부분 건설 중단</td><td>- 재정: 50%, 국민주택기금 융자: 20%, 임대보증금: 30%</td><td>- 보증금: 490~1,550만원, 임대료: 5만8천~23만원</td></tr>
<tr><td rowspan="2">국민 임대 (30년)</td><td>40~50 ㎡이하</td><td rowspan="2">주공, 지방공사, 지자체</td><td>- 전년 도시근로자 가구 월평균소득의 50%이하인 무주택 세대주</td><td rowspan="2">매년 10만호</td><td>- 재정: 30%, 국민주택기금 융자: 40%, 임대보증금: 30%</td><td rowspan="2">- 전용면적 26~59㎡ 기준 보증금: 1,000~1,200 만원, 임대료: 13~14만원</td></tr>
<tr><td>50~60 ㎡이하</td><td>- 전년 도시근로자 가구 월평균소득의 70%이하인 무주택 세대주</td><td>- 재정: 10%, 국민주택기금 융자: 40%, 임대보증금: 50%</td></tr>
<tr><td colspan="2">10년 임대</td><td>주공, 민간업체</td><td>- 무주택 청약저축 가입자(85㎡ 이하)</td><td>매년 2~3만호</td><td>-</td><td>- 시중 임대료의 90%</td></tr>
<tr><td colspan="2">다가구 매입임대</td><td>주공, 지방공사</td><td>기초생활 수급자, 차상위 계층</td><td>매년 6,500호</td><td>-</td><td>- 보증금: 250~350만원, 임대료: 8~9만원</td></tr>
<tr><td colspan="2">기존주택 전세임대</td><td>주공, 지방공사</td><td>기초생활 수급자, 차상위 계층</td><td>매년 5,800호</td><td>-</td><td>- 보증금: 250만원 임대료: 12만원</td></tr>
</table>

자료: 주택도시연구원(2007) 및 박신영(2006) 참조·재작성.

6. 이명박 정부의 주거복지정책 및 현황(2008~현재)

이명박 정부의 출범과 함께 부상한 주택정책의 핵심은 주택시장을 공공의 개입과 시장자율로 구분하여 궁극적으로 시장안정과 시장기능 회복을 추구하는 것이었다. 이에 따라 주택공급확대 및 부동산 가격안정, 서민주거보호, 신혼부부 보금자리주택 공급의 세 가지 측면으로 구분된 주택정책이 주요 이행목표 공약으로 주창되었다. 이 중 <표 10>에 제시된 서민주거보호, 신혼부부 보금자리주택 공급은 정부개입 및 시장기능 활성화를 통한 주거복지 향상을 목표로 한다는 과정에서 주거복지정책에 해당되었다. 서민주거권 보호를 위해서는 서민층의 주거권 확보를 목표로 기본적인 주택공급확대가 추진되었으며, 전용면적 80㎡를 기준으로 복지를 위한 정부공급과 시장원리에 따른 공급확대로 주택정책방향을 구분하고 있다. 절대 및 부분 지원계층으로 분류되는 소득6분위 이하 집단에는 80㎡ 이하의 주택보급을 확대하고, 전용면적 80㎡ 이상의 경우 자립계층에 포함되는 소득7분위 이상을 대상으로 시장기능에 일임하는 것을 근간으로 하였다. 신혼부부 보금자리 주택공급은 주택공급확대와 서민주거권 보호 두 가지의 목적을 모두 포함하고 있으며, 이를 위한 공급 방안 및 수요자 금융지원에 대한 내용을 명시하고 있다(주택산업연구원, 2010).

표 10 이명박 정부 선거공약 내 주거복지 정책

구 분	목 적	주요내용
서민주거권 보호	서민주거권 보호	- 1가구 1주택 공급
	국민주택 공급	- 80㎡이하 국민주택: 정부 공급 - 80㎡초과 주택: 민간 공급
신혼부부 보금자리주택 공급	수도권 및 광역시 신혼부부 대상 연간 12만호 공급	- 재개발/재건축/주거환경개선사업 용적률 10% 상향 - 주변 산지, 구릉지 또는 도시주변 한계농지 등 활용 - 국민주택기금과 재정으로 장기저리 융자

자료: 주택산업연구원(2010) p.16-17 참조 · 재작성.

2008년 9월, 이명박 정부의 주거복지정책은 중장기적 시장안정과 공급물량의 유지를 위한 9.19대책인 「국민 주거안정을 위한 도심공급 활성화 및 보금자리주택 건설 방안」을 통해 본격적으로 등장하였다. 9.19대책에 언급된 주택유형별 공급계획은 2009~2018년에 이르는 향후 10년간 수도권 300만, 지방 200만, 총 500만 가구에 주택을 공급하고, 무주택 서민을 위해 2018년까지 수도권 100만, 지방 50만, 총 150만호의 보금자리주택 공급하는 시책을 골자로 하고 있다(주택산업연구원, 2010). 취약계층에 대한 직접적인 주택지원을 중심으로 한 이명박 정부의 주거복지정책 기조는 2009년의 8.23대책과 8.27대책을 거치며 보다 구체화되었다. 8.23대책은 전세시장 불안에 따라 등장한 정상화 방안으로서 수요측면에서는 전·월세 부담 완화를 위한 주택기금 전세자금 지원 확대와 민간 전세대출 보증 한도 확대를, 공급측면에서는 국민임대주택 조기 공급 등의 대책으로 취약계층의 주거안정을 보조하였다. 연이어 발표된 8.27대책은 서울을 중심으로 한 보금자리주택 공급 확대방안을 주 내용으로 하였으며, 주택공급 확대를 위해 수도권 개발제한구역 내 30만호 준공 계획을 기존 2018년에서 2012년까지로 단축함과 함께 근로자 생애최초 주택구입자 청약제도 신설 등 주택청약제도를 개편하였다(주택산업연구원, 2010).

상기 대책들을 통해 정비된 이명박 정부의 주거복지정책 기조는 취약계층을 대상으로 한 임대주택공급 및 지원을 중심으로 하고 있다는 점에서 이전 정부와 일관성을 보이고 있다. 반면 2010년 8.29대책으로 통칭되는 「실수요 주택거래 정상화와 서민·중산층 주거안정 지원방안」은 정부의 직접개입보다 시장의 역할 조정을 통한 서민층의 주거복지 확대에 보다 집중한 대안을 제시하였다. 해당 대책은 수도권을 중심으로 한 주택거래 위축의 장기화를 배경으로, 서민층의 소액대출 한도를 확대하여 주택담보대출의 애로사항을 해소하고 주택금융신용보증기금의 전세자금 지원을 강화하는 방안을 제시함으로써 주택거래 활성화와 주거안정 지원을 동시에 추구하였다. 또한 보금자리주택의 사전예약물량을 기존 80%에서 50%로 축소하고, 건설업 활성화를 위해 민영주택 공급비율을 상향조정하였다(박윤영, 2010). 2011년 12.7대책으로 추진된 「주택시장 정상화 및 서민주거안정 지원방안」도 앞서 언급한 8.29대책과 유사한 맥락의 주거복지정책을 포함하고 있다.

실수요 주택구입 지원 강화를 위해 국민주택기금에서 주택구입자금지원을 확대·변경하는 계획으로 생애최초 구입자금과 근로자·서민 구입자금의 지원조건을 완화하였다. 이에 더해 전월세가구 주거비 경감 지원, 대학생 주거지원 강화, 중소형·임대주택 건설지원 확대를 위한 건설자금 지원연장 방안이 발표되었다. 상기 주거안정 지원대책들은 시장지원과 함께 주택구매가 가능한 중산층 집단 또는 중산화 가능 집단을 대상으로 하며, 직접적인 주택보다 간접지원을 강조하여 범국민적 주거복지 수준향상을 도모하고 있다. 이러한 점은 취약계층의 주거복지수준 향상에 주력하던 참여정부의 주거복지정책과 차이를 보이는 이명박 정부 주거복지정책의 특징이라 할 수 있다(표 11 참고).

표 11 이명박 정부의 주거복지정책 변화

발표시기	목 적	주거복지 관련 주요내용
2008. 9. 19	- 국민 주거안정을 위한 도심공급 활성화 및 보금자리주택 건설	- 보금자리 주택 개념 도입 본격화 - 보금자리주택 총 150만호 공급
2009. 8. 23	- 전세시장 안정	- 주택기금 전세지원 및 민간 전세 대출 보증 한도 확대 - 국민임대주택 조기 공급
2009. 8. 27	- 보금자리주택 공급확대 및 공급체계 개편	- 수도권 그린벨트 내 30만호 보금자리주택 건설 계획을 '18년까지에서 '12년까지로 단축
2010. 8. 29	- 실수요 주택거래 정상화와 서민·중산층 주거안정 지원	- 서민층의 주택담보대출상 애로사항 해소 - 주택금융신용보증기금의 전세자금 지원 강화 - 보금자리주택의 사전예약 물량을 기존 80%에서 50%로 축소
2011. 12. 7	- 주택시장 정상화 및 서민주거안정 지원	- 국민주택기금에서 주택구입자금지원 확대: 생애최초 구입자금 및 근로자/서민 구입자금의 지원조건 완화 - 전월세가구 주거비 경감 지원 - 대학생 대상 주거지원 강화

자료: 건설교통부 보도자료(2008; 2009; 2010; 2011) 참조·재작성.

표 12 이명박 정부의 주거복지 정책

구 분			정책개요	정책내용 및 계획
주택지원	보금자리주택		- 주택소득계층별/수요별 맞춤형 주택 공급	- 공공임대(10년임대), 장기전세(20년임대), 장기임대(30년이상), 공공분양 유형으로 구성
주택지원	임대주택	공공임대(10년 임대)	- 10년간 임대 후 분양 전환으로 능동적 복지 구현	- 지분형 임대주택(공공임대주택에 일정 지분을 인정) 위주로 공급하여 서민들의 점진적 자가소유를 촉진
주택지원	임대주택	장기전세(10~20년 임대)	- 월임대료 부담이 없는 장기 전세형 주택 공급	- 장기 전세형으로 공급하여 수요자들에게 다양한 선택기회 부여 - 도심위주로 공급
주택지원	임대주택	장기임대(30년 이상)	- 저소득층 및 최저소득층의 주거안정성 보장을 위해 공급	- 국민임대 40만호: 시중가의 60~70%로 공급 - 영구임대 10만호: 시중가의 30%로 공급
주택지원	임대주택	영구임대	- 최저소득계층 및 사회보호계층의 주거안정 지원	- '92년 건설 종료 후 '09년 재개되어 연간 1만호 공급
주택지원	분양주택		- 중소형 저가주택 공급	- 유형별 중소형 저가주택을 총 70만호 공급(전체 보금자리주택 건설목표물량의 47%)
주택구입 및 전세자금 지원	주택구매 지원	생애최초 구입자금	- 생애최초 주택 구입자에 대한 주택구입자금 지원	- '12년 말까지 시행 - 부부합산 연소득 5천만원 이하 가구 대상 - 1년 거치 19년 상환 또는 3년 거치 17년 상환
주택구입 및 전세자금 지원	주택구매 지원	근로자·서민 구입자금	- 일반 무주택자에 대한 주택구입자금 지원	- 부부합산 연소득 3천만원 이하 가구 대상 - 1년 거치 19년 상환 또는 3년 거치 17년 상환
주택구입 및 전세자금 지원	주택바우처 제도		- 수혜가구의 월 임대료 부담 완화를 위해 주택상환증서(월세 쿠폰) 제공	- '15년 시행 예정 - 가구특성에 따라 월 8~10만원 지원 예정 - 주거복지의 선택수단 다양화와 시장 참여 재고
주거급여제도			- 기초생활수급자의 최저생활 보장 및 생계유지를 목적으로 주거급여를 현금으로 직접 지원	- 가구원 수에 따라 한도액 구분 (1인 79.9만원에서 6인가구 29.5만원으로 다양)

자료: 국토해양부(2008; 2011), 진미윤(2009) 및 이태진 외(2010) 참조·재작성.

<표 12>의 주택지원 부문을 포괄하는 보금자리주택은 이명박 정부의 집권 이후 신설된 임대주택 제도로서 이명박 정부의 대표적인 주거복지정책으로 꼽힌다. 2008년 9.19대책은 공공이 건설하는 중소형 분양주택과 임대주택을 모두 포괄하는 개념의 보금자리주택을 새롭게 제시하였다. 이는 자가보유 촉진과 임대주택 공급을 병행하고자 한 계획으로, 참여정부의 대표적인 공공임대주택이었던 국민임대주택 공급은 계획기간을 연장하여 수용하되, 영구임대주택 공급의 재개, 전세형·지분형 공공임대주택 공급 등 임대주택의 다양성을 제고하며, 저소득·서민층이 적절한 입지에서 보다 저렴하게 자기집을 마련할 수 있도록 공공분양주택을 공급하는 내용을 담고 있다. 이와 동시에 민간이 비교적 저렴하고 원활하게 중소형 분양주택을 공급하도록 택지 및 금융을 지원하고 규제를 개선함으로써 중간계층 이상의 자가소유를 촉진하는 전략도 함께 마련하였다는 것을 근거로, 참여정부보다 상대적으로 자가소유 확대를 강조하는 정책을 펴고 있다고 볼 수 있다(김혜승, 2011). 이명박 정부의 주택지원 정책은 이러한 보금자리주택 개념하에서 진행되고 있으며, 임대주택과 분양주택 형태로 구분된다. 임대주택정책은 10년간 임대 후 분양으로 전환하는 지분형 공공임대주택, 10~20년의 장기전세로 월 임대료 부담을 경감하는 장기전세주택, 30년 기한의 국민임대와 최저소득층 대상의 영구임대로 구성되는 장기임대주택의 공급을 중심으로 시행되고 있다.

이명박 정부 들어 본격적으로 논의되고 있는 주택바우처 프로그램(Housing Voucher Program)은 민간 월세에 거주하는 저소득 임차가구에게 정부가 임대료의 일부를 지원해 줌으로써 월세 부담을 완화하는 주거복지정책이다(진미윤, 2009). 이 제도의 가장 큰 장점은 수요자가 원하는 주택을, 원하는 지역에서 선택할 수 있도록 주거선택권을 보장할 수 있고, 현금과 달리 쿠폰형태로 지원되기 때문에 타 목적으로 전용될 가능성도 상대적으로 적다는 점이다(김중은, 2009). 그러나 2008년부터 주택바우처 제도의 도입이 추진되어 왔음에도 불구하고, 예산편성의 문제로 정책의 본 제도의 전면 시행 시기를 2015년으로 연기하였으며 현재 2개 지자체가 시범사업지로 선정되어 있다. 이와 달리, 2001년부터 시행되어 온 주거급여제도는 수혜자의 생계유지 및 기타 활동을 지원할 수 있도록 지원액을 현금으로 지급한다는 점에서 주택바우처 제도와는 상이한 특징 및 정책효과를 지닌

채 별개로 시행되고 있다.

현 정부의 임대주택 프로그램은 <표 13>으로 정리해 볼 수 있다. 보금자리주택은 상술한 바와 같이 이명박 정권 임대주택정책의 핵심 축을 이루는 개념이며, 주택소득계층별·수요별 맞춤형 주택공급을 목적으로 공공이 재정 또는 기금의 지원을 받아 건설·매입하여 분양 및 임대하는 형태이다. 장기전세 시프트는 서울시와 SH공사가 중심이 되어 주변전세시세의 80% 수준으로 최장 20년에 이르는 전세기간을 보장해 주는 장기전세주택이다. 기존주택 매입임대와 전세임대는 도심 내 최저소득계층이 기존의 생활권 내에서 거주를 유지할 수 있도록 지원한다는 특징을 보인다. 기존주택 매입임대는 다가구주택 등을 매입하여 저렴하게 임대하는 방식으로 시행되고, 기존주택 전세임대는 정부가 기존주택과 직접 전세계약을 체결한 후 저소득층에게 저렴하게 재임대하는 방식을 취한다는 점에서 차이를 보인다(기획재정부 복권위원회 외, 2010).

이명박 정부는 소득5분위 이하 무주택 서민을 위한 주거복지대책을 수립, 집중 관리하고 있다(그림 3 참고). 소득계층별 특징에 따라 소득1~2분위는 임대료 부담능력 취약계층으로 구분하고, 소득3~4분위는 자가구입능력 취약계층, 5~6분위는 정부지원시 자가구입 가능계층으로 구분하여 참여정부의 소득분위별 분류와 일관성을 유지하고 있다. 이를 바탕으로, 정부는 2018년까지 매년 50만호의 주택을 공급할 예정이며, 무주택 서민을 위해 2018년까지 보금자리주택 150만호를 공공(주공, 지반공사 등)에서 직접 건설하여 공급할 계획을 가지고 있다(국토해양부, 2010). 구체적으로, 소득1분위에 해당하는 최저소득층을 위한 영구임대주택 10만호를 공급하고, 소득2~4분위 저소득층을 대상으로 40만호의 국민임대주택을, 소득3~5분위 저소득층에는 30만호의 공공임대주택을 공급할 예정이다. 내집마련 촉진이 주거복지정책 목표로 설정된 소득5분위 계층은 공공임대주택에 일정지분을 인정하여 향후 분양으로 전환하는 지분형 공공임대주택의 주요 타겟이며, 소득6분위를 대상으로는 민간의 공급을 통한 10만호의임대주택을 확보하는 시책을 진행 중에 있다.

표 13 이명박 정부의 임대주택 프로그램

구 분		사업내용	입주대상자	공급 계획	임대조건
보금자리주택		- 주택소득계층별/수요별 맞춤형 주택 공급을 목적으로 공공이 재정 또는 기금의 지원을 받아 건설, 매입하여 분양 및 임대	-	- '18년까지 150만호 공급	-
장기전세 시프트		- 중산층에게 필요한 중대형 주택(59㎡, 84㎡)을 중심으로 공급하며 최장 20년까지 주거안정 보장	- 서울특별시에 거주하는 무주택세대주로서 전년도 도시근로자 가구당 월평균소득의 70%이하 및 자산보유기준에 해당되는 청약저축가입자	- 재건축 포함 2011년 기준 3,525호 공급	- 인근 전세시세의 80% 이하
기존주택 매입임대		- 기존의 다가구주택 등을 매입하여 저렴하게 임대 - 최초 임대기간은 2년, 4회까지 재계약 가능	- 기초생활수급자 - 보호대상 한부모가족 - 저소득 장애인 공동생활가정 등	- '10~'12년까지 매년 7,000가구씩 총 5만 3천여 호 공급	- 임대보증금:사업비의 5% - 임대료:시세의 30% 수준에서 보증금을 제외한 나머지 금액의 월세 환산액
전세임대	기존주택 전세임대	- 기존주택에 대해 전세계약을 체결한 후 저소득층에게 저렴하게 임대 - 최초 임대기간은 2년, 4회까지 재계약 가능	- 기초생활수급자 - 보호대상 한부모가족 - 부도공공임대아파트 퇴거자 - 쪽방/비닐하우스 거주자 - 긴급지원대상자 등	- '10~'12년까지 매년 7,000가구씩 총 4만 9천여 호 공급	- 임대보증금: 한도액 범위 내에서 전세지원금의 5% - 임대료: 전세지원금 중 임대보증금을 제외한 금액에 대한 연 2%이자 해당액
	신혼부부 전세임대	- 기존주택을 전세계약 체결하여 도심내 저소득계층 신혼부부에게 저렴하게 재임대 - 최초 임대기간은 2년, 4회까지 재계약 가능	- 혼인 5년 이내의 신혼부부로서 무주택세대주인 기초생활수급자 또는 전년도 도시근로자 가구당 월평균소득의 50% 이하인 자	- '10~'12년까지 매년 5,000가구씩 총 2만여 가구 지원	- 임대보증금: 한도액 범위 내에서 전세지원금의 5% - 임대료: 전세지원금 중 임대보증금을 제외한 금액에 대한 연 2%이자 해당액
	소년소녀가정 등 전세주택지원	- 사회취약계층 아동 및 청소년에 대해 국민주택기금으로 전세주택을 마련하여 지원	- 소년소녀 가정 - 대리양육 가정 등	- '10~'12년까지 매년 1,000가구씩 총 8천여 가구 지원	- 만20세까지 무료(만20세 이후 2% 이자부담) - 전세금 지원 한도액: 수도권 7천만원, 광역시 5천만원, 그 외 지역 4천만원
취약계층 긴급 주거지원		- 긴급지원 대상 취약계층에게 국민임대, 매입임대 등 임대주택에 입주할 수 있는 자격을 부여하여 주거안정 도모 및 자활 지원 - 자활기반 조성을 위해 임대기간 2년으로 제공	- 긴급복지지원법 제9조1항1조가 규정하는 긴급지원대상자	- 다가구 매입임대, 기존주택 전세임대, 국민임대 유형의 주택을 지원	- 다가구 매입임대: 보증금 100~300만원, 시중임대료의 30% 수준 - 기존주택 전세임대: 보증금 250만원, 임대료 8만원 - 국민임대: 보증금 1,000~2,000만원, 시중임대료의 50~80% 수준

자료: 국토해양부(서민주택정보, http://cyber.mltm.go.kr/myhouse/)및 주거복지사업안내(국토해양부 외, 2011) 참조·재구성.

그림 3 2009-2018년 소득분위별 주거복지 청사진

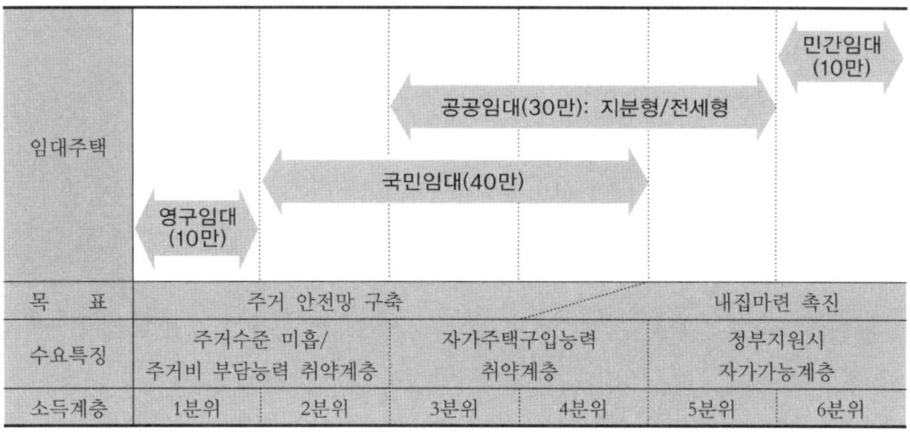

주: 소득 7분위 이상 집단에는 임대주택 공급계획이 없으므로, 표에서 제외하였음.
자료: 국토해양부(2008)에서 인용.

Ⅳ. 주거복지정책의 발전방향

주택은 사회 서비스(Social Service)의 핵심이며, 이에 따라 대부분 현대자본주의 국가들은 공공임대주택 또는 임대료 보조제도 등을 통해 주거복지정책을 시행하고 있다(하성규, 2011). 우리나라 또한 1980년대 이후 주거와 복지 측면을 연계한 사회적 취약계층의 주거복지정책이 점진적으로 발전되어왔다. 이러한 경향은 2000년대 진입 이전까지 주택시장의 대내외적 환경 및 정권별 주택정책 기조와의 상호작용을 거치며 발전과 쇠퇴를 반복하였다. 이어 2000년대 이후 주거복지가 주택정책의 쟁점으로 부상하였고, 정부 차원의 직접적인 정책개입 확대 및 각종 제도의 다양화를 통한 주거복지정책 수립이 주요 정책 목표로 자리매김하였다.

우리나라의 주거복지정책은 주택시장 동향을 반영한 주택정책의 일부로 발전되어 왔으며, 각 정부가 표방한 주거복지정책의 특징은 다음과 같이 요약할 수

있다. 6공화국 이전 시기에는 태부족한 주택공급량의 확대가 주택정책의 주요 목표였으나, 저소득층의 주거안정성 확보를 위해 임대주택을 도입하는 등 주거복지정책의 기반 형성에도 일정 부분 기여하였다. 사실상 군부정권의 연장선에서 출범하였던 6공화국은 정치적 정당성 확보의 일환으로서 취약계층을 대상으로 한 임대주택의 대량공급계획을 수립하였으며, 이는 이후 주거복지정책 내 대물보조 측면의 기반이 되었다. 반면 문민정부는 군부정권에 비해 정치적 정당성에 대한 부담이 적었고, 이에 따라 주택시장의 자율화 기조를 적극 반영하여 주요 공공임대주택 건설을 잠정 중단하고 민간자본 투입을 확대하였다. 참여정부 시기에는 공공임대주택의 유형을 다양화하고, 해당 공공임대주택 재고의 다량 확보 및 대량 건설 계획을 통해 취약계층의 주거안전망을 강화하였다. 이후 이명박 정부 집권 전반부에는 주택시장 활성화에 따른 주택시장의 자율화 추세가 일부 재개되었으나, 보금자리주택을 도입하고 주택바우처 추진의 기틀을 마련함으로써 주거복지정책의 확장세 또한 이어가고 있다.

주거복지는 주거안정성 확보와 주거의 질 향상, 나아가 주거비 부담의 적정화라는 구체적 과제들이 일정 수준 이상으로 달성될 경우에 확보된다. 그러나 우리나라의 주거복지정책은 주택가격과 공급중심의 정책으로부터 주거권·주거복지와 관련된 근본적인 철학을 정립하지 못하고 있다는 측면에서, 주거복지의 선행요건조차 충족시키지 못하는 실정이다(임서환, 2004; 하성규, 2010; 박경란, 2010). 이러한 한계와 함께, 점차 시장지향적인 주택정책으로 수렴하고 있는 서구사회의 주택시장 동향은 우리나라 정부로 하여금 현 수준의 주거복지정책 고수 또는 경기의존적 주택정책으로의 회귀를 독려할 가능성이 높다. 하지만 우리나라의 주거복지정책은 해당 서구국가들과는 달리, 공고화 단계에 접어들었다고 평가하기엔 미진한 체계를 갖추었을 뿐만 아니라 정책의 지속성이 담보되지 않은 상태다. 더욱이 일부 유럽국가들과 같이 주거복지를 위시한 주택정치가 정쟁(政爭)의 주요 화두로 작용하기 보다는, 특히 2012년 대선을 앞둔 현 시점에서 주거복지는 당파를 막론한 필수적인 복지요인으로 사회적 합의가 형성되어 있다. 따라서 우리나라는 주택의 공공재적 성격을 강조해 나가는 주거복지정책의 공고화 과정을 선행하여, 주거권 개념을 정착시키는 과정이 요구된다. 이를 위해 주거복지의 개념,

정의, 제도를 명확히 규정할 수 있도록 주거권을 현행 법령에 명문화하고, 기본적 인권으로 보장해야 한다는 논의를 더욱 확장해 나가야 한다. 이를 위해, 제도적인 측면에서는 기 법제화된 최저주거기준의 실용적인 활용 방안 모색과 주택바우처의 본격적인 도입이 이루어져야 할 것이다. 이어 대물보조 측면에서는 인구구조 변화를 반영한 소형 장기 임대주택의 재고 확보 노력을 경주해야 할 것이라 판단된다. 상기 주거권을 위시한 법제의 확립과 보다 다양한 정책연구들은 우리나라의 주거복지정책 발전에 실질적으로 기여할 것이며, 주거 취약계층을 포함한 전 국민적 주거복지수준을 점진적으로 향상시킬 것이라 기대되는 바이다.

참고문헌

강호석, 2004, 임대주택 정책의 개선방향, 「한국공공관리학보」, 18(1):257-280.
건설교통부, 2005, 「2005 주택연구편람」.
고철·천현숙·박능후·이태진·최현수·노언정, 2002, 「주거정책과 복지정책의 연계방안 연구」, 2002년 경제사회연구회 소관연구기관 협동연구시리즈 ④, 국토연구원.
국정브리핑 특별기획팀, 2007, 「대한민국 부동산 40년」, 한스미디어(서울).
국토해양부, 2008, 「국민 주거안정을 위한 도심공급 활성화 및 보금자리 주택 건설방안」.
국토해양부, 2009, 「서민 주거안정을 위한 보금자리주택 공급확대 및 공급체계 개편방안」.
국토해양부, 2010, 「실수요 주택거래 정상화와 서민·중산층 주거안정 지원방안」.
국토해양부, 2011, 「주택시장 정상화 및 서민주거안정 지원방안」.
국토해양부, 2011, 서민주택정보. http://cyber.mltm.go.kr/myhouse/
국토해양부,기획재정부 복권위원회·LH, 2011, 주거복지사업안내. http://www.korea.go.kr/ptl/search/catsrvc/viewbar.do?srvcId=SERVIC000000000000011303
기획재정부 복권위원회·국토해양부·LH, 2010, 주거복지사업안내. http://myhome.-lh.or.kr/welfare/info/info.asp
김수현, 1996, 한국 공공임대주택 정책의 전개과정과 성격, 학위논문(서울대박사).
김영태, 2006, 주거복지에 대한 이론적 개관 및 향후 정책과제, 「한국주거학회논문집」, 17(1):127-135.
김종림·박근석, 2006, 공공임대주택 대량공급시대의 관리체제 개선방안, 「HURI Focus」, 17:1-23.
김중은, 2009, 주택바우처 프로그램(Housing Voucher Program), 「국토」, 330:68.
김혜승, 2007, 최저주거기준을 활용한 2006년 주거복지 소요추정 연구, 국토연구원.
김혜승, 2011, 주거복지를 위한 주택개념의 확대와 주택정책 방향, 주거복지 컨퍼런스.
남동희, 2007, 우리나라 주택정책의 목표변화: 참여정부의 주택정책을 중심으로, 한국행정학회·한국정책학회 2007년도 하계공동학술대회 발표논문집(5):255-271.
대한주택공사, 2002, 「주거복지백서: 주택정책의 계층성 평가를 중심으로」.
박경란, 2010, 20대의 주거권에서 본 주거복지와 소셜믹스, 「건축」, 54(7):5-80.

박신영, 2006, 참여정부의 무주택 저소득층을 위한 주택정책의 내용과 성과, 「한국사회정책」, 13:199-228.

박윤영, 2010, 최근 전세가격의 상승과 이명박 정부의 주거정책, 「월간 복지동향」, 144:39-41.

이영환, 1999a, 주거복지-영구임대주택에서 주거급여까지, 「월간 복지동향」, 15:45-47.

이영환, 1999b, 주거복지정책의 동향과 과제, 「월간 복지동향」, 4:40-42.

이태진·현시웅·김선미·우선희·김정은, 2010, 「주거복지정책의 평가 및 개편방안 연구-국민기초생활 보장제도 주거급여 시행 10년」, 한국보건사회연구원.

임서환, 2002, 주택정책 반세기: 정치경제환경 변화와 주택정책의 전개과정, 대한주택공사.

임서환, 2004, 권두언: 주거복지와 임대주택, 「공간과 사회」, 22:4-7.

장영희·박은철, 2005, 「가구특성별 주거복지정책 연계체계 구축방안 연구」, 서울시정개발연구원.

주택도시연구원, 2007, 「정직한 내 집 마련」, 지안출판사(서울).

주택산업연구원, 2010, 「주택시장 동향과 평가」, 주택산업연구원.

진미윤, 2009, 주거급여와 주택바우처-지원의 효율성과 효과성, 「월간 복지동향」, 132:12-16.

하성규, 2003, 신자유주의시대 주거복지에 관한 이론적 논의, 「한국지역개발학회지」, 15(4):71-96.

하성규, 2010, 헌법과 국제인권규범을 통해서 본 주거권과 "적절한 주거(Adequate housing)" 확보 방안, 「한국사회정책」, 17(1):321-351.

하성규, 2011, 주거복지의 시대적 과제와 당위성, 「도시와 빈곤」, 91:6-8.

홍인옥, 2006, 참여정부의 주거복지정책, 「월간 복지동향」, 97:4-7.

Hills, J. 2007, *Ends and means: The future roles of social housing in England.* A summary of CASE report(34). 2007-02.

Lawson, J. & Milligan, V. 2007, *International trends in housing and policy responses.* Australian Housing and Urban Research Institute: Sydney Research Centre. AHURI Final Report(110). 2007-12.

Priemus, H. & Dieleman, F. 2002, Social housing policy in the European Union: past, present and perspectives. *Urban Studies*, 39(2):191-200.

Scanlon, K. & Whitehead, C. 2004, *International trends in housing tenure and mortgage finance*. CML Research. Council of Mortgage Lenders.

Torgersen, U. 1987, Housing: the Wobbly Pillar under the Welfare State, in: B. Turner, J. Kemeny and L. Lundqvist (Eds). *Between State and Market: Housing in the Post-Industrial Era*(pp.116-126). Almqvist and Wik-sell(Stockholm).

Whitehead, C. & Scanlon, K. 2007, *Social housing in Europe*. LSE London, London School of Economics and Political Science.

제4장

북미국가의 주거복지정책 : 미국, 캐나다

미국과 캐나다는 시장의 원리를 강조하고 정부의 간섭을 최소화하려는 자유주의적 복지국가(liberal welfare states)이다. 그러므로, 두 국가에서는 대부분의 주택이 민간개발업자들에 의해 건설되고 재원조달이 이루어지며 미국에서는 전체 가구의 약 2%, 캐나다에서는 전체 가구의 약 5%만이 정부로부터 주거지원을 받는다(Dalton 2009). 사회적 약자를 위한 주거지원이 크지 않음에도 불구하고 두 북미 국가는 지난세기 동안 주거복지정책에 대한 다양한 실험과 경험을 통해 우리에게 많은 시사점을 주고 있다. 우선 두 국가는 주거복지정책의 중심이 연방정부에서 주정부와 지방정부로 지방화(devolution) 되어 왔다는 공통점을 가진다. 하지만 미국의 경우 공급측면의 주거복지정책에서 수요측면의 주거복지정책으로 변화해 온 반면 캐나다의 경우 커뮤니티를 중심으로 한 사회주택(social housing) 건설을 통해 저소득층을 위한 주거복지정책을 실현해 왔다는 차이점이 있다. 이 장에서는 미국과 캐나다의 주거복지정책을 소개하고, 그 정책적 시사점을 검토하고자 한다.

Ⅰ. 미국의 주거복지정책

미국은 자가주택 보유율 증진을 위한 주택정책에 초점을 두어왔다. 자가주택 비율 증진을 위한 대표적인 정책은 자가주택 보유가구의 연방소득세에서 재산세와 대출이자를 감세해 주는 정책이다. 2008년 자가주택 보유가구에 대한 세금혜택은 1,710억달러($171billion)로 저소득층을 위한 연방정부 주거지원금인 402억달러($40.2billion)에 비해 네 배가 넘는 수치이다(Budget of the US Government 2008a, 2008b).

자가주택 보유율 증진을 위한 정책 이외에 연방정부는 주택 및 도시개발부(Department of Housing and Urban Development, HUD)를 통해 저소득층의 주거복지를 위해 지원하는데 이것은 크게 1) 저소득층을 위한 주택건설과 운영에 대한 지원, 2) 시장 내의 존재하는 민간주택확보를 위한 주거보조금 지원, 3) 주정부와 지방정부가 주거지원 제도를 개발하고 운영할 수 있도록 지원금을 제공하는 것으로 나눌 수 있다(Schwartz 2010). 이외에 HUD가 아닌 국세청(Internal Revenue Service)을 통해 저소득층을 위한 주택건설을 장려하는 저소득 주택세금면제(Low Income Housing Tax Credit Program) 제도의 영향력도 커지고 있다.

1. 공공임대주택(Public Housing)

공공임대주택은 정부가 저소득가구가 아닌 저소득층을 위한 주택의 건설과 관리를 위해 보조금을 제공하는 대표적인 공급측면의 주거복지정책 제도이다. 공공임대주택은 1937년 제정된 주택법(Housing Act of 1937)에 의해 처음으로 도입되었지만, 그 공급이 원활하지 않다가 제2차 세계대전 이후 1949년에 제정된 주택법(Housing Act of 1949)에 의해 본격적으로 공급이 시작되었다. 연방정부는 1949년 제정된 주택법을 통해 불량주택 밀집지역을 헐고 그곳에 공공임대주택 81만호를 6년간 건설하여 저소득층 가구의 주택난을 해결하고자 하였다. 하지만 교외지역을 포함하여 저층으로 건설하려던 공공임대주택 건설계획은 건설재원의 부족과 교외지역 주민들, 도심 내 중고소득층 가구들의 반발로 인해 중심도시(central cities) 내에 몇몇 지역에서만 집중되어 대규모의 고층건물로 20년에 걸쳐 건설되었다(Caves 1998; Von Hoffman 2000).

고층건물로 지어진 대규모의 공공임대주택은 여러 가지 문제점들을 발생시켰다. 저소득계층이 한곳에 집중되자 공공임대주택의 물리적 쇠퇴와 범죄율과 빈곤율 상승 같은 사회문제가 발생한 것이다(Caves 1998; Von Hoffman 2000). 이러한 문제들로 인해 세인트루이스시(City of St. Louis, MO)에 지어진 프루잇-아이고(Pruit-Igoe) 공공임대주택을 폭파시키기까지 이르렀으며 그 외에도 많은 공공임대주택들이 중심도시 지방정부들에게는 골칫거리가 되어버렸다. 결국 1973년 닉슨 행정부는 공공임대주택 건설을 일시적으로 중단하는 중지령(moratorium)을 선포하고 주택정책을 재정비하기에 이르렀다.

1970년대 이후 대규모의 공공임대주택 건설은 중단되었지만, 이미 건설된 공공임대주택은 지속적으로 사회문제를 발생시켰다. 그리하여 1990년대 초 공공임대주택과 관련한 문제들을 해결하고자 연방정부는 공공임대주택에 관한 국가위원회(National Commission on Severely Distressed Public Housing)를 설립하였다. 이 국가위원회는 공공임대주택에 관한 문제점을 보완하기 위해 HOPE VI(Housing Opportunities for People Everywhere)라는 제도를 도입했는데, 이 제도는 심각하게 훼손된 고층으로 지어진 공공임대주택을 저층의 연립주택 형태의 공공임대주택으로 재개발하고 주거보조금을 받는 저소득층과 시장임대료를 적용받는 중산층 이상의 계층이 함께 살 수 있는 형태의 공공임대주택을 건설하는 것을 주요 골자로 한다(Cullingworth and Caves 2008). 이러한 제도의 변화로 인해 공공임대주택의 숫자가 가장 많았던 1994년에는 약 140만호에 이르렀다가 이후 그 숫자가 점차적으로 줄어 2008년 현재 미국에서는 약 110만호의 공공임대주택이 존재한다(Joint Center for Housing Studies of Havard University 2009).

각 도시마다 있는 지방공공주택공사(Public Housing Authority)가 공공임대주택을 소유하고 운영한다. 공공임대주택에 거주하기 위해서는 지방공공주택공사에 신청을 하고 대기자 명단에 이름을 올려 순서가 돌아올 때까지 기다려야 한다. 공공임대주택의 임대료는 세입자의 소득에 의해 결정되는데 거주가구는 소득의

30%를 임대료로 지불하고 HUD가 공공임대주택 관리비용과 임대료의 차액을 지방공공주택공사에게 지원한다. 공공임대주택은 각 대도시권역 중위가구소득의 50% 미만에 해당하는 저소득층을 주 대상으로 하는데, 2009년 공공임대주택 거주가구의 연평균 소득은 1만 3천달러($13,234)로 미국 중위가구소득 5만천달러($51,190)에 비해 매우 낮은 수준이다(Schwartz 2010; US Census Bureau N.D).

2. 주택바우처(Housing Choice Voucher)

대규모의 공공임대주택 건설을 중단한 이후 1974년 미국의회는 주택 및 커뮤니티 개발법(Housing and Community Development Act of 1974)을 통해 저소득 가구들에게 직접 주거비를 보조하여 시장 내에 존재하는 민간주택에 거주하도록 하는 주택바우처 제도를 도입하였다. 이렇게 주택 수요자들에게 보조금을 지급하는 수요측면의 제도들은 정부가 저소득가구를 위한 주택건설과 관리에 대한 지원금을 제공하는 공급측면의 제도들에 비해 비용적인 측면에서 효율적인 제도로 알려져 있다(Schwartz 2010). 하지만, 수요측면의 정책은 저소득가구의 주거환경을 개선시키기 보다는 임대료만을 상승시켜 임대인에게만 이익을 줄 수 있다는 비판을 받기도 한다(Apgar 1989; Weicher 1990).

주택바우처 제도는 1970년대 처음 도입된 이후부터 많은 변화를 겪어 왔다. 1998년 이전에는 주거지원금이 임대인에게 주어지고 저소득가구가 각 지방공공주택공사에서 지역의 중위임대료와 가구수를 고려하여 결정한 공정시장임대료(fair market rents) 이상의 주택에서 거주할 수 없었던 Section 8 Existing 제도와 주거지원금이 저소득가구 임차인에게 주어지고 공정시장임대료 이상의 주택에서 거주할 수 있게 하는 Housing Vouchers 제도로 이원화 되어 있었다. 1998년 이후에는 이 두 제도는 Housing Choice Voucher 제도로 통합되었다. 2009년 현재까지 약 160만 개의 주택바우처가 발부되었고 이 제도는 2009년 현재 연방정부의 주거보조금의 30% 이상을 차지하는 미국에서 가장 큰 주거복지제도이다(HUD 2009a).

주택바우처를 발부받은 가구는 물리적 요건과 임대료 기준을 만족하는 시장

내의 민간임대주택에서 거주할 수 있다. 공공임대주택 제도가 저소득가구를 한곳으로 집중시켜 물리적, 사회적 문제를 일으켰던 것과 달리 이 제도의 장점은 저소득가구가 범죄율이 낮고, 학군과 직장과의 근접성이 좋은 지역으로 이주할 수 있도록 주거이동성을 증진시키고 빈곤율을 분산시키는 데 있다. 하지만, 학자들은 현실적으로 저소득가구의 이주를 막는 배타적인 용도지역제(exclusionary zoning)나 이 제도에 참여하는 임대인의 부족 등으로 인하여 주택바우처를 가진 저소득층 가구가 기대치만큼 분산되지 않는다고 분석한다(Turner 2003).

주택바우처 제도는 각 대도시권역 중위소득의 80% 미만의 저소득계층을 위한 것이지만 이 제도의 예산 가운데 적어도 75% 이상이 노인과 장애인을 포함한 각 지역의 중위소득 30% 미만의 최저소득 가구를 위해 쓰여져야 하므로 대부분의 경우 바우처를 발부받은 가구의 소득은 대도시권역 중위소득의 50%를 넘지 않는다. 바우처를 신청할 자격이 되는 저소득가구는 각 지방공공주택공사에 신청하면 대기자 명단에 이름이 올라가는데, 이 제도는 공공임대주택에 비해 저소득가구에게 선호되는 제도이기 때문에 대기자 명단이 긴 편이다(HUD N.D.). 거주하고자 하는 민간임대주택은 주택바우처를 발부받은 저소득가구가 찾아야 하며 한 도시에서 바우처를 발부받은 가구는 다른 도시에 이주해서도 그 바우처를 사용할 수 있다.

공공임대주택과 마찬가지로 주택바우처를 가진 가구의 임대료는 소득에 따라 달라진다. 주택바우처를 가진 가구는 소득의 30%를 전기, 상하수도, 난방비 등의 공과금을 포함한 임대료로 지불하고, 시장임대료와 주택바우처를 가진 가구가 지불한 임대료의 차액은 HUD로부터 보조금을 지급받은 지방공공주택공사가 임대인에게 지불한다. 주택바우처를 가진 가구는 공정시장임대료 이상의 임대주택에서 거주할 수 있으나 가구소득의 40% 이상을 주거비용으로 소비할 수 없다는 규정이 있다.

3. 저소득주택 세금면제(Low-Income Housing Tax Credit)

저소득주택 세금면제 제도는 1986년 세금개혁에 의해 도입된 것으로 HUD를 통한 주거복지제도가 아닌 국세청을 통한 제도이다. 국세청의 세금코드를 따라 Section 42라고도 알려져 있는 이 제도는 저소득층을 위한 임대주택을 짓는 개발업자에게 조세지원 혜택을 부여해 저소득층을 위한 임대주택공급을 활성화하는 공급측면의 제도이다. 이 제도는 조세 가능한 연방소득을 낮추는(tax deductions) 것이 아닌 연방소득세를 면제(tax credits)하는 제도이기 때문에 주택건설업체가 선호하는 제도이다. 2006년까지 이 제도는 약 160만호의 부담가능주택(affordable housing)의 공급을 도모해 왔고, 이것은 같은 기간 지어진 전체 다세대주택의 17%에 해당한다(Danter Company 2009).

저소득주택 세금면제 제도로부터 조세지원을 받기 위해 개발업자는 건설하고자 하는 임대주택 물량의 20% 이상을 대도시권역 중위가구소득의 50% 미만에 해당하는 저소득층을 위해 임대하거나 임대주택의 40% 이상을 대도시권역 중위가구소득의 60% 미만의 저소득층에게 임대해야 한다. 저소득주택 개발업자에게 제공되는 조세지원은 주택개발 비용과 전체 주택에 대한 저소득층을 위한 주택의 비율에 따라 달라지지만, 저소득주택 세금면제 제도는 통상 임대주택건설 비용의 70% 혹은 현존하는 저소득주택 구입비용의 30%를 제공한다(Green and Malpezzi 2003). 이 조세지원은 10년간 나누어 개발업자의 세금을 낮추는 방법으로 이루어지며, 이 제도에 의해 지어진 주택은 적어도 15년간 저소득계층을 위해 공급되어야 한다.

공공임대주택 거주자나 주택바우처를 발부받은 저소득가구는 소득의 30%를 임대료로 지불하지만, 저소득주택 세금면제 제도하에 지어진 주택들의 임대료는 거주자의 소득이 아닌 대도시권역 중위가구소득을 기준으로 결정된다. 즉, 최대가능한 임대료는 대도시권역 중위소득의 50% 혹은 60%의 30% 수준이다. 그러므로, 대도시권역 중위소득의 50%를 미치지 못하는 최저소득가구는 소득 대비 임대료의 비율이 그들의 소득의 30% 이상이 될 수도 있다(Schwartz 2010). 하지만 이 제도는 주택바우처 같은 다른 주거보조금 제도들과 같이 사용될 수 있다. 만약 최저소득가구가 주택바우처를 가지고 저소득주택 세금면제 제도로 지어진 임대주택에 거주할 때 소득의 30%만 임대료로 지불할 수 있기 때문에 저소득주택 세금면제 제도가 주택바우처 제도와 함께 사용될 때 저소득계층에게 효과적일 수 있다. Climo et al.(2006)에 따르면 이 제도에 의해 지어진 주택의 약 50%가 적어도 한 가구의 주택바우처를 가진 거주자를 포함하고 있다고 한다. 또한, 저소득주택 세금면제 제도하의 주택은 교외지역을 포함하여 좀 더 분산된 지역에 지어지기 때문에 이 제도가 주택바우처 제도와 같이 사용되는 경우 주택바우처를 가진 가구의 집중현상 막을 수 있다(Williamson et al. 2009).

4. 노인과 장애우를 위한 주택

미국에서의 주거복지정책은 공공임대주택 건설 같은 공급측면의 정책에서 주택바우처 제도와 같은 수요측면의 정책으로 점차적으로 변화해 왔다고 할 수 있다. 하지만, 연방정부는 보통의 저소득가구와는 다른 주택소요를 가지는 노인과 장애우에 대해서는 여전히 가구가 아닌 주택건설과 관리를 위해 직접 보조금을 제공하는 공급측면의 정책을 유지하고 있다.

먼저 노인가구는 대체로 소득이 매우 낮거나 직업이 없이 정부 지원금만으로 생계를 유지하는 경우가 많다. 또한 집 내부에 활동을 쉽게 하는 지지대나 1층에서 2층으로 손쉽게 오르도록 하는 시설 등을 필요로 하고 집안청소나 식사준비 등의 단순한 주거보조금 이외의 서비스를 필요로 한다. 또한 노인들은 현재 살고 있는 집과 주변 환경 등에 대한 애착 등으로 다른 곳으로 이주하는 것을 꺼려하는 경향이 있다. 이러한 이유로 인해 노인가구는 상대적으로 젊은 저소득가구에 비해 주택바우처를 획득하여 민간시장 내에 존재하는 임대주택으로 이주하는 경우가 적다(Schwartz 2010).

지방공공주택공사들이 노인가구를 주 대상으로 하는 공공임대주택을 제공하기도 하지만, 현재 Section 202가 가장 대표적인 노인가구만을 위한 주거보조 제도이다. Section 202는 만62세 이상의 노인만을 위한 주택을 공급, 재개발, 획득하는 비영리단체에 보조금을 지급하는 연방정부의 제도로 Section 202하에 관리되는 주택에 사는 노인가구는 소득의 30%만을 임대료로 지급하고 나머지 비용은 이 제도에 의해서 지불된다. 또한 Section 202 주택을 제공하는 기관들은 통합주택 서비스(Congregate Housing Services)와 다세대주택 서비스 관리자(Multifamily Housing Service Coordinators) 제도들을 통해 지원금을 받아 노인들의 일상생활에 필요한 서비스를 제공하거나 지역 내 사회복지 서비스와의 연계를 위한 서비스 관리자를 고용하기도 한다. 2009년까지 이 제도는 30만호 이상의 주택을 노인과 장애인들에게 공급해 왔다(HUD 2009a).[1)]

장애우가구를 위한 대표적인 주거지원 제도는 Section 811이다. 이전에는 장애우를 위한 주택은 Section 202를 통해 제공되었으나 1990년 제정된 국가부담가능주택법(National Affordable Housing Act of 1990)에 의해 장애우만을 위한 주거지원 제도인 Section 811가 Section 202로부터 분리되었다. 이는 노인과 장애우가 다른 종류의 정부지원을 필요로 하다는 인식으로부터 기인하였다. 특히 Section 811은 정신분열을 가진 장애인가구를 노인가구로 분리하기 위한 것 이었다(Schwartz 2010).

Section 811은 만 18세 이상의 만성정신장애 뿐 아니라 중증장애를 가진 사람을 대상으로 임대주택을 제공한다. 이 제도는 Section 202처럼 장애우가구를 위한 주택을 건설, 재개발, 획득하는 비영리단체에 보조금을 지급한다. Section 811 주택에 거주하는 저소득 장애우가구는 소득의 30%만을 임대료로 지급하고 정신장애 치료, 일상생활 지원 같은 서비스를 제공받는다.

5. 주정부와 지방정부의 주거복지정책과 비영리 분야의 역할

1) 주거복지정책의 지방화(devolution)

주거복지정책의 주체가 본격적으로 연방정부에서 주정부와 지방정부로 지방화된 것은 1974년 주택 및 커뮤니티 개발법의 제정 이후이다. 이 법의 제정 이전에는 대부분의 연방정부 지원금은 공공임대주택 건설을 위해 쓰여져야 하는 등

1) 1990년까지 Section 202는 노인뿐만 아니라 장애우가구를 위한 주택을 공급했다.

의 사용항목을 지정해 주는 항목별 보조금(categorical grant)이었기 때문에 주거복지정책에 대한 주정부나 지방정부의 재량성이 낮았다. 연방정부는 1974년 주택 및 커뮤니티 개발법을 제정하면서 주정부와 지방정부가 연방정부의 보조금 받아 각 주와 지역의 상황에 맞게 자율적으로 쓸 수 있는 포괄보조금(block grant)을 도입하여 주거복지정책을 지방화하고자 하였다.

주택 및 커뮤니티 개발법에 의해 처음으로 도입된 포괄보조금은 Community Development Block Grant(CDBG)이다. CDBG 제도로부터 지원금을 받기 위해서는 주정부나 지방정부는 그 지역의 주택소요를 만족시키기 위한 5개년 계획을 담은 통합계획안을 제출해야 한다. 미국에서 실패사례로 손꼽히는 도시재개발(Urban Renewal) 사업이 주민참여를 배제시켰다면 이 제도는 공청회 개최와 같은 주민참여를 독려하기 위한 조건들을 포함한다. 또한 CDBG 지원금의 70% 이상은 그 지역 중위가구소득의 80% 미만에 해당하는 저소득계층을 위해서 사용되어야 한다. 이 외에 CDBG 지원금은 부담가능주택 공급 이외의 지역경제개발이나 저소득가구의 취업확대를 위한 교육 프로그램 제공과 같은 커뮤니티 개발을 위한 다양한 사업에 쓰여질 수 있다.

1990년 연방정부는 부담가능 주택법(National Affordable Housing Act of 1990)을 통해 HOME Investment Partnership(HOME)이라는 두 번째 포괄보조금 제도를 도입하였다. 이 포괄보조금은 커뮤니티 개발을 위한 주택 이외의 분야에서 사용될 수 있는 CDBG와 달리 저소득층을 위한 부담가능주택의 공급을 위해 주로 사용된다. 현재 50%이상의 HOME 보조금이 저소득층을 위한 임대주택공급을 위해 사용되고 있다(HUD 2009b). 또한 이 보조금은 자가주택보유를 원하는 저소득가구를 위해 주택구입에 관한 교육 프로그램을 제공하거나, 모게지에 대해 낮은 이자율을 적용받게 하는 등의 재정보조를 위해서도 쓰여질 수 있다.

2) 비영리 분야의 역할

CDBD와 HOME 보조금의 도입 이후 주정부와 지방정부는 지역실정에 맞는 다양한 주거지원 제도를 고안해왔지만, 저소득층을 위한 주택을 직접적으로 건설하거나 보급하지는 않는다. 대신, 주정부와 지방정부는 비영리 주택공급기관과의 긴밀한 협력을 통해 저소득층을 위한 주택공급을 도모한다. 그러므로, 비영리 주택공급기관은 저소득가구, 노인가구, 장애우가구와 같은 사회적 약자를 위한 주거복지정책에 있어 중요한 역할을 담당해 오고 있다.

연방정부는 주정부와 지방정부에 지원하는 보조금의 일부가 비영리 주택공급기관에 제공되도록 하는 규징을 통해 비영리 분야에서의 주택공급을 모색한다. 예를 들면, 각 주에서는 저소득주택 세금면제(Low Income Housing Tax Credit) 지원금의 10% 이상, HOME 보조금의 15% 이상을 비영리 주택공급기관에게 할당해야 한다. 또한 연방정부는 Section 202과 Section 811하에 노인과 장애우를 위한 주택을 건설하는 비영리단체에게 보조금을 지급한다.

비영리 주택공급기관들은 이윤추구가 그 목적이 아니므로 민간건설업체들처럼 일정기간 후에 시장임대료를 적용하는 주택으로 변환하지 않고 저소득층에게 지속적으로 부담가능주택을 공급한다는 데 그 장점이 있다. 또한 비영리 주택공급기관은 주로 영리를 추구하는 주택업체가 개발을 꺼려하는 도심내부의 쇠락한 지역에서 저소득층을 위해 주택을 공급하고, 주택공급 이외에 취업상담, 보육지원, 교육 프로그램 제공과 같은 부가적인 서비스를 제공하여 저소득층의 생활안정을 위해 큰 역할을 하고 있다(Keyes et al. 1996).

비영리 주택공급기관 중 가장 큰 부분을 차지하는 커뮤니티개발공사들 (Community Development Corporations)은 커뮤니티를 중심으로 한 경제개발을 통해 도심과 농촌지역의 빈곤율을 낮추고 저소득층을 위한 주택공급을 주 업무로 하는데, 2005년 현재 미국 내에는 약 4천6백 개의 커뮤니티개발공사가 있다(NCCED 2005). 콜럼버스시(Columbus, OH)의 Linden 커뮤니티에 위치한 Great Linden 커뮤니티공사의 경우 CDBG, HOME, 저소득주택 세금면제 제도로부터 지원금을 받아 쇠락한 지역의 부지를 매입하여 상업용 건물을 건설하고, 세입자를 적극적으로 모집하여 다수의 일자리를 창출하고, 주택을 재개발하거나 신규주택을 건설하여 저소득계층을 위한 주택을 공급하고, 청소년을 위한 방과 후 프로그램 제공 등을 통해 커뮤니티 개발을 도모해왔다(http://www.greaterlinden.org/).

Ⅱ. 캐나다의 주거복지정책

미국의 주택정책 방향과 유사하게 캐나다의 주택정책도 자가주택 보유율 증진을 우선시해 왔고 상대적으로 저소득층을 위한 주거복지정책에 대한 관심은 덜 기울여져 왔다(Dalton 2009). 캐나다에서 대부분의 주택은 민간영역에 의해 공급되고 저소득층을 위한 사회주택(social housing)은 전체 주택물량의 5%만을 차지한다(Dalton 2009).

현재 캐나다에는 미국 연방정부 내의 주택 및 도시개발부(Department of Housing and Urban Development, HUD)와 같은 주택정책을 담당하는 연방정부 기관이 없다. 대신 캐나다의 주택정책은 1945년 제정된 주택법 (National Housing Act of 1945)에 의해 설립되어 모게지 재원을 조달하고 보증하는 모게지 및 주택 공사(Canada Mortgage and Housing Corporation, CMHC)가 주도하는 재정정책의 한 부분으로만 인식되고 있다(Carroll and Jones 2000).

미국에 비해 비록 적은 수이지만 제2차 세계대전 이후 저소득층에 대한 주거복지정책의 일환으로 1945년에 제정된 주택법을 통해 캐나다 연방정부는 1970년대 중반까지 약 20만호의 대규모 공공임대주택을 건설하였다. 하지만, 미국의 실패사례와 마찬가지로 대규모의 공공임대주택 건설은 도심 내부의 물리적, 사회적 쇠퇴를 가져왔다. 이러한 문제점들로 인해 연방정부는 1973년 주택법(National Housing Act of 1973)을 수정하여 소규모의, 커뮤니티를 중심으로 한 사회주택 개발을 장려하는 방향으로 주택복지정책으로 전환했다(Van Dyk 1995).

캐나다의 주거복지정책도 미국과 마찬가지로 점차적으로 지방화되어 왔는데, 그 정도에 있어서는 많은 차이가 있다. 미국의 경우 연방정부가 주거복지정책에 대해 여전히 큰 영향력을 발휘하는 반면, 캐나다 연방정부는 1993년 이후 주거복지정책을 위한 지원을 전면 중단했다. 그 이후 가장 적극적으로 주택정책을 수립하고 사회주택의 약 45%가 집중되어 있는 온타리오주의 주택정책이 다른 주들의 주택정책에도 큰 영향을 미쳐왔다(Sousa and Quarter 2003).

1. 사회주택(Social Housing)

캐나다에서 제2차 세계대전 이후 약 6백만호 이상이 건설된(CMHC N.D.) 사회주택은 비영리주택, 협동주택, 공공임대주택 등 공공의 지원을 받아 커뮤니티를 중심으로 건설된 공공영역과 비영리영역 내의 모든 주택을 의미한다.[2] 1973년 이전에는 연방정부가 CMHC를 통해 건설과 관리를 위한 보조금을 지원하고 주정부의 공공주택공사(Public Housing Authorities)가 관리하는 공공임대주택(public housing)이 사회주택 대부분을 차지하였으나 1973년 이후에는 연방정부가 주택법을 수정하여 비영리주택(non-profit housing)과 협동주택(cooperative housing)과 같은 사회주택을 도입했다.

1973년부터 1985년까지 사회주택 건설업체들은 연방정부로부터 주택건설을 위한 모게지에 대해 낮은 이자율을 적용받았다. 또한 사회주택 건설업체는 모게지의 90%만 되갚고 나머지 10%는 연방정부의 사회주택 건설을 위한 보조금으로 주어졌다. 하지만 1985년 이후 부터는 연방정부가 주도하는 사회주택 건설사업에 주정부가 개입하기 시작했으며 1993년 이후 연방정부는 사회주택 건설을 위한 지원을 전면적으로 중단하여 사회주택 건설과 관리는 완전히 지방화되었다(Smith 1995). 온타리오주의 경우 2000년 사회주택 개혁법(Social Housing Reform Act of 2000)을 제정하여 사회주택 건설과 관리에 대한 모든 주정부의 권한을 지방정부에 위임하였다. 다음에서는 사회주택의 종류인 비영리주택, 협동주택, 공공임대주택에 관하여 살펴보기로 한다.

1) 비영리주택(Non-Profit Housing)

비영리주택은 교회 혹은 소수인종이나 노인들을 중심으로 한 커뮤니티 단체가 소유, 운영하는 민간비영리주택(private non-profits)과, 지방정부가 소유, 운영하는 공공비영리주택(municipal non-profits)으로 나눌 수 있다. 비영리주택은 지역의

2) 사회주택은 본래 비영리주택과 협동주택만을 의미했다. 하지만, 주거복지정책의 지방화로 인해 공공임대주택이 지방정부에 의해 관리되어옴에 따라 현재는 공공임대주택도 사회주택의 한 종류로 여겨진다.

비영리단체와 지방정부의 의해 건설되고 운영되기 때문에 획일적으로 건설되고 관리되었던 연방정부 주도하의 공공임대주택에 비해 지역의 특성을 잘 반영한다는 장점을 가지고 있다(Sousa and Quarter 2003). 또한 비영리주택은 한 건설 사업당 평균 100호 미만의 소규모, 저밀도로 건설되어 주변환경과 조화가 이루어진다. 그 밖에 비영리주택이 중심도시(central cities)에서 대부분이 지어지는 미국과는 달리 캐나다의 비영리주택은 중심도시와 교외지역 모두에 공급되어 왔다(Dreire and Hulchanski 1993).

비영리주택은 두 가지 종류의 정부보조금을 받는다. 첫째는 저소득가구가 소득의 25－30%를 임대료로 지불한 후 주택관리비용과의 차액을 정부가 지불하는 임대료 보조금(Rent-Geared-to-Income, RGI)이다. 둘째는 비영리주택을 짓는 개발비용의 일부를 주정부나 지방정부가 부담하여 임대료를 낮추는 것이다(Sousa and Quarter 2003).

저소득층만을 대상으로 하는 공공임대주택에 비해 비영리주택에는 주거비를 보조 받는 저소득계층과 시장임대료를 지불하는 소득계층이 함께 거주할 수 있으므로 빈곤율이 한 곳에 집중되는 현상을 막을 수 있다(Rose 1980; Van Dyk 1995). 현재 비영리주택 거주가구의 약 2/3가 주거비 보조를 받는 가구이며 나머지 1/3은 시장임대료를 지불한다(CMHC N.D.). 비영리주택은 노인이나 가정폭력 희생자가 보통의 저소득가구에 비해 비영리주택에 우선적으로 입주할 수 있도록 대기자 명단을 나누어 관리한다.

2) 협동주택(Cooperative Housing)

협동주택이란 거주자가 그 주택의 회원이 되어 민주적인 방식으로 그 주택의 관리방향에 대해서 결정하고 함께 소유하는 주택의 형태이다. 협동주택 거주자는 매달 모게지 비용, 세금, 관리비를 포함하는 회비를 지불한다. 협동주택은 4－12호의 소규모의 다세대주택 형태부터 큰 규모의 아파트 형태의 주택을 포함한다. 대규모의 협동주택의 경우 정규직원 혹은 비정규직원을 고용하여 관리하기도 하기도 하는데 대부분의 경우 협동주택의 회원인 거주자들이 직접 관리한다(CMHC N.D.).

캐나다의 협동주택은 대부분 비지분(non-equity) 협동주택인데 이러한 비지분 협동주택은 저소득층에게 자가주택 보유의 기회를 증진시키기 위해 도입되었다. 이 비지분 협동주택의 특징은 거주자가 주택지분(equity) 없이 소유권을 갖고 그 주택에 영구적으로 거주할 수 있다는 것이다. 하지만, 협동주택 거주자는 협동주택을 다른 사람에게 양도할 수 없고, 협동주택 내의 한 가구가 이사를 가면 대기자명단에 있는 다른 가구가 들어오게 된다. 또한 기존 거주자는 협동주택에 투자한 것이 아니기 때문에 협동주택을 떠날 때 아무런 주택지분을 가지지 않고 이사를 나간다(Dreier and Hulchanski 1993).

비영리주택과 마찬가지로 협동주택은 주거비보조금과 개발보조금을 지원받는다. 또한 정부의 지원을 받는 저소득가구와 시장가격을 지불하는 소득계층이 함께 거주할 수 있기 때문에 공공임대주택만큼의 저소득가구 집중이 일어나지 않는다(Sousa and Quarter 2003). 현재 협동주택 거주가구의 약 50%가 주거비 보조를 받는 가구이다(CMHC N.D.). 또한 비영리주택과 마찬가지로 노인과 가정폭력 희생자들을 위한 대기자 명단을 따로 관리하여 우선적으로 입주시킨다.

협동주택은 대부분의 경우 한 사업당 100호 미만의 소규모 주택으로 건설되기 때문에 주변환경과 잘 조화를 이룬다. 거주자들이 협동주택의 회원으로서 협동주택과 주변지역에 대한 향후 관리방향을 함께 결정하기 때문에 협동주택은 단순히 저소득층에게 주택을 보급한다기 보다는 거주민들이 함께 커뮤니티를 개발한다고 볼 수 있다(Sousa and Quater 2003).

3) 공공임대주택(Public Housing)

공공임대주택은 제2차 세계대전 이후 저소득층의 주택난을 해결하고자 연방정부의 주도하에 건설되었다. 이전에는 주정부 주택기관이 공공임대주택을 소유하고 관리해 왔으나 주거복지정책의 지방화에 따라 대부분의 주에서는 지방정부가 공공임대주택의 소유, 관리의 책임을 가진다. 온타리오주의 경우 2000년 제정된 사회주택개혁법에 따라 공공임대주택의 명칭이 지방주택공사(Local Housing Corporations)로 변경되고 지방정부의 협력기관인 지방서비스관리자(municipal service managers)가 공공임대주택을 소유, 관리해오고 있다(ONHA N.D.).

이전의 공공임대주택은 소득의 약 30%를 임대료로 지불하는 저소득가구만 이 거주할 수 있도록 규정되어 왔기 때문에 빈곤율을 한 곳에 집중되는 결과를 가져왔다. 또한 운영자들이 지역특성을 파악하고 거주민들과 유기적 관계를 맺고 관리하는 비영리주택이나 협동주택과 달리, 공공임대주택은 2000년대 초까지 주 정부가 소유하고 지방공공주택공사가 일괄 관리해 왔기 때문에 관리방향에 대한 주민참여가 제한되어 왔다. 하지만, 2000년대 이후 온타리오주 내의 지방정부들은 공공임대주택에 시장임대료를 지불하는 소득계층의 거주를 가능하게 하여 소득계층을 혼합하고 공공임대주택 관리에 있어 거주민의 참여를 장려하는 방향으로 전환해 왔다(Sousa and Quater 2003).

2. 연방정부의 주거복지정책에 대한 재개입(reengagement)

1993년 이후 주거복지정책에 대한 연방정부의 지원 중단은 사회주택공급을 크게 줄여왔다는 비판을 받아왔다(Leone and Carroll 2010). 이러한 비판에 따라, 연방정부는 2000년대 들어 부담가능주택구상(affordable Housing Initiative, AHI) 제도를 통해 부담가능주택(affordable housing) 건설을 도모하기 위한 투자를 재개했다. 이 제도는 비록 이전의 사회주택 건설을 위한 연방정부의 대규모 지원정책에 비해서는 규모가 작지만(Walker and Barcham 2010), 연방정부가 CMHC를 통해 부담가능주택을 건설하려는 주정부, 지방정부, 혹은 민간건설업체가 형성한 자금에 해당하는 만큼의 보조금을 지급하여(matching fund) 저소득층을 위한 주택을 공급을 도모하고자 한다.

2001년 AHI 제도하에서 계획된 두 단계 중 첫 번째 단계가 시작되었는데, 이것은 부담가능주택 건설과 재개발 사업을 위해 6억 9천만달러(Can$690million)를 지원하는 것이었다. 이 제도하에 지어진 주택의 임대료는 각 지역의 중위임대료 이하로 정해져야 한다. 2003년에는 부담가능주택 건설을 위해 3억 2천만달러(Can$320million)를 지원하는 AHI의 두 번째 단계가 시작되었다. 이 단계에서 연방정부의 지원금은 원주민, 장애우, 최근에 이민을 온 이민자가구에게 부담가능주택을 공급하는 것을 우선순위로 하여 쓰여졌다(Leone and Carroll 2010). 또한 2008

년에는 연방정부는 저소득층을 위한 주택과 홈리스들을 위한 주거복지를 위해 5년간 19억달러(Can$1.9billion)를 지원하는 방안을 발표했다. 온타리오주의 경우 2002년부터 AHI로부터 지원을 받아 캐나다 및 온타리오 주택제도(Canada-Ontario Affordable Housing Program)를 시작하여 저소득층, 장애인, 원주민, 홈리스 등의 사회적 약자를 위한 부담가능주택을 건설해 왔다(ONHA N.D.). 이러한 AHI 제도는 캐나다 연방정부가 일반적인 저소득계층 뿐 아니라 원주민, 장애우, 이민자 가구, 홈리스와 같은 사회적 취약계층을 세부화하여 주택을 제공하고 주거복지정책에 재개입하려는 의지를 보여준다.

Ⅲ. 결론 및 정책 시사점

미국과 캐나다의 두 북미 국가에서는 주거복지정책이 지방화 되어왔다는 공통점을 가진다. 두 국가 모두 제2차 세계대전 이후 연방정부가 주도하는 공공임대주택 건설을 통해 저소득층의 주택난을 해결하고자 하였다. 이러한 주거복지정책의 방향은 공공임대주택과 관련한 사회적 문제와 더불어 미국의 경우 1970년대와 1980년대를 거치면서 그리고 캐나다의 경우 1980년대와 1990년대를 거치면서 주거복지정책에 대한 주정부와 지방정부의 영향력이 확대되는 방향으로 변화되어왔다. 하지만 미국의 경우 연방정부의 한 기관인 HUD가 주정부와 지방정부에게 CDBG나 HOME 같은 제도를 통해 지역 실정에 맞는 주거복지정책을 펴도록 포괄교부금을 제공하는 반면 캐나다의 경우 1993년 연방정부가 주거복지정책에 대한 모든 지원을 중단하였다. 2000년대 이후 캐나다 연방정부는 AHI 통해 사회주택 건설을 다시 지원하기 시작했지만 캐나다의 정치적 상황을 고려하여 연방정부가 주도하는 주거복지정책이 지속될지는 불확실하다(Leone and Carroll 2010).

우리나라에 비해 주거복지정책에 대한 긴 역사를 가지는 두 국가에서 저렴주택(affordable housing)의 부족은 여전히 심각한 문제로 남아있다. 특히 캐나다에서는 1993년 이후 연방정부의 주거복지정책을 위한 지출을 중단한 후 저렴주택의 공급부족, 홈리스 증가 등의 문제가 발생하였다(Hulchanski 2001; Layton 2000). 사회적 약자들의 주택소요는 이윤추구를 목적으로 하는 민간영역이나 대부분의 경우 재정능력이 부족한 지방정부의 의한 노력만으로 충족될 수 없을 것이다. 또한 저소득층을 지역 내에 거주시키지 않으려는 지방정부들의 배타적 형태는 부담가능주택의 건설을 감소시킬 여지가 있다. 2000년 이후 캐나다에서는 AHI를 통해 연방정부가 주거복지정책에 재개입하기 시작한 것을 고려할 때 주거복지정책을 위한 연방정부의 지원은 사회적 약자들의 주택소요를 만족시키기 위해 필수적이라고 볼 수 있다. 하지만, 지역실정을 고려하지 않는 획일적인 연방정부 주거복지정책은 미국에서 실패사례로 손꼽히는 도시재개발 사업과 같은 부정적 효과를 가져올 수 있으므로 연방정부는 주정부, 지방정부와 협력을 통해 지역실정을 고려한 주거복지정책을 실현해야 할 것이다.

두 국가는 주거복지정책이 지방화 되어왔다는 공통점을 가지고 있는 반면 각 국가는 주거복지정책에 있어 각기 다른 특징들을 가지고 있다. 먼저 미국의 주거복지정책은 공공임대주택 같은 공급측면의 정책에서 주택바우처 제도와 같은 수요측면의 정책으로 전환되었다. 현재 미국에서는 주택바우처 제도가 가장 큰 규모의 주거복지제도로 성장했는데 이 제도는 저소득층이 시장 내에 존재하는 민간임대주택에 거주하도록 장려하여 주거이동성을 향상시키고 공공임대주택 실패사례에서 보여졌던 범죄율과 빈곤율의 집중을 막고자 한다.

수요측면의 제도가 공급측면의 제도에 비해 비용면에서 좀 더 효율적이고 주거이동성을 향상시켜 빈곤율의 집중을 막는다는 효과가 있다. 하지만 이것은 공급측면의 제도를 모두 없애고 수요측면의 제도로 모두 전환해야 한다는 주장은 아니다. 수요측면의 제도는 주거환경을 개선시키지 않고 단순히 주택비용의 상승을 낳을 수 있다. 또한 노인과 장애우 같은 사회적 약자들은 보통의 저소득계층과 다른 종류의 주택소요를 가지므로 주거복지정책에 있어 Section 202, Section 811, 저소득주택 세금면제 같은 공급측면의 제도들과 수요측면의 제도들이 병행되어야 할 것이다.

캐나다의 주거복지정책의 특징은 커뮤니티를 중심으로 한 사회주택 건설에 힘써 왔다는 데 있다. 1990년대 이후 주거복지정책의 지방화에 따른 연방정부의 재정지원 감소로 사회주택의 건설규모는 현저히 줄어왔지만 사회주택은 여전히 저소득층의 주택소요를 만족시키는데 큰 비중을 차지하고 있다.

대다수의 사회주택은 주택과 주변지역을 관리방향을 결정하는데 있어 거주민의 의견을 반영한다. 또한 사회주택, 특히 비영리주택과 협동주택은 정부보조금을 받는 저소득가구와 시장임대료를 지불하는 소득계층이 함께 거주하기 때문에 저소득가구만의 집중을 막을 수 있다. 비록 그 수는 적지만 미국에서 또한 지방공공주택공사들이 HOPE VI 제도를 통해 소득계층이 혼합될 수 있는 공공임대주택을 건설해 오고 있다. 기존의 대규모 공공임대주택 건설사업에서 보여진 것과 같이 대규모의 저소득층만을 위한 주택건설은 주변환경을 쇠락시키고 여러가지 사회문제를 야기시킬 수 있다. 그러므로 주거복지정책은 단순히 저소득층을 위한 주택을 공급하기 보다는 소득계층의 혼합을 이루며 거주주택 뿐 아니라 주변지역 관리에 대한 주민참여를 활성화시켜 커뮤니티 개발을 도모하는 방향으로 이루어져야 할 것이다.

참고문헌

Apgar, William C. 1990, Which housing policy is best? *Housing Policy Debate*, 1 (1):1－32.

Budget of the US Government, fiscal year 2009, 2008a, Analytic perspectives: Tax expenditures. http://www.gpoaccess.gov/usbudget/fy09/pdf/spec.pdf.

________. 2008b, History tables. http://www.gpoaccess.gov/usbudget/fy09/pdf/hist.pdf.

Carroll, Barbara Wake, and Ruth J. E. Jones. 2000, The road to innovation, convergence or inertia: Devolution in housing policy in canada. *Canadian Public Policy*, 26(3):277－93.

Caves, Roser, W. 1998, *Housing Act of 1949. In The Encyclopedia of Housing*, edited by W. V. Vliet. Thousand Oaks, CA: Sage.

Climaco, Carissa, Meryl Finkel, Sandra Nolden, and Melissa Vanddwalker. 2006, *Updating the Low－Income Housing Tax Credit (LIHTC) database projects placed in service through 2003*. Washington D.C.: Abt Associate for the US Department of Housing and Urban Development.

CMHC(Canada Mortgage and Housing Corporation). http://www.cmhc－schl.gc.ca/en/index.cfm.

Cullingworth, J. Berry, and Roger W. Caves. 2008, *Planning in the USA*. 3rd ed. New York: Routledge.

Dalton, Tony. 2009, Housing policy retrenchment: Australia and Canada compared. *Urban Studies*, 46(1):63－91.

Danter Company. 2009, LIHTC units relative to multifamily permits. http://www.danter.com/taxcredit/lihtcmf.htm.

Dreier, Peter, and J. David Hulchanski. 1993, The role of nonprofit housing in Canada and the United States: Some comparisons. *Housing Policy Debate*, 4(1):43－80.

Green, Richard K., and Stephen Malpezzi. 2003, *A Primer on U.S. Housing Markets and Housing Policy*. Washington D.C.: The Urban Institute Press.

HUD(US Department of Housing and Urban Development). http://portal.hud.gov/hudportal/HUD.

________. 2009a, Characteristics of HUD-assisted renters and their units in 2003. http://huduser.org/publications/pubasst/hud_asst_rent.html.

________. 2009b, HOME program national production report as of 04/31/09. http://www.hud.gov/offices/cpd/affordablehousing/reports/production/0430009.pdf.

Hulchanski, J. David. 2001, *A Tale of Two Canadas: Homeowners Getting Richer, Renters Getting Poorer*. Toronto, ON: University of Toronto, Centre for Urban and Community Studies.

Joint Center for Housing Studies of Harvard University. 2009, *State of the Nation's Housing 2009*. Cambridge, MA: Joint Center for Housing Studies of Harvard University

Keyes, Langley C., Alex Schwartz, Avis C. Vidal, and Rachel G. Bratt. 1996. Networks and nonprofits: Opportunities and challenges in an era of federal devolution. *Housing Policy Debate*, 7(2):201-29.

Layton, Jack. 2000, *Homelessness: The Making and Unmaking of a Crisis*. Toronto, ON: Penguin.

Leone, Roberto, and Barbara W. Carroll. 2010, Decentralisation and devolution in Canadian social housing policy. Environment and Planning C, *Government and Policy*, 28(3):389-404.

NCCED(National Congress for Community Economic Development), 2005, *Reaching new heights: Trends and Achievements of Community-Based Development Organizations*. Washington D.C.: NCCED.

ONHA(Ontario Non-Profit Housing Association). http://onpha.on.ca/AM/Template.cfm?Section=Home.

Rose, Albert. 1980, *Canadian Housing Policies(1935-1980)*. Toronto, ON: Butter-worths.

Schwartz, Alex F. 2010, *Housing Policy in the United States*. 2nd ed. New York and London: Routledge.

Smith, Nancy. 1995, Challenges of public housing in the 1990s: The case of ontario, canada. *Housing Policy Debate*, 6(4):905-31.

Sousa, Jorge, and Jack Quarter. 2003, The convergence of nonequity housing models in Canada: Changes to housing policy since 1990, *Housing Policy Debate*, 14(4):591－620.

Turner, Margery Austin. 2003, *Strengths and weaknesses of the Housing Choice Voucher program*, Testimony to the Committee on Financial Services, Subcommittee on Housing and Community Opportunity, US House Representatives. http://www.urban.org/publications/900635.html.

US Census Bureau. http://www.census.gov/.

Van Dyk, Nick. 1995, Financing social housing in Canada. *Housing Policy Debate*, 6(4):815－48.

Von Hoffman, Alexander. 2000, A study in contradictions: The origins and legacy of the housing act of 1949, *Housing Policy Debate*, 11(2):299－326.

Walker, R., and M. Barcham. 2010, Indigenous－inclusive citizenship: The city and social housing in canada, New Zealand, and Australia. *Environment and Planning A*, 42(2):314－31.

Weicher, John C. 1990, *The voucher/production debate*. In Rebuilding founda－tions, edited by L. C. Keyes and D. DiPasquale. Philadelphia, PA: University of Pennsylvania Press.

Williamson, Anne R., Marc T. Smith, and Marta Strambi－Kramer. 2009, Housing Choice Vouchers, the Low－Income Housing Tax Credit, and the Federal poverty deconcentration goal. *Urban Affairs Review*, 45(1):119－32.

제5장

유럽국가의 주택 및 주거복지 정책

Ⅰ. 유럽국가의 주택 및 주거복지정책 개요

자유경제 체제의 중심에 있는 유럽연합(EU)을 중심으로 한 대부분의 서유럽 국가들은 원칙적으로 유럽연합 내 각 부문의 자유로운 경쟁을 위해 개별 국가의 산업에 대한 보조금 지원을 엄격하게 금지하고 있으나, 공공성이 높은 분야에 대해서는 이러한 금지사항을 예외로 두고 있다.

예외로 두고 있는 공공성이 강한 부문을 대표하는 것으로 인간다운 삶을 위한 세 개의 필수조건인 의식주의 한 부분을 차지하는 주택 또는 주거가 있는데, 유럽연합의 정책기조를 이끌어가는 유럽위원회는 2004년 사회주택 공급자에 대한 국가의 지원은 반드시 필요하다고 천명한 바 있으며, 이는 유럽사회헌장의 주거권 선언[1)]과 더불어 공공 주택정책을 주거권 및 복지차원에서 공공부문의 역할

1) 1996년 유럽의회가 채택한 선언으로 제31조에는 "정책 이해당사자들은 국민들이 적정한 수준의 주택을 취할 수 있도록 하고, 홈리스(Homeless)들을 점진적으로 줄임으로써 아예 사라지도록 하고, 주택가격을 저렴하게 함으로써 무주택자에게도 공급될 수 있도록 해야 한

을 극대화 시키고자 하는 유럽(특히 서유럽)의 주거복지 정책방향을 잘 설명한다고 볼 수 있다.

위와 같은 기조 속에 나타난 유럽의 주택 및 주거정책은 주택시장을 자유로운 경쟁 중심의 시장재로 보는 것이 아닌 복지정책의 일환으로 보고자 하는 관점이 잘 나타나 있는 것을 알 수 있지만, 엄격한 관점에서 볼 때, 아직까지 주거복지에 대한 관점은 선언에 그치고 있을 뿐 아시아, 미주 등 기타 국가들과 마찬가지로 주택에 대한 공공성 및 복지권에 대한 법적인 내용이 규정화되어 있지 않다는 한계점을 가지고 있다. 이 말은 곧 유럽의회가 채택한 유럽사회헌장의 경우 31조 및 34조 3항에 사회적 약자의 주거권에 대한 조항이 명시되고 있고, 이에 대한 구체적인 이행방안을 제시하고 있지만 이러한 내용이 법적권한을 갖고 있지는 않다는 것이다.

이는 공공성을 강조하는 사회주택이 특정계층이 아닌 보편적 이익의 서비스로 간주될 수 있는지에 대한 비판으로 인해 앞서 설명한 유럽위원회의 제안이 유럽의회의 반대에 직면하고 있는 문제와 연결되고 있는데, 유럽의회는 주택부문이 주거복지를 바탕으로 한 사회주택의 개념에 충실하더라도 결국은 민간사업자의 사업영역에서 자유로울 수 없기 때문에 공공부문의 보조금 지급을 통한 적극적인 개입이 올바른 시장구조를 왜곡시킬 수 있다는 문제점을 제기하면서 유럽위원회와 주거복지에 있어서는 대척관계를 이루고 있다.

하지만 유럽위원회는 다양한 논쟁 끝에 사회주택에 대한 과다한 보조금 지급을 금지하는 조항과 함께 주거복지 차원의 주택정책을 가시화시킴으로써 서유럽 국가들의 주택가격 급등 및 민간주택 부족으로 인한 주거빈민 감소정책 및 주거복지의 실현을 위한 각종 정책을 이끌어 냈다는 긍정적인 평가를 받고 있다.

다"라는 조항이, 34조 3항에는 "사회적 배제 및 가난에 맞서, 유럽연합은 자산이 충분치 않은 모든 사람들에게 품위 있는 삶을 보장할 수 있도록 사회적 보장 및 주택 지원이 이뤄지도록 노력할 것이다. 유럽연합은 각 국가 국민들의 주택문제 해결을 위해 유럽연합 공동체 차원의 법률과 국가 단위의 법률 및 관습, 규칙들을 준수할 것이다"라는 조항이 명시되어 있다(성일권·백승만, 2008). 이에 대한 구체적인 이행방안으로 1) 적절한 수준의 주거에 대한 접근성을 보장하고, 2) 홈리스에 대해 점진적으로 문제를 해소한다는 관점에서 홈리스를 예방하고 줄여나가며, 3) 주택가격을 충분한 재정적 능력이 없는 사람들도 부담할 수 있도록 만든다 등이 있다(하성규, 2010a).

이러한 정책흐름을 바탕으로 한 유럽 주요 국가들의 주거복지 정책의 핵심은 주거권의 보장과 다양한 사회계층 간의 사회적 혼합으로 요약될 수 있는데, 이와 같은 핵심정책의 실현을 위해 공공임대주택의 지속적인 확충, 임대료 보조제도의 활용, 사회통합을 위한 주택 및 도시환경 개선사업 등을 강력하게 추진하고 있다.

이 장에서는 이러한 정책을 통해 발전하고 있는 유럽의 주택 및 주거복지에 대해 살펴보는 것을 주요 목적으로 하고 있으며, 구체적으로 다음과 같은 내용을 중점적으로 논의하고자 한다. 먼저, 유럽연합 내 주요국가의 주택 및 주거현황을 주거유형, 가용성, 주거수준, 그리고 주거비 부담을 중심으로 비교 분석하고, 두 번째, 유럽국가의 주택 및 주거복지 정책을 사회주택 현황, 주택정책과 복지국가 체계의 관계, 그리고 주택 및 주거복지 정책목표를 중심으로 파악하며, 마지막으로 영국 및 프랑스 등 유럽 주요국가를 대상으로 주거복지 정책에 대한 구체적인 사례를 고찰하도록 한다.

Ⅱ. 유럽국가의 주택 및 주거수준

1. 주거유형

유럽국가의 주거유형을 살펴보면 헝가리가 자가의 비율이 가장 높은 국가로 나타났으며, 스페인(85%), 아일랜드(79%), 포르투갈(75%), 그리스(74%) 등이 70%를 넘는 높은 자가비율을 보이고 있음을 알 수 있다.

반면에 독일은 임대비율이 58%로 유일하게 자가보다 높은 유럽국가로 나타났다. 이외에도 오스트리아(40%), 덴마크(39%), 프랑스(39%) 등도 비교적 높은 임대비율을 가진 것으로 파악되었으며, 특히 네덜란드는 임대비율 중 공공 및 사회임대 비율이 32%로 자가비율의 절반이상을 차지하는 것으로 나타났다. 오스트리아, 스웨덴, 영국, 덴마크 역시 18%~23%에 이르는 높은 공공 및 사회임대 비율을 보이고 있다.

표 1 유럽연합 국가의 주거유형 비교

국 가	자가(%)	임대(%)			기타(%)
		임대합계	민간임대	공공/사회임대	
오스트리아	56	40	17	23	4
벨기에	68	32	25	7	-
체 코	47	34	17	17	19
덴마크	46	39	20	19	14
핀란드	66	31	15	16	3
프랑스	57	39	22	17	4
독 일	42	58	53	5	-
그리스	74	20	20	-	6
헝가리	92	7	3.3	3.7	-
아일랜드	79	21	12.3	8.7	-
이탈리아	68.5	18.9	13.6	5.3	12.6
네덜란드	58	42	10	32	-
폴란드	62.4	18	8	10	19.6
포르투갈	75	21	18	3	4
스페인	85	13	11	2	2
스웨덴	41	37	19	18	22
영 국	66.4	33.6	15.6	18	-

주: 2008년 기준.
출처: CECODHAS Housing Europe(2012).

이렇게 임대비율, 특히 공공 및 사회임대 비율이 높다는 것은 중앙정부 및 지방정부의 공공재정이 주택부문에 높은 비율로 투입된다는 것을 의미하는데, 이는 곧 해당 국가의 주거복지에 대한 정책이 다른 국가에 비해 좀 더 활성화되고 있음을 의미하는 것으로 해석할 수 있다.

2. 주택의 가용성

주거복지의 양적수준을 살펴볼 수 있는 인구 천명당 주택수를 보면 한국의

표 2 유럽연합 국가의 인구 천명당 주택수

국가	기준년도	주택수 (호/천명)	국가	기준년도	주택수 (호/천명)
오스트리아	2009	436	아일랜드	2004	371
벨기에	2009	457	이탈리아	2001	479
체코	2005	438	네덜란드	2009	431
덴마크	2009	500	폴란드	2009	348
핀란드	2009	531	포르투갈	2011	557
프랑스	2009	509	스페인	2009	544
독일	2011	490	스웨덴	2009	479
그리스	2002	500	영국	2009	443
헝가리	2009	429			

출처: CECODHAS Housing Europe(2012).

경우 2010년 기준 302호[2] 정도인데 비해 유럽의 경우 포르투갈(557호), 스페인(544호), 핀란드(531호), 프랑스(509호), 덴마크(500호)가 한국보다 70% 이상이 높은 500호 이상의 주택수를 나타내고 있으며, 가장 낮은 폴란드(348호)와 아일랜드(371호)도 한국보다 높은 주택수준을 보이는 것으로 조사되었다.

이러한 결과는 한국이 1980년대 이후 신도시개발, 보금자리주택 등을 통해 주택의 양적공급을 획기적으로 늘려 주택보급률이 100% 수준에 도달했음에도 불구하고 소외계층의 주택소요를 충족시키고 현재보다 나은 주거복지의 실현을 위해서는 선진국에 준하는 주택재고가 필요함을 보여주고 있다.

3. 주거의 수준

삶의 질 정도를 살펴볼 수 있는 주거수준은 해당 국가의 복지수준을 엿볼 수 있는 중요한 지표라고 할 수 있는데, 1인당 방수 및 주거면적, 욕실비율, 온수비율, 중앙난방비율 등을 통해 국가의 주거복지 및 정책의 질을 살펴보면 다음과 같다.

2) 통계청(2011)의 인구주택총조사 참고

표 3 유럽연합 국가의 주거수준

국 가	1인당방수[1]	1인당 주거면적(㎡)[1]	욕실(%)[2]	온수(%)[2]	중앙난방(%)[2]
오스트리아	2.0	38.3	99.2	-	92
벨기에	2.1	36.3	96.8	-	83.1
체 코	1.1	28.7	95.5	95.1	81.7
덴마크	2.0	52.4	96	-	98
핀란드	1.7	36.3	99.1	97.1	93.4
프랑스	1.9	37.5	98.5	98.5	93
독 일	1.9	40.1	-	-	92.3
그리스	1.4	30.6	97.8	-	62
헝가리	1.0	28	91.3	91.5	56.7
아일랜드	2.1	35	94	-	59
이탈리아	1.6	36.5	99.4	99.6	94.7
네덜란드	2.6	41	100	100	94
폴란드	1.1	22.9	86.9	83	78
포르투갈	1.5	26.8	65.6	-	3.8
스페인	1.8	31.3	-	99.5	63.8
스웨덴	2.1	44.5	100	100	100
영 국	2.3	44	99	100	94

출처: 1) Ministry of Infrastructure of the Italian Republic(2006).
2) CECODHAS Housing Europe(2012).

1인당 방수의 경우 네덜란드가 가장 높은 평균 2.6개의 방을 보유하고 있는 것으로 나타나 가장 높은 수준을 보이고 있으며, 영국, 스웨덴, 아일랜드, 벨기에, 오스트리아, 덴마크 등이 상당히 높은 수준인 평균 2.0개 이상을 보유하고 있는 것으로 조사되었다. 프랑스와 독일 또한 높은 수준에 근접하는 1.9개를 보유하고 있어 서유럽의 수준이 폴란드(1.1), 체코(1.1) 등의 동유럽과 비교해 비교적 높은 주거환경을 가지고 있음을 알 수 있다.

1인당 주거면적 역시 서유럽 국가들이 비교적 넓은 면적을 차지하고 있는 것으로 나타났는데, 덴마크가 52.4㎡로 가장 높은 수준을 기록했으며, 그 뒤를 스웨덴(44.5㎡), 영국(44㎡), 네덜란드(41㎡), 독일(40.1㎡)이 따르고 있는 것으로 파악되었다. 반면에 체코, 헝가리, 폴란드 등 동유럽 국가와 지중해 연안의 포르투갈, 그리스, 스페인 등은 서유럽 국가보다 평균 10㎡ 이상 적은 주거면적을 가지고 있는 것으로 나타났다.

욕실비율의 경우 대부분의 유럽연합 국가들이 높은 수준을 나타내고 있어 주택소요의 수준보다 월등한 주거환경을 가지고 있음을 보여주고 있는 것으로 조사되었으나, 동유럽 및 지중해 연안 국가의 경우 서유럽에 비해 상대적으로 낮은 비율을 가지고 있었다.

온수비율의 경우 상당수의 유럽국가의 통계수치를 알 수 없었으나 대체로 높은 수준의 온수시스템을 갖추고 있는 것으로 조사되었으며, 중앙난방의 경우 서유럽이 기타 권역에 비해 높은 비율을 차지하고 있는 것으로 나타났다.

이러한 결과를 통해 물리적인 주거복지 수준은 서유럽 국가가 비교적 높게 나타나고 있음을 알 수 있으며, 이러한 수치는 봉인식·김영태(2009)의 연구를 통해 나타난 한국의 1인당 방수(1.1개) 및 1인당 주거면적(22.8㎡)에 비해 월등히 높은 수준으로 물리적 측면에서의 주거복지 수준 향상을 위한 정책적 뒷받침이 필요함을 보여주고 있다.

4. 소득대비 주거비부담 수준

가처분 소득에 대비한 주거비 부담수준을 살펴보면 덴마크가 33.8%로 가장 높은 부담을 지고 있는 것으로 나타났고, 독일(31%)과 그리스(30.2%) 등도 덴마크보다는 낮지만 유럽 내 국가들 중 높은 수준의 주거비를 지출하고 있는 것으로 조사되었다.

반면에 아일랜드(15%), 포르투갈(15.9%)를 비롯한 상당수의 유럽연합 국가들은 20% 미만의 주거비 지출수준을 보여 소득에서 차지하는 평균 주거비는 그리 높지 않은 것으로 나타났다.

이를 2006년 기준 한국의 주거비부담 비율[3](31.4%)과 비교해 보면 덴마크보

3) 봉인식·김영태(2009)가 이용한 건설교통부(2006) 자료에 의하면 한국의 주거비부담은 임대

표 4 유럽연합 국가의 가처분 소득대비 주거비 부담

국 가	기준년도	주거비부담(%)	국 가	기준년도	주거비부담(%)
오스트리아	2009	22.4	아일랜드	2009	15
벨기에	2009	19.7	이탈리아	2009	17.1
체 코	2009	22.5	네덜란드	2009	28.1
덴마크	2009	33.8	폴란드	2009	21.1
핀란드	2009	18.5	포르투갈	2009	15.9
프랑스	2009	17.1	스페인	2009	18.6
독 일	2009	31	스웨덴	2009	24.1
그리스	2009	30.2	영 국	2009	28.8
헝가리	2009	23.2	유럽평균	2009	22.9

출처: CECODHAS Housing Europe(2012).

다는 조금 낮은 수준이지만 다른 유럽연합 국가들과 비교하면 높은 주거비 부담을 안고 있는 것으로 나타나 앞서 설명한 주거수준 및 주택의 가용성의 낮은 수준과 대비되어 상대적으로 질 낮은 주택에 거주하며 고비용을 지불하는 바람직하지 않은 주거수준을 보여주고 있음을 알 수 있다(봉인식·김영태, 2009). 특히 한국과 주거수준이 유사하다고 판단되는 포르투갈(15.9%), 스페인(18.6%) 등의 경우 주거비 부담수준은 유럽연합 내 국가들 중 가장 낮은 수준을 보여 한국과는 차별적인 모습을 나타내고 있어, 주거의 질과 주거부담에 대한 정책적 고려가 필요함을 보여주고 있다.

료 뿐 아니라 개보수비용, 광열비 등 경비를 포함한 모든 비용을 월평균 소득으로 나눈 것을 의미하며, 전세의 월세전환율은 2006년도 국민은행 주택가격동향조사에서 파악된 0.99%를 사용하였다.

Ⅲ. 유럽국가의 주택 및 주거복지정책 현황

1. 유럽국가의 사회주택 현황

유럽의 사회주택 개념을 가지고 있는 우리나라의 공공주택 비율은 분양전환을 전제로 하는 민간의 중단기 임대주택까지 포함하면 총 주택의 5.1% 정도를 차지하고 있는데(성일권·백승만, 2008), 유럽 내 주요 선진국의 경우 프랑스가 전체 주택 중 공공성을 가지고 있는 사회주택이 17% 정도로 나타나고 있으며, 영국 18%, 네덜란드 32%, 스웨덴 18% 등 우리나라보다 월등히 높은 비율을 나타내고 있는 것으로 조사되었다.

표 5 주요 유럽국가들의 사회주택 현황

국 가	인구 (1,000명)	1,000명당 사회주택 거주자	사회주택비율 (%)	사회주택 중 임대비율(%)
오스트리아	8,207	100	23	56
벨기에	10,446	32	7	24
덴마크	5,411	95	19	51
핀란드	5,237	85	16	53
프랑스	60,561	86.5	17	44
독 일	82,501	22.6	4.6	7.8
이탈리아	58,607	29	5.3	28
네덜란드	16,306	138	32	75
스페인	43,038	10.9	2	15
스웨덴	9,011	84	18	48
영 국	60,035	80	18	54

주: 인구는 European Social Housing Observatory(2007)에서 발췌.
출처: CECODHAS Housing Europe(2012).

그림 1 유럽국가의 사회주택비율 분포도

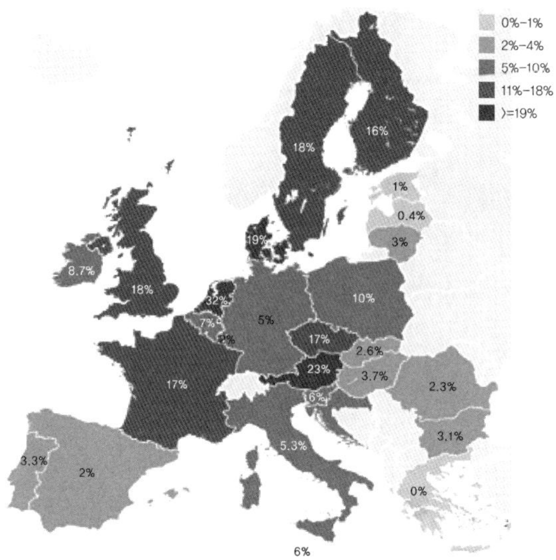

출처: CECODHAS Housing Europe(2012).

우리나라와 비슷한 비율을 나타내고 있는 국가로는 이탈리아(5.3%), 독일(4.6%), 벨기에(7%) 등이 있으나, 이들 국가들도 앞서 설명한 바와 같이 유럽위원회의 사회주택에 대한 정책 장려로 인해 다양한 주거복지 정책을 펼치고 있다는 점에서 우리나라와는 차별적인 면을 가지고 있음을 알 수 있다.

사회주택 중 임대비율을 살펴보면 네덜란드가 75%로 가장 높은 비율을 차지하고 있으며, 오스트리아(56%), 영국(54%), 덴마크(51%) 등이 다른 유럽국가들과 비교해 높은 임대비율을 보이고 있는 것으로 나타났다.

2. 유럽국가의 주택정책과 복지국가체계의 관계

유럽국가들에 있어서 주택정책의 궁극적인 목표는 국가 및 국민의 복지수준 향상이지만, 주택문제의 해결을 위해 국가가 개입하는 정도는 각 국가마다 차별성을 보이고 있다.

Esping－Andersen(1990)은 유럽의 9개 국가를 대상으로 주택정책의 초점과 복지국가 체계의 관계를 살펴보았는데, 먼저 아일랜드와 영국을 대표하는 자유주의 복지국가(Liberal Welfare State)체계에서 주택은 다른 유럽국가들 보다는 좀 더 시장 친화적인 개념을 가지고 있다. 다시 말하자면, 공공주택은 주거복지의 정형화되고 제도화된 서비스의 대상이기 보다는 자유경쟁을 통한 시장의 진출입에 실패한 소외계층에 대한 보완적 서비스의 개념을 가지고 있다는 것이다. 이러한 체계 내에서 주거복지의 실현은 주로 자가주택 위주로 진행될 가능성이 높다고 할 수 있다.

협동조합주의 복지국가(Corporatist Welfare State)체계 속에서의 주택은 자유주의의 성격을 포함하고 있으나, 사회주택을 통한 주거복지가 보완적인 개념이 아닌 비교적 시장서비스의 개념과 대등한 관계를 유지한다는 특징을 가지고 있다. 독일, 오스트리아, 스위스, 프랑스 등이 대표적이며, 이들 국가는 시장을 중심으로 다양한 계층에 맞는 주택에 대한 공급에 초점을 맞추고 있으며, 주거복지 측면에서 국가를 대신해 공공성이 포함된 주택의 공급기능도 함께 담당하고 있다.

사회민주주의 복지국가(Social Democratic Welfare State)체계하에서는 다른 어떠한 체계보다 보편적으로 주거복지에 대한 개념이 인정되고 있는데, 사회적으로 소외된 계층 뿐 아니라 일반적인 중산층까지도 주거복지의 대상에 포함시켜 주택공급의 계층화를 줄일 수 있는 바탕을 마련하고 있다. 스웨덴, 덴마크, 노르웨이, 핀란드 등 강력한 사회복지 정책을 펼치는 국가들이 이러한 체계의 중심에 서 있으며, 주택에 있어서의 공공성이 보편적으로 받아들여지는 사회적 인식이 높게 공유되는 특징을 보이고 있다(대한주택공사, 2002; 성일권·백승만, 2008).

이러한 측면에서 국가개입의 강도와 주택시장의 성격을 보면, 자유주의 복지국가체계에서는 주택은 시장재의 성격이 강하며, 이에 따라 국가의 개입은 최소화하는 흐름을 견지하고 있다. 반면에 사회민주주의 복지체계하에서는 주택시장은 공공재의 성격이 높아 국가개입의 정당성이 부여되는 시장대체형의 주택시장 성격을 가진다고 볼 수 있다.

표 6 주택정책과 복지국가체계의 관계

복지국가체계	주택정책	주택시장성격	해당국가
자유주의 (Liberal Welfare State)	자가주택 위주	시장재	아일랜드, 영국
협동조합주의 (Corporatist Welfare State)	민간임대주택 위주	↓	독일, 오스트리아, 스위스, 프랑스
사회민주주의 (Social Democratic Welfare State)	공공임대주택 위주	공공재	스웨덴, 덴마크, 노르웨이, 핀란드

출처: 대한주택공사(2002), 표 2-1 수정.

그림 2 복지국가체계와 주택시장과의 관계

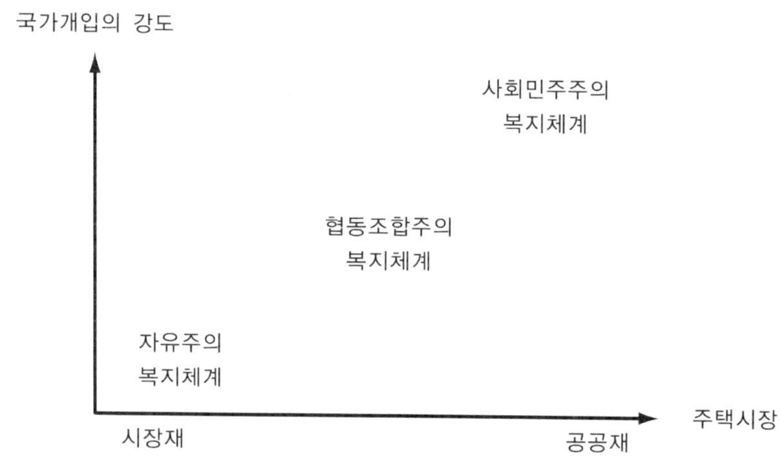

3. 유럽국가의 주택 및 주거복지정책 목표

역사적으로 깊은 상호관계를 가지고 있는 유럽의 국가들은 그 발전양식 및 과정의 동질성으로 인해 비교적 유사한 주택정책의 목표를 가지고 있다. 하지만 이와 동시에 각 국가의 사회, 정치 문화적인 특성으로 인해 공공의 지원형태는 다양한 스펙트럼을 가지고 있다.

유럽연합(EU)에 속해 있는 국가들은 기본적으로 시장경제를 지향하고 있어 주택에 대한 사유를 인정하고 있으며, 주거복지의 실현을 위해 중앙 및 지방정부 차원의 다양한 공공지원 제도를 운영하고 있다. 특히 소득수준 2만여 달러인 한국을 기준으로 이보다 높은 소득수준을 가지고 있는 유럽국가들은 주택정책의 추진에 있어 민간시장의 중요성을 인식하고 있는 것과 동시에 민간시장에 정착하기 어려운 계층을 위해 공공임대주택과 같은 공공주택 정책을 강력하게 추진하고 있다.

특히 덴마크, 핀란드, 스웨덴 등은 주택정책에 대한 정도의 차이는 보이고 있지만 대체적으로 위에서 설명한 사회민주주의 국가체계(Social Democratic Welfare State)의 특성을 가지고 있어 공공임대주택의 공급확대를 통해 홈리스, 청소년 및 어린이 등과 같은 소외계층에 대한 높은 관심을 보이고 있으며, 이를 위해 다양한 중앙 및 지방정부의 예산과 공공주택기금을 사용하고 있는 것으로 나타났다.

표 7 유럽연합 국가의 주택 및 주거복지정책 비교

국 가	소득*	주택 및 주거복지정책 목표(방향)	공공재정지원**		
			유무	대상***	재정부담
한 국	19,690	주택공급확대, 주택시장안정, 저소득층 주거수준 향상 및 주거격차의 완화	0	건설+가구	중앙+지방
오스트리아	42,700	시장주의를 바탕으로 대다수 국민이 접근가능한 주택공급(공공주택 포함)	0	건설+가구	지방정부
벨기에	40,710	자가소유 촉진 및 사회주택 확충	0	-	중앙+지방
체 코	14,450	가구의 소요 및 재정능력을 고려한 주택공급, 필요시 국가지원	0	-	중앙
덴마크	54,910	다양한 주택공급을 기초로 모든 국민에게 양질의 주택 및 주거환경 제공	0	가구	중앙+지방
핀란드	44,400	지역적 사회적 주택시장의 안정, 홈리스 해결, 주택의 질적향상, 합리적 주택가격 형성, 가구의 소요 및 부담능력에 적합한 주택의 접근성 향상	0	건설+가구	중앙
프랑스	38,500	가구의 수요 및 소요에 적합한 주택공급, 자가주택 촉진 및 공공임대주택 공급 확대	0	건설+가구	중앙+지방

독 일	38,860	지역주택시장에 대응하는 주택정책의 다양화, 노동시장 안정 및 유자녀 가구, 은퇴자 자가주택 공급확대, 친환경주택공급 확대	0	건설+가구	중앙+지방
그리스	29,630	합리적이고 효율적인 금융 및 조세체계를 기초한 자가주택 공급 확대	0	가구	중앙
헝가리	11,570	영유아 가구에 대한 자가주택 공급확대, 저소득층을 위한 임대주택 공급, 에너지절약 주택에 대한 지원	0	-	중앙
아일랜드	48,140	가구소요에 적합한 양질의 접근 가능한 주택공급 및 자가주택공급 확대	0	-	중앙+지방
이탈리아	33,540	신혼부부, 노년층 및 중산층의 자가주택 공급을 촉진하며 주택구입 촉진을 위한 지원	0	건설+가구	중앙+지방
네덜란드	45,820	도시지역의 주택공급확대와 근린구조개선, 소음 등 주거환경개선, 주거지 안전 등 쇠퇴방지, 자가주택공급 촉진, 도심 활성화를 통한 중산층 이상 계층 유입 및 주택의 접근가능성 향상	0	-	중앙
폴란드	9,840	낮은 건설단가 유도 및 건설재원확보, 민간 및 공공영역의 임대주택공급 확대, 주택재고에 따른 노동력 이동 확대, 도심활성화, NGO 지원을 통한 임시거처공급	0	건설+가구	중앙
포르투갈	18,950	모든 국민이 적절한 주택에 거주하는 주거권 확립	0	-	중앙
스페인	29,450	재정지원을 통한 자가주택 공급확대(35세 이상 최초 주택구입자에 대한 지원, 주택가격의 80%까지), 도시재생을 통한 주거환경개선	0	건설+가구	중앙+지방
스웨덴	46,060	모든 국민이 양호한 주택에 합리적인 비용으로 거주할 수 있는 기회제공, 양호한 주거환경을 제공하고 특히 청소년 및 어린이를 위한 적절한 주거환경 제공, 건설, 계획 및 관리는 지속가능한 발전의 틀에서 추진	0	건설+가구	중앙
영 국	42,740	합리적인 가격과 양호한 주택공급, 자가주택 공급을 권장하며 홈리스, 주거지 내 반사회적 행위 감소	0	-	-

주: *) 소득은 2007년기준(US달러).
**) 중앙과 지방정부 예산과 공공주택기금 등.
***) 건설: 신규주택건설, 기존주택 수선등에 대한 지원.
가구: 임대료보조 등 주거비 지원.
-: 자료없음.
출처: 봉인식·김영태(2009) 표 1.

반면에 자유주의 국가체계(Liberal Welfare State)의 특성을 가지고 있는 주택정책을 실현하는 국가로는 그리스, 아일랜드, 이탈리아 등이 있는데, 이들 국가는 가구소요에 적합한 양질의 주택공급을 민간시장 중심으로 운영하는 것을 목표로 하고 있으며, 결과적으로 주거복지의 실현은 자가소유의 확대를 통해 달성하려는 모습을 보이고 있다.

주택의 공급확대, 주택시장 안정, 저소득층 주거수준 향상 및 주거격차의 완화를 주택정책의 주요목표로 하고 있는 한국의 경우 민간시장의 활성화를 통한 정책달성을 유도함과 동시에 공공임대주택의 공급을 추진하고 있는데, 이를 통해 사회민주주의 특성과 자유주의 특성을 동시에 가지고 있음을 알 수 있다(봉인식·김영태, 2009).

Ⅳ. 유럽 주요국가의 주택 및 주거복지 정책: 영국과 프랑스를 중심으로

1. 개요 및 정책특징

영국 및 프랑스와 같은 유럽연합 내 주요 국가들은 일반적으로 자가비율을 높이기 위해 수용가능한(affordable) 주택의 공급확대와 사회주택의 불하매각을 지속적으로 추진하는 한편, 취득세 감면, 다양한 대출보조금 제도 등을 통해 주택구입 세대의 자가 소유를 지원하고 있다. 또한 이와 동시에 유럽위원회가 지속적으로 강조하고 있는 주택부문에 있어서의 주거복지 강화정책을 바탕으로 국가별로 주거권의 보장과 다양한 사회계층 간의 사회적 혼합을 위한 정책을 함께 추진하고 있으며, 이와 같은 핵심정책의 실현을 위해 공공임대주택의 지속적인 확충, 임대료 보조제도의 활용, 사회통합을 위한 주택 및 도시환경 개선사업 등을 활용하고 있다.

이러한 측면에서 주거복지를 위한 영국과 프랑스의 공통적인 주택 및 주거정책 특징 및 방향을 구체적으로 살펴보면 다음과 같다. 첫 번째, 자가소유의 지원확대로 앞에서 설명한 바와 같이 자기소유의 주택을 원하는 사람에게 저렴하게 주택이 공급될 수 있도록 다양한 정책을 펼치고 있다. 이러한 정책과 관련되어 프랑스는 10만 유로(1억 4,800만원), 영국은 6만 파운드(1억 1,500만원) 정도의 비용으로 입주가 가능한 주택건설을 추진 중이다. 국가별로 볼 때, 2008년 기준으로 자가소유 비율은 영국이 66.4%, 프랑스가 57%를 나타내고 있는데, 이처럼 자가소유 비율이 유럽 내 다른 국가들보다 비교적 높게 나타나는 이유는 영국의 경우, 대처정권 이후 민영화차원에서 사회주택의 매각을 지속적으로 벌여왔기 때문이며, 프랑스도 자가보급을 통한 주거문제 해결을 당면과제로 삼았기 때문이라고 할 수 있다.

두 번째, 지속적인 민간 및 공공주택의 확충을 꾀하고 있는데, 영국, 프랑스를 비롯한 대부분 국가들의 주택보급률이 100%를 초과했으며, 인구 천명당 주택수도 <표 2>에서 보는바와 같이 2009년 기준으로 500여 호에 가까워져 한국보다 60~70%가 많음에도 불구하고 지속적인 공급을 위해 노력하고 있다. 특히 프랑스는 사르코지 대통령의 취임이후 주택 200만호의 건설사업을 중장기적으로 추진키로 결정하였으며, 영국도 오는 2020년까지 신규주택 300만호를 건설키로 하는 등 수요자 중심시장의 활성화를 통한 주거복지 달성에 노력을 기울이고 있다(성일권·백승만, 2008).

세 번째, 주거복지 달성을 위한 주거권의 천명으로 유럽사회현장을 바탕으로 프랑스의 경우 2008년부터 국가를 상대로 품위있는 주택에서 거주할 수 있는 권리에 대한 요구가 가능한 주거청원권을 시행하고 있다(하성규, 2010a).

마지막으로 사회주택 부지확보 및 주택공급을 위한 공공기구의 설치와 종합적 운영, 중앙 및 지방정부의 역할 분담으로 공공성을 강조하는 사회주택 건설을 위한 다양한 방안들을 중앙정부가 중심이 되어 지방정부와 함께 모색하고 있다. 또한 주택의 공급 및 관리, 택지개발, 도시재생을 종합적으로 수행함으로써 주거복지정책의 효율성과 효과성을 높이고 있으며, 특히 사회주택 부지를 포함한 택지공급과 개발을 동일 주체가 담당토록 해 지속적인 공공임대주택 공급을 가능하게 하고 있다.

표 8 영국, 프랑스, 독일의 주택 및 토지 담당기관

	주택+재생+토지	주택+토지	주택금융
중앙정부	- 영국 EP		- 영국 HC
지방정부	- 프랑스 SEM 등 - 영국 URC	- 프랑스 HLM	
비영리조직			- 영국 HA
한시조직		-영국 RDA, UDC	

출처: 성일권·백승만(2008) 표 6.

이에 대한 구체적인 사례를 살펴보면, 영국의 경우 중앙정부 차원의 잉글리시파트너십(English Partnership: EP)이 주택공급 및 관리, 택지개발, 도시재생을 동시에 맡고 있으며, 프랑스에서는 지방정부가 공공임대주택의 공급을 위해 민간자본과 공동 출자해 설립한 복합경제회사(Société d' Economie Mixte: SEM)가 영국의 EP와 같은 종합적인 주택개발 및 관리를 전담하고 있다(대한주택공사, 2002; 성일권·백승만, 2008).

특히 사회주택 부문에 있어서는 영국의 경우 지방정부가 사회주택의 공급, 배분, 관리에 대한 책임을 맡고 있으며, 프랑스는 저소득층에게 수용가능한 주택을 공급할 목적으로 시작한 복지적 주택건설운동(Habitation à Bon Marché: HBM)을 발전시킨 공공임대주택(Habitations a Loyer Modere: HLM) 관련 기관이 담당하고 있다(최영오·최무혁, 2009; 하성규, 2010(a)(b)).

2. 영국의 정책

1) 개요 및 흐름

영국은 산업혁명의 직접적인 여파로 인해 다른 국가보다 일찍 주택 및 도시지역의 개발에 큰 전기를 마련하게 되었는데, 산업혁명으로 인한 산업 및 자본주의 성장은 고용을 창출하여 도시인구의 증가를 초래하게 되었고 결과적으로 도시과밀로 인한 주거 불안정이라는 결과를 맞게 되었다.

초기의 주택정책은 1848년 공중위생법을 기초로 하는 불량촌철거가 주된 개발방식 이었는데, 이러한 방식은 기존 주택의 전면철거를 기반으로 하고 있기 때문에 서민의 주거환경을 위협하게 되어 저소득층의 주거안정에 큰 불안요인으로 작용하였다(김태섭, 2001).

1919년 제정된 주택 및 도시계획법(The Housing and Town Planning Act of 1919)은 영국의 체계적이고 현대적인 주택 및 도시계획에 대한 기틀을 마련해준 정책으로, 기존의 서민주거환경을 개선하기 위한 주택수급의 안정화를 주요 목표로 하고 있으며, 특히 공공부문의 주도로 총 50여만호의 주택을 공급하는 목표를 설정하였다.

1979년 이후 대처(Thatcher)수상의 입각을 통해 영국의 주택정책은 큰 전환기를 맞이하게 되었는데, 대처정부의 주택정책은 "공공임대주택의 민영화(Privitisation)" 및 "재산소유의 민주주의(Property-Owing Democracy)"라는 명제하에 추진되어 주택정책에 있어서 더욱 높은 시장기능의 활성화를 도모하였다. 이러한 민영화 정책은 지속적인 주택법의 개정을 통해 법제화되었다(김종철, 2003). 하지만 1997년 이후 집권한 노동당 정부는 기존 보수당 정부의 시장중심적인 주택정책 방향을 복지중심으로 전환시켰으며, 특히 기존의 공공임대주택의 민영화 정책을 보완해 공공부문이 관여할 수 있는 제도적 장치를 마련하였다.

2000년대 이후에는 공공주택에 대한 공급량을 전반적으로 축소시키는 한편, 주택의 공급보다는 보조금을 지급하는 방식으로 주거복지 정책의 변환을 도모하는 양상을 보이고 있다. 이와 함께 주택소유에 대한 권장정책(Right to Buy Policy)을 장려하고 있다. 하지만 이와 동시에 홈리스법 등의 제정을 통해 소외계층의 주거복지 실현을 위한 지방정부의 역할과 책임을 강조하고 있다(차지은 외, 2008).

표 9 영국 주택 및 주거복지 정책의 시대별 특징 및 변천과정

시대	주요특징
1800년대	▸ 노동자들의 주거환경과 주택정책의 연계 ▸ 공중위생법 제정 ▸ 불량촌 철거재개발(Slum Clearance)중심의 재개발 정책 ▸ 1888년 지방자치법(Local Government Act)를 통해 지방자치단체를 통한 주택재개발 시행
1900년대 - 1940년대	▸ 1919년 주택 및 도시계획법(Housing and Town Planning Act)제정 - 재개발에 대한 정부의 강력한 개입 ▸ 1923년 주택법(Housing Act)제정 - 지방자치단체에 의한 독자적인 공공주택사업 추진 ▸ 임대료환급제(Rent Rebate Scheme) - 소득이 높은 가구에 대해 높은 임대료 징수 - 저소득층의 임대료 보완 ▸ 1947년 종합개발지구(Comprehensive Development Area)제도
1950년대 - 1970년대	▸ 보수당에 의한 민간영역중심의 주택정책 강화 ▸ 1956년 주택보조금법(Housing Subsidies Act)제정 ▸ 1961년 주택법개정을 통해 공공부문에 의한 주택정책 강화 ▸ 1972년 주택금융법(Housing Finance Act)제정 - 공공부문에 의한 공공주택 임대료 결정
1980년대 - 1990년대	▸ 1988년 주택재개발트러스트(Housing Action Trust)도입 - 도심재개발공사 설립 ▸ 1989년 지방정부주택관리법(Local Government and Housing Act)도입 - 정부의 주택재정적자 해소 ▸ 1997년 이후 집권한 노동당에 의해 점차적으로 공공부문에 의한 주택정책의 중요성 강조
2000년대 이후	▸ 홈리스법 2002 (Homelessness Act 2002) ▸ 2006년 계획정책성명서3 (Planning Policy Statement3: Housing) - 수용가능한(Affordable) 주택공급에 대한 지침 제시 ▸ 전반적으로 공공주택 공급량을 축소시키고 주택소유 권장 ▸ 저소득층 주민들에게 보조금 지급 확대

출처: 김성연 외(2010), 표 47 수정편집.

2) 주택 및 주거복지 정책의 특징

영국의 경우 이탈리아, 스페인, 그리스 등과 함께 자가위주의 주택정책을 실시하고 있는 대표적인 국가로 프랑스에 비해 월등히 높은 자가점유율을 보이고 있다. 이러한 이유로 공공주택 제도는 잘 정비되어 있는 유럽의 국가들 중 하위그룹에 속해 있다고 할 수 있는데, 특히 1980년대 이후 지속적으로 추진되고 있는 공공주택의 사유화 정책은 주거복지의 감소 원인이 되는 직접적인 결과를 제공했다고 볼 수 있다. 다만 사유화 정책의 전제조건으로 수용가능한 주택(Affordable Housing)의 공급이 이루어질 수 있도록 지방자치단체 차원의 정책관리에 힘쓰고 있다.

다른 특징으로는 막대한 사회복지재정의 지출로 인한 재원마련의 부담으로 인해 1990년대 이후 정부가 직접적으로 사회주택을 공급하는 방식에서 탈피해 공공 및 사회단체를 중심으로 하는 다양한 형태의 공급방식(예를 들어 주택조합 및 협동조합)으로 주거복지 체계가 바뀌고 있다.

이밖에도 영국은 기타 유럽국가에 비해 정권이 바뀜에 따라 주택 및 주거복지 정책의 흐름이 큰 폭으로 변화되는 특징을 가지고 있는데, 특히 노동당과 보수당의 정책기조는 확연한 차이를 보이고 있다. 노동당의 경우 대처정부의 신자유주의적 주택정책이 나타나기 전까지 2차대전 이후 사회경제적인 어려움을 탈피하기 위해 주택의 양적 확충을 목표로 삼았으며, 특히 공공주택을 포함한 사회주택에 대한 집중적인 공급에 힘썼다. 반면에 보수당의 경우 세금의 감면을 통한 지지율의 확보에 많은 노력을 기울였으며, 그 결과로 정부지출을 줄이는 재정적자 정책이 나타나게 되어 의료, 주택 등의 복지예산이 상당부분 줄어들게 되었다. 이에 따라 주거복지 정책에 있어서도 사회주택에 대한 정부의 직접적인 보조금 지급보다는 민간부문에 의한 주거복지 공급이 이루어질 수 있도록 주택공사(Housing Corporation) 등을 민간 주택조합에 자산이전화 시키고 100여만호에 이르는 사회주택을 주택조합에 관리이양시키는 등 1970년대 40%에 달하던 사회주택은 2010년대 들어 18%로 줄어드는 결과가 나타나게 되었다(성일권·백승만, 2008; 차지은 외, 2008).

3) 주요 주거복지 프로그램

(1) 공공임대주택

임차인을 위한 공공임대주택(Social Rented Housing)은 지방정부가 직접 국가의 지원 및 융자를 통해 주택을 공급하는 지방정부공영주택(Local Government Housing)과 주택조합이 운영하는 공공임대주택으로 구분이 된다. 이러한 공공임대주택에 입주가능한 자격은 주거복지조례(Housing Benefit Scheme)에서 규정된 저소득 가구로 한정되며, 다음과 같은 자격조건을 가진 가구 또는 사람은 영국 전체에서 공공임대주택을 신청할 수 없는데, 첫 번째로, 나이가 60세 이하이면서 저축한 금액이 16,000 파운드 이상이고(60세가 넘은 사람은 저축한 금액과 상관없음), 60세가 넘은 경우 확실한 연금이 보장되는 사람이고, 두 번째는, 가까운 친척과 함께 살고 있거나 풀타임 학생인 사람이며, 마지막으로는 망명자로 신청한 사람이나 영국에서 보조를 받고 있는 사람을 말하며, 또한 파트너와 함께 살고 있는 사람을 포함한다(차지은 외, 2008).

공공임대료의 산정은 기본적으로 민간임대료보다 낮은 수준의 임대료를 유지해 임차인들의 혼동을 방지하고 안정적인 주거복지 환경을 마련한다는 목적을 가지고 있으며, 대체적으로 10여 년간의 민간임대료 상승률보다 낮은 수준에서 결정할 수 있도록 방향을 설정하고 있다. 산정기준은 크게 주택의 상태 및 입지, 거주지역에서의 소득, 그리고 주택의 규모가 기준이 되고 있는데, 특히 주택의 규모는 침실수가 임대료 차이에 중요한 기준으로 작용하고 있다는 특징이 있다. 구체적으로 임대료의 70%는 국가소득수준에 대비한 지역소득수준을 반영하고, 나머지 30%는 지방정부의 평균자산 가격에 대비한 자산가격을 반영하며, 주택규모에 있어서의 침실의 수를 임대료에 적용하고 있다(장영희, 2003).

공공임대주택의 운영 및 관리는 크게 주택공사(Housing Corporation), 주택조합(Housing Association), 지자체의 주택관리팀(Neighborhood Office), 그리고 입주자 관리조직인 TMO(Tenant Management Organisation) 등 공공과 민간부문이 위계적으로 나뉘어져 각각의 역할을 수행하고 있다. 먼저 비관료적 공공법인의 성격을 가지고 있는 주택공사는 지역공동체 및 지방정부의 후원금으로 운영되고 있으며 투

표 10 영국 공공임대료 산정기준

산정기준	내 용
주택의 상태 및 입지 등	주택의 상태 및 입지에 따라 주택의 가격이 달라지며, 임차인에게는 주택의 상대적인 매력을 반영하는 투명한 기준으로 사용
거주지역 소득	거주지역에서의 수입을 기준으로 하면, 임대료가 지역에서의 소득을 반영하고 저렴함을 유지하도록 하여 주택가격의 상승과 하락에 따른 영향을 완화시킬 수 있음
주택규모	침실수가 다른 주택에 따라 임대료의 차이가 발생

출처: 장영희(2003), 표 18.

자와 재건, 규제와 최선의 가치, 법인 서비스를 제공하고 있다. 주택조합은 RSL(Registered Social Landload)을 포함하여 2,000여개 이상의 조합으로 구성되어 약 15,000여 채의 주택을 관리하고 있다. 입주자의 관리조직으로 실시간 운영과 유지 및 보수의 서비스를 담당하고 있는 TMO는 해당 지역의 입주자를 대표하고 운영하는 책임기관으로 입주자가 직접 선출한 사람들과 지자체의 파견공무원으로 구성되는데 영국 전체주택의 3%정도를 운영하는 대규모 관리조직이라고 할 수 있다.

반면에 지자체의 주택관리팀은 민간부문 차원에서 운영 및 관리를 맡고 있는 다양한 조직을 공공부문과 연계시켜 효율적인 임대주택 운영을 이루어낼 수 있도록 도와주는 역할을 담당하고 있다(European Social Housing Observatory, 2007; 성일권·백승만, 2008).

(2) 중급주택(Intermediate Housing)

저소득층은 아니지만 다양한 이유로 인해 일반주택의 구입이 어려운 계층을 위한 공공주택 제도인 중급주택은 사회주택과 일반민간주택의 중간단계로 임차보다는 주택소유를 선호하지만 민간주택의 구입이 어려운 사람들을 위해 민간주택보다는 저렴한 가격에 주택을 공급하고 있다.

중급주택이 공급되는 가장 중요한 이유는 영국의 주택가격이 상승함에 따른 가처분소득의 감소로 주택을 구입할 여력이 되는 계층이 지속적으로 감소하는데 있으며, 이에 따라 중급주택의 공급 및 수요는 지속적인 증가추세에 있다(Wilcox and Williams, 2007).

주택의 구입방식은 일반적인 개별소유와 함께 공동소유권(Shared Ownership)을 두어 주택의 구매자가 주택구입에 따른 재원이 부족할 경우 제공자와 함께 부족한 금액에 해당하는 비율[4]에 대한 소유권을 나누어 갖는 방식을 이용할 수 있다. 이 경우 공동소유된 비율에 해당하는 금액은 임차료 형식으로 지불하면서 남은 금액을 삭감하게 되며, 차후에 자금의 여유가 있을 경우 공동소유된 지분에 해당하는 금액을 융자제공자에게 지불함으로써 소유권의 지분을 조절할 수 있도록 제도화하고 있다.

공동소유권과 관련해서 2006년에 제정된 Homebuy 정책을 통해 중급주택의 소유에 대한 명확한 가이드라인[5]을 제시하고 있는데, 이 정책은 Social Homebuy(사회주택구입), Shared Ownership New Build(신규주택의 공동소유), 그리고 Open Market Homebuy(일반주택구입)으로 구분되어 있다. Social Homebuy는 일부주택조합 및 지방자치단체에서 제공하고 있는 정책으로 현재 임대거주하고 있는 주택에 대해 최소 25%의 소유권 구매를 통해 주택을 소유할 수 있도록 하고 있다. Shared Ownership New Build는 일반적인 공동소유권과 동일한 내용을 담고 있는데 신규주택에 대한 공동소유권 관련 규정을 포함하고 있다. 마지막으로 Open Market Homebuy는 일반주택을 구입하는 데 있어 자금의 부족을 겪는 사람들을 위해 정부의 기금을 이용해 주택구입에 대한 일정비용을 융자해주는 내용이 포함되어 있다.

중급주택은 주택구입 뿐 아니라 공공임대주택 방식과 같이 임대료를 지원하기도 하는데, 경찰, 간호사, 교사 등 각 도시에 필요한 핵심노동인력이 해당 지역에 안정적으로 정착할 수 있도록 하는 생활보조프로그램의 성격을 가지고 있다. 이러한 중급임대주택은 공공임대주택보다는 가격이 높지만 민간주택과 차이가

---

4) 일반적으로 초기에 공동소유권을 선택할 경우 25%-75%까지 공동소유권을 지정할 수 있으며, 향후 비용지불을 통한 지분확보를 통해 공동소유에 대한 비율을 0%로 낮출 수 있다(http://www.homebuy.co.uk 참조).

5) 보다 구체적인 내용은 http://www.homebuy.co.uk 참조.

없는 주택환경을 가지고 있어 저소득층은 아니지만 주택구입의사가 없는 중간계층에게 주택선택의 좋은 대안이 되고 있다.

(3) 주거비보조

주거급부(Housing Benefit)로 대표되는 주거비보조는 지방정부가 관리하는 사회보장 체계의 일부로 1992년 사회보장지원법(Social Security Contributions and Benefits Act of 1992)을 근간으로 하며, 사회주택에 거주하는 임차인에게는 임대료를 할인해주고, 기타 민간 및 조합임차인에게는 임대료수당(Rent Allowance)을 제공하고 있다.

주거비보조는 기본적으로 주거비의 지불능력이 떨어지는 가구를 지원하기 위해 만들어진 주거복지 프로그램으로 소득과 연동되어 가구특성에 따라 다른

그림 3 영국의 주거비보조 지급 및 수급절차

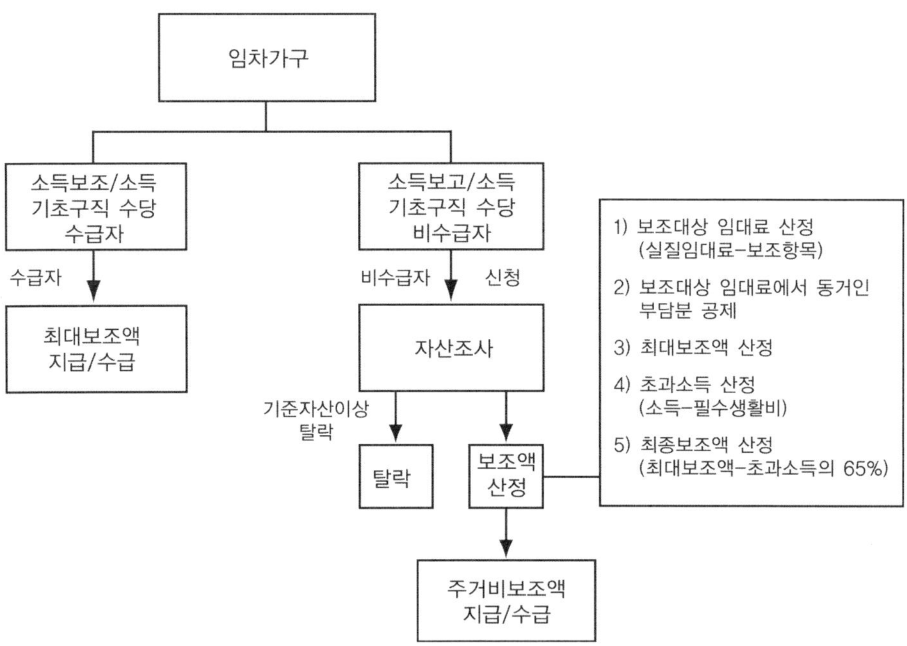

출처: 임성영(2011) 표 3-27.

보조금을 지급하고 있다. 2004년을 기준으로 자산 16,000 파운드 이하의 저소득 임차인이 주된 지급대상으로, 1만 6천 파운드 이하이나 3천 파운드 이상인 경우 자산의 크기에 따라 차별적인 보조금이 지급된다(임성영, 2011). 다만 기초수급자나 가족공제 대상자는 최대 주거비 보조를 받을 수 있으며, 60세 이상의 노인가구, 편부모, 장애 등의 특수가정은 추가적인 보조금 지급이 가능하다.

주거비보조를 받기 위해서는 자산조사를 거쳐 기준자산 범위에 들 경우 보조액을 산정한 후 주거비보조를 받을 수 있게 된다.

주거비보조와 관련한 전반적인 구조 및 세부규칙은 사회보장부(Department of Social Security)가 담당하고 있으며, 임대료보조와 관련한 금액의 95% 정도는 사회보장부가 지출하며, 나머지 금액은 지방자치단체가 중앙정부로부터 받는 포괄적 보조금(Block Grant)으로 충당하고 있다. 이외에 보조금 지급에 대해 재정적인 여유가 있는 지역의 경우 0%에서 60%까지 낮은 반제율(Rate of Reimbursement)이 적용되기도 하는데, 이는 지방자치단체가 자율적으로 사용할 수 있는 부분에서 주거비보조와 관련된 비용을 관리할 수 있는 인센티브를 주기위한 목적을 가지고 있다(성일권·백승만, 2008).

(4) 주택개량 지원

열악한 상태의 주택환경은 지역주민의 삶의 질에 영향을 주는 것과 동시에 도시환경 및 거주민의 건강까지도 위협할 수 있는 중요한 원인이 될 수 있다. 영국정부는 주택의 사유화 정책과 맥락을 같이하여 개별 주택의 주거환경 개선은 해당 주택거주민의 책임이라는 인식을 가지고 있다. 하지만 장애인, 노인가구 등 일부 소외계층이 거주하고 있는 주택의 경우 주택의 개량과 관련한 비용지출이 어려운 것이 현실이며, 이에 따라 지방자치단체를 중심으로 주택에 대한 개량을 지원하는 재정을 마련하여 주거복지를 실현하고 있다.

2007년 기준으로 영국의 전체주택 중 적정수준에 미치지 못하는 부적절한 주택(Non-decent Housing)은 34.6%에 이르고 있는데, 주거보건 및 안전평가체계[6]

6) HHSRS는 주택에 포함될 수 있는 위험한 요소들을 제거하거나 미연에 방지할 목적으로 5단계의 평가체계를 가지고 있는데, 1단계는 주택의 개별구성요소에 대한 점검을 통해 위험요소가 있는지 파악하고, 2단계는 발견된 위험요소들이 어떠한 위험을 초래할 수 있는지를

(Housing Health and Safety Rating System: HHSRS)를 통해 법적 최저기준을 마련하여 부적절한 주택의 지속적인 감소를 유도하고 있다(서종균·김준희, 2011).

주택개량을 지원하는 방법은 크게 개량보조금(Renovation Grant), 장애시설보조금(Disability Facility Grant), 그리고 주택수리보조금(Home Repair Assistance Grant)으로 나누어지는데, 개량보조금은 주택을 수리하는데 비교적 큰 금액이 들어갈 때 지원하는 프로그램으로, 수리가 불가피할 정도의 심각한 파손이 있거나 습기 등으로 인해 건강에 심각한 위험을 초래할 가능성이 있을 때 보조금을 통해 난방, 조명, 취사, 온수시설 등 다양한 주거편의시설을 포함한 주택개량을 이루게 된다.

개량보조금은 18세 이상의 소득이 있는 사람의 경우 신청할 수 있으며, 자산조사를 거쳐 지급대상자를 선정하게 된다. 단 보조금 신청일 기준 3년 이상 해당 주택에 거주하고 있어야 하지만 3만 5천 파운드 이하의 주택인 경우 이러한 규칙에서 면제된다. 보조금 지급이 결정되면 최대 2만 파운드까지 신청이 가능하며 개량비용이 보조금액을 초과할 경우 나머지 금액은 신청인이 책임져야 한다. 이러한 진행과정은 지방자치단체의 주택개량국(Home Improvement Agency)에서 주관하며, 수리시작 이전에 주택개량국에 보고한 이후 수리를 진행해야 한다(성일권·백승만, 2008).

장애시설보조금은 개량보조금과는 달리 중앙정부의 직접적인 보조금 형태로 제공되고 있는데, 장애인이 주택내부 및 주변에서 자유로운 이동을 할 수 있도록 편의를 제공하고, 주택 내부에서 필요한 시설에 접근할 수 있도록 하는 지원목적을 가지고 있다. 장애시설 설치관련 보조금을 지급받을 수 있는 내용은 <표 11>과 같으며, 이러한 시설의 설치를 위해 최대 2만 5천 파운드까지 신청이 가능하다.

주택수리보조금은 개량보조금과 유사한 성격을 가지고 있으나 주택을 개조 또는 수리하는데 5천 파운드 이하의 비교적 적은 비용이 필요할 때 신청할 수 있는 프로그램이라고 할 수 있다. 개량보조금과 마찬가지로 18세 이상이어야 하고

조사하며, 3단계는 이에 대한 적절한 해결방법을 모색한다. 그리고 4단계에서는 1-3단계에 걸친 과정 및 작업을 기록한 후 마지막 5단계에서는 최종적으로 모든 문제가 해결되었는지 재점검을 하게 된다(Department for Communities and Local Government, 2006).

표 11 장애시설 설치관련 보조금 신청 가능 항목

▸ 자동개폐문 및 경사로 설치
▸ 장애인을 혼자 두어도 안전할 수 있도록 개조된 방의 제공
▸ 접근이 용이하도록 거실이나 생활공간의 구성
▸ 침실, 부엌, 화장실, 세면기, 욕조 등에 접근이 용이하도록 계단승강기 등의 설치
▸ 장애인의 욕구에 적합한 난방시스템의 제공
▸ 사용이 편리한 난방 및 조명 조절기의 설치
▸ 주택근처로 이동이 편리하여 장애인이 자신의 배우자나 자녀 등을 보살피기 용이하게 하는 일

출처: 성일권·백승만(2008) 정리.

저소득의 주거비보조[7)]를 받고 있는 경우에 자산조사 없이 대상자로 선정될 수 있으며, 2천 파운드 이하의 수리비용이 들어갈 경우에는 비용일체를 면제받을 수 있다. 주택수리보조금을 통해서는 노후한 주택의 물리적 환경만을 개량할 수 있으며, 기타 목적으로 사용할 수 없다.

주택의 개량을 전담하는 주택개량국(Home Improvement Agency: HIA)은 각 지방자치단체에 설립되어 주택 및 주거환경의 개선을 촉진하기 위해 노력하고 있는데 1999년 대략 54%의 지방자치단체에 HIA가 설치되어 있었으나, 2008년에는 90%를 넘는 등 지방자치단체 주도의 주거복지 향상을 위한 첨병역할을 수행하고 있다.

HIA의 주거복지 향상정책의 가장 중요한 목표는 장애인, 노인 등과 같은 저소득 소외계층의 주거안정이며, 특히 자가에서 거주하는 노인들이 해당 주택에서 독립적인 생활을 영위할 수 있도록 노력을 기울이고 있다. 이외에도 HIA는 다양한 서비스를 제공하고 있는데, 세부적인 내용은 다음의 표와 같다.

7) 소득보조(Income Supoort), 주거급여(Housing Benefit), 소득기초형 구직자 급여(Come-based Jobseeker's Allowance), 지방세금공제(Council Tax Benefit) 등이 저소득층을 위한 주거비보조 프로그램에 포함된다(성일권·백승만, 2008)

표 12 HIA의 주요 서비스내용

항 목	내 용
정보제공 및 상담	- 주택의 수선, 개량과 관련하여 지역의 믿을만한 건설업체나 하도급자 목록의 제공 - 주택의 상태와 관련한 문제에 대한 방문 상담
주택에 대한 의사결정 지원	- 집과 관련된 작업에 대한 의사결정 지원(도면, 견적, 지방정부의 보조금 담당자와 전문사정인 등 관계자와의 연락 등) - 이용자를 위한 주택옵션을 제시하고 이용자에게 가장 유리한 선택을 할 수 있게 지원
서비스연계	- 지역의 다른 지원서비스를 받을 수 있도록 연계 - 재정적 지원을 받을 수 있는지 여부 확인(장애인시설보조금, 수선이나 개량관련 보조금 등)
도우미 서비스	- 집안의 작은 일을 해주는 핸디퍼슨(Handy Person) 서비스, 가드닝(Gardening) 지원, 퇴원도우미 등의 서비스
에너지 효율개선 지원	- 주택의 에너지 효율을 개선하기 위한 지원

출처: 서종균·김준희(2011), 표 21.

3. 프랑스의 정책

1) 개요 및 정책흐름

프랑스는 전통적으로 독일, 스위스 등과 함께 주거복지에 있어 국가의 개입을 정당화 하는 조합주의적 성격을 강하게 가지고 있는 국가로 분류되는데, 1968년도의 68사회운동, 1990년대에 소외방지법 제정 등의 과정을 통해 유럽 내 다른 국가보다 적극적으로 주택문제를 공공서비스의 차원에서 다루기 시작하였다.

프랑스의 주거권 및 주거복지는 1990년대 이후 새로운 전환기를 맞이하게 되는데, 1990년 주거권이 모든 국민에게 적용되는 권리라는 내용을 포함하고 있는 베송법(Besson)[8]이 통과됨으로써 극빈층에게 주거복지의 혜택이 돌아가기 어

8) 1990년 5월 31일 제정된 법으로 본문에서 설명한 내용 이외에도 사회주택 20% 의무화, 주민 5,000명 이상의 자치단체에 대한 거주지불분명 이동자(예를 들어 집시)에 대한 임시거주 장소 마련 의무화 등 저소득층을 위한 주거복지 향상을 도모하는 목적을 가지고 있다.

려웠던 기존의 문제점을 수정하고 소외계층에게 실질적인 주거혜택을 부여할 수 있게 되었다. 이 법의 주요 골자는 소외계층도 적정수준의 주택에 거주할 권리가 있으며, 주택공급의 확대를 통해 이러한 권리가 행사될 수 없다면 이는 잘못된 것으로 임대료의 대폭상승 등 소외계층의 거주에 위협을 주는 행위는 바람직하지 않다는 것이다. 이 법을 근거로 지방자치단체는 중앙정부와 동일한 수준의 주택연대기금을 마련하여 임대료에 대한 보증제공, 체납임대료의 지원 등 임차인의 주거문제 해결을 위한 목적으로 해당 기금을 사용하였다.

2000년대 중반 세계 부동산시장에서 주택가격의 상승은 프랑스에도 영향을 미쳐 2006년까지 10여 년 동안 지속적인 가격상승이 이루어졌다. 주택문제가 직접적인 원인은 아니었지만 2005년 발생한 프랑스 주요도시에서의 폭동[9]은 이러한 주택가격의 상승으로 인한 거주민 수용가능성(affordable)의 감소로 이어진 주거문제에 깊은 관심을 가지게 되는 계기가 되었다. 이에 따라 국립도시개량청(Agence Nationale pour la Renovation Urbaine: ANRU)을 중심으로 정부가 중심이 되어 60여 가지의 주택정책을 제시하고, 이에 따라 주거복지의 사각지대에 놓인 25만 가구의 사회주택을 철거하고 40여만 가구의 주택을 개량하는 등 다양한 사업을 추진하였다.

2007년도 대통령 선거가 가까워지면서 주택 및 주거복지 문제가 주요 현안으로 대두되었고, 그해 3월 주택청원권이 제정되어 주택소유의 진흥 및 저소득층에 대한 다양한 보조금 정책이 추진되었다(성일권·백승만, 2008).

2) 주택 및 주거복지 정책의 특징

프랑스의 주거복지 정책의 특징은 자가소유 기회의 확대, 민간임대를 통한 주거기능 강화, 그리고 사회주택에 대한 수요와 공급의 불일치로 대표될 수 있다.

---

9) 2005년 10월 27일 프랑스 클리시-수-부아 지역에서 경찰검문을 피해 달아나던 10대 소년들이 감전사 한 사건이 경찰의 지나친 추적때문이라는 여론과 함께 북아프리카와 아랍국가에서 온 이주민들이 중심이 되어 일으킨 폭력 방화사태로, 톨레랑스(Tolerance)로 대변되는 관용주의와 복지주의가 경기침체, 이민자정책 문제, 복지의 감소, 사회적 동화문제, 인종갈등과 같은 경제, 사회, 정책적 요인이 복합적으로 근본적인 원인으로 작용하였다(최기남·이선제, 2006).

먼저 자가소유의 기회확대 측면을 살펴보면, 다양한 보조금 제도를 통해 자가구입을 장려하고 이를 바탕으로 주거안정을 달성하고자 하는 프랑스 정부의 의지를 살펴볼 수 있다. 특히 PTZ(Prêt à Taux Zéro)라 불리는 무이자대출을 통해 일정한 소득을 가진 최초의 주택구입 세대에게 주택소유를 쉽게 만들어 줌으로써 주거안정을 꾀할 수 있었는데, 예를 들어 자격조건은 2003년 기준 2인가구가 평균 2만 7천 유로 이하의 소득이 있을 경우 이러한 무이자혜택을 받을 수 있었다.

1995년도에 도입된 이 제도는 무주택 계층의 주택구입을 성공적으로 이끌어냈다는 평가를 받고 있는데 2000년대 중반까지 PTZ를 통해 120만 세대가 주택을 구입한 것으로 조사되었다(성일권·백승만, 2008). 특히 2005년도 기존의 신규주택에만 한정되어 있던 무이자대출을 기존주택에도 적용시키면서 기존주택을 구입하는 비율이 신규주택보다 높아지게 되었고, 이를 통해 적절한 주택순환을 달성할 수 있게 되었다. 결과적으로 이러한 프로그램을 통해 임대보다는 자가소유를 선호하게 되었으며, 주거복지의 근간인 주거안정 달성에는 효과적인 결과를 가져다 준 것으로 평가되고 있다.

두 번째, 민간임대의 지속적인 증가라고 할 수 있는데 1980년대 중반 자가소유 비율이 50%를 넘게 되면서 임대주택의 비율은 감소하고 있는 추세지만 임대주택 중 민간임대 비율이 사회임대 비율보다 높은 성향을 보이고 있다. 실제로 2008년 기준 임대주택은 전체주택의 39%를 차지하고 있으며, 이 중 민간임대는 22%로 공공 및 사회주택 비율인 17%를 보이고 있어 유럽국가 중 민간임대 비율

표 13 주택구입을 위한 무이자대출 이용가능 소득한도 사례(단위: 유로)

가구원수	수도권	기타지역
1인	22,105.25	18,949.56
2인	28,416.64	25,260.95
3인	31,572.34	28,416.64
4인	34,728.03	31,572.34
5인이상	37,883.73	34,728.03

주: 2003년도 기준.
출처: 김영태(2006), 표 2-12.

이 비교적 높은 특징이 있다(표 3 참조). 프랑스에서 민간임대가 높은 이유는 사회주택에 대한 공공부문의 투자가 상대적으로 미약함과 동시에 임대 투자자들을 위한 세금우대 조치 때문이라고 할 수 있다.

마지막으로 사회주택에 대한 수요와 공급의 불일치를 들 수 있는데, 2000년대 중반 신규주택공급 중 사회주택의 공급비율이 9%에 그쳐 심각한 불일치 현상을 보인 이후, 기존주택의 사회주택화, 신규 사회주택의 꾸준한 공급을 통해 수치상으로 연간 5만여 호의 사회주택재고가 증가하고 있다(성일권·백승만, 2008). 하지만 프랑스 인구구조의 급격한 변화로 인해 증가된 재고는 여전히 수요에는 미치지 못하고 있는 실정이다. 특히 꾸준한 이민의 증가, 세대원의 감소, 노년층의 증가는 사회주택에 대한 수요를 빠른 속도로 증가시킬 것으로 예측되고 있는데, 프랑스 정부는 기존의 취약계층 및 신규로 사회주택 수요를 증가시키는 특수계층의 주거안정을 위해 사회결속계획법(2005) 및 주거청원권(2007)의 제정과 사회적 혼합정책의 실시 등 다양한 노력을 기울이고 있다.

3) 주요 주거복지 프로그램

(1) 공공임대주택

프랑스의 공공임대주택은 영국의 역사적 배경과 유사한 면이 있는데, 산업혁명 이후 도시화의 과정에서 발생한 부족한 도시 내 주택문제를 해결하기 위한 목적을 가지고 공급하게 되었다. 하지만 초기 공공임대주택은 공공부문의 소극적인 태도로 인해 자본을 축적한 기업가들이 중심이 되었으며, 1889년 만국박람회가 파리에서 개최되면서 함께 열린 수용가능한 노동자주택 관련 국제회의를 시작으로 비로소 정부가 공공임대주택에 관여를 하기 시작하였다.

프랑스의 공공임대주택은 1940년대 이후 30여 년간 본격적으로 지어지기 시작하였는데, 특히 1960년대 들어 실업의 증가와 석유파동 등으로 주택구입에 대한 어려움이 생기면서 공공임대주택에 대한 수요가 집중적으로 증가하였다. 이처럼 지속적인 수요의 증가로 주택, 특히 공공임대주택에 대한 부족현상이 나타나자 프랑스 정부는 HLM이라고 하는 공공임대주택 공급을 위한 5개년 계획을 1957년부터 세워 매년 30만호의 주택을 공급하였다(장한두·제해성, 2010).

공공임대주택의 재정지원은 1977년 이전에는 예금계정에서 확보된 자금을 바탕으로 건설 및 관리를 하였으며, 1977년 이후에는 임대주택특별융자(Pret Locatif Aide: PLA)를 통해 지원이 이루어지고 있다. 이렇게 지원된 자금은 35년의 상환기간을 가지고 있으며 PLA의 일종인 PLMUS(Pret Locatif a Usage Social)는 3.45%의 이자율을, 가장 취약한 계층의 주거복지를 위한 자금인 PLA－1은 2.95%의 이자율을 부과하고 있다(양선, 2008).

입주자격은 프랑스국적 소유자 뿐 아니라 합법적인 장기체류자에게도 주어지는데, 소득기준이 법정 최저임금의 3배를 기준으로 하기 때문에 저소득층만을 대상으로 하지는 않는다는 특징이 있다. 입주가능 가구의 소득상한액은 지역 및 가구유형에 따라 차이가 발생하는데 기본적으로 파리 및 인접도시가 기타 도시에 비해 높은 소득상한액을 가지고 있으며 가구원수가 증가할수록 소득 상한액도 높아지게 된다. 예를 들어 2004년의 파리 및 인접도시 거주 4인가구의 소득상한액은 37,546 유로로 기타지역의 27,055 유로보다 1만여 유로 높게 책정되었다.

공공임대주택에 거주하는 임차인들의 임대료는 기본적으로 건설시의 재정지원 방법과 건설원가에 따라 달라지는데, 이 때문에 동일한 지역이라도 사업방식에 따라 다른 임대료가 책정되는 것이 일반적이다. 하지만 사업주체는 임대료를 일방적으로 책정할 수 없고 정부와의 협의를 거친 후에 최종적으로 정할 수 있

표 14 공공임대주택 입주가능 가구의 연간소득상한선(단위: 유로)

가구유형	파리 및 인접도시	수도권	기타지역
1인가구	16,052	16,052	13,956
2인가구	23,989	23,989	18,636
3인가구	31,448	28,837	22,412
4인가구	37,546	34,542	27,055
5인가구	44,671	40,891	31,827
6인가구	50,267	46,014	35,867
1인추가	+5,601	+5,127	+4,000

주: 기준년도는 2004년.
출처: 성일권·백승만(2008), 표 6.

다. 임대료는 6개월마다 인상이 가능하지만 그 상한선은 전체 임대료의 10%를 넘지 않도록 규제하고 있다.

또한 입주자의 소득수준이 입주 후에 상승하여 소득한도 범위를 20% 초과할 경우 추가적인 임대료 징수가 가능하며, 소득한도 범위를 60% 이상 초과할 경우 의무적으로 부가임대료를 부과해야 한다. 단 이 경우 추가적으로 부과되는 임대료는 해당 가구 소득의 25%를 초과할 수 없도록 하고 있다(성일권·백승만, 2008).

현재 프랑스에는 천여 개가 넘는 각종 기관이 공공사회주택의 공급과 관리에 참여하고 있는데 건축주거법에는 공공사회주택의 공급과 관리를 담당하는 주체로 HLM공공사무소(Office Public d'HLM: OPHLM), 정비건설 공공사무소(Office Public d'Amenagement et de Construction: OPAC) 등 두 개의 공공사무소와 HLM재단(Fondation d'HLM), HLM회사(Societe Anonyme d'HLM: SAHLM), HLM건설조합회사(SA Cooperative de production d'HLM), 부동산융자회사(Societe Anonyme do Credit Immobilier: SACI) 등 네 개의 민간기관 등 총 여섯 개 유형의 조직이 명시되어 있다. 이 기관들은 국가로부터 재정의 지원을 받기 때문에 영리성을 추구할 수 없으며, 민간기관이라 할지라도 정부의 허가를 받아야 한다. 또한 회사의 운영에 있어 반드시 입주자 대표가 참여하도록 제도화 되어있다(김영태, 2006).

(2) 주거비보조

주거복지를 위한 또 다른 대표적인 프로그램은 주거비보조가 있는데 주로 임대료보조를 대상으로 하고 있다. 임대료보조는 크게 1948년 공표된 임대료법에 포함되어 있는 주택수당(Allocation de Logement; AL)과 1977년 주택재정비지원 개혁의 일환으로 도입된 차등적주거비지원비수당(Aide Personnalisée au Logement: APL)으로 구분되며, AL은 세부적으로 가족주택수당(l'Allocation de Logement à Caractère Familial: ALF)과 사회적주택수당(L'Allocation de Logement à Caractère Social: ALS)으로 나누어진다.

그림 4 프랑스의 임대료보조제도

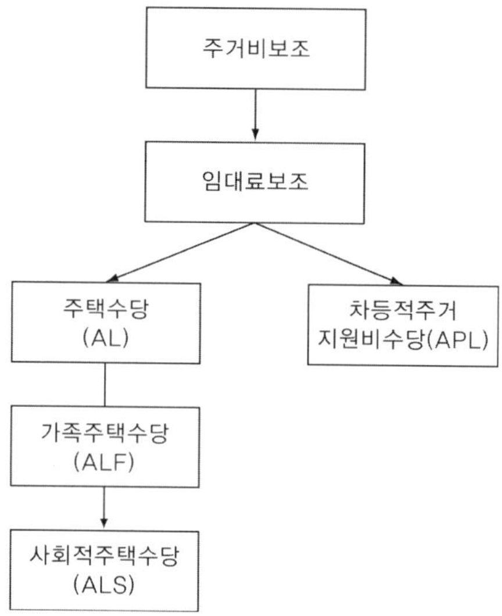

주택수당(AL)과 차등적주거지원비수당(APL)의 지급은 기본적으로 가구의 주거비 지출 및 가구원 수가 많을수록 더 많은 주거비 지원을 받을 수 있으며, 소득수준은 이에 반비례하게 되어 있다. 또한 이 제도는 임차인 뿐 아니라 융자에 의한 주택소유자도 지원대상으로 삼아 전반적으로 주거복지를 높이는데 긍정적인 효과를 미치고 있는 것으로 알려져 있다. 주택수당의 경우 가구중심으로 보조금 혜택을 결정하지만, 차등적 주거지원비수당은 주택에 의해 결정되며 임대료보조금은 임대인에게 지급되는 금액의 나머지로 명확히 해 지출이 주택에 한정될 수 있도록 하고 있다.

주택수당은 그 명칭에서 알 수 있듯이 가족정책의 일환으로 활용되고 있는데, 가족주택수당(ALF)과 사회적 주택수당(ALS)을 포함해 다음과 같은 조건을 가진 가구를 수혜대상으로 한다.

이러한 주거비의 보조에는 세 가지의 기본원칙이 존재하는데, 첫 번째는 최소지출의 원칙으로 가구의 주거비를 100% 지원하지 않고 스스로 일정부분을 감당할 수 있을 것이라는 전제를 가지고 있다. 하지만 저소득계층의 부담을 줄이기

표 15 주택수당의 수혜대상

▶ 결혼한 지 5년이 지나지 않은 부부 중 결혼당시 부부 모두 40세 미만이었으며 현재 자녀가 없는 경우
▶ 1인 이상의 자녀를 둔 경우
▶ 65세 이상의 부모 1인 또는 그 이상을 부양하고 있는 경우
▶ 80% 이상의 장애율을 가진 가족(직계 및 방계 존비속)과 동거하고 있는 경우

출처: 성일권·백승만(2008) 정리.

위해 최소자기부담금액은 비교적 낮게 설정되어 있다. 이는 주거비보조에 대한 효율성을 높이고 운용의 묘를 살림으로써 보다 많은 대상자를 보조대상에 포함시킬 수 있게 되고 이를 통해 주거복지의 실현 및 계층 간의 형평성을 이끌어낼 수 있다. 두 번째는, 한계지출의 원칙인데 임대료 등의 상승으로 인해 주거비가 올라갈 경우 가구의 상황이 악화되더라도 추가된 주거비 전액을 지원하지 않고 그 중 일부분만 지원이 가능하다는 것이다. 마지막으로는 소득대비 주거비 부담능력의 원칙으로 주거비 지출 중 가구의 부담수준을 정책적으로 판단하여 이를 기준으로 보조금의 수준을 정한다는 것이다.

주거비보조를 담당하고 있는 기관은 준공공기관인 가족수당금고(Caisse d'allocations familiales: CAF)인데 임대료에 대한 보조제도의 운영 뿐 아니라 실업수당, 가족수당 등 다양한 수당에 대한 수혜자들을 종합적으로 관리하고 있다. 가족수당금고는 이외에도 저소득층을 위해 운영되고 있는 주택연대기금(Fonds de Solidaritépour le Logement: FSL)에도 재정지원을 하는 등 사회보장 및 주거복지 차원에서 다양한 공공서비스를 제공하고 있다.

(3) 주택개량지원

프랑스의 주택개량사업 지원과 관련한 보조금으로 가장 대표적인 것은 민간주택의 개량을 보조하는 국립주택개량지원청(Agence Nationale de l'habitat: ANAH)의 지원금과 공공임대주택의 개량을 지원하는 공공임대주택개량자금(Prime pour l' Amélio-rationdes Logements à Usage Locatifet à Occupation Sociale: PALULOS)이라고 할 수 있는데, ANAH는 민간주택의 안전, 편의, 위생, 장애인에게 적합한 구조변경, 에너지 효율증진, 방음 등의 목적으로 주택을 개량하는 공사에 지원되고 있으며, 건축 후 15년 이상 지난 주택을 대상으로 하고 보조금의 지원으로 개량을 한 이후 최소 9년 이상 해당 주택에 거주하거나 임대를 해야 한다. 개량에 들어가는 비용은 최소한 1,500 유로 이상이며, 지원을 받기 위해서는 4인 가구 기준으로 수도권에서는 24,325 유로, 기타지역에서는 16,815 유로의 소득을 넘겨서는 안된다.

ANAH의 지원을 받기 위해서는 소득상한선을 만족시키는 가구가 각 지방의 ANAH 사무소에 신청을 하면 되는데, 신청 후 보조금의 지급에 대한 결정은 주택개량위원회에서 하도록 되어 있으며, ANAH 보조금은 최대공사비 11,000 유로 내에서 총비용의 20%까지 보조하는 것을 원칙으로 하고 있다.

PALULOS 역시 건축된 지 15년이 지난 공공임대주택을 대상으로 하고 있으며, 주택의 개량은 최저주거기준에 부합하도록 주택을 개량하거나, 안전, 에너지, 장애인 편의시설 설치 등과 같은 취지에 부합하는 개량사업에 대해 보조금을 지급하도록 되어 있다.

이 밖에도 보조금의 지원대상이 되지 않는 소득계층의 주택개량을 지원하기 위해 PC(Pret conventionne)로 불리는 민간융자와 PAS(preet gravea l'assoiation sociale)로 불리는 공공융자제도가 운영되고 있는데 ANAH의 소득수준보다 20~30% 이상 높은 소득한도를 규정하고 있다. PAS의 경우 최소융자금액은 1,500 유로로 2004년 기준 약 6~6.5%의 이자율을 설정하고 있으나, 환급융자금은 월소득의 25~30% 이상을 초과할 수 없도록 규제하고 있다.

표 16 ANAH 지원금의 소득한도(단위: 유로)

가구수	수도권	기타지역
1인가구	11,818	8,183
2인가구	17,347	11,968
3인가구	20,832	14,393
4인가구	24,325	16,815
5인가구	27,829	19,248
1인추가	+3,496	+2,424

출처: 성일권·백승만(2008), 표 8.

표 17 PAS 융자금의 소득한도(단위: 유로)

가구수	수도권	기타지역
1인가구	15,204	12,146
2인가구	22,316	17,764
3인가구	26,800	21,364
4인가구	31,294	24,959
5인가구	35,801	28,570
1인추가	+4,498	+3,598

출처: 성일권·백승만(2008), 표 9.

V. 결 론

유럽의 주요국가들은 기본적으로 시장경제를 지향하고 있어 주택에 대한 사유를 인정하고 있으나, 주택의 공공성을 인정함과 동시에 주거복지의 실현을 위해 중앙 및 지방정부 차원의 다양한 공공지원 제도를 운영하고 있다. 이렇게 주택에 대한 민간시장의 중요성과 주거복지를 함께 가져갈 수 있게 된 중심에는 유럽위원회가 있으며, 유럽위원회는 다양한 논쟁 끝에 사회주택에 대한 과다한 보조금 지급을 금지하는 조항과 함께 주거복지 차원의 주택정책을 가시화시킴으로써 서유럽 국가들의 주택가격 급등과 민간주택 부족으로 인한 주거빈민 감소 및 주거복지의 실현을 위한 각종 정책을 이끌어 내는 등 주거복지 실현에 큰 역할을 수행하고 있다. 이러한 결과를 기초로 유럽의 주요 국가들은 주거권의 보장을 실현하기 위해 공공임대주택의 지속적인 확충, 임대료 보조제도의 활용, 사회통합을 위한 주택 및 도시환경 개선사업 등을 지속적으로 추진하고 있다.

이와 같은 맥락 속에서 영국 및 프랑스는 자가구입을 통한 주거안정에 정책적 초점을 맞추고 있으면서도 공공임대주택의 공급확대를 통해 홈리스, 청소년 및 어린이 등과 같은 소외계층의 주거복지 달성에 높은 관심을 보이고 있으며, 이를 위해 다양한 중앙 및 지방정부의 예산과 공공주택기금을 사용하고 있다. 향상된 주거복지를 위한 구체적인 프로그램으로 저소득층의 자가구입에 따른 보조금의 지급, 임대보조금의 지급, 주택개량 보조금의 지급, 그리고 중산층을 위한 다양한 융자제공 등의 방법을 사용하고 있으며, 성공적인 프로그램 수행을 위해 중앙정부와 지방정부 간의 긴밀한 협조와 민간부문의 적극적인 참여도 이루어지고 있다.

이처럼 유럽국가들의 주거복지 수준은 일반적으로 한국에 비해 높은 수준을 가지고 있음을 알 수 있는데, 특히 한국의 주거비부담 비율은 일반적인 유럽연합 국가들과 비교하면 높은 수준인 것으로 나타나 상대적으로 질 낮은 주택에 거주하며 고비용을 지불하는 바람직하지 않은 주거수준을 보여주고 있다고 할 수 있다. 이제까지 살펴본 유럽 국가들의 주거복지 실현을 위한 다양한 프로그램의 운영은 한국의 주거의 질과 주거부담, 그리고 주거복지 실현에 있어 많은 시사점과 참고사항을 알려주고 있으며, 이를 바탕으로 향후 한국의 주거복지의 향상을 위한 다양한 정책적 고려가 필요함을 보여주고 있다.

참고문헌

김성연·이영환·박윤재, 2010, 「공공참여를 통한 주택재개발사업 갈등관리 방안」, 토지주택연구원.

김영태, 2006, 「프랑스 주거복지정책 100년의 교훈」, 삼성경제연구소.

김종철, 2003, 영국 주택법제 개관, 「주택도시」, 77:75-84.

김태섭, 2001, 주택재개발사업의 평가와 주민중시형 재개발방안 연구, 중앙대학교 박사학위논문.

대한주택공사, 2002, 「주거복지백서 : 주택정책의 계층성 평가를 중심으로」.

봉인식·김영태, 2009, 한국과 유럽연합 국가의 주거수준 비교 연구, 「주택연구」, 17(1): 23-42.

서종균·김준희, 2011, 자활 주거복지사업의 현황과 주택개량 정책, 지역자활센터 주거복지사업단 및 공동체현황과 발전방안 모색을 위한 정책토론회 자료집.

성일권·백승만, 2008, 「유럽 주요국가의 주거복지모델 및 정책 분석을 통한 정책 시사점 도출-프랑스, 영국, 독일을 중심으로-」, 대한주택공사.

양선, 2008, 공공임대주택의 효율적 배분 및 관리방안에 관한 연구-저소득층을 위한 임대주택 정책을 중심으로-, 경희대학교 석사학위논문.

임성영, 2011, 우리나라 주거복지정책 개선방안에 관한 연구-공공임대주택과 주거비 지원을 중심으로-, 명지대학교 석사학위논문.

장영희, 2003, 「공공임대주택 임대료 및 공급체계 개선방안」, 서울시정개발연구원.

장한두·제해성, 2010, 프랑스 공공임대 주거단지 재생 사례연구-단지계획기법과 주거복지정책을 중심으로-, 「국토계획」, 45(3):7-26.

차지은·이동헌·손정원, 2008, 영국의 도시 서민 주거안정 대책, 「도시문제」, 43(481): 80-91.

최기남·이선제, 2006, 한국내 외국인 이주 및 체류자집단 인종문제의 폭동가능성에 관한 시론적 연구-05.10.27 프랑스 인종폭동 사태 중심으로, 「경호경비연구」, 11:245-274.

최영오·최무혁, 2009, 사회주택 친환경적 계획요소 설정에 관한 연구, 「대한건축학회연합논문집」, 11(3):83-90.

통계청, 2011, 「인구주택총조사」.

하성규, 2010a, 헌법과 국제인권규범을 통해서 본 주거권과 "적절한 주거(Adequate Housing)" 확보 방안, 「한국사회정책」, 17(1):321-351.

하성규, 2010b, 「주택정책론(4판)」, 박영사.

CECODHAS Housing Europe, 2012, *2012 Housing Europe Review*.

Department for Communities and Local Government, 2006, *Housing and Safety Rating System: Guidance for Landlords and Property Related Professionals*.

Esping-Andersen, G. 1990, *The Three Worlds of Welfare Capitalism*, Princeton University Press.

European Social Housing Observatory, 2007, *Housing Europe 2007: Review of Social, Co-Operative and Public Housing in the 27 EU Member States*.

Ministry of Infrastructure of the Italian Republic, 2006, *Housing Statistics in the EU 2005/2006*.

Wilcox, S. and Williams, P. 2007, *Review of Intermediate Housing in London*. Great London Authority.

제6장

주택에 살지 못하는 주거취약계층

Ⅰ. 빈곤한 1인 가구의 불안정한 거처

쪽방, 고시원, 여인숙이나 여관 등은 집을 마련하지 못한 가난한 1인 가구가 생활하는 대표적인 거처가 되었다. 일자리나 소득이 불안정한 혼자 생활하는 사람은 급격하게 늘어나고 있고, 이들 중에는 높은 집값, 방값을 감당하지 못하는 경우도 많다. 그래서 좁고 열악한 환경이지만 잠깐 동안 잠만 잘 곳이라고 생각하고 이런 집이라고 부르기 어려운 곳을 찾는다. 하지만 그런 사람들 중에는 제대로 된 집을 구해서 나가는 것이 쉽지 않은 경우도 많다.

이런 거처들은 여러 가지 이름으로 불리고 형태도 다양하지만, 여러 가지 공통점을 발견할 수 있다. 먼저 그들의 사는 거처는 독립적으로 한 가구가 생활할 수 있는 여건이 갖추어진 공간은 아니다. 거의 작은 방 하나만이 독립적으로 사용할 수 있는 공간의 전부이고, 화장실이나 욕실, 부엌 등 나머지 기본적인 주거시설은 다른 가구와 공유해야 하거나 아예 사용하지 못하는 경우가 많다. 여관이나 일부 고시원의 경우 화장실이나 샤워시설을 방마다 설치하여 개별적으로 사용하는 곳도 있다.

거처를 이용하는 방식에도 공통점이 있다. 대부분 월세나 일세의 형태로 거처 이용에 대한 비용을 지불한다. 보증금을 지불하거나 임대차계약을 하는 경우는 거의 없다. 따라서 점유는 안정적이지 않다. 기본적으로 제공되어야 할 서비스가 무엇인지 정해져 있지 않으며, 통상 제공되어야 한다고 여겨지는 서비스가 제공되지 않더라도 이에 대해 항의하거나 보상을 받을 수단은 없다.

이런 거처에는 대부분 혼자 생활하는 이들이 많다. 가족과 함께 거주하는 경우는 매우 드물다. 특히 자녀와 함께 생활하기에는 매우 부적절한 공간이다. 그리고 이런 거처를 이용하는 이들은 거처의 수준에 비해 매우 높은 수준의 주거비를 부담하고 있다.

사람들이 이런 열악한 거처에서 높은 비용을 지불하면서 생활하는 것은 주택시장에서 저렴하지만 양호한 거처를 구하기 어렵기 때문이다. 수입이 일정하지 않거나, 일자리 때문에 오래 거주하기 어렵거나, 모아둔 돈이 없어서 보증금을 낼 수 없는 것도 중요한 이유가 된다. 이런 이들에게 보증금이 필요 없고, 직장을 구하는 것에 따라 수시로 사는 곳을 옮길 수도 있고, 거처를 구하기 위해서 따로 소개비 등을 낼 필요도 없는 이런 거처들이 “잠만 잘 곳”으로 선택된다.

이와 같은 특성을 갖는 거처들은 조금씩 다른 특징들도 가지고 있다. 그 형성배경이나 변화추세, 이용자의 특성, 거처의 형태 등에서 다소간 차이가 있다. 고시원이나 여관의 경우 거처에 대해서 지불하는 비용이 상당히 높은 경우도 있는데, 이런 것들은 화장실이나 샤워시설을 개인별로 사용할 수 있는 등 상대적으로 양호한 조건을 갖추고 있다. 특히 고시원의 경우 비교적 최근에 그 수가 급격하게 늘어나고 있고, 1인 가구의 대표적인 거처 유형으로 자리를 잡아가고 있다. 더 이상 예외적인 거처로 여기기 어렵게 되었다. 주택법상의 준주택이라는 개념에 고시원을 포함하여 주택정책 대상으로 다루어야 할 필요가 있다고 인정하기에 이르렀다. 하지만 다수의 쪽방, 여관, 여인숙, 고시원 등에 거주하는 이들은 소득과 고용이 불안정하고 주택시장과 주택정책에서 배제되었다고 판단할 수 있다. 그들 가운데 일부는 노숙이나 다른 열악한 거처에서의 생활을 반복할 정도의 불안정한 상태이다.

아래에서는 이런 거처의 대표적인 유형이라 할 수 있는 쪽방, 여인숙과 여관, 고시원에 대해서 규모 변화, 거처와 거주자의 특성 등을 살펴볼 것이다. 그리고 이와 관련하여 정책적으로 고려할 점들을 검토할 것이다.

Ⅱ. 쪽　　방

1. 형성과 변천

우리나라 대도시에는 일용노동자의 노동시장이 형성되어 있고, 이를 경기 변동이 심한 건설업 등에서는 노동력을 조달하는 수단의 하나로 이용해왔다. 그리고 일용직으로 일하는 이들 중에는 일자리가 불안정하고 수입도 일정치 않은 경우가 많아서 집을 장만하거나 가정을 꾸리지 못한 사람들을 흔히 볼 수 있다. 대도시 도심 지역의 한 편에 모여 있는 쪽방에서는 이런 사람들을 많이 볼 수 있다.

쪽방에는 일용직 노동을 하는 사람 이외에도 혼자 생활하는 빈곤층들을 볼 수 있다. 그들 중에는 여러 가지 형태로 경제적 실패나 관계의 단절 등의 어려움을 경험한 사람들이 많다.

1997년 이후에는 실업과 고용 불안이 심각해지면서 노숙인이 크게 늘어났다. 쪽방에 거주하는 사람들 중에도 노숙을 하거나 노숙인을 위한 시설을 이용한 적이 있는 이들이 많이 나타났다. 노숙을 하던 사람들에게도 역시 쪽방은 수입이 생기면 쉽게 접근할 수 있는 거처이다.

쪽방은 세를 줄 수 있는 방을 최대한 많이 만든 곳이다. 이전에 다양한 용도로 사용되던 낡은 건물들이 쪽방으로 개조되었다. 이 과정에 건물에 대한 투자는 거의 이루어지지 않았다.

쪽방은 심각한 수준의 빈곤이 특정한 지역에 극단적으로 밀집해 있기 때문에 사회적으로 주목을 받았다. 그래서 정부는 쪽방상담소를 설치하여 주민들을 지원하도록 했다. 전국에 10개의 쪽방상담소가 만들어졌으며, 사회적 지원의 사각지대로 여겨지던 쪽방 지역에 대한 지원이 시작되었다.

2. 정의의 문제

정책적 개입이 이루어지면서 대상 집단이 누구인지 분명히 해야 할 필요도 생겼다. 정책적 자원 투입의 규모를 결정하고, 정책의 성과도 확인하기 위해서는 대상이 명확한 것이 유리하기 때문이다.

그런데 쪽방과 그 거주자의 정의는 명확하지 않다. 쪽방은 흔히 좁은 방과 공용으로 이용하는 주거시설이 있고 보증금이 없는 월세나 일세로 이용되는 특징이 있는 것으로 여겨졌다. 그리고 그 거주자들은 혼자 생활하는 일용직 노동자를 비롯한 빈곤층이라고 언급되곤 했다. 하지만 쪽방인 것과 그렇지 않은 것 사이의 경계는 여전히 모호하다.

쪽방이 사회적인 문제로 주목을 받는 만큼 정책 프로그램에서도 쪽방은 계속 언급되었다. 취약계층을 대상으로 하는 주거, 고용 관련 지원 프로그램에서 쪽방 거주자가 그 대상으로 포함되었다. '주거취약계층 주거지원사업'을 통해서 매입임대주택이나 전세임대주택을 제공하는 사업에서도 쪽방 거주자가 그 대상이 되었고(서종균 외, 2009), '취업성공패키지 사업'이나 '희망리본 프로젝트' 등이 대상으로 하는 고용취약계층에도 쪽방 거주자가 포함되었다.

쪽방 주민들에 대한 지원 서비스가 증가하면서 정책의 대상을 분명히 정해야 할 필요는 더 커졌다. 쪽방상담소의 설치는 사회정책에서 지리적 사각지대를 해소하기 위한 것이었으나, 새로 적용되는 지원 정책들은 좀 더 엄격한 대상 집단에 대한 정의를 필요로 했다.

그래서 쪽방 주민들에 대해서 주거지원사업이 적용되면서 누구에게 매입임대주택이나 전세임대주택에 대한 신청자격이 있다고 보아야 하는지의 기준을 정하기 위한 일제 조사를 실시하기도 했다. 하지만 이런 방법으로는 변화가 심하고 경계가 모호한 쪽방 거주자에 대한 파악이 어렵고, 그 결과를 토대로 정책대상이나 수요를 결정하는 것은 적절하지 않았다.

이런 상황에서 쪽방상담소가 지원을 하고 있는 사람들이 현실적인 기준이 되었다. 그런데 쪽방상담소 간에도 쪽방을 무엇으로 정의하는지에 대한 기준이 달랐다. 열악한 주거 상황에 처한 이들은 여러 가지 형태로 존재한다. 특정한 지역에도 몰려 있지만 넓게 확산되어 있기도 하다. 그리고 건물의 형태도 다양하다. 어느 지역은 쪽방 지역이고 또 다른 지역은 아니라고 판단하는 것이 쉽지 않다. 건물이나 거주자에 대한 판단도 마찬가지이다. 이미 쪽방이라고 여겨지는 곳에도 1인 가구만이 아니라 가족 단위로 생활하는 경우도 있고, 쪽방 지역이라고 여겨지지 않는 곳에서도 저소득 1인 가구나 일용직 노동자들이 어렵게 생활하고 있는 것을 볼 수 있다.

또한 서비스 제공자의 입장에서는 어떤 지역이나 건물에 거주하는 것을 기준으로 대상을 제한하는 것이 적절하지 않다고 판단할 수도 있다. 매우 열악한 거처에서 생활하는 유사한 집단들이 발견되면 이들을 서비스 대상에 포함하고자 하게 된다. 여기서 집단화된 열악한 거처라는 쪽방의 특징은 중요하게 고려되지 않고, 쪽방의 경계는 더 모호해진다.

이와 같이 쪽방은 정의를 내리기 어렵고, 어디까지를 정책의 대상으로 할 것인지 정하기도 어렵다. 여기서 쪽방을 쪽방이 아닌 것과 구분하는 것이 왜 필요한지 질문해볼 필요가 있다.

쪽방에 대한 명확한 정의는 쪽방 지역이나 거주자에 대한 여러 가지 지원이 등장하면서 더 필요해졌다. 사회정책적 지원의 사각지대를 없애기 위한 시도는 필요하다. 하지만 사각지대를 파악하고 그것을 해소하기 위한 정책에 신중을 기하지 않으면 그것은 문제를 줄이는 데 기여하지 못할 수도 있다.

사각지대가 발생한 원인을 확인하고 그것에 대응하지 않는다면 비록 지원의 양이 증가한다고 하더라도 여전히 무관심을 표현이라 할 수 있다. 쪽방은 이제 가난을 상징하는 대표적인 말이 되었다. 그리고 취약한 집단을 대상으로 하는 조치들은 쪽방을 포함하는 것을 잊지 않는다. 하지만 여전히 일반적인 수준의 정책이 쪽방과 같은 사각지대를 만든 원인에 대한 분석과 대응은 미흡하고, 쪽방이라는 꼬리표를 달고 떨어지는 자원은 거주자의 필요에 대한 신중한 판단 위에서 제공되지 않는다. 쪽방은 정치적 상품이 되었고, 이것은 가난 이상으로 사람과 지역을 망치고 있을 가능성이 크다.

3. 규모에 대한 이해

쪽방과 그 거주자에 대한 정의가 모호한 가운데 그 규모를 확인하는 것은 큰 의미가 없다. 하지만 쪽방상담소가 파악하고 있는 쪽방과 그 거주자 현황을 통해서 다시 한 번 쪽방에 대한 정의가 어떤 영향을 미치는지를 확인하게 된다.

10개의 쪽방상담소가 파악하고 있는 2011년 현재 쪽방과 그 거주자 현황은 다음 표와 같다. 쪽방으로 사용되는 건물은 총 1,174개이고, 방수는 8,489개이며, 거주자는 6,582명이다.

이와 같은 쪽방상담소를 통해서 파악한 현황이 의미하는 것을 보다 자세히 살펴볼 필요가 있다. 쪽방상담소마다 쪽방 건물과 지역 어떤 곳이라는 이미지가 다르다. 전형적인 형태라고 할 수 있는 도심에 쪽방이 밀집된 지역이 존재하는 도시에서는 그런 지역만을 서비스 대상으로 생각하는 경향이 있고, 전형적인 집중 지역이 없거나 규모가 작을 경우에는 쪽방에 대한 정의가 훨씬 느슨하다. 전형적인 쪽방지역은 아니더라도 저소득층 주거지에서는 방 하나만 독립적으로 사

표 1 전국 쪽방상담소별 쪽방 및 쪽방 거주자 지역조사 결과(2011년 10월 말 기준)

(단위: 동, 개, 명, %)

구분		건물	쪽방 수	거주자 수	공실률
서울	영등포쪽방상담소	79	547	554	8.9
	남대문지역상담센터	38	822	767	5.5
	용산쪽방상담소	47	975	873	11.0
	종로쪽방상담소	87	773	529	32.1
	동대문쪽방상담소	55	497	376	31.4
부산	부산진구쪽방상담소	41	587	395	34.4
	부산동구쪽방상담소	82	740	386	48.8
대구	대구쪽방상담소	34	1,591	1,017	37.5
인천	인천쪽방상담소	318	531	630	18.6
대전	대전쪽방상담소	393	1,426	1,055	32.9
합계		1,174	8,489	6,582	-

용하고 화장실 등은 공동으로 사용하는 거처가 있고, 여기서 생활하는 사람들의 특성도 쪽방 거주자와 크게 구분되지 않는다. 그럴 경우 쪽방 거주자에 대한 것과 같은 지원을 하지 않아야 한다고 말하기 어렵다. 그리고 이런 개념은 시기적으로도 변화한다. 이전의 쪽방 지역이 변화를 겪으면서 인근 지역으로 그 서비스 대상을 옮기거나 확대하기도 한다. 쪽방이 밀집한 지역의 일부가 철거되고 다른 용도로 개발되면서 거주자들도 인근 지역으로 옮겨가고, 그러면서 쪽방상담소의 서비스도 사람을 좇아가기도 한다.

쪽방상담소가 파악한 쪽방 건물이나 거처, 이용 방식, 거주자의 내부 구성을 보면 이런 상이한 이해가 확인된다. 이런 차이는 지역에 따라 분명하게 나타난다. 쪽방에는 혼자 생활하는 이들이 대부분인데, 인천의 경우 가족 단위로 거주하는 가구가 42.3%에 이른다. 그 다음으로 가족 단위로 거주하는 가구가 많은 지역은 대전 6.9%로 인천과는 큰 차이가 있다. 서울과 부산, 대구의 가족 단위 거주 가구의 비율은 각각 3.3%, 1.8%, 1.5%이다.

표 2 지역별 쪽방 거주자 및 가구 현황

구 분	거주자수(명)	개인거주자수(명)	가족거주가구원수(명)	가구수	1인 가구	가족 거주 가구
서 울	3,099	2,880	219	2,977	2880	97
	100.0%	92.9%	7.1%	100.0%	96.7%	3.3%
부 산	781	751	30	765	751	14
	100.0%	96.2%	3.8%	100.0%	98.2%	1.8%
대 구	1,017	980	37	995	980	15
	100.0%	96.4%	3.6%	100.0%	98.5%	1.5%
인 천	630	206	424	357	206	151
	100.0%	32.7%	67.3%	100.0%	57.7%	42.3%
대 전	1,055	885	170	951	885	66
	100.0%	83.9%	16.1%	100.0%	93.1%	6.9%
합 계	6,582	5,702	880	6,045	5,702	343
	100.0%	86.6%	13.4%	100.0%	94.3%	5.7%

서울이나 부산, 대구의 경우, 하나의 건물에 여러 개의 작은 방들이 있는 형태를 쪽방 건물이라고 생각한다. 서울의 경우 한 동의 건물에 평균적으로 11.85개의 방이 있고, 여기에 1인 가구를 포함하여 모두 9.76가구가 살고 있다. 부산이나 대구도 건물 1개동 당 방수나 가구수가 비슷한 수준이다. 그런데 인천은 1개 건물에 평균적으로 1.67개의 방이 있고 1.12가구가 생활하고 있다. 인천의 경우 다른 도시들과 달리 소규모의 낡은 주택 등에 저소득층 가족이 생활하는 경우가 쪽방상담소의 지원 대상에 다수 포함되어 있다. 대전은 두 가지 형태가 섞여 있는 것으로 보인다.

표 3 지역별 쪽방 건물, 방, 가구수 현황

구 분	건물동수	전체방수	거주방수	빈방수	가구수	건물1개동 당 가구수	건물1개동 당 방수
서 울	305	3,614	2,998	616	2,977	9.76	11.85
부 산	123	1,327	764	563	765	6.22	10.79
대 구	128	1,591	993	598	995	7.77	12.43
인 천	318	531	432	99	357	1.12	1.67
대 전	393	1,426	954	472	951	2.42	3.63
합 계	1,267	8,489	6,141	2,348	6,045	4.77	6.70

그림 1 지역별 쪽방 건물 1개동 당 가구수 및 방수

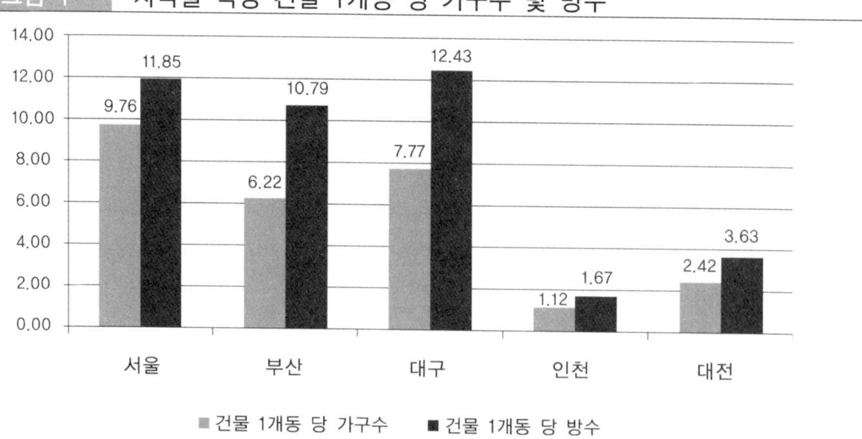

쪽방에 거주하는 가구의 점유형태를 살펴보면 더 분명한 차이를 확인할 수 있다. 인천 지역의 경우 약 절반이 자가가구이다. 나머지 가구 중에는 전세가구인 경우도 제법 있다. 자가가구의 경우 상대적으로 연령대도 높고, 전용면적의 규모도 크고, 거주기간도 매우 길다. 전통적으로 저소득 가구가 많은 쇠퇴한 지역이 다수 포함되어 있는 것이다. 이들의 주거안정성은 전형적인 쪽방 거주자의 그것과는 크게 다를 것이다.

쪽방 건물이나 쪽방 거주자의 특성이 일반 저소득층 주거지 및 그 거주자와 구분되는 특징이 있다고 판단한다면, 쪽방상담소에서 파악한 쪽방과 그 거주자의 규모를 일부 수정해서 이해하는 것이 적절할 것이다. 그리고 정책적 지원을 고려하는 경우에는 이런 구분을 적용하는 것이 적절한지 더 신중하게 판단해야 한다.

4. 생 활

쪽방 거주자들의 다수는 보증금 없이 월세를 내고 있다. 이들은 임대차계약을 맺지 않고 방을 이용한다. 그래서 일반적인 임차인에게 적용되는 최소한의 거주기간이나 임대료 인상에 대한 제한 등과 관련한 보호를 받을 수 없다고 여겨진다.

매월 요금을 내는 경우 평균 18만원이고, 지역에 따라 상당한 차이가 있다. 일세를 내는 사람의 비율이 크지는 않았으며, 5,000원에서 10,000원 정도의 수준이다. 쪽방 거주자들의 소득이 평균 40만원대라는 것을 고려하면 주거비에 대한 부담이 매우 큰 것이다.

소득에서 가장 큰 몫을 지출하면서 확보한 이런 거처는 적절한 것이 아니다. 안전, 위생, 보건 등에서 여러 가지 문제와 불편을 초래하고 있다.[1] 쪽방 지역에 공중화장실, 소화기 등을 설치하기도 하고, 최근에는 주택개량을 지원하기도 했다. 하지만 이것이 지역사회를 개선하고 주민의 생활을 향상시키는 지속적인 계기로는 부족하다고 판단된다.

---

1) 쪽방의 거처로서의 부적절성에 대해서는 많은 보고서가 있는데, 그 중 대표적인 것으로는 하성규 외(2005)가 있다.

Ⅲ. 여관 및 여인숙 장기 거주

1. 숙박업소 감소 추세

여관과 여인숙은 규모가 크지 않고 시설 수준이 상대적으로 낮은 숙박업소이다. 2010년 말 소방방재청 자료에 의하면 전국에 운영되고 있는 여관(모텔 포함)과 여인숙은 각각 23,942개소와 3,322개소이다. 여관의 수는 1997년에서 2010년 사이에 약 9.3% 증가했다. 반면에 여인숙의 수는 1997년 말 8,071개소였던 것에 비하면 2010년까지 58.8%가 감소했다. 여관은 완만한 증가세를 보이고 있지만, 여인숙은 급격한 감소 경향을 보여주고 있다.

숙박업소의 지역 분포를 살펴보면 고시원에 비해 전국적으로 넓은 지역에 확산되어 있는 것을 볼 수 있다. 지역의 인구와 비교하면 서울 이외의 지역에 훨씬 높은 비율의 여관과 여인숙이 존재한다.

여관과 여인숙을 합한 숙박업체의 수는 큰 변화가 없다. 2004년 이후 전국적으로나 서울에서나 모두 완만하게 감소하고 있는 것을 볼 수 있다. 전국적으로는 6년 사이에 약 4%, 서울의 경우 약 10% 정도가 줄었다.

그림 2 전국과 서울의 여관 및 여인숙의 수 변화

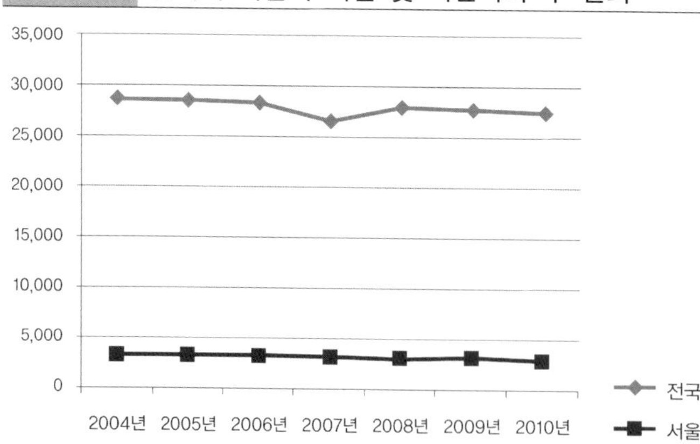

자료: 소방방재청, 2005-2011, 예방소방행정통계자료.

표 4 전국 여관 및 여인숙 현황

(단위: 개)

구 분	여관 · 모텔	여인숙
서 울	2,676	496
부 산	2,213	207
대 구	978	99
인 천	1,038	247
광 주	845	112
대 전	844	94
울 산	707	69
경 기	3,362	752
강 원	1,620	275
충 북	886	25
충 남	1,556	284
전 북	1,245	174
전 남	1,475	131
경 북	2,000	156
경 남	2,497	201
제 주	446	106
합 계	23,942	3,322

자료: 소방방재청, 2010, 「2010 예방통계자료」.

2. 저렴한 숙박시설의 장기 거주 기능 증가

여관이나 여인숙은 오래전부터 몇 달씩 혹은 그 이상 장기간 생활하는 이들에게 거처를 제공해왔다. 숙박시설 중에서도 시설이 좋고 가격이 비싼 경우는 장기간 거처로 이용되는 경우가 거의 없지만, 가난한 노동자들이 많은 지역을 중심으로 시설이 낡은 숙박시설들 중에는 거주용으로 이용되는 경우가 많았다.

숙박시설에서 생활하는 사람들의 규모는 꾸준히 증가하고 있다. 이런 증가세는 최근 고시원 거주자가 늘어나는 것처럼 급격하지는 않지만, 여관이나 여인숙의 기능 중에서 장기적인 거처로서의 역할이 점점 더 커지는 것은 분명하다.

인구주택총조사에 따르면 2010년 전국에는 15,830가구가 숙박업소를 거처로 이용하고 있다. 이런 수치는 숙박업소의 거주용 이용자 중 상당한 비중을 파악하지 못한 것일 가능성이 크다. 숙박입소 거주자들은 주민등록을 그 곳으로 옮기지 않은 경우가 많아서 인구주택총조사에 포함되지 않은 집단이 발생할 가능성이 크다. 업소나 조사대상가구가 충분히 협조적이지 않을 경우 이들을 조사에 포함하는 것은 쉽지 않기 때문이다.

인구주택총조사의 조사방법에 중요한 차이가 없었을 것이라고 가정하면, 1995년에서 2010년 사이에 숙박업소에 거주하는 가구는 상당히 늘어난 것으로 확인된다. 그 기간 동안 숙박업소에 거주하는 가구수는 2.4배가 되었고, 가구원수는 2.3배가 되었다. 거주용으로 이용되는 숙박업소의 수도 2.8배로 증가한 것으로 보인다.

전체 숙박업소의 수는 완만하게 줄어들지만 거주를 목적으로 하는 가구는 더 늘어나고 있는 것이다. 숙박업소의 성격이 거주의 기능이 강화되는 쪽으로 바뀌고 있는 것이다.

통계청의 인구주택총조사에서 파악하고 있는 숙박업소에 거주하는 것으로 확인된 가구의 전체 가구원수는 2010년 현재 25,371명이고, 가구 당 가구원은 1.60명이다. 2000년의 결과를 무시하면, 1995년에서 2010년 사이의 현황에서 숙박업소에 거주하는 가구 중에서 1인 가구의 비중이 계속 커지는 것을 확인할 수 있다.

표 5 전국 숙박업소 거주 가구수 및 가구원수 변화

(단위: 명)

구 분	거처수	가구수	가구원수	거처당 가구수	가구당 가구원수
1995	2,701	6,596	11,059	2.44	1.68
2000	7,227	7,227	10,358	-	1.43
2005	4,580	9,125	14,998	1.99	1.64
2010	7,530	15,830	25,371	2.10	1.60

자료: 통계청, 1995, 2000, 2005, 2010, 「인구주택총조사」.

그림 3 서울의 숙박업소 거주 가구수 및 가구원수 변화

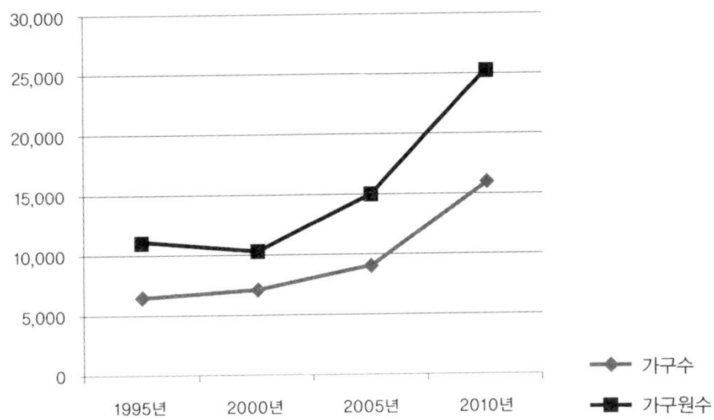

자료: 통계청, 1995, 2000, 2005, 2010, 「인구주택총조사」.

지역별로 보면 서울은 15년 사이에 약 3배 가까이 숙박업소에 거주하는 가구와 가구원의 규모가 늘어났다. 서울은 숙박업소의 수는 상대적으로 더 빨리 줄어들지만, 장기간 거주하는 사람의 수는 다른 지역에 비해 더 빨리 늘어나고 있는 것이다. 주거비 부담이 큰 지역에서 숙박업소 거주가구의 증가가 더 분명하게 나타나고 있다.

Ⅳ. 고시원

1. 고시원 거주자의 급증

고시원은 소득이 낮은 1인 가구의 대표적인 거주 유형으로 자리를 잡았다. 대도시에서 혼자 생활하는 사람들은 주거비가 부담스러울 때 쉽게 고시원을 생각하게 된다.

고시원의 수나 그곳에서 생활하는 사람의 규모는 매우 크고, 또 급격하게 늘어나고 있다. 하지만 고시원의 다수는 기본적인 주거 생활이 보장될 수 있는 공간이 아니다. 따라서 이것은 정책적으로 가장 주목해야 할 사항임에 분명하다.

그림 4 2010년 지역별 고시원 분포

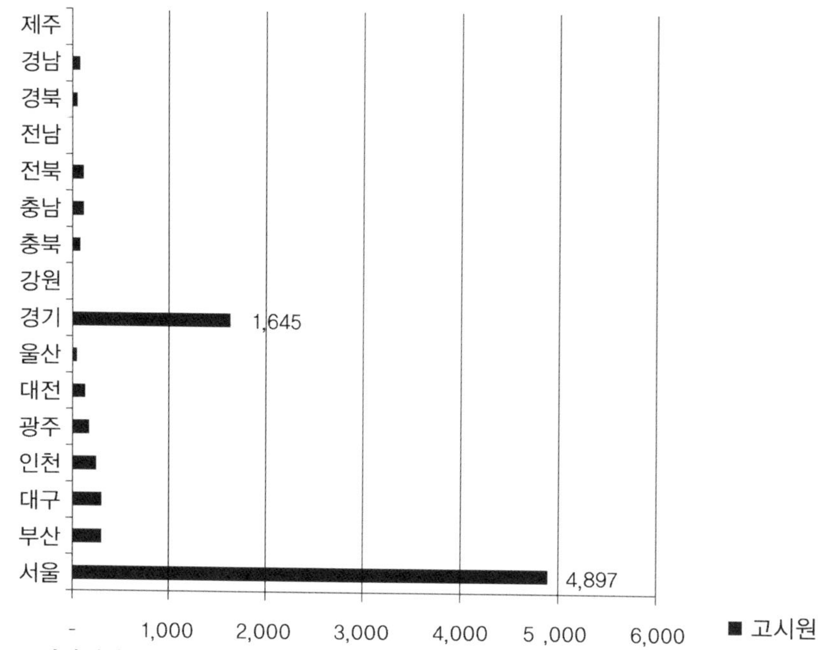

자료: 소방방재청, 2011, 예방소방행정통계자료.

고시원이 급격하게 늘어나기 시작한 것은 1980년대부터였고, 이 당시에는 고시열풍의 영향도 컸던 것으로 보인다. 하지만 최근 고시원이 늘어나는 것을 주거 문제로 이해하지 않는 사람은 없다. 1990년대 이후로는 대학생들이나 취업을 준비하는 이들만이 아니라 벌이가 신통치 않은 혼자 사는 이들의 거처로 여겨지기 시작했다. 그리고 이제 고시원은 비싼 주거비를 감당하기 힘든 이들이 보증금 없이 마련하는 거처의 전형으로 자리를 잡았다.

대도시에서 고시원이 있는 지역은 매우 다양하다. 일자리를 구하기 쉽고 교통이 편리한 곳에도 있고, 대학가에도 있다. 일반 주거지나 오래된 상가들 사이에서도 발견된다. 사무실이 많고 지가가 높은 지역에도 고시원이 있다.

고시원은 여관이나 여인숙에 비해서 설치하기 쉽다. 숙박업 허가는 상업지역에서만 이루어지지만, 대부분 2종 근린생활시설로 구분되는 고시원의 설치는 훨씬 자유롭다. 화재의 위험이 쟁점이 되기 전까지 고시원은 별도의 등록절차 없이 신고만으로도 만들 수 있었다. 2009년 7월 개정된 다중이용업소의 안전관리에 관한 특별법 등에 의해서 소방과 관련한 안전시설을 의무적으로 설치하도록 했다 (서종균 외, 2009).

소방방재청에 따르면 2010년 말 현재 전국에 모두 8,273개의 고시원이 있다. 전국 고시원의 59.2%는 서울에 분포하고 있으며, 그 수는 4,897개이다. 그 다음으로 고시원이 많은 지역은 경기도로 전국 고시원수의 19.9%가 있다. 부산과 대구는 각각 3.7%, 3.6%를 차지하고 있다.

표 6 지역별 고시원 및 고시원 거주자 현황

(단위: 개, 명, %)

구 분	고시원수[1)]	고시원비율	고시원 거주자수	고시원 거주자비율
서 울	4,897	59.2	138,805	63.1
부 산	310	3.7	6,483	2.9
대 구	295	3.6	6,170	2.8
인 천	253	3.1	5,838	2.7
광 주	176	2.1	5,040	2.3
대 전	140	1.7	2,498	1.1
울 산	51	0.6	1,056	0.5
경 기	1,645	19.9	45,207	20.6
강 원	6	0.1	148	0.1
충 북	77	0.9	1,185	0.5
충 남	129	1.6	2,959	1.3
전 북	116	1.4	1,740	0.8
전 남	17	0.2	294	0.1
경 북	70	0.8	1,596	0.7
경 남	90	1.1	1,549	0.7
제 주	1	0.0	17	0.0
합 계	8,273	100.0	219,808	100.0

자료: 1) 소방방재청, 2011, 「2011 예방통계자료」.

고시원에 거주하는 사람은 전국적으로 약 22만 명에 이를 것으로 추정된다. 이런 추산은 지역별 고시원수에 고시원 당 평균 방수, 그리고 전체 방 중에서 거주가가 있는 방의 비율을 곱한 것이다. 전국에는 평균적으로 1개의 고시원에 38.3개의 방이 있고, 거주자가 있는 방의 비율은 69.4%였다. 전국의 고시원수는 최근 6년 사이 2배 이상으로 증가했다. 고시원에 거주하는 사람도 배 이상 늘어났을 것이다.

서울의 고시원수는 2004년에서 2010년 사이에 1.87배로 늘어났고, 경기도는 2.55배가 되었으며, 그 밖의 지역에서는 2.68배가 되었다. 전국적으로는 2.12배로 고시원수가 증가했다. 서울에 비해서 규모는 작지만 다른 지방에서도 고시원의 수는 급격하게 늘어나고 있고, 그 증가율은 지방에서 더 높게 나타나고 있다. 고시원은 주거비 부담이 큰 서울에 가장 집중되어 있지만, 고시원이 전국적인 현상이 되어가고 있다. 이는 1인 가구 저소득층의 주거 문제가 국가적 차원에서 대응해야 할 문제임을 보여준다.

그림 5 전국 및 서울, 경기, 기타 지역의 고시원수 변화

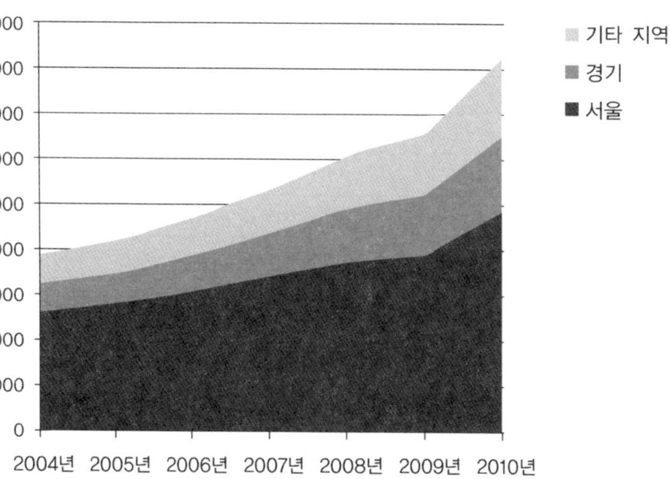

자료: 소방방재청, 2005-2011, 예방소방행정통계자료.

표 7 전국 및 서울, 경기, 기타 지역의 고시원수 변화

(단위: 개, %)

구분		2004년	2005년	2006년	2007년	2008년	2009년	2010년
서울	빈도	2,621	2,814	3,111	3,434	3,738	3,922	4,897
	비중	67.0	66.8	65.9	64.3	61.0	59.5	59.2
경기	빈도	644	688	780	958	1214	1335	1645
	비중	16.5	16.3	16.5	17.9	19.8	20.2	19.9
기타지역	빈도	645	709	831	946	1174	1340	1731
	비중	16.5	16.8	17.6	17.7	19.2	20.3	20.9
전국	빈도	3,910	4,211	4,722	5,338	6,126	6,597	8,273
	비중	100.0	100.0	100.0	100.0	100.0	100.0	100.0

자료: 소방방재청, 2005-2011, 예방소방행정통계자료.

고시원을 이용하는 사람들에는 젊은 화이트칼라 직장인, 학생, 일용노동자, 수급자, 거리나 쪽방에서 생활하다가 임시주거비지원사업의 도움을 받고 들어온 사람 등 여러 가지 집단이 포함된다. 고시원의 시설이나 주거비 수준도 매우 다양하다. 창문이 없고 환기 시스템도 갖추어지지 않은 한 평도 되지 않는 월 20만 원 정도의 방부터 방마다 화장실과 샤워 시설이 갖추어져 있고 간단한 조리도 가능한 월 50만 원을 훨씬 넘는 것까지 있다. 고시원 거주자들 중 절반 이상은 다른 적절한 거처를 선택할 능력이 없는 주거취약계층이라고 판단된다.

2. 고시원 증가의 메카니즘

고시원의 증가는 두 가지 측면에서 이해할 수 있다. 공급자의 입장에서 볼 때 고시원은 부동산 시장에서 높은 수익성을 보장해주는 수단이다. 가난한 노동자들에게 매우 협소하고 열악한 환경의 거처를 제공하면서 높은 임대료를 받는 현상은 자본주의적 대도시의 아주 오래된 전형적인 주거 문제이다. 위생과 안전, 빈부 격차와 착취 등 여러 가지 차원의 문제들이 나타났다. 그리고 이런 문제는 국가가 주택시장에 개입하기 시작하는 이유가 되었다. 먼저 위생과 안전 차원의 개입이 나타났다. 거처의 기본적인 기준을 정하고 그 수준에 미치지 못하는 거처

의 이용을 제한하는 규제도 나타났다. 임대료에 대한 규제를 실시하기도 했다. 비영리 부문이나 국가가 사회주택을 공급해야 할 이유도 사회의 부가 확대됨에도 불구하고 극단적인 주거 상황에 처한 이들의 문제가 해결되지 않는 것에서 찾았다.

또 다른 측면은 수요의 변화이다. 1인 가구가 급격하게 늘어나고 있으며, 주택시장은 이런 변화에 대응하여 적절한 수준의 주택을 제공하지 못했다. 그리고 높은 수준의 부동산 가격으로 인해 젊은 세대나 저소득 계층은 주택시장에 접근하는 것이 쉽지 않다. 주거비 부담이 큰 저소득 1인 가구의 주거 문제를 해결하기 위한 공공의 개입도 미약한 수준이다. 이런 조건에서 열악한 환경이지만 보증금이 필요 없는 공간은 잠만 자는 공간, 즉 생존에 필요한 기능만을 수행하는 장소로 이용되고 있다.

Ⅴ. 정책대안

1. 수요 변화를 고려한 주거전략 구상

최저주거기준 이하에서 생활하는 가구의 수는 크게 줄었다. 하지만 1인 가구의 빈곤한 거처는 점점 증가하고 있다. 쪽방, 여인숙, 여관, 고시원은 주로 혼자 생활하는 주거비를 감당하기 어려운 저소득층이 열악한 주거환경을 감내하면서 살아가는 거처들이다. 이런 거처들 중 일부는 공간의 규모나 시설 면에서 전통적인 것들과 구분되는 상대적으로 양호한 것들도 있지만, 다수는 열악한 것들이다.

이런 거처들은 매우 급격하게 늘어나고 있다. 앞으로도 특별한 대책을 마련하지 않는 한 이런 증가세는 당분간 지속될 것으로 보인다. 개발사업의 영향으로 철거되면서 규모가 줄어드는 쪽방을 예외로 하면, 여관과 여인숙을 합한 숙박시설에서 장기간 거주하는 사람들의 전체 규모는 점점 더 늘어나고 있고 1인 가구의 대표적인 거처로 자리를 잡은 고시원의 증가 추세는 훨씬 급격하다.

표 8 전국 일반가구 및 1인 가구 증세 추세

(단위: 가구, %)

구 분		일반가구	1인 가구	1인 가구비중
인구주택 총조사결과	1995	12,958,181	1,642,406	12.7
	2000	14,311,807	2,224,433	15.5
	2005	15,887,128	3,170,890	20.0
	2010	17,339,422	4,142,165	23.9
장래가구 추계	2010	17,152,277	3,473,415	20.3
	2015	18,191,663	3,773,408	20.7
	2020	19,011,815	4,109,276	21.6
	2025	19,593,767	4,421,560	22.6
	2030	19,871,144	4,713,083	23.7

자료: 통계청, 2007, 「장래가구추계」.

1인 가구의 증가는 예상을 훨씬 뛰어넘는 수준으로 진행되고 있다. 2007년 발표된 장래가구추계에서는 1인 가구의 비율이 현재와 같이 극적으로 증가할 것으로 예측하지 못했다. 2030년에 가서야 1인 가구의 비율이 23.7%에 이를 것이라고 예상했지만, 2010년 인구주택총조사에서 1인 가구의 비율이 23.9%로 2030년 예측치를 넘어섰다.

주거정책에서 1인 가구 증가는 가장 심각하게 고민해야 할 영역이다. 주거정책은 가구의 규모가 줄어들고 가구수는 늘어나는 것에 대응한 주택 공급을 계획해야 한다. 그리고 주거가 취약한 1인 가구가 늘어나고 있는 문제에도 대응해야 한다.

정부는 1~2인 가구를 위한 소형주택 공급을 확대하기 위해서 도시형생활주택이나 준주택 공급을 확대하겠다는 정책 방향을 내놓았다. 이것은 부동산 시장과 관련된 주체들에게는 환영을 받고 있고, 지역사회의 거주환경을 악화시키지 않을까하는 우려도 낳고 있다. 그런데 이렇게 공급되는 주택도 고시원에서 생활하는 이들이 들어가기는 어려울 것이다. 물론 시장에서 소형 주택이 많이 공급되면 가격이 안정되고 접근성이 부분적으로 향상될 수는 있을 것이다. 하지만 가난하고 극도로 열악한 환경에서 생활하는 이들의 여건을 개선하는 효과를 기대하기는 어렵다.

결국 시장을 유도하는 것으로는 한계가 있고 공공의 강력한 개입이 불가피하다. 공공원룸텔을 공급하겠다는 안도 나타났고, 대학생을 위한 저렴한 거처를 제공하는 등의 산발적인 대응이 있었다. 2011년 발표된 2020 서울종합주택계획에서는 고시원 등 준주택에 대한 주거환경안전기준 마련하겠다는 내용도 포함되어 있다(서울특별시 주택본부, 2011). 이제 1인 가구의 증가와 그 중에서도 특히 열악한 상황에 있는 주거취약계층의 문제에 대응하기 위한 정책이 필요하다는 인식은 공유되고 있다고 할 수 있다.

이제 문제를 겪고 있는 이들의 상황을 실제로 어느 정도 개선할 수 있는 방안이 나와야 한다. 그 가운데 하나로 1인 가구 증가 추세에 대응하기 위한, 특히 부담능력이 낮은 1인 가구를 위한 공적인 주거 제공 방안을 만들고 강화할 필요가 있다. 또 모든 종류의 거처가 최소한의 수준을 확보하기 위한 기준을 만들고 이를 적용하는 것도 검토하는 것이 필요하다.

2. 다중주택 및 준주택에 대한 집행력 있는 최저기준 도입

쪽방, 고시원 등의 거처들이 거주에 필요한 최소한의 요건을 갖추도록 할 필요가 있다. 기존의 거처들이나 앞으로 만들어질 것들이 현재 볼 수 있는 것과 같은 열악한 주거환경을 제공하게 해서는 안 된다.

현재 상태를 방치하는 것은 주택정책이 해야 할 선택이 아니다. 기존의 거처들에 대해서 즉각적으로 강력한 규제를 하기는 어렵겠지만, 앞으로 공급될 유사한 거처에서는 기본적인 주거생활이 보장되도록 할 필요가 있다. 기존 거처들의 수준을 높이도록 기간을 두고 유도하는 것도 필요하다. 그래서 최종적으로는 어떤 기준 이하의 부적절한 거처에서 사람들이 생활하지 않도록 만들어야 할 것이다.

여러 가구의 사람이 주거시설을 공동으로 이용하는 다중주택이나 준주택이 갖추어야 최소한의 기준을 정하는 것이 그 방법 가운데 하나이다. 현재 고시원을 비롯한 많은 사람들에게 거처로 임대되고 있는 시설에 대한 실질적인 규제 수단은 건축법, 소방법 정도이다. 기본적인 혹은 최소한의 주거생활을 보장하는 것과 관련한 강제할 수 있는 수단은 없다.

주거와 관련된 기준으로 주택법의 최저주거기준이 있지만, 이것은 전반적인 주거상황 개선을 보여주기 위한 지표일 뿐이다. 기본적인 수준의 면적, 주거시설, 안전과 환경과 관련한 사항이 충족되지 않아도 이를 근거로 어떤 종류의 개입도 할 수 없다.

제안될 기준에 포함되어야 할 사항들은 기초적인 것들이다. 창문이 있거나 환기시설이 갖추어진 방을 제공해야 한다. 현재 많은 고시원과 쪽방은 창문이 없고 적절한 환기시설도 갖추어져 있지 않다. 화장실, 욕실, 취사실 등 공동으로 사용하는 주거시설에 대한 최소한의 기준도 마련되어야 한다. 최소한의 개인공간에 대한 규모도 고려될 필요가 있다. 그리고 가족 단위로 이런 시설을 생활하는 것에 대해서도 신중하게 검토해야 할 것이다.

이렇게 제시될 기준은 강제적 집행이 가능해야 한다. 임대 금지를 포함하는 조치를 집행할 수 있어야 하고, 이런 기준을 충족시키지 못하는 거처를 제공하는 임대인들을 상대로 임차인이 임대료 반환을 요구할 수도 있어야 한다.

기준의 적용은 거주자들에게 미치는 영향을 고려하여 유연하게 이루어져야 한다. 개보수를 유도하기 위한 촉진책이나 공공이 건물을 매입하는 것 등의 조치와 동시에 추진되어야 할 것이다. 자치단체별 여건을 고려하여 경과기간을 두고 점진적으로 적용하도록 할 수 있다. 공공의 지원을 받아서 개보수를 하는 경우에는 일정 기간 공공이 입주자 선정이나 임대료와 관련한 개입을 하면서 사회정책적으로 활용할 수도 있다. 특별히 저소득 1인 가구가 많이 생활하는 불량한 거처를 개선하는 것에 초점을 두어야 하겠지만 정책의 목표는 저소득층의 전체적인 주거환경 개선에 두는 것이 적절하다.

영국의 HMO 기준, 미국의 SRO에 대한 정책, 일본의 간이숙박소에 대한 기준 등이 참고할 수 있는 외국의 경험이다. 이런 기준들은 일반적으로 경과기간을 두고 적용되고, 민간의 환경개선을 위한 노력을 유도하기 위한 지원책이나 공적인 임대주택으로 전환하는 사업을 병행하고 있다.

이런 기준의 도입과 적용을 위해서는 두 가지 필요한 준비를 하는 것이 바람직하다. 하나는 건물에 대한 실태조사이다. 이는 건물의 상황과 그것의 이용 형태를 확인하기 위한 것이고, 또한 건물의 개량 가능성을 검토하기 위한 것이다. 다른 하나는 기준 이하의 건물을 양호한 거처나 또 다른 용도로 개조할 수 있는 방안을 고안하는 것이다. 현실적인 근거와 적용 방법을 확보하는 것이 기준을 만드는 것과 함께 추진되는 것이 바람직하다.

3. 공공의 지원을 받는 소규모 임대용 거처 확보

거처의 기본적인 수준을 확보하고 유지하기 위한 정책은 시장을 규제하는 효과가 있으며, 이는 거처가 부족한 상황에는 저소득층 소비자들에게 부정적인 영향을 미칠 수도 있다. 따라서 저렴한 거처 공급을 확대하기 위한 공적인 개입과 병행할 필요가 있다. 그 방법 가운데 하나가 1인 가구 수요에 대응하는 공공임대주택 공급을 확대하는 것이다. 공공원룸텔, 공공숙박소, 공공기숙사 등 여러 가지 이름으로 불리는 사업이 제안되었고, 시범적으로 실행되기도 했다. 이런 거처의 공적인 공급 역시 공공임대주택정책의 일부분으로 고려될 수 있다.

이런 거처를 확보하는 방법 가운데 하나로 소유자의 동의를 얻어 수준 이하의 거처를 개량하면서 그것을 일정 기간 동안 공적인 임대주택으로 제공하도록 하는 방법도 고려할 수 있다. 현재 여관이나 고시원 등으로 운영되고 있는 건물을 적정한 수준의 주거 기능을 수행할 수 있도록 개량하고 동시에 이를 공적인 목적으로 일정 기간 동안 활용하는 것이다. 매입임대주택과 같은 방식으로 고시원을 매입하여 공적인 주택으로 제공할 수 있다.

이와 같은 방식으로 저렴하고 안정적으로 제공되는 거처에는 필요가 큰 사람들이 우선적으로 입주하도록 하는 것이 바람직하다. 현재 비싼 주거비를 지불하면서 고시원 등 열악한 거처에서 생활하는 이들 중에서 상대적으로 필요가 큰 사람들에게 우선적으로 제공하는 것이다.

주거소요는 크지만 적절한 지원 없이 일반적인 거처에서 생활하는 것이 쉽지 않은 집단을 위한 주택 제공도 고려할 수 있다. 예를 들어, 알코올 문제를 가지고 있어서 서비스가 결합된 주거가 대안으로 검토될 필요가 있는 집단 등을 위해서 지원이 결합된 거처를 제공하는 데 활용할 수 있다. 그리고 이런 지원주택

(supportive housing)의 제공을 위해서는 민간 비영리 조직의 혁신적인 시도를 촉진하고, 이용자가 필요한 서비스를 제공하는 조직과 적극적으로 협력할 필요가 있다. 이런 사업은 정책적 요구는 크지만 기존의 방식으로는 대응하지 못했던 영역에서 새로운 유형의 사회주택을 만드는 것이기도 하다.

참고문헌

서울특별시 주택본부, 2011, 「2020 서울종합주택계획」.

서종균 외, 2009, 「쪽방 주민을 위한 주거지원사업의 발전방안에 관한 연구」, 주거복지재단.

장민철, 2011, 쪽방상담소의 역할과 과제, 「도시와 빈곤」, 한국도시연구소.

하성규 외, 2005, 「쪽방주민의 주거실태 및 주거안정대책」, 대한주택공사.

제7장

노숙인과 주거복지[1)]

Ⅰ. 노숙인은 누구인가?

1. 거리에 자는 사람만 노숙인이 아니다.

노숙인을 가장 쉽게 정의하면 거리에서 잠을 자는 사람이다. 말 자체가 '이슬을 맞으며 잔다'는 뜻을 담고 있고(露宿人), 일본에서 쓰는 한자말도 같은 뜻이다(野宿人 또는 路上生活者). 영어에서는 노숙인을 일반적으로 홈리스(homeless)라고 부르지만, 특별히 거리노숙을 강조할 필요가 있을 때는 '한데 잠을 자는 사람'이라는 뜻의 rough sleeper를 사용한다.

그런데 모든 노숙인들이 거리에서만 자는 것은 아니다. 정부가 응급대책의 일환으로 제공한 쉼터나 치료시설, 또는 하룻밤을 머물 수 있는 상담보호센터(Drop in center) 등을 이용하기도 한다. 적어도 거리노숙은 면할 수 있는 수준의

1) 이 원고는 김수현, 2009, 거리의 빈곤: 노숙인, 김수현 외, 「한국의 가난」, 서울: 한울아카데미를 바탕으로 내용을 보충하고 고쳐 썼다.

임시보호시설들인 것이다. 뿐만 아니라 일부 노숙인들은 수중에 돈이 조금 있으면 쪽방이나 여인숙 등 민간 유료시설을 이용하기도 한다. 따라서 상당수의 노숙인들은 거리노숙과 쉼터 또는 여인숙 등을 전전한다. 따뜻한 계절이 되면 불편한 쉼터보다는 거리노숙으로 나가는 사람이 늘어난다.

그렇기 때문에 노숙인의 범위에는 거리노숙인 외에도 공공이나 민간이 제공한 무상 쉼터에서 생활하는 사람들이 기본적으로 포함된다. 실제 정부의 규정을 보더라도 "노숙인(露宿人)은 일정한 주거 없이 상당한 기간 거리에서 생활하거나 그에 따라 노숙인 쉼터에 입소한 18세 이상의 자"를 말한다. 이는 대부분의 나라에서도 사용하는 정의인데, 대표적으로 미국의 홈리스 정의가 이와 유사하다(Homeless Assistance Act). 여기에 따르면 홈리스란 "고정적이고 상시적이며 적절한 야간 주거시설이 없는 사람"을 뜻하는데, 설령 쉼터나 법령에 따른 임시주거시설 또는 애초 주거를 목적으로 만들어지지 않은 시설에서 자는 경우도 포함하고 있다.

그러나 현실에서 노숙인 정책의 대상은 여기에 그치는 것이 아니다. 비록 자신의 비용을 내면서 주거를 해결하더라도, 형편이 안 되면 언제든 거리로 나올 수 있는 경우는 정책대상으로 염두에 두어야 한다. 하루하루 세를 내는 쪽방, 여인숙, 만화방 등에서 생활하는 불안정 거주층까지 생각해야 하는 것이다. 노숙인 이야기를 할 때마다 쪽방이나 도심의 여인숙, 고시원 얘기가 함께 나오는 것은 그 때문이다.

이는 더 나아가 넓은 의미의 주거불안정까지도 노숙인의 범위에 넣어야 한다는 논의로 발전하게 된다. 당장 거리나 거리생활을 반복하는 수준에서 생활하는 사람들만 정책대상으로 놓게 되면 노숙예방이라는 차원에서 문제가 생긴다는 논리이다. 이는 실제로 영국에서 구체적인 정책으로 반영되어 있다. 영국의 홈리스 정의는 서구 사회에서는 가장 넓은 편인데, '가정폭력, 가정 외부로부터의 폭력 및 위협 등이 이유가 되어 적절한(reasonable) 거처에 머물고 있다고 할 수 없는 경우'도 홈리스 상태(homelessness)로 인정하고 있다(Housing Act). 따라서 영국에서는 자녀가 딸린 여성이 당장 거처할 곳이 없거나 구박을 받으며 생활하고 있다면, 법정 홈리스(statutory homeless)로 인정하여 일단 가족이 생활할 수 있는 주거시설을 제공하고 있다.

결국 노숙인은 그 사회가 노숙문제를 보는 태도, 정부 정책의 범위 등에 따라 달라지는데, 학자들은 이를 경험이나 논리의 문제가 아니라 가치판단을 요하는 정치적인 문제라고 설명하고 있다(윤일성, 2005). 실제로 노숙인의 범위는 ① 거리노숙자(rough sleeping, rooflessness), ② 쉼터 등 응급 및 임시주거시설 생활자, 여인숙이나 쪽방 등 장기거주시설로 적당하지 않은 공간에서 생활하는 사람, ③ 친척이나 친구 집에 임시로 사는 경우나 세를 못내 퇴거의 위협을 받고 있는 불안정 거주자, ④ 열악한 환경에서 여러 사람이 과밀하게 살거나 가정 폭력 등을 겪으며 불안하게 생활하고 있는 사람 등으로 그 범위를 달리 생각할 수 있다. 이 중 어디까지 사회가 책임감을 느끼는가는 각 나라마다 차이가 있다. 우리나라는 두 번째 영역까지 노숙인 대책의 영역으로 인정하고 있지만, 영국의 경우 네 번째 영역을 포함하기도 한다(그림 1 참조).

그런데 앞의 노숙인 정의에 덧붙여, 우리나라에는 사실상 노숙인으로서 집단생활시설에서 지내는 사람들이 추가로 있다. 바로 우리나라밖에 없는 분류인 부랑인(浮浪人)이다. 이들이 생활하는 부랑인복지시설은 전국적으로 37개소가 있고, 약 1만 명 정도가 생활하는 중이다. 부랑인은 외환위기 이후 노숙인들이 대거 거리로 나오기 전에 우리가 일반적으로 노숙인을 부르는 명칭이었다.

그림 1 노숙인의 범위

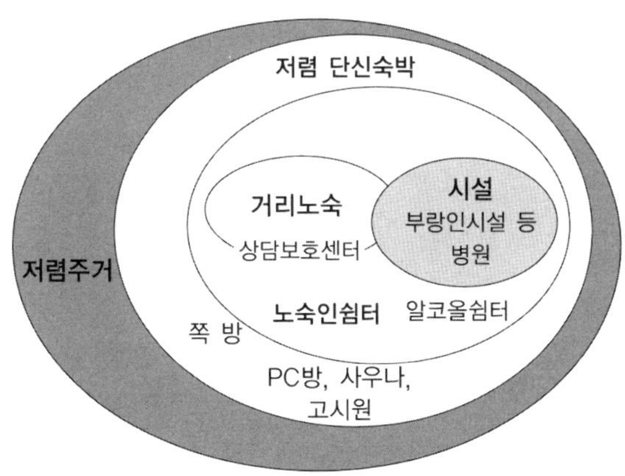

여기서 부랑인은 말 그대로 떠돌아다니는 사람을 뜻하지만, 관습적으로는 일정하게 사는 곳과 하는 일이 없이 "편둥편둥 놀면서 떠돌아다니며 난봉 짓이나 하고 허랑방탕한 생활을 하는 사람"(민중국어사전)이라는 나쁜 의미를 담고 있다. 현실에서는 거리에서 음주, 구걸, 행패를 부리면서 자신의 몸을 가눌 수 없는 상황에 처한 사람으로 이해하면 될 것 같다. 이들과 노숙인의 차이는 무엇인가? 보건복지부의 규정에 따르면 "부랑인은 일정한 주거와 생업수단 없이 상당한 기간 거리에서 배회 또는 생활하거나 그에 따라 부랑인복지시설에 입소한 사람"을 뜻하는데, 여기서 '배회'에는 구걸이나 중증 알코올 의존상태를 포함하고 있다. 결국 부랑인이란 자활능력이 현저히 떨어져서 사회복귀가 곤란하며, 부랑인복지시설에 입소해야 될 대상임을 뜻한다. 반면 노숙인에 대한 지원은 기본적으로 직업활동 및 사회복귀를 전제로 한다.

하지만 현실에서 노숙인과 부랑인을 나누는 것은 다분히 차별적인 접근법이다. 무엇보다 노숙인과 부랑인의 경계가 애매할 뿐 아니라, 노숙인은 동정의 여지가 있는 반면 부랑인은 그렇지 않다는 태도도 구시대적이다. 이 때문에 민간사회단체에서는 일본도 사용하지 않는 부랑인을 그대로 쓰는 데 대해 지속적으로 문제제기를 해 왔으며, 관련 보호체계 전반의 개혁을 포함하는 법률제정 운동을 펼치기도 했다. 다행히 2011년 6월, '노숙인 등의 복지 및 자립지원에 관한 법률'(이하 노숙인복지법)이 제정되면서, 그 시행일인 2012년 6월에 맞춰 부랑인이란 단어는 우리 행정용어에서 사라지게 되었다.

2. 노숙인의 규모

이제 노숙인이 얼마나 될까 하는 문제로 관심을 옮겨보자. 앞에서 설명했지만 노숙인은 거리에서 실제로 잠을 자는 사람 외에도 사실상 노숙 위험에 놓여있는 사람들까지 포함한다. 따라서 노숙인 숫자를 밝힐 때는 거리노숙 외에도 쉼터 입소자를 구별해서 얘기해야 한다. 한국도시연구소가 2011년 보건복지부의 의뢰를 받아서 실시한 주거취약계층 실태조사에 따르면, 전국적으로 거리노숙인 1천~

1천 5백 명, 쉼터입소자 3~4천 명, 부랑인시설[2] 입소자 1만 명, 쪽방 생활자 6천 명, 정확히 파악되지는 않지만 만화방, 사우나(찜질방) 등에서 하루하루를 자는 사람들이 수천 명, 그리고 일반적인 노숙인 수준이라고 할 수는 없지만 고시원에서 한 달에 20~30만 원을 내면서 생활하는 사람들이 서울에서만 15만 명 등으로 파악된다.

이에 따라 부랑인복지시설 입소자를 제외하고, 좁은 의미의 노숙인(거리+쉼터)은 전국적으로 5천 명 내외, 서울은 3~4천 명 수준이며, 쪽방이나 만화방 등에서 생활하는 사람을 포함하면 전국적으로 1~2만 명 수준이라고 할 수 있다. 넓은 의미의 노숙위험 계층을 7만 명으로 추정하기도 한다(남기철, 2007).

3. 노숙인들의 생활과 건강

우리가 거리에서 만나는 노숙인은 술에 젖어 있거나, 혹은 밤늦게 남들의 눈을 피하듯 구석에서 잠자고 있는 사람들이다. 이들의 잠자리는 그렇다 하더라도 생활은 어떻게 하는 것일까? 이들은 누구이며, 어떻게 살아가는 것일까? 물론 좁은 의미의 노숙인 중에서도 거리생활자와 쉼터에 자리를 잡은 사람들의 사정이 확연히 다르기 때문에 일반적으로 설명하기는 어렵다. 그런 점도 감안하면서 알아보자.

서울역 앞의 거리노숙인 상담보호 기관인 '노숙인 다시서기지원센터'가 분석한 데 따르면, 노숙인의 약 30% 가량은 고아원 출신이고 약 60% 가량이 결손가정, 알코올 중독 가정, 가정폭력 가정에서 성장을 했다. 평균 나이는 50세. 이들의 약 60% 가량은 한 번도 가족 관계를 형성해 본 경험이 없다. 다시 말해서 나이 50이 넘도록 결혼도 못하고 혼자서 살아온 사람들이라는 것이다. 그리고 거리노숙인 중에서 18세까지 부모가 모두 생존한 환경에서 자란 사람은 43%에 불과했으며, 양친이 모두 사망하거나 부모 중 한 명이 사망한 경우가 40%나 된다. 이들 중 생활을 위해 18세 이전에 취업한 경우가 50%나 되고, 심지어 14세 이전에

2) 앞에서 설명한 과정을 거쳐, 2012년 6월부터 노숙인재활시설로 그 명칭이 바뀌었다.

취업한 경우가 17%나 된다. "세상에! 14세 이전에 생업을 위해서 일을 한다면 그 일이 어떤 일일까? 껌팔이, 구두닦이, 신문팔이... 이런 것이 아니었을까? 한마디로 말해서 이들은 과거의 삶이 대부분 어려웠고, 처음부터 사회적으로 배제되고 기회가 주어지지 않은 삶을 살았다고 할 수 있다"(임영인, 2009).

그런데 일반인들의 예상과는 달리 대부분의 노숙인들은 일을 한다. 당연히 안정적인 일은 아니다. 건설업 등의 일용노동이 많고, 쉼터가 알선하는 공공근로형의 일자리에도 많이 참여한다. 노점을 펼치거나 재활용품 수집을 하는 경우도 있다. 쉼터나 쪽방의 주소지를 통해 국민기초생활보장대상이 되는 사람들도 일부 있다. 반면 거리노숙인들은 구걸이나 재활용품 수집 등이 주된 수입원이다.

노숙인들의 대부분은 아프다. 쉼터에서 생활하는 경우는 그래도 상태가 나은 편이지만, 무료진료소를 이용하는 거리노숙인들은 상황이 심각하다. 서울시 노숙인들의 무료 진료 결과를 보면, 진료를 받은 사람 중 호흡기계 질환이 23%, 근골격계 질환 18%, 소화기계 질환 15% 등으로 나타난다. 특히 전염성 질환인 결핵은 10만 명당 645명의 확률로 나타나 일반인의 10배 수준이다. 정신질환은 5% 내외로 나타났으며, 대부분은 알코올과 관련된 경우이다. 그런데 거리노숙인은 나쁜 건강, 나쁜 생활환경으로 인해 중병에 걸리거나 갑자기 사망할 확률이 높다. 거리노숙인 진료를 계속해 온 인도주의실천의사협의회에 따르면, 노숙생활 기간이 길어질수록 사망확률 역시 높아진다(주영수, 2008).

물론 노숙인들의 사정을 평균적인 수치로만 설명할 수는 없다. 각자 특별한 사정이 있고 나름의 인생행로가 있기 때문에 일반화하는 것은 더더욱 어렵다. 그러나 노숙인들의 사정을 개략적으로 요약해 보면 이렇다. 이들은 성장기에 가난을 겪고 가족해체를 경험한 경우가 많으며, 이로 인해 교육을 제대로 받지 못했고 일반적인 사회생활 경험 역시 드물다. 물론 개중에는 사업실패나 불의의 사고 등으로 노숙상황에 이르게 된 사람들도 있지만, 대부분은 가족이나 사회의 지지망 자체가 취약했다. 때문에 인생에서 위기가 닥쳤을 때 이를 대처하는 능력이 부족하며, 실업 또는 수입이 갑자기 줄어들게 되면 그러잖아도 불안정한 주거를 유지할 형편이 없어 노숙에 나서게 되는 것이다.

Ⅱ. 노숙에 이르는 이유

1. 노숙은 개인책임인가 사회구조 때문인가?[3)]

노숙에 이르기까지는 오랜 시간이 필요하다. 앞에서 노숙인들이 대개 어떤 사정에 있는지 알아보았지만, 그렇게 되기까지는 결코 간단한 과정이 아니다. 유년기의 성장환경에서부터 교육, 직업 활동, 이후의 생계유지 과정 전반과 연결되어 있다. 1998년 외환위기 직후 '실직' 때문에 갑자기 노숙자가 되었다는 얘기가 언론보도를 통해 신파조로 증폭되면서, 실직이 가장 큰 원인이라는 식으로 알려진 적이 있지만 이는 일부만 맞는 얘기다. 실직과 주거비 부담문제가 직접적인 원인이기는 하지만 그 이전에 이미 누적된 문제를 가지고 있는 것이다. 따라서 이렇게 누적되는 과정을 둘러싸고 노숙의 원인에 대한 다양한 입장이 존재한다.

왜 노숙에 이르는가? 이 질문은 노숙인 대책을 어떻게 세울 것인가 하는 문제와 직결되어 있기 때문에, 서구에서는 학계의 논의에서뿐만 아니라 현실 정책 모두에서 쟁점이 되어 왔다. 그리고 이 쟁점에는 기본적으로 개인적인 요인과 구조적인 요인이 양극단에 자리 잡고 있다.

개인적인 요인은 다시 두 가지로 나눌 수 있는데, 첫 번째는 '본인의 잘못으로 노숙인이 되었다'는 것이다. 이 요인에 따른 노숙인의 전형적인 모습은 마약, 알코올 중독자나 역마살이 끼어서 떠돌아다니는 사람(tramp, vagrant)들이다. 특히 '노동능력이 있는 데도 일하지 않는 젊은 노숙인'에 대한 사회의 시각은 싸늘하다. 소위 보호할 가치가 없는 빈민들(undeserving poor)인 것이다. 또 이 경우의 대책은 최소한의 음식물과 숙소를 제공하는 것으로 '충분'하다. 개인적인 요인의 두 번째는 앞의 측면과 양상은 같더라도 '동정의 여지가 있는 노숙인'이다. 예를 들면 갑작스런 가족의 사망으로 삶의 의욕을 잃고 홈리스가 된 경우, 인간적인 도움과 심리적인 치료가 필요하다는 동정론이 고개를 든다. 따라서 이때는 앞의 경

3) 이 절은 김수현(1998)의 내용에 바탕을 두고 있다.

우보다 적극적인 사회적 지원이 가능한 조건이 형성된다.

그러나 개인적인 측면이 간과하고 있는 것은 거리생활이 여행 중에 노숙하는 정도의 낭만이 아니라는 점이다. 노숙은 그 기간이 길어질수록 사회로 복귀하는 것은 불가능할 정도로, '인간성 자체를 파괴하는 생활'이다. 노숙생활은 1개월 이상 지속되면 이미 정상적인 삶과는 거리가 멀어질 수밖에 없다. 따라서 노숙은 한 개인의 자발적 선택이라기보다, 어쩔 수 없는 귀결이었다는 점에 주목하는 학자들은 구조의 문제를 강조한다.

노숙인을 구조적인 문제에서 파생된 결과로 보는 입장에서는 이를 후기 자본주의의 빈곤화 과정의 연장선상에서 설명하고 있다. 1970년대 이후 서구 사회는 산업구조가 고도화되는 가운데 고용의 불안정성은 오히려 증대하고 있으며, 소비에 있어서도 양극화가 심화되고 있다. 절대적인 소득은 급속히 증가한 반면 삶의 안정성은 더욱 취약해지고 있는 것이다. 또한 재개발사업을 통한 불량주택 철거와 공공임대주택 정책의 후퇴로 인해 저렴한 주택이 줄어듦으로써, 한계계층들은 점점 더 싼 주거를 구하기 어렵게 되고 있다. 특히 1980년대의 신자유주의 경제정책은 종전의 복지정책을 매개로 한 사회 안정의 기본 틀을 깨고 경쟁탈락자를 양산하게 된다. 이와 함께 약해진 가족 간의 유대는 이들 경쟁 부적응자를 가족이나 지역사회에서 보호하지 못하고 마약이나 알코올의 유혹에 빠져들게 만들고 만다. 결국 후기 자본주의의 빈곤화 과정자체가 홈리스 발생의 구조적 배경이라는 것이다.

그러나 노숙인 문제는 사회구조나 개인, 둘 중의 어느 한가지만으로 치환될 수 있는 성질의 것이 아니다. 사회구조의 결함과 개인적인 문제가 복잡하게 얽혀 있는 것이다. 실제로 노숙인에 대한 각종 조사결과를 살펴보면 경제적인 문제, 정신질환 등의 개인적인 병력, 가족해체, 주택문제, 개인의 가치관, 일에 대한 윤리의식 변화, 독신의 증가와 같은 인구구조의 변화 등이 모두 영향을 끼치고 있다. 영국 지방정부에 홈리스 보호를 신청한 사람들에 대한 조사결과를 보면, "실직과 같은 경제적인 문제가 원인(遠因)이 되어 가족해체를 거쳐(近因) 노숙직전에는 당장의 주택문제를 해결할 수 없는 단계에 이르는 과정"을 겪고 있다. 이 과정에서 본인은 자각할 수 없다 하더라도 사회구조적으로 노숙상황에 빠질 수 있는 조건이 자리 잡고 있다. 많은 서구 연구에서 홈리스가 된 원인 중 '실업'의 중요성이 지속적으로 높아지기는 하지만 가족해체와 주거문제의 중요성은 여전하다고 밝히고 있다. 그리고 인종차별, 범죄경험 등도 홈리스와 깊은 관련이 있는데, 이 역시 사회구조적인 차별과 소외문제와 함께 개인적인 일탈의 문제가 혼재되어 있다 할 수 있다.

결국 노숙에 이르는 데는 경제적인 불안정성 증대와 저렴한 주택재고 감소가 구조적 배경을 이루는 가운데, 개인적인 특성이 중첩되면서 발생하며, 이들이 다시 정상적인 사회로 복귀할 지, 노숙상태로 퇴적될 지는 이 세 가지 측면과 함께 이들에 대한 보호사업의 성과에 달려 있다고 볼 수 있다.

2. 우리나라의 노숙위험 구조

이제 한국사회가 처한 노숙인 발생의 조건을 생각해 보자. 우선 한계계층이 누적되어 있다. 앞에서도 설명했듯이, 노숙에 이르는 과정은 일시적인 실직이나 사업실패에 있는 것이 아니라, 성장기의 빈곤과 가족관계 경험부재까지 거슬러 가고 있다. 그런 점에서 1970년대 이전에 출생한 세대 중에서 절대빈곤의 결손가정 상태에서 성장하여 10대 초반에 사회로 진출한 사람들이 상당수에 달하기 때문에 한계계층이 누적되어 있다. 단적인 예가 쪽방이나 여인숙, 고시원 등지에서 혼자 오랫동안 생활하는 사람들로 그 숫자는 수만 명으로 추산된다. 절대빈곤의 여진(餘震)이 강하게 남아서 일종의 사회적 취약계층군을 형성하고 있기 때문에, 사회경제적 계기에 따라 노숙인이 급증하는 사태를 막을 수 없는 것이다. IMF 경제위기 이후 갑자기 늘어난 노숙인은 바로 이들처럼 오랫동안 단신으로 생활해온 한계계층들이 거리로 나온 것으로 해석할 수 있다. 특히 고령자가 많은 우리나라의 노숙인 특징은 이들이 젊은 시절 노후를 대비할 여건이 안 되었다는 것을 의미한다. 이는 우리나라의 높은 노인빈곤율과 그것의 배경이 되는 연금 등 사회보장체제의 공백과도 깊은 관련이 있다.

다음으로 문제가 되는 것은 필수적인 사회복지시설의 부족이다. 서구사회는 1980년대부터 탈시설화와 지역사회 보호가 주요 논제가 되고 있지만, 우리는 아직 시설의 절대부족 상황에 놓여있다. 그만큼 현재의 노숙인 문제는 취약계층을 위한 생활시설의 부족으로 인해 야기된 측면이 강하다. 여성노숙인 문제가 대표적인 사례로, 이들 대다수는 가정폭력이나 정신질환으로 인해 거처할 곳을 찾지 못하는 사람들이다. 하지만 이들이 갈 만한 시설(모자자립시설, 정신요양시설 등)은 부족하거나 입소자격이 맞지 않기 때문에, 불가피하게 노숙인 보호시설을 찾게 된 것이다. 전국적으로 37개에 이르는 부랑인시설(노숙인재활시설)도 거주자의 70% 이상이 정신과 약물을 투약하는 등 별도의 전문시설 입소가 필요한 사람들이다. 그러나 장애·노인·정신요양시설 등이 부족하고 '부랑끼'가 있는 사람의 입소를 기피하는 바람에 이들은 '가장 운영비가 저렴한 시설'에 몰려있는 실정이다. 따라서 장애, 노인, 정신요양시설이 더 확충되고 시설수준도 높아질 때까지는 효과적으로 노숙인 발생을 방지하기 어렵다.

세 번째로 고려할 문제는 싼 주택의 재고가 감소한 사실이다. 서울의 경우, 1980~90년대의 재개발사업으로 인해 산동네의 대부분이 해체됨으로써 저렴주택 재고가 급감한 바 있다. 최근에는 뉴타운 바람이 불면서 다시 한 번 서민들이 주로 거주하는 주택들이 개발열풍에 휩싸이면서, 저렴주택 감소와 그에 따른 주거비 상승의 위험이 우려되고 있다.

네 번째로 사회안전망의 실효성 문제를 지적할 필요가 있다. 외환위기 이후 공공부조를 포함한 사회안전망 제도가 대폭 강화되기는 했지만 아직 사각지대가 광범하다. 실제로 부양의무자 및 재산규정으로 인해 보호가 필요한 빈곤층의 상당수가 방치되어 있다는 것도 사실이다. 더구나 이들 중 일부는 형식적인 가족관계라도 유지되기 때문에 보호대상에서 제외되는 경우도 있다. 또한 상당수가 주민등록이 안 되어 있거나 생활양식이 불규칙한 데 따라 공공부조제도 적용의 어려움이 있다.

다섯 번째로 새롭게 고착화된 빈곤의 성격에 대해서도 이해해야 한다. 현재도 지속되고 있는 경제난이 언제 회복되는가 여부에 관계없이, 경기회복이 되더라도 고용이 양극화되고 임시·일용직이 증가함으로써 취약계층의 경제적 상황이 개선되기는 곤란하다. 특히 전통적인 제조업 분야나 저급 서비스업은 개발도상국 이전이나 외국인 근로자의 유입을 통해 경쟁력을 유지하기 때문에, 상대적으로

숙련도나 근로능력이 낮은 중고령 취약계층은 지속적으로 배제되고 있다. 흔히 3D 업종의 인력난을 이유로 장기실직의 책임을 당사자에게 돌리는 경향이 있지만 이는 현실을 반영하지 못한 비난(victim blame)이다. 소위 3D 업종의 근로조건이나 노동 강도는 중고령, 저학력 실직자들을 유인할 동기가 되지 못한다. 이들의 건강이나 근로능력은 영세업체의 노동 강도를 감당할 수 없는 상태이며, 또한 규칙적인 일상생활 및 노동규율에 익숙지 않다.

따라서 비록 실업률이 떨어진다 하더라도 양극화된 노동시장에서의 불안정성이 심화되고, 공공복지가 자리 잡기 전에 가족이나 공동체가 담당하던 복지가 해체됨으로써 '뿌리 뽑힌' 빈곤을 저지할 방법이 없다. 또한 해체된 가정의 자녀들은 과거와 같은 절대빈곤의 문제라기보다 새로운 빈곤구조에서의 부적응과 일탈에 노출되어 있다. 특히 제도교육의 무기력과 사교육의 만연 속에서 빈곤층 자녀의 기회배제는 만성화되고 있다. 서구 사회에서 일상화된 사회적 배제(social exclusion)의 문제가 우리 사회에도 현재적 위험으로 닥쳐온 것이다.

결국 현재 상황에서 노숙인이 확대 또는 만성화되는 것을 저지하기는 쉽지 않다. 누적된 한계적 빈곤층, 부실한 안전망과 부족한 사회복지시설, 노동시장의 양극화와 저학력·비숙련·중고령 노동자의 배제, 확대되는 가족해체 경향으로 인해 좁게는 노숙인, 넓게는 불안정성이 높은 빈곤층이 확대될 수밖에 없는 것이다.

Ⅲ. 노숙인 대책의 방향

노숙인 문제는 어떻게 대처해야 할까? 누차 설명했듯이 노숙인은 단기간에 노숙상황에 이른 것이 아닌 만큼, 사회로 복귀하기도 간단하지 않다. 즉, 단순히 소득기회만 제공한다고 될 문제가 아니라 주거, 생활태도(음주습관, 자기관리 능력 등), 일상적으로 지지해 줄 수 있는 관계 —그것이 가족이라면 더욱 좋겠지만— 이런 것들이 갖춰지지 않는다면 불완전한 복귀일 수밖에 없다. 그만큼 어렵다는 얘기다. 따라서 노숙인 정책의 가장 바람직한 방향은 '노숙상황에까지 이르지 않도록 예방'하는 데 있다. 그러나 우리나라의 상황은 누적된 한계적 빈곤층과 취약한 복지인프라로 인해 효과적인 예방이 쉽지 않다는 점을 설명했다. 결국, 우선은 발생한 노숙인들에게 기본적인 생활을 보장하고 사회로 복귀할 수 있는 대책을 마련하는 가운데, 전반적인 예방체제가 효과를 발휘하도록 노력하는 수밖에 없다. 그 점에서 외환위기 이후의 노숙인 정책은 응급대책으로서 의미가 있다.

1998년 초까지만 해도 노숙인 대책을 부랑인 수용사업과 동일한 차원에서 접근했던 정부는 그 해 7월부터 전면적으로 방향을 선회한다. 소규모 쉼터를 확보하여 노숙인들에게 숙소와 일자리를 제공하는 것을 노숙인 정책의 중심으로 삼게 된 것이다. 이에 따라 종전에는 부랑인시설을 제외하면 거리노숙인을 위한 보호시설이 전무했었지만, 불과 6개월 사이에 전국적으로 160여 개의 크고 작은 쉼터가 정부지원 아래 만들어졌다(2011년 말에는 50여 개가 운영 중이다). 또한 1999년 1월에는 소규모 쉼터 입소를 거부하는 노숙인들을 위해 대형응급쉼터인 '자유의 집'(현재는 없어졌다)이 개소되어 한 때 1,400명이 입소하기도 했다.

쉼터 중심의 노숙인 지원 사업은 당장 큰 효과를 거둔 것이 사실이다. 우선 하루 평균 3,000여 명에게 숙소를 제공함으로써 최소한의 인간적 생활을 지원했다. 또 입소상담과 건강진단 등을 통해 필요한 경우 병원치료나 복지시설 입소 기회를 제공했다. 특히 숲가꾸기 공공근로나 직업훈련, 취업알선 등의 소득활동 기회를 제공했으며, 자활지원 프로그램을 통해 심리상담, 자기관리 훈련, 알코올 의존증 치료 등을 추진했다. 최근에는 상설 거리진료소까지 설치함으로써 쉼터 입소를 거부하는 노숙인들에 대한 현장 지원체계까지 구축되고 있는 상황이다. 이러한 노숙인 정책의 성과는 '응급보호의 성공과 지원체계 구축'으로 요약할 수 있다. 세계적으로 유례없는 노숙인 증가경험과 대비되는, 유례없이 신속한 보호사업 추진이라고 할 것이다.

그런데 이렇게 신속하고, 온정적인 노숙인 정책이 가능했던 것은 심각한 경제상황을 이유로 노숙인과 관련된 민감한 쟁점을 피해갔기 때문이기도 하다. '신파조의 접근'이 문제의 본질을 가리기는 했지만 신속한 노숙인 보호 사업이 가능할 수 있는 기반을 만들어 준 것이다. 그러나 이제 응급보호로는 노숙인 문제의 해결이 불가능한 단계로 넘어선 데다, 보호의 방법과 수준, 인권 등의 문제가 현안으로 등장하고 있다. 응급보호의 성공에도 불구하고, '사회적 합의'라는 필수적인 과정을 뛰어넘은 한계를 해결하지 않으면 안 되는 것이다.

이제, 노숙인 정책이 발전하기 위해 고민할 일을 생각해 보자.

첫째, 쉼터 전원보호의 원칙이 결과적으로 노숙인 문제를 시민사회의 시선으로부터 감추었다는 역설적인 현실을 이해해야 한다. 특히 정부(서울시) 주도의 '성공적'인 노숙인 보호 사업이 역설적으로 민간의 사회적 책임과 참여를 약화시키는 문제를 야기했다고 할 수 있다. 시민사회단체와 종교단체들의 적극적인 참여와 모니터링이 뒷받침되지 않으면 점점 더 '쉬운 방식의 보호'(즉, 대규모 시설 보호)에 의존하려는 경향이 고착화될 수 있다. 결국 노숙인 보호를 위한 공공과 민간의 역할에 대해 고민할 필요가 있다.

둘째, 노숙인들에 대한 서비스 수준 문제를 고민하지 않을 수 없다. 10여 년 전 노숙인 문제를 사회적 재난수준으로 봤던 정부가 응급조치 위주로 사업을 추진함으로써, 그 수준의 시설상태가 아직도 지속되고 있다. 아직 노숙인 쉼터는 지나치게 과밀하고, 서비스 수준이 낮아서 생활하기에 부적합하다. 특히 자활지원사업이 명목에 그침으로써, 사실상 노숙인들을 '먹이고 재우는' 수준을 넘지 못했다는 비판도 따라 다니고 있다. 따라서 어떤 수준의 보호인가에 대한 사회적 논의가 필요하다.

셋째, 인권문제에 대한 고민이 필요하다. '노숙의 자유'가 있다는 것은 분명하지만, 거리에서 그냥 방치해도 된다는 뜻은 아니다. 마찬가지로 '보호의 책임'이 있다고 하지만, 거리만도 못한 쉼터에 입소시킬 책임을 의미하는 것은 아니다. 결국 인명보호를 위해 쉼터나 병원에 '강제' 입소시키는 것이 인권침해인가, 인권보호인가 하는 점이 사회적으로 논란이 된다. 특히 자기결정권의 범위를 어디까지로 볼 것인가에 대한 고민이 필요하다. 이는 거리에서 음주, 구걸 등으로 폐를 끼치는 경우 사회가 어떻게 대응할 것인가 하는 문제와 연결된다.

따라서 쉼터 중심의 노숙인 보호정책의 기조는 유지하되 거리노숙을 인정하면서 자유이용시설(상담보호센터, Drop in center)을 통한 필수서비스(목욕, 우편물 접수, 간이숙박 등) 이용이 가능하도록 할 필요가 있다. '노숙 아니면 쉼터'라는 이분법에서 더 나아가, 거리현장에서도 최소한의 복지서비스가 제공될 수 있도록 하자는 것이다. 또한 민간이 스스로 프로그램을 개발해서 재정 지원을 신청할 수 있도록 할 필요가 있다. 현재의 획일화된 지원으로는 쉼터의 전문화나 특성화가 불가능하기 때문이다. 쉼터 간의 프로그램 경쟁이나 성과평가도 강화하는 것은 물론이다. 아울러 지역사회를 비롯한 공동체의 참여를 활성화하는 것이 절대적으로 중요하다. 이를 위해 정부도 '해결사식의 노숙인 보호'에서 벗어나 시민사회와 함께 가려는 노력이 필요하다.

또한 노숙인을 노숙인 정책의 틀에서만 사고하는 데서 벗어나, 이를 일반적 공공부조제도의 일부로 확장할 필요가 있다. 즉, 노숙인들을 쉼터나 거리생활지원과 같은 특수한 정책에 묶어두는 방식에서 벗어나, 이들에게 기초생활보장제도를 확대 적용함으로써 지역사회 속에 포섭하는 가운데 보호하는 방식으로 발전할 필요가 있는 것이다. 일본도 그동안 노숙인들이 '근로능력이 있고, 주거지가 불분명'하다는 이유로 생활보호에서 배제했지만, 최근 이 제도를 적극적으로 적용함으로써 거리노숙자를 줄이는 데 큰 효과를 거두고 있다. 노숙인들의 사회복귀나 자립생활은 응급형 보호만으로는 불가능하다. 국가가 정한 최소한의 생활을 보장하는 가운데, 지역사회 복귀와 취업지원이 병행되어야 하는 것이다.

Ⅳ. 노숙인과 주거복지

1. 노숙과 주거 논의

적어도 현상만 본다면 노숙이란 곧 '잠잘 곳이 없는 상황'을 뜻한다. 즉, 그것이 안정적이든 아니든 '주거'의 문제인 것이다. 따라서 노숙의 가장 직접적인 원인은 '적절한 주거'가 없는 것이다. 물론 정상적인 주거를 유지하는 데는 비용이 수반되기 때문에 이는 곧 일자리와 수입의 문제로 직결되기는 한다. 또한 가족이나 사회적 지지망도 주거라는 물리적 공간을 유지하도록 하는 중요한 배경이다. 그럼에도 주거는 노숙인 대책의 출발점이면서, 동시에 노숙에서 탈출할 수 있도록 지켜주는 버팀목이다. 나아가 노숙을 예방하는 데도 저렴하고 안정적인 주거는 필수적이다.

따라서 노숙인복지법에서도 노숙인에 대한 복지 서비스 중에서 가장 먼저 주거지원을 제시하고 있다(법 제10조). 법에 따르면 국가와 지방자치단체는 노숙인 등의 적절한 주거생활을 위하여, 각종 쉼터 외에도 임대주택과 임시주거비를 지원할 수 있도록 규정하고 있다.

그런데 우리나라는 이러한 주거복지 서비스를 제공하는 데 일종의 단계론에 근거하고 있다. 즉, 노숙에서 쉼터입소를 거쳐 어느 정도 자활기반이 다져졌을 때 임대주택 등 주거를 지원해서 궁극적으로 독립할 수 있도록 한다는 이행단계를 상정하고 있는 것이다. 말하자면 노숙생활로부터 탈출하는 데 필요한 여러 서비스를 제공함으로써 독립된 생활을 준비하는, 즉, 주거를 준비(housing ready)하는 개념이다.

반면 다른 방식의 접근도 있다. 주거를 먼저 제공하면서 다른 서비스를 병행하는 것이다. 이른바 '주거우선(housing first)'정책이다. 원래 주거우선 접근은 미국에서 정신건강이나 알코올 문제를 가지고 있는 노숙인에 대한 치료적 접근에서 시작되었다. 1992년의 Pathway to Housing 프로그램이 대표적인데, 여기서는 알코올이나 약물, 정신건강, 사회적 기능수행에 문제를 가지고 있는 노숙인을 대상으로 주거와 함께 심리사회적 프로그램을 병행하였다. 이전의 프로그램과 차이는 금주나 투약, 치료를 주거제공의 조건으로 삼지 않았다는 점이다(남기철, 2010).

이와 관련하여 우리나라에서도 흥미로운 프로그램 사례가 있다. 2006년부터 사회복지공동모금회가 중심이 되어 시행하고 있는 임시주거지원 서비스이다. 이는 3개월 이내의 월세지원을 통해 단신자용 주거를 마련하도록 하고, 이를 기반으로 공공복지 서비스와의 연계나 지역사회 정착을 촉진하는 방법이다. 남기철(2009)의 연구에 따르면 2009년까지 서비스 지원을 받은 약 2,300명 중 80%가 주거를 계속 유지하는 것으로 나타난 바 있다. 개인적 특성에 따른 차이는 있겠지만, 주거를 먼저 지원하더라도 그 유지에 큰 문제가 없을뿐더러 오히려 자활의지를 더 높이는 것으로 나타난 것이다.

또한 최근 일본이 적극적으로 채택하고 있는 지역생활이행지원사업도 상당한 시사점이 있다. 앞에서도 설명했지만, 일본은 오랫동안 노숙인에 대해 쉼터 제공은 물론이고 공공부조도 제대로 적용하지 않는 정책으로 일관해 왔다. 그러나 2002년 홈리스지원법을 시행한 이후 적극적으로 노숙인 보호에 나서면서 그 숫자도 획기적으로 감소시킨 바 있다. 그 중에서도 생활보호 수급대상자로 지정되면 그 지원금으로 저렴한 민간임대 주거를 마련해서 지역사회에 정착하는 방식이 효과를 거두었다. 단, 이 때 혼자서는 생활하는 데 곤란을 겪을 수 있기 때문에 지역사회 복지단체들이 다양한 지원(서포터) 사업을 병행하게 된다. '거주'와 '서비스'를 복합화해서 노숙인 지원의 새로운 방향을 모색하게 된 것이다(全泓奎 외, 2011).

2. 노숙인 주거복지 정책 과제

노숙생활로부터 탈출하는 데 독립적인 주거생활이 가능한 단계까지 '준비'하는 것이 좋은지, 바로 주거를 제공하되 서비스를 '병행'하는 것이 좋은지 일률적으로 말하기는 쉽지 않다(남기철, 2010). 개인적 특성이나 국가별 사회복지 서비스 체계의 상황에 따라 차이를 보이기 때문이다. 하지만 분명한 것은 우리나라의 쉼터 위주 노숙인 지원정책이 오히려 자활과 자립을 가로막지 않는가에 대한 문제의식이 필요하다. 집단생활 방식의 쉼터 체류가 장기간 지속될 경우, 독립적인 주거를 '준비'하기보다 오히려 집단적 주거에 '의존'하게 될 가능성이 있기 때문이다.

따라서 우리나라 노숙인 주거정책에서 필요한 것은 주거와 서비스를 연계하는 주거우선 전략의 확대이다. 현재 쉼터 거주자들 중에서도 상당수는 언제든 독립적인 주거생활이 가능한 경우가 많기 때문이다. 이들에게 주거비의 일부를 지원하거나 한시적인 독립주거를 제공할 경우, 오히려 자립을 앞당길 수 있다는 것이 현장 활동가들의 판단이다.

그런 점에서 현실적으로 대도시 단신생활자들의 저렴주거 기능을 담당하고 있는 고시원은 그 기능을 적극적으로 활용할 필요가 있다. 물론 고시원이 불법, 편법적인 주거일 뿐 아니라 화재나 사고의 위험이 높고 장기간 생활하기에 적절치 않은 것은 분명하다. 더구나 고시원의 임대료는 면적이나 수준을 감안할 때 상대적으로 매우 비싼 편이어서, 취약계층들이 오히려 더 불리한 주거비를 지출하는 것도 사실이다. 그러나 서울에서만 15만 명이 고시원에서 생활하고 있는 등 현실적인 취약계층 주거공간으로서는 결코 무시할 수 없는 역할을 담당하고 있다. 따라서 공공이 일정 기간 고시원 이용료에 해당하는 비용을 지원하거나, 공공이 간접적으로 고시원을 운영(민간단체 위탁)하는 방식으로 비용을 낮출 필요가 있다.

이와 함께 매입임대주택을 활용한 공공임대주택 입주지원도 적극적으로 실시해야 한다. 지금도 노숙인, 쪽방, 비닐하우스 거주자 등을 대상으로 매입임대주택 제공 사업을 실시하고 있지만, 그 물량이 연간 500호 내외에 그치고 있어서 수요에 비해서 부족한 실정이다. 따라서 주거제공을 통해 가족결합이 가능한 노숙인을 우선적으로 선정하여 매입임대주택을 제공할 필요가 있다. 물량도 연간 1,000~2,000호 정도로 늘려서 최저변의 취약계층에게 적극적인 주거지원 정책을 펼칠 필요가 있다.

위에서 직접적인 노숙인 주거지원에 대해 설명했다면, 보다 넓은 의미의 취약계층 주거안정은 잠재적 노숙인 예방이라는 차원에서 중요하다. 이 관점에서 보면 저렴주택의 멸실을 방지함으로써 주거비를 낮추는 것은 필수적인 과제이다. 특히 싼 주거가 재개발, 뉴타운 사업을 통해 사라지는 것은 취약계층의 주거사정을 악화시키고, 장기적으로 노숙위험 계층을 늘리는 결과를 초래할 수 있다. 실제로 서울의 뉴타운 지역 사업 전후를 비교한 데 따르면 싼 민간임대주택이 급격히 줄어드는 것으로 나타나고 있다(서울시 주거환경개선정책 자문위원회, 2009). 따라서 철거방식으로 재개발을 실시할 경우 신축 주택의 일정 비율 이상(현재 신축 주택의 20%)을 공공임대주택으로 공급함으로써 최소한의 저렴주택 재고를 확보해야 한다.

아울러 공공임대주택 재고를 적어도 전체 가구의 10%가 거주할 수 있는 규모로 확대하는 정책은 지속적으로 추진되어야 한다. 여기서 기존의 다세대·다가구 주택을 매입하여 임대주택으로 활용하는 방법은 효과가 크다. 도시 내에서 신규택지를 마련하기 곤란한 상황에서, 매입임대주택은 기존 생활권을 유지할 수 있는데다 사회적 격리 문제도 방지할 수 있기 때문이다. 여기에 덧붙여 기존 주택을 전세로 임대해서 싼 월세로 재임대하는 방법(전세재임대 주택)도 활용할 필요가 있다. 이 같은 방법들을 통해 공적 활용이 가능한 저렴주택 재고를 확충하려는 노력이 계속되어야 할 것이다.

마지막으로 임대료 보조제도의 도입이 필요하다. 물론 우리나라는 아직 전면적인 민간임대주택 등록제도가 실시되지 않고 있고, 임대료를 억제할 수 있는 실효적인 수단이 없으며, 세입자의 소득파악도 곤란하기 때문에 본격적인 임대료 보조제도 실시에는 어려움이 있다. 그러나 일정 소득이하의 계층에 대해서는 먼저 정액보조 방식이라도 임대료를 지원할 필요가 있다. 최근 월세가 급속히 확산되고 있기 때문에, 취약계층에 대한 일정액의 임대료 지원은 생계유지에 많은 도움이 될 수 있을 것이다.

참고문헌

김수현, 1998, 홈리스 문제의 구조와 대책, 「경제와 사회」, 38:189-214.

김수현, 2009, 거리의 빈곤: 노숙인, 김수현 외, 「한국의 가난」, 한울아카데미(서울).

남기철, 2007, 「노숙인과 사회복지 실천」, 서울: 한국학술정보.

남기철, 2009, 노숙인 주거지원 프로그램과 효과, 「한국사회정책」, 15(2):217-250.

남기철, 2010, 한국의 노숙인 주거지원 유형과 성격, 2010년 한국과 일본의 홈리스 복지정책 경험비교 토론회 발표.

서울시 주거환경개선정책 자문위원회, 2009, 서울시 주거환경개선정책 종합점검 및 보완발전 방안, 서울시 주거환경개선정책 공청회 자료집.

윤일성, 2005, 영국의 노숙자 연구: 원인과 정책을 중심으로, 「한국인구학」, 28(1): 235-275.

이태진 외, 2007, 「노숙인 정책의 평가와 개선방안」, 한국보건사회연구원.

임영인, 2009, 「내가 누구인지 알려주세요」, 삶이 보이는 창(서울).

주영수, 2008, 노숙인 사망실태와 해결방안 모색, 인의협 노숙인진료소 10주년 기념 심포지엄 발제문.

제8장

고령화 사회를 대비한 노인주거복지

Ⅰ. 서 론

사회 발전에 따라 식량사정과 의료기술의 개선으로 사람들의 평균수명은 빠른 속도로 늘어나고 있다. 특히 우리나라는 산업화의 성공으로 경제적으로 부유해 지면서 평균수명의 증가와 함께 출생률의 감소로, 고령사회로 빠르게 진입하고 있다. 따라서 노인들은 고령으로 인한 질병 및 건강문제, 가정 및 사회에서의 역할 상실과 소외문제, 소득상실에 따른 생활 및 주거빈곤문제 등 여러 가지 복합적인 문제를 겪게 되며, 이는 곧 사회문제로 변화하게 된다(김진영 · 김남진, 2009). 특히 이들의 건강한 일상생활을 위한 부양 및 보건 · 의료 · 사회복지 등 노인관련 복지비용이 크게 증가하게 된다(손승호 · 한문희, 2010). 또한 전체 인구 중에서 노동인구의 비중 축소가 저축 감소와 투자 위축으로 연결되어 전반적으로 경제발전이 둔화되고 궁극적으로는 국가경쟁력의 약화로 연결되게 된다(Markus Tepe and Pieter Vanhuysse, 2010). 이와 같은 현상은 유럽의 주요 선진국 및 일본 등에서 최근 경제성장이 둔화되는 현상과 무관하지 않으며, 특히 우리나라는 세계에서 가장 낮은 출산율과 가장 빠른 고령화가 점차 사회적인 문제가 되고 있으며, 가까운 장래에 국가 경쟁력의 악화로 연결될 것이 예상되어 이에 대한 대책이 시급히 마련되어야 한다(서균석, 2007).

정부는 저출산·고령사회기본법, 고령자 고용촉진법, 노인복지법 등에서 노인사회참여 지원, 노인 일자리사업, 생업지원, 경로우대, 홀로 사는 노인에 대한 지원, 상담 조치 등에 대한 규정을 하고 있다. 기초노령연금법은 국민연금 사각지대 해소와 노인빈곤완화를 위해 65세 이상인 자로서 본인 및 배우자의 소득인정액이 74만원 이하(노인 단독) 또는 118.4만원 이하(노인부부)인 경우에 기초노령연금 수급대상자(http://bop.mw.go.kr: 2012.01.02)로 규정하고 있다. 또한 정부는 한국주택금융공사법에서 2008년부터 노인들이 보유하고 있는 주택자산을 유동화하여 생활자금으로 활용할 수 있도록 주택담보노후연금보증을 규정하고 '주택연금' 제도를 시행하고 있다. 또한 주택가격이 상대적으로 낮아서 주택연금제도의 효과를 기대하기 어려운 농촌노인은 한국농어촌공사 및 농지관리기금법을 근거로 2011년부터 농지를 담보로 노후생활안정자금을 지원하는 '농지연금'제도를 시행하고 있다. 이들 제도는 노인복지문제의 해결과 함께 고정자산을 유동화하여 활용한다는 측면에서 어느 정도 성과를 내고 있으며, 노인의 복지 증진에도 일부 기여하고 있다고 할 수 있다(최경희·조덕호, 2010). 다만 이들 제도는 약정방식에 따라 조금씩 다르지만, 기본적으로 일정규모의 고정자산을 가진 노인들의 고정자산을 유동화하여 매월 연금형태로 지급하는 방법으로 가구가 소멸될 때까지 매월 약정금액을 지급받지만 상환의무가 발생하지 않는 측면에서 연금의 성격이 강하지만, 연금의 설계의 계리구조가 자산담보대출과 별반 다른 것이 없고, 상속 및 조세 등 후속 조치의 부족으로 아직까지 큰 성과를 거두지 못하고 있는 것이 현실이다.

한편, 다른 기초수요와는 달리 주택은 이동이 불가능하기 때문에 노인들이 살고 있는 지역에 적정한 주택과 필요한 서비스가 동시에 제공되던지 그렇지 않을 경우 노인들이 적절한 서비스가 있는 곳으로 이사를 가야만 한다. 특히 농촌지역은 심각한 고령화와 젊은 인구의 도시이동으로 많은 공가가 제대로 관리되지 않는 채 방치되어 있는 반면 도시지역의 경우는 주택부족 현상으로 현직에서

물러나 일부 공적부조를 제외하고 별다른 소득이 없는 일부 노인들은 쪽방, 비닐하우스 등 열악한 주거환경에서 생활하고 있는 것이 현실이다. 따라서 저소득층 노인들의 경우 도시와 농촌은 내용이 다를 수 있지만 주거복지가 매우 열악할 것으로 예상된다. 노인주거복지정책은 노인들이 주택자체뿐만 아니라 그들이 살고 있는 지역의 사회경제적 특성까지 고려하여 정책을 수립하여야 할 것이다. 따라서 본 연구는 노인들의 주거복지 관련하여 자가 점유율, 주거면적 등 양적 지표와, 주거 밀도 등 질적 지표, 주거비부담 등 경제적인 지표 등 주거복지관련 지표를 동시에 고려하여 소득수준에 따른 개인 가구와 지역적인 특성을 고려한 주거복지정책방안을 제시하고자 한다.

노인 관련 선행연구들은 도시노인과 농촌노인의 삶의 질과 그 결정변수를 분석하고는 있지만, 자료의 한계성으로 인해, 모형에 포함되는 변수가 포괄적이지 못하였다(김은정, 2011; 임형백 외, 2009). 따라서 본 연구는 복지정책수립을 위해 정부차원의 복지관련 통계자료인 한국복지패널데이터를 활용하여, 고령사회에 대비하는 구체적인 노인주거복지 정책대안을 제시하고자 한다. 이를 위해 첫째, 노인들의 고령화 정도 및 이들의 사회경제적 현황을 분석하고, 둘째, 주거복지측정지표의 검토 및 측정 가능한 지표를 선정한다. 셋째, 노인들의 도·농간 및 일반가구와 저소득가구의 주거복지의 차이점을 분석하기 위해 이항로짓모형을 설정하고 주거복지관련 양적 지표, 질적 지표, 경제지표 등 각 관련변수들의 영향력을 분석하고자 한다. 마지막으로, 도시 및 농촌노인과 일반 및 저소득노인가구의 주거복지개선을 위한 정책대안을 제시하고자 한다.

Ⅱ. 고령화 및 노인주거 현황

1. 인구의 고령화

최근 전 세계적으로 출산율 저하와 수명의 연장으로 인해 인구 구조가 고령화되고 있다. 특히 우리나라의 고령화 속도는 다른 어떤 나라에 비해 빨라 멀지 않은 미래에 고령화로 인한 심각한 사회문제가 등장할 것으로 예상된다. 고령화 문제가 일찍부터 나타났던 구미 선진국들은 연금시스템을 개혁하는 등 사회보장 체계의 개선에 많은 노력을 기울이고 있으며, 고령화가 경제 전반에 미칠 영향뿐만 아니라 금융시장 및 자본시장에 미칠 영향 등에 대해서도 다양하게 분석하고 있다. 이에 반해 우리나라는 연금, 노인 일자리 등 향후 예견되는 심각한 고령화에 대한 대비가 매우 부족하다.

보다 구체적으로 유소년층 인구가 매우 빠른 속도로 감소하고, 노인 인구가 점점 증가하다가, 약 20년 후부터 절대 인구가 감소할 것으로 예측되며, 2023년 5,068만 3,000여 명으로 정점에 달한 뒤 점차 감소하여, 2050년쯤이면 4,433만 7,000여명으로 1990년대 수준으로 회귀할 것으로 추정된다(그림 1 참조). 1962년 가족계획사업 실시 후 저출산 경향이 뚜렷이 나타나고, 의료서비스 수준의 향상과 국민 영양 상태의 개선으로 인해 사망률이 낮아지면서, '저출산 출산력과 낮은 사망'으로 특징지어지는 인구변천(population transition)의 마지막 단계에 접어들었다(European Commission and Economic Policy Committee, 2011).

2002년 가임 여성 1인당 평균 자녀수가 1.17명에 불과하고 1970년 4.53명, 2001년 1.30명이었다. 이로 인한 사회적 변화로는 출산력의 저하, 평균 수명의 연장, 늙은 사회의 도래를 들 수 있다. 이는 생산연령인구에게 엄청난 경제적 부담을 초래하고, 특히 단독으로 일상생활이 어려운 초고령 인구의 증가 즉 고령인구의 고령화라는 새로운 사회변화를 경험하게 된다. 전반적인 인구구조의 변화는 아래 그림에서 보는 것처럼 1960년대 피라미드형에서 2011년 항아리형, 2050년에는 거의 역피라미드형으로 변하고 있으며, 특히 출산율 감소와 함께 인구증가의 가장 핵심인 가임여성인구의 급격한 감소는 한국의 장래 인구문제 해결을 더욱 어렵게 하고 있다.

그림 1 인구의 고령화 동향(1960-2050)

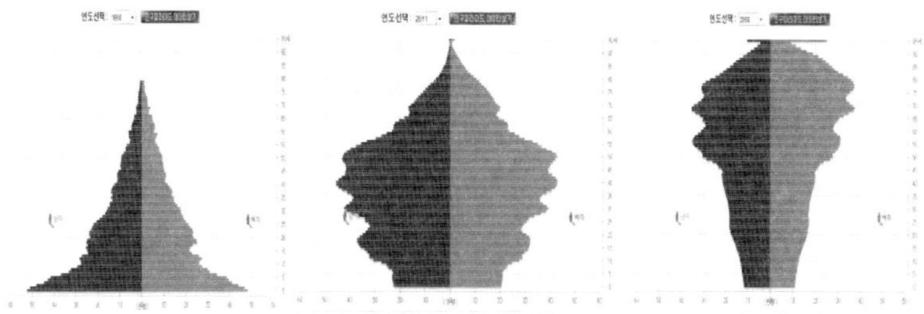

자료: 통계청 홈페이지(http://sgis.nso.go.kr/pyramid/view_country.asp), 인구피라미드, 2011.

보다 구체적으로 인구의 고령화는 이미 심각한 수준으로 2010년 인구주택센서스 자료에 따르면, 65세 이상 고령자(65세 이상)는 542만 5천명으로 2005년(436만 5천명)보다 105만 9천명 증가하여 24.3%의 증가율을 보이고 있으며, 이는 총인구 증가율(2.0%)보다 12.2배 높은 것으로 나타났다. 또한 성별 고령인구를 보면 여자가 322만 7천명(59.5%), 남자가 219만 8천명(40.5%)으로 남녀의 비율이 6:4로 나타나고 있어 여성 노령인구수가 훨씬 많은 것으로 나타났다. 그렇지만 최근 들어 평균 기대수명이 계속해서 높아짐에 따라 남자노인인구의 증가율도 2010년 현재, 남자노인의 증가는 5년 전에 비해 26.6%, 여자는 22.8%의 증가율을 보여, 남자 증가율이 3.8%p 높은 것으로 나타났다.

표 1 지역별 성별 고령자 인구규모 및 변화추이

(단위: 천명, %)

	2005년(A)		2010년(B)		증 감 (B-A)	증가율 (B/A-1)
		구성비		구성비		
총 인 구	47,041	%	47,991	%	949	2.0
고 령 자	4,365	100.0	5,425	100.0	1,059	24.3
남 자	1,736	39.8	2,198	40.5	461	26.6
여 자	2,629	60.2	3,227	59.5	598	22.8
성 비	66.0	-	68.1	-	2.1	3.2
읍 면 부	1,618	37.1	1,806	33.3	188	11.6
동 부	2,747	62.9	3,618	66.7	871	31.7

자료: 통계청 조사관리국 인구총조사과 표본집계결과(2011).

표 2 가구별 주거형태 추이

(단위: 천 가구, %)

		계	자 가	전 세	보증부 월세	무보증 월세	사글세	무 상
2005년	일반가구	15,887 (100.0)	8,828 (55.6)	3,557 (22.4)	2,395 (15.1)	333 (2.1)	284 (1.8)	490 (3.1)
	고령가구	3,371 (100.0)	2,549 (75.6)	410 (12.2)	234 (6.9)	42 (1.2)	41 (1.2)	96 (2.9)
2010년	일반가구	17,339 (100.0)	9,390 (54.2)	3,766 (21.7)	3,148 (18.2)	342 (2.0)	230 (1.3)	464 (2.7)
	고령가구	4,074 (100.0)	3,007 (73.8)	536 (13.2)	353 (8.7)	52 (1.3)	41 (1.0)	84 (2.1)

자료: 통계청 조사관리국 인구총조사과 표본집계결과(2011).

또한 고령가구는 407만 4천 가구이며, 전체 일반가구의 23.5%를 차지하며, 노인 1인가구는 106만 6천 가구로 전체 1인 가구(414만 2천 가구)의 25.7%를 차지하고 있어서 1인 가구의 비율이 빠르게 증가하고 있으며, 고령자 가구 중 가구원수가 2명인 가구는 145만 6천 가구이며, 이 중에서 고령자로만 구성된 가구는 74만 5천 가구로 51.2%를 차지하고 있어서 전반전으로 고령가구가 빠르게 증가하고 있다(통계청, 2011).

노인가구의 주거상황과 관련해서는 <표 2>에서 볼 수 있는 것처럼 상대적으로 자가소유율이 높지만 2005년에 비해서 2010년에는 자가소유율이 낮아지고 전세를 포함한 세입자의 비율이 높아지고 있는 현실이다. 이는 노인가구의 주거 안정성이 점차 떨어지고 있으며, 주거복지가 점차 어려워지고 있는 것으로 판단되며, 노인인구가 급격하게 증가함에도 불구하고 주거복지는 이와 같은 추세를 따라가지 못하는 것으로 판단된다.

고령화의 빠른 증가와 함께 단독세대 중 배우자의 사망 등으로 홀로 사는 노인인구도 빠른 속도로 증가하고 있는 추세이다. 이른바 사회복지정책에서 가장 문제가 되는 독거노인의 증가는 사회적으로 큰 부담으로 작용하게 될 것으로 예상된다. <그림 2>에서 볼 수 있는 것처럼 10년 동안 노인가구의 증가속도도 빠르게 증가하고 있지만 노인가구의 비중은 2000년 54만 가구(노인가구의 31.4%)에

그림 2 고령가구 및 노인 1인 가구의 변화

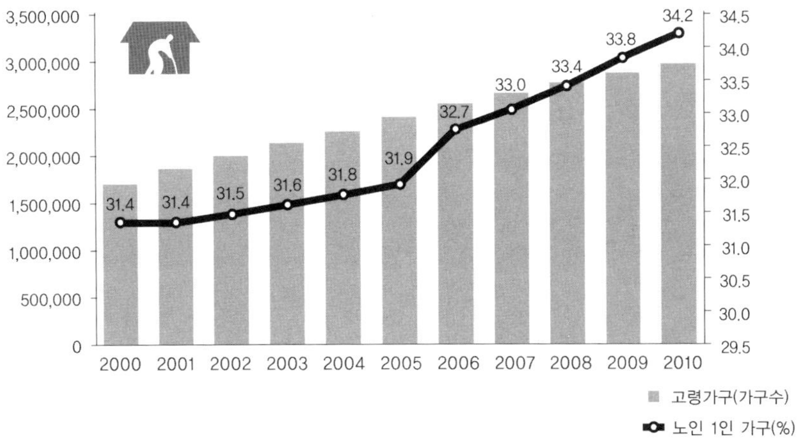

자료: 김정근(2011), 고령화 시대의 노인 1인 가구-소득 변화의 특징과 시사점-, 삼성경제연구소, p.1.

서 2010년 102만 가구(34.2%)로 더욱 빠른 속도록 증가하고 있어서 노인가구 문제와 함께 독거노인 가구에 대한 대책이 시급히 마련되어야 할 것이다(김정근, 2011). 특히 노인들은 정신적, 육체적 특성상 많은 보살핌의 필요성에도 불구하고 고령 독거가구가 더 빠른 속도로 증가하고 있어서 사회적인 대책이 시급히 마련되어야 할 것이다.

2. 고령가구의 경제적 특성

2010년 현재 노인들이 생활비를 본인 스스로 마련하는 비율은 전체 60세 이상 인구의 34.7%로 '05년(31.8%)보다 2.9%p 증가하였으며, 생활비 마련방법은 본인 또는 배우자의 일로부터 마련하는 경우와 따로 사는 자녀(13.1%), 함께 사는 자녀의 순(12.0%)으로 나타나서 아직도 예금 및 주식 등 금융자산이나 노령 및 공적연금(34.7%)으로 생활비를 마련하는 것보다 월등히 높게 나타났다(그림 3 참조). 따라서 국민연금제도가 마련되어 있지만 아직 성숙단계에 이르지 못했기 때문에

그림 3 60세 이상 인구의 생활비 원천

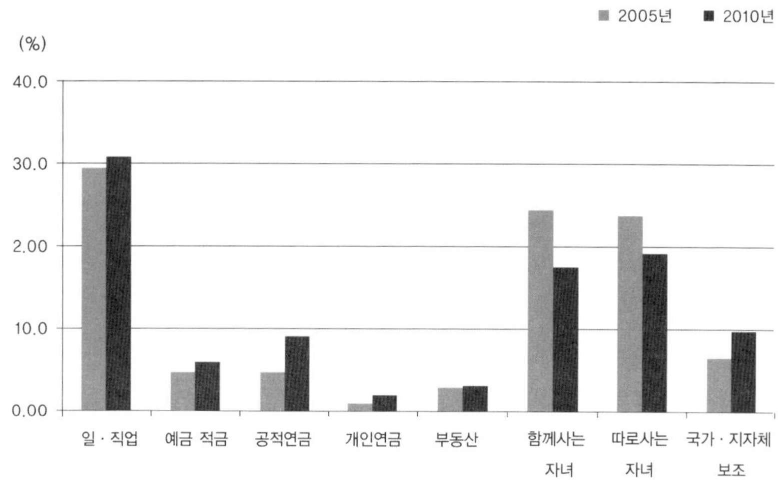

자료: 통계청 조사관리국 인구총조사과 표본집계결과(2011).

노후에도 계속해서 일을 하거나 자녀로부터 지원을 받지 못할 경우 노후생활은 매우 어려울 것으로 예상된다. 더구나 최근 청년실업을 포함한 심각한 실업문제를 감안할 때 노인들이 적절한 취업 자리를 마련하는 것은 매우 힘들 것으로 예상되어 노인들의 빈곤한 삶이 사회적으로 큰 부담이 되는 것은 자명한 일일 것으로 판단된다.

Ⅲ. 노인가구 주거복지의 이론적인 검토

1. 주거빈곤

노인들의 주거복지는 주거빈곤을 해결하는 것에서부터 출발한다고 할 수 있다. 주거빈곤의 개념은 주택자체의 규모, 위치, 질적 수준, 주거비 수준 등이 일정 수준 즉, 주거기준에 미달되는 것을 의미한다. 보다 구체적으로 주거복지를 저소득층을 대상으로 한 공공임대주택정책을 주거복지정책으로 보는 경향과 이들을 대상으로 한 주거비보조 및 주택개량을 포함시키는 경향과 최근 물리적인 측면과 함께 주거 만족도를 포함한 포괄적인 개념으로 확대되는 경향이 있다(이선우, 2010; 최항순·강팔문, 2005; 이태진 외, 2010). 보다 구체적으로 거주하는 주택의 외형적인 문제로는 가구원수가 방수에 비해 지나치게 많아 1인당 방수가 0.3도 되지 않는다면 주거빈곤에 해당된다(주거복지연대, 2003). 또 가구 전체 소득의 50% 이상이 주거비에 지출된다면 이 역시 주거빈곤에 해당된다고 할 수 있다. 한편, 주거빈곤의 식별기준이 되는 주거기준은 그 동안 주거복지 선진국에서 공공주택의 건설기준으로서 활용되었고, 공공주택의 질적 수준을 확보하기 위한 지표로서 활용되었으며, 아울러 기존 주택의 거주자들에게 일정 수준의 주거환경을 보장해 주기 위한 목표치로서 활용되었다(하성규, 2004; 주거복지연대, 2003).

특히 주거빈곤을 해결을 위한 대표적인 지원책이 주거급여이다. 주거급여란 일반적으로 임대료보조를 의미하며, 복지정책의 일환으로 지급되고 있다. 이 프로그램은 국민기초생활보장급여의 주거급여와 국민주택기금의 저소득·영세민전세자금지원과 근로자·서민전세자금지원이 있으며, 이외에도 저소득층에 대한 주택구입지원프로그램으로 근로자·서민구입자금 및 최초 주택구입자금 지원이 있다(주거복지백서, 2003). 이 제도는 2000년 10월부터 국민기초생활보장제도가 시행되면서 지원이 시작되었다. 국민기초생활보장법에서는 최소한의 주거생활을 주거급여와 생계급여에 포함된 주거비로써 보장하고 있다. 이 급여는 수급자의 임차료와 유지수선비를 위한 것이다. 주거급여의 대상은 기초생활보장 수급자로서, 여기에는 특례수급자와 시설수급자 등 주거급여를 받을 필요가 없거나 다른 경로로 주거급여를 받는 수급자는 제외된다.

2. 노인가구의 주거복지

인구의 고령화는 다양한 사회경제적 문제를 초래하는데, 그 중 하나가 노인에 대한 복지문제이다. 물론 노인복지의 문제는 고령사회의 고유한 문제는 아니다. 언제 어디서건 고령자는 있기 마련이고 그에 따라 노인복지는 문제될 수 있기 때문이다. 그렇지만 고령사회에서의 노인복지는 양적 측면과 질적 측면에서 사회경제적으로 특유한 문제를 야기하고 새로운 사회 정책적 대응을 요구한다.

노인 단독 또는 노인부부로만 구성된 가구의 지속적인 증가, 자녀의 부모부양에 대한 책임의식의 감소, 노인가구의 취약한 경제사정, 현재의 열악한 주거실태 등을 감안할 때 이제라도 노인의 주거보장 정책을 수립하지 않고서는 고령화 시대에 대응하는 정책이 바련될 수 없다고 생각된다. 고령사회에 대응한 주거정책의 방향은 노인주거의 안정과 주거환경의 개선이라 할 수 있다. 윤주현·김혜승(1999)은 「서민주거안정과 주거기준달성방안연구」에서 건설교통부(1997)의 최저주거기준을 기초로 하여 주거빈곤가구의 규모 및 특성을 파악하였다. 시도별로 주거기준 미달가구를 시설기준, 침실기준, 면적기준으로 구분하여 점유형태, 가구주 성, 가구주 연령, 가구주 혼인상태 등 인구·사회학적 특성별로 분석하였다. 또한 박신영(2002)은 주거빈곤가구를 방수기준 주거빈곤가구와 시설기준 주거빈곤가구로 나누어 분석하였다. 그렇지만 이들 연구들은 주거빈곤의 초기단계의 연구로 주거빈곤의 핵심인 노인가구와 특히 빈곤가구의 주거특성에 대한 연구가 이루어지지 않아서 본격적인 주거빈곤연구라고 보기 어렵다. 그 후 강미나 외(2007)는 노인주거복지 제고에 대한 정책을 수립하였지만, 주로 주거환경 편리성에 중점을 둔 연구로 실질적인 주거복지정책이 필요한 도·농간 저소득 노인들에 대한 분석이 미비하였다. 최항문·강팔문(2005)은 노인의 주거복지정책을 선진국과 비교분석하였지만 주로 복지시설위주의 주거복지정책을 검토하였다.

특히 우리나라처럼 아직 연금 및 공적부조가 완전히 정착되지 않는 상황에서는 사회, 경제활동에서 은퇴한 노인에게는 사회적 활동으로부터의 배제와 함께 경제활동능력의 감소로 인한 수익의 쇠퇴는 곧 주거빈곤과 연결될 수 있다. 이처럼 사회적인 참여의 소외와 함께 수익원의 감소로 인한 빈곤층으로 전략은 향후 고령화 사회가 진행됨에 따라 더욱 가속화 될 것으로 예상된다. 특히 주거복지와 관련하여 농촌의 경우는 주택자체와 관련하여 큰 문제가 발생하지 않은 것이다. 그렇지만 인구의 도시이동으로 인한 외로움과 사회적 소외는 더욱 가속화되어 사회적으로 완전히 소외되어 거의 연명하는 수준에 머무는 경향이 있다. 한편 이윤형(2007)은 도시노인들의 경우 일정한 소득이 없을 경우 주거수준은 말할 것도 없고, 생계의 유지에도 어려움을 겪고 있는 노인들이 많은 것이 현실이다. 따라서 노인들의 주거복지는 농촌노인과 도시노인에 대한 구별이 필요하며, 특히 자가를 소유하고 있어서 어느 정도 개인 주거가 안정된 계층에 대해서는 재가주거복지정책이 요구되며, 그렇지 않고 스스로 최소한의 주거수준을 마련하지 못한 노인계층에 대해서는 주거시설지원을 포함한 경제적, 사회적 지원이 요구된다고 주장하였다. 그렇지만 그의 연구는 주로 주거복지시설에 중점을 두고 진행하였다.

따라서 노인들의 주거복지정책을 효과적으로 수립하기 위해서는 주거복지수준의 정확한 측정에서 비롯된다고 할 수 있다. 특히 노인들은 이미 직장에서 은퇴하여 연금을 제외하고는 매월 일정한 소득을 확보하기가 어렵다. 특히 도시거주 노인과 농촌노인의 경우는 주거특성이 명확히 다르기 때문에 이에 대한 사전적인 검토가 선행되어야 할 것이다. 또한 주로 복지정책의 대상이 되는 저소득층과 일반노인가구의 주거특성은 명확히 다를 것으로 예상된다. 따라서 도시와 농촌, 일반가구와 저소득가구를 구분하여 분석하여야 지역별, 가구별 주거복지특성을 명확히 파악할 수 있고, 이에 따른 주거복지의 정책대안을 마련할 수 있을 것이다. 그렇지만 지금까지의 연구는 도·농 간, 소득계층 간의 차이를 고려하지 않고 있다(주거복지연대, 2003; 한국보건사회연구원(김미곤 외, 2007; 여유진 외, 2008; 여유진 외, 2009; 손창균 외, 2009;김미곤 외, 2010; 강신욱 외, 2010)). 보다 구체적으로 윤주현 외(2005)의 연구가 주거복지수준을 명확히 측정할 수 있는 최초의 연구라고 할 수 있지만, 이들 연구는 단순히 행정구역별로 주거복지수준을 측정하였다. 최근 들어 김외자(2010)는 농촌노인의 주거복지를 충남 부여를 사례로 분석하였다. 그렇지만 설문조사에 의한 기술적인 분석에 불과하여 정확한 정책적인 의미를 파악하기 어렵다. 또한 이선우(2010)는 장애인과 비장애인의 주거복지수준을 최소주거수준과 주거비부담능력을 기준으로 비교·분석하였다. 그렇지만 이들 연구는 주거복지 중에서 2개의 지표만을 활용하여 단순 기술적인 분석을 시도함으로써 주거복지정책의 실질적인 대책을 제시하기 어렵다.

주거복지정책을 수립하기 위해서는 주거복지수준의 측정이 무엇보다도 중요하다. 주거복지서비스 측정과 관련한 지표개발에 대한 연구는 윤주현 외(2005)부터 체계적으로 이루어졌다고 할 수 있다. 그는 주거서비스를 양적, 질적, 주거비부담, 주거안정성 등 4가지 지표로 나누어서 지역별·계층별로 측정하였다. 그렇지만 이들 연구는 주로 쉽게 계량화가 가능한 물리적 지표에 초점을 두고 있으며, 노인주거복지의 가장 핵심지표라고 할 수 있는 소득, 연금 등과 같은 금전적인 지표와 삶의 질에 직접적인 연관이 되는 건강보험여부에 대한 지표가 생략되어 주거복지정책을 수립하는 데는 한계가 있다. 따라서 본 연구는 위의 연구들의 문제점을 해결하기 위해 노인들의 주거지역과 빈곤여부를 고려하며, 특히 연금 및 가처분소득과 건강보험지표를 포함하여 분석하고자 한다.

Ⅳ. 노인주거와 주거복지지표의 기술적 검토

외환위기 이후 빈곤층 및 차상위 계층의 가구형태 및 소득수준이 급격히 변화하고 있으며, 특히 가구 형태의 변화와 급격한 고령화로 인해 노인가구의 증가와 함께 이들에 대한 복지수요가 크게 증가하고 있다. 따라서 정부에서는 2005년부터 사회복지관련 통계조사를 실시하여 발표하고 있다. 한국복지패널은 제주도를 포함한 전국을 대상으로 한 종단면 조사로 읍면지역 농가를 포함하여 전국의 대표성을 확보하고 있다(김미곤 외, 2010; 오지헌·여유진, 2009). 따라서 본 연구는 가장 최근에 발표된 2009년 한국복지패널조사자료를 활용하여 노인들의 주거복지를 분석하여 정책대안을 마련하고자 한다. 이 자료는 전국에서 무작위로 선정된 7,000가구를 대상으로 조사가 이루어지며 이들을 지속적으로 추적 조사 하고 1년마다 동일한 질문을 하여 자료를 수집하는 조사 방법으로 복지정책 수립에 활용되는 대표적인 통계자료이다(한국보건사회연구원, 2010). 총조사 가구수는 6,207가구, 가구원수는 12,661명이었다. 특히 본 연구의 주요 대상인 65세 이상인 가구는 2,757가구가 분석대상에 포함되었다. 이 중에서 도시지역 노인가구는 1,714, 농촌지역은 1,043가구가 조사되었다(한국보건사회연구원·서울대학교 사회복지연구소, 2009). 본 통계자료에서 노인주거복지의 측정과 관련한 주요 지표를 검토하면 다음과 같다.

1. 주거안정성

주거안정성의 대표적인 지표는 자가 점유율로 분석될 수 있다. 도시 및 농촌 노인들의 자가 점유율을 살펴보면 <표 4>에서처럼 조사대상가구중에서 농촌지역은 노인가구 중에서 자가의 비율이 70.2%인 반면 도시지역은 56.7%로 도시지역의 주택가격이 농촌지역보다 훨씬 높다는 것을 감안하면, 예상할 수 있는 결과이다. 또한 일반가구의 자가 점유율은 도시지역은 53.7%, 농촌지역은 65.7%로 노인가구들이 상대적으로 전체일반가구보다 상대적으로 자가 점유율은 조금 높을 것으로 나타났다.

도시지역은 그렇지만 농촌지역의 경우 많은 지역들이 공가로 방치되어 있는 사실을 감안할 때 30%의 노인들이 자가가 아닌 임대주택에 살고 있다는 것을 볼 때 농촌노인들의 주거 마련에 보다 세밀한 정책이 요구된다 할 것이다. 또한 소득의 측면에서도 농촌지역의 경우는 일반가구가 24.7%이며, 도시지역은 일반가구가 37.6%로 나타나고 있다. 또한 농촌지역이 도시지역보다 상대적으로 더 많은 저소득가구가 전세를 포함한 임대주택에 살고 있는 것으로 분석되어 농촌노인들이 더 많이 가구빈곤에 노출되어 있는 것으로 평가되어 노인들의 주거복지도 여전이 농촌지역이 도시지역보다 열악한 것으로 평가되고 있다. 더구나 농촌과 도시 모두 저소득 빈곤가구가 일반가구보다 높게 나타나서 노인들의 노후준비가 매우 열악한 것으로 평가되고 있다.

표 3 노인가구의 도·농 간 가구특성비교

(단위: 가구수 (%))

지 역	농 촌	도 시
자 가	733(70.2)	971(56.7)
차 가	310(29.8)	743(43.3)
계	1,043(100)	1,714(100)
일반가구	257(24.7)	645(37.6)
저소득가구	786(75.3)	1,069(62.4)
계	1,043(100)	1,714(100)

2. 양적 지표

주거복지의 수준을 나타내는 양적인 지표로는 전체적으로는 주택보급율 지표가 활용될 수 있지만 개별 가구의 측면에서는 가구원들이 사용하는 개인의 주거소비량 즉 1인당 주거면적으로 측정할 수 있을 것이다. 주거소비의 양적 수준을 잘 파악할 수 있도록 농촌과 도시의 자가 및 일반가구와 두 지역의 저소득 임대가구로 나누어 분석한다. 농촌 자가 소유 일반가구의 경우 평균주거면적은 82.3㎡, 가구원수는 2.3명이며, 1인당 주거면적은 40.05㎡이다. 한편 농촌지역에 전세를 포함한 임대주택에서 살고 있는 저소득 노인가구의 평균주거면적은 61.0㎡, 1인당 주거면적은 50.08㎡로 개인당 주거면적은 오히려 일반가구보다 많지만 가구원수의 측면에서는 1.4명으로 나타나서 농촌지역 임대주택에 살고 있는 농인가구는 거의 대부분 독신가구인 것으로 나타나서 이들에 대한 대책이 시급히 마련되어야 할 것으로 판단된다.

한편 도시 자가 소유 일반 가구의 경우 평균주거면적은 89.93㎡, 가구원수는 2.54명이며, 1인당 주거면적은 41.7㎡이다. 한편 도시의 임대 저소득 노인가구의 평균주거면적은 48.7㎡, 1인당 주거면적은 36.9㎡, 가구원수는 1.5명으로 나타났다. 주거소비의 양적 지표는 노인가구의 경우 일반적으로 가구주가 노인인 경우 자녀와 함께 살고 있는 경우가 많지 않기 때문에 양적 지표는 일반가구(31.9㎡)보다 상대적으로 높은 것으로 나타나고 있다. 따라서 양적 지표의 경우 도시도 농촌의 경우와 마찬가지로 대부분의 저소득가구는 독신가구와 연계되어 있고, 이들의 주거의 양적 소비의 측면에서는 큰 문제가 되지 않을 수 있으나, 삶의 질이 매우 낮을 것으로 평가될 수 있다.

3. 주거의 질적 지표

주거복지와 관련하여 활용되는 질적 지표로 방당 주거인원수가 활용되고 있으며, 특히 3인 이상이 단칸방에 거주하는 비율로 주거의 질을 파악하고 있다(윤주현 외, 2005). 그렇지만 노인가구의 경우는 대부분의 경우 평균 가구원의 수가

1.5명 내외이므로 이 지표는 노인가구에게 별다른 정책적인 의미를 가지지 못하는 것으로 판단된다. 특히 도시와 농촌을 막론하고 3인 이상 단칸방 거주비율은 주거소비의 양적 지표가 노인보다 낮은 일반가구에 있어서도 0.9% 내외에 불과하여 지표로 활용하는 데는 한계가 있는 것으로 판단된다(김미곤 외, 2010).

4. 주거비 부담

주거비 부담지표로는 월소득 대비 임대료(Rent to Income Ratio: RIR)가 활용된다. 그렇지만 노인가구의 경우 특별한 경우를 제외하고는 소득이 없고, 또한 대부분의 경우 자가를 소유하거나, 정부의 공적부조에 의존하기 때문에 월 임대료를 정확히 계산하기 어렵고, 실질적으로 노인가구의 월 임대료자료는 거의 확보되지 않아서 실질적으로 분석이 어려운 것이 현실이다. 다만 이들의 가처분 소득으로 간접적으로 경제적인 상황을 분석할 수 있을 것으로 예상된다. 가처분 소득의 경우는 일반가구의 경우는 연평균 2870.1만원인데 반해 노인가구는 1641.2만원으로 반이 조금 넘는 수준이고, 농촌 저소득임대노인가구의 가처분 소득은 750만원 수준이며, 도시저소득임대노인가구의 가처분 소득은 809만원 수준에 머물고 있다.

이상의 분석에서 살펴보면 도시와 농촌을 막론하고 저소득가구의 가처분소득은 월 70만원 이하인 것으로 판단되어 최저생계비에 훨씬 못 미치는 것으로 나타나서 노인빈곤문제가 상당히 심각한 것으로 분석되고 있다. 특히 저소득노인가구로 대표되는 기초생활수급 대상자의 경우 2009년 총 신청가구 2,746가구 중에서 70가구만이 선정되었으며 40대 1의 경쟁률을 보이고 있으며, 선정된 가구의 연평균 가처분 소득수준은 930만원으로 조사되었다. 요약하면 가처분소득 측면에서 노인가구는 일반가구의 반, 빈곤노인가구는 일반노인가구의 반, 일반가구의 1/4 수준인 것으로 조사되어 노인들의 주거비 부담 수준을 간접적으로 평가할 수 있다.

5. 주거빈곤

한국복지패널 2009년도의 자료를 이용하여 부엌시설, 목욕 및 침실, 주거면적을 중심으로 최소주거기준 미달 가구를 추정하였다. 4가지 기준 중에서 한 개의 경우라도 기준에 미달될 경우 주거빈곤가구로 분류된다. 총 노인가구 2,757가구 중에서 최소 주거수준에 미달하는 가구는 477가구이며, 보다 구체적으로 화장실 477, 부엌시설의 경우 82, 목욕시설 288, 최소주거면적 기준 미달 가구는 59가구로 나타나서 화장실과 목욕시설이 주거빈곤가구에 속하는 핵심지표로 나타났다. 또한 전체 노인가구 중에서 주거빈곤가구의 비율은 17.3%로 일반가구의 비율 15.3%보다 조금 높게 나타났다. 또한 노인들의 생활과 관련하여 연금 및 건강보험자료가 추가되었다.

6. 연금 및 보건의료지표

노인생활연금의 가장 핵심적인 내용 중 하나는 공적연금인데 공적연금은 국민연금에 특수직 연금을 포함한 전체 공적연금을 말한다. 공적연금 수급률은 노령연금 수급대상이 되는 60세 이상 노인중에 실제 노령연금을 수급하는 비율로 구할 수 있으나, 본 연구에서는 65세 이상의 노인들을 대상으로 한다. 공적연금에 비해당 및 미가입 노인가구의 수가 전체 2,757가주 중 1,780가구로 2/3의 가구가 각종 공적연금에서 제외되어 노후의 별다른 대책이 없는 가구이며, 977가구만이 공적연금에 가입해 있는 것으로 나타났다.

건강보험의 경우는 2,371가구가 가입해 있고, 386가구가 미가입 상태인 것으로 나타났다. 전 국민 의료보험 시대에도 여전히 상당수의 노인가구들은 의료보험이 없는 것으로 응답하여 의료보험의 사각지대에 방치된 것으로 나타나 큰 문제점으로 지적된다.

Ⅴ. 노인주거복지 분석

1. 데이터 및 변수의 설정

전술한 것처럼 주거서비스는 이동이 불가능한 서비스이기 때문에 주거복지를 측정하여 정책적인 대안을 수립함에 있어서 주거의 입지지역이 매우 중요한 요소로 작용할 것이며, 분명 농촌과 도시는 다를 것으로 예상된다. 또한 소득수준에 따라서 주거복지서비스는 명백히 다를 것으로 예상된다. 그렇지만 노인가구의 경우 이미 일선에서 은퇴하여 별다른 소득원이 없기 때문에 소득자료를 정확히 파악하기 어렵다. 따라서 정부의 공적부조의 수혜여부에 따라, 공적부조의 대상이 아닌 일반가구와 공적부조의 대상인 빈곤가구로 구분하여 주거복지 수준을 측정하는 것이 보다 합리적인 결과를 도출할 수 있을 것으로 판단된다. 따라서 이와 같은 특성을 고려하여 노인복지정책을 수립하는 것이 수혜자의 특성을 고려한, 이른바 맞춤형 복지정책의 수립을 가능하게 할 것이다. 특히 농촌의 경우는 주택소비의 양적인 측면에서는 도시보다 훨씬 비교 우위에 있을 것으로 예상된다. 그렇지만 질적인 측면과 주거빈곤의 측면에서는 또 다른 특성을 내포할 것으로 판단된다. 본 연구는 이와 같은 특성을 감안하여 노인들의 주거복지를 분석하여 향후 도래할 고령사회에 노인들의 삶의 질의 개선이라는 정책목표를 달성하고자 한다.

연구모형 정립과 관련하여 기존 연구들에서 제시된 주거안정성 지표, 양적지표, 질적 지표, 주거비부담 및 주거빈곤지표와 함께, 노인들의 주거복지와 직결된다고 볼 수 있는 연금 및 의료지표가 추가 되었다. 특히 본 데이터에서 노인들의 주거비부담지표는 거의 사용이 어려워서 가처분 소득 자료를 대용변수로 활용하였으며, 지금까지의 연구에서 포함되지 않은 복지의 핵심지표인 의료 및 연금자료를 추가하여 실질적인 주거복지 분석이 가능하도록 하였다. 또한 종속변수가 연속형인 경우는 회귀분석을 활용하지만 본 연구는 종속변수가 도시와 농촌에 거주하는 노인 경우와 일반가구와 저소득가구를 대상으로 이항로짓모형을 활용하여 분석하였다. 종속변수인 지역변수와 가구빈곤변수는 5대 권역별 지역구분에서 서울, 광역시, 시는 도시(1)로 군과 도·농복합군은 농촌(0)으로, 가구는 일반가구(1), 저소득가구(0)로 코딩하였다. 독립변수의 경우는 주거안정성지표와 관련하여 점유형태에 따라 자가(1), 전, 보증부 월세, 월세, 기타(0)로 구분하였다. 주거복지의 양적 지표는 주거면적을 가구원수로 나누워서 1인당 주거면적으로 계산하였으며, 질적 지표인 주거밀도지표는 노인가구의 경우 가구원수가 1.5이하이기 때문에 분석의 의미를 찾을 수 없어서 제외시켰다. 또한 주거비부담지표는 노인가구의 경우 총 2,757개 자료에서 사용 가능한 월 임대료 자료가 거의 없어서 가구당 가처분소득을 대용변수로 활용하였으며, 주거빈곤지표와 관련하여 대표변수인 화장실 단독수세식(1), 재래식 및 공동 등 기타(0)로 구분하여 분석하였다. 주거복지의 핵심지표이지만 지금까지 거의 연구되지 않은 연금 및 의료보험가입여부를 포함하였으며, 연금 및 건강보험의 가입(1)과 미가입(0)으로 구분하여 활용하였다. 또한 주거복지연구의 핵심변수 중 하나인 소득구분과 관련하여 균등화소득에 따른 가구구분(중위 균등화소득의 60% 기준) 일반가구(1), 저소득가구(0)로 구분하여 분석모형에 포함시켰다.

2. 이항로짓모형의 정립

본 연구는 종속변수가 도시 및 농촌노인 가구로 구별되기 때문에 이와 같은 자료의 분석에 적합한 이항로짓모형을 활용하고자 한다. 이 모형은 종속변수가 이항인 경우에 상용되며, 이항변수끼리는 통계적으로 배반사건이고, 확률적 선택하에 있는 경우에 활용되는 대표적인 모형이다. 종속변수의 이항 선택성은 일반적인 선형회귀식에서 가지는 변수의 연속성과 독립변수와 선형성을 가져야 한다는 조건을 위배함으로써 선형모형을 적용할 경우 신뢰도와 정확도가 떨어진다(이성우 외, 2005). 이것은 두 가지 선택 항목에서만 분포가 나타나기 때문에 선형회귀식은 적합한 모형이 될 수 없다. 이항로짓모형은 이와 같은 약점을 보완하기 위해서 식 (1)과 같은 관계를 가정한다.

(1) $y_i^* = \beta_0 + \sum_{j=1}^{k} \beta_j x_{ij} + \varepsilon_i$

본 연구에서는 농촌과 도시에 거주하는 노인들의 주거복지를 분석하기 위한 연구로 y_i^*는 관찰되지 않는 응답변수로 잠재변수로 불린다. 더미변수로 전환하는 과정은 이산분포(discrete distribution)에서 이항분포(binomial distribution)로 전환하는 것으로 다음과 같이 표현된다(전승훈 외, 2006).

(2) $y_i = \begin{cases} 1 \text{ if } y^* > 0 \\ 0 \ otherwise \end{cases}$

본 연구에서는 식 (2)를 바탕으로 종속변수인 y^*을 이항으로 구분 짓는 기준을 복지패널자료에서 표본에서 나타난 응답자 중 거주지가 도시지역(서울특별시, 광역시, 시)로 응답한 노인가구는 관찰 불가능한 어떤 수준이 $y^* > 0$이 때문에 $y = 1$로 나타내며, 그 외 농촌지역(군, 도농통합군)은 $y = 0$로 나타낸다. 또한 일반가구(y=1)와 빈곤가구(y=0)로 구분한다.

위의 식 (1)과 (2)를 이용하여 $y_i = 1$일 확률은 다음과 같다.

(3)
$$\begin{aligned} Prob(y_i = 1) &= Prob(\sum_{j=1}^{k} \beta_j \chi_{ij} + \epsilon > 0) \\ &= Prob(\epsilon > -\sum_{j=1}^{k} \beta_j \chi_{ij}) \\ &= 1 - F(-\sum_{j=1}^{k} \beta_j \chi_{ij}) (\text{대칭분포함수의 } CDF\text{로부터}) \\ &= F(\sum_{j=1}^{k} \beta_j \chi_{ij}) \end{aligned}$$

여기서 F는 오차항 u의 누적분포함수(cumulative distribution function: CDF)이며, u가 대칭적(symmetric)이라면 1－F(－Z)＝F(Z)이기 때문에 식 (4)와 같이 쓸 수 있다.

(4) $P_i = F[(\beta_0 + \sum_{j=1}^{k} \beta_j \chi_{ij})]$

식 (4)에서 이항 선택 확률이 곧 오차항 u의 CDF 함수인 F(u)로 정의될 수 있으며, 종속변수가 불연속변수에서 연속변수로 전환되어 일반 회귀식으로 분석이 가능하며, 또한 선형회귀식으로 설명하기 어려운 부분은 누적분포함수를 이용함으로써 비선형함수의 분석이 가능하게 된다(구체적인 내용은 이성우 외, 2006; 전승훈 외, 2006 참조). 이외에도 이항분포의 무작위성과 함께 ϵ가 로짓분포를 가정하며, 이 분포는 연속확률분포함수의 형태로 다음과 같이

$$(5) \quad F(\theta) = \frac{1}{1+e^{-\theta}} = \frac{e^{\theta}}{1+e^{\theta}} \qquad (\text{단}, \theta\text{는 임의의 확률변수})$$

로 쓸 수 있으며, 로짓분포함수는 가장 일반적으로 수용되는 누적분포형태로 S 형태를 취하게 된다. 식 (5)에서 임의의 확률변수로 정의된 θ는 독립변수들의 선형결합으로 선형변환을 하면 다음과 같다.

$$(6) \quad \mathrm{Prob}(y=1) = F(\theta) = \frac{e^{\theta}}{1+e^{\theta}}$$

$$(7) \quad e^{\theta} = e^{(\sum_{j=1}^{k}\beta_j \chi_{ij})} = \frac{P(y=1)}{1-P(y=1)}$$

$$(8) \quad \log\left(\frac{P(y=1)}{1-P(y=1)}\right) = \sum_{j=1}^{k}\beta_j \chi_{ij}$$

식 (7)은 Odds로 이항 선택에서 임의의 사건 A가 일어날 확률(P(y=1))을 일어나지 않는 확률로 나눈 것으로 일어나지 않을 확률에 대비해 일어날 확률의 비율이다. 식 (8)은 Odds의 자연로그를 취함으로 선형결합과 Odds간의 관계를 설명하는 것으로 로짓형태는 비선형분석이 가능한 선형 결합 형태를 포함하게 된다. 이상의 논의에서 이항로짓모델에서는 사건 A가 일어날 확률과 일어나지 않을 확률 2가지로 두 경우의 사건확률형태는 식 (3)과 (5)에 근거하여 구할 수 있다. 한편 로짓모델을 통해 추정된 계수값 β의 해석은 일반회귀분석 f의 계수값($\partial y/\partial x$)은 독립변수 한 단위 변화에 대한 종속변수의 변화, 즉 한계효과이지만, 로짓분석에서는 계수값은 $\partial \log(p/(1-p))/\partial x$를 의미하기 때문에 한계효과로 사용할 수 없다. 따라서 Odds ratio를 활용하여 한계효과를 규명한다. Odds ratio는

$\log(P/(1-P)) = b_0 + \beta_1\chi_1 + \ldots\ldots\ldots\ldots + \beta_k\chi_k$)의 양변에 log를 취하며

(9) $\dfrac{p}{1-p} = \exp(bo + \beta_1\chi_1 + \ldots\ldots\ldots\ldots + \beta_k\chi_k)$ 같다.

또한 x1이 1단위 변화할 경우에는 식 (9)는

(10) $\dfrac{p_{x1+1}}{1-p_{x1+1}} = \exp(bo + \beta_1(\chi_1 + 1)\ldots\ldots\ldots\ldots + \beta_k\chi_k)$ 으로 수정된다.

따라서 식 (9)와 (10)의 비를 구하면

(11) $\dfrac{(p_{x1+1}/(1-p_{x1+1}))}{(p/(1-p))} = \exp(\beta_1)$

식 (11)에서처럼 추정된 계수값에 지수를 취한 값이 Odds ratio가 된다. 즉 Odds ratio는 p에 속하지 않는 확률 대비 p에 속할 확률(Odds)이 x가 1단위 변화할 때 어떻게 변화하는지를 보여준다. 만약 노인들이 도시지역에 살지 않을 확률 대비 도시에 살 확률이 설명변수 x가 변화함에 따라 변화하지 않으면 Odds ratio=1이 된다. 만약 Odds ratio가 1보다 크면 설명변수 1단위 변화가 도시에 살 확률을 보다 크게 만든다고 볼 수 있다. 만약 p에 속하지 않을 확률대비 p에 속할 확률이 몇%나 변화하는지를 식 (12)와 같이 확인할 수 있다.

(12) $100 \times \dfrac{p_{x1+1}/(1-p_{x1+1}) - p/(1-p)}{p/(1-p)} = 100 \times [\exp(\beta_1) - 1]$

일반적으로 Odds ratio 해석은 ratio와 함께 Odds ratio의 95% 신뢰구간이 1의 값을 포함하지 않을 때 설명변수의 효과가 유의한 것으로 보게 된다(이성우외, 2005; 전승훈 외, 2006).

3. 주거복지지표를 활용한 노인가구 주거복지

1) 도시 및 농촌 노인가구 주거복지

이와 같은 논리적 근거를 바탕으로 본 연구는 주거복지와 관련하여 노인들의 주거지역에 대한 이항로짓분석을 시행하고자 한다. 도시지역과 농촌지역에 거

주하는 노인들의 주거복지특성의 차이를 확인하고, 정책대안을 제시하고자 한다. 따라서 노인가구의 거주지역이 도시일 경우 1, 농촌지역일 경우 0의 값을 부여하였다. 설명변수로는 주거안정성과 관련하여 자가 소유여부, 주거복지 양적 지표로는 1인당 주거면적, 질적 지표와 수세식 단독화장실 여부, 가구소득특성과 관련하여 빈곤가구여부, 경제변수로 가처분소득, 연금 및 건강보험여부 등을 활용하였다.

이러한 변수들은 농촌지역과 도시지역에 거주하는 노인들의 주거복지특성에서 명백한 차이를 보일 것으로 예상되며, 특히 농촌지역 물리적 주거시설은 양적측면은 높지만, 연금 및 보험과 가처분 소득측면에서는 낮을 것으로 예상된다. 또한 도시의 경우는 높은 주택가격으로 인해 양적인 측면에서 어려움과 함께 각종 복지정책에 대한 접근이 용이할 것으로 예상된다.

(13) $y^* = \beta_1 x_1 + \beta_2 x_2 + \beta_3 x_3 + \beta_4 x_4 + \beta_5 x_5 + \beta_6 x_6 + \beta_7 x_7 + \varepsilon$

여기서 y^* = 관찰 불가능한 응답변수, x1 = 소유 여부(자가 1, 차가 0), x2=1인당 주거면적, x3=가구당 가처분 소득, x4 = 연금가입여부(가입 1, 미가입 0), x5=건강보험가입여부(가입 1, 미가입 0), x6 = 최저주거시설(일반 1, 최저수준이하 0), x7=빈곤가구여구(일반 1, 빈곤 0), ε = error term.

<표 4>는 이항로짓모형의 분석결과로 분석모형이 적합한 것으로 판명되었다. 보다 구체적으로 도시 및 농촌지역에 살고 있는 노인들의 주거복지에 관한 특성은 연금가입을 제외한 거의 모든 변수가 1% 유의수준에서 유의하다. 또한 가처분 소득, 최저주거수준, 빈곤가구에서는 음의 값을 가지는 것으로 나타나서 이는 도시주거 노인가구들이 주거복지 중 가처분 소득, 최저주거수준, 저소득 가구 등에서 농촌보다 상대적으로 어려움이 있는 것으로 평가된다. 다만 건강보험가입의 경우는 5% 유의수준에서 유의하며, 양의 값을 보이고 있다. 요약하면 도시지역의 노인가구들이 가처분소득과 최소주거수준, 빈곤여부를 제외하고는 주거복지수준에서 양의 효과가 있음을 말하며, 이는 노인주거복지 정책의 수립에 있어서 도시지역은 주로 소득 및 빈곤해결에 농촌지역은 물리적 주거시설의 개선에 중점을 두어야 하는 것으로 판단된다.

표 4 주거복지지표를 활용한 도·농간 노인주거분석

이항로짓모형분석				Odds ratio		
parameter	DF	계수값	Pr>Chi-Square	Point estimate	95% 신뢰구간	
					하 한	상 한
상수항	1	-0.2267	0.1349			
주택소유여부	1	0.8217	<.0001	2.274	1.888	2.740
주거면적	1	0.0058	0.0006	1.006	1.002	1.009
가처분소득	1	-0.0001	0.0021	1.000	1.000	1.000
연금가입여부	1	0.1151	0.2254	1.122	0.931	1.352
건강보험가입여부	1	0.3272	0.0130	1.387	1.071	1.796
최소주거시설	1	-1.2369	<.0001	0.290	0.233	0.361
빈곤가구여부	1	-0.4429	0.0007	0.642	0.497	0.829
AIC	3659.0*		* Intercept Only ** 는 1% 수준에서 유의함			
S C	3665.0*					
-2Log L	3657.1*					
Likelihood Ratio	300.1**					

Odds ratio를 검토해보면 95% 신뢰구간에서 유의한 것은 주택소유여부, 주거면적, 가처분소득, 건강보험여부, 최소주거수준, 빈곤가구여부 등이다. 더미변수 주택소유여부 Odds ratio는 2.274로 도시지역에 살고 있는 가구가 농촌지역에 살고 있는 가구보다 차가에 살 가능성 대비 자가에 살 가능성이 1.274배 증가한다는 것을 의미한다. 최소주거면적의 경우 도시지역에 살고 있는 가구가 농촌지역에 살고 있는 가구보다 최소주거면적 1단위 증가할 때 0.6% 가량 증가한다는 것을 의미한다. 더미변수 연금가입여부의 경우는 도시지역에 살고 있는 가구가 농촌가구보다 연금을 가입하지 않은 가능성 대비 가입가능성이 12.2% 높은 것으로 나타났으며, 건강보험은 38.7%, 최저주거수준의 경우는 29% 높은 것으로 나타났다. 그렇지만 연금가입과 건강보험 두 변수는 95%의 신뢰구간이 1의 값을 포함하고 있으므로 설명변수의 효과가 유의미하다고 볼 수 없다. 빈곤가구여부의 Odds ratio는 0.642로 도시지역에 살고 있는 가구가 농촌지역에 살고 있는 가구보다 빈곤가구 대비 일반가구일 가능성이 35.8% 감소한다는 것을 의미한다. 이는

도시지역의 가구가 상대적으로 빈곤가구 될 가능성이 더 높다고 판단할 수 있다.

2) 일반 및 빈곤 노인가구 주거복지

또한 노인가구 중에서 일반가구와 빈곤가구의 주거복지특성을 분석하였다. 노인가구 중에서 일반가구일 경우 1, 빈곤가구일 경우, 0의 값을 부여하였다. 설명변수로는 전술한 경우와 같으며, 도·농간 주거지역이 더미변수로 추가되었다. 특히 일반가구와 빈곤가구의 주거복지특성에서 명백한 차이를 보일 것으로 예상되며, 특히 빈곤가구의 주거특성은 상대적으로 매우 열악할 것으로 예상되어 본 연구가 노인 주거빈곤문제를 해결하는 데 기여할 것으로 예상된다.

(14) $y^{*}=\beta_1 x_1+\beta_2 x_2+\beta_3 x_3+\beta_4 x_4+\beta_5 x_5+\beta_6 x_6+\beta_7 x_7+\varepsilon$

여기서 y^* = 관찰 불가능한 응답변수, x1 = 소유 여부, x2 = 일인당 주거면적, x3 = 가구당 가처분 소득, x4 = 연금가입여부 x5 = 건강보험가입여부, x6 = 최저주거시설, x7 = 도시가구 1, 농촌가구 0, ε = error term.

<표 5>는 이항로짓모형의 분석결과로 모형의 적합도 측면에서 적합한 모형으로 판명되었다. 구체적인 분석결과에 따르면 일반가구와 빈곤가구의 주거복지 특성은 계수값에 따르면 1인당 주거면적, 가처분소득, 빈곤가구여부 등은 1% 유의수준에서 유의하며 음의 값을 가진다. 또한 주택소유여부, 연금 및 보험가입여부, 거주지역 등은 통계적으로 유의미한 결과를 보이지 않고 있다. 이와 같은 결과는 일반적 예상과는 달리 빈곤가구로 분류된 가구가 상대적으로 일반가구보다 주거복지가 더 나은 것으로 나타났다. 이는 2가지 측면에서 해석이 가능한데 분석대상 노인가구 2,757가구 중 빈곤가구가 1,855가구, 일반노인가구가 902가구로 빈곤가구가 일반가구보다 2배 이상 많은 것으로 나타났다. 이항로짓분석 결과와 관련해서는 주거면적, 가처분소득, 연금 및 보험가입여부, 주거지역 계수값은 모두 음의 계수를 가지며, 주택소유여부 및 최소주거시설 등은 양의 값을 가진다. 이와 같은 결과는 대다수의 노인가구들이 빈곤가구로 분류될 뿐만 아니라 일반가구도 빈곤노인가구보다 주거복지측면에서 상대적으로 질이 떨어지는 것으로 판단된다. 다만 빈곤가구 분류의 핵심지표인 주택소유여부와 최소주거시설 지표

표 5 주거복지지표를 활용한 일반 및 빈곤 노인가구분석

이항로짓모형분석				Odds ratio		
parameter	DF	계수값	Pr〉Chi-Square	Point estimate	95% 신뢰구간	
					하 한	상 한
상수항	1	11.5403	<.0001			
주택소유여부	1	0.1688	0.3943	1.184	0.803	1.746
주거면적	1	-0.0391	<.0001	0.962	0.955	0.969
가처분소득	1	-0.0054	<.0001	0.995	0.994	0.995
연금가입여부	1	-0.1116	0.5435	0.894	0.624	1.282
건강보험가입여부	1	-0.8725	0.0243	0.418	0.196	0.893
최소주거시설	1	0.3678	0.1634	1.445	0.861	2.423
거주 지역	1	-0.6077	0.0013	0.545	0.376	0.788
AIC	3487.7*		* Intercept Only ** 는 1% 수준에서 유의함			
S C	3493.6*					
-2Log L	3485.7*					
Likelihood Ratio	2607.2*					

만이 양의 값을 가지지만 그 또한 계수값이 크게 높지 않아서 노인 주거빈곤정책이 상당한 문제가 있는 것으로 판단된다.

Odds ratio를 검토해보면 95% 신뢰구간에서 더미변수 주택소유여부 Odds ratio는 1.184로 이는 일반가구가 빈곤가구보다 차가에 살 가능성 대비 자가에 살 가능성이 18.4% 높다는 것을 의미한다. 주거면적의 경우 일반가구가 빈곤가구보다 최소주거면적 1단위 증가할 때 3.8%가량 감소한다는 것을 의미한다. 또한 가처분소득의 경우 Odds ratio가 0.995로서 소득이 일반가구가 빈곤가구가 5% 감소한다는 것을 의미한다. 계수값은 약간씩 다르지만 연금, 건강보험, 거주지역도 비슷한 결과를 보이고 있다. 최소주거시설의 경우 일반가구가 빈곤가구보다 최소주거시설이상에 살 가능성이 44.5%높다는 것을 보여주고 있다. 그렇지만 주택소유여부, 연금가입과 최소주거시설 세 변수는 95%의 신뢰구간이 1의 값을 포함하고 있으므로 설명변수의 효과가 유의미하다고 보기 어렵다. 이상의 결과는 위의 회귀분석 결과와 비슷하며, 빈곤가구의 분류의 중요한 변수가 물리적으로 파악이

용의한 최소주거수준과 일치하는 결과라고 볼 수 있다.

Ⅵ. 결 론

지금까지 통계청 인구주택 총조사 데이터를 활용하여 급격한 노령화 경향분석과 도시 및 농촌, 일반 및 빈곤 노인가구의 경제적인 특성 및 주거형태를 분석하였다. 보다 구체적으로 통계청 인구주택총조사 및 한국복지패널 2009년 데이터를 이용하여 도·농간, 일반 및 빈곤 노인가구의 주거복지지표의 기초통계를 분석하고, 이항로짓(binominal logit)기법을 활용하여 도시 및 농촌, 일반 및 빈곤 노인가구의 주거복지특성을 분석하였다. 특히 주거안정성, 양적 및 질적 지표, 가처분소득, 최소주거수준의 주거복지지표와 지금까지 연구된 바 없는 연금 및 건강보험지표와 일반 및 빈곤가구를 추가하여 주거복지특성을 분석하였다.

특히 본 연구는 농촌지역과 도시지역의 주거복지특성이 다른 것으로 판단하여 도·농간 노인주거복지특성을 분석하였다. 분석결과 도시 노인가구들이 주택소유여부, 주거면적, 연금 및 의료보험 등에서는 양의 계수값을 제시하였지만 계수값이 모두 1보다 작게 나타났다. 가처분소득과 최소주거시설, 빈곤여부는 주거복지수준에서 음의 효과가 나타났으며, 특히 최소주거시설의 경우 계수값이 −1.24로 도시 노인들의 주거시설이 최소주거수준 이하로 될 가능성이 상대적으로 높은 것으로 나타났다. 이와 같은 분석결과는 노인주거복지정책의 수립에 있어서 도시지역은 주로 소득 및 빈곤해결에 농촌지역은 물리적 주거시설의 개선에 중점을 두어야 하는 것으로 판단된다.

일반 및 빈곤가구의 주거복지분석과 관련해서는 시사한 바가 매우 크다. 분석대상 노인가구 2,757가구 중 빈곤가구가 1,855가구, 일반노인가구가 902가구로 빈곤가구가 일반가구보다 2배 이상 많은 것으로 나타났다. 다시 말하면 대부분의 노인가구는 정부의 주택보조 등 각종 공적부조의 대상이 되어 어느 정도 주거복지원 대상이 되기 때문에 일정수준의 주거복지를 유지하고 있는 것으로 판단된다. 그렇지만 일반가구로 분류되는 902가구는 정부의 각종 공적부조로부터 제외된 차상위 계층으로 볼 수 있으며 상대적으로 빈곤가구로 분류된 가구보다 열악한 주거환경에 놓여 있음을 알 수 있으며, 일부 가구를 제외한 거의 대부분의 가구가 빈곤가구로 전락할 가능성이 높은 것으로 판단된다. 요약하면 노인가구는 대부분 빈곤가구이며, 일반가구도 차상위 계층으로 오히려 정부의 공적지원 대상이 되는 빈곤가구보다 주거복지측면에서 열악한 것으로 나타났으며, 이는 노인주거복지정책에서 장기적으로 시사하는 바가 매우 크다고 할 수 있다.

특히 연금 및 공적부조, 주거급여가 완전히 정착되지 못한 상태에서 노인인구의 가파른 증가와 함께 빠른 고령화는 향후 사회적으로 큰 부담으로 작용할 것으로 판단된다. 도시와 농촌노인 가구의 주거복지특성은 상당한 차이를 보이고 있으며, 지금까지의 획일적인 주거복지정책보다는 농촌지역은 물리적인 시설 중심으로 도시지역은 가처분 소득 및 빈곤해결 등 경제적인 정책 중심으로 주거복지정책이 세분화 되어야 한다. 더구나 농촌 및 도시노인들 모두 스스로 주거비를 조달하기 어려운 가정으로 주거비가 높게 나타나서 공적부조가 더욱 강화되어야 하며, 조사대상노인들의 2/3가 저소득가구로 분류되어 노인복지정책은 곧 빈곤해결정책과 직결되어 있는 것으로 평가되어, 노인들의 소득향상정책도 동시에 마련되어야 할 것이다. 특히 지금처럼 고령화, 저출산 경향이 지속될 경우 가까운 장래에 심각한 사회문제로 등장하게 될 것이며, 특히 아직까지 노후복지대책이 제대로 정비되지 않은 전후 베이비붐 세대가 지금부터 본격적으로 은퇴하게 되면 그들 대부분은 빈곤층 혹은 차상위 빈곤층으로 전락하여 엄청난 사회적 부담으로 작용하게 될 것으로 예상되어, 이들을 위한 본격적인 대책이 마련되어야 할 것이다. 요약하면 지금까지의 각종 복지지원 정책을 도시지역의 경우 주택연금, 농촌지역의 경우는 농지연금정책과 통합하여, 지역적 특성과 함께 개별가구의 특성이 동시에 고려된 노인주거복지정책이 소득보장정책과 함께 마련되어야 사회적인 부담을 경감시킬 수 있을 것이다.

다만 본 연구는 2009년 복지패널자료를 횡단면적으로 분석한 것으로 향후 2006년부터 활용 가능한 자료를 이용하여 시계열적인 분석이 요구된다고 할 수 있으며, 또한 주거복지정책은 노인들의 빈곤해결정책과 병행하여 추가적인 연구가 필요한 것으로 판단된다.

참고문헌

강미나·김혜승·전성제, 2007, 「노인주거복지 제고를 위한 종합계획 수립연구: 고령자 생활패턴 분석을 통한 주거환경 편리성 개선방안 연구」, 국토연구원.

김미곤 외, 2010, 「2009 한국복지패널 심층 분석 보고서 – 한국복지패널을 활용한 사회지표 분석」, 한국보건사회연구원.

김은정, 2011, 농촌 노인의 복지욕구 유형과 관련 요인, 「노인복지연구」, 52:87 – 108.

김정근, 2011, 「고령화 시대의 노인 1인 가구 – 소득 변화의 특징과 시사점 –」, 삼성경제연구소, 1.

김진영·김남진, 2002, 제주지역 노인의 여가활동 조사연구: 여가활동 유형 및 만족도를 중심으로, 「탐라문화」, 35:291 – 324.

박신영, 2002, 주거빈곤가구의 특성, 윤주현 편, 「한국의 주택」, 통계청.

서균석, 2007, 고령사회를 대비한 고령자 고용촉진방안, 「인적자원관리연구」, 14(2): 61 – 76.

손경환 외, 2005, 「국민주거안정을 위한 주거복지 향상 및 부동산시장 안정 기반 구축 연구」, 국토연구원.

손승호·한문, 2010, 고령화의 지역적 전개와 노인주거복지시설의 입지, 「한국도시지리학회지」, 13(1):17 – 29.

오지헌·이유진, 2009, 한국복지패널로 본 주거복지 지표, 「보건복지포럼」:30 – 38.

윤주현·김혜승, 1999, 「서민주거안정과 주거기준 달성방안 연구」, 건설교통부·대한주택공사.

윤주현 외, 2005, 「지역간·계층간 주거서비스 격차 완화방안연구(1): 주거서비스 지표의 개발 및 측정」, 국토연구원.

이선우, 2010, 장애인가구와 비장애인가구의 주거복지수준비교: 최저주거기준과 주거비부담능력을 중심으로 –, 「한국복지행정학」, 12(2):1 – 27

이성우 외, 2005, 「로짓·프라빗 응용」, 박영사.

이윤형, 2007, 노인주거복지의 고찰에 따른 대응과제, 「사회복지개발연구」, 13(4): 257 – 284.

이태진 외, 2010, 「주거복지정책의 평가 및 개편방안 연구 – 국민기초생활 보장제도 주거급여 시행 10년－」, 한국보건사회연구원.
임형백·민성희·이성우, 2009, 최저주거기준으로 측정한 출신지별 주거수준의 차이, 1980－2000, 「한국지방자치학회보」, 21(1):55－78.
전승훈·임병인·강성호, 2006, 개인연금가입 결정 및 가입상태 변화분석, 「보험개발연구」, 17(1):137－168.
주거복지연대, 2003, 「2003년 주거복지백서－주거빈곤가구의 지역별 주거대책모색을 중심으로－」.
최경희·조덕호, 2010, 농지연금제도 정립을 위한 주관적 최저생계비 추정방법에 관한 연구, 「한국사회 행정연구」, 20(4):193－214.
최항순·강팔문, 2005, 고령화 사회의 노인주거복지정책: 추진방향과 과제를 중심으로, 「한국공공관리학보」, 19(1):69－88.
통계청 조사관리국 인구총조사과, 2011, 「2010센서스 인구주택총조사 표본 집계 결과(여성, 아동, 고령자, 활동제약, 사회활동 부문)」.
하성규, 2010, 「주택정책론」, 박영사.
한국보건사회연구원(김미곤 외, 2007; 여유진 외, 2008; 여유진 외, 2009; 손창균 외, 2009; 김미곤 외, 2010; 강신욱 외, 2010), 「한국복지패널 분석보고서」, 연구보고서 각 연도.
한국보건사회연구원, 2010, 「(2009년 4차복지패널조사)조사설계서－가구용(beta2)」.
한국보건사회연구원·서울대학교 사회복지연구소, 2009, 「한국복지패널 4차년도 조사자료 사용자 지침서」.

European Commission and Economic Policy Committee, 2011, *The 2012 Aging Report: Underlying Assumptions and Projection Methodologies*, European Union.
Markus Tepe and Pieter Vanhuysse, 2011, Elderly bias, new social risks and social spending: change and timing in eight programs across four worlds of welfare, 1980－2003, *Journal of European Social Policy*, 20(3):217－234.

기초노령연금 홈페이지 http://bop.mw.go.kr: 2012.01.02
통계청 홈페이지 http://www.nso.go.kr: 2012.01.25

제9장

장애인의 주거복지[1)]

Ⅰ. 서 론

장애인은 신체적·정신적 장애로 인하여 장기간에 걸쳐 일상생활 또는 사회생활에 상당한 제약을 받는 자를 말한다. 장애인에 대한 정의는 장애인복지법상 신체적 장애와 정신적 장애로 구분된다. 신체적 장애라 함은 주요 외부신체기능의 장애, 내부기관의 장애 등을 말하며, 정신적 장애는 정신지체 또는 정신적 질환으로 발생하는 장애를 규정하고 있다(장애인 복지법 제2조). 장애유형[2)]은 장애인복지법 시행령 제2조와 관련해서 15 유형으로 구분하고 있다. 한편 장애의 정도에 따라 장애유형별로 1급에서 6급까지 구분하고 있다(장애인복지법 시행규칙 제2조).

우리나라의 보건복지부 등록장애인수는 2010년말 현재 252만명으로 전체인

1) 본고는 강미나 외, 2010. 「장애인 주거실태와 주거정책 연구」, 국토연구원. 요약정리
2) 장애유형은 지체장애, 뇌병변장애, 시각장애, 청각장애, 언어장애, 지적장애, 자폐성장애, 정신장애, 신장장애, 심장장애, 호흡기장애, 간장장애, 안면장애, 장루·요루장애, 간질장애로 구분된다.

구 중 약 5.2%를 차지하고 있다. 등록장애인이 2000년 96만명에서 2010년 252만명으로 크게 증가하였으며, 전체 인구에서 차지하는 비중도 2000년 2.0%에서 2010년 5.2%로 증가한 상황이다. 2000년 이후 연평균 10.9%씩 꾸준히 증가하고 있는데 이는 신규 장애인 발생과 고령화현상의 심화, 장애등록에 대한 인식 변화 등으로 등록장애인이 늘어나기 때문인 것으로 파악된다.

신규장애발생의 원인은 선천적인 원인이 6%, 출생시 원인은 1%에 불과하고 질환이나 사고에 의한 후천적인 원인이 86%로 장애발생은 선천적이라기 보다 후천적인 원인이 주된 이유로 나타나고 있다(2008 한국복지패널). 100세 시대를 목전에 두고 장애란 특정한 계층의 문제가 아니라 어느 누구라도 일생에 한 번 겪게 될 문제로 인식이 바뀌고 있다.

장애유형별로는 지체장애인이 전국 전체 등록장애인의 53.1%로 가장 많고, 다음으로 청각장애(11.0%), 뇌병변 장애(10.4%), 시각장애(9.9%) 순으로 나타나고 있다. 장애등급별로는 상대적으로 장애정도가 심한 장애등급 1급과 2급 장애인 비율이 24.5%로 나타나고 있다.

그림 1 연도별 등록장애인 현황

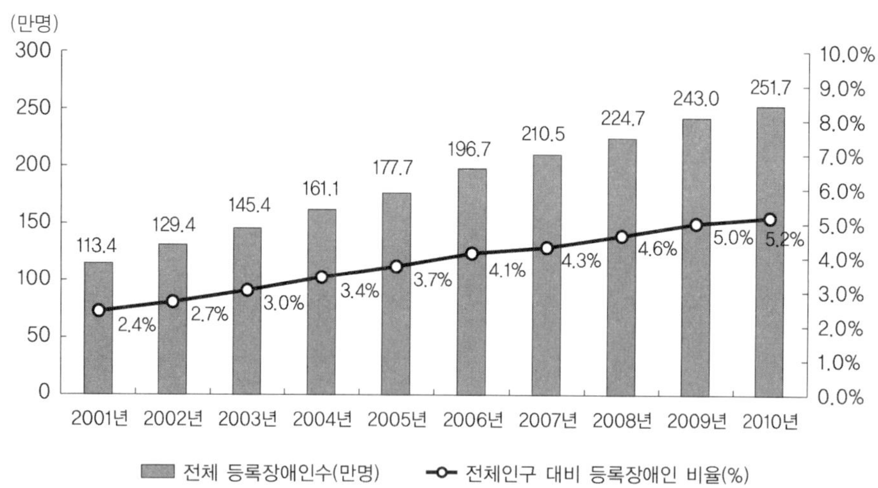

그림 2 **장애유형별 등록장애인 분포**(2009년 등록장애인 DB)

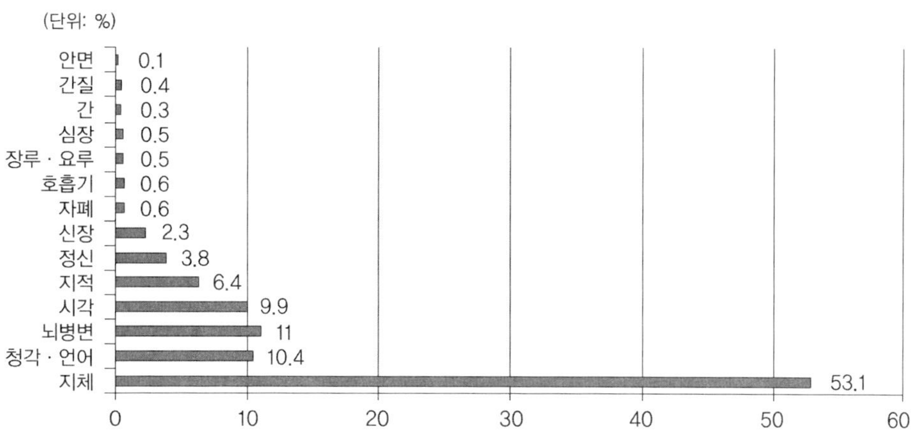

그림 3 **장애등급별 등록장애인 분포**(2009년 등록장애인 DB)

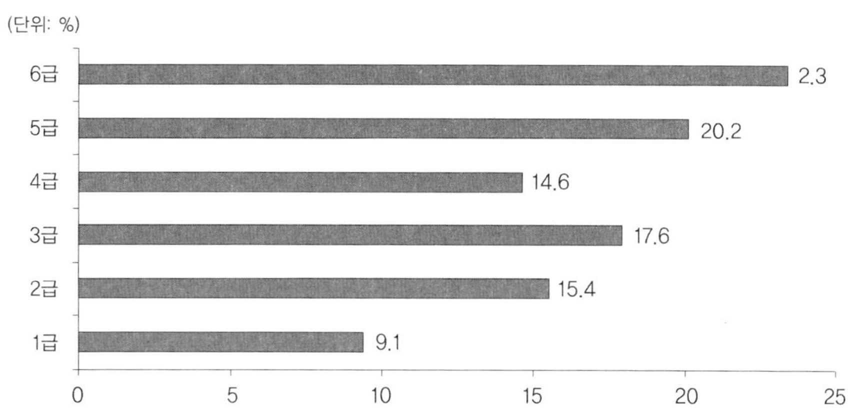

장애인구의 증가, 장애에 대한 인식과 외부환경의 변화에 따라 기존에는 장애인복지의 영역이 소득보장과 의료보장에 치우쳤었는데 주거복지에 대한 영역까지 확장되고 있다. 근래에 장애인 주거복지와 주거권에 대한 요구가 증가하게 되고, 장애인복지의 패러다임이 시설중심의 사회적 복지에서 사회통합을 지향하

는 방향으로 발전되고 있다. 장애인의 주거복지와 관련된 기본적인 패러다임의 변화를 간략히 살펴보면 아래와 같다.

주거와 관련되어 주거권은 하비타트 의제로 '적절한 주거(adequate housing)'에 대한 권리로 정의할 수 있다(한국도시연구소, 1999). 여기에서 '적절한 주거(adequate housing)'는 인간으로서의 존엄과 가치를 유지하는 데에 필요한 최소한의 주거수준을 가리키는 것이다. 구체적으로는 적절한 사생활 보호, 적절한 공간, 물리적 접근성, 적절한 안전성, 점유의 안정성, 구조적인 안정성과 내구성, 적절한 조명·난방, 환기, 물 공급과 위생 및 쓰레기 처리 시설과 같은 적절한 기반시설, 바람직한 환경의 질과 건강에 관련된 요소들, 일자리와 기본적인 편의시설에서 인접한 적절한 입지 등을 의미함과 아울러, 이 모든 것이 부담할 만한 적절한 지출을 통하여 이용할 수 있는 것을 뜻한다고 규정(하비타트 의제 para 58)되어 있다. 그리고 주거권의 보장을 위하여 다섯 가지의 원칙이 제안되었는데 아래와 같다(하성규, 1998:14-15).

첫째, 비차별성의 원칙으로 적절한 주택(adequate housing)에 거주하는 데에는 차별이 있어서는 안된다. 성별, 인종, 종교, 문화, 소득, 시민권 여부, 고용상태 등 어느 것으로부터도 차별을 받아서는 안된다.

둘째, 접근 이용가능성의 원칙으로 모든 사람들은 적절한 주택에서 살아가야 하는 권리를 지니고 있으며 동시에 적절한 주택이란 모든 사람들이 접근 가능하고, 이용 가능하며, 안전해야 하며 그리고 평화롭게 살아갈 수 있는 거처를 말한다.

셋째, 무거주자 혹은 무주택자 우선 원칙으로 무주택자는 국가로부터 특별한 보호를 받으며 이들을 위해 국가는 일시 거처를 마련하는 노력을 기울여야 한다.

넷째, 임차가구(세입자) 보호의 원칙으로 모든 세입자는 정당한 이유없이 세입자의 의사에 반하여 강제 퇴거당하거나 철거당하는 일이 있어서는 안된다.

다섯째, 주거서비스 보장 원칙으로 모든 사람들은 깨끗한 물, 전기, 채광, 상하수도, 도로 등 공공서비스와 지역사회 시설을 이용할 권리를 가진다.

주거권의 주체는 원칙적으로 모든 국민이지만 장애인의 경우 국가의 특별한 배려조치가 더욱 필요하며 정신적 장애 내지는 신체적 장애를 지닌 이들에 대한 주거권 보장은 사회국가원리의 측면에서 더욱 중요한 과제이다(2005, 장애인 주거복지개선을 위한 법제도적 개선방안).

헌법에 보장된 장애인의 주거권을 살펴보면 '장애인이 국가에 대한 특별한 생활보호를 요구할 수 있는 권리(헌법 제34조 제5항)', '건강하고 쾌적한 환경에서 살아갈 권리(헌법 제35조)', '인간의 존엄과 가치 및 행복을 추구할 권리(헌법 제35조)', '모든 국민은 거주·이전의 자유를 가진다(헌법 제14조)'는 근거조항이 마련되어 있다. 주거권은 현재 논의가 계속되고 있는 과제이며 실천방안마련을 위한 근거는 이미 마련되었다고 할 수 있다.

탈시설화라는 패러다임은 장애유형별로 대상자를 입소시키는 시설 중심에서 다양한 욕구를 가진 복지 수요자들에게 '서비스 선택권'을 주자는 개념이다(변용찬 외(2010), 취약계층 지원 및 주거복지 강화방안을 위한 연구, p.92).

장애인 복지와 관련하여 정상화(Normalization) 이론은 1950년대 후반 시설중심의 장애인복지 접근을 비판하면서 출발하였다. 신체적·정신적인 장애가 있는 사람도 사회 구성원의 일원으로서 다른 사회 구성원과 다름없는 생활, 즉 일상생활에 필요한 모든 욕구가 충족되는 인간생활을 할 수 있게 하는 것을 의미한다. 이는 병원, 복지시설 등 수용시설에서의 생활에서 탈시설을 지향하며, 지역사회에서 보편적인 생활을 중시하는 개념이다. 장애를 지닌 사람도 비장애인처럼 생활할 수 있는 사회를 지향하며 실현하기 위한 이념이라고 할 수 있다. 이러한 정상화 이념은 시설복지서비스가 아닌 지역사회복지서비스가 강화되기 시작하는 배경이 되었다.

정상화에서 더 발전하여 현재는 사회통합(Social Integration)이 제안되고 있다. 장애인을 사회에서 비장애인과 특별히 구분하지 않고 동등한 삶의 모습을 갖도록 보장하는 것이다. 따라서 장애인 개인을 비롯한 장애인 주변의 사회·환경적 요인들이 장애인들의 사회통합 과정에 많은 영향을 미칠 수 있기 때문에 통합을 지원하는 충분하고 다양한 서비스들이 제공되어야 한다. 장애인의 지역사회통합은 삶의 다양성과 선택의 권리를 보장해줄 수 있으며 궁극적인 목적은 장애인들의 삶의 질 향상에 있다(변용찬 외(2010), 취약계층 지원 및 주거복지 강화방안을 위한 연구, pp.94~95).

장애인에게 있어서 주거의 문제는 소득과 의료보장의 뒤를 이어 세 번째로 높은 사회적인 요구를 나타내는 사항이다(2008년 장애인실태조사, 보건사회연구원). 주거정책에서 장애인에 대한 고려가 전혀 없었던 것은 아니지만 수요에 비해 충분하지 않았던 것도 사실이다.

본고는 장애인가구의 주거현황을 살펴보고 주거복지정책의 개선과제를 제시하고자 한다. 이를 위해서 장애인 주거복지정책을 프로그램중심으로 주택공급, 주택금융지원, 주택개조지원으로 구분하여 현황과 문제점을 검토해 보고 이를 통하여 정책의 개선방향을 제안하고 이를 위한 실천적인 측면에서 방안을 제안하고자 한다.

Ⅱ. 장애인가구의 가구특성 및 주거실태

1. 장애인가구의 가구특성

「2009년도 주거실태조사」자료[3])를 이용하여 장애인가구의 가구특성 및 주거실태를 분석한다. 장애인가구와 일반가구의 주거실태 비교를 위해 「2008년도 주거실태조사」[4])와 통계청의 가구추계 결과 등을 활용하였다. 지역별 특성 분석을 위해 도시지역과 농촌지역으로 구분하였다. 여기서 도시지역은 행정구역상 동부에 해당하며, 농촌지역은 읍면부에 해당한다.

2009년 현재 장애인가구 수는 전국 등록 장애인수를 평균 가구원 수인 1.1453명으로 나누어서 약 211만 가구로 추정된다. 주거실태조사결과에 따르면 장애인가구 중 장애인 1인으로만 구성된 가구는 14.3%, 장애인으로만 구성된 가구는 19.9%, 그리고 노인장애인이 있는 가구는 41.4%로 나타나고 있다.

---

3) 「2009년도 주거실태조사」는 국토해양부에서 장애인의 주거생활에 관한 전반적인 상황을 파악하기 위해 실시된 표본조사로, 전국에 거주하고 있는 장애인과 장애인가구의 가구주를 대상으로 조사를 실시하였다. 조사기간은 2009년 9월 23일~12월 24일까지 약 3개월이며, 보건복지부 등록장애인 DB를 모집단으로 하여 표본을 추출하였다. 분석에 사용된 유효표본은 총 9676개 표본이다.

4) 「2008년도 주거실태조사」는 전국의 일반가구를 대상으로 유효표본 30000개의 표본조사이다. 조사기간은 2008년 8월 27일~12월 10일까지이다.

표 1 장애인가구특성별 분포

(단위: 천가구, %)

구 분	장애인가구		1인가구		장애인으로만 구성된 가구		노인장애인 가구		노인장애인 1인가구	
전 국	2,112.4	100.0%	302.9	14.3%	421.1	19.9%	873.8	41.4%	167.6	7.9%

자료: 강미나 외(2010). 장애인 주거실태와 주거정책 연구. 국토연구원. p.19.

표 2 장애인가구의 가구구성별·지역별 분포

(단위: %)

구 분	장애인으로만 구성된 가구	장애인 1인가구	노인장애인가구	노인장애인 1인가구	장애인가구
수도권	38.3	39.1	38.6	35.5	41.6
광역시	19.9	21.7	17.9	19.7	19.1
도지역	41.9	39.3	43.5	44.8	39.3
전 국	100.0	100.0	100.0	100.0	100.0

자료: 강미나 외(2010). 장애인 주거실태와 주거정책 연구. 국토연구원. p.21.

지역별로는 수도권과 도시지역에 거주하는 장애인가구의 비율이 높게 나타났다. 전체 장애인가구의 41.6%가 수도권에 거주하고 있고, 광역시에 19.1%, 도지역에 39.3%가 거주하고 있는 것으로 나타났다. 가구구성별로는 장애인으로만 구성된 가구의 41.9%와 노인장애인가구의 43.5%가 도지역에 거주하는 것으로 조사되었다.

장애인은 장애로 인한 신체활동의 제약, 학력의 한계, 취업의 어려움 등에 직면할 가능성이 높고 이로 인해 안정적인 소득원을 확보하기 어려운 경우가 많다. 따라서 저소득군에 속하는 비율이 높게 나타난다.

장애인들의 근로여부를 살펴보면 현재 일을 하고 있지 않은 장애인의 비율이 높고, 일을 하고 있더라도 종사상 지위가 불안정한 경우가 많아 가구의 경제적 상황이 좋지 않고, 개선될 여지가 적은 것으로 나타난다. 장애인 중에서 현재 일을 하고 있는 장애인은 29.2%이며, 일을 하고 있지 않는 장애인은 70.8%에 이르고 있다. 근로를 하는 경우라도 임시 일용 근로자로 종사하는 비율이 높고 자영업의 경우에도 고용원을 두지 않은 소규모 사업자가 많았다. 즉, 일을 하고 있는 장애인의 30.3%가 임시 일용 근로자이며, 자영업자의 경우에 고용원이 없는 자영업자인 경우가 34.0%에 이르고 있다.

그림 4 근로어부 및 근무형태

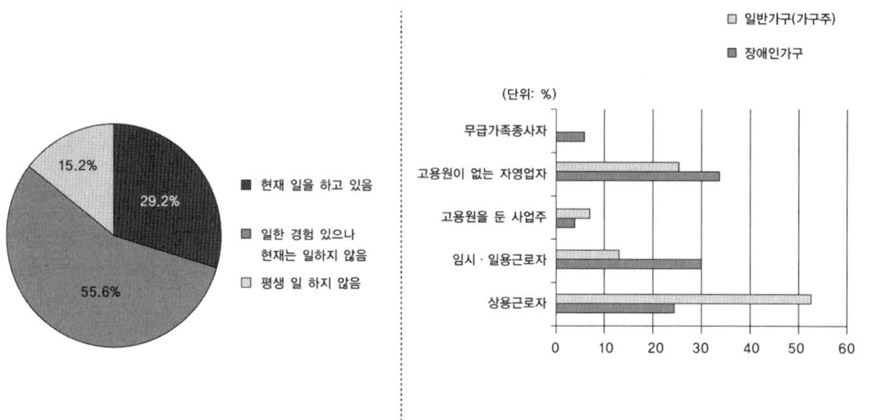

자료: 국토해양부·국토연구원, '2009년도 주거실태조사'.

그림 5 장애인의 학력분포

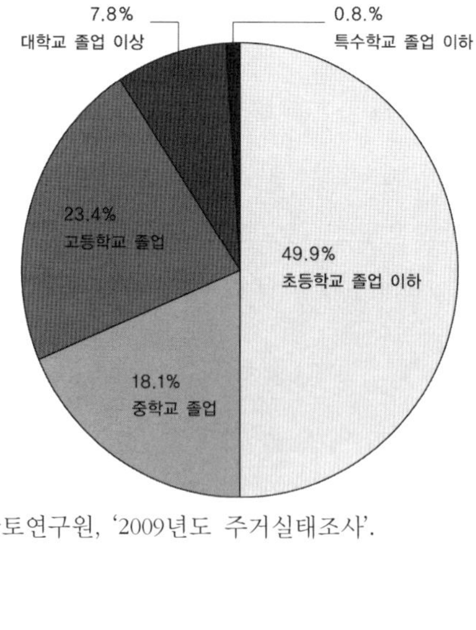

자료: 국토해양부·국토연구원, '2009년도 주거실태조사'.

장애인의 학력을 살펴보면 초등학교 졸업이하가 약 50%, 고등학교 졸업이 23%, 중학교 졸업이 18%, 대학교 졸업이 약 8%로 나타나고 있다.

장애인가구는 일반가구에 비해 소득수준이 낮고 생활비 부담이 큰 것으로 조사되었다. 장애인가구의 71.9%는 소득 4분위이하 저소득가구이며, 장애인가구의 평균 소득은 147만원으로 일반가구에 비해 소득수준이 약 90만원 정도 낮았다. 그러나 장애인가구의 생활비는 일반가구와 상대적으로 차이가 적어 가구소득 중에서 생활비가 차지하는 비율이 높게 나타났다.

그림 6 장애인가구와 일반가구의 가계수지

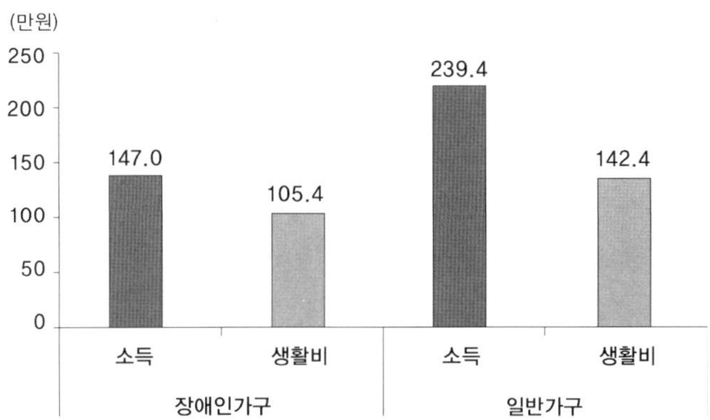

자료: 강미나 외(2010). 장애인 주거실태와 주거정책 연구. 국토연구원. p.22.

2. 장애인가구의 주거실태

장애인가구가 거주하는 주택의 유형을 살펴보면 단독주택에 거주하는 비율이 높았다. 장애인가구의 단독주택 거주비율은 47.4%, 아파트 거주비율은 37.3%로 일반가구보다 단독주택 거주비율이 높고 연립주택거주비율도 높게 나타나고 있다.

장애인가구의 주택점유형태를 살펴보면 자가비율이 59.5%로 일반가구 56.4%보다 높게 나타났으나, 상대적으로 주거비 부담이 큰 보증부 월세(16.2%) 가구 비율도 높게 나타나고 있다. 보증부 월세 가구 비율은 16.2%로 일반가구 14.8% 보

그림 7 장애인가구와 일반가구의 주택유형

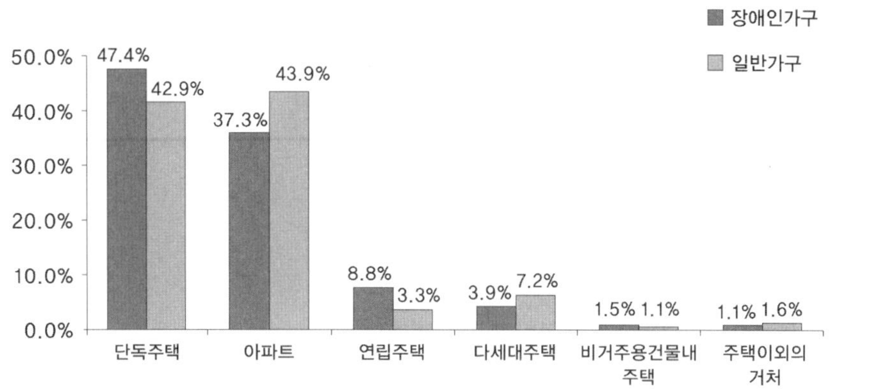

자료: 강미나 외(2010). 장애인 주거실태와 주거정책 연구. 국토연구원. p.26.

다 1.4%p 높고, 월세 가구 비율은 2.2%로 일반가구 1.9% 보다 약간 높은 수준이다. 장애인가구의 자가비율이 높은 것은 농촌지역에 거주하는 장애인가구의 경우 단독주택에 자가로 거주하는 비율이 높기 때문인 것으로 보여진다.

특히, 현재 주택에 임대료를 지불하지 않고 무상으로 거주하고 있는 가구의 비율이 8.5%로 일반가구 3.0%보다 높게 나타나고 있다.

그림 8 장애인가구와 일반가구의 주택점유형태

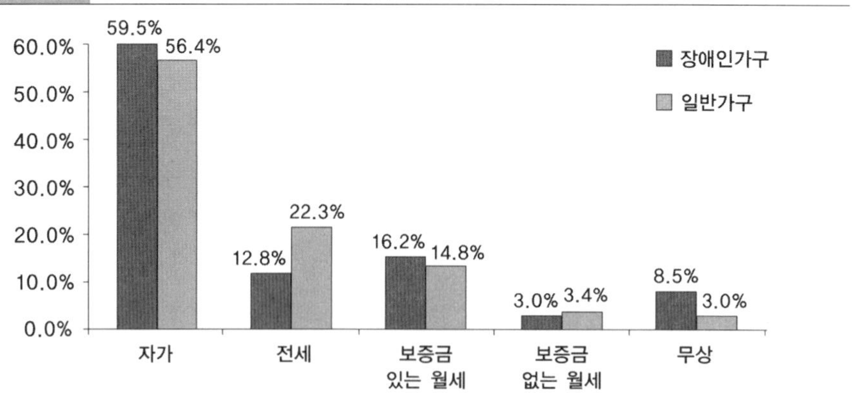

자료: 강미나 외(2010). 장애인 주거실태와 주거정책 연구. 국토연구원. p.28.

그림 9 장애인가구와 일반가구의 무주택기간

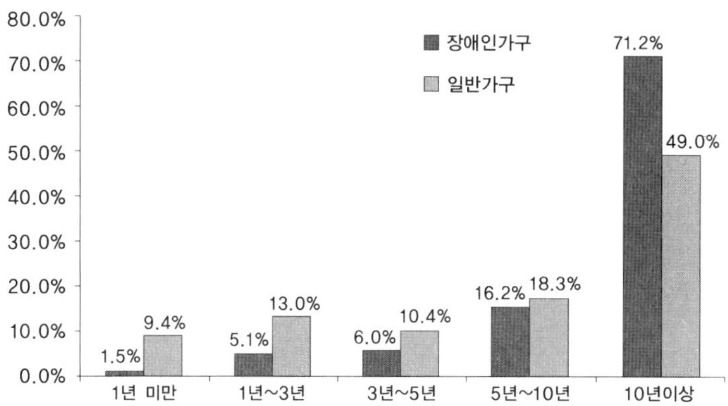

자료: 강미나 외(2010). 장애인 주거실태와 주거정책 연구. 국토연구원.p.30.

장애인 무주택가구의 경우 일반 무주택가구에 비해 무주택기간이 길어서 주택마련에 어려움이 상대적으로 큰 것으로 나타났다. 무주택 장애인가구의 무주택기간은 평균 19.4년으로 일반가구에 비해 길고, 특히 무주택기간이 10년 이상인 가구의 비율이 높게 나타나고 있다. 무주택 장애인가구 중 무주택기간이 10년 이상인 가구의 비율은 71.2%로 일반가구의 무주택기간 10년 이상 가구 비율 49.0%에 비해 높게 나타나고 있다.

주택구매능력과 주거비 부담 현황을 살펴보기 위해서 장애인가구와 일반가구의 PIR(Payment Income Ratio)과 RIR(Rent Income Ratio)을 비교해 본다. 장애인가구는 일반가구에 비해 PIR이 높아서 주택구매능력이 상대적으로 더 취약한 것으로 나타난다. 즉 장애인가구의 PIR은 중위수 기준 6.1배로 일반가구 4.3배에 비해 높게 나타났다. 장애인가구의 RIR은 중위수 기준 29.3%로 일반가구 17.5%에 비해 높아서 주거비부담이 큰 것으로 나타났다. 지역별로는 수도권에서 PIR 11.1배, RIR 33.1%로 광역시와 도지역에 비해 높았다.

표 3 장애인가구의 지역별 PIR/RIR

(단위: 배, %)

구 분	PIR		RIR	
	중위수	평 균	중위수	평 균
전 국	6.1	6.7	29.3	27.8
수도권	11.1	10.4	33.1	32.8
광역시	5.0	4.8	20.3	22.9
도지역	4.2	3.8	24.0	20.1

주: 보증금 임대료 전환 - 국민은행, 주택가격동향조사, 2009년 10월 전국 월세이율, 0.96% 기준.
자료: 국토해양부·국토연구원, '2009년도 주거실태조사'.

표 4 일반가구의 지역별 PIR/RIR

(단위: 배, %)

구 분	PIR		RIR	
	중위수	평 균	중위수	평 균
전 국	4.3	6.0	17.5	22.8
수도권	6.9	8.5	22.3	26.1
광역시	3.3	4.0	19.3	19.5
도지역	3.0	3.3	15.9	16.4

주: 보증금 임대료 전환: 국민은행, 주택가격동향조사, 2008년 10월 전국월세이율, 0.98% 기준.
자료: 국토해양부·국토연구원. '2008년도 주거실태조사'.

장애인가구의 주택관리비는 19.3만원으로 일반가구 21.2만원에 비해 낮았으나, 소득에서 주택관리비가 차지하는 비중은 13.1%로 일반가구 8.9%에 비해 높았다. 지역별로는 수도권과 도시지역에 거주하는 장애인가구의 주택관리비가 상대적으로 높은 것으로 분석되었다.

임대료 및 대출금 상환 부담정도에 있어서도 장애인가구 중 부담을 느끼는 가구의 비율이 일반가구에 비해 높게 나타났다. 장애인가구는 '생필품을 줄일 정도로 어려움을 겪고 있다'는 가구의 비율이 21.1%로 일반가구 7.4%에 비해 높았다.

표 5 장애인가구와 일반가구의 지역별 주택관리비

(단위: 만원, %)

구 분	장애인가구			일반가구		
	소득(A)	주택관리비(B)	B/A(%)	소득(A)	주택관리비(B)	B/A(%)
전 국	147.0	19.3	13.1	239.4	21.2	8.9
수도권	159.7	21.8	13.6	276.7	23.5	8.5
광역시	149.4	16.4	11.0	225.8	18.8	8.3
도지역	132.4	18.1	13.7	195.5	19.7	10.1
도 시	155.0	19.8	12.8	257.0	22.0	8.6
농 촌	124.9	17.9	14.3	168.7	18.1	10.8

주: 주택관리비란 난방비, 전기료, 상하수도료, 취사연료비, 일상적인 주택수선·유지비, 일반관리비, 화재보험료 등을 말하며 임대료 및 보일러 교체와 같은 일상적이지 않은 주택수선·유지는 포함하지 않음.

자료: 국토해양부·국토연구원, '2008년도 주거실태조사', '2009년도 주거실태조사'.

그림 10 장애인가구와 일반가구의 임대료 및 대출금 상환 부담정도

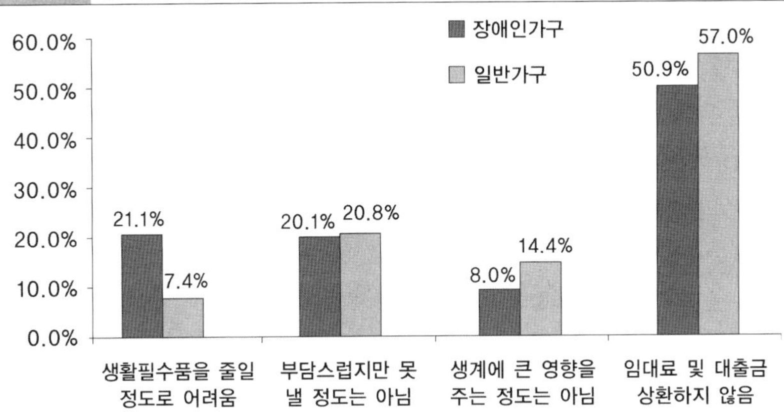

자료: 강미나 외(2010). 장애인 주거실태와 주거정책 연구. 국토연구원. p.37

장애인가구는 일반가구에 비해 최저주거기준 미달가구 비율이 높고, 상대적으로 노후한 주택에 거주하는 것으로 나타났다. 최저주거기준 미달가구 비율은 장애인가구가 19.8%로 일반가구 10.5%에 비해 높았다. 건축년도를 통해서 살펴

본 주택의 노후도는 장애인이 거주하는 주택중 1970년대 이전에 지어진 주택의 비율이 일반가구보다 높게 나타나고 있다.

세를 살고 있는 장애인가구의 경우 임대료 상승이나 이사시 주택임차의 어려움에 대한 불안감이 큰 것으로 분석된다. '세를 살면서 느끼는 임대료 상승에 대한 불안감이 매우 크다'는 가구의 비율이 16.6%, '이사시 주택임차의 어려움에 대한 불안감이 매우 크다'는 가구의 비율이 13.6%로 나타났다.

표 6 지역별 거주주택 건축년도

(단위: %)

구 분	2000년대	1990년대	1980년대	1970년대	1960년대	1959년 이전	계
장애인가구	22.94	40.25	20.14	8.88	2.99	4.80	100.00
일반가구	27.94	38.71	20.22	6.60	2.51	4.02	100.00

자료: 국토해양부·국토연구원, '2009년도 주거실태조사', 국토해양부·국토연구원, '2008년도 주거실태조사'.

그림 11 장애인가구의 세를 살면서 느끼는 불안감

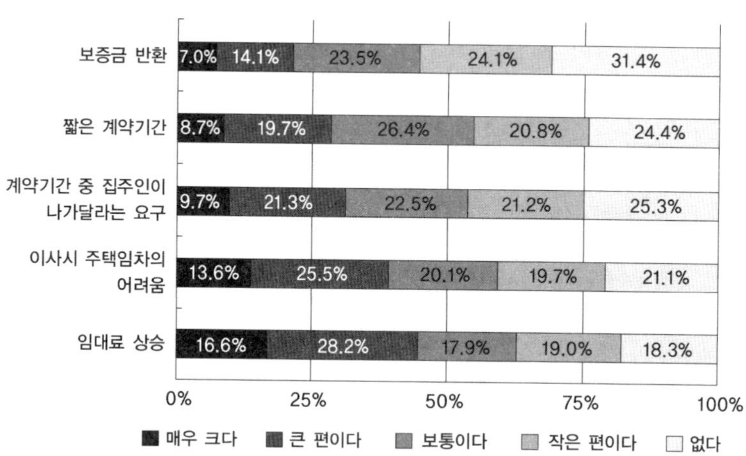

자료: 강미나 외(2010). 장애인 주거실태와 주거정책 연구. 국토연구원. p.42.

한편 공공임대주택에 입주하기 위해서는 청약저축 등의 입주자 저축의 가입이 필요한데, 장애인가구는 입주자 저축에 가입한 가구의 비율이 낮아서 공공임대주택 등의 신청자격을 갖추지 못한 경우가 많았다. 즉 장애인가구 중 공공임대주택 입주신청 자격이 되는 청약저축을 보유한 가구의 비율은 4.4%로 일반가구 9.6%에 비해 크게 낮았다.

주거지원프로그램에 대한 인지도 역시 낮아서 정책 접근성이 떨어지는 것으로 분석되었다. 주요 주거지원프로그램에 대해 인지하고 있는 가구의 비율이 몇몇 프로그램을 제외하고는 15% 이하로 나타났다.

필요한 주거지원 프로그램에 대해서는 전체 장애인가구의 38.5%가 '주거비보조'가 필요하다고 응답하였다. 지역별로는 수도권과 도시지역에 거주하는 장애인가구 중 '주택구입자금 저리융자'가 필요하다고 응답한 비율이 상대적으로 높았다.

주택내부 시설과 관련해서는 '안전손잡이'(21.5%), '단차제거'(18.7%), '미끄럼방지 바닥재'(17.1%) 등의 시설개선이 필요하다는 응답이 가장 많았다. 그러나 주택내부시설 개선에 필요한 비용을 '스스로 부담할 수 있다'는 가구는 12.0%에 불과했다.

표 7 장애인가구의 지역별 가장 필요한 주거지원 프로그램

(단위: %)

구 분	주택구입 자금 저리융자	주거비 보조	주택개조 비용보조	공공임대 주택입주 우선권 부여	자립생활을 위한 재가서비스	도배, 장판 등 간단한 집수리	기 타	계
전 국	14.9	38.5	7.9	5.9	3.8	7.3	21.8	100.0
수도권	21.0	29.7	4.0	8.4	3.6	5.8	27.6	100.0
광역시	14.9	43.6	5.3	5.6	3.9	8.2	18.6	100.0
도지역	8.5	45.4	13.2	3.3	4.0	8.4	17.2	100.0
도 시	17.5	35.8	5.2	6.9	4.0	6.7	23.9	100.0
농 촌	7.8	46.0	15.3	2.9	3.2	9.0	16.0	100.0

자료: 강미나 외(2010). 장애인 주거실태와 주거정책 연구. 국토연구원. p.45.

3. 시 사 점

장애인가구의 주거실태를 분석한 결과 장애인가구의 주거상황 특징을 요약하면 아래와 같다. 즉 1) 낮은 소득수준과 높은 주거비 부담, 2) 현재 주거상황 개선 능력에 한계, 3) 주거불안정성, 4) 높은 주거빈곤 가구의 비율, 5) 정책 접근성이 어려움, 6) 주거비 및 소득 보조에 대한 정책 선호라는 특징이다.

다시 말하면 장애인가구는 일반가구에 비해 주거비 부담이 크고, 상대적으로 노후한 주택에 거주하는 가구가 많았으며, 최저주거기준에 미달하는 가구의 비율도 높은 것으로 분석되었다. 특히 장애인가구 중에서도 장애인으로만 구성된 가구와 장애인 1인가구, 노인장애인가구의 주거상황이 더 열악한 것으로 나타났다.

반면 소득수준이 낮고 경제적 여건의 개선여지가 적어서 스스로 현재 주거상황을 개선하기 어려운 것으로 분석되었다. 장애인가구는 일반가구에 비해 소득수준이 낮고 저소득층 가구의 비율이 높았다. 그러나 일을 하지 않고 있는 경우가 많으며, 일을 하고 있더라도 종사상 지위가 불안하여 장래에도 경제적 여건이 개선될 가능성이 적었다.

열악한 주거상황과 이를 개선하기 힘든 경제적 여건으로 인해 장애인가구는 주거복지정책에 대한 요구가 높지만 정책에 대한 접근성이 떨어지는 것으로 나타났다. 공공임대주택 입주에 필요한 청약저축을 보유한 가구의 비율이 일반가구에 비해 낮았고, 정책프로그램에 대한 인지도 역시 낮은 것으로 나타났다.

따라서 장애인의 열악한 주거상황과 낮은 소득 등을 고려할 때 주거복지정책 수립과 집행에 있어서 장애인에 대한 정책적 배려가 필요하다.

Ⅲ. 현행 주거복지정책 및 문제점

1. 장애인 주거복지정책의 개요

먼저 장애인 복지와 관련된 법령에는 장애인의 정의와 복지를 정하고 있는

「장애인 복지법」, 주거복지정책을 정하고 있는 「주택법」, 장애인에 대한 차별을 금지하고 있는 「장애인 차별금지 및 권리 구제 등에 관한 법률」 등이 있다. 「장애인 복지법」은 장애인 복지에 대한 가장 포괄적인 법령으로, 장애인을 정의하고 장애유형과 등급을 분류하고 있다. 장애인복지법 제24조에서 "국가와 지방자치단체는 공공주택 등 주택을 건설할 경우에는 장애인에게 우선 분양 또는 임대할 수 있도록 노력하여야 하며, 주택의 구입자금·임차자금 또는 개·보수비용의 지원 등 장애인의 일상생활에 적합한 주택의 보급·개선에 필요한 시책을 강구하여야 한다"라고 하여 장애인 주거문제를 정하고 있다. 「주택법」에서는 '주거복지 차원에서 지원이 필요한 계층'을 우선적으로 고려하는 규정이 있으며, 「장애인 차별금지 및 권리구제 등에 관한 법률」은 장애인에 대한 차별을 방지하고, 주거와 관련하여 주택의 매매, 임대, 입주, 사용에 있어서 차별을 금지하는 규정을 포함하고 있다(제16조). 「국민기초생활보장법」에서는 수급자에게 주거안정에 필요한 주거급여를 지급하도록 하고 필요한 사항은 보건복지부령으로 정하도록 하고 있다(제11조).

우리나라의 장애인 주거복지정책은 주택공급관련정책, 주거비지원 및 주택금융관련 정책, 주택개조지원정책으로 나누어 볼 수 있다. 또한 운영하는 주체에 따라서 공공부문에 속하는 중앙정부, 지방자치단체와 NGO 등 민간단체로 나누어 볼 수 있다. 이하에서 주택공급정책, 주거비지원 및 주택금융정책, 주택개조지원정책의 현황과 문제점을 제시하도록 하겠다.

2. 장애인 주택공급정책의 현황 및 문제점

공공분양주택은 중앙정부, 지방자치단체, 한국토지주택공사 등 공공기관에서 건설하여 분양하는 주택으로 전용면적 85㎡이하 주택의 경우 무주택세대주에게 공급하고 있다. 이 중 일반공급은 장애인이 세대주가 아니더라도 장애인이 직계존속을 부양하고 있으면 세대주로 간주하고 있다. 한편 기관추천자 특별공급은 건설량의 10% 범위내에서 기관장이 추천하는 가구에게 우선 공급하고 북한이탈주민, 철거민, 공무원, 장애인, 군인, 중소기업근로자 등이 대상이 된다. 기관추천

특별공급을 받기위해서는 청약저축에 가입하여 6개월이 경과된 자로서 매월 약정 납입일에 월납입금을 6회 이상 납입한 무주택세대주(철거민 및 장애인 제외)여야 한다. 장애인은 기관추천자 특별공급 대상에 포함되지만 북한이탈주민, 철거민, 공무원, 장애인, 군인, 중소기업근로자 등의 대상가구 중에서 장애인이 우선순위를 가지거나 일정물량이 장애인에게 배분되지는 않는다. 2003년 이후 공급된 9만 6천호의 공공분양주택 중 장애인에게 공급된 물량은 319호로 전체 공급량의 0.3%에 불과한 미미한 실적이다.

「장애인·고령자 등 주거약자 지원에 관한 법률」(2012.2.제정, 2012.8.시행)에 의하면 공공임대주택 건설시 3% 이상을 장애인과 고령자 등 주거약자용으로 건설하도록 하고 있다. 공공임대주택중 영구임대주택의 경우 「주택공급에 관한 규칙」 제 31조 영구임대주택의 입주자 선정 등에 대한 특례에 근거하여 지방자치단체에서 요건을 갖춘 대상자를 영구임대주택 입주자로 선정하는 방식을 통해 공급된다. 한국토지주택공사에서 공급한 공공임대주택 중 장애인가구에게 공급된 물량은 2003년 이후 국민임대주택 2,402호로 전체 공급량의 1%~3% 수준이다.

표 8 장애인 주택공급 정책의 개요

명 칭	업무분담 내용	업무분담주체	성 격	장애인 공급 특징
보금자리 주택	공공분양	한국토지주택 공사	공 공	- 기관장의 추천이 있는 경우 건설량의 10% 범위 내에서 우선공급대상자로 선정
	공공임대	한국토지주택 공사	공 공	- 기관장의 추천이 있는 경우 건설량의 10% 범위 내에서 우선공급대상자로 선정
	국민임대	한국토지주택 공사	공 공	- 장애인일 경우 우선입주자로 선정(주택공급 규칙 제32조 5항)
	영구임대	한국토지주택 공사	공 공	- 장애인 및 사회적 약자를 위한 주택인 영구임대주택에 입주를 신청할 수 있는 권한을 부여
다가구매입 임대주택	주택매입 후 임대	한국토지주택 공사	공 공	- 공동생활가정(그룹홈)의 주거공간을 임대해 줌

자료: 강미나 외(2010). 장애인 주거실태와 주거정책 연구. 국토연구원. p.51.

표 9 영구임대주택 공급현황

(단위: 호)

구 분	2005	2006	2007	2008	2009
총 공급호수	140,078	140,078	140,078	140,078	140,078
장애인 공급호수	35,167	35,320	34,960	36,118	37,294

자료: 한국토지주택공사.
출처: 강미나 외.(2010) 장애인 주거실태와 주거정책 연구, p.55.

영구임대주택의 경우 한국토지주택공사에서 관리하는 14만호의 재고 중 3만7천호가 장애인가구에게 공급되었다.

한국토지주택공사의 기존주택 전세임대사업은 2005년 4월에 도입된 제도로서 국민주택기금 95%, 입주자 보증금 5%로 재원이 구성되어 있다. 입주대상 1순위는 기초생활수급자 및 차상위계층, 부도임대퇴거자, 2순위가 모·부자가정 및 장애인이다.

서울시의 저소득 '중증장애인 전세주택 지원사업'의 경우 월세로 거주하는 장애 1, 2등급인 세대주를 대상으로 보증금(2인 이하 가구는 6천만원, 3인 이상 가구는 7천만원)을 지원한다.

주택공급정책중에서 장애인가구가 주거안정을 위해 가장 희망하는 정책이 "공공임대주택공급"이다. 공공임대주택공급의 효과를 높여서 장애인가구의 주거복지 수준을 제고하기 위하여 이 정책의 문제점을 살펴보도록 한다.

첫 번째 문제는 실제 장애인가구의 공공임대주택 프로그램 혜택이 미미하다는 점이다.[5] 대상가구 선정기준에 장애인가구에 대한 우선순위가 마련되어 있으나 장애인의 요구에 비해 공공임대주택 물량이 부족한데 따른 결과인 것으로 보여진다. 또한 공공임대주택에 대한 장애인가구의 수요 또는 소요가 파악되지 않고 있고, 단지 공급사업처 등에서 자체내의 배분규칙에 의거하여 배분하고 있으므로 장애인가구가 언제 신청할 수 있을 지, 언제 당첨이 될지 예측하기 어려운

5) 영구임대주택에 거주하고 있는 장애인가구의 거주비율이 높게 나타나고 있는데 이는 영구임대주택의 경우 입주자가 장기 거주하는 경향을 보임에 따라 거주가구가 점차 고령 장애인가구가 되는 경우가 반영된 것으로 보여진다.

문제가 있다. 「2009년도 주거실태조사 : 장애인가구」에서 "공공임대주택 입주 우선권 정책프로그램을 인지하고 있다"라고 응답한 비율은 9.4%에 불과할 정도로 홍보부족 문제 역시 나타나고 있다.

둘째, 장애인의 장애유형과 등급에 따라 맞춤형 주택공급이 이루어지지 않고 있다. 즉 장애인은 장애유형에 따라 활동제약 부분과 생활 패턴이 달라서 장애유형과 등급에 따라 필요한 주택의 규모와 유형이 상이하다. 그러나 현재 공공임대주택공급시에는 모두 똑같은 규모와 형태의 주택이 공급되고 있는 실정이다. 즉 일률적인 규모와 공간구조, 휠체어가 드나들기 협소한 이동공간이 대부분으로 장애인의 필요에 매칭이 되지 못하고 있는 상황이다.

셋째, 장애인 데이터베이스는 보건복지부에서 관리하고 있으나 공공임대주택공급은 국토해양부를 통해서 이루어지고 있어서 장애인가구가 얼마나 되는지, 그들이 원하는 바가 무엇인지 파악하는데 어려움이 있고 적합한 주택공급 프로그램을 개발 및 적용하기에 한계가 있다.

넷째, 공공임대주택의 관리개선이 필요하다. 실제 지원이 필요한 가구가 수혜를 받을 수 있도록 정확한 정보의 제공 및 대기자리스트 관리, 입주자 가구의 선정 및 운영면에서 관리방식을 개선할 필요가 있다. 예를 들어 장애인인 가족의 명의를 빌려 실제 장애인가구원은 거주하지 않고 자녀가구가 거주하는 등 실제 수혜자가 달라지는 경우도 발생하고 있다.

3. 장애인 주거비지원 및 주택금융지원정책의 현황 및 문제점

주거급여는 보건복지가족부에서 시행하는 국민생활보장사업 중 하나로 장애인가구가 대상이라기 보다 수급자의 주거안정에 필요한 임차료, 유지수선비등을 지원하는 정책이다. 최저생계비 중 최저주거비를 분리하여 주거급여로 지급하고 있다. 따라서 장애인가구가 수급자인 경우 주거급여를 지원받을 수 있다. 보건복지부의 2010년도 주거급여 한도액은 가구원수에 따라 차등지원되는데 4인가구인 경우 월평균 136만원이 최저생계비로 책정되었고 주거급여의 한도액은 32만 5천원으로 최저생계비의 약 17.2%에 해당된다.

표 10 2010년도 주거급여 한도액

(단위: 원/월)

가구규모	1인	2인	3인	4인	5인	6인
최저생계비	504,344	858,747	1,110,919	1,363,091	1,615,263	1,867,435
주거급여 한도액	86,982	148,104	191,595	325,085	278,576	322,067

주: 1) 주거급여 한도액은 가구별 최저주거비(최저생계비의 17.2465%).
2) 가구별 생계급여액(79.4%)+주거급여액(20.6%) = 현금급여기준액-가구의 소득인정액(100%).
자료: 보건복지부, 2010년 국민기초생활보장사업 안내.

주택금융지원 역시 장애인 우선지원이나 우대지원이라기 보다는 저소득가구를 대상으로 주택구입자금, 전세자금 및 기타자금을 대출하고 있다. 국민주택기금 대출 또한 장애인이라고 하여 특별히 우대한다기보다 소득이 적거나 일정한 수입이 없는 경우 한국주택금융공사에서 보증을 서는 조건으로 약 1,000만원 정도까지 대출을 하고 있다.

주거비 지원의 경우 가장 많은 장애인가구가 선호하는 정책프로그램이지만 수급가구가 아닌 경우 지원을 받지 못하고 지원금액도 주거급여만으로 주거비를 충당하기에 부족한 실정이다. 한편 주택관련 금융지원 프로그램은 저소득가구를 대상으로 하고 있어서 저소득 장애인가구가 이용하기에 접근성이 떨어지는 어려움이 있다. 저소득 장애인가구의 경우 일반저소득가구와 달리 향후 소득이나 자산여건이 개선될 가능성이 낮으므로 채무변재능력이 취약하다. 따라서 장애인가구가 한국주택금융공사의 보금자리론이나 국토해양부의 국민주택기금을 지원받아 주택을 구입하거나 전세자금을 마련하기에는 많은 제약이 있다. 또한 대출을 받는다고 하더라도 전세금액이나 주택구입자금으로는 불충분한 액수이다.

4. 장애인 주택개조지원정책의 현황 및 문제점

주택개조지원정책의 경우 주거환경개선사업으로 지원되고 있고 지원주체에 따라서 중앙정부, 지자체, 사회단체로 나눌 수 있다. 중앙정부의 경우 국토해양부에서 진행하는 장애인 주거환경개선사업과 보건복지부에서 진행하는 농어촌 장애인 주택개조사업이 있다. 지자체에서 자체사업으로 주택개조를 하는 지자체는 세 군데에 불과하다. 즉 경기도의 저소득장애인 주거환경개선사업과 서울특별시의 서울형 집수리(S-Habitat), 그리고 경상남도의 중증장애인 주거환경개선사업이다. 사회단체에서 시행하는 주택개조지원사업은 여러 단체가 여러 방법으로 진행하고 있다. 내표적인 사업으로는 사랑과행복나눔재단과 중증장애인독립생활연대, 지역자활센터, 해비타트, 공동모금회의 주거복지센터, 대기업들의 지원이 주를 이루고 있다.

국토해양부에서는 2004년부터 「국민임대주택 입주 노인·장애인들을 위한 편의시설 설치기준」을 마련하여 국민임대주택에 입주하는 노인 및 장애인을 대상으로 편의시설 설치기준에 따라 안전손잡이 등의 주택내 시설을 무상으로 설치 해주고 있다. 2004년부터 2009년까지 총 5743건을 지원하였고 2010년 6월 「국민임대주택 입주 노인·장애인들을 위한 편의시설 설치기준」은 「장애인 편의증

표 11 장애인 주택개조지원 정책 개요

명 칭	업무분담내용	업무분담주체	성격	특 징
장애인 편의시설 설치	편의시설설치	중앙정부, 한국토지 주택공사	공공	- 국민임대주택 입주자 중 희망하는 장애인가구에 편의시설 설치 지원
농·어촌 장애인 주택개조사업	노후주거 시설 개선 및 편의시설 설치	중앙정부	공공	- 각 지방정부가 추천한 가구 중 선택된 가구의 노후주거시설 개선 및 편의시설 설치
서울형 집수리사업 (S-habitat)		지방정부 (서울시)	공공	- 선정된 장애인가구의 노후주거시설 개선 및 편의시설 설치
저소득 장애인 주거환경개선사업		지방정부 (경기도)	공공	- 선정된 장애인가구의 노후주거시설 개선 및 편의시설 설치
중증장애인 주거환경개선사업		지방정부 (경상남도)	공공	- 선정된 중증 장애인가구의 노후주거시설 개선 및 편의시설 설치
집수리 사업		NGO 및 민간비영리 단체	민간	- 선정된 장애인가구의 노후주거시설 개선 및 편의시설 설치

자료: 강미나 외(2010). 장애인 주거실태와 주거정책 연구. 국토연구원. p.51.

진 시설기준」으로 개정되어 적용대상이 보금자리주택(분양·임대포함)에 거주하는 장애인으로 확대되었다. 편의시설도 기존 11가지 항목에서 13개 항목으로 확대되었다. 「장애인·고령자 등 주거약자 지원에 관한 법률」에 주택개조 비용지원에 대한 항목이 포함되었다(제15조). 자기 소유의 주택 또는 임대주택에 거주하는 주거약자와 세대원이 주거약자인 세대주, 임대업자 등이 국민주택기금으로부터 융자 받을 수 있게 되었다. 또한 주택개조비용지원 등을 위해 주거지원센터를 지자체장이 설치할 수 있도록 되어 있다(제17조).

보건복지부는 생활이 어려운 농어촌 지역의 저소득 재가장애인을 대상으로 주택개·보수비를 지원하는 '농어촌 장애인 주택개조 지원사업'을 시행하였다. 장애인복지법 제27조에 근거하여 기초생활보장수급자 및 차상위계층 중 등록장애인으로서 자가 소유자 및 임대주택 거주자를 지급대상자로 한다. 지원내용은 가구당 380만원 한도로 화장실 개조, 보조손잡이 설치, 문턱 낮추기, 싱크대 높이 조절, 주출입구 접근로(마당포장)개조, 경사로 설치, 지붕개량 및 주택 개조시 파손된 도배, 장판 등을 수리해 준다. 또한 상기 장애인들의 주택내 편의시설·안전장치 설치 또는 이동편의를 위해서 시설의 설치 및 제거도 하고 있다. 이 사업을 위한 예산은 각 지방자치단체에서 선정된 가구에 대해서 보건복지부 50%, 지방자치단체 50%의 예산지원으로 사업이 이루어진다. 2006년부터 2009년까지 4년간 매년 약 1천호를 상회하는 주택이 개조되었다.

보건복지부에서는 주거현물급여도 실시하고 있는데 급여 대상은 국민기초생활수급자이다. 주거현물급여는 수급자가 참여하는 '집수리사업단'을 활용한 직접 서비스를 원칙으로 하며 지역에 따라 집수리단이 없을 경우, 마을청년회 등 민간 공익단체에 의뢰하거나 민간사업자에 의해서 수선이 이루어지기도 한다.

서울시의 주택개조지원프로그램은 2009년부터 시행되고 있는 서울형 집수리(S-Habitat)가 있다. 저소득시민 주거환경 개선을 위하여 기존의 공무원 자원봉사 위주에서 사회적기업과 병행추진되면서 저소득 일자리 창출과 함께 연계하여 시행되고 있는 사업이다. 이 사업은 「사회복지기금(주거지원계정)조례 시행규칙」에 근거하여 주거환경이 열악한 저소득가구, 장애인가구, 다자녀가구, 다문화가구, 외국인근로자를 지원하며 소득기준 전년도 도시근로자 가구당 월평균 소득이

50%이하인 자[6]중에 선발한다. 서울형 집수리(S-Habitat)는 다른 주거개선사업 프로그램과 달리 각 수요자별로 지원가구의 수가 정해져 있기 때문에 2010년에도 200가구의 장애인가구가 혜택을 받을 예정이다.

이상의 주택개조지원정책과 관련하여 문제점을 정리해 보면, 우선, 공공임대주택의 경우 장애인 편의시설 마련시 협소한 공간때문에 실효성이 떨어지고 있다. 예를 들어 국민임대주택의 주택개조 입주전 장애인 시설설치 프로그램의 경우 싱크대 높낮이 조절을 제외한 개조가 무상으로 이루어지고 있지만 입주자중 일부만이 이를 신청하고 있다. 이는 공공임대주택의 경우 주택규모가 작다는 문제가 있는데 장애인 시설 추가설치로 인하여 더욱 협소해지고 마감재도 외부로 드러나는 등의 문제점이 나타나기 때문이다.

둘째, 예산과 인력부족의 문제로 인하여 지자체에서 주택개조사업을 수행하는데 한계가 있다. 중앙정부 집수리 사업은 농·어촌 지역의 집수리를 우선적으로 하고 있고, 경기도, 서울특별시, 경상남도를 제외한 다른 곳의 지자체들은 아직 예산문제로 인하여 시행계획조차 갖추지 못한 곳이 대부분인 실정이다.

셋째, 주택개조지원 프로그램에 대한 홍보가 부족하고 인지도가 낮다. 「2009년도 주거실태조사: 장애인가구」에서 '장애인가구의 주택 수리 및 개조 비용 지원 프로그램에 대한 인지도'는 7.8%에 그쳐서 홍보부족과 낮은 인지도를 나타내고 있었다. 프로그램을 시행하는 지자체수가 적은 것도 낮은 인지도의 한 원인이지만 예산부족으로 사업의 규모를 한정해야 하는 것도 한 요인이 되고 있다.

넷째, 자가주택을 가지고 있지 못하는 장애인의 경우 집주인의 동의없이는 편의시설설치나 집수리사업의 혜택을 받을 수 없다는 어려움이 있다. 특히 편의시설 설치시 장애인 세입자가 나가게 될 경우 장애인 편의시설철거비용 등을 집주인이 부담해야 되기 때문에 집주인들이 꺼리는 것으로 나타나고 있다. 한편 무허가 주택에 거주하고 있는 장애가구의 경우 집수리가 긴요하지만 무허가 주택에 대한 집수리 근거가 없다는 한계가 있다.

마지막으로 장애인 주택개조사업의 효율적인 추진을 위하여 주택개조사업에

---

6) 2008년 3자녀가구 기준 월평균 소득: 1,947,350원.

관한 맞춤형 매뉴얼의 보급 및 절차의 표준화 작업이 필요하다. 한국장애인개발원에서 주거환경개선사업에 관한 매뉴얼을 작성하고 공무원을 교육시키는 역할을 담당하고 있다. 매뉴얼은 농어촌 장애인 주택개조사업에만 국한되어 있어서 현장에서 일하는 공무원 대부분이 현재의 매뉴얼 및 교육 시스템으로는 부족함을 느끼고 있다. 수요자 맞춤형 주거복지 서비스를 제공하기 위해서 맞춤형 매뉴얼 및 교육 시스템 등이 요구되고 있다.

5. 영국의 장애인 주거복지정책 현황과 시사점

영국의 장애인을 위한 주거복지정책 프로그램은 크게 주택건설 및 개조에 관한 기준, 저렴주택공급(공공임대주택, 자가주택), 주거비보조, 주택수선 및 개조지원, 케어(care)와 서포트(support)가 결합된 주택공급, 그리고 주거와 관련된 지원 서비스를 체계화한 서포팅 피플(Supporting People) 프로그램이 있다.

주택건설 및 개조기준과 관련해서 평생주택기준(Lifetime Homes Standard)은 주택이 기능적이면서 모든 사람들의 요구에 유연하게 대응할 수 있도록 고안된 16개의 디자인 기준이다. 그 내용에는 주차공간의 폭, 주차공간으로부터의 접근성, 현관, 공용 계단과 엘리베이터, 문과 복도, 휠체어 접근가능성, 거실, 현관층의 침실공간, 현관층의 화장실과 샤워실, 욕실과 화장실 벽, 계단 리프트 및 층간 리프트 등에 대한 기준이 포함되어 있다.[7] 이 기준은 최소 비용으로 일반적인 신규주택에 적용할 수 있도록 고안되었다. 2011년까지 모든 공공 부문의 재정 지원을 받는 주택은 이 기준에 맞게 건설되도록 하고 2013년까지는 모든 신규 주택에 이 기준을 적용할 계획이다.

영국의 공공임대주택인 사회주택의 경우 민간 부문과 지방정부가 주로 공급하는데, 배분기준을 정하고 관리하는 주체는 지방정부이다. 구체적인 입주 자격과 주택 배정 절차는 지방정부마다 상이하다. 지방정부가 사회주택을 배분할 때에는 우선적으로 고려해야 할 대상이 정해져 있는데 예를 들어 자녀가 있거나 임

7) http://www.lifetimehomes.org.uk

신을 한 사람이 있는 가구, 노인, 장애인 등이 상대적으로 주거소요가 크다고 여겨지고, 등급 결정이나 점수제에 따라 우선적으로 고려되고 있다.

홈바이(HomeBuy) 제도는 자가 구입이 힘든 계층에게 자가를 구입할 수 있는 기회를 제공하기 위한 제도로서 소득이 상한선 기준 이하인 가구가 주택가격의 일부분을 내고 나머지 부분은 임대료로 지불하는 방식으로 주택의 일부에 대한 소유권을 갖는 제도이다. 장기간 지속되는 장애가 있는 경우에도 홈바이 주택을 구입할 수 있다.

주거비 보조(Housing Benefit)는 임대주택에 생활하는 저소득층을 위하여 임대료의 전체 혹은 일부분을 지원하는 제도이다. 주거비 보조는 소득 및 자산 기준이 일정한 수준 이하일 경우에 지급되며, 주거비 보조 금액은 개인의 재정적인 상태와 지불하는 임대료에 따라 달라진다. 주거비 보조액 결정과 관련하여 중앙정부 차원에서 원칙을 정하는데 가족 중에 장애인 포함여부가 고려된다. 장애인이 있는 경우 주거소요가 크다고 판단되기 때문에 더 많은 주거비 보조를 받을 가능성이 높아지게 된다.

주택개조와 관련해서 장애시설보조금(Disability Facilities Grant: DFG)은 장애인의 필요를 반영하여 주택을 개조하거나 시설 설치를 지원하기 위한 것으로 주택 점유형태와 무관하게 지원할 수 있다. 이 보조금은 장애인의 권리이고, 지방정부는 의무적으로 이와 관련한 서비스를 제공해야 할 의무가 있다. 이 보조금은 장애인과 이동에 어려움을 겪는 이들이 자기 집에서 독립적으로 계속 생활할 수 있도록 하기 위해서 주택 개조를 지원하는 것으로 Walk-in 샤워, 계단 승강기 등이 대표적으로 개조되고 있는 항목이다.

장애인들을 위해서 케어와 서포트가 결합된 사회주택의 한 형태로 서포티브 하우징(Supported Housing), 쉘터드 하우징(Sheltered Housing), 엑스트라 케어 하우징(Extra Care Housing) 등이 있다.

한편 서포팅 피플(Supporting People) 프로그램에 의해서 주택을 찾고 유지하는 데 필요한 다양한 서비스를 민간부분의 조직이 제공하고 있다. 취약집단이 자기 집이나 지역사회에서 주거 관련 지원 서비스를 받으면서 독립적으로 살 수 있도록 하는 것이 이 프로그램의 목적이다.

표 12 영국의 장애인 주거복지 프로그램과 전달체계

구분	명칭	업무분담내용	업무분담주체	성격	특징
주택건설 및 개조 기준	평생 주택 기준	디자인기준 설정	전문가 집단	민간	- 6개 디자인 기준 - 2011년까지 모든 공공 부문의 재정지원을 받는 주택에 적용 - 2013년까지 모든 신규주택에 적용
		기준적용, 계획설정 및 정책확대	중앙정부	공공	
공공임대 주택공급	사회 주택 공급	공급	지방정부 민간비영리조직	공공, 민간	- 대기자명부 등록: 지방정부 기준에 따라 배분 - 상대적으로 주거소요가 크다고 여겨지는 우선순위에 따라 배분
		배분기준	지방정부	공공	
자가주택 공급	홈바이	정보제공, 융자연결, 주택배분	홈바이 기구→ 주택협회에 위탁	민간	- 장기 지속 장애인, 독립생활을 하고자 하는 장애인의 경우 구입 가능 - 홈바이 기구는 지방정부보다 더 넓은 지역을 담당
주거비 보조	주거비 보조	예산, 보조 금액 기준 및 금액 결정	중앙정부	공공	- 소득 및 자산기준이 일정수준 이하인 경우 대상 - 개인의 재정상태와 임대료에 따라 금액 차등
		대상자 심사	지방정부	공공	
주택수선 및 개조지원	주택수선 및 개조지원	보조금, 융자, 자산유동화	지방정부	공공	- 저소득자에게 소규모 수선보조금(Small Repair Grant). 약 4천파운드까지 보조 - 우선 순위(노인, 장애인, 어린이가 있는 가정, 저소득층)에 따라 선정
	주택개량서비스	장애시설 보조금	지방정부	공공	- Walk-in 샤워, 계단승강기 등 개량 - 점유형태와 상관없이 신청 가능 - 사회서비스 담당자, 케어매니저, 주택관리자 등이 청구 - 면담이나 설문조사로 개조에 대한 피드백
		주택수선관련 지원	주택개량기구 (지방정부 산하)	공공	
케어와 서포트가 결합된 주택	특성화된 주택	재원	보건성 등 중앙정부	공공	- 서포티드 하우징 - 쉘터드 하우징 - 엑스트라 케어 하우징
		공급	지방정부	공공	
		주거비보조	지방정부	공공	
		운영	민간비영리조직	민간	
상담 등 지원	서포팅 피플 프로그램	재원	중앙정부	공공	- 주거, 보건, 사회서비스, 보호관찰 등 7개 분야에서 다양한 재원을 마련 - 주거마련과 관련하여 주택찾기, 계약, 주택유지 등과 관련된 일련의 상담, 정보제공, 연결 등을 담당
		계획과 배분	지방정부	공공	
		서비스 제공	민간비영리조직	민간	

자료: 강미나 외(2010). 장애인 주거실태와 주거정책 연구. 국토연구원, p.94.

그림 12 영국의 장애인 주거복지정책 역할 분담

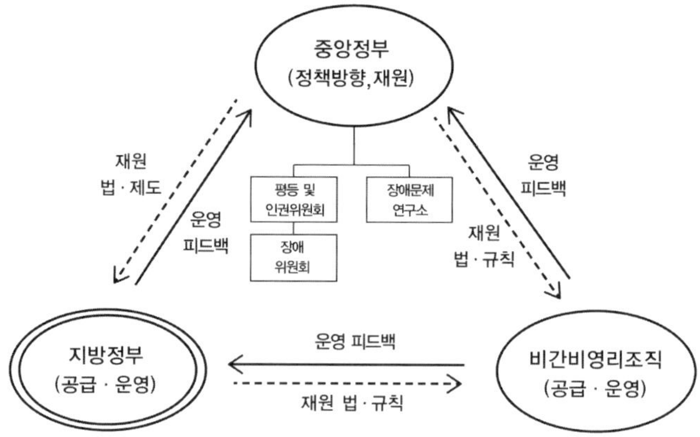

자료: 강미나 외(2010). 장애인 주거실태와 주거정책 연구. 국토연구원, p.93.

영국의 장애인 주거복지 정책을 수행하는 조직체계를 살펴보면 장애인 정책과 관련하여 중앙정부는 정책의 목표와 방향 설정과 관련된 역할을 수행한다. 따라서 관련된 예산과 계획수립, 법제정 및 제도와 관련된 업무를 담당한다. 그리고 '평등 및 인권 위원회', '장애위원회', '장애문제사무소(Office for Disability Issues)'가 범부처적인 업무를 담당하고 있다. '평등 및 인권 위원회'는 산하에 '장애위원회'를 두고 있으며, 장애인 관련 제도와 정책을 만들고 집행하는 것에 관여하고 있다. '장애문제사무소(Office for Disability Issues)'는 정부 부처들 간 장애인 관련 업무를 조정하기 위해서 만들어진 조직이다. 이 사무소에는 정부 조직 이외에도 장애인단체들과 장애인 등이 참여하고 있으며, 정부의 주요 장애인 정책을 개발하고 계획하는 역할을 한다.

영국의 경우 전통적으로 지방정부가 주거복지 서비스 제공에서 핵심적인 역할을 담당해왔다. 장애인 주거복지와 관련해서도 지방정부가 실제 정책프로그램의 기준설정 및 심사, 공급 및 배분의 역할을 담당하고 있다. 민간 비영리조직은 주택공급, 운영, 정보제공 및 서비스 제공 등 실제 운영과 관련된 역할을 담당하고 있으며, 최근 민간의 역할이 확대되고 있는 것도 주목할 만하다.

장애인이 지역사회에서 생활하면서 혹은 나이가 들면서 라이프 사이클에 따라 장애인의 욕구는 변화하게 된다. 영국에서는 이러한 장애인의 욕구변화에 맞는 적절한 지원을 위하여 상담지원 및 면담절차가 마련되어 있는 경우가 많고, 상담지원조직이 체계적으로 구축되어 있다.

그 밖에 장애인을 위한 주거복지사업에 대한 평가체계가 구체적이며 현실적이다. 주택개조사업에 대한 평가에서 개조를 통하여 이용자에게 어떤 영향을 미쳤는지가 중요한 평가기준이 된다.

그리고 다양한 장애인의 주거소요에 대응하기 위해서 민간 부문을 적극적으로 활용하고 있는 것을 확인할 수 있다. 전통적으로 공공 부문이 사회주택 공급에서 지배적인 역할을 해왔었지만, 장애인을 위한 서포티드 하우징의 제공 등 서비스 제공측면에서는 민간 부문의 역할이 훨씬 커졌다. 또한 주거 부문이 중심이 되어 여러 부문의 서비스가 원활하게 연결되도록 지역사회에서 협력적 서비스 체계를 구축하고 있다.

Ⅳ. 장애인 주거복지정책 개선방향

1. 장애인주거복지 장기계획 수립

장애인가구의 주거실태를 통해서 장애인가구의 주거특성을 1) 낮은 소득수준과 높은 주거비 부담, 2) 현재 주거상황 개선 능력에 한계, 3) 주거불안정성, 4) 높은 비율의 주거빈곤 가구로 정리한 바 있다. 즉 장애인가구는 주거상황 개선 능력에 비해 주거복지 소요가 커서 정책지원이 필요하다고 할 수 있다. 따라서 주거복지정책이 정책대상에 따라 세분화되고 특화되는 과정에서 장애인을 주요 정책대상으로 고려할 필요가 있다.

상위계획인 주택종합계획의 주거복지정책의 목표와 전략을 공유하되 장애인 주거복지정책이 점차 정상화에서 통합화의 이념을 실천하는 방향으로 전환될 것을 감안하여 장애인 주거복지정책의 목표와 전략을 담은 장기계획을 수립하도록 한다. 장애인의 특수한 주거욕구를 반영하고, 주거복지 뿐만 아니라 다양한 사회적 지원을 결합하여 효과적인 정책 시행이 가능하도록 하기 위해서이다. 또한 장애인 주거문제는 물리적·금전적 지원과 함께 장애인에 대한 인식개선과 차별해소 등 사회적 지원을 확충하는 작업이 동시에 이루어질 필요가 있다.

따라서 장애인 주거복지정책에 대한 장기계획은 주거복지와 사회복지 분야 계획의 내용을 포괄하면서 장애인 주거복지정책에 대한 세부적인 전략을 담을 수 있는 계획이 되어야 한다. 이를 위해서는 우선 장애인의 법적·제도적 지위를 명확히 하고 장애인 주거복지의 목표와 전략이 중앙부처, 지자체, 장애인 단체 간에 공유되어야 한다.

2. 장애인특성을 반영한 지원조건 및 선정기준 개선

주거복지정책 대상의 조건과 선정기준을 장애인의 특성을 고려하여 개선할 필요가 있다. 사회속에서 여러계층이 통합될 수 있도록 형평한 기준과 조건을 검토해야 할 시점이 되었다. 우선 '형평'이라는 개념에 대한 논의가 여러 각도에서 이루어져야 할 것이다. 여러 관련 부처에서 상호 정보와 기준을 공유하여 중복적 수혜나 소외를 받는 계층이 없도록, 장애인, 노숙인, 비주택거주가구, 노인 등 사회적 약자들이 일반가구와 동일하게 삶의 질을 개선시킬 수 있도록 하는 형평한 조건과 기준을 설정해야 할 것이다.

주거복지의 실천적인 방안으로 '기회의 균등'을 가져오는 '형평'이라는 측면에서 장애인가구를 대상으로 하는 기준과 조건에 대한 한 가지 안을 생각해 보면, 먼저 장애인가구의 특성을 반영하여 주거복지 프로그램을 신청할 수 있는 소득 조건을 조정할 수 있다. 현행 주거복지 프로그램은 일정 소득수준 이하로 현재의 주거상황을 스스로 개선하는데 한계가 있는 저소득 가구에게 지원자격을 부여하고 있다. 장애인가구의 경우 장애로 인해 추가적인 지출이 발생하므로 이를 반영하여 지원조건을 완화할 필요가 있다.

그리고 적절한 주거기준에 미달하는 주택을 소유하고 거주하고 있는 장애인가구에게도 공공임대주택 입주자격을 부여하는 등 주거여건을 개선할 기회를 줄 필요가 있다. 주택을 소유한 장애인의 경우라도 소유한 주택이 주거기준에 미달하거나 장애인이 생활하기에 적합하지 않아서 해당 주택에 거주하는 것이 어려운 경우가 있다. 따라서 저소득 무주택가구에게 정책적 우선순위를 두되 주택을 소유한 가구에게도 공공임대주택에 입주할 수 있는 기회를 주는 방안을 검토할 수 있다. 이때 입주자격은 소유한 주택의 가치가 일정수준 이하인 가구로 제한하고 공공임대주택 입주시 해당 주택을 매각하는 조건으로 제도를 운영할 수 있을 것이다.

입주자 저축을 보유하고 있지 않은 장애인가구에 대해서도 공공임대주택 입주자격을 부여하는 등 기준완화를 검토할 필요가 있다. 장애인가구의 경우 일반가구에 비해 입주자저축을 보유한 비율이 낮게 나타난다. 특히 생활시설에 거주하는 장애인이나 인지능력이 떨어지는 장애인의 경우 스스로 입주자 저축에 가입하는 것이 쉽지 않은 실정이다. 따라서 스스로 입주자 저축에 가입하는 것이 어려운 장애인가구 등에 대해서는 입주자 저축에 가입되어 있지 않더라도 공공임대주택 입주자격 부여를 검토할 필요가 있다.

우선순위에 있어서는 저소득 장애인가구 중에서도 취약계층에 대해 우선적으로 지원한다. 장애인가구중에서도 장애인 1인가구, 장애인으로만 구성된 가구, 노인장애인가구의 주거상황이 상대적으로 열악하다. 따라서 정책적 지원대상을 선정하는 과정에서 이러한 가구가 우선적인 지원을 받을 수 있도록 한다.

장애인 주거복지정책의 대상가구 선정에 있어서 배점기준에 대한 개선도 필요하다. 사업의 종류에 따라 중점을 두어야 하는 배점기준이 달라져야 하겠지만 장애등급, 소득수준, 주거기준 미달여부 항목은 우선적으로 고려되는 방향으로 배점기준의 개선이 필요할 것이다.

그리고 장애등급을 배점기준에 적용함에 있어서 세대주와 세대원의 구분 없이 적용될 수 있도록 점진적인 개선이 필요하다. 장애등급은 현행 주거복지정책에서도 중요하게 고려되고 있다. 사업별로 주거환경개선사업의 배점기준에서는 '세대주 또는 세대원의 장애등급'을 모두 고려하고 공급정책의 경우에는 '세대주의 장애등급'을 고려하고 있다. 사업의 특성상 주택개조지원사업의 경우에는 가구 내 장애인 모두가 주택 내부시설을 편리하게 사용한다는 측면에서 세대원의 장애등급까지 고려하고 있는데, 점진적으로는 주거복지정책 전반에 걸쳐 세대원,

세대주의 구분 없이 주거생활에 어려움이 없도록 해야 할 것이다.

마지막으로 주거기준 미달여부를 판단할 수 있는 시스템을 마련할 필요가 있다. 현재 서울시의 주거환경개선정책의 경우 배점기준에 '현행 거주지의 불편정도 및 시급성' 항목이 포함되어 있으나, 거주지의 불편정도 등을 객관적으로 파악할 수 없어서 자치구의 주관적인 판단에 의존하고 있는 실정이다. 주거환경개선정책 뿐 아니라 공급 및 금융 정책에도 '주거기준 미달여부'를 객관적으로 판단할 수 있는 시스템을 만들어서 배점기준에 반영될 수 있도록 하고, 실제적으로 필요한 사람에게 주거복지정책의 혜택이 돌아갈 수 있도록 해야 한다.

3. 장애인의 주거상황과 욕구를 반영한 다양한 프로그램 개발

장애인은 장애여부에 관계없이 모든 사람들이 공유하고 있는 주거욕구와 장애로 인한 특수한 주거욕구를 함께 가지고 있다. 따라서 장애인 주거복지정책은 이러한 주거욕구를 모두 충족시킬 수 있는 방향으로 개선되어야 한다.

먼저 장애인을 대상으로 하는 특화된 프로그램의 개발이 필요하다. 장애인용 주택공급, 주택내 편의시설 및 안전시설 설치, 일상생활에 필요한 서비스 지원 등에 대해서는 장애인의 특성에 맞는 특화된 프로그램이 개발되어야 한다. 이때 장애유형에 따른 다양한 주거욕구를 파악하여 정책개발에 반영해야 하며, 일반적인 주거복지 프로그램에서도 장애인이 수혜대상으로 선정되는 경우 추가적인 지원이 가능하도록 해야 할 것이다.

장애인용 민간임대주택 건설을 지원하는 방안을 마련할 필요가 있다. 공공임대주택 공급을 통해 장애인용 주택 수요를 모두 해결하는데는 한계가 있다. 따라서 민간부문에서 장애인용 주택이 공급될 수 있도록 지원할 수 있는 제도가 필요하다. 영국, 미국, 일본에서는 이러한 민간영역을 적극 활용하여 주거복지의 실천주체로 역할하고 있다. 먼저 장애인용 주택의 기준을 설정하여 해당기준을 만족하는 시설을 갖춘 주택을 건설하는 경우 건설비용의 일부를 지원하거나 관련 세금을 감면하는 방안을 검토할 수 있다. 이 경우 이러한 지원을 받은 주택은 일정기간 장애인에게만 임대하는 목적으로 사용하도록 하고 관련 정보를 주거지원센터 등을 통해 제공하도록 한다.

장애인용 주택에 대한 적극적인 관리와 정보제공이 필요하다. 장애인의 경우 일상생활을 위해 다양한 편의시설과 안전시설을 갖춘 주택을 필요로 한다. 그러나 현실적으로 이러한 시설을 갖춘 주택이 크게 부족하며, 해당 주택에 대한 정보를 얻기 어려워서 어디에 어떤 주택이 있는지 장애인이 알기 어려운 실정이다. 따라서 장애인 편의시설 및 안전시설을 갖춘 주택에 대한 정보를 적극적으로 수집하여 데이터베이스화하고 거주할 주택을 구하고자 하는 장애인에게 해당정보를 제공할 수 있도록 해야 할 것이다. 장애인 편의시설이 설치된 공공임대주택이나 장애인 주거환경 개선사업을 통해 관련 시설을 설치한 주택, 건설비나 세제지원을 통해 건설된 장애인용 주택의 정보를 먼저 수집하여 관리한다. 또한 민간부문에서도 일정수준 이상의 시설을 갖춘 주택정보를 등록할 수 있도록 하고 관련 정보를 장애인에게 제공하도록 시스템을 갖추어야 할 것이다.

장애인을 위한 저금리 지원이나 상환기간 연장과 같은 다양한 형태의 금융지원 프로그램도 개발되어야 한다. 장애인 주거실태조사 결과에서 장애인이 가장 원하는 주거복지 프로그램은 '주거비 지원'으로 나타났지만, 실제로 장애인과 관련된 주택금융정책은 전무한 실정이다. 기초생활수급자로 지정된 장애인만 주거비 지원을 받고 있으나 평균적인 주거비에도 미치지 못하는 매우 적은 액수를 받고 있다. 한국주택금융공사의 보금자리론이나 국토해양부의 국민주택기금을 이용한 전세금 대출에서도 마찬가지이며 대출을 받는다고 할지라도 대도시 소형주택의 전세금에도 못 미치는 적은 금액을 대출 받을 수 있는 형편이다. 장애인들이 주택금융 접근이 좀 더 용이하도록 정보를 제공하고 대행서비스를 제공하는 방안, 대출이 좀 더 쉽도록 공공에서 보증을 지원하거나 장기적으로 상환할 수 있도록 상환기간을 연장해 주는 방안 등의 개선이 필요하다.

공공주도의 주택개조사업을 강화할 필요가 있다. 이를 위해서는 일차적으로 충분한 예산확보와 담당인력 확충이 필요하다. 보건복지부에서는 40억 원의 예산을 편성하여 장애인 주택개조지원사업에 사용하고 있지만, 수혜를 받는 장애인의 수는 그리 많지 않다. 지방자치단체에서는 예산부족으로 자체적인 주택개조사업을 시행하고 있는 곳이 세 곳에 불과하며 민간단체들도 일회성 성격의 지원이나 극소수만을 지원하고 있는 실정이다. 이러한 상황이다보니 사업에 대한 적극적인 홍보를 하지 못하고 있다. 따라서 충분한 예산확보와 인력확충, 전달체계 정비를 통해 주택개조사업에서 실효성이 있도록 공공부문의 역할을 강화해야 할 것이다.

4. 자립생활지원 정책 강화

정상화 및 사회통합을 위해서는 장애인이 지역사회의 구성원으로서 자립생활을 유지할 수 있어야 한다. 장애인의 자립생활을 지원하기 위해서는 안정적인 주거공간의 제공과 함께 일상생활에 필요한 다양한 서비스가 함께 제공되어야 한다. 장애인의 자립생활 지원은 일차적으로 장애인의 자립이 가능하도록 하는 것이고, 이차적으로 자립한 장애인이 자립생활을 유지할 수 있도록 하는 것이다.

먼저 시설이나 부양가족으로부터 자립하고자 하는 장애인을 위한 중간단계의 주거지원이 필요하다. 현재 체험홈이나 그룹홈 등이 운영되고 있으나 주로 시설에서 독립하고자 하는 장애인을 중심으로 지원이 이루어지고 있으며, 실제 거주할 수 있는 기간이 짧고 다음단계의 프로그램과 연계가 원할하지 않아 제도의 효과가 떨어지는 문제가 있다. 따라서 시설뿐만 아니라 부양가족으로부터 자립하고자 하는 장애인이 자립생활을 위한 중간단계로 이용할 수 있는 주거공간이 제공되어야 하는데 이러한 주거는 공공임대주택 중 일부를 해당 용도로 사용할 수 있게 하는 방식으로 공급할 수 있을 것이다.

또한 정책간 연계를 통해 장애인에게 필요한 복지서비스와 주거공간이 결합된 형태의 주거를 제공해야 한다. 현재 주거복지정책은 국토해양부가, 사회복지정책은 보건복지부가 담당하고 있다. 각 기관에서 장애인 지원을 위한 프로그램을 독립적으로 운영하고 있으나 개별 프로그램간의 연계를 강화해야 한다. 무엇보다 정부부처간의 협력체계를 강화하고 장기적으로 전달체계를 단일화하는 것이 필요하다. 단기적으로는 주거공간과 복지서비스를 패키지 형태로 묶은 정책을 마련하여 시범적으로 시행하고 정책시행 과정에서 발생하는 문제점과 개선방안 등을 파악하여 관련 프로그램을 확대해 나가는 방안을 검토할 수 있을 것이다.

참고문헌

강미나 외, 2010, 「장애인 주거실태와 주거정책 연구」, 국토연구원.

국토해양부 · 국토연구원, '2008년도 주거실태조사', '2009년도 주거실태조사: 장애인', 연구보고서.

김명희, 2008, 중증지체장애인의 영구임대아파트 주거환경실태와 이용만족도에 관한 연구, 「지역사회개발연구」, 33(1):95-112.

김민주, 2007, 저소득 장애인의 생활안정지원정책 개선에 관한 연구, 서울시립대학교 석사학위 논문.

김수갑 · 여경수, 장애인 주거복지개선을 위한 법제도적 개선방안, 「공법학연구」, 6(3):165-190.

김용균, 2008, 장애인을 위한 주택개조의 제도적 지원방안에 관한 연구, 건국대학교 석사학위 논문.

김용득, 2007, 「장애인 거주시설 서비스 기능과 구조의 혁신 방안」, 보건복지부 · 성공회대 사회복지연구소.

박주열, 2006, 중증장애인 주거생활실태와 주거개선 욕구에 관한 연구집, 성공회대학교 석사학위 논문.

변용찬 외, 2005, 「장애인 실태조사」, 보건복지부 · 한국보건사회연구원.

변용찬 외, 2008, 「2008년도 장애인 실태조사」, 보건복지부 · 한국보건사회연구원.

변용찬 외, 2010, 「취약계층 지원 및 주거복지 강화방안을 위한 연구」, 한국보건사회연구원.

서종균, 2009, 장애인 자립생활을 위한 주거정책의 과제, 「국토연구」, 61:81-102.

유완식, 2007, 장애인의 소득분배구조와 근로연계 소득지원방안 연구, 「장애와 고용」, 17(2):107-136.

윤상용 외, 2009, 장애인가구의 빈곤 실태 및 장애 추가비용의 빈곤 영향력, 「한국장애인재활협회」, 13(1):61-83.

전재준, 2007, 장애인 소득보장정책의 문제점과 개선방안, 서울시립대학교 석사학위 논문.

최현기, 2008, 저소득 장애인의 소득보장정책의 개선방안, 청주대학교 석사학위 논문.

Bettye Rose Connell. 2001, Difficulties, dependence, and housing accessibility for people aging with a disability. *Journal of Architectural and Planning Research*, 18(2):234–242.

Harrison and Malcolm. 2004, Defining housing quality and environment: Dis–ability, standards and social factors. *Housing Studies*, 19(5):691–708.

Nocon A. and Pleace N. 1998, The housing needs of disabled people, *Health and Social Care in the Community*, 6(5):349–357.

Perry J., Lowe K., Felce D. and Jones S. 2000, Characteristics of staffed com–munity housing services for people with learning disabilities: A stratified random sample of statutory, voluntary and private agency provision. *Health and Social Care in the Community*, 8(5):307–315.

Wiesel Ilan and Fincher Ruth. 2009, Choice agenda in disability housing provision. *Housing Studies*, 24(5):611–627.

제10장

재개발 원주민과 주거복지

Ⅰ. 머 리 말

재개발지역은 여러 개별가구가 도시내의 일정 공유공간내에서 밀접하게 상호작용하면서 동질적인 소속감을 느끼는 하나의 지역공동체이다. 재개발사업은 그곳에 살고 있는 주민의 물리적, 사회적, 문화적, 경제적 복지를 개선하기 위한 일련의 정책과 프로그램, 활동을 의미한다. 도시의 건강성은 지역공동체의 물리적, 사회적 조건을 개선하여 거주민의 삶의 질을 향상시키는 개별 지역공동체의 생명력에 의존한다고 할 수 있다(Peterman, 1999, 9~31).

재개발의 중심은 도시라는 유기체를 구성하는 지역공동체의 구성원인 주민이며, 거주민의 삶의 질을 개선하려는 시도를 나타낸다. 일반적으로 재개발지역은 사회적으로 소외된 하위계층이 주로 거주하고 있는 곳으로 도시의 건전한 발전을 위해 물리적 환경개선과 주거서비스, 공평한 분배 외에 계층간의 조화와 주거빈곤의 퇴치를 위한 지역사회의 활성화가 필요한 곳이다. 이곳은 주민의 사회적 후생과 청소년, 아동, 여성, 노인 등을 위한 생활 여건이 전반적으로 다른 지역에 비해 매우 열악한 지역이기도 하다(하성규, 2005, 451~456).

따라서 재개발은 도시와 인간생활의 문제를 개선하려는 목적으로 이루어지며, 도시의 기능성을 향상시키려는 근본 목적도 시민의 삶을 둘러싸고 있는 물리적, 사회적 환경을 개선하려는 이유에서 비롯된다. 따라서 주민의 삶의 문제는 재개발의 중심에 위치하며 재개발사업에서 가장 중요한 문제라고 할 수 있다(김태섭, 2001, 20).

이 글에서는 재개발에서 가장 중요한 문제인 주민의 주거안정을 고려한 주거복지를 주제로 하여 재개발을 포함한 도시재정비사업을 재검토 하고자 한다.

저층주거지[1]의 재정비구역에 거주하고 있는 가구의 특성을 살펴보고, 주민을 위한 대책이 주거복지적 시각에서 접근해야 할 필요성을 알아 보고자 한다. 모법인 도시 및 주거환경정비법(이하 도정법)을 검토하여 주거복지적 시각에서 재개발 등 도시재정비사업의 문제점과 대책의 필요성을 고찰하고자 한다.

Ⅱ. 사회경제적 특성과 주거복지적 접근의 필요성

1. 사회경제적 특성

1) 살고 있는 이유

재개발이나 재건축, 주거환경개선사업 등을 추진하기 위해 재정비구역으로 예정된 지역이나 정비구역으로 지정된 지역에 거주하는 주민을 대상으로 현 거주지에 살고 있는 이유를 조사한 결과는 많은 시사점을 준다. 2011년 2월 서울시에서 조사한 자료에 따르면 이들 가구는 현 거주지에 거주하는 주된 이유로 부담이 없는 주거지이기 때문에 거주한다고 응답한 가구가 가장 많았다. 자가가구의

1) 저층주거지는 아파트를 제외한 단독주택, 연립주택, 다세대 주택 등이 밀집되어 있는 기존 주거지를 말함.

표 1 현 거주지 거주이유

(단위: 가구, %)

자가		차가	
구 분	비 율	구 분	비 율
사례수	(473)	사례수	(1,549)
집값이 저렴해서	27.3	임대료가 저렴해서	40.9
교통이 편리해서	15.2	직장(생업지)에서 거리가 가까워서	21.8
직장(생업지)에서 거리가 가까워서	14.8	교통이 편리해서	12.6
개발기대때문에	9.1	조용한 주거환경때문에	5.6
현재 살고있는 지역에 대한 애착심때문에	8.5	생활비, 주거비(관리비)가 적게 들어서	5.2
조용한 주거환경때문에	8.2	가까운 친인척이나 이웃과의 관계가 좋아서	4.7
가까운 친인척이나 이웃과의 관계가 좋아서	6.8	교육여건이 마음에 들어서	4.3
생활비, 주거비(관리비)가 적게 들어서	5.1	개발기대때문에	2.6
교육여건이 마음에 들어서	3.0	현재 살고 있는 지역에 대한 애착심때문에	2.3
전월세등임대료수입이 가능해서 등	2.1	기 타	0.1

자료: 서울시(2011), “서울시 「단독주택의 정비유형 모델 개발 연구」저층주거지 주거실태조사 분석 연구”.

경우 약 27%가 ‘집값이 저렴해서’ 살고 있다고 응답하였고 차가가구는 약 41%가 ‘임대료가 저렴하여’ 현 거주지에 살고 있다고 응답하였다. 이러한 결과는 현 거주지가 자가와 차가 모두에게 주거의 안정을 가져다 주는 거주의 장소로서 의미를 가지고 있다고 볼 수 있다.

또한 직장이나 교통의 접근성을 만족시켜 주는 주거지로서 역할을 하고 있는 것으로 나타난다.

이처럼 저층주거지는 재개발 등 재정비가 이루어 지기 전에는 도시민의 주거안정을 위한 장소로서 큰 역할을 하고 있다고 할 수 있다.

2) 살고 있는 가구의 연령구조

아파트를 제외한 저층 단독주택지에 거주하고 있는 가구의 가구주 연령은 일반적으로 연령이 높은 고령층이 많았다. 아파트 거주자와 비교하여 보면 아파트 거주자는 30대에서 50대의 중간 연령층 가구주 가구가 많고, 저층주거지에는

표 2 거주자의 연령 구조

(단위: %)

구 분	전 체			자 가			차 가		
	아파트	단독 주택지	전 체	아파트	단독 주택지	전 체	아파트	단독 주택지	전 체
20대	2.2	7.3	4.9	0.7	0.4	0.6	4.7	13.5	10.1
30대	22.6	13.3	17.7	16.8	4.5	11.1	32.3	21.2	25.5
40대	31.7	19.4	25.2	32.0	12.8	23.1	31.3	25.3	27.6
50대	23.8	22.5	23.1	27.4	24.3	26.0	17.7	20.9	19.7
60대	11.7	17.9	15.0	14.2	27.5	20.3	7.5	9.3	8.6
70대이상	8.0	19.6	14.1	8.9	30.5	18.8	6.5	9.8	8.5
계	100.0	100.0	100.0	100.0	100.0	100.0	100.0	100.0	100.0

자료: 김태섭(2011. 12), 저층주거지 거주가구의 주택수요 특성 분석, 주택산업연구원.

50대와 60대 이상의 고령층이 많이 살고 있다.

특히 자가가구는 50대 이상의 가구주 가구가 약 82.3%나 살고 있고, 차가가구는 상대적으로 20대 등 젊은층이 많이 거주하고 있었다. 거주하고 있는 가구주의 연령구조가 자가와 차가가구 간에 차이가 있는 것으로 나타났다.

이러한 특성은 저층주거지가 노인가구가 거주하기에 적정한 주거공간 특성을 가지고 있고, 아파트에 비해 임대료가 저렴하여 젊은층 차가가구가 많이 거주한다고 볼 수 있다. 아파트는 자가나 차가 모두 비슷하게 30대에서 50대 연령층이 많이 살고 있어 저층주거지와 다른 특성을 보였다.

3) 재정비지역 거주자 가구소득

우리나라 사람들의 주거선호 특성을 고려할 때 일반적으로 재개발 등 재정비구역에 거주하는 가구는 다른 지역에 거주하는 가구와 비교하여 저소득 계층이 많이 거주할 것으로 예상된다.

아파트에 살고 있는 가구와 비아파트 저층주거지에 살고 있는 가구의 가구소득 수준과 순자산, 부채 등을 비교한 결과를 보면 두 가지 거주유형 간에 통계적

표 3 아파트와 비아파트 거주가구의 가계특성 비교(전국)

구 분		자 가			차 가			전 체		
		평균(만원)	t값	p값	평균(만원)	t값	p값	평균(만원)	t값	p값
월평균 가구소득	아파트	382	906.484	.000	312	804.435	.000	355	1274.840	.000
	저층주거지	234			206			219		
월평균 생활비	아파트	227	1147.716	.000	181	884.158	.000	209	1540.091	.000
	저층주거지	138			119			128		
순자산	아파트	29,029	14.540	.000	16,482	444.234	.000	25,094	143.756	.000
	저층주거지	27,748			3,697			17,061		
부 채	아파트	9,198	56.211	.000	6,895	241.669	.000	8,475	116.572	.000
	저층주거지	7,241			4,275			5,923		

자료: 김태섭(2011. 12), 저층주거지 거주가구의 주택수요 특성 분석, 주택산업연구원.

으로 유의미한 차이가 있는 것을 알 수 있다. 즉 아파트에 살고 있는 가구의 평균소득 등은 저층주거지에 살고 있는 가구보다 매우 높은 것으로 나타난다. 저층주거지는 아파트에 비해 저소득층이 많이 살고 있다는 것을 반증한다고 볼 수 있다.

특히 차가가구의 순자산을 보면 아파트에 살고 있는 가구와 비아파트에 살고 있는 가구 간에 커다란 차이가 있는 것을 알 수 있다.

서울시를 사례로 저층주거지 재정비(예정)구역에 살고 있는 가구와 저층주거지 일반지역에 살고 있는 가구의 소득수준을 비교하여 보았다. 재정비구역에 살고 있는 가구의 평균소득은 저층 일반지역에 살고 있는 가구의 평균소득 대비 약 80% 수준으로 소득수준이 낮은 것으로 나타났다.

재정비(예정)구역에 살고 있는 가구의 소득은 월평균 243만원인 반면, 일반지역에 살고 있는 가구의 월평균 소득은 305만원으로 커다란 차이를 보였다. 상대적으로 재정비(예정) 구역에 저소득층이 많이 거주하고 있다고 볼 수 있다.

따라서 저층 주거지 중에서도 재정비구역에 살고 있는 가구의 소득수준은 아파트에 살고 있는 가구나 저층 일반지역에 살고 있는 가구와 비교하여 가장 소득이 낮은 것으로 나타난다.

또한 재정비(예정)구역에 살고 있는 가구의 소득분포를 살펴보면 약 76.8%가 월평균 소득이 300만원 이하이다. 자가가구는 약 55.2%가 월평균 소득이 300만원 이하인 가구이고, 차가가구는 약 83.3%가 월평균 소득이 300만원 이하인 가구로 저소득 계층이 집중 거주하는 주거지임을 알 수 있다.

표 4 거주가구의 월평균 소득(만원)

구 분	자 가	차 가	전 체
재정비예정구역	294	228	243
일반지역*	363	274	305

재정비(예정)구역 외 단독주거지.

표 5 재정비(예정)구역 거주가구 소득분포

(단위: %)

소득구간	자 가	차 가	전 체
0-100만원	9.4	13.1	12.3
100-200만원	12.8	23.5	21.0
200-300만원	33.0	46.7	43.5
300-400만원	31.7	12.9	17.3
400-500만원	8.7	3.0	4.3
500만원 이상	4.5	0.7	1.6
계	100.0	100.0	100.0

자료: 서울시(2010), 전게서.

4) 재정비 전후의 주택부담능력 변화

서울시를 사례로 볼 때 재정비사업 전에 저층주거지에 살고 있는 가구의 평균 주택규모는 사용면적기준으로 76.5㎡이며, 평균 주택가격은 약 3억 4천만원이었다. 그러나 재정비 후에는 평균 주택규모가 약 85㎡로 바뀌며, 주택가격은 평균 약 5억원으로 상승하게 된다. 이에 따라 재정비 후에는 거주민의 요구소득수준이 약 1.6배로 상승하는 것으로 나타난다.

재정비 전에는 자가의 평균 가구소득이 294만원으로 저소득층의 주거공간으로서 역할을 하고 있었으나 재정비 후에는 요구소득수준이 월평균 473만원으로 중산층 이상의 주민이 살 수 있는 주거공간으로 역진 현상이 발생하는 것이다. 기존에 살고 있던 거주가구가 대부분 다른 주거지역으로 이주할 수밖에 없는 주거상태로 변화되는 것이다.

자가가구와 마찬가지로 세입자들도 재정비 전후에 주거비 부담이 크게 증가하는 것으로 나타난다. 전세가구의 경우 재정비(예정)구역에서는 ㎡당 평균 전세보증금 지불액이 약 100만원이나 재정비 후에는 전세부족에 따른 전세가격 상승으로 최소 25%이상 주거비가 상승하여 일반 주거지와 유사한 ㎡당 125만원 이상의 전세보증금을 지불해야 하는 것으로 추정된다.

세입자들은 주거비 상승으로 자기 수준에 맞은 주거지역으로 이동하게 되며 주거빈곤의 악순환을 겪는 가구가 나타나게 되는 것이다.

표 6 재정비 전후 주택가격 및 요구소득수준(서울시 사례)

구 분	재정비 전(저층주거지)	재정비 후(아파트)
평균 주택 면적(전용)(㎡)	76.5	85.0
평균 주택가격(만원)	34,000	50,000
거주가구 평균 소득(만원)	294(자가기준)	473

표 7 재정비후 거주민의 요구소득수준 추정

주택가격	평균 자기자본	대 출	월평균 원리금상환*	월요구소득수준 (DTI 30%)
50,000	30,000	20,000	142	473

주택담보대출 이자율: 5.5% 적용, 3년거치 17년 상환.

표 8 재정비 전후 전세부담 증가

구 분	재정비 전	재정비 후
㎡당 전세보증금 지불금액	100만원	125만원

자료: 서울시(2011), “서울시 「단독주택의 정비유형 모델 개발 연구」저층주거지 주거실태조사 분석 연구”.

5) 재정비에 따른 재정착률 실태

서울시의 시범뉴타운지구인 길음뉴타운의 사례를 통해 주민재정착 실태를 가늠할 수 있다. 길음 뉴타운 3개 구역의 평균 재정착률은 입주 후 전대가구를 포함하여 약 25.3%인 것으로 나타났다. 길음2구역은 26.8%가 재정착을 하였고, 길음4구역은 24.4%, 길음5구역은 22.6%가 재정착을 한 것으로 나타났다.

길음6구역을 통해 재정착 특성을 보다 자세히 살펴보면 사업추진과정에서 전매자가 계속 발생하여 준공 후 순수하게 재정착하는 가구는 1,064세대 중 197세대로 18.5%에 불과하다. 재정비 후 금융부담으로 실제 거주하는 가구는 많지 않다는 것을 알 수 있다.

표 9 원주민 재정착률-①(가옥주)

구 분	사업 전(세대)	원주민 재정착(세대)	재정착률(%)
길음2구역	1,120	300	26.8
길음4구역	947	231	24.4
길음5구역	318	72	22.6
계	2,385	603	25.3

주: 서울시, 입주후 전대자 포함.
자료: 김태섭 외(2010.4), 우리시대 희망찾기: 주거신분사회, 「창비」208.

표 10 원주민 재정착률-②(가옥주)

구 분	사업 전(세대)	원주민 재정착(세대)		재정착률(%)	
길음6구역	1,064	계속거주	197	계속거주	18.5
		전대자	136	(전대자포함)	31.3
		전매자	731		

자료: 김태섭외(2010.4), 우리시대 희망찾기: 주거신분사회, 「창비」208.

표 11 세입자 재정착률

구 분	사업 전(세대)	세입자 재정착(세대)		재정착률(%)
길음2구역	1,359	입주신청	198	14.5(198/1,359) 23.6(198/838)*
		주거대책비	640	
		부적격판정	521	

주: 부적격판정가구 제외시.
자료: 김태섭 외(2010.4), 우리시대 희망찾기: 주거신분사회, 「창비」208.

길음2구역 사례를 통해 세입자의 재정착률을 살펴보면 사업전 총 1,359가구 중 일반분양주택에 전월세 형태로 재입주한 가구를 제외한 임대아파트 입주신청 가구는 198세대로 세입자 재정착률은 14.5%이다.

6) 임대수입 생존형 가구의 문제

재정비(예정)구역 거주가구의 연령구조에서 살펴보았듯이 자가가구의 경우 60대 이상 노인 가구주 가구가 많이 거주하고 있으며 전월세 임대 수입에 의존하는 가구가 많다.

표 12 가구소득 대비 건물(또는 주택) 임대수입 비중: 안양시

(단위: %, 가구, 만원)

구 분	사례수	80% 이상	50% 이상~80% 이하	20% 이상~50% 이하	20% 미만	모 름	월평균 임대수입
전 체	(279)	18.6	16.1	29.7	25.8	9.7	157
20~30대	(12)	0.0	16.7	41.7	41.7	0.0	70
40대	(57)	7.0	7.0	36.8	35.1	14.0	233
50대	(79)	12.7	16.5	34.2	22.8	13.9	123
60대 이상	(131)	29.0	19.8	22.9	22.1	6.1	153

주: 안양시 만안뉴타운 사례.
자료: 김태섭(2011.5), 뉴타운사업 무엇이 문제인가?, 하우징헤럴드 창간 7주년 토론회.

만안뉴타운지역('11.2 해제) 사례를 보면, 조사가구 502가구 중 약 55.6%인 279가구가 월세 형태로 임대를 하고 있고, 월평균 임대수입은 157만원으로 나타났다. 임대소득자의 약 35%가 현재 월평균 가구소득 대비 월세수입 비중이 50% 이상인 임대수입의존 생존형 가구인 것으로 보인다. 60대 이상 고령자의 경우에는 약 49%가 현재 월평균 가구소득 대비 월세수입이 50% 이상의 비중을 차지하고 있고, 월평균 임대수입은 153만원이었다.

이러한 생존형 가구의 문제로 만안뉴타운은 주민 간 갈등을 빚어 사업 추진이 어렵게 되었으며 결국 2011년 2월 뉴타운 사업을 취소하기로 결정하였다.

2. 주거복지 관점에서 정책 접근의 필요성

재정비(예정)구역 거주가구의 특성에서 알 수 있듯이 재정비(예정)구역 거주가구는 재정비로 다양한 문제에 직면할 가능성이 매우 높다는 것을 알 수 있다. 이러한 문제의 발생은 가옥주나 세입자 모두에게 나타나는 문제이며, 경제적 약자 일수록 더 큰 생존문제와 주거불안에 직면하게 된다.

도시재정비사업은 주민의 삶에 있어 가장 중요한 주거의 문제와 관련된 사업으로 공적인 성격을 가지고 있다. 현행 도정법에 따르면 도시재정비사업은 지자체에서 기본계획을 수립하고, 시·군·구청장은 정비계획을 수립하도록 되어 있으며, 공공관리제도, 추진위원회 승인, 조합인가, 관리처분계획 인가, 토지수용권 부여 등 공공성의 근거를 찾을 수 있는 법률적 근거가 다량으로 존재한다.

그러나 공익적인 성격이 많음에도 불구하고 민간주도의 민간자본에 의해 사업이 추진되는 과정에서 공공의 역할은 행정관리 차원에서 제한적으로 이루어졌다. 토지 등 소유자와 세입자, 상가세입자 등 조합원과 비조합원 모두의 편의와 주거복지정책 측면에서 제도 지원이 미흡한 것이 사실이다.

도시재정비사업은 도시민의 주거 문제와 연관된 사업적 특성을 가지고 있기 때문에 지금까지와는 다른 주민입장에서 주거복지적 관리정책이 필요하다고 할 수 있다.

Ⅲ. 도시재정비사업과 주거복지 관련 주요 제도

1. 주택의 규모와 건설 비율

도정법 등 재정비와 관련된 법에서는 주택수급의 안정과 저소득 주민의 입주기회를 확대하기 위하여 정비사업으로 건설하는 주택에 대해 규모별 공급비율을 정하여 고시하고 있다. 도정법 시행령 제 13조의 3에 따라 정비사업에서 정하는 주택규모별 공급비율은 주거환경개선사업과 주택재개발사업, 주택재건축사업 등 사업성격에 따라 분양주택과 임대주택으로 구분하여 공급하고 있으며, 주민의 입주기회를 확보하기 위해 중소형주택을 공급하도록 규정하고 있다.

뉴타운사업과 관련이 있는 도시재정비촉진을 위한 특별법(이하 도촉법)에서도 주택규모별 비율을 정하여 규정하고 있다. 도정법에서 규정하고 있는 것과 유사하게 도촉법에서도 법 제 20조 및 시행령 제 21조에 따라 주택규모별 비율을 정하고 있다.

표 13 정비사업의 주택규모별 공급비율

구분		주택규모 비율
주거환경개선사업	분양목적	- 85㎡ 이하: 주택전체 세대수의 90% 이하 - 85㎡ 초과: 주택전체 세대수의 10% 이하
	임대목적	- 주택전체 세대수의 30% 이하 - 40㎡ 이하를 임대주택의 50% 이하
주택재개발사업	분양목적	- 85㎡ 이하: 주택전체 세대수의 80% 이하 - 85㎡ 초과: 주택전체 세대수의 20% 이하
	임대목적	- 주택전체 세대수의 17% 이하 - 40㎡ 이하를 임대주택의 40% 이하
주택재건축사업	300세대 이상인 경우	- 85㎡ 이하: 주택전체 세대수의 60% 이하(전연면적에서 차지하는 비율 50% 이하) - 60㎡이하 소형주택 20% 이상 - 85㎡ 초과: 주택전체 세대수의 40% 이하
	용적률 완화시	- 법적상한용적률-정비계획용적률의 30%~50% 이하의 면적에 60㎡ 이하의 소형주택 건설

표 14 도촉법상의 주택규모별 공급비율

구 분		주택규모 비율
주거환경개선사업	분양목적	- 85㎡ 이하: 주택전체 세대수의 80% 이상 - 85㎡ 초과: 주택전체 세대수의 20% 미만 - 60㎡ 이하는 전체 40% 이상
	임대목적	- 주택전체 세대수의 30% 이하 - 40㎡ 이하를 임대주택의 50% 이하
주택재개발사업	분양목적	- 85㎡ 이하: 주택전체 세대수의 60% 이상 - 85㎡ 초과: 주택전체 세대수의 40% 미만 - 60㎡ 이하는 전체 20% 이상
	임대목적	- 주택전체 세대수의 17% 이하 - 40㎡ 이하를 임대주택의 40% 이하 - 재정비촉진으로 증가되는 용역률의 50% 이상
주택재건축사업	300세대 이상인 경우	- 85㎡ 이하: 주택전체 세대수의 60% 이하(전연면적에서 차지하는 비율 50% 이하) - 60㎡ 이하 소형주택 20% 이상 - 85㎡ 초과: 주택전체 세대수의 40% 이하

2. 순환정비방식

순환정비방식은 재정비사업이 추진되는 동안 임시거주지로서 또는 이주를 위한 주거지로서 중요한 역할을 한다. 도정법 제35조에는 정비사업을 원활히 시행하기 위하여 정비구역의 내·외에 새로 건설한 주택 또는 이미 건설되어 있는 주택에 그 정비사업의 시행으로 철거되는 주택의 소유자 또는 세입자(정비구역에서 실제 거주하는 자에 한함)가 임시로 거주하게 할 수 있도록 순환정비방식에 따라 이주대책을 마련하도록 하고 있다. 정비구역을 순차적으로 정비하는 등 순환정비방식을 통해 주택의 소유자 또는 세입자의 이주대책을 수립하도록 하려는 목적이 있다.

또한 사업시행자는 관리처분계획의 인가 신청 후 LH공사 등에 공공임대주택을 순환용주택으로 우선 공급할 것을 요청할 수 있도록 하고 있으며 요청을 받은 LH공사 등은 순환용 주택을 우선적으로 공급하도록 하고 있다.

3. 임시수용시설 설치

도정법 제36조에서는 사업시행자가 주거환경개선사업 및 주택재개발사업의 시행으로 철거되는 주택의 소유자 또는 세입자에 대하여 당해 정비구역 내·외에 소재한 임대주택 등의 시설에 임시로 거주하게 하거나 주택자금의 융자알선 등 임시수용에 상응하는 조치를 취하도록 하고 있다. 이를 위해 임시수용이 필요한 때에는 국가·지방자치단체 그 밖의 공공단체 또는 개인의 시설이나 토지를 일시 사용할 수 있도록 하고 있다. 임시수용시설 설치도 재정비로 인한 주거문제를 해결하기 위한 방안으로 볼 수 있다.

4. 이주대책 및 손실보상

사업시행자는 도정법 제30조 제3호, 제4호에 따라 사업시행계획서에 임시수용시설을 포함한 주민이주대책과 세입자의 주거 및 이주대책을 수립 작성하도록 하고 있다.

- 제3호: 임시수용시설을 포함한 주민이주대책
- 제4호: 세입자의 주거 및 이주 대책

손실보상과 관련하여서는 도정법 시행규칙 제9조의2에 근거하여 규정하고 있다. 정비사업으로 인한 영업의 휴업 등에 대하여 손실을 평가하는 경우「공익사업을 위한 토지 등의 취득 및 보상에 관한 법률 시행규칙」제47조 제1항에 따라 휴업기간은 같은 규칙 제47조 제2항 본문에도 불구하고 4개월 이내로 하고 있다. 다만, 다음 각 호의 어느 하나에 해당하는 경우에는 실제 휴업기간으로 하되, 그 휴업기간은 2년을 초과할 수 없도록 하고 있다.

1. 해당 정비사업을 위한 영업의 금지 또는 제한으로 인하여 4개월 이상의 기간 동안 영업을 할 수 없는 경우
2. 영업시설의 규모가 크거나 이전에 고도의 정밀성을 요구하는 등 해당 영업의 고유한 특수성으로 인하여 4개월 이내에 다른 장소로 이전하는 것이 어렵다고 객관적으로 인정되는 경우

또한 주거이전비 보상에 대해서는 영 제44조의2 제2항에 따라 「공익사업을 위한 토지 등의 취득 및 보상에 관한 법률 시행규칙」 제54조 제2항에 근거하여 영 제11조에 따른 공람공고일 현재 해당 정비구역에 거주하고 있는 세입자를 대상으로 한다고 규정하고 있다.

토지등 보상법 시행규칙 제47조 제1항

제47조(영업의 휴업 등에 대한 손실의 평가) ① 공익사업의 시행으로 인하여 영업장소를 이전하여야 하는 경우의 영업손실은 휴업기간에 해당하는 영업이익에 다음 각 호의 비용을 합한 금액으로 평가한다.

1. 휴업기간중의 영업용 자산에 대한 감가상각비·유지관리비와 휴업기간중에도 정상적으로 근무하여야 하는 최소인원에 대한 인건비 등 고정적 비용
2. 영업시설·원재료·제품 및 상품의 이전에 소요되는 비용 및 그 이전에 따른 감손상당액
3. 이전광고비 및 개업비 등 영업장소를 이전함으로 인하여 소요되는 부대비용

② 제1항의 규정에 의한 휴업기간은 3월 이내로 한다. 다만, 다음 각 호의 1에 해당하는 경우에는 실제 휴업기간으로 하되, 그 휴업기간은 2년을 초과할 수 없다.

1. 당해 공익사업을 위한 영업의 금지 또는 제한으로 인하여 3월 이상의 기간동안 영업을 할 수 없는 경우
2. 영업시설의 규모가 크거나 이전에 고도의 정밀성을 요구하는 등 당해 영업의 고유한 특수성으로 인하여 3월 이내에 다른 장소로 이전하는 것이 어렵다고 객관적으로 인정되는 경우

토지등 보상법 시행규칙 제54조 제2항

제54조(주거이전비의 보상) ① 공익사업시행지구에 편입되는 주거용 건축물의 소유자에 대하여는 당해 건축물에 대한 보상을 하는 때에 가구원수에 따라 2월분의 주거이전비를 보상하여야 한다. 다만, 건축물의 소유자가 당해 건축물에 실제 거주하고 있지 아니하거나 당해 건축물이 무허가건축물등인 경우에는 그러하지 아니하다.

② 공익사업의 시행으로 인하여 이주하게 되는 주거용 건축물의 세입자로서 사업인정고시일등 당시 또는 공익사업을 위한 관계법령에 의한 고시 등이 있은 당시 당해 공익사업시행지구안에서 3월 이상 거주한 자에 대하여는 가구원수에 따라 4개월분의 주거이전비를 보상하여야 한다. 다만, 무허가건축물등에 입주한 세입자로서 사업인정

고시일등 당시 또는 공익사업을 위한 관계법령에 의한 고시 등이 있은 당시 그 공익사업지구 안에서 1년 이상 거주한 세입자에 대하여는 본문에 따라 주거이전비를 보상하여야 한다.〈개정 2007.4.12〉

③ 제1항 및 제2항에 따른 주거이전비는 「통계법」 제3조제3호에 따른 통계작성기관이 조사·발표하는 가계조사통계의 도시근로자가구의 가구원수별 월평균 가계지출비를 기준으로 산정한다. 이 경우 가구원수가 5인인 경우에는 5인 이상 기준의 월평균 가계지출비를 적용하며, 가구원수가 6인 이상인 경우에는 5인 이상 기준의 월평균 가계지출비에 5인을 초과하는 가구원수에 다음의 산식에 의하여 산정한 1인당 평균비용을 곱한 금액을 더한 금액으로 산정한다.〈개정 2009.11.13〉

1인당 평균비용 = (5인 이상 기준의 도시근로자가구 월평균 가계지출비 - 2인 기준의 도시근로자가구 월평균 가계지출비) ÷ 3

5. 상가 세입자 대책

상가세입자 대책으로는 사업시행자가 사업시행계획서 작성시 시행령 제41조 제2항 제16호에 따라 정비사업 완료 후 상가세입자에 대한 우선 분양 등에 관한 사항을 포함하도록 하고 있다.

기타 세입자 관련 대책으로는 사업시행자가 도정법 제40조 제1항 단서조항에 따른 손실보상 기준 이상으로 세입자 주거이전비를 지급하거나 또는 영업의 폐지/휴업에 대한 손실 보상을 하는 경우 용적률 인센티브 부여하도록 하고 있다(법 제40조2). 또한 사업시행자가 주거이전비로 인해 자금부담이 될 경우 자금부담 완화를 위해 세입자 보상비 융자 및 융자 알선을 하고 있다(법 제63조 제3항, 영 60조 제3항).

도정법 제40조의2

세입자의 주거이전비 또는 손실보상 등과 관련하여 사업시행자가 법에서 정한 최저기준 이상으로 대책을 수립하여 시행하는 경우에는 「국토의 계획 및 이용에 관한 법률」 제78조제1항에도 불구하고 해당 정비구역에 적용되는 용적률의 100분의 125 이하의 범위에서 용적률 완화 가능

6. 소 결

위에서 재정비사업시 가옥주와 세입자의 주거안정을 위해 규정하고 있는 주거복지 관련 제도의 주요 내용을 검토한 결과 대부분 사업시행자를 통해 해결하도록 제도화 되어 있음을 알 수 있나. 주민의 주거안정을 위한 내용을 어느 정도 담고 있으나 사업시행자를 통해 우선적으로 해결하려는 특성을 보인다.

순환정비방식, 임시수용시설설치, 손실보상, 세입자 관련 대책안 마련 등 전반적인 내용이 사업시행자가 대책을 마련하도록 법제화 되어 있다. 사업시행자는 가옥주 등 주민으로 구성된 조합으로 주거안정을 위한 대책을 마련하는 데 한계가 있다.

주민의 편의 증진과 주거복지 관련 문제에 대한 계획과 대책마련은 정부의 역할이 매우 중요하나 사업시행자를 통해 우선적으로 해결하려는 제도적 특성으로 인해 실제적인 집행 및 효과 달성이 미흡하다.

세입자의 주거안정 달성을 위한 조치의 확대는 사업시행자(가옥주)의 부담증가로 나타나 갈등의 원인으로 작용하기도 한다. 사업시행자를 통해 주택 소유자와 세입자 모두의 주거안정을 달성한다는 것은 불가능한 것처럼 여겨진다.

Ⅳ. 도시재정비의 주거복지적 접근

1. 주민편의 증진을 고려한 저층주거지 관리

저층 주거지는 정비기본계획을 통해 주거지 관리계획을 수립하도록 하고 있으며, 이에 따라 단독지역, 공동주택지역, 혼재지역 등으로 구분하여 기반시설이 양호, 불량한 지역특성에 따라 관리방식을 달리 하고 있다.

재정비(예정)구역은 지역의 특성을 고려하여 재정비가 필요한 지역에 대해 주거환경개선사업, 주택재개발사업, 주택재건축사업, 도시환경정비사업 등으로 구분하여 관리하고 있다.

그러나 문제점으로 지적되는 사항은 정비(예정)구역외에는 실제적인 관리가 미흡하며, 정비(예정)구역으로 지정된 지역도 구역지정과 함께 행위제한 등으로 인한 주민 생활불편 및 주거여건 악화 등을 경험을 하게 된다. 따라서 정비(예정)구역으로 지정된 이후 개발이 지연될 경우 주민 불편은 가중되며 주민들은 개발을 반대하거나 주민부담 증가를 우려하여 다른 형태의 개발방식을 요구하는 경우가 발생한다.

현재의 저층주거지 관리방식은 주민 편의와 주거복지 증진, 주거부담능력을 고려하여 새로운 방식으로 전환할 필요가 있다. 예로 저층주거지를 주택과 주변환경의 상태에 따라 현재와 같이 정비대상지역과 비대상지역으로 이분화하지 말고 3개 이상의 관리지역과 A－E 단계로 세분하여 관리할 필요가 있다. 이미 지정한 정비예정구역과 정비구역도 재생관리지역과 정비대상지역으로 다시 구분할 필요가 있다. 주민의 개발 의지와 지불능력을 우선적으로 고려하여 관리방식을 결정하고 도시관리상 반드시 정비가 필요한 지역에 대해서는 정비방식을 다양화하여 개발방식을 결정할 필요가 있다.

주민 편의와 주거복지를 고려하여 부분적 관리지역에 대해서는 주민 편의시설 설치 지원, 관리우선 필요지역에 대해서는 개보수, 재축, 신축 등의 방식으로 주거공간을 개선하도록 지원하고 주민편의시설 등 커뮤니티 공간을 정부에서 지원하는 방안을 검토해야 한다.

표 15 주거지 관리방식 개선(안)

구 분		주거지 상태	관리대책
재정비 비대상지역	A	가장 양호	존치/보호
	B	양호	존치/보호
재생관리지역	C	부분적 관리 필요지역	주민편의시설 설치 지원
	D	관리 우선 필요지역	개보수, 재축, 신축, 주민편의시설 설치 등 지원
정비대상지역	E	재정비 필요지역	재정비 수립/진행(공공관리 등)

2. 주민을 고려한 정비계획수립

현 도정법 제3조에 의하면 특별시장 등은 도시·주거환경정비기본계획을 10년 단위로 수립하도록 하고 있으며, 주거지 관리계획 및 정비예정구역 등 수립하도록 하고 있다. 또한 제4조에서는 시장·군수는 기본계획에 적합한 범위 안에서 정비계획 수립 및 구역지정을 하도록 하고 있다. 시장·군수는 정비계획을 수립한 후 서면 통보, 주민설명회 및 주민공람 등을 통해 주민에게 알려야 하며, 주민에게 알리는 절차를 거쳐 정비구역으로 지정하게 된다.

이러한 절차를 통해 주민은 이미 계획된 내용을 형식적, 공식적인 방법으로 통보 받게 되며, 주민의 생활과 주거여건을 충분히 반영한 조사가 이루어지지 않은 상태에서 계획이 수립되고 결정된다. 다만 도정법 시행령 제10조 제2항에 의거 주민의 의견을 조사하도록 하고 있으나 주민의 주거문제에 대한 애로가 반영되지 않는 불충분한 의견 수렴 절차가 진행되는 것이다.

주민은 구역지정 시점의 사업 초기 단계에 사업성에 관한 내용과 개략적인 부담내용을 알기를 원하나 관리처분계획 단계에서나 공지되어 알게 된다. 이 시점에서는 대부분의 사업내용이 결정되어 주민의 의견을 반영할 수 없기 때문에 갈등과 분쟁, 사업지연, 사업중단 등이 발생하는 단초가 되는 것이다.

재정비사업에서 나타나는 고질적인 문제를 해결하기 위해서는 정비계획 수립 전 주민생활에 대한 충분한 조사가 있은 후 계획에 반영하여 주민 생활불편 및 주거불안을 최소화 하도록 하여야 한다. 주거실태와 생활여건에 대한 조사, 소득, 자산, 임대료 등을 고려한 주택부담능력 알기 위한 정보 제공, 부담능력에 근거한 개발에 대한 찬반 의견 제시, 개발시 이주 계획과 재입주 계획, 원하는 주거지원책 등을 조사하여 계획에 반영해야 한다.

주민은 자신의 권리가액과 입주분담금 판단이 가능하도록 상세한 정보를 필요로 한다. 정비계획수립 전 주민의 알 권리 제공 및 재정비에 대한 주민의 자발적 선택권을 부여하는 방식으로 개선되어야 할 것이다.

3. 재정비사업의 주거복지적 접근

1) 가옥주 측면에서 주거복지적 접근

(1) 주택지불능력 고려

저층주거지는 서민 주거공간으로서 역할을 하고 있으나 개발 후 실제로 재입주가 가능한 가구는 매우 낮아 재정착률이 약 25% 이하에 불과하다. 추가부담금 과다, 지불능력이 부족한 주택분양 등으로 많은 가구가 비자발적인 주거이동을 하게 된다. 따라서 가옥주의 주거안정을 달성하기 위해서는 구역 지정전에 정부의 역할이 매우 중요하다고 할 수 있다.

재정비시 부담 예정액과 지불능력 조사, 소득 및 자산 등을 고려한 부담가능성 검토, 대출가능액과 최대부담능력 등을 파악하여 원주민이 살 수 있는 주거공간으로 정비를 해야 한다. 부담 가능한 주택규모와 재정착을 원하는 가구와 재정착 가능성을 파악하고, 재정착을 원하지 않는 가구는 향후 이주 계획과 이주할 경우 지원 가능한 방법 등을 조사하여 계획수립시 반영해야 한다.

공공관리제도가 도입된 이상 과거와 같이 형식적인 내용을 정비계획에 담기보다는 주민의 주거안정을 위해 실제적으로 필요한 사항을 계획에 반영하여 공공이 역할을 담당할 수 있도록 해야 한다.

또한 지불능력을 고려하여 주택공급계획을 수립하도록 해야 한다. 규모별 주택공급 계획은 주민의 지불능력을 고려하여 주민이 자발적으로 선택할 수 있도록 정보를 제공하고, 공급하는 주택규모를 지불능력에 맞게 다양화하여 계획에 반영하도록 해야 한다. 법에 규정하고 있는 주택규모별 비율은 현 규정내용을 그대로 유지하고, 계획수립과정에서 주민의 지불능력과 선택권을 부여한 주택공급을 하도록 해야 한다.

(2) 주민의 추가부담 완화

원주민이 재정비 과정에서 주거안정을 이루지 못하는 가장 큰 이유는 과도한 추가부담금 때문이다. 서울의 경우 평균적으로 1억~2억의 추가부담금이 소요되며, 저소득계층이 대부분인 재정비구역 주민의 입장에서는 추가부담금을 감당할 수 있는 가구가 많지 않다.

추가부담금이 많은 것은 지불능력을 넘어서는 큰 주택을 선택하는 과정에서 나타나는 문제이기도 하지만 각종 부담금으로 인한 부담증가가 원인이 되기도 한다. 기반시설설치비, 세입자 이주비 및 보상비, 공공임대건설 등 공적부담금은 추가부담금 증가를 가져오게 된다. 따라서 공적부담금 완화를 위한 지원대책이 필요하다. 기반시설설치비 등 지원 확대와 세입자 이주비 및 영업손실 보상에 대한 보전 방안 확대가 필요하다. 현재 세입자 손실보상 기준 이상으로 보상을 할 경우 용적률 인센티브로 보전을 하고 있으나 손실보상액 용적률 인센티브를 확대하여 전액보상 등 보다 적극적인 지원방안을 검토해야 한다. 특히 세입자 이주비 보상에 대해서는 전액 보전해 주는 것이 적정하다고 판단된다.

(3) 순환정비방식

정부는 정비사업으로 발생하는 주거불안을 해소하기 위해 주택소유자와 세입자들을 위한 순환정비방식을 도입하여 시행하고 있으나 실적은 매우 저조한 것으로 나타난다. 사업시행자가 관리처분계획의 인가 신청 후 LH공사 등에 공공임대주택을 순환용 주택으로 우선 공급하도록 요청할 수 있으나 실제 요청건수는 얼마 되지 않는다. 서울시의 경우 2011년 한 해 동안 SH공사에 요청한 순환용 주택 건수는 100여 가구도 안되는 것으로 나타났다.

순환정비방식은 사업시행자 주도적 방식으로 시행하기 보다는 주민의 주거안정과 주거복지 정책적 차원에서 공공 주도적 관리가 필요하다. 사업시행자를 통한 미온적 요청과 지원대책에 문제가 있음을 인지하여 가옥주와 세입자가 사업기간동안 순환정비용 주택을 통해 주거문제를 해결할 수 있도록 서울시 등 지자체의 적극적인 홍보와 안내가 필요하다.

순환정비용 주택의 양과 거주 위치, 임대료 등 정보를 사업초기와 관리처분계획 이전에 제공하여 주민이 신청할 수 있도록 관리주체와 지원절차를 개선할 필요가 있다.

(4) 영세 가옥주 보호대책

영세 가옥주는 월평균 가구소득이 도시근로자 가구소득의 50% 이하인 가구이면서 재정비구역에 소유하고 있는 주택이 주택사용면적 기준으로 40㎡ 이하에 거주하는 주택소유자 가구로 정의할 수 있다. 몇 십년간 무허가 주택에 거주하고 있는 자나 극소형 주택에 거주하는 자들로 이들은 주거복지적 관점에서 지원이 필요한 가구이다.

지구지정 이전부터 해당 구역에서 계속 거주한 영세소유자인 경우 영세 가옥주 보호대책에 따라 주거지원이 필요하다. 이들 가구는 세입자와 마찬가지로 정비사업으로 인해 주거불안을 겪는 가구이며, 세입자와는 달리 가옥주라는 이유로 가장 열악한 개발환경과 개발로 인한 추가부담금 등으로 낮은 가격의 보상을 받고 주거빈곤층으로 전락하는 가구이다.

용적률 인센티브 등 제도적 지원이 이루어진다고 하더라도 종전자산에 비례하여 이익배분이 이루어지는 비례율 방식의 특성상 정부의 제도적 지원 혜택이 아주 미미하며, 입주하기 위한 분담금 지불 능력이 부족하여 대부분 다른 지역으로 이주하는 계층으로 분류된다.

따라서 20~40㎡ 소형주택 공급을 통한 주거지원 대책과 재입주 지원을 위한 저리대출자금 지원(영세조합원 재정착 대출지원) 등이 필요하다.

그리고 도정법 시행령 별표3에 의한 임대주택 입주 1순위는 세입자이며, 2순위가 조합원 현금청산자로 하고 있으나 영세조합원은 임대주택을 원할 경우 세입자와 동일하게 1순위로 우선권을 부여하여 주거안정을 이룰 수 있도록 해야 한다. 세입자중에서도 소득분위가 높은 가구가 다수 존재하기 때문에 세입자 위주의 지원대책은 영세조합원과 불평등을 가져오게 된다.

2) 세입자 측면에서 주거복지적 접근

(1) 소득계층별 주거지원정책

세입자의 주거안정을 달성하기 위해서는 지구지정전 정부의 역할이 매우 중요하며 세입자 주거실태를 조사한 후 계획에 반영해야 한다. 주요 조사내용은 현 주거실태조사(임대료, 주택규모 등)와 소득, 자산, 재정비시 이주계획과 주거비 지불 능력 등을 조사하여 자부담으로 이주 가능 가구와 지원이 필요한 가구, 원하는 주거지원대책 등을 조사해야 한다. 조사내용에 근거하여 세입자 주거안정 대책을 마련하는 것이 필요하다.

표 16 차가가구의 소득계층별 주거지원대책

구 분	타지역 이주 세입자	재입주 세입자
1-4분위	임대료 보조 순환용 임대주택제공(계속거주시) 타지역 공공임대 입주지원 무이자 전세자금 대출지원	재개발 임대주택 입수
4-6분위	저리 전세자금 대출 지원	소형 민간임대 입주 저리 전세자금대출 지원
7분위 이상	자부담 이주(+주거이전비)	민간임대 입주

재입주 계획이 있는 가구의 경우 사업과정과 사업완료 후 토탈 지원대책을 강구하여 순환용 임대주택이나 재개발임대 또는 민간임대 등에 정착하도록 지원해야 한다.

타지역으로 이주계획이 있는 가구는 전세자금 대출지원, 임대료 보조 지원, 타지역 공공임대 알선, 자가구입지원 등을 가구의 지불능력과 형편을 고려하여 지원대책을 강구할 필요가 있다.

세입자 지원대책은 소득계층별로 주거지원대책을 수립하는 것이 필요하다. 세입자도 소득 1분위에서 10분위까지 다양하게 존재한다. 세입자라고 하여 모든 가구에게 동일한 지원대책을 선택할 수 있도록 하는 것은 문제가 있을 수 있다. 모든 세입자에 대해 재개발임대주택 입주 우선권을 부여하는 것은 적정하지 않다는 것이다. 세입자를 위한 정부의 직접적인 주거지원대책은 소득과 자산 등을 평가하여 소득6분위 이하 정도의 가구에게만 지원하는 것이 적절하다고 판단되며 다음과 같이 소득과 자산능력을 고려하여 계층별로 지원해야 한다.

(2) 세입자 주거이전비 수혜 대상 자격 확대

주거이전비의 보상은 도정법 시행령 제11조에 따른 공람공고일 현재 해당 정비구역에 거주하고 있는 세입자를 대상으로 하고 있다. 이에 따라 정비구역 지정을 위한 주민공람공고일 이후에 해당 정비구역에 이주하여 살고 있는 세입자는 주거이전비 수혜 대상에서 제외된다. 서울시 사례를 볼 때 구역지정 후 이주시까지 평균 5년 5개월이 소요되는 것으로 나타나며, 재정비(예정)구역 거주가구의 약 56.4%가 해당 지역에 거주한 기간이 5년 이하인 가구이다. 6년 이상 거주한 가구는 약 43.6%로 나타난다.

재정비사업이 추진될 경우 평균적으로 세입자 가구의 약 50% 이상이 주거이전비를 받지 못하는 가구가 될 가능성이 있다고 볼 수 있다.

따라서 주거이전비 수혜대상 자격을 구역지정 공람공고일 이전에서 조합설립인가 이전 또는 사업시행인가 이전으로 조정 필요가 있다. 주거이전비 수혜대상 가구가 증가할 경우 가옥주(조합원)의 부담이 늘어날 수 있으므로 위에서 제안한 것처럼 세입자 주거이전비 전액을 용적률 인센티브 등으로 보전해 주는 것이 필요하다.

표 17 구역지정에서 이주까지 소요기간(서울시)

구 분	구역지정~추진위	추진위~조합설립	조합설립~사업시행인가	사업시행인가~관리처분	관리처분~이주/착공
소요기간(월)	6	18	16	13	13
총소요기간(월)	66개월(5년 5개월)				

자료: 김덕례(2011), 뉴타운 등 정비사업의 주택멸실과 전세가격 변동, 주택산업연구원.

표 18 재정비(예정)구역 거주 임차가구의 거주기간(서울시)

구 분	1~5년 이내	5~10년이내	10년 이상
평균거주년도(%)	56.4%	28.7%	14.9%

(3) 도시재생 주거지원센터 설립 운영

주거복지적 관점에서 접근하기 위해서는 사업초기부터 사업완료까지 전 과정에서 세입자(가옥주 포함)의 주거안정을 위한 주거지원센터를 설립하여 운영하는 것이 필요하다. 주거지원센터의 주요 업무는 다음과 같이 정하는 것이 적절할 것이다.

- 사업초기: 주거실태조사 내용 계획반영 검토, 이주대책 상담 및 주민대상 교육안내

- 사업기간중: 이주 대책 알선 및 지원
- 사업완료후: 주거지원대책 안내 및 지원
- 이주가구, 재입주 가구 등 이주특성에 따른 지원
- 소득계층별 지원 대책 안내 및 지원

V. 결　　론

기존 시가지의 불량주거지는 도시공간의 계층화, 자원의 불평등적 배분, 주거공동체 해체 등 도시의 다양한 모순과 역설을 종합적, 핵심적으로 보여주는 표본으로 인식되었다. 그러나 주택이 가지는 의미는 주택의 크기와 질에 상관없이 매우 중요하다. 주택은 인간생존에 필요한 소비품목의 하나이며, 인간의 존재를 확인할 수 있는 곳이기 때문이다.

그러나 도시민의 삶의 토대가 되는 주거공간인 재정비지역은 오히려 개발로 인해 본래의 의미를 상실한 공간으로 변화되고 있다. 재개발 등 재정비사업의 효과는 해당지역 주민들의 주거안정에 초점을 두기보다는 해당도시의 양적인 주택공급과 불량한 도시공간의 재편에 두는 경향이 있었다. 1983년에 도입되어 우리나라 주택재개발의 근간이 되고 있는 합동재개발방식에 의한 주택재개발사업은 그동안 주택공급과 도시환경의 개선이라는 긍정적인 효과에도 불구하고 많은 문제점을 안고 있었다. 2003년 도시 및 주거환경정비법 제정으로 문제점을 해결하려고 하였으나 개발과정에서 나타나는 원주민의 주거불안정 문제는 여전히 상존하고 있고, 크게 해결되지 못하고 있다.

이제 도시재정비의 변화를 요구하는 전환기를 맞고 있는 시점에서 우리는 다시금 원주민의 입장에서 재정비사업과 주거복지의 문제를 논의해야 할 것이다. 재정비로 인해 재정비 전보다 주거불안이 더 가중된다면 큰 문제가 아닐 수 없다. 특히 경제적, 사회적 약자일수록 개발로 인해 적정한 주거공간을 잃게 되는 일이 발생할 수 있다.

참고문헌

국토해양부, 2011, 「도시재생 법제개편 및 활성화 방안 연구」.

김덕례, 2011, 「뉴타운 등 정비사업의 주택멸실과 전세가격 변동」, 주택산업연구원.

김태섭, 2001, 주택재개발사업의 평가와 주민중시형 재개발방안 연구, 중앙대 박사학위논문.

김태섭, 2008, 「주택재건축사업 규제환경분석과 개선방안」, 주거환경연구원.

김태섭, 2011, 「저층주거지 거주가구의 주택수요 특성 분석」, 주택산업연구원.

김태섭, 2011, 뉴타운사업 무엇이 문제인가?, 하우징헤럴드 창간 7주년 토론회.

김태섭, 2011, 「주민의 경제적 부담 관점에서 본 뉴타운사업의 문제점과 개선방안」, 안양시의회.

김태섭 외, 2009, 「경기도 도시재정비촉진사업 제도의 개선방안 연구」, 경기도의회.

김태섭 외, 2010, 「과천시 재건축정비예정구역 합리적인 재건축사업 추진을 위한 사업성 분석 연구」, 과천시.

김태섭 외, 2010, 「우리시대 희망 찾기 : 주거신분사회」, 창비.

서울시, 2011, 「서울시 '단독주택의 정비유형 모델 개발 연구' 저층주거지 주거실태조사 분석 연구」.

서울시의회, 2011, 서울시 뉴타운사업 진단과 해결방안은?, 「서울시의회 도시관리위원회 정책토론회 자료집」.

하성규 · 김태섭, 2003, 「한국도시재개발의 사회경제론」, 박영사.

하성규, 2005, 「주택정책론」, 박영사.

Peterman. W. 1999, *Neighborhood planning and Community-Based Development*, Sage.

제11장

농어촌 주거실태와 주거복지

Ⅰ. 서 론

그동안 우리나라의 주택문제는 대도시에 국한된 문제로 인식되어 왔고 도시 위주의 주택정책을 펼쳐왔다. 국가 경제성장을 위한 공업·도시 중심의 경제개발 정책은 경제정책뿐만 아니라 주택정책을 포함하는 사회 복지정책에서도 공업·도시 부문을 최우선으로 하는 정책을 채택함으로써 농어촌지역의 상대적 낙후를 방치하는 결과를 야기하였다.

주택을 포함한 농어촌지역의 주거환경개선은 근대화정책이 추진된 '60년대부터 시작되어 '70년대 새마을운동으로 본격화되었다. 그러나 '80년대 이후 농어촌지역을 쾌적한 삶의 공간으로 조성하기 위한 노력은 매우 미흡한 실정이다. 특히 농어촌주택은 종합적인 계획과 정책의 부재 속에 소극적인 정책으로 주민자율적 개량에 맡겨둔 결과 노령화와 저소득으로 인해 농어촌지역 저소득층의 주거환경개선은 요원한 실정이고, 자력으로 주택을 개량한 계층도 마을단위 주거환경개선으로 연계되지 못한 채 혼란스러운 경관을 연출하고 있는 실정이다.

농어촌지역의 주택·주거환경은 주택보급률이라는 양적 지표를 통해 볼 때에는 문제가 없는 상황이다. 그러나 양적인 지표가 아닌 주택의 질적인 측면과 주거복지 측면에서는 기초생활시설의 부족 및 저수준과 함께 의료, 교육, 문화, 복지 등 거의 전 부문에 걸쳐 도시와 큰 격차를 나타내고 있다. 또한 농촌 내부적으로도 양극화 현상이 심화되어 주거환경의 편차가 커지고 있어 정책의 사각지대로 방치되어 있는 농어촌지역 영세계층의 주거복지 문제가 심각한 실정이다.

한편 농어촌 지역은 산업구조의 고도화와 교통·통신의 발달, 생활권의 광역화 등 사회·문화·경제적 변화에 따라 정주공간으로서의 기능이 변화하고 있다. 최근의 농어촌주택 정책환경은 읍지역과 면지역의 차별화에 의한 상향편중 현상의 심화와 인구감소 현상이 지속되었지만 쾌적하고 여유있는 전원 주거 공간으로서 농어촌에 대한 전원회귀 수요와 귀농수요가 확대되고 고속교통망 구축 등 접근성의 개선과 경제권·생활권의 광역화로 인한 귀농·귀촌 활성화 및 도시민 유입확대로 농어촌 인구가 증가로 반전[1]되고, 귀농·귀촌 인구의 증가에 따른 주거지원 필요성의 증가[2], 노령화로 독거노인 등 농어촌지역 영세계층에 대한 주거복지차원의 정책지원 필요성의 증가, 가구분화로 인한 수요의 증가, 농촌관광과 도·농교류 활성화를 위한 주택개선의 필요성 증가 등 복합적인 요인이 혼재되어 농어촌 주택에 대한 개선과 다양한 정책지원의 필요성이 증가하고 있다.

그럼에도 불구하고 정부의 농어촌 주택정책은 여전히 도·농간 격차해소와 농어업 경쟁력 강화라는 농정방향에 따라 농어촌 내부적으로도 영세계층보다는 농촌에서 자가를 보유할 수 있는 어느 정도 경제력을 갖춘 농어민들을 주 정책대상으로 중소도시 수준의 신규택지 개발과 마을조성, 주택신축자금 융자에 정책이 집중되었다. 반면, 농어촌지역의 주거빈곤계층에 대한 농어촌주택 정책은 거의 전무한 실정이다. 최근에야 민간차원의 자원봉사와 연계된 주거복지 지원사업이

1) 2009년 인구이동 통계자료에서는 향촌인구(읍·면 → 동)가 향도인구(동 → 읍·면)를 초과하여 8만 7천명의 순유입 현상이 나타나는 등 농어촌 인구가 증가추세로 반전되는 변화도 나타나고 있다.

2) 713만명에 달하는 베이비붐 세대(55~63년생)의 은퇴시기 도래로 잠재적 귀촌 수요자 증가로 은퇴 후 여가생활, 농어촌에 대한 선호, 건강 환경 선호 등 대도시 거주 베이비붐 세대의 13.9%는 구체적인 농어촌 이주계획 중인 것으로 보고되고 있다.

도입되는 정도이다.

농어촌지역을 둘러싼 정책환경의 변화 추세 속에서 삶의 기초공간으로서 주택의 공급과 주거복지 확대가 지속적으로 필요한 상황이며 혼주화, 고령화와 생활권 광역화 등 농어촌 지역사회의 변화에 따라 새로운 주택수요를 정책적으로 어떻게 반영할 것인가에 대한 농어촌 공간정책차원의 대책마련이 필요한 상황이다. 농어촌 주택문제는 양적인 문제보다는 질적인 문제가 더 심각한 상태이며, 정부의 농어촌주택 정책방향이 농어촌주택의 변화에 가장 큰 영향을 미치는 요인이다. 본고에서는 이러한 농어촌주택의 정책환경 변화와 농어촌주거실태에 대해 고찰하고 향후 농어촌 주택정책의 방향을 정립하고자 한다.

Ⅱ. 농어촌 주택 및 주거실태 현황

1. 농어촌 주택의 개념과 범위

1) 농어촌의 정의

일반적으로 도시와 농어촌의 구분은 명확하지 않고 행정단위, 산업형태, 인구밀도 등으로 구분하는 경우가 많다. 하지만 부처마다 농어촌에 대한 정의가 다르고 국가별로도 농어촌에 대한 정의는 다양하다.

농어촌지역의 주관부처인 농림수산식품부는 농어업·농어촌 및 식품산업 기본법 제3조에서 농어촌을 다음과 같이 정의하고 있다.

> 5. "농어촌"이란 다음 각 목의 어느 하나에 해당하는 지역을 말한다.
> 가. 읍·면의 지역
> 나. 가목 외의 지역 중 그 지역의 농어업, 농어업 관련 산업, 농어업인구 및 생활여건 등을 고려하여 농림수산식품부장관이 고시하는 지역

농어업·농어촌 및 식품산업 기본법 제3조 제5호 나목에 따른 농어촌지역(농림수산식품부 고시 제2009-440호) 정의는 다음과 같다.

1. 「지방자치법」 제2조 제1항 제2호나 「제주특별자치도 설치 및 국제자유도시 조성을 위한 특별법」 제15조에 따른 시의 지역 중 동지역은 「국토의 계획 및 이용에 관한 법률」 제36조 제1항에 따라 지정된 주거·상업·공업지역 외의 용도지역
2. 「지방자치법」 제2조 제1항 제2호 및 제2조 제2항에 따른 자치구(「수도권정비계획법」 제2조 제1호에 해당하는 자치구는 제외한다)의 지역 중 동지역은 「국토의 계획 및 이용에 관한 법률」 제36조제1항에 따라 지정된 다음 각 목의 용도지역
   가. 도시지역의 녹지지역 중 생산·보전녹지지역
   나. 관리지역 중 생산·보전관리지역
   다. 농림·자연환경보전지역

농림수산식품부에서 정의하고 있는 농어촌지역을 정리하면, 읍·면지역 전체와 시의 동지역(제주시·서귀포시 포함) 중 용도지역상 도시지역 내 주거·상업·공업지역을 제외한 지역과 자치구의 동지역(서울특별시와 인천광역시 제외)에서 도시지역의 녹지지역 중 생산·보전 녹지지역, 관리지역 중 생산관리, 보전관리지역, 농림지역, 자연환경보전지역이 해당된다.

농식품부에서 고시한 농어촌지역 정의에 의하면 전국토(100,212㏊)의 95% 이상인 9,589,278㏊가 농어촌 지역이다.

2) 농어촌주택의 정의 및 개념

농어촌주택이란 용어는 광범위하고 다양하게 사용되어 왔지만 그 개념에 대한 명확한 정의나 컨센서스가 형성되어 있지는 못한 실정이다. 농어촌주택은 농가주택, 농촌주택, 민가, 농어촌지역의 주택 등 다양한 형태로 표현되고 있으나 광의적으로는 농어촌지역에 위치한 모든 주택을 의미한다고 할 수 있다. 따라서 농어촌에 대한 정의에 따라 농어촌주택의 개념도 달라진다.

본 고에서는 이러한 광의적인 농어촌주택의 개념을 사용하고자 한다. 그러나 앞서 살펴본 농식품부의 농어촌지역의 정의는 도시지역과 농어촌지역의 구분도

매우 복잡하고 전국토의 95%이상 대부분을 차지하고 있으며 분석을 위한 자료구득도 어려우므로 이를 단순화하여 일반적으로 읍·면지역에 소재하고 있는 주택을 농어촌주택으로 정의하고자 한다.

농어촌주택은 사회적, 경제적, 문화적 외부환경의 변화에 따라 생활과 공간이 상호작용하면서 지속적으로 변화하며 주택이라는 물리적 하부구조로 표출되고 사회문화적 상부구조와 상호작용하며 시대적 변화에 발맞추어 변해가고 있다. 유사이래 지속적으로 농어촌주택의 변화가 지속되어 왔지만 '60년대까지는 큰 변화없이 부분적이고 점진적인 변화가 이루어져왔다. 그러나 최근으로 올수록 농어촌지역의 사회, 경제, 문화적 환경이 급변하고 있으며, 과거 농업위주의 동질성이 강했던 촌락사회는 노령화, 혼주화, 과소화현상이 심화되면서 구조적 변화가 지속되고 있다. 농어촌주택에서도 이러한 상부구조의 변화를 수용하면서 전래의 전통적인 주택유형이 도시형주택으로 빠르게 변해가고 있으며 주택에 대한 접근자체도 도시주택과 유사한 지역적 하부시장으로 변화하고 있다.

그럼에도 불구하고 농어촌주택은 수요와 공급에 의한 시장기능이 상대적으로 약하고 농어촌주민의 노령화와 저소득계층의 증가 등으로 인해 주택의 복지적 성격이 점차 중요해지고 있다.

2. 농어촌 주택의 정책환경 변화

1) 농어촌지역의 노령화

읍·면 지역의 인구는 2000년 8,960,805명에서 2005년 8,703,735명, 2010년 8,627,388명으로 3.7% 감소했다. 2000년에는 총 인구 중 읍·면지역 거주 인구가 차지하는 비율이 20%였으나 2005년 18.5%, 2010년에는 18%로 소폭 감소하여 읍·면지역의 인구감소 추세는 어느 정도 안정화된 상태이다. 그러나 전체 인구수의 변화보다 인구의 노령화 등 인구의 질적 변화에 주목할 필요가 있다.

65세 이상 노인 인구 비율이 전국적으로는 2000년 5.5%에서 2010년 9.3%로 증가했음에 비해 읍·면 지역에서는 14.7%에서 20.9%로 증가속도와 전체비율 모두 가파른 상승을 나타내고 있다. 읍·면 지역은 2000년 이전에 고령사회에 진입

표 1 농어촌지역의 고령화 실태 변화

(단위: 천명, %)

	2000년			2005년			2010년		
	계	동지역	읍면지역	계	동지역	읍면지역	계	동지역	읍면지역
전 국	45,985	36,642	9,343	47,041	38,338	8,704	47,991	39,363	8,627
65세 이상	3,372	2,001	1,370	4,365	2,747	1,618	5,424	3,618	1,806
(구성비)	7.3	5.5	14.7	9.3	7.2	18.6	11.3	9.2	20.9

하여 2010년에는 이미 초고령 사회가 되었다. 이처럼 인구의 양적·질적 측면 모두에서 동 지역과 읍·면 지역의 격차가 심화되고 있다.

농어촌 노령화의 또 다른 양상은 독거노인 가구가 빠르게 증가하고 있다는 것이다. 농어촌지역의 독거노인 증가현상은 주거복지에 대한 수요 증가로 이어지므로, 향후 노령화에 의한 농어촌 노인들의 정주 여건 개선을 위한 적극적인 정책개입이 요구된다.

한편 고령화로 인한 도시지역 거주자들의 농어촌지역에 대한 은퇴 수요도 증가할 것으로 예상되며, 이러한 은퇴수요증가는 농어촌주택에 대한 새로운 수요 증가로 연결됨과 동시에 농어촌주거복지수요의 증가요인으로도 작용할 수 있다.

2) 농어촌지역의 과소화

농어촌지역의 변화양상 가운데 또 다른 모습이 마을의 과소화이다. 가구수가 30호 이하인 마을이 2005년 기준으로 6,612개로 전국 3만 6,041개 행정리 가운데 18.3%에 달한다. 과소화 현상은 시지역 보다는 군지역에서 심한데, 전체 과소화 마을의 65.5%가 군지역에 위치하고 있다. 시지역에 소재한 1만 4,581개 마을 가운데 인구 과소화 마을은 2,279개로 그 비율은 15.6%이다. 군지역에 소재한 2만 1,460개 마을 가운데 인구 과소화 마을은 4,333개로 그 비율은 20.2%이다. 또한 과소화는 읍부보다는 면부에서 훨씬 심해 과소화 마을의 91.5%인 6,047개가 면부에 소재한다. 읍부에 소재한 7,686개 마을 가운데 인구 과소화 마을은 565개로 그 비율은 7.4%에 불과한 반면, 면부에 소재한 2만 8,355개 마을 가운데 인구 과소화 마을은 6,047개로 그 비율이 21.3%에 달하고 있다.

이러한 과소화현상 심화는 마을이라는 전통적으로 자족적인 주거환경이 점점 더 주택과 마을의 연계가 약화되어 분리되는 현상으로 나타나고 있다.

3) 농어촌지역의 혼주화

우리나라 농촌 마을에는 평균적으로 52.7%의 농가가 거주한다. 마을의 전체 가구 가운데 농가의 비율이 25% 이하인 '농업적 성격이 약한 마을'은 7,104개(19.7%)이다(농어업총조사 지역조사, 2005).

한편, 농어촌지역으로 귀농, 귀촌하는 인구도 지속적으로 증가하고 있으며, 최근으로 올수록 증가 속도와 전체 인원도 급격히 증가하고 있어 농어촌지역의 혼주화를 가속화시키고 있다.

농어촌지역의 고용도 변화하고 있다. 읍·면지역의 사업체 종사자 수는 2000년부터 2008년 사이에 총 11만 5,862명이 줄어 그 감소율이 2.4%에 달했다. 농림수산업 주요 통계를 살펴보면 농업 종사자 수는 55만 7,000명이 줄어 무려 24.8%라는 큰 폭의 감소 추세를 보였다. 사업체 기초 통계에서 드러나는 비농업 부문 종사자 수는 44만 1,138명이 증가했다(+17.6%). 이처럼 농업 부문 고용이 크게 줄고 대신에 비농업 부문 고용이 증가하면서 혼주화가 심화되고 있다.

이러한 귀농·귀촌의 증가, 고용구조의 변화는 노령화·과소화 현상과 중첩되어 농어촌주택과 마을의 주민구성과 주택양식의 급격한 변화로 이어지고 있으며 농어촌마을의 공동체 약화와 혼란스러운 주택·마을 경관으로 변모하는 원인이 되고 있다.

표 2 연도별 귀농현황

(단위: 호)

구 분	'90~'99	'00	'01	'02	'03	'04	'05	'06	'07	'08	'09	'10	'11
가구수	17,713	1,154	880	769	885	1,302	1,240	1,754	2,384	2,218	4,080	4,067	10,503
누 계	17,713	18,867	19,747	20,516	21,401	22,703	23,943	25,697	28,081	30,299	34,379	38,446	48,949

자료: 농림수산식품부 집계자료(2011).

표 3 읍·면 지역 고용 변화

(단위: 천명, %)

구 분	2000	2001	2002	2003	2004	2005	2006	2007	2008	증감량	증가율
비농업부문 종사자 수	2,507	2,500	2,557	2,620	2,698	2,582	2,726	2,885	2,948	441	17.6
농업부문 종사자 수	2,243	2,148	2,069	1,950	1,825	1,815	1,785	1,726	1,686	-557	-24.8
총 취업자 수	4,750	4,648	4,626	4,570	4,523	4,397	4,511	4,611	4,634	-116	-2.4

자료: 사업체기초통계(통계청), 농림수산식품 주요통계(농림수산식품부).

3. 농어촌 주택의 현황

1) 농어촌 주택, 인구, 가구 현황

농어촌지역 인구는 1975년을 기점으로 1975년에 17,910,361명에서 1980년에 16,002,199명으로 1990년에는 11,101,929명, 2000년에 9,380,957명, 2005년에 8,764,198명으로 급격하게 감소하다가 이후 2010년에는 8,757,646명으로 2005년 이후에는 어느 정도 감소추세가 둔화된 상태이다. 농어촌지역 내부에서도 읍과 면이 다른 양상을 나타내고 있는데, 읍지역의 경우 1995년을 최저점으로 하여 이후 증가하고 있는 양상을 보이는 반면, 면지역의 경우는 인구감소 현상이 지속적으로 심화되고 있는 상황이다.

우리나라 전체 가구수는 매년 증가 추세에 있으나, 도시의 가구수는 매년 증가하고 농어촌의 가구수는 읍부에서는 증가하고, 면부에서는 감소 추세에 있다.

인구수와 가구수의 변화로 인해, 주택수 또한 변화가 지속되고 있으나 농어촌 전체적으로는 계속 증가 추세에 있다. 그러나 좀더 세부적으로 살펴보면 농어촌지역 내부에서도 다른 양상이 전개되고 있다. 즉, 농어촌의 주택수는 읍부에서는 증가하고, 면부에서는 감소와 증가를 반복하며 정체상태에 있다. 면부의 경우 1995년부터는 인구수의 감소에도 불구하고 주택 수는 소규모로 증가와 감소를 반복하며 강보합세로 주택 수가 유지되고 있다. 이것은 인구의 감소에도 불구하고 단독가구 및 분가, 귀농 혹은 은퇴자로서 도시민의 농어촌으로의 유입 등에

표 4 도시와 농어촌의 인구 및 주택수 비교

(단위 : 호, %)

		1975	1980	1985	1990	1995	2000	2005	2010
주택	전국	4,734,169	5,318,880	6,104,210	7,160,386	9,204,929	11,472,401	13,222,641	14,677,419
	동부	1,809,410 (38.2)	2,468,209 (46.4)	3,349,327 (54.9)	4,646,241 (64.9)	6,562,695 (71.3)	8,393,333 (73.2)	9,997,532 (75.6)	11,262,799 (84.6)
	읍부	528,163 (11.2)	676,724 (12.7)	796,855 (13.1)	702,157 (9.8)	851,456 (9.3)	1,094,042 (9.5)	1,293,996 (9.8)	1,460,243 (6.8)
	면부	2,396,596 (50.6)	2,173,947 (40.9)	1,958,028 (32.1)	1,811,988 (25.3)	1,790,778 (19.5)	1,985,026 (17.3)	1,931,113 (14.6)	1,954,377 (8.6)
인구	전국	34,706,620	37,436,315	40,448,486	43,410,899	44,608,726	46,136,101	47,278,951	48,580,293
	동부	16,792,771 (48.4)	21,434,116 (57.3)	26,442,980 (65.4)	32,308,970 (74.4)	35,036,473 (78.5)	36,755,144 (79.7)	38,514,753 (81.5)	39,822,647 (82.0)
	읍부	3,723,354 (10.7)	4,539,666 (12.1)	4,817,236 (11.9)	3,603,647 (8.3)	3,484,148 (7.8)	3,755,782 (8.1)	3,943,827 (8.3)	4,200,082 (8.6)
	면부	14,187,007 (40.9)	11,462,533 (30.6)	9,188,270 (22.7)	7,498,282 (17.3)	6,088,105 (13.6)	5,625,175 (12.2)	4,820,371 (10.2)	4,557,564 (9.4)
가구	전국	6,761,239	7,969,201	9,571,361	11,354,540	12,958,181	14,391,374	15,988,274	17,574,067
	동부	3,418,290 (50.6)	4,669,976 (58.6)	6,330,798 (66.1)	8,462,417 (74.5)	10,031,978 (77.4)	11,290,609 (78.5)	12,826,173 (80.2)	14,224,508 (82.0)
	읍부	722,593 (10.7)	935,720 (11.7)	1,106,070 (11.6)	917,171 (8.1)	1,014,190 (7.8)	1,167,229 (8.1)	1,326,369 (8.3)	1,504,690 (8.5)
	면부	2,620,356 (38.8)	2,363,505 (29.7)	2,134,493 (22.3)	1,974,952 (17.4)	1,912,013 (14.8)	1,933,536 (13.4)	1,835,732 (11.5)	1,844,869 (9.5)

자료: 통계청, 인구주택총조사보고서.

의한 새로운 주택수요가 존재하는 것으로 볼 수 있다.[3] 농어촌지역은 도시지역으로 이주 증가 및 노후화로 인한 빈집의 증가 현상과 인구수의 감소현상에도 불

3) 2011년 시행된 삶의질 향상계획 심층평가에 의하면, 농어촌 이주 5년차 이상인 응답자의 77%가 본인 소유의 주택에 살고 있지만, 2년차 이하인 응답자는 타인 주택이나 귀농인의 집 등을 임대해서 살고 있는 비율이 약 46%에 달하는 것으로 나타나고 있다(농촌경제연구원, 2011).

구하고 1인세대 및 분가, 귀농·귀촌으로 도시민의 농어촌 유입 현상 등 다양한 상황이 병존하고 있다.

2005년을 기준으로 보았을 때 농어촌의 인구 및 가구수가 전국의 18.5%와 19.8%를 차지하는데 반해 농어촌의 주택수는 24.4%로 인구나 가구수가 차지하는 비율 대비 높게 나타나고 있어 양적인 측면에서는 도시보다 농어촌지역이 여유가 있는 상황이었다. 그러나 2010년을 기준으로 최근의 상황을 보면 농어촌의 인구와 가구수가 각각 전국의 18%를 차지하는데 비해 주택수는 15.4%에 불과해 최근 도시지역의 주택이 지속적으로 증가하고 있는 반면 농어촌주택은 정체 상태에 머물러 있는 실정이다.

농어촌의 주택보급률은 양적 수치상으로는 문제가 없는 것처럼 착시현상을 일으킬 수 있으며 이러한 점이 농어촌주택 정책의 소극적 대응의 근거로 오용되고 있는 실정이다. 그러나 농어촌주택 문제는 양적인 수치상의 문제보다 주택의 질적인 측면 특히 농어촌지역 내부에서도 양극화 심화에 따른 저소득 영세계층의 주거실태가 심각한 수준에 있으며 이러한 시장실패로 인한 왜곡을 시정하기 위하여 정부차원에서 농어촌 주택시장에 대한 적극적인 정책개입이 필요한 실정이다.

2) 농어촌주택의 점유형태

1975년부터 2010년까지의 도시와 농어촌의 자가 주택 점유형태를 비교해보면, 도시는 1975년 전체 주택점유 형태에서 83.4%를 차지했던 것이 2010년에 50.3%로 33.1%만큼 축소되었고, 농어촌은 1975년에 91.9%였던 것이 2010년에 70.5%로 축소되었다.

2010년 인구주택총조사 결과 전국 주택보급율은 101.9%로 나타났고 제주도를 제외한 모든 도지역의 보급률은 100%를 넘는 것으로 나타났으나 자가 가구의 비율은 지속적으로 감소하고 있는 실정이다.[4]

---

4) 2008년 주택 보급률 산정방식의 변화에 따라 이전시기에 비해 주택보급률 낮게 나타나고 있으나 종전 주택보급률 통계로는 도단위 주택보급율이 경기(106.9%)와 제주(113.5%)를 제외하면 121.8~144.4% 정도로 나타나고 있다.

전세의 경우, 도시는 1975년에 10.5%에서 2010년에 24.3%로 2배정도 증가한 반면 읍지역은 3.9%에서 16.0%로 4배 이상 증가하였고, 면지역은 0.9%에서 6.8%로 7배 이상 급격히 증가하였다. 다만 2000년 이후 2010년까지 최근의 흐름은 도시와 농어촌지역 모두 일정 비율로 어느 정도 안정화된 상태를 보이고 있다.

월세 및 보증부 월세는 도시에서 1975년에 4.1%를 차지했던 것이 2010년에 23.3%로 5배 증가한 반면, 농어촌에서는 읍지역이 3%에서 18%로, 면지역이 0.9%에서 9.7%로 6~10배 이상 증가하였다. 농어촌지역도 월세, 보증부월세, 사글세 등이 급격히 증가하고 있다. 이는 농어촌 지역도 다양한 형태의 주택공급과 함께 주거복지정책의 강화가 필요함을 나타내는 것이다.

도시와 농어촌의 연도별 주택 점유형태는 주택보급률의 향상에도 불구하고, 자가는 지속적으로 감소하고 전세·월세 등의 차가는 지속적으로 증가하는 것으로 나타나고 있으며, 전세와 월세 모두 도시에 비해 농어촌지역이 큰 비중으로 증가하고 있는 것으로 나타났다. 농어촌지역의 경우 전월세의 비율이 급격히 증가하여 인구감소와 주택보급율의 향상에도 불구하고 통계수치로만 나타난 주택보급률과는 다른 양상이 내재되어 있음을 나타내는 것이다.

농어촌지역의 주택소유 구조는 인구감소와 주택보급율의 향상에도 불구하고 최근 전월세의 비율이 급격히 증가하고 있다. 이는, 농어촌지역도 도시와는 다른 양상이지만 임대수요가 확대되고 있는 상황에서 도시와는 다른 형식의 임대주택 공급정책의 도입이 필요함을 의미한다.

농어촌지역은 도시지역으로 이주 증가로 인한 빈집의 증가 현상과 인구수의 감소현상에도 불구하고 1인세대 및 분가, 귀농·귀촌에 대한 관심증가 및 생활권의 광역화와 농어촌지역 산업구조의 변화로 도시민의 농어촌 유입 증가 현상 등 다양한 상황이 병존하고 있어 농어촌주택의 수급과 점유형태에 변화가 나타나고 있는 것이다.

표 5 도시와 농어촌의 주택 점유형태

(단위 : 호, %)

유형	지역	1975년	1980년	1985년	1990년	1995년	2000년	2005년	2010년
자가	전국	4,259,981	4,621,767	5,116,318	5,653,911	6,893,185	7,735,057	8,828,100	9,389,855
	동부	1,509,940 (83.4)	1,970,137 (79.8)	2,609,011 (77.9)	3,420,266 (73.6)	4,629,198 (70.5)	5,496,826 (67.7)	6,575,509 (51.6)	7,057,768 (50.3)
	읍부	468,110 (88.6)	594,933 (87.9)	676,011 (84.8)	572,385 (81.5)	666,405 (78.3)	712,674 (69.7)	824,183 (62.5)	907,594 (61.0)
	면부	2,281,931 (95.2)	2,056,697 (94.6)	1,831,296 (93.5)	1,661,260 (91.7)	1,597,582 (89.2)	1,525,557 (84.1)	1,428,408 (78.3)	1,424,493 (78.2)
전세	전국	230,795	440,415	509,685	849,436	1,487,786	2,122,422	3,556,760	3,766,390
	동부	189,578 (10.5)	357,064 (14.5)	436,869 (13.0)	758,993 (16.3)	1,305,649 (19.9)	1,828,965 (22.5)	3,235,900 (25.4)	3,405,425 (24.3)
	읍부	20,831 (3.9)	42,659 (6.3)	47,261 (5.9)	53,296 (7.6)	102,973 (12.1)	170,309 (16.7)	204,694 (15.5)	237,830 (16.0)
	면부	20,386 (0.9)	40,692 (1.9)	25,555 (1.3)	37,147 (2.1)	79,164 (4.4)	123,148 (6.8)	116,166 (6.4)	123,135 (6.8)
월세.보증부월세.사글세	전국	110,591	143,364	270,197	420,009	583,777	797,817	3,011,855	3,719,517
	동부	73,373 (4.1)	96,333 (3.9)	211,044 (6.3)	351,207 (7.6)	506,569 (7.7)	632,015 (7.8)	2,622,364 (20.6)	3,274,673 (23.3)
	읍부	15,693 (3.0)	20,116 (3.0)	33,698 (4.2)	37,285 (5.3)	39,393 (4.6)	87,258 (8.5)	220,425 (16.7)	268,294 (18.0)
	면부	21,525 (0.9)	26,915 (1.2)	25,455 (1.3)	31,517 (1.7)	37,815 (2.1)	78,544 (4.3)	169,066 (9.3)	176,550 (9.7)
기타	전국	132,802	113,334	208,010	237,030	240,181	304,046	490,413	463,660
	동부	36,519 (2.0)	44,675 (1.8)	92,403 (2.8)	115,775 (2.5)	121,279 (1.8)	165,240 (2.0)	311,167 (2.4)	293,203 (2.1)
	읍부	23,529 (4.5)	19,016 (2.8)	39,885 (5.0)	39,191 (5.6)	42,685 (5.0)	51,957 (5.1)	69,637 (5.3)	73,772 (5.0)
	면부	72,754 (3.0)	49,643 (2.3)	75,722 (3.9)	82,064 (4.5)	76,217 (4.3)	86,849 (4.8)	109,609 (6.0)	96,685 (5.3)
계	전국	4,734,169	5,318,880	6,104,210	7,160,386	9,204,929	10,959,342	15,887,128	17,339,422
	동부	1,809,410 (100.0)	2,468,209 (100.0)	3,349,327 (100.0)	4,646,241 (100.0)	6,562,695 (100.0)	8,123,046 (100.0)	12,744,940 (100.0)	14,031,069 (100.0)

	읍부	528,163 (100.0)	676,724 (100.0)	796,855 (100.0)	702,157 (100.0)	851,456 (100.0)	1,022,198 (100.0)	1,318,939 (100.0)	1,487,490 (100.0)
	면부	2,396,596 (100.0)	2,173,947 (100.0)	1,958,028 (100.0)	1,811,988 (100.0)	1,790,778 (100.0)	1,814,098 (100.0)	1,823,249 (100.0)	1,820,863 (100.0)

자료: 통계청, 인구주택총조사보고서.

3) 농어촌 주택 건축연도 현황

2010년 기준으로 1979년 이전에 건축된 주택은 전체의 9.7%, 1980~1994년의 기간동안 건축된 주택은 35.8%, 1995~2004년은 38.8%, 2005년~2010년은 15.7%로 나타나 도시, 농어촌을 불문하고 최근에 상당수의 주택이 신축되었음을 확인할 수 있다.

면지역은 2010년 기준으로 30년 이상 노후화된 주택이 전체의 27%에 달하는 것으로 나타났고, 읍지역은 12.7%로 나타나 읍·면지역이 동지역보다 2배에서 4배정도 노후주택수가 많은 것으로 나타났다.

2010년 기준으로 읍·면지역의 주택 재고는 3,077,281호로 나타났지만 1979년 이전에 지어진 30년 이상 노후된 주택이 면지역의 경우 약 47만호에 달하고 읍지역도 17만호에 달해 농어촌 지역의 노후주택이 64만호 정도이며, 주택의 노후도는 읍지역보다는 면지역이 훨씬 더 심각한 상황이다.

표 6 읍·면의 건축년도별 주택수

(단위: 호)

	계	1979년 이전	1980~1994년	1995~2004년	2005~2010년
전국	13,883,571	1,349,081	4,976,596	5,383,734	2,174,160
동부	10,806,290	712,632	4,144,082	4,306,888	1,642,688
읍부	1,352,033	171,205	362,019	525,671	293,138
면부	1,725,248	465,244	470,495	551,175	238,334

자료: 통계청, 2010 인구주택총조사.

4) 농어촌지역 최저기준 미달가구 현황

농어촌지역 주택의 양적 부족은 크게 완화되었으나, 서민층의 기본적 주거수요 충족은 여전히 미흡하여 사회통합에 장애로 작용하고 있다. 우리나라 전체 1,431만 가구중 615반 가구는 임차가구이고 이 중 112만 가구는 단칸방에 거주하고 있으며, 206만여 가구(전체가구의 12.9%)는 최저주거기준에 미달하는 등 저소득층의 주거수준은 여전히 열악한 상황이다.

공공부문의 지원이 필요한 저소득계층은 국토해양부가 정한 최저주거기준을 토대로 면적, 시설, 침실기준 중 하나라도 주거상태가 미달하는 가구를 대상으로 선정하고 있다. 국토해양부의 국민임대주택 업무편람에서 제시하고 있는 지역별 국민임대주택의 소요는 최저주거기준미달가구 중에서 1인 가구 및 농어촌가구(면지역 거주 최저주거기준미달가구)를 제외한 가구수로 파악하고 있다. 주택종합계획('03-'12)에 의하면 최저주거기준 미달가구의 주거향상을 위한 공공주택의 소요량은 1,490.3천호로 나타났으며, 수도권이 726.7천호로 절반을 차지하고 있다.

2005년 인구주택총조사 자료에 근거한 최저주거기준 미달가구는 동부에서 130만 가구, 읍·면부에서 75만 가구가 있는 것으로 나타났다. 읍·면부의 최저주거기준 미달가구는 90%이상이 시설기준 미달이고, 동부는 면적기준 미달이 가장 많아 최저주거기준 미달요건의 구성요소에 있어 질적 차이가 있다(김혜승 외, 2007). 2010년 최저주거기준이 강화됨에 따라 농어촌지역의 최저주거기준 미달가구 수는 더 증가했을 것으로 예측된다.

4. 농어촌 주거실태

1) 농어촌 주거실태조사 분석결과

농어촌 주거실태는 2006년부터 국토해양부와 국토연구원에서 시행중인 주거실태조사 자료 중 농어촌지역에 해당하는 읍·면부 지역을 대상으로 자료를 추출하여 분석한 결과5)이다.

농어촌 지역의 가계수지를 살펴보면, 동부와 읍·면부의 월 소득격차가 100만원 이상 차이가 나는 것을 확인할 수 있다. 그럼에도 PIR이 농어촌지역에 도시보다 절반 이하로 나타나고 있고, RIR은 오히려 읍·면부가 더 높게 나타나고 있는 상황이다. 즉 농어촌주택의 가격은 낮지만 주거비 부담에 대해서는 도시보다 높은 부담을 가지고 있다.

지역별, 소득계층별 분석의 경우는 광역시 읍·면부지역의 과소표본 문제로 인해 분석지역을 동부, 읍·면부, 광역시 및 도·농통합시 읍·면부로 구분하였다.6)

표 7 지역별 소득계층별 가계수지

(단위: 만원)

구 분		가계수지		
		소 득	생활비	주거비
동 부	저소득층	85.0	71.0	14.0
	중소득층	235.3	146.1	20.0
	고소득층	483.9	246.9	26.8
	동부 평균	235.0	141.0	19.2
읍·면부	저소득층	67.0	56.0	11.8
	중소득층	220.3	130.8	20.6
	고소득층	457.7	185.9	26.8
	읍면 평균	134.3	84.2	15.2
광역시/도·농통합시 읍·면부	저소득층	74.1	62.2	13.3
	중소득층	229.6	139.4	19.4
	고소득층	445.4	221.0	27.0
	광역시 읍·면부 평균	203.1	129.3	14.3
	도·농통합시 읍·면부 평균	178.8	110.8	17.3
전국 평균		219.9	132.6	18.6

5) 2006년도 주거실태조사는 30,201가구를 대상으로 한 표본조사로 조사기간은 2006년 8월부터 10월까지이다. 농어촌지역의 분석에 사용된 지역별 샘플수는 군부의 읍·면부가 3,520부, 광역시 읍·면부 289부, 도농복합시의 읍·면부가 3,374부로 구성되어 있다.

6) 동부는 16개 시도의 동부, 읍·면부는 광역시와 도·농통합시를 제외한 군지역의 읍·면부, 광역시 읍·면부는 광역시에 속해 있는 읍·면부, 도·농통합시 읍·면부는 시에 속해있는 읍·면부

지역별, 소득계층별[7] 가계수지를 보면 군지역의 읍·면부가 소득이 가장 낮고 주거비 지출도 가장 적은 것으로 나타났다.

지역별, 소득계층별 PIR과 RIR을 보면, 모든 지역에서 저소득층의 RIR이 20% 이상으로 나타나 주거비 부담이 되고 있음을 알 수 있으며, 동부보다 군지역의 읍·면부에서 가장 높음을 확인할 수 있다.

지역별, 소득계층별 주거비 부담을 살펴보면, 군지역 읍·면부의 주거비 부담이 가장 높게 인식하고 있으며, 광역시와 도·농통합시의 읍·면부는 상대적으로 주거비 부담이 적은 것으로 나타났다.

표 8 지역별 소득계층별 PIR 및 RIR

(단위: 배, %)

구 분		PIR(중위수)	RIR(중위수)
동 부	저소득층	8.3	27.7
	중소득층	4.2	17.2
	고소득층	4.0	16.7
	평 균	5.2	17.3
읍 · 면부	저소득층	3.5	33.1
	중소득층	2.1	12.7
	고소득층	1.5	7.4
	평 균	2.5	21.8
광역시/도 · 농통합시 읍 · 면부	저소득층	4.7	31.0
	중소득층	3.1	16.1
	고소득층	2.1	10.5
	광역시 읍 · 면부	3.8	13.0
	도 · 농통합시 읍 · 면부	3.1	18.6
전국 평균		4.2	18.7

주: 전세금 및 보증금은 주택가격동향조사(국민은행) 2006년 10월 전국 월세이율 0.99%를 적용하여 월임대료로 전환.

7) 소득계층 구분은 저소득층이 1~4분위, 중소득층이 5~8분위, 고소득층이 9~10분위이다.

표 9 지역별 소득계층별 주거비 부담

(단위: %)

구 분		주거비 부담		
		생필품을 줄일 정도로 어려움	부담스럽지만 못 낼 정도는 아님	생계에 큰 영향을 주는 정도는 아님
동 부	저소득층	26.7	44.3	29.0
	중소득층	9.0	52.7	38.3
	고소득층	3.6	45.8	50.6
	평균	14.6	48.2	37.2
읍·면부	저소득층	27.7	42.3	30.0
	중소득층	5.7	43.4	50.9
	고소득층	0.6	46.4	53.0
	평균	17.6	43.2	39.2
광역시/ 도·농통합시 읍·면부	저소득층	17.6	47.6	34.8
	중소득층	8.6	52.3	39.0
	고소득층	3.0	40.2	56.8
	광역시 읍·면부	30.1	48.6	21.3
	도·농통합시 읍·면부	11.5	48.1	40.4

주: 주거비 부담정도는 현재 주택에 대한 임대료 및 대출금 상환 부담정도를 의미.

표 10 지역별 소득계층별 평균사용면적

(단위: m²)

구 분		사용면적	평 균
동 부	저소득층	53.2	66.1
	중소득층	67.1	
	고소득층	85.2	
읍·면부	저소득층	69.1	71.1
	중소득층	73.9	
	고소득층	78.2	
광역시/도·농통합시 읍·면부	저소득층	69.4	광역시 68.5 도·농통합시 74.7
	중소득층	76.2	
	고소득층	90.5	
전 국			67.3

공공임대주택 입주의사를 보면 군지역 읍·면부의 입주의사가 13.7%로 가장 낮게 나타났고, 도·농통합시 읍·면부(20.4%), 광역시 읍·면부(26.8%) 순으로 나타났다. 농어촌지역에 해당되는 읍·면부 전체의 임대주택 입주의사 비율은 17.4%로 나타났으며, 광역시 읍·면부를 제외한 군지역과 도·농통합시의 읍·면부의 입주의사 비율은 16.4%로 나타났다.

지역별, 소득계층별 공공임대주택 입주의사를 조사한 결과 읍·면부 저소득층의 입주의사가 가장 낮았으며, 군지역이 광역시와 도·농통합시의 읍·면부보다 입주의사가 낮게 나타났다. 오히려 읍·면부의 중소득층과 고소득층의 입주의사가 높게 나타나는 특징을 보여주고 있다.

표 11 지역별 주거만족도

(단위: %)

구 분	주거만족도			
	매우불만족	약간불만족	대체로만족	매우만족
동 부	2.2	17.3	71.9	8.6
읍 · 면부	5.5	18.6	60.7	15.3
광역시 읍 · 면부	8.3	26.0	58.7	7.1
도 · 농통합시 읍 · 면부	2.7	21.9	67.6	7.8
전 국	2.6	17.9	70.2	9.2

표 12 지역별 공공임대주택 입주의사

(단위: %)

구 분	공공임대주택 입주의사		
	입주하겠다	입주하지 않겠다	잘 모르겠다
동 부	30.6	49.5	19.9
읍 · 면부	13.7	71.0	15.3
광역시 읍 · 면부	26.8	60.5	12.7
도 · 농통합시 읍 · 면부	20.4	62.3	17.3
전 국	28.1	52.8	19.2

주: 무주택가구 및 유주택가구를 대상으로 조사한 결과임.

표 13 지역별 소득계층별 주택유형

(단위: %)

구 분		주택유형						
		일반 단독	다가구 단독	영업 겸용단독	아파트	연립	다세대	기타
동 부	저소득층	8.8	38.8	6.7	29.6	3.5	8.6	3.9
	중소득층	4.0	24.1	5.7	49.9	3.7	9.2	3.5
	고소득층	3.2	13.3	4.2	67.1	2.7	7.8	1.8
읍·면부	저소득층	76.6	7.3	4.7	5.9	2.1	0.4	3.0
	중소득층	46.3	10.2	6.7	26.7	4.3	2.3	3.4
	고소득층	41.9	8.0	11.5	31.1	4.0	0.6	2.9
광역시/도·농통합시 읍·면부	저소득층	59.9	11.5	4.2	15.7	3.9	2.1	2.6
	중소득층	27.2	6.5	4.4	50.5	5.0	4.7	1.8
	고소득층	24.7	5.5	3.9	59.8	2.9	1.8	1.4

지역별, 소득계층별 주택 점유형태를 보면, 군지역 저소득층의 자가비율이 가장 높게 나타나고 있음이 특징적이다. 이는 군지역 저소득층의 주거 중 시설기준 미달 가구가 많지만 단독주택 형태의 자가를 소유는 하고 있음을 알 수 있다. 이러한 이유로 농어촌지역의 저소득층이 기존의 임대주택 정책에서 소외되고 있다.

2) 읍·면부 거주 기초생활수급가구의 주거특성

농어촌지역의 가장 취약한 기초생활수급가구의 주거특성을 살펴보면, 가구원수가 1인인 가구가 46.4%로 나타나 독거노인 등 단독가구가 매우 많은 실정이다. 가구소득도 60만원 미만으로 나타나고 있으며, RIR이 35.8로 나타나 주거비가 10만원 미만이지만 소득대비 주거비 부담이 크다는 것을 확인할 수 있다.

표 14 가구원수

(단위: %, 명)

1인	2인	3인	4인	5인	6인	평 균
46.4	29.6	8.0	6.5	5.9	3.7	2.1

표 15 가계수지

(단위: 만원)

소 득	생활비	주거비
59.2	44.5	9.5

표 16 PIR 및 RIR

(단위: 배, %)

PIR	RIR
1.7	35.8

표 17 주거비 부담

(단위: %)

생필품을 줄일 정도로 어려움	부담스럽지만 못 낼 정도는 아님	생계에 큰 영향을 주는 정도는 아님
47.5	37.6	14.9

주: 주거비 부담정도는 현재 주택에 대한 임대료 및 대출금 상환 부담정도를 의미.

표 18 주택유형

(단위: %)

일반단독	다가구단독	영업겸용단독	아파트	연 립	다세대	기 타
69.3	10.3	1.7	12.8	2.4	1.5	2.1

표 19 점유형태

(단위: %)

자 가	전 세	보증부 월세	월세/사글세	기 타
60.5	7.7	9.0	11.5	11.3

표 20 주택시설

(단위: %)

부 엌		화장실		목욕시설	
전용입식	전용입식 아님	전용 수세식	전용 수세식 아님	전용 온수	전용 온수 아님
83.1	16.9	51.7	48.3	57.9	42.2

농어촌지역 수급자 계층의 주택실태를 보면, 전체의 70% 정도가 단독주택에

거주하고 있으며, 60%정도는 자가를 소유하고 있는 것으로 나타났다.

위에서 살펴본 것처럼 주거의 시설수준에 문제가 있음에도 불구하고 주거만족도에 대해서는 대체로 만족한다는 응답이 2/3 이상으로 나타나고 있어 주거에 대한 기대치 자체가 낮음을 알 수 있다.

Ⅲ. 농어촌주택 관련 정책의 현황과 문제점

1. 농어촌주택 정책의 개요

우리나라의 농어촌주택 정책은 선진국에 비해 소극적인 수준으로 주택의 건설·공급 같은 직접적인 정책개입보다는 농어촌주거환경개선사업, 정주권개발사업 등과 같이 주택건설을 위한 주택자금을 융자지원 하거나 문화마을조성사업, 전원마을조성사업 등 주택건설을 위한 신규택지를 공급하는 간접적인 지원정책 위주로 추진되었다.[8] 농어촌주택 정책의 대상도 주로 농어민 등 농어촌지역 주민들을 주 대상으로 하여 한정된 주택정책을 펼쳐왔다.

농어촌주택의 변화를 주도한 정부정책은 행정안전부와 농식품부, 농진청 등 각 부처별로 시행하여 왔으며 사업특성에 따라 부엌, 목욕실, 화장실 등 주택의 부분적인 개량, 주택의 전면적인 신축개량, 주택단지(마을) 조성 등 다양한 형태로 추진되었다. 농어촌주택 관련 사업들은 대체로 소규모이고 단순한 사업내용으로 대부분이 주택단위 또는 마을단위 차원에서 요구되는 주택신축·개축 자금에 대한 융자지원과 주택건축을 위한 택지를 개발하여 공급하는 수준이었다.

반면, 대부분의 선진국들은 농어촌지역에도 공공부문에서 임대주택의 건설·공급과 주거비 지원 등 직접적인 정책개입을 통해 주택재고(housing stock)와 최저주거수준(national minimum)의 확보 등을 위한 정책을 다양하게 추진하고 있다. 또한, 공공부문에서 주택을 계획·건설함으로서 주거문화를 자극하고 질적인 측면

8) 도로나 상하수도가 사회 간접자본 성격으로 정부의 직접투자가 이루어지고 있는 반면, 주택은 건축자금 융자 지원 등 간접적 지원에 머물고 있다.

에서 민간을 선도하는 역할을 담당하기도 한다.

국가별로 시기와 정도의 차이는 있지만 선진국들의 주택정책은 주택공급을 통한 양적 공급 정책단계에서 질적 개선을 위한 단계를 거쳐 복지적 차원의 주택정책을 수립하는 단계로 변화하는 흐름을 보이고 있다. 즉, 직접 건설 공급을 통해 주댁의 절내부족이 어느 정도 해소되면서 주택시장이 공급자 중심이 아니라 수요자 중심, 주택중심이 아니라 가구중심으로 변화하는 흐름이 일반적이다. 하지만, 우리나라 농어촌주택 정책은 이러한 정책의 일반적인 발전과정과는 다르게 여전히 정책의 사각지대에 머물러 있는 실정이다.

농어촌주택 정책의 대상이 되어야 할 공공임대주택 역시 도시 특히 대도시권의 저소득층을 위한 정책수단으로만 인식되어오고 있다. 국토해양부에서 수립한 국가단위의 주택종합계획에서도 주택정책 방향의 전환과 계층간, 지역간 주거불평등 해소를 목적으로 함에도 불구하고 농어촌지역은 아예 공공임대주택의 정책대상에서 제외되어 있다.[9]

이처럼 농어촌지역에 대한 주거복지정책은 도시에 비해 매우 미약한 실정으로 농어촌지역의 주거수준 향상과 최저주거수준 확보를 위한 정책지원이 매우 미흡한 상황이다.

2. 농어촌 주택 정책의 시기별 변화

농어촌주택과 관련된 정부의 정책과 사업들은 농촌지붕개량법(1967)과 농촌근대화촉진법(1970)에 의해 시작되었다고 할 수 있다.[10] 이 법에 의해 초가지붕을 기와, 슬레이트 또는 함석 등으로 개량하여 농어민의 주거환경을 개선하고자 하

9) 지역별 국민임대주택의 소요는 최저주거기준 미달가구 중에서 1인 가구 및 농촌가구(면지역 거주 최저주거기준미달가구)를 제외한 가구수로 파악되고 있다.(국민임대주택 업무편람, 2006)

10) 이전에도 농어촌 지역의 정주공간 조성 및 정비와 관련된 사업으로 1950년대 후반 지역사회개발사업(Community Development Program)이 있었으나 마을을 기본단위로 하여 마을의 주민조직을 육성하고 마을의 부존자원을 최대한 이용하여 마을의 농업생산 확대, 소득증대, 생활개선, 의식개혁 등을 목표로 추진되어 직접적인 농어촌주택 정책으로 보기는 어렵다.

였다. 그러나 이 시기의 농촌주택개량은 부분적인 주거환경개선에 머물렀고 시험적인 성격이 강했다.

1970년대는 새마을운동으로 대표되는 시기로 농어촌주택의 변모는 새마을운동을 통해서 본격적으로 전개된다. 새마을운동은 지붕개량, 담장개량, 마을안길 넓히기 등 마을단위의 기초생활환경개선에 중점을 두는 사업으로 출발하여 점차 종합적 개발사업으로 확대되어 기존의 지역사회개발사업을 흡수하며 우리나라를 대표하는 농촌개발사업으로 발전하였다.

지붕개량사업 등 마을의 기초환경 개선에 중점을 둔 새마을가꾸기사업으로 시작된 새마을운동은 지붕, 담장, 변소, 축사 등 부분적인 주택개량으로 진행되다가 '76년부터 노후·불량한 농촌주택의 신축 또는 전면개량으로 주택정책을 선회하고 마을기반시설 정비 등 종합적인 개선사업으로 확대되어 농가주거환경개선사업과 취락구조개선사업[11]으로 발전하였다. 이러한 일련의 사업들을 통해 농어촌주택은 큰 변모를 거듭하게 되고, 양적인 면에서 괄목할 만한 성과를 거두게 된다.

1970년대 새마을운동 이전까지는 농어촌 정주공간 조성정책은 주로 주택단위의 개별적인 개선과 마을의 기초생활환경을 개선하는 정책이 대세를 이루었으며, 1976년부터 시작된 취락구조개선사업부터 신규택지 조성을 통한 종합적인 정주공간 조성정책이 나타나기 시작하는 시기이다. 이를 통해 농촌지역의 신규마을 조성이 급속히 추진되었고, 현재까지도 당시에 취락구조개선사업이 추진되었던 농촌마을이 농촌지역의 일반적인 경관을 이루고 있다.

'80년대 들어 오지개발촉진법과 도서개발촉진법이 제정되어 소외된 농촌지역에 대한 지원이 계속되었으나, 정부의 정책방향이 마을 단위의 구조적인 개선에서 개별주택단위로 축소되어 행정자치부와 농촌진흥청에 의해 주택신축과 부엌, 화장실 등의 부분개량사업이 지속되었으나 정부주도보다는 주민 자력개량을

11) 취락구조개선사업은 주택을 비롯한 생활시설 기반의 입지를 계획적으로 결정하고 과밀지구, 불량주택을 재배치하거나 이축함으로 적정 생활공간의 확보와 농경지의 이용률을 높이는 동시에 가옥의 재배치를 통해 작업, 집회, 위락공간의 확보를 용이하게 한 사업이다. 취락구조개선사업은 3가지 방식으로 사업이 추진되었는데 1977년에는 신촌형, 개선 및 합촌형, 정돈형의 3가지 유형으로 구분된다.

유도하는 방향으로 정책방향이 변화하면서 '80년대 중반이후 농어촌주택에 대한 투자지원도 급격히 축소된다. 또한 농어촌 주택 표준설계도의 보급도 중단되면서 민간에 의해서 자율적으로 농어촌주택의 개량이 활성화된 시기이다.

'90년대 들어서는 UR 협상타결과 WTO 체제의 출범 등 농어촌을 둘러싼 대내외적 여건이 급변하면서 기존의 농어촌 생활환경정비사업은 획기적인 변화를 맞이하게 되었다. 농업중심의 기존 농정에서 농어촌, 농어업, 농어민 등을 종합적으로 고려하는 종합개발 방향으로 정부의 농정방향이 정해지고, '94년 발표된 농어촌발전대책에서 농어촌생활여건개선이 중요 핵심사업에 포함되면서 농특세와 구조개선사업자금 등 재정적인 뒷받침이 제도적으로 이루어짐에 따라 농어촌지역에 대한 집중적인 투자가 이루어지게 된다. 이러한 정책 환경변화에 따라 농어촌주택에 대한 정부의 정책방향도 부분개량 중심에서 다시금 전면적인 주택신축개량으로 무게중심을 옮기게 된다.

또한, 농식품부가 농어촌발전특별조치법과 농어촌정비법 등의 제정을 통해 농어촌생활환경개선사업의 주무부서로 부각되게 되고, 정주권개발사업과 문화마을조성사업 등을 통해 농어촌지역에 대한 종합적인 개발사업에 나서게 된다. 이러한 일련의 사업들은 종합적인 농어촌개발을 지향하고 있으나, 농어촌주택의 개량도 포함하고 있어, 기존의 행정안전부에 의해 주도되던 농어촌주택 정책은 농식품부의 가세로 변화를 맞이하게 된다.

행정안전부에서도 농어업·농어촌의 사회적 변화에 발맞추어 '95년 농어촌주택개량촉진법을 제정하면서 기존의 행정지침에 의존하던 사업추진체계를 제도화하고, 기존의 취락구조개선사업을 농어촌주거환경개선사업으로 확대·발전시키며, 패키지 마을조성사업 등을 통해 농식품부와 유사한 마을단위의 개발사업을 통해 농어촌주택개량사업을 지원하게 된다.

그밖에 농촌진흥청과 산림청 등에서 농어촌지역의 주택정책과 관련된 정책과 사업을 시행하고 있으나 사업비의 규모와 실적에서 농식품부와 행정안전부에 비하면 파급효과는 크지 않았다.

농어촌 정주공간 조성정책은 '90년대 이전까지는 취락구조개선사업부터 농어촌주거환경개선사업에 이르기까지 주택개량과 대부분 20호 미만의 소규모 신규택지 조성이 주를 이루었으며, 정책대상도 농어민 등 기존 농어촌마을 주민이 주 정책대상이었다. '90년대 문화마을조성사업 이후부터는 기존 마을 인근의 지역주민과 도시민들까지도 일부 정책대상에 포함하는 것으로 정책대상이 확대되었다. 사업규모도 사업시행초기에는 100~300호 규모로 시작되었으며 이후 '90년대 후반으로 갈수록 수십호 정도로 축소되는 경향이 나타나기는 하였지만 이전 시기에 비해서는 사업규모가 확대되었고 마을단위의 공동이용시설과 근린생활시설 조성 등 마을의 공간구성과 사업내용도 확대되어왔다.

2000년대에 들어서는 2004년부터 문화마을조성사업이 폐지되고 이를 개편하여 전원마을조성사업으로 변화하게 된다. 문화마을조성사업은 정책대상이 지역주민과 도시민을 포괄하고 있었으나 전원마을조성사업의 경우는 베이비붐 세대의 본격적인 은퇴를 대비하여 은퇴자 등 도시민을 농어촌마을에 유치하기 위한 사업으로 주 정책대상이 도시민으로 변화되게 된다.[12] 이러한 변화는 '90년대까지는 농어촌지역의 정주공간조성사업의 주 정책대상이 농어업인 중심에서 점차 농어촌지역주민으로 확대된 후 최근에는 도시민을 주요한 정책대상으로 포함하는 변화의 흐름으로 읽을 수 있다.

또한 문화마을조성사업을 통해 택지공급에 국한되던 정책영역을 전원마을에서는 주택건축도 적극적으로 포함하는 것으로 변화되었다. 이는 문화마을조성사업을 통해 택지 조성은 되었지만 주택건축이 이루어지지 않아 택지공급에만 머문 한계를 극복하고 경관과 주거환경의 쾌적성 향상을 담보하기 위한 변화된 사업형태로 볼 수 있다.

농어촌주택 관련 정책의 추진주체는 크게 행정안전부와 농림수산식품부로 이원화되어 추진되어 왔으나 2007년부터는 행정안전부 농어촌주거환경개선사업이 농식품부로 이관되어 농어촌주택 정책담당 주무부처로 농식품부의 기능과 역할이 강화되어 오늘에 이르고 있다.

농어촌주택과 관련된 사업추진실적을 살펴보면, 행안부는 농어촌주택 개량

---

12) 전원마을조성사업은 기존의 문화마을조성사업에서 도시민이 30%정도 거주하였던 점을 감안하면 기존 농어촌주민과 도시민 간의 비율차이가 7:3에서 3:7로 역전 된 것으로 농어촌마을 정책대상의 변화로 특징지을 수 있다.

에 '05년까지 386천동에 4조 1,580억원을 융자지원하였고, 농식품부는 '90~'05년까지 39,328동에 5,226억원을 융자지원(신축 30,446, 개량 8,882)하였다. 농진청은 '83~'04년까지 172,642호에 2,923억원을 투자하여 부엌, 목욕실개량 융자지원을 하여 물량면에서는 괄목할 만한 추진성과를 거두었다.

2000년대 후반에 들어서는 농어촌주택의 정책영역이 확대되기 시작하는데, 대표적으로 임대주택이 정책대상으로 고려되기 시작한다. 농식품부에서는 농어촌형 임대주택을 도입하기 위해 2006년 4월 국토행양부와 부처 간 합의에 의해 2016년까지 향후 10년간 11만호의 농어촌형 임대주택 공급계획을 발표한 바 있다. 이러한 합의를 바탕으로 2008년부터 시범사업을 통해 농어촌형 임대주택사업을 추진할 예정이었으나, 국토부의 임대주택과 차별성이 모호하다는 등의 이유로 예산당국의 반대로 사업비 배정을 받지 못해 사업이 지연되었고, 현재는 시범사업으로 추진중인 농어촌 뉴타운 조성사업[13]에서 일부 임대주택을 도입하여 추진 중에 있다. 농어촌 뉴타운의 임대주택은 장성에 130호(85㎡ 70호, 100㎡ 60호)와 화순에 150호(100㎡)로 전체 650세대 중 280호에 달해 전체 농어촌 뉴타운의 40%이상이 임대주택으로 공급[14]될 계획으로 추진 중에 있다. 농어촌 뉴타운 시범사업지구의 경우 분양주택보다 임대주택이 상대적으로 더 선호되는 것으로 나타나고 있다(최혁재 외, 2010).

또한 최근에는 귀농·귀촌에 대한 주거지원 정책과 농어촌공동체 홈 등 주거복지 차원의 정책이 새롭게 도입되어 추진중에 있으나 아직 초기단계이다.

귀농·귀촌자에 대한 주거지원 정책은 2009년부터 도입[15]되어 농지구입, 시

13) 농어촌 뉴타운은 도시에 거주하는 30~40대의 젊은 인력을 유치하여 지역 농산업의 미래 핵심주체로 육성하고 농어촌지역의 활성화를 위한 새로운 시도로 추진되는 사업으로 2009년 1월 충북 단양(75세대), 전북 장수(75세대), 고창(100세대), 전남 장성(200세대), 화순(200세대) 5개 지구를 선정하여 시범사업을 추진하고 있다.

14) 농어촌 뉴타운의 임대주택은 임대기간이 10년이며, 최초 5년 계약 후 2년씩 재계약되며, 임대기간이 종료된 후에는 분양 전환되는 조건이다. 임대주택의 경우 국고보조 40%, 국고융자 60%(연리 3%, 10년 거치 20년 상환)로 지원한다. 임대료는 '국민임대 표준임대조건(국토해양부)'을 준용하도록 하고 있다.

15) 귀농·귀촌인의 안정적인 농어촌정착 및 성공적인 농업창업을 지원하기 위해 「귀농·귀촌 종합대책」수립·추진(2009.4월).

설설치, 주택구입 등을 위한 영농정착자금이 융자지원이 되고 있다. 융자조건은 2억원 한도이지만 주택구입은 5천만원 한도로 농어촌주거환경개선사업으로 지원되고 있다. 지원조건은 연리 3%, 5년 거치 10년 상환 조건으로 주거지원과 정책지원을 병행해서 추진되고 있다.[16] 이외에도 빈집수리비, 귀농인의 집, 귀농교육 및 농업인턴 지원 등이 이루어지고 있고, 지자체 차원에서도 전라남도와 강원도 등 광역지자체와 기초지자체에서 도시민 농어촌이주를 지원하기 위한 주택 신축자금의 융자·보조 및 기존주택의 개축 지원 등 다양한 정책들을 추진하고 있으나 귀농·귀촌자에 대한 주거지원 정책은 아직까지는 다소 미흡한 상태이다.

농어촌 공동생활형 홈은 자력생활이 가능한 농어촌의 취약계층(독거노인, 고령·영세농어업인 등)의 주거환경개선 차원에서 추진하고 있는 주거복지 관련 정책이다. 농어촌 공동생활형 홈은 농어촌 지역에서 주거환경이 열악하나 경제력 미약으로 개선이 불가능한 취약계층으로서 독자적 생활이 가능한 자를 대상으로 정부·지자체의 재정여건, 취약계층 부담능력 등을 고려, 저비용의 공동생활형 주거형태 마련·지원한다.[17]

농어촌 독거노인을 위한 농어촌 공동생활형 홈 시범사업은 2011년 1개소에 3가구가 입주하였고, 2012년에는 농산어촌개발사업 기초생활기반 확충사업으로 공동생활형 홈 8개소(충북 영동, 괴산, 단양, 전북 완주, 임실, 전남 진도, 경남 의령, 합천) 기본계획을 실시하는 것으로 사업물량이 확대되어 추진될 예정이며, 5년간('12~'15) 23개소(230호)를 조성하는 것을 목표로 하고 있다.[18]

---

16) 귀농·귀촌 자금지원 내역은 2009년 303건 17,768백만원에서 2010년 482건 26,062백만원으로 대폭 증가되었다.

17) 고령농어업인 주거복지 강화를 위해 2011년 시범사업으로 고령농업인을 위한 집단거주 주택(공동생활형 홈) 조성을 추진하고 있다. 도입 초기에는 국가지원의 시범사업 등을 통해 성공모델을 창출하여 지자체·지역사회의 자발적 추진기반을 확보하고 장기적으로는 지자체·지역사회·민간 주도형으로 추진할 계획이다. 지역사회의 생활·문화·산업 등과 긴밀한 Network을 구성하고, 지속적·안정적 운영을 위해서 충실한 관리 및 운영 체계를 마련하고 있다.

18) 농어촌 공동생활형 홈 조성을 위한 입지는 입주대상 선정의 공간적 범위·모델 유형·관련 시설 등과 연계하고, 지역사회의 의료·복지·편의시설 등과의 연계성 및 접근성을 고려하여 공동생활이 가능한 지역을 선정한다. 공동생활형 홈 입주 대상자(예: 독거노인)의 심리적 특성을 고려하고, 입주 후 정서적 안정 등과 연계가 가능한 지역과 입주자가 기존 거주주민들

농어촌 공동생활형 홈 조성방식의 유형은 기존시설(마을회관·경로당 등)을 연계한 유형과 신규로 공동생활형 홈(그룹 홈)을 조성하는 유형으로 구분할 수 있다. 기존시설(마을회관·경로당 등)을 연계한 유형은 ① 마을회관·경로당·공가 등 기존시설 내에 공동생활 주거 공간을 도입하거나, ② 기존시설의 특성을 고려하여 마을회관 등을 리모델링하거나 기존시설을 연계·확장하여 소규모(5~10호) 중심으로 조성하거나, ③ 정부에서 기본모델을 개발·제공하여 지자체 자체적으로 추진하는 것 등으로 구분할 수 있다.[19)]

이 밖에 2007년부터 농어촌 지역의 독거노인, 다문화 가정 등 농어촌 소외계층의 주거지원을 위한 집 고쳐주기 사업을 시행하고 있다.[20)] 이 사업은 (사)한국농촌건축학회·대학생 자원봉사자, 사회적 기업 주거복지공동체 등과 연계하여 (재)다솜둥지복지재단 주관으로 실시하고 있다. 사업내용은 주택의 상태에 따라 개·보수 실비를 지원하고, 주택상태에 따라 시급한 부분 개보수(화장실, 부엌, 지붕, 도장, 도배 등)를 실시하고 있다. 사업 규모와 사업량은 '07년부터 '11년까지 2,500백만원의 사업비로 662가구를 지원하였다.[21)]

또한 관련 부처의 저소득층 주거지원 제도로는 보건복지부의 주거급여 지원과 국토해양부의 임대주택 및 국민기초생활보장 수급자의 자가 주택 개보수 사업 등이 있고 일부 지자체 차원에서도 소규모이지만 농어촌 지역에 무료 임대주택을 공급하거나 주택개량보조금 지급, 공동체 홈 건설 등을 통해 취약계층의 주거복지 지원정책을 부분적으로 시행하고 있으나 체계적이거나 안정적인 정책지원 체계를 갖추고 있지는 못한 실정이다.

과의 연대감 유지, 텃밭·일자리 제공 등이 가능한 지역을 선정하도록 하고 있다.

19) 농어촌 공동생활형 홈의 규모는 1인 거주용 전용주거공간의 규모는 33㎡ 내외에서 지역적 여건 등을 고려하여 세부적으로 결정한다. 공동생활 홈 유형에 따라 주거전용 공간면적의 20~40% 내외의 입주자 공용공간을 반영한다. 지역별 공동생활 홈 가구수는 입지여건, 재정규모, 입주수요 등을 종합적으로 고려하여 5~20호의 범위에서 조성하도록 되어 있다.

20) 농어촌 지역 노인 독립가구(약 78만 호) 중 주거환경이 취약한 주택에 거주하는 가구는 약 24만 가구로 추정되고, 농어촌 지역 노인 독립가구 중 주거환경개선 능력이 현저히 부족한 국민기초생활수급자 가구는 약 6만 9천 가구로 추정된다(농식품부 내부자료).

21) 농어촌 집 고쳐주기 사업추진실적은 (2008)38 → (2009)113 → (2010)165 → (2011)309 → (2012)375동으로 점차 확대되는 추세에 있다.

Ⅳ. 농어촌 주택정책의 추진방향 및 과제

1. 정책목표의 명확화 및 세분화

농어촌주택 정책의 방향은 단순공급·지원정책에서 주거수준 향상 정책으로 전환이 필요하며 사회·문화·정책환경 변화에 따른 정책 목표의 재설정이 필요하다. 도시위주의 현행 최저주거기준과는 다른 농어촌지역의 특성을 반영한 최소주거기준 등 최저기준(National Minimum) 설정이 필요하며, 나아가 적정주거기준[22] 등의 수립으로 연계되어 농어촌의 주거환경 수준을 향상시키도록 유도하는 정책을 도입할 필요성이 있다.

또한 농어촌 주택에 대한 다양한 정책대상별 목표와 방안을 수립하는 세분화된 접근이 필요하다. 농어촌 주택정책의 대상은 매우 다양하게 설정될 수 있으나, 크게는 3가지 계층으로 대분류할 수 있다. 첫 번째는 주택정책의 최우선 대상이 되어야 할 영세계층, 두 번째는 중간계층으로 대부분의 농어촌지역 주민이 해당된다. 세 번째는 도시민의 농어촌유입 계층으로 구분할 수 있다. 물론 도시민 유입계층도 은퇴자, 귀농자, 전원회귀자 등 다양하게 구분될 수 있으며 영세계층과 중간계층의 지역주민들도 지역특성과 소득계층에 따라 다양하게 세분될 수 있을 것이다. 그러나 우선은 대분류 단계의 정책대상만이라도 세분화해서 정책목표와 방안을 수립한 후 순차적으로 좀 더 세분화된 정책방안을 마련하는 접근이 필요한 실정이다.

---

22) 일본의 경우 최저주거수준을 유지하면서 한편으로는 기존의 평균거주수준을 유도거주수준으로 대체하고 있다. 또한 지역특성에 따른 거주수준의 향상을 도모하기 위해 도시의 중심 및 주변의 공동주택을 상정한 도시형 유도거주수준과 교외 및 지방의 단독주택을 상정한 일반형 유도거주수준으로 구분하여 주택의 질적 향상문제에 대응하고 있다.

2. 농어촌주택의 실태분석 및 계획수립 강화

농식품부 또는 범 정부적 차원에서 농어촌지역의 주택 및 주거실태에 대한 정확한 실태분석과 주택종합계획수립이 필요하며, 나아가 범정부적 차원의 농어촌 주거환경개선대책이나 계획의 수립도 필요하므로 기존의 주택종합계획에 농어촌주택 정책 부문을 강화하거나 삶의 질 계획과 연계해서 삶의 질 계획의 한 부문으로 주택정책 부문을 정리하는 방안이 필요하다.

또한, 경제권과 생활권의 광역화 현상을 반영하여 농어촌지역의 주택시장은 지역별로 차별화된 정책목표와 정책시행이 이루어져야 한다. 즉 생활권 단위로 농어촌주택의 지역별 하위시장에 대한 실태분석이 이루어져야 한다. 이는 생활권 단위에서의 다양한 유형의 주택수요와 이러한 수요에 대응할 수 있는 주택공급 계획의 수립 그리고 생활권 단위의 주거환경 개선 계획 등 광역단위의 연계계획으로 부문별 계획을 수립할 필요성이 있다. 이는 기존의 다양한 계획들과 연계하거나 주택종합계획의 하위 계획으로 추진되는 것이 바람직하다.

주택시장은 주택수요와 공급의 일치가 매우 중요하다. 농어촌 주택의 수요가 다양화되고 있는 만큼 농어촌주택의 공급도 다양한 수요에 적절히 대응할 수 있도록 수요량에 맞는 적정 공간적 배분이 필요하다. 즉 광역화를 수반한 사회, 문화적 정주패턴의 변화에 정주생활권 단위의 주택소요 분석과 이를 바탕으로 한 세분화된 주택공급계획이 연계되어야 한다. 이를 위해서는 생활권 단위의 정확한 실태분석과 수요 및 공급 여건 분석 등 세밀한 계획수립과 이를 바탕으로 사업을 연계하여 추진하는 계획적 개발방식이 긴요하다.

3. 고령화에 대응한 주택공급 및 주거복지 확대

농어촌 노령화 문제의 또 다른 양상은 독거노인 가구가 빠르게 증가하고 있다는 것이다. 농어촌지역의 독거노인 증가현상으로 주거복지에 대한 수요가 증가할 것으로 예상되며, 향후 노령화에 의한 농어촌 노인들의 정주 여건 개선을 위한 적극적인 정책개입이 필요한 실정이다.

정주패턴의 변화와 생활권·경제권의 광역화, 노령화의 흐름속에서 농어촌지역이 주거공간으로서의 가능성 특히 은퇴 이후의 쾌적한 삶의 공간으로서 기능할 수 있도록 농어촌형 은퇴주거단지에 대한 다양한 시도가 필요하다. 이는 교통의 발달로 대표되는 정주여건변화로 인해 시공간의 압착과 생활권의 광역화에 따라 기존의 의료, 교육, 문화 등 농어촌지역이 가진 주거환경의 부족한 점을 인근 도시에서 상호보완적으로 연계할 수 있는 가능성이 확대되고 있기 때문이다.

따라서 이러한 사회문화적 변화에 발맞추어 농어촌지역의 주거공간의 새로운 가능성을 다양한 측면에서 재검토할 필요가 있으며 이러한 접근은 민간주도로 이루어지기 보다는 우선적으로는 공공에서 시범적으로 추진하여 교외화가 가능하고 수요가 있는 지역을 대상으로 이주수요에 장애가 되고 있는 요인들을 제거하고 전원주거 공간으로서의 가능성을 다양한 시범사업을 통해 가시적으로 확인시켜주는 과정이 필요하며, 이러한 성공사례들을 공공에서 우선적으로 확인시켜 새로운 주택시장이 형성될 수 있도록 유인할 필요가 있다.

이처럼 농어촌지역은 기존 주민들의 고령화와 함께 은퇴도시민들의 추가적인 진입 수요를 고려하면 사회 전반적인 고령화에 대비한 주택공급을 활성화할 필요성이 있다. 이는 단순히 주택사업으로서의 접근이 아니라 노인주거복지 차원의 통합적 사업추진이 필요하다.

4. 취약계층에 대한 정책지원 강화 및 공공 임대주택의 확대

농어촌주택 정책실태에서 살펴보았듯이 농어촌지역의 취약계층에 대한 주거지원 정책이 매우 미흡한 상황이며, 오히려 취약계층이 정책적인 역차별을 받고 있는 실정이다. 기초 생활수급자에 대한 주거지원은 자가인 경우로 한정되어 이루어지고 있어 주택을 소유하지 못한 기초생활수급자들의 경우 최저주거기준에 미달함에 불구하고 정책지원이 거의 없는 실정이다. 또한 정책대상이 되는 수급자에 대한 주거지원 정책도 지붕개량, 보일러 개량, 내부 마감개선 등과 같은 부분적인 정비에 머물고 있어 근본적인 주거환경개선보다는 부분적인 정비로 정책지원의 효율성도 낮은 상태이다. 따라서 정부차원에서 농어촌지역 저소득계층의 최저주거기준 확보를 위한 정책개입 강화가 필요하며 이는 농어촌지역의 주거복지에 대한 현물보조 수단을 강화하는 것이 필요하다.[23]

선행연구결과에 의하면 농어촌지역의 차상위계층 이하 161만 6천 가구 중 74만 9천 가구가 최저주거기준 미달가구[24]인 것으로 나타나고 있어 농어촌지역에서 차상위계층 이하의 절반가까이가 최저주거기준 미달인 현실에서 이에 대한 정책방안 마련이 시급하다.

우리나라와 같이 최저소득계층에 대한 주거지원방식이 미흡한 현실에서는 우선 저소득층을 위한 공공임대주택의 재고를 확충하여야 한다. 이후 어느 정도 공공임대주택의 재고가 확보되면 정책의 효율성 확대를 위해 시장기능에 맞기는 주택수당제도 도입 등을 검토하는 것이 바람직하다.

농어촌주택에 대한 질적 수준 향상을 위한 직접 공급 정책을 강화하여 새마을운동 이후 방치된 농어촌주택의 주거수준 향상을 공공에서 담당할 필요가 있으며, 장기적 관점에서 농어촌지역의 특성을 반영한 다양한 주택모델과 주택정비방식의 도입을 위한 지자체 단위의 다양한 시범사업의 활성화를 위한 적극적인 재정지원이 필요하다. 이를 통해 농어촌지역의 주거환경과 주민들의 생활패턴에 맞는 다양한 형식의 임대주택 또는 주거복지시설의 지원이 필요하다.

농어촌 임대주택정책은 사회 정책적 차원에서 공공주택으로 추진이 필요하며, 이는 단순한 주거복지의 차원을 넘어서는 농어촌지역의 공간구조 재편과도 맥이 이어지는 정책으로 추진되어야 한다. 공공임대주택의 공급확대를 통해 농어촌지역의 주거환경개선과 교외화, 생활권 광역화에 의한 외부 주택수요의 일정부분을 수용할 수 있도록 하며, 이를 통한 농어촌지역의 공간구조 재편과도 연계되어야 한다.

---

23) 주거복지정책의 현물보조 수단은 정부부문이 정책대상이 되는 저소득층 가구들에게 공공임대주택을 저렴한 가격으로 직접 공급하거나 혹은 민간부문이 저렴한 주택을 공급하도록 유도하는 것이다. 보조금을 받은 신규 주택의 건설은 근린의 물리적 환경을 개선하는 외부효과를 발생시키며 신규주택의 공급으로 해당지역 임대주택의 임대료를 하락시킨다. 또한 저렴한 임대주택이 쾌적하고 살기 좋은 근린지역에 없는 경우와 노후 불량주택이 많은 지역에서는 신규주택에 대한 현물보조가 필요하다는 주장이 제기되기도 한다(장경석, 2007).

24) 도시와 농촌을 포함한 전국적 최저주거기준 미달가구는 289만 2천가구로 추정됨.

농어촌 지역의 임대주택에 대한 수요도 일정 부분 존재하는 것으로 나타나고 있다. 농어촌 임대주택에 대한 선행연구결과 약 17%가 임대주택에 대한 입주의사가 있는 것으로 나타났으며,[25] 국토해양부·국토연구원에서 시행한 주거실태조사에서도 유사한 결과가 도출되어 농어촌지역의 임대주택에 대한 수요는 17% 내외인 것으로 제시되고 있어 농어촌지역에도 일정부분 임대주택에 대한 입주의사가 있는 것으로 나타나고 있다(박윤호 외, 2007).

농어촌 임대주택은 농어촌지역의 새로운 주거문화 형성의 차원에서 중앙정부차원의 적극적인 재정지원과 지자체 단위의 종합개발계획의 연계추진이 필수적이다. 물론 주거환경 개선과 관련된 산적한 문제들을 일시에 해결하기 어려운 측면이 있는 것이 사실이며 적정 입지와 적정 공급규모 등의 기술적 문제와 함께 형평성의 문제, 공공재정의 투자우선순위 등 많은 논란이 예상된다. 그럼에도 불구하고 농어촌 임대주택에 대한 중앙정부 차원의 정책적 개입이 필요한 시점이며, 농어촌지역 주민의 최저주거기준의 관점에서, 농어촌지역 활성화의 관점에서, 최근 활성화되고 있는 귀농·귀촌에 대한 지원정책으로서도, 농어촌지역의 사회적자본의 확충관점에서, 그리고 농어촌지역 공간구조 재편의 관점에서도 중요한 의미를 지니는 정책이다.

농어촌 임대주택 정책은 농어촌 주거문화의 획기적 개선을 이룰 수 있으며, 농어촌 생활공간인 마을의 경관, 저소득층의 주거복지, 읍·면 중심지 재생 등 산적한 문제들을 가장 효과적이면서도 일시에 강력하게 해결할 수 있는 정책임에는 틀림없지만 공공부문의 막대한 재정투자를 필요로 한다는 문제가 있다.

5. 농어촌주택 관련 사업들의 통합적 연계 추진체계 구축

농어촌 주택 정책은 주택·마을을 연계한 통합적 접근방식이 필요하며 기존

25) 농어촌지역의 임대주택 수요는 3세대 이상의 가구원 구성의 입주의사가 다른 세대 구성에 비해 더 높게 나타났고, 50대 이하의 계층이 60대 이상의 계층보다 입주의사가 높게 나타났다. 읍지역과 면지역 그리고 시지역과 군지역 간의 입주의사는 통계적으로도 유의미한 차이가 없었다. 임대주택의 입주의사는 주택규모가 작을수록, 건축연도가 오래될수록, 거주기간이 오래될수록 높은 것으로 나타났다.

의 농어촌 지역개발정책과 상호연계(Policy Mix)를 통한 사업의 시너지 효과를 창출할 수 있도록 정책연계가 필수적이다. 따라서 농어촌주택 관련 정책은 농어촌 지역개발, 산업, 소득, 일자리 정책과 연계되어야 한다. 즉, 주택에 대한 수요가 발생하거나 예상되는 지역에 정책대상에 맞는 주택형식과 규모의 주택이 공급될 수 있도록 정책 간의 연계가 필수적이다. 예를 들면 농공단지, 산업단지, 테마 클러스터 사업 등 농어촌의 산업·소득정책과 연계하여 종합적인 지역개발사업으로 추진하는 것이 바람직하다. 이러한 사업들은 주택 수요를 유발하게 되므로 이러한 입지와 연계하여 임대주택 등 주택사업을 연계[26] 추진하는 체계가 필요하며 또한 읍·면 중심지 재생차원에서 연계추진도 필요하다.

농어촌 주택시장의 활성화가 지역활성화에 선제적인 역할을 하기보다는 농어촌지역개발 정책에 후행하는 것이 일반적이라고 할 수 있을 것이다. 따라서 농어촌지역에 주택 수요를 유발하는 농어촌 지역개발 정책들과 연계하여 주택정책을 추진하는 것이 바람직하다.

6. 정책의 기본 원칙 정립 및 균형 잡힌 정책기조 유지

선진국들의 주택정책은 시대적, 경제적, 정치적 상황으로 다양한 성격을 나타내고 있지만 공통적이고 필수적으로 나타나는 고려사항들은 주택의 공간적 배분과 입지적 효율성이 중시되고 있고, 저소득층과 사회적으로 소외된 계층을 주된 대상으로 하고 있으며, 모든 주민에게 최소한의 주거수준은 확보되도록 하고 있다는 점이다. 이는 농어촌지역 활성화를 위한 농어촌 주택에 접근하는 우리에게도 기본적인 원칙으로 정립할 필요성이 크다.

또한 농어촌 주택정책에서 중요하게 고려되어야 할 요소는 변화하는 정주체계와 생활권의 광역화에 대응하는 공간적 입지의 차별적인 접근이다. 다양한 농어촌주택에 대한 수요를 집단화해서 적정 입지에 배분함에 있어 정주체계와 생활권이 무엇보다 중요한 요소이며 주택수요의 유형별 적정입지에 대한 기본원칙

26) 임대주택은 마을종합개발사업 등 기존 사업과 연계하고, 경영이양직불제나 농지연금 등의 사업과 연계하여 고령농가의 은퇴촉진과 연계하여 사업을 추진하는 것도 필요하다.

의 정립을 통해 서비스 전달체계와 주민들의 기본적인 일상생활에 대한 적정수준의 지원이 가능해야 되며 이러한 종합적인 접근전략 속에서 정책대상과 적정입지, 규모 등이 검토되어야 한다.

또한 농어촌주택의 정책대상이 다양하고 농어촌지역개발과 관련된 많은 사업들과 연계성이 있으므로 공공정책은 한 분야에 치우지지 않게 각 분야를 아우르는 적절한 재원배분과 균형감 있는 정책밸런스를 유지하는 것이 필요하다. 주거복지, 임대주택, 마을조성, 뉴타운 개발 등 다양한 농어촌주택의 소요를 소득계층별, 지역별, 정책대상별로 적절히 배분하는 방안이 필요하다.

신규 공급중심의 기존 정책에서 나아가 주택재고의 효율적인 관리와 단순한 주택공급을 넘어서 다양한 주거서비스와 연계되고 이를 위해 지역사회의 여러 주체들간의 협력구조를 구축하는 방향에 대한 고려를 하는 등 다양한 정책방안에 대한 다각적 접근이 이루어져야 한다.

참고문헌

건설교통부, 2002, 「주택종합계획(03－12)」.

김종림 · 진미윤 외, 2007, 「공공임대주택 정책 로드맵 구상 연구」, 대한주택공사 주택도시연구원.

김혜승 외, 2007, 「최저주거기준을 활용한 2006년 주거복지 소요추정 연구」, 국토연구원.

남원석, 2007, 일본 주택정책 변화의 특성에 관한 연구, 서울대학교 박사학위논문.

대한국토·도시계획학회 편저, 2006, 「농촌계획의 이론과 실제」, 보성각.

박신영 외, 2006, 「고령자 주거지원 중장기 계획수립 연구」, 대한주택공사 주택도시연구원.

박윤호, 2007, 농촌 임대주택사업 추진방향과 과제, 「농어촌 환경」 94, 한국농어촌공사 농어촌연구원.

박윤호 외, 2003, 「농촌 경관주택 정책 및 마을 리모델링 방안 연구」, 농림부·농업기반공사 농어촌연구원

박윤호 외, 2006, 「농촌 주택사업 추진방안 연구」, 한국농어촌공사 농어촌연구원.

박윤호 외, 2007a, 「농촌 임대주택의 도입방안 및 사업운영체계 연구」, 농림부·한국농어촌공사 농어촌연구원.

박윤호 외, 2007b, 「농촌마을 리모델링 기법개발에 관한 연구: 농촌임대주택 계획기준 및 유형별 모델 연구」, 농림수산식품부·한국농어촌공사 농어촌연구원.

박윤호 외, 2008, 「농촌 주거실태 조사체계 및 기법개발 연구」, 농림수산식품부·한국농어촌공사 농어촌연구원.

박윤호 외, 2008, 「농촌마을 정비사업 추진실태 분석 및 발전방안 연구」, 한국농어촌공사 농어촌연구원.

송미령 외, 2007, 「농촌 정주수요 조사결과」, 한국농촌경제연구원.

윤원근, 1999, 「한국농촌계획론」, 대학출판사.

윤원근, 2003, 「국토정책과 농촌계획」, 보성각.

이건영 외, 2005, 「주택문제의 해법」, 삼성경제연구소.

이병기 외, 2009, 「농촌 정주기반 실태와 개선과제 － 농촌 공동화 문제를 중심으로」, 농어업·농어촌 특별대책위원회.

장경석, 2007, 주거복지 정책의 비용효과 분석, 서울대학교 박사학위논문.
최혁재 외, 2010, 「농어촌지역 삶의 질 제고를 위한 농어촌뉴타운사업 발전방안」, 국토연구원.
하성규, 2010, 「주택정책론」, 박영사.
한국농촌경제연구원·지역발전위원회, 2010, 국가농어촌정책의 추진방향과 과제 토론회 자료집.

農村計劃學會 編, 1993, 「農村計劃學の展開」, 農林統計協會.
谷野 陽, 1995, 「國土と農村の計劃」, 農林統計協會.
住田昌二, 2001, 「公營住宅政策の 評價と展望」, 日本住宅協會 住宅 50(10):7-15.
住田昌二, 2003, 「住宅政策の轉回」, ミネルヴァ書房.

Whitehead, C. and Scanlon, K. 2007, *Social Housing in Europe*, LSE London.
Doxiadis, C. A. 1969, *EKISTICS: An introduction to the science of Human Settlements*, London: Hutchinson Co.Ltd.
Kemeny, J. 1995, *From Public housing to Social Market-Rental Policy Strategies in Comparative Perspective*, London: Routledge.
Malcolm, J. M. 2003, *Rural Development Principles and Practice*, SAGE Publications.

제12장

사회적 약자의 주거복지와 지역사회 역할

Ⅰ. 서 론

대부분의 국가는 국민의 주거복지수준을 향상시키기 위해 매우 다양한 방법으로 주택시장에 개입을 한다. 국가가 지향하는 정치, 경제, 사회, 문화적 특성에 따라 주택정책과 주거복지정책이 다양하게 나타날 수 있지만 크게 볼 때는 자유주의 복지국가모델(liberal welfare state), 조합주의 복지국가모델(corporatist welfare state), 사민주의 복지국가모델(social-democratic welfare state) 등으로 나눌 수 있다. 자유주의모델의 경우 주로 자가주택 위주의 정책을, 조합주의모델의 경우는 민간임대주택 위주의 정책을, 사민주의모델은 공공임대주택 위주의 정책을 펴게 된다(대한주택공사 2002).

우리나라는 기본적으로 시장경제체제의 자본주의 국가로서 자유주의모델이라고 볼 수 있지만 그동안 시행되어온 주택정책을 분석해보면 서구와는 다른 파행적 시장모형이라고 볼 수 있다(하성규, 2011). 여기에 정치적 수사가 아닌 실질적 주거복지의 개념이 정책적으로 다루어지기 시작한 것은 1990년대에 들어와서부터이다. 이 시기 정부의 주거복지 정책은 시장소외계층의 주거안정 도모를 위해 공공부문이 주도하는 주택총량 확대정책 위주로 진행되었다. 주로 영구임대주택, 장기임대주택 등 임대주택의 재고(stoke)를 확대하는 데 초점이 맞춰졌다. 이후 양적인 임대주택 확대와 더불어 사회적 약자의 주거문제에 대한 질적 접근이 함께 이뤄지게 되는데, 대표적인 정책 사례가 '최저주거기준(housing minimum standard)' 설정이다. 최저주거기준은 참여정부 출범 초기에 시민사회가 중심이 되고 정부의 협조를 토대로 구체화되었으며, 「주택법」개정을 통해 법률적 타당성을 부여받게 되었다. 따라서 최저주거기준 미달가구를 공공지원 대상계층으로 규정하고 이들의 주거수준 향상을 위해 주택개량지원, 주거급여조정, 저리의 전월세 자금지원 등 사회적 약자에 대한 주거복지정책이 다양하게 추진되어 왔다.

하지만, 중앙정부가 주도하는 사회적 약자에 대한 주거복지정책이 다소 거시적, 포괄적으로 추진되다 보니 실제 지원받아야 할 대상자들이 정책 대상에서 소외되거나 제외되는 현상이 발생하고 있으며, 주거복지 정책의 효과가 정책 대상자에게 직접 미치지 못하고 있는 것도 현실이다. 이에 본 글에서는 지역 차원에서 주거복지의 의미와 실태를 살펴보고, 주거복지 사각지대에 있는 사회적 약자를 위한 지역사회의 역할이 무엇인지를 살펴보고자 한다.

Ⅱ. 지역사회 차원에서 주거복지 의미

1. 지역사회 개념과 주거문제

지역사회는 영어로 community로 해석하여 사용된다. 다시 community는 우리말로 지역사회, 공동체 등으로 번역되어 사용된다. 지역사회의 의미는 대체로 지리적 개념으로서의 지역과 사회학적 개념으로서의 사회를 동시에 내포한다. 공동체라는 용어는 지리적 개념보다는 사회학적 개념이 훨씬 강하게 표출되어 사용된다. 어떤 경우는 영어의 community를 그냥 커뮤니티로 사용하기도 한다. 지역사회나 공동체라는 용어가 community의 어의를 정확히 반영하지 못한다고 보

기 때문이다.[1)]

지역사회에 대한 정의는 학자마다 매우 다양하게 정의되었다. 힐러리(Hillery, 1955)는 지역사회(community)에 대한 선행연구를 조사하면서 무려 94가지 정도의 개념을 찾아내었다. 그는 지역사회를 하나의 집단으로서, 하나의 과정으로서, 사회적 체제로서, 지리적 장소로서, 의식의 유형으로서, 전체적인 태도로서, 공통적인 생활양식으로서, 공동목적의 소유로서, 지방자치적 충족성으로서 각각의 의미체를 갖고 있고 이에 따라 지역사회의 정의가 조금씩 달리 언급됨을 찾아내었다. 그는 더 나아가 이러한 94가지의 정의 중에서 69개의 지역사회 정의가 지역적 공동요소(common elements of area), 공동연대감(common ties), 사회적 상호관계(social interaction)의 3가지 의미를 내포하고 있음을 찾아내었다. 이러한 귀납적 추적과정을 통해 그는 지역사회를 다음과 같이 정의하였다. 즉, 지역사회는 특정한 지역적 범위 안에 거주하는 사람들이 공동연대감을 공유하고 서로간에 상호관계를 가지는 사회적 단위라고 보았다. 이러한 힐러리의 정의는 1930－40년대 미국의 지역사회를 잘 표현해 주고 있는 개념이라고 볼 수 있고 당시의 시카고학파를 구성하였던 파크(R. Park), 버제스(E. Burgess), 워스(L.Wirth), 맥킨지(R. McKenzie) 등의 도시연구에서 나타나는 커뮤니티 개념과도 매우 유사하다(Lyon, 1989). 실제로 이들 시카고 학파의 도시생태학적 초기 연구에 있어서 커뮤니티를 매우 중요하게 다루고 있으며 도시현상에 관한 어떤 주제보다도 많이 언급되고 있다(Hawley, 1968: 329, Martindale 1981: 94-95). 예컨대 유대인의 게토(ghetto), 상류층 근린주구(upper-class neighborhood) 등의 소규모 지역사회에 대해 심도 있게 분석하고 있으며 때로는 시카고시 전체를 하나의 커뮤니티로 보고 분석하기도 하였다.

우리나라의 학자들이 내린 지역사회에 관한 정의도 상술한 것과 크게 차이

---

1) 1970년대 초 일본 자치성이 국민생활심의회 커뮤니티소위원회의 보고서에서 community에 대한 번역어로서 지역사회는 원어의 뜻을 충분히 전하지 못한다고 보고 원음 그대로 쓰기로 하였다. 우리나라의 경우 1970년대 지역사회개발에 관한 연구에서 community는 대부분 지역사회로 번역되어 사용되었다(문병집, 1973). 그러나 IMF를 거치면서 부익부 빈익빈의 양극화 현상이 첨예하게 대두되면서 도시문제의 해법으로 주민중심의 대안을 모색하게 되었는데 이들 연구에서 community는 공동체로 번역되어 사용되었다(조명래, 2003). 그러나 일부에서는 도시재생사업과 관련해서 community는 영어를 그대로 우리말로 사용, 커뮤니티로 사용하고 있다(하성규, 김태섭, 2003).

나지 않는다. 문병집(1973)은 지역사회란 공통적 이해관계 위에서 형성된 공동체 사회라고 보았다. 권태준·김광웅(1978)은 지역사회를 일정한 공간성을 기반으로 하여 그 속에서 사회적 상호작용이 이루어지고 공통된 결속체를 형성하는 사회조직이면서 생활터전으로 보았다. 이외에도 다수의 학자들이 지역사회를 정의할 때 지역성과 사회적 동질성, 상호관계를 중심개념으로 정의를 내리고 있음을 알 수 있다. 이런 의미에서 지역사회란 지역에 기반하여 공통적 언어, 문화, 전통, 지역의식 등을 동질적으로 향유하므로 타지역과 구분되는 어떤 공동체적 사회구성체를 의미한다고 볼 수 있다.

일정한 커뮤니티에서 주거문제가 발생하는 것은 주택이라는 물리적 조건 외에도 다양한 변수가 상호작용하여 나타난다. 다시말해 비위생적인 주택을 위생적인 주택으로, 헌집을 새집으로 대체한다고 해서 주거의 문제가 다 해결되는 것이 아니다. 주택문제, 주거문제는 그 지역사회의 모든 문제와 연결되어 있는 폭넓은 사회적 문제의 하나이다. 그러기에 지역사회 문제로서의 주거 문제는 매우 복합적이다(Adams, 1918).

여기에 사회적 약자의 주거문제에 초점을 맞추면 매우 복합적 문제들이 얽혀 있음을 알 수 있다. 주거의 문제가 경제적 빈곤으로부터 연유하지만 주거의 불안정성으로 인한 파급효과는 빈곤층의 일상생활에 매우 광범위하게 영향을 미친다. 예컨대 위생상의 불결, 질병, 어린이 교육문제, 이웃간의 소통 부재, 극단적으로는 범죄의 문제까지 야기하기도 한다. 결국 주거의 문제가 경제적 문제로부터 야기된다 하여도 사회적 갈등의 문제까지 확대 심화될 여지가 있고 이러한 예는 외국의 경우 인종에 따른 주거분리(housing segregation) 현상이나 빈곤층 밀집지역의 문제를 들 수 있을 것이다. 우리나라의 경우 주거분리 문제가 외국처럼 표면으로 드러난 심각한 것은 아니라 할지라도 소득계층에 따라 주거형태가 분리되는 현상은 이미 오래된 사회적 문제로 인식하여 왔고 이런 이유로 주택재개발이나 신도시 건설 때 주거에 따른 사회적 위화감을 해소하기 위한 대안으로 사회혼합(social mix)을 위한 단지내, 동내에 평형별 뒤섞임을 의도적으로 계획안에 투영하기도 하였다.

한편 지역사회 문제로서의 주거문제는 두 가지 차원에서 접근해 볼 수 있다.

하나는 민간부문 차원과 다른 하나는 공공부문에서 주거문제를 해결해 보는 것이다. 민간부문과 공공부문이 경계를 갖고 접근하는 것은 주거문제를 효율적으로 해결해 보기 위한 것이다. 이론적으로는 공공부문은 주로 주택시장에서 자가구매능력(affordability)이 없는 빈곤층과 사회적 약자를 위한 주택공급정책을 담당하고 민간부문은 주택시장에서 정상적인 공급수요가 가능한 계층을 위한 주택정책을 담당하는 것으로 논의되고 있으나 실제에 있어서 지역사회의 주거문제를 해결하기 위해서는 공공부문과 민간부문을 함께 동원하여 문제를 해결하는 것이 더 효과적일 경우도 있다. 결국 지역사회의 주거정책, 특히 사회적 약자를 위한 정책은 중앙정부든 지방정부든 복지적 성격을 가질 수밖에 없다. 그리고 모든 복지정책의 궁극적 귀일점이 자활과 자립이라고 볼 때 주거에 관한 광의의 복지정책에는 인간다운 삶의 공간을 누구에게나 보장해야 한다는 것을 의미한다.

2. 지역사회에서의 주거복지의 의미

주거복지의 최대목표는 사람이 먹는 것(食), 입는 것(衣)과 마찬가지로 인간의 존엄을 가지고 거주할 수 있도록 국가가 보장해야 한다는 것이다. 다시말해 인권(human right)과 같이 주거권(right to housing)을 모든 사람이 향유할 수 있도록 해야 한다는 것을 말한다. 이런 의미에서 주거복지는 국가의 다양한 복지 프로그램 중에서도 보편적 권리로서의 주거권을 실현하는 매우 중요하고도 우선하는 것임을 알 수 있다. 우리나라 헌법에 주거권을 명시적으로 기술하지는 않았으나 제34조 ①항 "모든 국민은 인간다운 생활을 할 권리를 가진다."는 점이나 같은 조의 ③, ④, ⑤항에 의하면 여성, 노인, 청소년, 장애자 등 사회적 약자의 생활은 국가가 보호하고 이들의 삶의 질을 보장해야 한다는 것을 명시하고 있다. 뿐만 아니라 헌법 제35조 ①항은 "모든 국민이 건강하고 쾌적한 환경에서 생활할 권리"를 가진다고 규정하고 나아가 같은 조 ③항에는 "국가는 주택개발정책 등을 통하여 모든 국민이 쾌적한 주거생활을 할 수 있도록 노력하여야 한다"는 것을 규정하고 있다.[2)]

---

2) 우리나라 헌법 제10조는 "모든 국민은 인간으로서의 존엄과 가치를 가지며, 행복을 추구할

주거권은 인간이 누려야 할 기본권이고 주거복지는 국가가 사회적 약자를 위해 보장해야 하는 정책이지만 이들은 모두 추상적일 수밖에 없다. 이러한 추상적이고 선언적인 것을 보다 구체화하고 실현가능하게 한 것이 최저주거기준을 보장한다든가 국가가 사회취약계층을 위한 사회복지계획을 구체화하므로 주거복지를 현실화하게 된다.

현재 우리나라 최저주거기준은 주택법에 규정되어 있다. 주택법 제5조의2(최저주거기준의 설정 등) ①항에는 "국토해양부장관은 국민이 쾌적하고 살기 좋은 생활을 하기 위하여 필요한 최저주거기준을 설정·공고하여야 한다."고 규정하고 있고 ③항에는 "최저주거기준에는 주거면적, 용도별 방의 개수, 주택의 구조·설비·성능 및 환경요소 등 대통령령으로 정하는 사항이 포함되어야 하며, 사회적·경제적인 여건의 변화에 따라 그 적정성이 유지되어야 한다."고 규정하고 있다(전문개정 2009.2.3). 나아가 동법 제5조의3(최저주거기준 미달가구에 대한 우선 지원 등) ①항에는 "국가 또는 지방자치단체는 최저주거기준에 미달되는 가구에 대하여 우선적으로 주택을 공급하거나 국민주택기 금을 지원하는 등 혜택을 줄 수 있다"고 규정하고 있고 ④항에는 "국토해양부장관 또는 지방자치단체의 장은 최저주거기준에 미달되는 가구가 밀집한 지역에 대하여는 우선적으로 임대주택을 건설하거나 「도시 및 주거환경정비법」에서 정하는 바에 따라 우선적으로 주거환경정비사업을 시행할 수 있도록 하기 위하여 필요한 조치를 할 수 있다"(전문개정 2009.2.3)고 규정하고 있다.

문제는 지역사회 수준에서 중앙정부든 지방정부든 주거복지의 실체적 사업

권리를 가진다. 국가는 개인이 가지는 불가침의 기본적 인권을 확인하고 이를 보장할 의무를 진다"고 하여 인권을 보장하고 있다. 나아가 제34조와 제35조를 보면 다음과 같다. 제34조 ① 모든 국민은 인간다운 생활을 할 권리를 가진다. ② 국가는 사회보장·사회복지의 증진에 노력할 의무를 진다. ③ 국가는 여자의 복지와 권익의 향상을 위하여 노력하여야 한다. ④ 국가는 노인과 청소년의 복지향상을 위한 정책을 실시할 의무를 진다. ⑤ 신체장애자 및 질병·노령 기타의 사유로 생활능력이 없는 국민은 법률이 정하는 바에 의하여 국가의 보호를 받는다. ⑥ 국가는 재해를 예방하고 그 위험으로부터 국민을 보호하기 위하여 노력하여야 한다. 제35조 ① 모든 국민은 건강하고 쾌적한 환경에서 생활할 권리를 가지며, 국가와 국민은 환경보전을 위하여 노력하여야 한다. ② 환경권의 내용과 행사에 관하여는 법률로 정한다. ③ 국가는 주택개발정책등을 통하여 모든 국민이 쾌적한 주거생활을 할 수 있도록 노력하여야 한다.

에는 매우 한계가 있다는 점이다. 주거복지의 수혜대상자는 전술한 것처럼 사회적 약자이며 시장에서 주택을 사고팔 수 없는 계층인데 이들을 위한 주거복지의 스펙트럼은 매우 한계가 있을 수밖에 없다. 그럼에도 불구하고 지역사회의 다양한 경제층위에서 사회적 약자를 위한 주거복지는 두 가지 차원에서 그 의미를 추출해 볼 수 있다. 하나는 공공부문에서 사회적 약자에게 주거권이 보장되는 지역사회 생활이 가능하도록 보장하는 것이다. 여기에는 공공임대주택의 공급과 주거비 보조, 최저주거기준의 보장 등 중앙정부나 지방정부가 제공하는 전형적인 경성적 정책뿐만 아니라 지역사회 내의 주거격차가 확대되지 않도록 하는 연성적 주거복지정책들이 해당될 것이다. 다른 하나는 민간부문이 공공부문에서 누락된 주거관련 서비스를 지역사회 취약계층에게 제공하는 것이다. 여기에는 지역사회의 여러 시민단체나 비영리단체가 지역사회 취약계층에게 제공할 수 있는 주거관련 자원봉사활동이나 사회적 안전망으로서의 주거서비스가 해당될 것이다. 물론 민간부문의 자원봉사활동이나 주거서비스가 정부의 몫인 복지에 해당하느냐 하는 논란이 있을 수 있으나 사회적 약자가 실질적인 지역사회의 일원으로서 주거생활을 하기 위해서는 민간부문의 협조와 참여가 필요하다는 점에서 이 부분도 반드시 다루어져야 한다고 본다.

이런 차원에서 지역사회에서의 사회적 약자를 위한 주거복지의 의미를 개념도로 그려보면 아래와 같다.

그림 1 지역사회에서의 주거복지 개념도

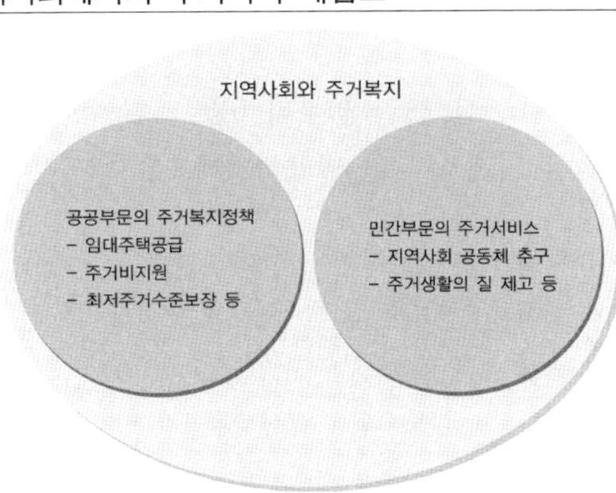

Ⅲ. 지역사회에서 주거복지 실태

1. 지역사회 주거취약계층의 일반적 특성

지역사회의 주거취약계층에 대한 범주, 다시 말해 누가 주거취약계층인가 하는 문제는 매우 다양한 견해가 있을 수밖에 없을 것이다. 이는 사회적 약자 계층이 누구인가 하는 문제와도 관련된 것으로 시대마다 지역마다 다르기 때문에 하나의 범주로 묶기가 사실상 불가능한 것이다. 정부의 각종 보고서나 발간물을 보면 사회적 약자라는 표현보다는 사회적 취약계층이라는 용어가 더 많이 사용되고 있다. 행정안전부의 「2010 행정안전백서」(2010: 73)에 의하면 사회취약계층으로 무숙자(homeless), 장애인, 한부모 · 조손가족, 65세 이상 노인, 결혼이주여성과 외국인근로자 등 다문화가족을 대체로 들고 있다.[3] 역시 보건복지부의 각종 복지 관련 보고서에서도 "복지 소외계층", "사회적 취약계층"으로 무숙자, 장애인, 영유아 노인, 다문화가족 등을 들고 있다. 이를 종합하면 주거취약계층은 주로 무숙자, 장애인, 한부모 조손가족, 65세 이상 노인, 다문화가족 등으로 범주화할 수 있고 이외에 저소득층으로 생활보호대상가정을 들 수 있을 것이다. 이제 이들의 지역사회에서의 주거실태를 살펴보자.

2. 주거취약계층의 주거 실태

보건복지부는 2011년 5월 23일(월)부터 6월 15일(수)까지 「복지사각지대 발굴 및 보호를 위한 전국 일제조사」를 발표하였다. 이 조사는 보건복지부, 행정안

---

3) 행안부의 「2010행정안전백서」에 의하면 주거취약계층(홈리스)을 위한 생활서비스분야 개선사업으로 전세보증금 보험금액산정을 위한 주택가격 산정기준을 현행 공시지가 130%에서 보다 상향조정을 하여 거주취약계층이 선택할 수 있는 전세주택의 폭을 확대하기로 하였고, 주거취약계층이 정부 일자리사업에 참여하여 받은 임금이 압류되지 않는 별도의 전용통장을 개설하도록 조치하였다. 또한 노숙인을 공동생활가정 입주대상에 포함할 수 있도록 하였다(2010, 78).

그림 2 복지소외계층 상시 발굴 및 지원 절차도

자료: 보건복지부 보도자료(2011. 6. 21.), '함께한 복지소외계층 조사, 우리 이웃 2만3천여명 발굴'.

전부, 여성가족부, 경찰청 등의 관계부처, 자치단체, 민간단체와의 협력, 그리고 언론 홍보 등을 통해 시민들의 신고와 적극적 참여를 통해 이루어졌다(그림 2 조사과정 참조).

위 그림에서 알 수 있듯이 노숙인을 비롯한 복지 소외계층의 발굴 문제는 중앙정부의 의지와 지방정부, 지역사회의 실질적 발굴노력이 협력하여 이루어진다. 특히 지역의 복지소외계층의 문제는 지역에서 발굴한다 하여도 실질적 복지지원이 없다면 주거취약계층의 문제를 해결하기 어렵다. 따라서 상시적 복지소외계층을 발굴하는 노력은 지방정부와 지역사회의 몫으로 볼 때 지역 내의 복지, 특히 주거복지가 사각화된 계층과 실태를 정확히 파악하여 지원 여부를 결정할 필요가 있다.

복지소외계층 전국 일제조사 결과를 살펴보면(표 1 참조), 교각·창고 등 주거취약지역 조사 및 노숙·주민등록말소자 등 비정형 대상자는 총 23,669명(12,135건)으로 지자체 등 행정기관의 직권조사를 통해 9,535명(40.3%), 제3자 신고를 통

표 1 복지소외계층 발굴 경로별 건수 및 인원

구 분	계	직권조사	신고조사		
			소 계	본인 신고	제3자 신고
건수(%)	12,135(100%)	4,868(40%)	7,267(60%)	4,101	3,166
인원(명)	23,669	9,535	14,134	8,365	5,769

자료: 보건복지부 보도자료(2011. 6. 21.), '복지사각지대(소외계층) 전국 일제조사 결과'.

해 5,769명(24.4%,)이며 소외계층 본인의 직접 신고는 8,365명(35.3%)로 나타났다. 특히, 복지소외계층 당사자가 직접 신고한 경우가 전체 조사대상자의 35.3%라는 결과는 소외되는 당사자가 정부 또는 지자체의 도움이 필요할 때, 적기 대응이 가능하도록 일회성의 일제 조사보다는 상시적 의견 취합을 위한 제도적 정비가 요구된다.

이번 일제조사에서 나타난 복지소외계층의 발굴 대상자별 유형을 살펴보면(표 3 참조), 노인 4,438건(36.6%), 장애인 1,413건(11.6%) 순이며, 대상자 유형에 포함되지 않는 기타 분류가 4,990건(41.1%)로 나타났다. 연령을 기준으로 살펴보더라도 70세 이상의 노인층이 전체 조사의 31.3% 나타났다. 우리나라 고령화율이 외국 선진국보다 급격하게 증가하고 있음을 감안할 때, 복지소외계층의 노인 비율이 향후에도 지속적으로 증가할 것으로 보인다. 따라서 이들에 대한 적절한 주거복지서비스 대책이 마련될 필요가 있음을 알 수 있다.

복지소외계층의 발굴 대상자의 발굴 장소를 살펴보면(표 3 참조), 사람으로서 살 수 있는 최소한의 주거 공간이 아닌 공용화장실, 철도 및 지하철역, 버스터미널, 공원, 교각 등에 거주하는 건수가 1,945건으로 전체 조사자의 약 16%를 차지하고 있다. 이러한 실태는 이들에 대한 복지의 사각지대가 존재한다는 점과 더불어 이들이 이처럼 사회의 보호를 받지 못하고 방치되도록 사는 것에 대한 사회적 무관심이 그만큼 심각하다는 반증이기도 하다. 즉, 기본적인 인간다운 삶이 불가능한 소외계층에 대해서는 정부의 관심도 중요하지만, 이들에 대한 보호를 위한 지역사회의 지속적인 노력이 더욱 절실하다. 왜냐하면, 지역 내 복지소외계층이 당면한 문제에 대해서는 누구보다도 당해 지역 주민, 시민단체(NGO, NPO 등) 및 지자체가 더욱 잘 알 수 있기 때문이다.

표 2 복지소외계층 대상 유형

구분			건 수	비율(%)
대상자 유형*	아 동	일 반	748	6.2
		실 종	-	-
	노 인	일 반	4,438	36.6
		실 종	-	-
	가출 청소년		15	0.1
	장애인		1,413	11.6
	정신 질환 의심자		531	4.4
	일반 기타		4,990	41.1
	합 계		12,135	100.0
연 령**	0~9		195	1.6
	10~19		441	3.6
	20~29		322	2.7
	30~39		998	8.2
	40~49		1,938	16.0
	50~59		2,255	18.6
	60~69		2,163	17.9
	70 이상		3,786	31.3
	합 계		12,098	100.0

주: *) 대상자 유형: 동반가족이 있는 경우 가구주에 한정.
**) 연령구분: 주민등록 말소자 37명 제외.
자료: 보건복지부 보도자료(2011. 6. 21.), '복지사각지대(소외계층) 전국 일제조사 결과'.

복지소외계층의 보호를 위한 주요 필요사항을 정리해 보면(표 4 참조), 생계(34.6%), 의료(22.3%), 주거(14.3%)의 순서로 나타났다. 생계와 의료는 소외계층 입장에서 최소한의 금전적 필요와 관계가 있으며, 주거문제는 <표 3>과 결부시켜 판단해 보면, 적어도 최저주거기준 주택에 거주할 수 있도록 하는 사회적 도움이 요구된다.

표 3 복지소외계층 발굴 장소

발굴 장소	건 수	발굴 장소	건 수	발굴 장소	건 수
공용화장실	9	창고 및 컨테이너	374	찜질방	42
철도 및 지하철역 주변	78	종교시설	99	PC 방	6
버스터미널 주변	12	폐 가	94	당구장	3
공원 및 공원주변	216	폐 교	4	만화방	3
교각주변	41	쪽 방	241	다 방	4
철거예정지역	50	비닐하우스	155	토 굴	9
공사장	4	고시원	150	기 타*	10,190
사행시설 주변	8	여관 여인숙	343		
계	12,135				

주: 비정형/정형(기타): 1,945건(16%)/10,190건(84%).
자료: 보건복지부 보도자료(2011. 6. 21.), '복지사각지대(소외계층) 전국 일제조사 결과'.

표 4 복지소외계층 보호를 위해 필요사항

계	생 계	주 거	의 료	시설입소	일자리	교 육	기 타
17,224(건)	5,962	2,471	3,833	326	871	646	3,115
100.0(%)	34.6	14.3	22.3	1.9	5.1	3.8	18.0

주: 발굴건별 복지욕구 중복 등록 가능.
자료: 보건복지부 보도자료(2011. 6. 21.), '복지사각지대(소외계층) 전국 일제조사 결과'.

이상에서 살펴본 복지소외계층 조사결과를 정리해보면, 첫째, 사회복지의 사각지대에 일반인을 제외하면 노인이 전체 발굴 건수의 36.6%, 장애인이 11.6%, 아동이 6.2%를 차지하고 있다. 사회적 취약계층으로 노인과 장애인의 문제가 조사에서도 가장 두드러진 복지사각지대로 나타나고 있음을 알 수 있다.

둘째, 사회복지 소외계층이 가장 많이 머무는 곳은 창고나 컨테이너, 여관여인숙, 쪽방, 비닐하우스, 공원 주변, 종교시설, 철도 및 지하철역 주변, 심지어 교각 아래 등지에 거주하는 것으로 나타난다.

셋째, 복지의 필요부문을 생계에서부터 교육, 기타에 이르기까지 7개 분야로 나누었지만 사실상 이들은 이 모두를 필요로 하는 것으로 판단할 수 있다. 다시 말해서 이들이 복지의 사각지대에 머물 수밖에 없었던 원인은 교육을 받지 못했고, 그래서 일자리를 못 얻었고, 결국 경제적으로 빈곤했으며 이런 이유로 주거나 의료서비스를 받을 수 없었던 것으로 추정할 수 있다.

결국 주거서비스를 필요로 한다(표 4 참조)는 2,471명은 단지 이만큼이 아니라 어떤 의미에서 복지사각지대에 살았던 17,224건 전부라고 볼 수 있는 것이다. 보건복지부의 조사결과에서 알 수 있는 것은 사회복지의 소외계층은 사회복지의 소외지역에 거주하고 있으며 그것은 곧 지역사회의 특정 지역에서 나타난다는 사실이다. 이런 의미에서 주거취약계층의 문제는 지역사회복지의 문제이며 지역사회에서 제공하는 모든 복지정책을 사실상 포괄해야 정책적 실효를 거둘 수 있다는 점을 암시한다고 하겠다.

3. 주거취약계층에 대한 주거복지 서비스 실태

우리나라 헌법에서는 모든 국민은 인간으로서의 존엄과 가치를 가지며, 행복을 추구할 권리를 가지며, 국가는 개인이 가지는 불가침의 기본적 인권을 확인하고 이를 보장할 의무를 진다(헌법 제10조)고 전술하였다. 더하여 헌법 제34조는 국민의 인간다운 생활을 할 권리를 위해 국가의 사회보장 및 사회복지 증진 노력을 피력하였다. 또한, 사회적으로 소외될 수 있는 계층인 노인, 청소년, 신체장애자 및 질병·노령 등의 사유로 인해 생활능력이 없는 국민에 대한 국가의 보호도 명시하고 있다. 이러한 국가의 노력 중 중요하게 규정한 부분이 주택개발 정책 등을 통한 쾌적한 주거생활의 영위이다. 하지만, 앞에서 살펴본 바와 같이 주거취약계층의 주거 실태는 극히 열악한 형편이다. 따라서 지금까지 수행되어 온 주거복지 서비스를 살펴보고 이에 대한 문제점을 살펴보고자 한다.

1) 주거급여

주거급여는 「국민기초생활보장법」에 의한 급여종류 중의 하나이다(국민기초생활보장법 제7조). 즉, 수급자는 주거안정에 필요한 임차료, 유지수선비 및 그 밖의 수급품 등 주거급여를 받을 수 있도록 정하고 있으며, 수급권자는 부양의무자가 없거나, 부양의무자가 있어도 부양능력이 없거나 부양을 받을 수 없는 자로서 소득인정액이 최저생계비 이하인 자가 해당된다.

주거급여로서 월세임차료, 전세자금 및 유지수선비의 지급 기준을 살펴보면, 다음과 같다.

첫째, 월세임차료는 주택을 소유하지 않은 수급자로서 타인의 주택을 유료로 임차하여 거주하는 경우(전세자금 또는 월세보증금을 대여받은 자 포함)에게 지급한다(「국민기초생활 보장법 시행규칙」 제9조 제1항). 월세임차료는 보건복지부장관이 매년 공표하는 최저생계비(표 5 참조) 중 주거비의 비중과 수급자 가구의 소득인정액 등을 고려하여 정하는 금액으로 한다(「국민기초생활 보장법」 제6조 제2항 및 「국민기초생활 보장법 시행규칙」 제9조 제2항). 단, 수급자가 한정치산 또는 금치산 선고를 받은 경우, 채무불이행으로 인하여 금전채권이 압류된 경우, 치매 또는 보건복지부장관이 정하는 거동불가의 사유로 인하여 본인 명의의 계좌를 개설하기 어려운 경우 등, 이 중 어느 하나에 해당하는 경우에는 수급자의 배우자, 직계혈족 또는 3촌 이내의 방계혈족 명의 계좌에 현금으로 지원한다.

둘째, 전세자금을 대여 받고자 하는 자는 관할 시장·군수·구청장에게 문서로 신청하고 시장·군수·구청장은 신청에 따라 전세자금의 대여를 결정한 때에는 이를 수급자에게 문서로 통지한다. 전세자금 대여대상자의 선정기준 및 대여조건, 그 밖에 전세자금의 대여에 관하여 필요한 사항은 국민주택기금의 운용에 관한 계획(「주택법」 제60조)에서 정하는 바에 따른다.

셋째, 유지수선비는 주택을 소유하고 그 주택에서 거주하는 수급자와 타인 소유의 주택에 무료로 거주하는 수급자에게 지급하고 있다. 유지수선비의 지급은 수급자가 거주하는 주택의 유지에 필요한 점검 또는 수선을 실시하는 것으로 점검 또는 수선을 실시할 수 없거나 실시하는 것이 적당하지 않다고 인정하는 경우에는 점검 또는 수선에 필요한 금품으로 지급하고 있다. 이때, 점검 및 수선에 대해서 시장·군수·구청장은 공공 또는 민간기관·단체에 의뢰하여 실시하며, 이 경우 지역자활센터 또는 자활공동체에 우선적으로 의뢰할 수 있다.

이상에서 언급한 주거급여의 문제점을 살펴보면, 최저생계비 미만의 저소득층에서 주어지는 공공부조 급여로서 실제 주거생활에 대한 면밀한 사정과 요구에 기반하기보다는 생계급여에 보태어 지급하는 것이 일반적이다. 따라서 실제

표 5 2011년 주거급여 한도액

규모(월)	1명	2명	3명	4명	5명	6명	7명
최저생계비(원)	532,583	906,830	1,173,121	1,439,413	1,705,704	1,971,995	2,238,287
주거급여 한도액(원)	84,366	143,649	185,832	228,015	270,198	312,381	354,563

주: 주거급여 한도액은 가구별 최저 주거비(최저생계비의 15.840%).
자료: 보건복지부 「2011년 국민기초생활보장사업 안내」.

주거생활 유지에 필요한 만큼의 금액이나 서비스로 구성되지 않기 때문에 주거에 대한 것이라기보다는 공공부조로서 극빈자에 대한 급여 내의 일부 관련 비용이 포함되어 있는 정도이다(남기철, 2011).

2) 자활 집수리 사업

자활 집수리 사업은 1990년대 초반부터 시작되었으며, 집수리사업의 흐름은 크게 3가지로 구분할 수 있는데, 빈민지역 생산공동체운동에 기반을 두고 성장한 흐름, IMF 이후 공공근로 민간위탁과 실업극복국민운동위원회의 지원에 의해 성장한 흐름, 그리고 2000년 자활사업의 제도화 이후 자활근로사업에서 시작된 흐름으로 나눌 수 있다(엄형식, 2005). 자활사업의 일환으로 추진되는 집수리 사업의 재원확보는 공공부문과 민간부문으로 구분되고, 전자는 현물급여, 복권기금 및 지자체 관급공사로 이루어지고, 후자는 기업과 민간기금 등 사회적 투자 형태를 토대로 이뤄지고 있다(그림 5 참조). 이러한 자활 집수리사업은 저소득층, 사회취약계층 등 사회소외집단을 위한 주거복지 해결을 위한 방안으로 활용될 수 있다.

공공부조제도에 결합된 자활 집수리 사업은 수요자의 주거환경을 개선하는 대표적 활동이기는 하지만, 주거빈곤 가구의 소요에 비추어 볼 때, 매우 제한적인 규모에서 실시될 수밖에 없는 한계점이 있다(남기철, 2011).

그림 3 집수리 사업에 대한 사회적 투자의 재원별 분류

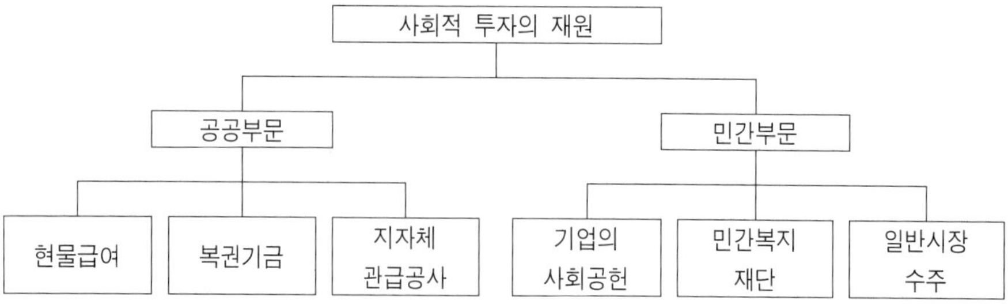

자료: 엄형식(2005, 21).

3) 영구임대주택

영구임대주택은 「국민기초생활보장법」에 따른 수급자 선정기준의 소득인정액 이하이고 무주택세대주로서 국가보훈처장이 인정하는 일정한 요건에 해당하는 자에게 우선 공급하는 주택으로 전용면적기준 26.34㎡~42.68㎡의 규모로 공급되는 임대주택이다. 영구임대주택의 주된 대상자는 무주택세대주이고, 다음과 같은 일정한 입주요건을 갖추어야 한다.

- 무주택세대주로서 다음 각 호의 어느 하나에 해당하는 자

1. 「국민기초생활보장법」제2조 제2호의 규정에 의한 수급자로써 다만, 동법 제32조의 규정에 의한 보장시설에 거주하는 수급자는 제외
2. 「국가유공자 등 예우 및 지원에 관한 법률」에 따른 국가유공자 또는 그 유족, 5.18민주유공자 또는 그 유족,「특수임무수행자 지원 및 단체 설립에 관한법률」에 따른 특수임무수행자 또는 그 유족으로서 제1호의 수급자 선정기준의 소득인정액 이하인 자
3. 「일제하 일본군위안부 피해자에 대한 생활안정지원 및 기념사업 등에 관한 법률」제3조의 규정에 의하여 여성부장관에게 등록한 일본군위안부 피해자
4. 「한부모가족지원법 시행규칙」제3조의 규정에 의하여 보건복지부장관이 정하는 기준에 해당하는 보호대상 한부모가족
5. 「북한이탈주민의 보호 및 정착지원에 관한 법률」제2조 제1호 규정에 의한 북한이탈주민

6. 「장애인복지법」 제32조에 규정에 의하여 장애인등록증이 교부된 자로써 정신지체인, 정신장애인 및 제3급 이상의 뇌병변 장애인의 경우에는 그 배우자인 세대주를 포함
7. 65세 이상의 직계존속(세대별 주민등록표상에 세대원으로 등재된 경우를 말함)을 부양하는 자로서 제1호 수급자선정기준의 소득인정액 이하인 자
7-2. 「아동복지법」 제11조 제1항에 따라 아동복지시설에서 퇴소하는 자로서 아동복지시설의 장이 추천하는 자
8. 제1호 내지 제4호의 규정에 준하는 자로서 국토해양부장관 또는 시, 도지사가 영구임대주택의 입주가 필요하다고 인정하는 자
9. 청약저축가입자

영구임대주택은 빈곤계층 중에서도 행정적 조건이 충족되는 일부 계층을 대상으로 공급되는 임대주택으로 사회복지 내에서 주관하는 부분은 거의 없으며, 주거취약계층 전반이 아닌 다른 특수성이나 조건이 결합되고 있는 제한적 접근이라는 비판이 있다(남기철, 2011). 또한, 영구임대주택 입주대상을 엄격하게 제한함에도 불구하고 입주자의 서류를 위·변조하여 거주하거나, 대상 가구의 소득 상향 조정 등 상황 변화로 인해 더 이상 영구임대주택에 입주하기 곤란한 경우에도 퇴거를 거부하는 등 여러 가지 운영상의 문제점이 노정되고 있다. 이로 인해 단순히 영구임대주택 건설뿐만 아니라 입주자에 대한 지속적인 점검 및 관리가 필요한 실정이다.

4) 다가구 매입 임대주택

다가구 매입 임대주택은 도심 내 최저소득계층이 현 생활권에서 현재 수입으로 거주할 수 있도록 다가구주택 등 기존 주택을 매입하고 개·보수한 후 저렴하게 임대함으로써 주거취약계층의 주거안정을 도모하도록 하는 정책이다. 다가구 매입임대주택의 입주대상자는 사업대상지역에 거주하는 무주택세대주로 1순위는 기초생활수급자 및 보호대상 한부모 가족, 2순위는 장애인 및 세대의 월평균소득이 전년도 도시근로자 월평균소득의 50% 이하인 자이다. 임대조건은 수도

권 전용면적 50㎡ 기준 임대보증금 400만원, 월임대료 10만원 수준으로 최장 10년간 거주 가능하다.

하지만, 입주자들이 대부분 기초생활수급자들로써 단순히 임대주택을 공급함에 그칠 것이 아니라 사후관리가 중요하다. 즉, 다가구 매입 임대주택은 지역마다 개별적으로 입지하고 있어 시설물 관리의 어려움이 있다. 또한, 입주대상계층을 기초생활수급자와 차상위계층임에도 불구하고 임대료 수준이 높다는 지적에 대해서도 개선이 요구된다.

5) 그 외 주거복지 서비스 실태

우선, 사회복지 생활시설을 주거로서 제공하거나 사회복지관 또는 재가복지센터 등 사회복지 이용시설을 통해 지역사회 생활을 지원하는 프로그램이 운영되고 있다. 하지만, 이용시설에서 제공하는 지역사회 생활지원 서비스의 경우, 주택이나 주거에 대한 지원과는 다소 무관하게 단순히 보호(care)하는데 치중하는 경향이 있다. 둘째, 홈리스 지원사업 프로그램이다. 노숙인 등 홈리스에 대한 주거복지적 내용이 초점이 되고 있으나, 아직까지 응급적인 성격의 프로그램으로 기존 사회복지체계와 밀접하게 결합되지 못하고 있는 것이 현실이다. 셋째, (정신)장애우, 노인, 아동 등에 대한 주거지원에 대해서는 단순히 시설보호가 아닌 자립생활 지원 등의 맥락에서 주거권 보장 및 주거지원에 대한 관심이 높아지고 있다. 하지만, 현재까지는 그룹 홈, IL센터에 대한 지원 등 소수의 주거지원 프로그램만 운영되는 실정이며, 구체적인 주거복지 서비스 방식에 대해서도 규범적 수준에서만 논의되고 있는 실정이다(남기철, 2011).

이상에서 언급한 주거취약계층의 주거복지 프로그램은 주거급여에 의한 현금부조를 제외하면, 대부분 시설 중심적인 접근 위주로 진행되고 있음을 알 수 있다. 주거취약계층을 위한 주거복지가 시설 공급 위주로 진행되는 이유는 관련 시설의 절대적 부족에서 발생하는 문제를 해결함으로써 정책 집행의 원활화를 유도하기 위해서다. 또한, 정부의 예산 투입에 따른 성과가 시각적으로 발생해야 한다는 일종의 결과 중심적 사고도 있음을 부인하기 어렵다. 하지만, 중요한 사실은 기본적으로 주거취약계층을 보호할 수 있는 관련 시설에 대한 확충과 함께 주거취약계층의 자활 및 갱생을 위한 프로그램의 발굴과 도입도 균형감 있게 진행되어야 한다는 것이다. 역설적으로 주거 욕구가 가장 중요하게 고려될 수 있는 대상인 홈리스 또는 무주택 저소득 장애우 등에 대하여 생활시설 확충에만 초점을 맞춘 주거복지 서비스가 제공될 때, 단지 이들은 정부에서 제공하는 시설에 수용되어 관리되는 대상으로써 존재할 뿐이다.

결국, 주거취약계층에 대한 바람직한 주거복지의 방향은 이들에 대한 면밀하고 상세한 조사가 지속적으로 진행되어야 하며, 이와 더불어 인간다운 생활이 가능할 수 있는 다양한 주거복지 프로그램과 연계될 때, 정책의 효과가 극대화 될 수 있다. 이러한 측면에서 앞서 언급한 보건복지부의 「복지사각지대 발굴 및 보호를 위한 전국 일제조사」가 일회성으로 그칠 것이 아니라 주거취약계층의 주거복지를 위해 지속적으로 추진됨과 아울러 지자체와 정부 및 시민단체가 중심이 된 상시 조사 시스템의 구축이 필요하다. 이와 함께 실시간으로 주거취약계층에 대한 현황 조사 결과를 토대로 주거취약계층의 자활 및 갱생이 가능할 수 있는 다양한 프로그램의 발굴 및 집행이 요구된다.

Ⅳ. 결론: 지역사회 역할 정립

최근 주거복지정책이 중앙정부 중심에서 지역사회 중심으로 변화하고 있다. 즉, 중앙정부 차원에서 주도하는 주거취약계층에 대한 지금까지의 임대주택, 보호시설 등에 대한 공급에 한정되기 보다는 관련 프로그램 정비 및 개발과 다양한 주거복지 서비스 제공을 통한 지역사회 중심의 주거취약계층 보호로 전환되고 있다.

이러한 지역사회 중심의 주거복지 패턴의 변화는 소위 '직선적 연속체 모형'으로 설명이 가능하다. 가령, 정신장애인 등 취약한 수요자 집단에게 개입이 강한 주거지원에서부터 개입이 약한 주거지원으로 A→B→C→D의 순서(그림 4 참조)를 통해 주거지원 프로그램을 이전하여 독립적으로 지역사회생활에 포함되도록 하는 방식이다(남기철, 2011).

그림 4 직선적 연속체 모형

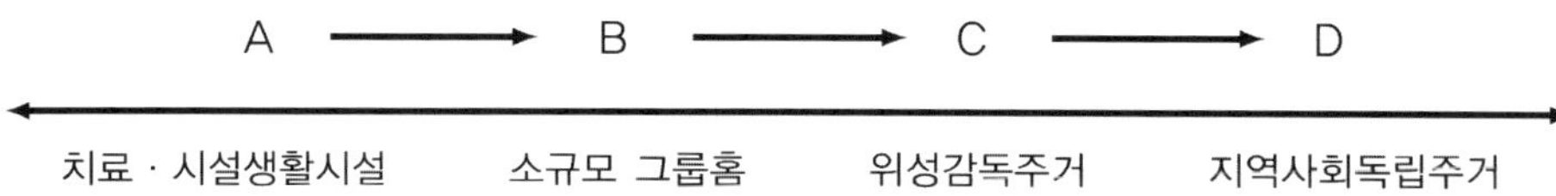

자료: 남기철.

이상에서 언급한 '직선적 연속체 모형'은 장애우, 홈리스, 무의탁 노인과 소년소녀 가장 등 지역사회의 주거취약계층에 공통적으로 적용할 수 있는 시사점을 제시해 주는 사례로서 결국 주거취약계층이 독립된 주거복지를 영위하기 위해서는 지역사회의 지속적인 관심과 노력이 필요함을 의미한다. 따라서 주거취약계층의 주거복지는 임대주택 등 단순한 물리적인 시설과 더불어 주거취약계층이 지역사회에서 어떻게 주거생활을 영위하는가에 주된 초점이 있다.

이때 중요한 사실은 지역사회생활과 관련된 서비스를 주거복지 영역에서 주거지원 서비스로 제공해야 한다든지, 또는 기존 사회서비스로 사회복지 영역에서 제공해야 한다는 식의 2분법적으로 구분할 수는 없다는 점이다. 즉, 누가 어떤 영역의 서비스 체계를 제공해야 한다는 원론적인 구분보다는 지역사회를 이루는 개별주체 간의 협력적 거버넌스 구현이 더욱 중요한 것이다. 결국 지역사회에서 주거취약계층이 적절하고 독립된 주거생활 유지하기 위해서는 물리적 주택의 제공과 함께 주거복지를 위한 관련 서비스를 통합시키는 것이 필요하다.

일반적으로 지역사회는 특정한 지역적 범위 안에 거주하는 사람들이 공동연대감 공유 및 상호관계를 가지는 사회적 단위로써 지역에 기반하여 공통된 문화, 전통, 지역의식 등을 동질적으로 향유하는 공동체적 사회구성체로 정의하였다. 그리고 이러한 사회구성체는 크게 공공부문과 민간부문으로 나눌 수 있는데, 전자는 정부 및 지자체로 구분할 수 있으며, 후자는 지역 내 시민단체 또는 비영리단체와 사회적 기업 등이 대표적이다.

지역사회에서 주거취약계층의 주거복지 증진을 위해서는 관련 주체 간 협력적 거버넌스 구현을 위한 핵심적인 주체에 대한 논의가 필요한데, 주거복지센터의 역할 정립과 이를 통한 협력체계 구축이 가능하다고 판단된다.

주거복지센터[4]는 공공영역 전달체계의 사각지대를 해소하고 민간영역의 다양한 전문자원 및 인적/물적자원의 적절한 투입을 통해 전문적인 주거복지사업을 수행하고 공공 및 민간영역의 네트워크 구축과 체계적인 운용을 통해 주거복지 전달 체계의 효율성 제고, 효과적인 주거복지서비스 지원 및 주거문제 해소와 발전적인 주거복지 서비스 모델을 구축하기 위해 운영되고 있다(서유미, 2011).

주거복지센터의 주요 사업을 살펴보면(표 6 참조), 지역주거실태조사를 통해 주거취약계층의 요구를 조사하고, 센터의 자체 자원을 활용하여 주거상담, 긴급 임대료지원 사업, 특별취약계층 지원사업 등을 수행하고 있다. 또한, 지역사회 자원 발굴을 통해 임대료, 집수리 및 사회복지 서비스를 지원, 연계하고 있으며, 기타 지역사회 조직 활동을 통해 네트워크 구축과 주거복지 현안과 관련된 사업을 담당하고 있다.

표 6 주거복지센터의 주요 사업 내용

구 분	사 업	비 고
지역주거실태조사	- 지역사회 주거상황 실태조사 - 주거취약계층 욕구조사	
직접 지원사업	- 주거상담 - 긴급 임대료 지원사업 - 주거환경개선사업 - 공공임대주택 입주 연계 - 특별취약계층 지원사업	센터 자체자원 활용
연계사업	- 임대료 지원 연계 - 집수리 지원 연계 - 사회복지서비스 연계 - 기타 지역사회 자원 연계	지역사회 자원발굴 및 활용 사례관리 기반 실천
지역주거복지네트워크구축사업	- 지역사회조직 활동	
기타사업	- 임대료 대출 - 재개발 등 지역 주거복지현안 관련 사업 - 기타 사업	

자료: 남기철(2011: 53).

4) 2011년 기준으로 주거복지센터는 중앙주거복지센터와 지역(서울, 인천, 전주, 대구, 김해, 원주)단위로 총 12개 센터가 운영되고 있다.

중요한 사실은 주거취약계층의 주거복지를 주거복지센터가 모두 담당하기에는 예산과 권한 등에 있어 제약이 있는 것이 현실이다. 설령, 주거복지센터에 주거취약계층 주거복지를 위한 제약 요인이 없다고 하더라도 주거취약계층이 지역사회에서 흡수되어 삶을 영위하기 위해서는 지역사회를 구성하는 주체 간의 관계성 회복이 반드시 요구된다. 이와 함께 주거취약계층을 위한 주거복지가 사회안전망 기능을 충실히 수행하기 위해서는 상당한 비용과 인력이 필요한데, 이를 위한 지방정부와 민간부문의 협력 관계는 반드시 필요하다. 지역사회가 공공부문과 민간부문이 어우러진 공동체적 사회구성체라고 볼 때, 관련 주체 간의 협력적 거버넌스를 구축하기 위해서는 지역사회 구성원 각자의 바람직한 역할 정립이 필요하다.

<그림 5>는 주거취약계층의 주거복지 증진을 위해 지역사회 내 각 기관들의 역할과 협력적 거버넌스를 모형화한 것이다. 특히 주거복지센터를 중심으로 지역사회 내의 NPO · NGO, 사회적 기업, 그리고 지자체와 전문가의 역할을 상술하면 다음과 같다.

그림 5 주거취약계층의 주거복지 증진을 위한 지역사회 역할

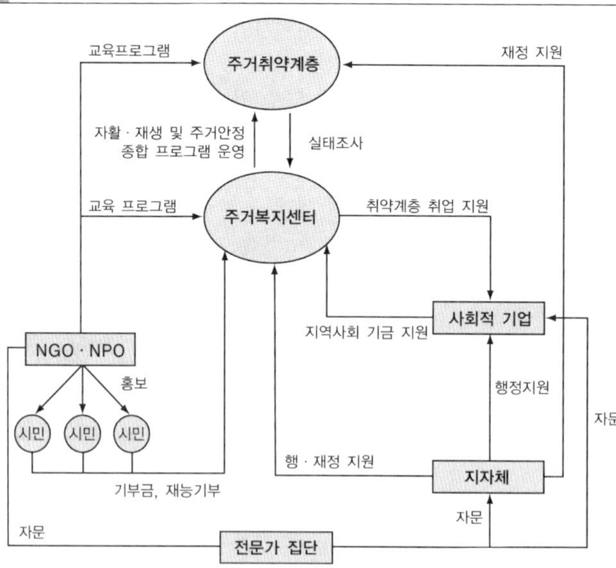

1. 주거복지센터의 역할

주거복지센터는 주거취약계층에 대한 직접적인 지원을 담당한다. 주거복지센터의 주된 역할을 살펴보면, 당해 지역사회 내 주거취약계층에 대한 실태조사를 주기적으로 실시하고 이들을 위한 자활·재생 프로그램을 발굴, 운영하고 특히, 주거안정을 위한 지속적인 노력을 경주해야 한다. 즉, 주거취약가구 특성에 맞는 맞춤형 지원이 가능하기 위해서는 상담활동과 그에 따른 사례관리 등 일련의 과정이 원활하게 진행될 수 있도록 지역사회 내 다양한 주체들과의 인적, 물적 네트워크를 구축하는 것도 중요하다.

2. NGO · NPO의 역할

비정부기구인 NGO(non-governmental organization)는 자발적으로 조직된 비영리 시민단체이며, NPO(non-profit organization)는 비영리민간단체로 사회의 공익 추구를 목적으로 설립되어 비영리사업을 영위하는 모든 조직을 의미한다. 우리나라에서는 NGO와 NPO를 거의 같은 용어로 사용되고 있다.

지역사회 내 주거취약계층을 위한 이들 집단의 역할을 살펴보면, 첫째, 주거취약계층의 보호가 사회적 당위성이 확보될 수 있도록 지역 내 시민들의 의식전환을 위한 홍보 역할이 필요하다. 실제로 지역사회 내 일반시민의 경우 주거취약계층에 대한 보호는 정부차원에서 이뤄져야 한다고 생각하는 것이 일반적이다. 하지만 시민들이 주거취약계층에 대한 도움을 주고 싶어도 그 방법과 절차에 대하여 모르는 경우도 비일비재하다. 따라서 시민들이 주거취약계층을 지역사회에서 몰아내야 하는 대상이 아닌 함께 살아야 하는 대상으로 인식될 수 있도록 의식의 전환을 위한 노력과 아울러 기부금 납부 및 재능 기부 등을 할 수 있도록 지속적인 홍보 노력이 요구된다. 둘째, NGO와 NPO는 주거복지센터 및 주거취약계층에 대한 교육 프로그램을 지원하는 역할을 수행할 수 있다. 특히 학습권에서 배재될 가능성이 높은 주거취약계층을 위해 이들이 필요로 하는 기술이나 지식을 교육하므로 이들의 자활 및 재생의 기회를 확대할 필요가 있다.

3. 사회적 기업의 역할

사회적 기업의 법적 개념을 살펴보면, 취약계층에게 사회서비스 또는 일자리를 제공하거나 지역사회에 공헌함으로써 지역주민의 삶의 질을 높이는 등의 사회적 목적을 추구하면서 재화 및 서비스의 생산·판매 등 영업활동을 하는 기업이다(사회적기업 육성법 제2조). 따라서 일반기업이 주주나 소유자를 위한 이윤극대화를 추구하는데 비해 사회적 기업은 우선적으로 사회적 목적을 추구하고 이를 통한 이윤을 사업 또는 지역공동체에 재투자하는 기업이다.

특히, 주거취약계층은 주거문제 뿐만 아니라 생활의 어려움을 함께 겪는 경우가 많다. 따라서 주거취약계층이 보다 신속하게 자활할 수 있기 위해서는 이들에 대한 일자리 및 사회서비스의 제공이 필요하다. 따라서 사회적 기업은 주거취약계층을 위한 일자리를 제공하고 이를 토대로 발생한 이익을 주거복지센터의 재정 확충을 위한 기금으로 제공할 때, 주거취약계층에 대한 직·간접적인 도움이 가능할 것으로 판단된다.

4. 지자체의 역할

공공부문인 지자체는 주거취약계층의 주거복지 증진을 위한 지역사회의 구성원들이 제 역할을 수행할 수 있도록 행·재정적인 지원이 필요하다. 특히, 주거

표 7 사회적 기업의 종류

일자리 제공형	조직의 주된 목적이 취약계층에게 일자리를 제공
사회서비스 제공형	조직의 주된 목적이 취약계층에게 사회서비스를 제공
혼합형	일자리 제공형과 사회서비스 제공형의 혼합
기타형	사회적 목적의 실현여부를 고용비율과 사회서비스 제공비율 등으로 판단하기 곤란한 사회적 기업
지역사회공헌형	지역사회 주민의 삶의 질 향상에 기여

자료: 한국사회적진흥원 홈페이지(www.socialenterprise.or.kr).

복지센터가 원활하게 운영될 수 있도록 재정적 지원과 함께 주거복지센터의 설립 및 운영이 원활히 이뤄질 수 있는 행정적 지원을 동시에 진행해야 한다. 무엇보다도 지자체는 지역사회 내 사회적 기업의 설립을 적극 유치할 수 있도록 행정적 노력을 진행해야 하며, 주거취약계층을 위해 중앙정부가 지원하는 예산 확보와 함께 예산 지원이 적기에 지급될 수 있도록 주거복지센터와 함께 노력해야 한다. 특히, 정부 및 지자체 관련 예산이 명확한 기준을 통해 지원될 수 있도록 조례 정비 등도 함께 진행하여야 한다.

5. 전문가 집단의 역할

일반적으로 전문가 집단이라고 하면, 지역사회 소재 대학, 연구소 등에서 주거취약계층을 연구하는 교수, 연구원 등을 의미한다. 이들은 주로 사회취약계층에 대한 연구를 토대로 해외 경험, 기존 주거복지 정책에 대한 평가 및 대안 제시 등의 역할을 수행할 수 있다. 또한 민간부문인 주거복지센터, NGO·NPO, 사회적 기업과 공공부문인 지자체가 주거취약계층을 위해 새롭게 추진되는 각종 프로그램 발굴과 기존 수행하고 있는 프로그램 또는 정책에 대하여 전문성을 활용한 자문 역할을 수행할 수 있다.

주거에 대한 권리가 중요한 것은 이것이 인간다운 생활을 위한 기본적인 것이라는 점 때문이다. 특히, 주거취약계층인 사회적 약자에게 주거권은 어느 누구보다도 중요한 가치인 것이다. 하지만, 주거취약계층에 대한 지금까지 정부의 대응은 주로 임대주택 및 보호시설 공급 등 물리적 측면에서 최소한으로 머물러 왔던 것이 현실이다. 이러한 물리적 대응도 중요하지만, 주거취약계층의 경우 사회안전망 차원에서 지역사회의 주거복지의 역할이 더욱 중요해질 것으로 판단된다. 이에 지역사회의 주거복지 실현이 제대로 진행되기 위해서는 앞서 언급한 지역사회 내 관련 주체 간 협력적 거버넌스의 구축이 반드시 필요하다. 왜냐하면, 주거취약계층의 주거복지는 단순히 그들에 대한 주거안정 뿐만 아니라 지역사회에서 일정한 역할을 수행하도록 함으로써 지역사회에서 더불어 살 수 있도록 하는 것이 주거복지의 가장 이상적인 가치이기 때문이다.

참고문헌

권태준 · 김광웅, 1978, 「지역사회개발론」, 서울대학교출판부.

남기철, 2011, 지역사회기반의 서비스와 주거복지, 2011 주거복지컨퍼런스, 한국도시연구소.

대한주택공사, 2002, 「주거복지백서」.

문병집, 1973, 「지역사회개발론」, 법문사.

보건복지부, 2011, 「2011년 국민기초생활보장사업 안내」.

보건복지부 보도자료, 2011, 복지사각지대(소외계층) 전국 일제조사 결과.

서유미, 2011, 주거취약세대 지원을 위한 네트워크 구축 및 지역사회 자원개발, 2011 주거복지컨퍼런스, 한국도시연구소.

엄형식, 2004, 주거복지시장 현황과 집수리자활사업 발전방안, 서울광역자활센터 온라인자료실.

장영희, 2011, 지역사회 주거복지서비스 활동의 성과와 과제, 2011 주거복지컨퍼런스, 한국도시연구소.

조명래, 2003, 지역사회에의 도전－도시공동체의 등장과 활성화, 「도시공동체론」, 한울.

하성규, 2011, 「주택정책론」, 박영사.

하성규 · 김태섭, 2003, 「한국도시재개발의 사회경제론」, 박영사.

한국사회적기업진흥원 홈페이지(www.socialenterprise.or.kr).

행정안전부, 2010, 「2010 행정안전백서」.

Adams, T. 1918, Community Development in Wartime, *Landscape Architecture* 8:109－124.

Hawley, A. H. 1971, *Urban Society: an ecological approach*, Ronald Press.

Hillery, G. A., Jr. 1955, Definitions of Community: Areas of Agreement. *Rural Sociology* 20:779－791.

Lyon, L. 1989, *The Community in Urban Society*, IL, Waveland Press, Inc.

Park, R., Ernest W. B. and Roderick D. M. 1925, *The City. Chicago:*, University of

Chicago Press.

Park, R. 1952, *Human Communities: The City and Human Ecology*. Glencoe, Ⅲ: Free Press.

Wirth, L. 1938, Urbanism As A Way of Life, *American Journal of Sociology*, 44: 1−24.

제13장

공공임대주택과 사회적 배제

Ⅰ. 서 론

국토해양부는 2003년 국정과제보고회에서 서민주거복지지원 강화방안으로 분양주택과 임대주택 혼합을 통해 임대주택 입주자의 사회적 고립을 방지(social mix)하는 방안을 마련하였다(건설교통부, 2004). 2004년 6월 국무회의에서 주거환경개선지구 내 주민재정착유도를 위해 국민임대주택(36.3㎡, 11평)을 30% 의무 공급하도록 하였다(건설교통부, 2005). 이를 기반으로 2006년부터 국민임대주택 공급에서 사회적 혼합(socail mix)을 고려하여 분양주택과 혼합 건설하는 시범사업을 추진하였다(건설교통부, 2007).

서울시는 2003년 12월에 제정된 「서울특별시 도시 및 주거환경정비조례」를 통해 세입자용 임대주택을 총 건립가구수의 17% 이상, 세입가구의 35% 이상 건립을 의무화하였다(서울특별시, 2004). 주거환경개선사업시 공급되는 임대주택은 일반 분양주택과 임대주택 사이에 담장, 철책 등의 시설로 구분되지 않도록 하고 도로 및 녹지체계 등이 합리적으로 연계되도록 정비계획을 수립해야 한다.

그럼에도 불구하고 2006년 서울 성북구 한 주택 단지에서 임대주택 주민과 분양주택 주민간 갈등의 결과로 철조망 울타리가 단지 내에 설치되었다(한겨레21, 2006, 제603호). 임대주택 주민은 철조망을 없애면 초등학교 학생의 등교가 빠르고 안전하다는 주장을 하고 분양주택 주민은 쾌적한 주거생활을 위해 울타리가 필요하다고 했다. 울타리는 완력으로 허물어졌지만 분양주택 주민들이 아이들의 출입을 금해달라는 소송에서는 주민 간 협의를 통해 조정하라는 판결이 내려졌다. 2011년에는 서울 강서구 임대주택 옆 학교가 폐교되어 임대주택 거주 자녀들은 인근 초등학교로 편입될 예정이다(한겨레, 2011.9.20, 12면). 이는 인근 분양주택 주민들이 임대주택 옆 학교가 아닌 인근 초등학교로 자녀들을 다니게 해달라고 민원을 제기하면서 임대주택 옆 학교의 학생수가 감소하면서 폐교가 결정되었다. 2012년 서울 마포구의 주상복합주택은 임대주택을 특정 1개동의 저층에 몰아 배치하고 별도 출입구와 엘리베이터를 설치하면서 분양주택과 임대주택의 차별 논란이 발생하였다(경향신문, 2012.2.27, 31면). 이 주택 단지는 분양주택 주민과 임대주택 주민 간의 동선을 분리시켜 임대주택 주민은 각종 서비스 혜택에서 배제시켰다. 이후 시공사가 편의시설 운영에서 임대주택 주민도 사용할 수 있도록 하였다. 하지만 입주자 대표자회의가 결성되는 1년 후에 임대주택 주민들이 시설을 사용할 수 있을지는 대표자회의에서 결정되게 된다.

이와 같은 사회 현상은 최근 유럽을 중심으로 활발하게 논의되고 있는 사회적 배제(social exclusion)로 설명된다. 사회적 배제란 특정 개인이나 집단이 해당 사회의 일반적인 관행이나 정상적인 교류 관계로부터 배제되는 결과를 초래하고, 복합적이고 변화하는 요인들이 상호 작용한 결과이다(European Commission, 2006; Lavitas, 1996). 사회적 배제는 빈곤이 가장 중요한 요인으로 작용하지만 주거, 교육, 건강 및 서비스에 대한 접근 등의 권리가 부적절하게 주어져 있는 상태를 의미하기도 한다. 특히 유럽선진국에서는 사회적 배제현상은 노동시장과 특정 사회계층간(빈곤층과 부유층, 이민자, 소수민족 등)에 많이 나타난다(Jordan, 1996; Sommerville, 1998). 영국 정부는 사회적 배제란 실업, 저숙련, 저소득, 열악한 주거, 나쁜 건강상태, 범죄율이 높은 환경, 가족의 붕괴 등의 문제가 결합되어 고통 받는 개인이나 지역에게 나타나는 문제라고 정의하기도 하였다(Social Exclusion Unit, 1997).

우리나라에서 사회적 배제는 편견과 낙인의 공간 현상으로 영구임대주택(하성규, 2006; Ha, 2006)과 주거환경개선사업에서 임대주택 의무건설비율을 적용하면서 분양주택과 임대주택이 혼합된 단지(경향신문, 2012.2.27, 31면; 한겨레, 2011.9.20, 12면; 한겨레21, 2006, 제603호)에서 많이 나타나고 있다. 영구임대주택을 중심으로 나타나는 사회적 관계는 주거지 특성, 계층적 특성, 복지서비스, 관리문제 등과 관련하여 부정적인 양상을 보이고 있다(서종균, 1997). 영구임대주택 거주 아동들과 인근 분양주택 아동들이 함께 재학하고 있는 초등학교에서 영구임대주택 거주 자녀가 학교에서 부당한 차별을 당하고 있음이 보도되기도 했다(한겨레, 2002). 그리고 영구임대주택은 저소득층의 집단 거주로 인하여 반사회적 행동 양상을 보이고 있고, 경제적 어려움으로 인해 주민 간의 교류에도 제한을 받고 있다(홍인옥, 2005). 분양주택과 임대주택이 혼합된 단지는 임대주택을 별도 공간이나 동선으로 분리시키거나(경향신문, 2012.2.27, 31면; 한겨레, 2011.9.20, 12면) 담장이나 울타리를 통해 공간적으로 구분(한겨레21, 2006, 제603호)하여 주민간 갈등이 증가되고 있다. 또한 임대주택과 소형 주택 비율을 의무화하면서 재건축 사업이 지연되어 주택공급에 차질도 나타나고 있다.

공공임대주택정책은 주택보장을 강조한 주거문제를 해결하기 위한 정부의 직접적인 개입형태이다(김혜승, 2011; 하성규, 2003; 하성규, 2011). 정책 수단인 공공임대주택 공급은 저소득층의 주거복지를 향상시키는 것이 목적이다. 주거복지는 사회구성원이 자신의 요구에 부합하는 적정 수준 이상의 주택에 거주함과 동시에 사회복지 차원에서 모든 사회구성원이 누릴 수 있는 최소한의 주거수준을 보장하는 것이다(김영태, 2006; 장세훈, 1999). 즉, 주거복지 정책 목표는 최저주거기준 미달가구의 해소, 주거권 보장 등의 주택의 적절성, 저소득층의 자립지원과 사회통합 등의 사회적 관계 형성이다.

주거복지 정책 목표 중 하나인 사회통합을 위한 사회적 관계 형성이 공공임대주택 단지에서 많은 문제가 나타나고 있다. 그러므로 공공임대주택에서 발생하는 사회적 배제(주거지배제)가 어떤 경로로 발생하는지를 파악하여 향후 주거복지 정책에 대안을 제안하고자 한다.

본 연구의 목적은 공공임대주택 주민과 인근 분양주택 주민 간에 야기되는 사회적 배제 현상에 대한 주민 의식(인식정도)을 파악하고 공공임대주택단지의 인식이 사회적 배제에 어떤 관련성이 있는지를 분석하고자 한다. 이를 통해 공공임대주택의 사회적 배제를 최소화할 수 있는 방안이 무엇인지를 모색하고자 한다.

Ⅱ. 이론적 배경

1. 사회적 배제 개념

사회적 배제 개념은 빈곤연구에서부터 발전되기 시작했다. 그리고 사회적 배제는 다양한 요인들이 상호 작용하여 발생되지만 특히 공간적(혹은 특정 커뮤니티) 측면에서 더욱 명확히 관찰된다고 한다(Room, 1999). 사회적 배제의 극단적 경우로서 특정인들이 자기들만의 커뮤니티를 조성하여 외부로부터의 접촉을 제한하고 질 높은 서비스를 자기들만 향유하는 소위 "게이티드 커뮤니티(gated communities)[1]"와 같은 형태를 보이기도 한다.

유럽국가들의 경우 1980년~1990년대 빈곤과 실업이 증가하면서 새로운 형태의 빈곤 또는 주변화(marginalization) 문제가 사회적 이슈로 제기되면서 정책적 관심이 증가되었다. 이후 유럽연합의 통합에 걸림돌이 되는 것이 빈곤의 문제뿐만 아니라 불평등(사회적, 경제적, 정치적, 문화적)의 문제가 야기되면서 사회적 배제 이슈가 정책적으로 중요하게 취급되기 시작하였다. 사회적 배제는 아직까지 정확한 개념이 정립되지 못하고 있다. 사회적 배제의 다양한 개념을 살펴보면 아래와 같다.

사회적 배제란 개인 혹은 집단이 해당 사회의 주류에서 밀려나거나 참여를

1) 게이티드 커뮤니티(gated communities)란 미국 등 부유층의 동네로서 수십억원을 호가하는 저택들로 구성된 주거단지를 형성하고 동네 입구에는 출입을 제한하도록 하는 대문(gate)을 설치, CCTV 등으로 감시하거나 경호원을 배치하며 해당 단지 출입구로부터 공공도로가 아닌 사도(私道)를 설치하여 운영하는 등의 특징을 보임.

방해받는 상태로 교육, 소득, 취업 등의 분야에서 잘 나타난다. 아울러 특정 커뮤니티 네트워크와 활동에 참여하지 못하는 경우도 발생된다(European Commission, 2005).

영국의 사회적 배제 기획단(Social Exclusion Unit, 1997)은 사회적 배제란 실업, 미숙련, 저소득, 열악한 주거, 나쁜 건강상태, 범죄율이 높은 환경, 가족 붕괴 등의 문제가 결합되어 고통 받는 개인이나 지역에게 나타나는 문제로 정의한다. 사회적 배제란 한 개인이 a) 지리적으로 한 사회에 거주하지만, b) 자신이 통제할 수 없는 이유로 정상적 시민으로서의 활동에 참여할 수 없는 상태에서, c) 참여를 원하는 경우 사회적으로 배제되는 것을 의미한다(Burchardt et al., 1999). 그리고 사회적 배제는 개인, 가족, 집단, 지역으로부터 사회에 대한 사회, 경제, 정치적 참여에 필요한 자원을 박탈하는 과정으로 보았다(Pierson, 2002). 이 과정은 주로 빈곤과 저소득에서 비롯되지만 다른 한편으로는 차별, 낮은 교육수준, 척박한 생활환경 등에서도 비롯된다.

사회적 배제란 빈곤과는 달리 일정한 기본적 권리를 부인당하는 것으로 특징지을 수 있다. 즉 한 사회의 시민으로서 당연히 누려야 할 권리, 예컨대 사회보장권, 경제적 복지권, 사회적 참여권, 인간으로서의 존엄을 가지고 살아갈 권리 등을 누리지 못하는 상태가 바로 사회적 배제라는 개념으로 총괄될 수 있다(윤진호 외, 2004).

이상의 내용에서 알 수 있듯이 사회적 배제는 빈곤을 가장 중요한 요소로 정의하고 있지만, 개념적으로 경제적 빈곤보다 더 넓은 개념으로 정의된다. 그리고 사회적 배제는 개인이나 지역(혹은 공간)에서 처해진 환경에 따라 달리 나타남으로서 정태적이 아니라 동태적인 의미를 지니고 있다. 또한 사회적 배제는 경제적 측면뿐만 아니라 개인적 상황, 주거지, 사회문화적 환경, 그리고 정치적 참여 등과 같은 다차원적인 측면을 내포하고 있다.

빈곤과 사회적 배제의 차이는 빈곤은 소득적 측면에서 정태적 결과이지만, 사회적 배제는 동태적 과정의 다차원적 요인으로 볼 수 있다는 것이다(Berghman, 1995; Byrne, 2005; Ha, 2006). 즉, 사회적 배제는 빈곤층이 아니더라도 경험할 수 있으며, 배제의 내용도 소득과 직접적인 연관이 있는 경제뿐만 아니라 사회, 문화,

정치 등의 영역에서 나타난다. 이는 다양한 사회 현상을 설명하는데 사회적 배제는 집단의 문제(이주노동자, 탈북자, 비정규직 노동자 등)를 인식함에 있어서 매우 유용함을 말해줄 수 있는 개념이다(한국보건사회연구원, 2005).

2. 선행 연구

국내 영구임대주택을 중심으로 한 사회적 배제 관련 연구는 대부분 사회적 배제를 야기시키는 요인을 분석하는데 초점을 맞추고 있다(김성윤, 2005; 김위정 2003; 서종균, 1997; 홍인옥, 2005). 사회적 배제에 대한 분석의 틀은 다양하다. 특히 룸(Room, 1999)은 사회적 배제를 분석함에 있어 중요한 몇 가지 요소를 지적하였다. 첫째, 사회적 배제는 다차원적으로 소득뿐만 아니라 다양한 불이익 요소까지 포함해야 한다. 둘째, 사회적 배제는 가난과 같은 정적 개념이 아닌 동적 개념으로 사회적 배제의 과정을 이해하고, 이에 대한 불평등 혹은 불만족을 알아봄으로써 원인이 되는 요인을 분류해야 한다. 셋째, 사회적 배제는 단순히 개인이나 가구의 문제이기 보다는 커뮤니티 개념을 포함해야 한다. 즉, 개인의 소득뿐만 아니라 커뮤니티의 시설(학교, 쇼핑, 교통 등)을 고려해야 한다. 넷째, 사회적 배제는 불평등한 사회, 사회 통합의 부족, 권력의 결핍 등과 같은 다양한 측면에서의 관련성을 살펴보아야 한다.

먼저 사회적 배제의 이해방식에 따라 각기 다른 사회적 배제 유형 연구(심창학, 2003; 한국사회보건연구원, 2005)와 개념의 조작화 또는 측정의 차이에 따라 사회적 배제가 달리 측정될 수 있음을 강조한 연구가 있다(문진영, 2004; 서병수, 2005). 문진영(2004)은 사회적 배제 개념을 실제로 측정하기 위해 구체적 이슈 집중형인 영국의 사회적 배제 기획단(Social Exclusion Unit)이 시도한 방식의 사회적 배제에 대한 포괄적인 개념보다는 구체적인 사회적 배제 현상(예를 들자면, 소수인종, 10대 임신, 노숙자 등)을 대상으로 실증적인 분석과 이에 대한 실용적인 대안을 제시하였다.

서구의 경우 사회적 배제의 이해방식에 따라 세 가지 패러다임, 즉 연대(solidaritu), 분화(specialization), 독점(monopoly)으로 분류하였다(Silver, 1994). 이 분류는 국가 혹은 특정 지역을 상정한 것이라기보다는 기존의 사회적 배제 담론이 사상적으로 어디에 연유하는 것인가에 초점을 맞추었다. 그리고 또 다른 사회적 배제 분류는 재분배주의적 담론(redistributionist discourse), 사회통합론적 담론(social integrationist discourse), 도덕적 하위계층 담론(moral underclass discourse)으로 구분하였고(Levitas, 1999), 이 분류는 한 사회 내에서 배제된 집단을 바라보는 다양한 시각을 나타내고 있다.

사회적 배제는 통합된 빈곤(배제), 한계적 빈곤(배제), 자격박탈적 빈곤(배제)으로 구분할 수 있으며, 이탈리아는 통합적 빈곤(배제)이고 스웨덴은 한계적 빈곤, 그리고 프랑스는 자격박탈적 빈곤 유형에 속한다(Paugam, 1995). 사회적 배제에 대한 유형과 그 양상은 국가별 시대적 상황과 사회, 경제 및 정치적 상황 등에 따라 다양하게 분류되고 그 해석이 다양함을 지적한 연구가 많다(Byrne, 2005; European Commission, 2005; Jordan, 1996; Sommerville, 1998).

둘째, 사회적 배제 과정을 분석함에 있어, 사회적 배제를 사회의 주요한 행위에 참여하지 못하는 현상으로 폭넓게 해석하고 이를 측정하는 방식이 널리 채택되고 있다(Bradshaw & others, 2000; Burchardt et al., 1999; Robinson & Oppenheim, 1988). 국내 연구로 서병수(2005)는 사회적 배제의 조작화 또는 측정의 기준을 크게 3가지로 구분하였는데, 무엇으로부터 배제되었는지를 보는 배제유형기준, 무엇이 배제되고 있는지 결과로서 있는 상태를 보는 배제결과기준 그리고 배제원인기준이 있다.

사회적 배제의 조작화 또는 측정은 개념적 정의와 직접적인 연관을 가지고 있으며 조작화 또는 측정의 범위가 수치적으로 정확하게 나타나는 측정 지표(소득 및 경제지표, 교육, 참여 여부 등)도 있지만 그렇지 않고 개념적인 측정지표(주관적·심리적 요인, 가치판단 요인 등)도 있음을 알 수 있다. 그리고 이런 조작적 또는 측정 지표가 사회적 배제 현상의 결과만을 제시하는 것도 있지만 사회관계를 통해 나타나는 원인을 분석하는 것도 있다.

셋째, 공공주택단지의 사회적 배제현상을 구체적으로 밝힌 테일러(Taylor, 1998)에 따르면, 공공주택(단지)이라는 주거형태가 주민으로 하여금 자신감의 상실, 그리고 외부의 공공주택단지에 대한 부정적 인식으로 연결됨을 강조한다. 그리고 일정기간 후 일부 주민은 다른 곳(일반 주거지역)으로 이주하는가 하면 또 다른 주민은 계속 공공주택에 거주하는 경우도 있다. 일부 주민이 이주하면서 생긴 공공주택 공가에 또 다시 빈곤층이 입주하게 된다. 이러한 공공주택의 순환적 체계 속에서 사회적 배제의 다양한 현상들이 발견되고 있음을 지적하였다(그림 1 참조). 이러한 악순환적 사회적 배제현상은 때로 젠트리피케이션(gentrification)[2]을 통해 공공주택단지는 중산층 주거지역으로 변모되어 종전의 사회적 배제 현상의 연결 고리가 끊어진다는 예를 제시하기도 하였다(Taylor, 1998).

넷째, 사회적 배제를 주민들의 사회 관계측면에서 분석한 연구로 사회적 배제 설정 자체를 행위주체 간의 관계를 통해 파악하고자 하였다(이보혜, 2005; Byrne, 2005; Pierson, 2002). 영구임대주택단지의 사회적 배제는 사회적 배제가 나타나는 과정을 설명함으로서 사회적 배제의 원인을 밝히고 사회적 관계에서 어떻게 진행되어지고 있는지를 밝히고자 하는 연구 목적이 내재되어 있다.

그림 1 공공주택(단지)의 순환적 낙인과정과 사회적 배제

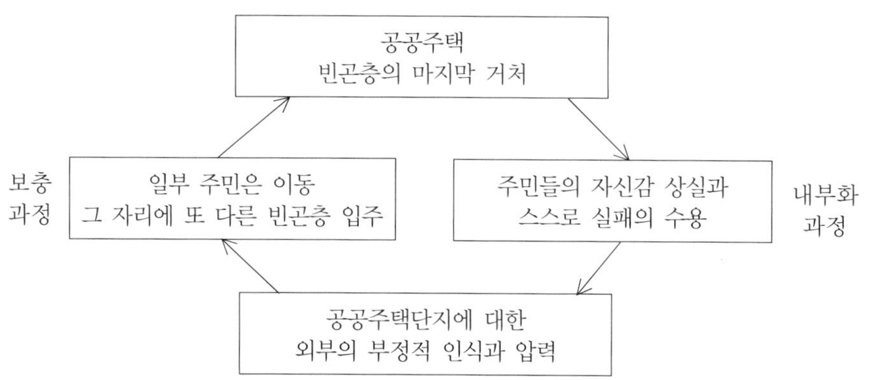

출처: Taylor M., 1998, p.821 재해석함.

2) 젠트리피케이션(gentrification) 현상은 서구 도시에서 많이 발생하는 것으로 도시 교외지역에 거주하는 중산층 주민이 도시의 저소득층 지역으로 이주, 저소득층 주거지역이 중산층 주거지역으로 변화되는 과정을 설명한 것임(하성규, 김재익, 도시관리론, 형설, 2002 참조).

위의 선행연구 검토에서 나타난 바와 같이 사회적 배제의 분석은 매우 다양하게 진행되고 있다. 본 연구에서는 커뮤니티의 사회적 관계를 중심으로 사회적 배제 양상을 분석하기 위해 저소득층의 집단 거주지인 공공영구임대주택단지를 실증 분석하기로 한다. 본 연구와 기존 연구와의 차별성은 사회적 배제에 대한 공공임대주택단지 거주민과 인근 분양주택 거주민과의 인식정도를 비교 분석하는데 있다. 그리고 단순히 사회적 배제 현상의 양상과 특성만을 보려고 하는 것이 아닌 사회적 배제 현상이 공공임대주택단지의 이미지와 어떤 관련성이 있는지를 밝히는 데 있다.

3. 분석틀과 가설 설정

본 연구의 목적은 공공영구임대주택(이하 영구임대주택이라 함) 거주자와 인근 분양주택 거주자 간에 야기되는 사회적 배제 현상에 대한 의식을 파악하고 공공임대주택단지의 이미지가 사회적 배제에 어떤 관련성이 있는지를 분석하고자 한다. 사회적 배제에 영향을 미치는 관련 변수를 파악하는 것은 매우 중요하다. 본 연구에서는 사회적 배제에 영향을 미치는 관련 변수를 크게 3가지로 나누었다. 먼저 물리적 특성 변수는 단지혼합형태로 영구임대주택만으로 구성된 단지와 영구임대주택과 분양주택이 혼합된 단지, 그리고 분양주택 단지로 구분하였다. 사회·경제학적 특성으로는 가구원수, 가족구성, 직업, 교육수준, 월평균 소득, 거주기간, 가구주 연령 등으로 하였고, 공동체 특성은 단지내 사회적 관계(주민조직, 갈등정도, 이웃관계 등)와 영구임대주택단지의 부정적 요소 및 이미지를 중심으로 분류하였다. 이상과 같은 특성 변수에 따라 사회적 배제에 미치는 관련 변수를 살펴보았다(그림 2 참조).

그림 2 변수와 인과관계의 개념적 틀

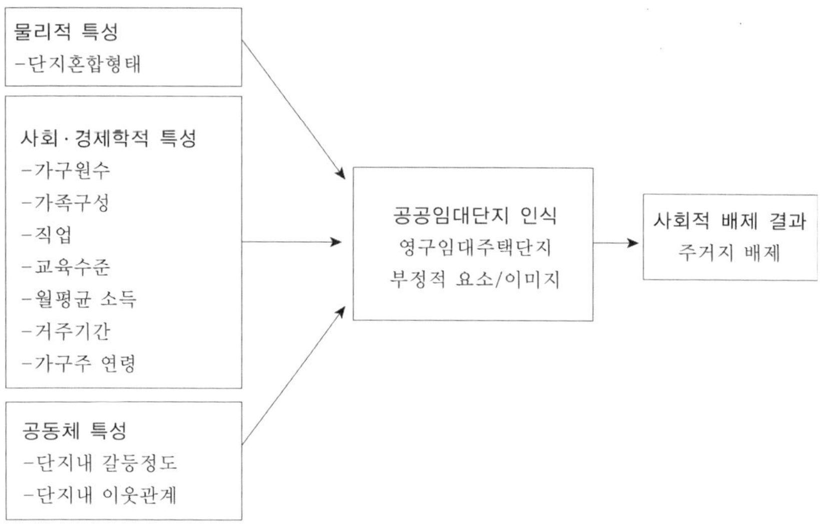

본 연구는 영구임대주택과 분양임대주택 주민의 공공임대주택단지 인식 정도와 반응을 분석하고, 이러한 인식이 주거지 배제에 어떤 영향을 주었는지를 밝히고자 한다. 이에 본 연구의 가설은 다음과 같다.

가설1. 공공임대주택단지 인식은 주민이 경험하는 물리적, 사회경제적 그리고 공동체 특성에 따라 차이가 있으며, 영구임대주택 주민보다 분양임대주택 주민이 공공임대주택단지에 대한 부정적 인식이 높게 나타날 것이다.

가설2. 관련 변수(사회경제적, 공동체 특성 등)와 주거지 배제는 인과관계가 있을 것이며, 사회적 차별인식이 낮은 주민일수록 주거지 배제를 상대적으로 낮게 경험하게 될 것이다.

본 연구에 사용된 변수들은 다음과 같은 조작적 의미를 갖는다. 먼저, 사회적 배제는 주거지 차별의 의미로 한정하여 사용하였다. 이유는 사회 관계적 측면에서 영구임대주택을 중심으로 나타나는 사회적 배제 현상은 주거지 차별(하성규, 2006; 홍인옥, 2005)이 주를 이루고 있기 때문이다. 그리고 공동체 특성은 공동체 내외에서 나타나는 현상을 설명한 것으로, 단지내 사회적 관계는 영구임대주택단지 주민과 분양주택단지 주민 각각의 공동체 단지내 사회적 관계를 의미하는 것이고, 영구임대주택단지 주변의 반사회적 행동의 정도를 통해 영구임대주택단지의 부정적 요소 및 이미지를 알아보았다.

Ⅲ. 연구방법

1. 조사도구 및 척도의 구성

주민 의식을 조사하기 위해 설문조사를 실시하였다. 설문지는 본 연구의 분석에 필요한 변수들 즉, 물리적 특성, 사회·경제학적 특성, 공동체 특성, 영구임대주택단지의 부정적 요소 및 이미지 그리고 사회적 배제 등을 측정하였다. 분석에 사용된 각 변수별 측정문항의 구성과 측정도구의 타당성 및 신뢰도는 다음과 같다.

공동체 특성에서 '단지내 사회적 관계'는 총 18개 문항으로 구성하였고, 측정은 1점에서 5점으로 하였다. 문항은 크게 '단지내 주민조직(4문항)', '단지내 갈등정도(7문항)', '단지내 이웃관계(6문항)'로 분류하였다. '단지내 사회적 관계'의 상호관련성을 검증하기 위해서 요인분석을 하였다. 요인분석에서 요인부하치가 0.5 이하인 변수를 제외한 결과는 다음과 같다. '단지내 주민조직(3문항)', '단지내 갈등정도(6문항)', '단지내 이웃관계(5문항)'으로 구성되었다. '영구임대주택단지 부정적 요소 및 이미지'는 5점 척도로 구성되었고, 총 문항수는 8개였다. 문항 간 상호관련성을 검증하기 위해 요인분석한 결과 요인이 하나로 구성되어 8개 항목 모두 상호관련성이 높은 것으로 판단되었다.

공동체 특성 변수에서 실제 두 개 이상의 문항들이 하나의 개념(본 연구에서 '단지내 주민조직', '단지내 갈등정도', '단지내 이웃관계')으로 묶어질 수 있는지를 알아보기 위해 크론바흐 알파(Cronbach's α) 계수를 이용하였다. 결과를 보면, '단지 내 주민조직'이 0.54로 크론바하 알파 계수가 낮았다. 하지만, 크론바하 알파 계수가 가지는 특성 중 문항수가 증가할수록 신뢰도가 커지는 점을 고려해 보면, '단지

내 주민조직(3문항)'의 내적 일관성은 받아들일만한 수준이다. 그 이외 다른 척도(단지내 갈등정도, 단지내 이웃관계)는 0.85 이상으로 각 개념에 대한 문항 간 내적 일치도가 높은 것으로 나타났다. 사회적 배제는 '주거지 차별'로서 5점 척도로 측정되었다. 이 변수의 척도는 점수가 높을수록 주거지 차별이 낮은 것을 의미하였다.

2. 자료대상 및 자료수집과 분석방법

예비조사는 2006년 3월 1일~3월 2일 이틀간 조사하였고, 조사대상 지역은 영구임대주택단지를 중심으로 영구임대주택 단독 단지만 있는 지역과 영구임대주택과 분양주택이 혼합된 단지, 그리고 분양주택단지만 있는 대단위 주택단지를 중심으로 지역을 선정하였다. 조사대상 지역은 서울시 3개 구(강북구, 노원구, 강서구)의 대단위 주택단지로 하였다. 본 조사는 2006년 3월 20일~4월 14일까지 이루어졌다. 조사시에 조사대상자의 연락 전화번호를 받아 응답이 빠지거나 이상한 문항이 발견되면 조사대상자를 통해 다시 확인할 수 있도록 하였다. 최종 회수된 설문지는 총 300부였다.

본 연구의 분석방법은 조사대상자의 물리적, 사회·경제학적 그리고 공동체 특성, 영구임대주택단지 부정적 요소 및 이미지 등을 알아보기 위해 빈도분석을 실시하였고, 영구임대주택 주민과 분양주택 주민 간의 사회적 배제(주거지 차별) 경향을 알아보기 위해 교차분석을 하였다. 그리고 사회적 배제에 따른 물리적, 사회·경제학적 그리고 공동체 특성 간의 차이를 검증하기 위해 일원분산분석을 실시하였고, 하위집단 간의 차이를 비교하기 위해 사후검증방법 중 하나인 세페(Scheffé) 검증을 하였다. 인과모형을 검토하기 위해 경로분석을 하였다. 그리고 척도의 상호관계성을 알아보기 위해 요인분석을, 척도의 신뢰도 검증을 위해 크론바흐 알파(Chronbach's α) 계수를 계산하였다.

Ⅳ. 실증분석

1. 조사대상자의 특성

조사대상 기준은 영구임대주택 주민과 분양주택 주민으로 나누어 표집하였다. 집단별 응답자수는 각각 150명으로 조사하였다. 조사대상자의 사회경제적 특성으로 가구원수는 분양주택은 3.53명, 영구임대주택은 2.90명이었다. 영구임대주택은 적은 평형에도 불구하고 3명 이상 거주하는 가구가 50%가 넘었다. 가족구성을 보면, 분양주택은 '부부와 자녀'로 구성된 가족형태가 가장 많았고, 영구임대주택은 '결손가족'(편모, 편부, 조손, 형제자매(소년소녀가장 제외) 등), 부부만, 단독거주 등의 순으로 나타났다. 직업구성을 보면, 분양주택 거주자의 55.3%는 사무직, 관리직에 종사하였고 약 25.3%가 자영업(점포운영)을 하였다. 반면 영구임대주택은 전체 조사대상자 중에서 44.7%가 무직이었고 단순노무종사자(17.3%), 영세자영업(11.3%), 공공근로 등 사회적 일자리(8.7%) 등으로 주로 37.3%가 비정규직이거나 낮은 임금의 직업에 종사하였다.

분양주택 주민의 교육수준은 고등학교/대학교/대학원 졸업이 94.7%였고, 영구임대주택 주민의 18.7%가 무학이었고 초등학교/중학교/고등학교 졸업이 71.9%를 차지하였다. 월평균 소득에서 분양주택 주민의 가구원수당 월평균 소득은 272.88만원이었고, 영구임대주택 거주자의 가구원수당 월평균 소득은 87.65만원이었다. 거주기간은 분양주택(평균 4.36년)보다 영구임대주택(평균 9.85년)이 약 2배 정도 더 길었고, 가구주 연령 또한 분양주택 가구주(평균 43세)보다 영구임대주택 가구주(평균 56세)가 더 높았다.

2. 사회적 배제(주거지 차별)

주거지 차별에 대한 분양주택 주민과 영구임대주택 주민 간의 인식정도를 살펴보면 <표 1>과 같다. 분양주택 주민과 임대주택 주민의 주거지 차별에 대

표 1 분양주택과 영구임대주택 주민의 주거지 차별 인식정도

(단위 : 빈도(%))

구 분		분양주택	영구임대주택	전 체
주거지 차별 (임대주택 사는 주민들은 차별을 당한다)	매우 그렇다(1점)	1(0.7)	1(0.7)	2(0.7)
	그렇다(2점)	38(25.3)	37(24.7)	75(25.0)
	보통(3점)	30(20.0)	53(35.3)	83(27.7)
	아니다(4점)	64(42.7)	57(38.0)	121(40.3)
	전혀 아니다(5점)	17(11.3)	2(1.3)	19(6.3)
	계	150(100.0)	150(100.0)	300(100.0)
	평 균	3.39	3.15	3.27
	χ^2 (df)	18.634 (4), p=0.001		

한 인식은 25.7% 이상의 주민이 주거지 차별의식에 '그렇다'와 '매우 그렇다'라는 반응을 보였다. 이는 높은 수준의 주거지 차별인식이라고는 할 수 없지만 사회적 배제가 존재하고 있음을 보여준다. 그리고 평균값을 통해 해석해보면 분양주택 주민보다 임대주택 주민의 사회적 배제(주거지 차별)에 관한 인식이 상대적으로 높은 것으로 나타난다.

물리적 특성(단지혼합형태), 사회·경제적 특성(가구원수, 직업 등), 그리고 공동체 특성(갈등정도, 이웃관계, 주민조직 등), 영구임대주택 부정적 요소 및 이미지 등으로 나누어 관련된 변수들에 대한 사회적 배제 인식의 차이를 살펴보았다. 공동체 속성 변수는 각 개념을 설명하기 위해 2개 이상의 문항으로 구성되었다. 각 개념에 포함된 문항을 모두 합하여 5로 나눈 값이 변수로 사용되기 때문에 일원분산분석에 직접적으로 사용하기에는 한계가 있었다. 그래서 각각의 개념들은 사분위수를 이용하여 네 집단으로 나누어 평균 비교를 하였다. 그리고 평균이 5점에 가까울수록 주민 간의 갈등이 약하고 이웃관계와 주민조직이 좋은 것을 의미하고 1점에 가까울수록 반대적 성향을 나타낸다.

주거지 차별 의식에 대한 일원분산분석 결과를 보면(표 2 참조), 주거지 차별에 차이를 나타내는 변수는 단지혼합형태, 월평균 소득, 갈등정도, 영구임대주택 부정적 요소 및 이미지 등이었다. 단지혼합형태에 따른 주거지 차별을 보면 영구

표 2 주거지 차별에 대한 일원분산분석 결과

변수		집단	평균	Scheffé	F비
단지혼합형태		영구임대주택만	3.07	a	4.239*
		영구임대+분양주택	3.29	ab	
		분양주택만	3.43	b	
월평균 소득		분양주택+70만원 이하	3.11	a	7.453**
		분양주택+70만원 초과	3.59	b	
		영구임대주택 소득[1]	3.15	a	
사회적 관계	갈등정도	하집단(3.3 미만)	2.98	a	6.394***
		중하집단(3.3-3.8 미만)	3.13	a	
		중상집단(3.8-4.2 미만)	3.28	ab	
		상집단(4.2 이상)	3.63	b	
영구임대주택 부정적 요소 및 이미지		하집단(2.4 미만)	3.11	a	11.241***
		중하집단(2.4-3.1 미만)	2.95	a	
		중상집단(3.1-3.6 미만)	3.32	a	
		상집단(3.6 이상)	3.76	b	

주: 1) 영구임대주택 조사대상자(150명) 중 6명만이 월평균 소득이 70만원을 초과하였음.
*) p〈0.05
**) p〈0.01
***) p〈0.001 수준에서 유의함.

임대주택만 있을 경우 주거지 차별 인식이 가장 심했고, 분양주택만 있을 경우 주거지 차별 인식이 거의 없는 것으로 나타났다. 월평균 소득에 따른 주거지 차별 인식은 영구임대주택 소득자와 분양주택 거주자 중 70만원 이하의 저소득자가 주거지 차별 의식을 느끼고 있었다. 단지내 이웃간 갈등정도를 보면, 갈등이 약한 집단(상집단(4.2 이상))이 주거지 차별 인식(평균 3.63)이 낮게 나타났다. 영구임대주택 부정적 요소 및 이미지에서 부정적 요소가 낮고 이미지가 긍정적(상집단(3.6 이상))일수록 주거지 차별 인식정도(평균 3.76)가 낮았다.

3. 물리적, 사회경제적 그리고 공동체 특성별 영구임대주택 단지 부정적 요소 및 이미지(가설1)

영구임대주택단지 부정적 요소 및 이미지에 대한 일원분산분석 결과를 보면 (표 3 참조), 영구임대주택단지 부정적 요소 및 이미지에 차이를 나타내는 변수는 단지혼합형태, 월평균 소득, 갈등정도, 이웃관계 등이었다. 단지혼합형태에 따른 주거지 차별을 보면 영구임대주택만 있을 경우 영구임대주택단지 부정적 이미지가 가장 심했고, 분양주택만 있을 경우 영구임대주택단지 부정적 이미지 인식이 없는 것으로 나타났다. 월평균 소득에 따른 영구임대주택단지 이미지 인식은 영구임대주택 소득자가 부정적 이미지가 높게 나타났다. 단지내 이웃간 갈등정도를 보면, 갈등이 약한 집단(상집단(4.2 이상))이 영구임대주택단지 부정적 이미지 인식(평균 3.19)이 낮게 나타났다. 단지내 이웃관계는 이웃간 관계가 좋은 집단일수록 영구임대주택단지 이미지가 부정적으로 나타났다.

표 3 영구임대주택단지 부정적 요소 및 이미지에 대한 일원분산분석 결과

변수		집단	평균	Scheffé	F비
단지혼합형태		영구임대주택만	1.76	a	91.979***
		영구임대+분양주택	2.20	b	
		분양주택만	3.28	c	
월평균 소득		분양주택+70만원이하	2.95	b	127.74***
		분양주택+70만원초과	3.37	c	
		영구임대주택 소득[1]	1.72	a	
사회적 관계	갈등정도	하집단(3.3 미만)	1.45	a	54.368***
		중하집단(3.3-3.8미만)	2.10	b	
		중상집단(3.8-4.2미만)	2.83	c	
		상집단(4.2 이상)	3.19	c	
	이웃관계	하집단(1.8 미만)	3.01	c	18.439***
		중하집단(1.8-2.2미만)	2.56	bc	
		중상집단(2.2-2.8미만)	2.20	ab	
		상집단(2.8 이상)	1.84	a	

주: 1) 영구임대주택 조사대상자(150명) 중 6명만이 월평균 소득이 70만원을 초과하였음.
***) $p<0.001$ 수준에서 유의함.

4. 사회적 배제와 관련 변수들 간의 인과관계(가설2)

관련 변수(사회경제적, 공동체 특성 등)와 사회적 배제의 인과관계를 살펴보기 위해 <그림 2>의 연구모형을 기초로 경로분석을 하였다. 분석 대상 변수는 앞에 제시된 결과에 의해 차이를 나타낸 변수를 중심으로 분석을 하였고, 일원분산분석의 경우 하위집단간 차이 비교에서 집단간 차이를 나타내는 변수를 기준으로 가변수를 설정하였다. 물리적 특성에서 영구임대주택 주민을 가변수로 했고, 지리적 위치는 '영구임대주택단지만'과 '분양주택단지만'을 가변수로 했다. 사회경제적 특성에서 월평균 소득은 '분양주택+70만원 이하'를 가변수로 설정하였다. 그리고 공동체 속성에서 사회적 관계 변수 중 '갈등정도', '이웃관계'만 분석에 포함시켰다. 그리고 영구임대주택 부정적 요소 및 이미지와 사회적 배제(주거지 차별)를 최종 분석 변수로 사용하였다. 이때, 공동체 속성과 영구임대주택 부정적 요소 및 이미지, 사회적 배제는 원점수 그대로 분석에 투입시켰다.

최종 인과모형에 투입된 변수로, 독립변수는 '영구임대주택 주민', '월평균 소득(분양주택+70만원 이하)'이고 매개 변수는 '갈등정도'를 사용했다. 인과모델의 종속변수는 '사회적 배제(주거지 차별)'를 사용했다. 경로분석은 이론적 배경과 논의를 통해 설정된 <그림 2>의 가설적인 인과모형을 근거로 하였다. 경로분석의 최종모형은 다중회귀분석 결과(표 4 참조)를 바탕으로 종속변수에 통계적으로 유의한 변수를 중심으로 경로계수를 확인 하였으며 경로분석 결과는 <그림 3>과 같다.

<그림 3>에서 알 수 있듯이, 주거지 차별은 영구임대주택단지의 부정적 인식 정도와 월평균 소득에 직접적인 영향을 주는 것으로 나타났다. 물리적 공간(영구임대주택 거주자, 분양주택 거주자)과 사회적 관계(갈등정도)는 영구임대주택단지 부정적 인식 정도에 따라 주거지 차별에 간접적인 영향을 받고 있다. 즉, 주거지 차별은 단순히 단지의 물리적 특성이 아니라 단지에 대한 인식 여부가 주거지 차별에 영향을 주는 것으로 나타났다. 또한 사회적 관계인 갈등이 높을수록 영구임대주택단지의 부정적 이미지가 높아 주거지 차별이 나타난다. 주거지 차별은 분양주택 주민 중에서 월평균 소득이 70만원 이하인 저소득인 경우와 영구임대주택 부정적 인식이 강할수록 주거지 차별을 느끼고 있었다.

표 4 인과모형의 회귀분석 결과(N=300)

독립변수 \ 종속변수	영구임대주택단지 부정적 인식(β)	주거지 차별(β)
영구임대주택 거주자	-.158**	
분양주택 거주자	.276***	
월평균 소득(분양주택+70만원 이하)		-.187**
사회적 관계(갈등정도)	.478***	
영구임대주택단지 부정적 인식		.227**
R^2	.549	.105

β : 표준화된 회귀계수
주: **) p<0.01
***) p<0.001 수준에서 유의함.

그림 3 경로분석 결과

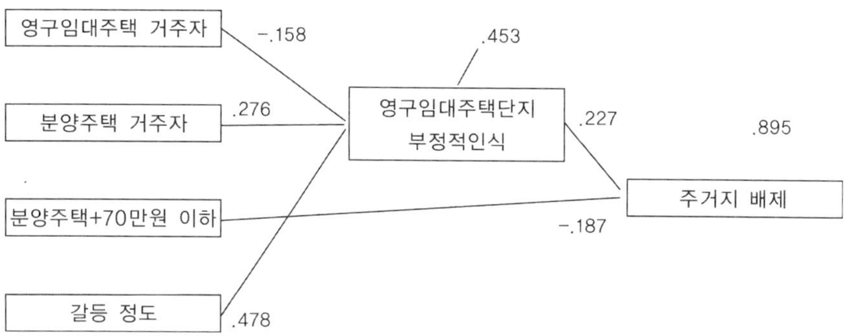

V. 결론 및 정책적 시사점

본 연구의 목적은 공공임대주택 주민과 인근 분양주택 주민 간에 야기되는 사회적 배제 현상에 대한 인식(의식)정도를 파악하고 공공임대주택단지의 인식이 사회적 배제에 어떤 관련성이 있는지를 분석하고자 하였다. 결론은 다음과 같다.

첫째, 주거지 차별에 대한 의식은 영구임대주택만 공급된 단지, 월평균 소득이 낮은 분양주택 주민에서 상대적으로 높게 나타났다. 그리고 단지내 이웃간 갈등이 많고 영구임대주택의 부정적 요소 및 이미지가 나쁠수록 주거지 차별은 강하게 나타났다. 교육적 차별은 교육수준이 초/중학교 졸업자에서 나타났고 단지내 이웃간 갈등이 많으며 영구임대주택의 부정적 요소 및 이미지가 나쁠수록 나타났다.

둘째, 공공임대주택단지의 부정적 인식은 주거지 차별과 인과관계를 형성하고 있었으며, 특히 공공임대주택단지의 부정적 인식은 직접적으로 주거지 차별에 영향을 미쳤다. 사회적 배제는 영구임대주택 주민이 인식하는 것뿐만 아니라 인근 분양주택 주민 중에서 경제적 약자(분양주택 거주자 중에서 월평균 소득이 70만원 이하)인 경우는 느끼고 있었다. 구체적으로 보면, 주거지 차별은 영구임대주택 주민과 월평균 소득이 낮은 분양주택 주민이 느끼고 있었고, 영구임대주택단지의 부정적 이미지가 강할수록 높게 나타났다.

정책적 시사점 관점에서 보면, 빈곤층만의 영구임대주택단지는 사회적 배제 문제를 야기시킬 수 있는 위험성과 개연성이 많음을 확인할 수 있다. 공공주택을 많이 공급한 영국의 경우 초기 공공임대주택단지는 "도시의 빈곤 섬" 혹은 "빈민의 격리 수용" 이라는 사회적 낙인 등의 문제점이 지적된바 있다. 이후 영국정부는 공공주택의 단지화를 지양하고 일반 주거지역에 단독주택, 혹은 연립주택 형태로 사회계층간 혼합 형태를 추구해 왔다.

향후 우리나라는 임대기간 30년의 국민임대주택을 2003~2012년 기간 중 100만호와 10년 임대간의 민간임대주택 50만호, 총 150만호건설 계획을 추진 중에 있다. 본 연구에서 나타난 사회적 배제(주거지 차별) 문제는 향후 더욱 심화될 소지가 있어 새로운 접근과 발상의 전환이 요구되고 있다. 이러한 문제점을 고려하여 향후 공공주택공급을 통해 사회적 배제 문제를 예방할 수 있는 다양한 방안을 고려해 볼 수 있을 것이다.

첫째, 현재 정부가 부분적으로 추진하고 있는 매입임대주택 프로그램을 더욱 확대 실시하는 것이 필요하다. 이러한 프로그램은 빈곤층이 주로 입주하는 공공주택단지의 고립화 및 사회적 낙인화를 최소화 하는 방안이 될 수 있을 것이다. 설문조사결과 대단위 공공임대주택단지만이 있을 경우가 상대적으로 주거지 차별 등 사회적 배제 관련 인식이 높은 것으로 나타났다. 따라서 저소득층의 집단적 단지화 보다는 매입임대주택을 통한 것이 상대적으로 사회적 배제를 예방하는데 도움이 될 것이라 판단된다. 이와 함께 적절한 주거비 산정을 통해 빈곤층이 적절한 주택에 생활할 수 있도록 지원되어야 한다.

둘째, 만일 매입임대주택 프로그램으로 공공주택의 공급목표를 달성하기 어려워 공공임대주택단지 개발이 불가피한 경우는 몇 가지 고려할 사항이 있다. 가장 중요한 것은 동일 단지 내 공공임대주택과 일반분양주택을 어떤 비율로 건설하느냐이다. 이 문제는 이미 영국에서 PPG3 정책 등을 통해 단지내 일정 비율 이상으로 저소득 주택을 공급하는 정책을 시행하고 있다. 우리나라도 이와 유사한 형태의 접근을 시도하고 있지만 좀 더 구체적이고 합리적 방안이 동원될 필요가 있다. 즉 획일적으로 단지 내의 공공주택과 분양주택과의 비율을 추구하기 보다는 지역별(대도시 중소도시, 농촌 등), 위치별(도심, 교외 지역) 등을 고려한 신축적 적용이 따라야 할 것이다. 그리고 일반 분양주택과 동시에 공급되는 공공임대주택에 대한 부정적 인식을 최소화할 수 있어야 한다. 임대주택과 분양주택이 혼합된 경우 주로 주택의 가격 하락 또는 주거환경이 열악해지는 것을 우려하는 경우가 많다. 따라서 임대주택과 분양주택을 혼합하여 건설할 경우 임대주택단지의 유지관리에 많은 노력을 기울여야 한다. 또한 입주자 간 교류를 활성화시키기 위해 임대주택단지내 커뮤니티 시설을 설치함으로써 자연스럽게 교류할 수 있는 장소를 제공하는 것도 하나의 방법이다. 이는 입주자 간 갈등도 최소화시킬 수 있다.

셋째, 사회적 자본의 구축이 필요하다. 사회적 자본이란 커뮤니티 내에서 형성된 네트워크, 소속감, 연대감, 상호신뢰감, 친밀한 이웃 관계 등을 의미한다. 공공임대주택단지는 상대적으로 가난한 사람들이 거주하는 곳이다. 한 연구에 따르면 달동네, 산동네 등의 불량주거지는 사회적 자본이 타지역에 비하여 오히려 매우 강하고 잘 조직되어 있음을 확인되었다. 그러나 유사한 계층, 즉 가난한 사람들이 모여 사는 영구임대주택단지는 사회적 자본이 불량주거지에 비하여 매우 약화되어 있음이 확인된 바 있다(Ha, 2006). 본 연구에서 이웃관계가 좋을수록 영구임대주택단지에 대한 부정적 인식이 낮아 주거지 차별 인식이 약하다는 사실이 확인되었다. 향후 공공주택단지의 사회적 자본의 형성과 강화는 매우 중요한 공공주택정책 및 공공주택단지관리의 과제라 판단된다.

넷째, 사회적 배제를 최소화하고 사회적 자본을 확대하는 방안으로 파트너십의 구축이 필요하다. 예를 들어 사회단체(NGO), 커뮤니티 주민단체(CBO), 정부, 대학 등 전문기관 등이 파트너십을 구축하여 해당 커뮤니티 문제를 해결해 나가는 방안이 필요하다. 서구 선진국의 경우 커뮤니티 센터의 설립, 주민교육프로그램, 취업을 위한 프로그램, 사회기업 운영, 무료 법률상담 등을 통한 네트워크 구축과 주민 상호간 연대의식 및 소속감의 고취 등이 요구되고 있다.

다섯째, 사회적 배제의 가장 근본적인 요인은 빈곤(경제적 요인)이지만 빈곤과 더불어 교육·문화·사회적 요소에 대한 차별이 발생하고 있다. 저소득층에게 주택의 적절성을 보장하는 물리적 환경은 정비되고 있지만, 거주자와 다른 구성원간의 관계에 초점을 둔 사회통합 실현을 위한 주거복지 측면은 한계가 있다. 따라서 사회적 배제를 최소화하기 위해 주택 공급과 함께 사회적 참여 및 관계 형성 등을 종합적으로 고려해야 한다. 즉, 지역 문제를 지역 주민 스스로 해결할 수 있도록 지역사회 참여를 활성화하고 촉진시킬 수 있는 시민참여 방안을 수립해야 한다. 현재 「장기공공임대주택 입주자 삶의 질 향상 지원법」을 통해 시설개선뿐만 아니라 주거복지 증진을 위하여 필요한 사항을 지원함여 삶의 질을 향상시키고 있다. 이 법을 보면, 입주자의 주거복지증진을 위해 쾌적한 단지환경 조성과 안전사고 예방 및 위생환경 개선 등 물리적 환경개선뿐만 아니라 정신장애인, 알코올 중독자 등을 위한 상담 및 교육 프로그램 개발 사업을 통해 사회적 관계 형성을 통해 거주자 간 갈등을 최소화하기 위한 예방적 측면의 사업도 시행하고 있다. 이런 사업은 단순히 공급자가 지원하기보다는 입주자의 적극적 참여를 유도함으로써 커뮤니티를 활성화시키기 위한 방안을 모색하도록 한다.

요약하면, 대규모화된 공공임대주택단지 또는 빈곤층을 한 공간에 집중시키는 정책은 거주자 간의 갈등이 야기되면서 다양한 사회문제를 발생시키고 있다. 따라서 공공임대주택의 공급이 아닌 빈곤층의 주거복지 측면의 지원을 위해서는 임대료 보조를 통해 직접 이주할 수 있는 주택을 선택하는 것이 가장 바람직하다. 만약 대규모 공공임대주택을 조성해야 한다면 물리적 혼합보다는 임대주택단지의 쾌적한 환경조성과 커뮤니티 시설 배치를 통해 다양한 사람들이 교류할 수 있는 공간을 조성하는 것이 바람직하다. 이와 함께 거주자들의 자발적 참여를 통해 거주자 간 사회적 자본(네트워크, 소속감, 연대감)을 형성할 수 있도록 주택 공동체 형성이 필요하다. 이와 같은 주택 공동체 형성을 단순히 거주자에게 역할을 주기보다는 일정 부분 시민단체와 전문가들의 협력체계를 통해 지속적으로 주택 공동체 형성을 위한 지원이 필요하다.

참고문헌

건설교통부, 2004, 「2004년도 주택종합계획(안)」.

건설교통부, 2005, 「2005년도 주택종합계획」.

건설교통부, 2007, 「2007년도 주택종합계획」.

경향신문, 2012.2.27, 31면.

김성윤, 2005, 공공임대주택에 나타난 사회적 배제에 관한 연구-서울 등촌3동 영구임대단지 사례 분석을 중심으로-, 중앙대학교 석사학위논문.

김영태, 2006, 주거복지의 이론적 개관 및 향후 정책과제, 「한국주거학회 논문집」, 17(2):127-134.

김위정, 2003, 공공임대주택 주민들에 대한 사회적 배제 연구-주거지 격리를 통한 사회적 배제를 중심으로-, 서울대학교 환경대학원 석사학위논문.

김혜승, 2011, 주택정책과 주거복지, 한국도시연구소 기획, 「주거복지의 새로운 패러다임」, 사회평론(서울).

디시뉴스, 2006.8.28(임대주택 사는 아이들과 놀지 말아라?) (http://dcnews.in/).

문진영, 2004, 사회적 배제의 국가간 비교연구-프랑스, 영국, 스웨덴을 중심으로-, 「한국사회복지학」, 56(3):253-277.

서병수, 2005, 한국의 사회적 배제 측정에 관한 연구, 「한국사회복지학회 학술대회 자료집 2005년도 춘계 학술대회 자료집」, 721-741.

서울특별시, 2004, 「2010 서울특별시 도시·주거환경정비기본계획」.

서종균, 1997, 영구임대주택, 분리와 배제의 공간, 「도시와 빈곤」, 29:5-19.

심창학, 2003, 빈곤문제해결을 위한 새로운 패러다임: 사회적 배제 극복정책의 국가별 비교, 「유럽연구」, 18:209-238.

윤진호 외 편역, 2004, 「선진국의 빈부격차와 차별시정을 위한 국가행동계획 사례 연구」, 서울사회경제연구소(서울).

이보혜, 2006, 영구임대주택 거주자의 사회적 관계망 연구-사회적 배제의 관점에서-, 서울대학교 환경대학원 석사학위논문.

하성규, 2003, 신자유주의시대 주거복지에 관한 이론적 논의, 「한국지역개발학회지」, 15(4):71-96.

하성규, 2006, 「한국인의 주거빈곤과 공공주택」, 아산사회복지재단.

하성규, 2011, 주거복지－이 시대적 과제와 당위성, 「도시와 빈곤」, 91:5－8.

하성규·김재익, 2002, 「도시관리론」, 형설(서울).

한겨레, 2002.2.24, 15면.

한겨레, 2011.9.20, 12면.

한겨레21, 2006.4.4, 제603호, 82면.

한국보건사회연구원, 2005, 「사회적 배제의 지표개발 및 적용방안 연구」.

홍인옥, 2005, 영구임대주택 주민들의 사회적 배제 해결 및 사회통합 방안, 「도시와 빈곤」, 76:32－60.

Bardonr, L. and Stanton, D. 2003, *The Experience of Developing Indicators in the Social Protection Committee's Indicators Sub Group*, Paper Presented to 23rd CEIES seminar:Social Protection Statistics, Lisbon.

Berghman, J. 1995, Social Exclusion in Europe: Policy context and analytical framework, In Room, G(Ed.), *Beyond the Threshold: The Measurement and Analysis of Social Exclusion*, Bristol:Policy Press.

Burchardt, T., Grand, J. L. and Piachaud, D. 1999, Social Exclusion in Britain 1991~1995, *Social Policy and Administration*, 33(3):227－244.

Byrne, D. 2005, *Social Exclusion*, Open University Press.

European Commission. 2005, *Report on Social Inclusion 2005*, Employment and Social Affairs.

Ha, Seong－Kyu. 2006, *Social Housing Estates and Sustainable Community Development in Korea*, AsRES and AREUEA Conference, June 31－July 3, Vancouver, Canada.

Jordan, B. 1996, *A Theory of Poverty and Social Exclusion*, Polity Press.

Lavitas, R. 1996, The concept of social exclusion and the new Durkheimian hegemony, *Critical Social Policy*, 16(1):5－20.

Levitas, R. 1999, Defining and Measuring Social Exclusion: A Critical Overview of Current Proposals, *Radical Statistics*, 71, http://www.radstats.org.uk(검색일: 2006.8.29).

Pierson, J. 2002, *Tackling social exclusion*, Routledge.

Robinson, P. and Oppenheim, C. 1998, *Social Exclusion Indicators: A Submission to the Social Exclusion Unit*, London:Institute for Public Policy Research.

Room, G. 1999, *Social Exclusion: Solidarity and the Challenge of Globalization*, Social Policy Papers, No.27, Bath, University of Bath.

Silver, H. 1994, Social Exclusion and Social Solidarity: Three paradigms, *International Labour Review*, 133(5~6):531-578.

Sommerville, P. 1998, Explanations of social exclusion: Where does housing fit in?, Housing Studies, 13(6):761-780.

Taylor, M. 1998, Combating the social exclusion of housing estates, *Housing Studies*, 13(6):819-832.

제14장

주택바우처 프로그램[1]

Ⅰ. 주택바우처 프로그램의 특징과 도입 과정

1. 주택바우처 프로그램의 특징

주택바우처 프로그램(Housing Choice Voucher Program)은 미국에서 저소득 임차인의 주거안정을 위하여 실시하고 있는 연방정부의 가장 큰 규모의 임대료 보조 프로그램이다. 2010년 기준 수혜가구는 210만 규모이고 미국 연방주택청(U.S. Department of Housing and Urban Development, HUD) 예산의 1/3이상(총예산 451달러 중 163억 달러)이 바우처 프로그램에 집행된 것으로 나타나고 있다(HUD, 2011a). 주택바우처 프로그램의 도입에 대한 논의는 1937년 공공임대주택법 이후로 이어져 왔지만, 70년대에 들어선 후 최초의 바우처 프로그램이 시작된다. 1974년 주

1) 본장은 박미선, 2012, "미국 주택바우처 프로그램의 저소득층 주거안정 성과와 시사점", 「도시행정학보」, 제25권 2호에 실린 논문을 바탕으로 재구성한 것임.

택 및 지역사회개발법(Housing and Community Development Act of 1974)에 의해 섹션 8 기존주택 프로그램(Section 8 Existing Housing Program)이라는 이름으로 시작되었다. 이 법에서는 지방의 공공주택청이 주거비 보조계획(housing assistance plans, HAPs)을 수립하여 해당 지역의 주택소요를 파악하고, 기존의 임대주택 등 보조프로그램과 함께 새로운 주거비 보조를 통해 어떤 식으로 주택소요에 대처할 것인지 등이 검토되도록 하였다.

전국적인 규모로 주택바우처 프로그램이 실시되기 전에 미국 정부에서는 시범사업(Experimental Housing Allowance Program)을 통하여 주택바우처 프로그램의 예상 효과를 사전적으로 검토하였다. 1998년 주택 및 근로 의무법(Quality Housing and Work Responsibility Act of 1998)을 통해 기존의 증서(certificate) 형태의 주거비 보조 프로그램과 바우처 프로그램이 하나로 합쳐지고 이름이 바뀌어 현재의 주택바우처 프로그램(Housing Choice Voucher Program)으로 정착되었다. 주택바우처 프로그램의 실질적인 운영주체는 각 지역에 소재한 공공주택청(Public Housing Authorities)인데, 미 전역에 약 2,500개의 공공주택청이 운영에 참여하고 있는 것으로 알려져 있다.

주택바우처 프로그램은 수급권(entitlement)이 보장되는 프로그램이 아닌, 정부 예산제약에 의해 수혜자의 규모가 정해지므로, 한정된 자원의 분배를 위해 일정 소득수준 이하의 저소득층에게 혜택이 돌아가도록 소득에 대한 자격 기준이 명시되어 있다.[2)] 프로그램에 선정된 저소득 가구는 스스로 거주할 주택을 찾아 가구 소득의 30% 수준을 임대료로 지불하고, 나머지 차액은 프로그램에 의해 보조를 받는다. 이때 주택의 임대료는 연방주택청(HUD)에서 매년 제시하는 공정시장임대료(Fair Market Rents)라는 기준에 의해 그 상한선이 정해진다. 주택바우처 프로그램의 특징 중에는 바우처의 이동성(portability)을 들 수 있는데, 이는 주택바우처를 어느 지역에서 발급받았더라도, 그것을 미국내 다른 지역에서 사용가능하도록 한 것이다. 또한 주택바우처 프로그램에 참여하기 위한 주택은 일정 수준 이상의 질(Housing Quality Standard)을 담보하도록 규정하고 있다. 또한 주택바우처

2) 이러한 예산제약 때문에, 주택바우처의 혜택을 받을 수 있는 대상 가구 중 1/4만이 실제 연방정부로부터 주거비 지원을 받고 있는 것으로 알려져 있다(Rice & Sard, 2009).

프로그램을 통한 임대료 지원 이외에도 부가적으로 저소득층의 자립을 위한 지원 프로그램이 운영되고 있다. 이렇게 저소득 가구가 주택바우처 프로그램에 참여함으로써 주거비 부담 완화, 적정한 주택 및 주거지에 거주, 주거이동의 자유, 그리고 자립지원 등 단순한 경제적 부담의 완화를 넘어선 다차원적인 혜택을 누리도록 하고 있다.

2. 주택바우처 프로그램의 도입 과정 및 발전

1) 1937년 미국 공공주택법(Public Housing Act of 1937)

미국의 주택정책에 있어 하나의 전환점으로 여겨지는 시기 중 하나로 1930년대의 주택관련 법 제정을 들 수 있다.[3] 1937년 공공주택법(Public Housing Act)의 영향으로 연방 및 지방정부가 공공임대주택을 건설하고 소유하며 관리하는 책임을 지기 시작한다. 이 법에 따라 각 주별로 지방의 공공주택청(Public Housing Authorities)이 설립되고, 공공임대주택 프로그램이 시작되었다. 공공주택청은 공공임대주택 건설을 통해 저소득가구를 위한 저렴한 주택을 공급하게 되고, 공급된 공공임대주택의 관리에 대한 책임을 갖게 되었다. 지방주택청이 저소득층의 주거문제를 해결하기 위해 공급위주의 정책을 취하게 된 이유는, 경기침체기에 슬럼타개와 일자리 창출이 강조되던 시대적 배경이 존재한다. 그 후 약 30년간 공공주택청이 소유하고 관리하는 공공임대주택이 미국에서 저소득 주거지원의 가장 중요한 방법이 되었다. 그러나 연방정부에서는 이러한 공공주택청만이 참여하는 방식에서 점차 민간시장을 활용하는 방안으로 전략을 수정하기에 이른다.[4]

2) 섹션 23 임차주택 프로그램(Section 23 Leased Housing Program)

1965년에 시행된 섹션 23은 지방주택청이 민간 소유 주택을 이용하여 운영

3) Janet, Smith, 2006, 'Public housing transformation: Evolving national policy'. In Larry Bennett, Janet L. Smit, and Patricia A. Wright(Eds.). Where are poor people to live? Armonk, New York: M.E. Sharpe.

4) HUD, 2001, Voucher Program Guidebook: Housing Choice. U.S. Department of Housing and Urban Development.

한 최초의 주택 프로그램이다. 섹션 23을 통한 메카니즘을 보면, 우선 지방주택청이 민간이 소유한 주택을 임차한 후 이 주택을 저소득 가구에 전대하는 방식이다. 지방주택청에서 임차인 선정방식, 임대료 징수에 대한 책임을 지고, 경우에 따라서는 유지관리의 책임을 갖기도 하였다. 그 후 1974년 섹션 8 기존 주택 프로그램(Section 8 existing housing program)이 섹션 23을 대체하게 된다. 따라서 지방주택청이 관리하던 섹션 23에 의한 주택지원은 섹션 8 기존 주택 프로그램으로 전환되었다.

3) 1968년 주택법(Housing Act of 1968)

1968년 주택법을 통해 섹션 235 자가소유 프로그램과 섹션 236 임차 프로그램이 만들어졌다. 이 두 프로그램을 통해 민간이 개발하고, 민간에서 소유한 주택에 보조금을 지급하는 방식의 흐름이 지속된다. 섹션 235는 미국 최초로 저소득 가구가 주택을 임대하는 것보다 소유하는 것을 허용한 첫 번째 보조 프로그램이라 할 수 있다.[5] 섹션 235과 섹션 236 모두 저소득가구의 주거안정을 위한 이자비용 경감을 목적으로 하며, 특히 섹션 235는 저소득가구가 주택구입시 모기지 이자비용을 보조해 주는 프로그램이다.

4) 주택수당 시범사업(Experimental Housing Allowance Program, EHAP)

1973년 닉슨 정부가 연방정부 주택보조 프로그램에 대해 모라토리엄을 선언했던 즈음에 주택수당 시범사업(Experimental Housing Allowance Program, EHAP)이 시작되었다. 연방정부는 시험 프로그램을 통해 임차인에 대한 바우처 프로그램의 이용 및 확대 가능성, 경제적 효과, 그리고 행정적인 측면에서의 타당성을 검토하고자 하였다. 이는 당시로는 최대 규모의 사회과학 분야에서의 실험으로서, 12개 도시에 걸쳐 저소득 임차인에게 바우처를 발급하였고 약 1억 7천 5백만 달러가 소요되었다.[6] 이 시범사업은 연방정부차원에서 실시한 최초의 세입자 지원정

---

5) Irving H. Welfeld. 1998. Section 235: Home mortgage interest reduction. In Willem van Vliet (Ed.). The encyclopedia of housing(pp.514-515). Thousand Oaks, CA: Sage Publications.

6) 원래 의도는 바우처 프로그램이 어떠한지 시험하기 위해 실험프로그램을 시작하였지만, 연

책으로서, 1971년에서 1980년 사이 약 5만 가구에게 현금 보조가 지급되었다. 시범사업 참여자는 민간 임대인으로부터 거주할 주택을 직접 임대하였다.

HUD에서 시범사업을 통해 얻은 주요한 결과는 ① 주택수당 형태를 띤 프로그램이 주택소유자들로 하여금 주택을 수리 및 관리하도록 유인하여 기존 주택을 유지하는데 도움이 된다는 것, ② 가구들에게 주거지 선택권을 주면 좀 더 나은 주거지를 선택하여 이동한다는 것, ③ 가구들이 비싼 주택을 선택하지 않으며, 선택한 주택의 임대료 중 자신이 지불할 부분을 지불할 수 있었다는 것 등이다.[7)]

5) 1974년 주택 및 커뮤니티 개발법(The Housing and Community Development Act of 1974)

1974년 주택 및 커뮤니티 개발법은 주택수당 시범사업 실시 후 몇 년 뒤에 만들어져 섹션 8 프로그램을 승인하게 된다. 이 법의 발효는 미국 주택정책의 큰 전환을 의미하는데, 기존에 공공임대주택을 각 지역별로 공공주택청에서 소유하고 있던 방식에서 민간이 소유하고 있는 임대주택을 활용하는 방식으로의 전환을 의미한다. 섹션 8 프로그램은 두 가지로 구성되는데, 일정 조건을 만족하는 주택에 거주하는 저소득 가구를 지원하는 섹션 8 프로젝트 지원과 현재의 주택바우처 프로그램과 비슷한 형태로 운영되는 섹션 8 기존주택 프로그램이 그것이다. 후자의 프로그램은 주택증서(certificate) 프로그램이라고도 불리웠으며, 적격 가구가 자신이 거주할 주택을 스스로 찾고, 이사 후에 주거비 지원이 이루어지는 형식을 따랐다.[8)]

6) 섹션 8 기존 주택 프로그램(Section 8 Existing Housing Program)

섹션 8 기존 주택 프로그램은 주택수당 시범사업을 모델로 만들어졌으며 임

방정부는 그 결과가 시현되기까지 기다리지 않고, 실험이 겨우 시작되고 난 뒤인 1974년에 섹션8 프로젝트 바우처와 세입자 바우처 프로그램을 실시하게 된다(Schwartz, 2010, Housing Policy in the United States, pp.325-326).

7) HUD, 2001, Housing Choice, p.1-2

8) 이렇게 주택을 스스로 찾고(find) 또 해당 가구를 따라서(keep) 주거비 지원이 이루어지는 특성 때문에 finder keepers라고 불리우기도 하였다(HUD, 2001. p.1-3).

대증서(rental certificate) 프로그램으로도 불리운다. 기존의 시범사업과 달리, 임대증서 프로그램하에서는 공공주택청이 임대료 보조액을 개별 가구가 아닌 임대인에게 지급하고, 연방주택청에서 설정한 공정시장임대료 기준 이하 주택을 임차해야 한다. 또한 이 프로그램하에서는 개별 가구가 가구 조정 소득의 25%를 임대료로 시불하게 되는데, 이 기준은 1983년에 30%로 상향 조정되었다.

이 프로그램은 빠르게 성장하고 널리 퍼져나갔는데 그 이유는 ① 보조금 지급이 빨리 이루어졌고 ② 개별 가구에게 자신이 거주할 주택에 대한 선택권과 익명성을 보장해 주었고, ③ 이로 인해 개별 가구가 커뮤니티에 분산하여 거주하게 됨으로써 일정 지역에 밀집하는 문제를 야기하지 않았고 ④ 가구당 지원액을 비교할 때 상대적으로 적은 비용이 소요되었기 때문이다.

7) 임대 바우처 프로그램(Rental Voucher Program)

임대 바우처 프로그램은 1984년 의회에서 시범 프로그램으로 승인을 받은 후 1987년 주택 및 커뮤니티 개발법에서 공식적으로 승인받았다. 이 프로그램은 임대증서(rental certificate) 프로그램과 유사하지만, 개별 가구에게 좀 더 많은 주택 선택권을 부여하고 있다. 주요 차이점은 ① 임대 바우처 프로그램이 공정시장 임대료 상한선 제한이 없다는 것과 ② 임대 바우처 프로그램은 사전에 미리 결정된 지원금액 산정방식에 따라 가구 지원액이 결정되어, 경우에 따라서는 소득의 30% 이상을 또는 그 이하를 임대료로 지불하게 된다는 것이다.

8) The Quality Housing and Work Responsibility Act of 1998(QHWRA)

연방주택청에서는 1994년, 1995년, 그리고 1998년 세 번의 조치를 통해 두가지 프로그램을 일원화하고, QHWRA 법을 통해 두 프로그램의 차이점이 삭제되면서 1999년 주택바우처 프로그램(Housing Choice Voucher Program)으로 명칭이 조정된다.

Ⅱ. 바우처 프로그램의 절차 및 특징

1. 절차 및 자격요건

주택바우처 프로그램에 의한 임대료 보조를 받기 위해서는 여러가지 절차를 거쳐야 한다. 우선, 프로그램에 지원, 수급가구 결정, 주택 탐색, 주택검사, 임대료 보조 계약, 그리고 연간 재검토과정 등이다. 제일 먼저 주택바우처 프로그램의 대기자 명부에 등록을 하는 과정이 첫번째 절차이다. 주택바우처 프로그램은 일정 소득수준 이하의 저소득층에게 모두 자격이 돌아가는 수급권(Entitlement) 제도가 아니라 정부의 예산 승인 범위내에서 수혜자 규모가 결정되는 프로그램이라는 특징을 갖고 있다(Priemus, Kemp, & Varady, 2005). 주택바우처 프로그램의 예산 제약 때문에 임대료 보조를 받을 수 있는 가구의 수는 한정되어 있다. 2008년 기준 평균적인 대기시간은 26개월인 것으로 보고되고 있다(HUD, 2010a). 바우처 지원여부 결정은 지원 가구의 자격요건에 따라 달라지는데, 자격기준에는 가구의 정의, 소득수준, 시민권 여부, 마약관련 범죄로 인해 과거 공공임대주택에서 퇴거당한 경험이 있는지 등이 대표적이다. 각각의 기준에 따라 적합한 가구들은 우선순위가 높은 가구순 또는 무작위 추첨에 의해 임대료 보조를 받을 수 있는지 여부가 결정된다. 소득수준은 연방주택청에서 결정하는데, 지방주택청이 위치한 대도시권과 가구규모에 따라 다르다. 이에 더하여 연방주택청에서는 주택바우처 프로그램 수혜계층의 소득수준을 정하고 있는데(income targeting requirements), 지방주택청을 통해 발급되는 바우처 수혜 가구의 75% 이상이 반드시 최저소득층이 되도록 하고 있다. 이때 최저소득층(extremely low income)은 해당 지역중위소득(area median income)의 30% 이하 소득계층을 의미한다(HUD, 2001).

일단, 적격 가구로 선정되면, 해당 가구는 바우처를 발급받게 된다. 바우처라는 것은 임대료 보조 프로그램에 당첨되었다는 것을 나타내는 지방주택청이 발급한 문서이다. 여기에는 주택을 탐색할 수 있는 기간과 주택의 임대료 수준에 대한 개략적인 정보가 나타난다. 이 바우처를 이용하여 적격 가구는 자신의 소득

그림 1 바우처 프로그램의 주요 절차

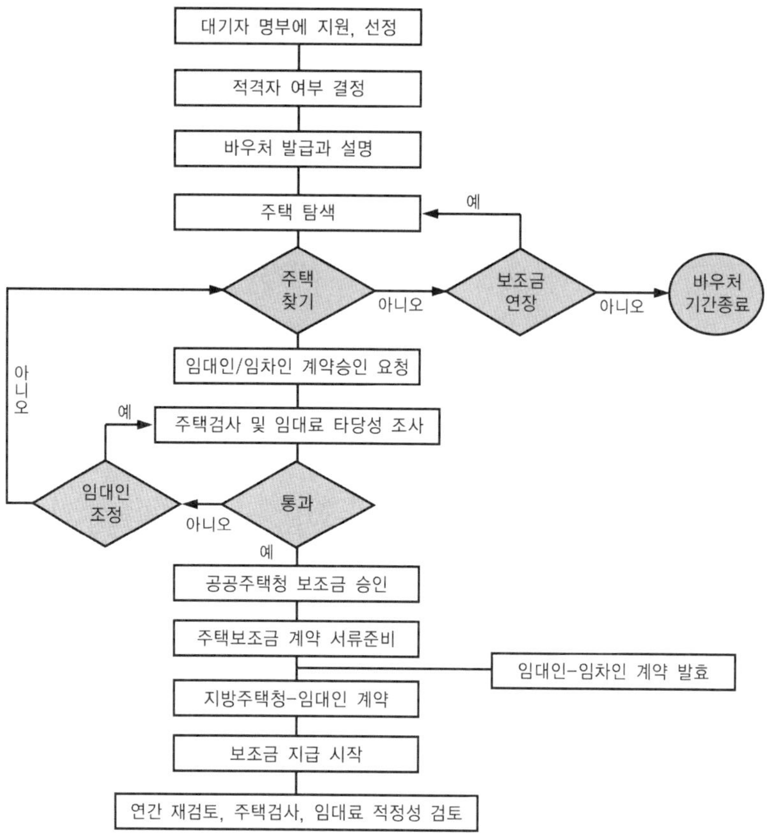

출처: HUD, 2001, Housing Choice, p.1-16을 바탕으로 구성

과 필요에 따라 적정한 주택을 탐색하기 시작한다. 가구가 주택을 찾고 나면, 그 주택은 주택의 질이 일정수준 이상인지를 확인하는 주택검사절차를 통과해야 한다. 또한 주택의 임대료도 연방주택청에서 제시하고 있는 지역별 주택규모별 공정시장임대료(Fair Market Rents)수준 이하이어야 한다. 공정시장임대료는 해당 지역에서 일정 수준을 갖춘 임대주택 중 40분위에 해당하는 임대료이다. 모든 조건을 충족하면 임대료 보조를 위한 계약을 체결하는데 삼자의 계약이 이루어진다. 우선 임차인과 임대인의 일반적인 임대차 계약이 있다. 보통의 주택임대차 계약

과 마찬가지로 임대인은 임차인의 정보를 보고 해당 임차인을 받아들일 것인지를 결정할 수 있다. 그리고 임대인과 지방주택청 간의 계약이 있다. 임대인이 주택바우처 프로그램의 요구사항에 준수하고 매년 주택검사를 받는 등 일정한 규칙을 준수해야 하는 내용과 함께 매월 일정액의 임대료가 임차인에게 지급되는 것과 관련된 내용이 규정된다. 마지막으로 임차인과 지방주택청 간의 계약이다. 이때는 임차인이 일정한 행동양식을 준수해야 하며, 가구 구성원과 소득 등 가구에 관한 사항이 변경되었을 때 지체없이 주택청에 통보할 것과 매년 소득관련사항을 반드시 보고 해야 하며, 어떤 경우에 프로그램에서 제외되는지 등 임차인의 의무에 관한 사항이 규정된다. 이러한 계약이 완성되면 임차인은 해당 가구 소득의 30%를 임대료로 직접 임차인에게 지불하고, 나머지 주택임대료와의 차액은 지방주택청에서 임차인에게 직접 지급하게 된다. 또한 매년 주택의 질이 일정수준을 유지하고 있는지 주택검사를 실시하게 되고, 그 이하인 경우 해당 주택은 수선 등을 통해 일정수준으로 상승시키지 않는 한 주택바우처 프로그램에서 제외된다(HUD, 2001). 이와 같은 절차는 <그림 1>에 나타나 있다.

2. 주요 참여자

주택바우처 프로그램에 참여하는 행위자는 크게 네가지로 구분될 수 있는데, 우선 프로그램에 필요한 자금의 배분을 결정하는 중앙정부, 그리고 지방정부 차원에서 실제 프로그램을 운영하는 주체인 공공주택청, 그리고 민간부문의 주택소유자와 프로그램 수혜대상인 저소득 가구가 있다.

1) 연방주택청

연방주택청의 의무는 크게 네 가지로 구분된다. 첫 번째는 바우처 프로그램을 실행하기 위해 필요한 정책 개발, 규제, 핸드북, 각종 지침 및 공고, 가이드라인 등을 개발하여 제시하는 것이다. 두 번째는 주택 바우처 지원금을 배분하는 것이고, 세 번째는 공공주택청을 위한 기술적인 지원과 필요한 교육 훈련 등을 제공하는 업무를 담당한다. 마지막으로, 바우처 프로그램이 제대로 수행되고 있는지 성과를 확인하고 프로그램 필요조건이 제대로 충족되고 있는지 공공주택청을 모니터링하는 업무이다.

2) 공공주택청

각 지방에서 실제로 주택바우처 프로그램을 운영하는 업무를 담당하는 공공주택청은 연방주택청과의 계약하에서 다음의 업무를 담당하도록 규정되어 있다. 먼저 해당 지역의 정책 실행 가이드라인을 설정하고 프로그램 참여가구의 적격성을 결정하고 참여가구의 소득을 평가 및 재평가 해야 한다. 그 외에도 대기자 명부 관리, 참여가구 선정, 임대료 중 가구 부담률과 지원금 결정, 각종 유틸리티 비용 설정, 장애가구의 주택탐색 과정 지원, 임대인에게 매월 주택보조금 지급 등의 업무를 담당한다. 또한 공공주택청에서 담당하고 있는 바우처 업무에 이의를 제기하거나 검토를 요청하는 경우 이에 대응해야 하고, 가구자족프로그램(Family Self-sufficient Program)과 같은 관련 프로그램의 운영관리 책임도 지고 있다.

3) 주택소유자(임대인)

주택바우처 프로그램에 민간 주택소유자가 참여하는 것은 전적으로 개인의 결정에 따른다. 프로그램에 참여하기로 결정한 임대인은 임차인 선정 및 임대차계약, 공공주택청과의 주택보조금 지급계약 등 임차인과 공공주택청을 대상으로 한 계약에 대한 책임이 있고, 이를 준수해야 한다. 또한 참여하고 있는 주택이 일정한 수준의 기준을 유지하도록 관리하여야 하는 책임이 있고 이에 순응하거나 적합하지 않은 주택은 주택바우처 프로그램을 통한 임대료 보조계약이 해지된다.

4) 프로그램 참여 가구

주택바우처 프로그램에 참여하는 저소득 가구는 공공주택청이나 연방주택청에서 프로그램 운영을 위해 필요로 하는 정보를 제공할 의무가 있다.[9] 또한 가구

---

9) 주택바우처 프로그램 참여 희망가구가 제출해야 하는 정보에는 시민권이나 적절한 이민자 상태를 나타내는 정보로부터, 가구원 모두의 소득수준 및 소득원, 그리고 이를 증빙하는 서류 등이 포함된다.

의 소득을 증명하기 위한 서류를 정기적으로 또는 연중 재검토 시기에 제출해야 하며, 사회보장번호와 적절한 정보제공에 동의하는 서류를 제출해야 한다. 그리고 일정한 주택수준을 만족시키는 주택에 거주하게 되므로, 거주 기간동안 공공주택청에서 실시하는 정기적인 주택질수준 점검(Housing Inspection)에 응해야 하고, 일상적인 노후가 아닌 임차인의 과실에 따른 주거수준 하락이나 기물파손 등에 대한 책임이 있고, 계약 조건을 준수해야 한다. 또한 마약이나 범죄 관련 행위에 연루되지 않아야 하고, 해당 주택에서 퇴거를 희망하는 경우 계약 기간 만료 이전에 공공주택청과 임대인에게 이를 통보해야 한다. 또한 임대인으로부터 퇴거 명령을 받은 경우, 이를 즉시 공공주택청에 알려야 한다. 거주하는 주택을 전대하는 행위는 허용되지 않으며, 가구의 구성이나 소득등에 변화가 발생하는 경우 이를 지체없이 공공주택청에 알려야 하는 의무가 있다.

그림 2 주택바우처 프로그램 주요 참여자의 관계

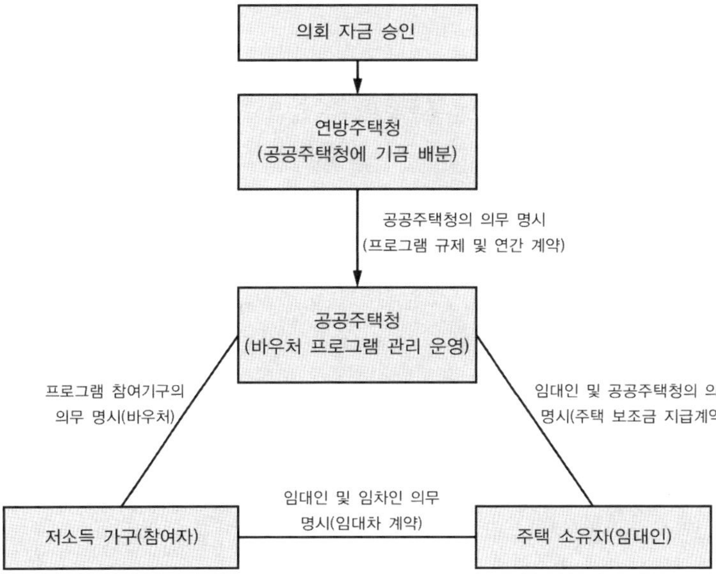

출처: HUD, 2001, Housing Choice, p.1-12.

3. 공정시장임대료(Fair Market Rents)

1) 의　　미

공정시장임대료는 주택바우처 프로그램의 지불기준(payment standard) 금액을 결정하는데 사용하는 임대료이다. 미국 연방주택청에서는 매년 530개 대도시권과 2,045개 비대도시 카운티의 공정시장임대료를 예측하여 발표하고 있다. 매년 사용하기 위한 공정시장임대료는 법에 의해 회계연도 시작일인 매년 10월 1일에 사용가능하도록 발표되어야 한다.

공정시장임대료는 총임대료 예측치로서 여기에는 임차인이 지불하는 유틸리티 비용[10]이 포함된다. 그러나 전화, 케이블, 인공위성 티비 수신료, 인터넷 사용료는 포함되지 않는다. 공정시장임대료 설정시 바우처 프로그램의 수혜를 입는 사람들이 민간임대시장에서 임대주택을 찾는데 어려움이 없을 만큼 충분히 임대주택이 공급되도록 설정되어야 한다.

2) 기　　준

공정시장임대료의 수준은 일정수준의 주택질을 만족하는 임대주택 중 40분위의 임대료를 의미한다. 일정수준의 주택질이라 함은 다음과 같은 사항을 포함하는 것이다: 현금임대료 지불하는 임차인이 점유하는 임대주택, 10에이커 이하의 크기, 배관설비 완비, 부엌시설 완비, 건축 후 2년 이상 경과주택, 식사비는 임대료에 불포함. 현재의 기준인 40분위(40th percentile)는 지난 15개월 사이에 현재 거주지로 이사 온 임차가구(최근 임차가구)가 점유하고 있는 모든 주택의 임대료 중 하위 40번째의 임대료를 의미한다. 연방주택청은 공정시장임대료 산정시 비시장임대주택은 제외할 것을 요구하고 있다. 즉, 공공임대주택이나 정부지원에 의해 시장임대료 이하의 임대료를 지출하는 주택, 또한 건축 후 2년이 경과하지 않은 주택은 모두 공정시장임대료 설정시 제외된다.

10) 유틸리티 비용이라 함은 보통 전기, 수도, 가스, 냉난방, 실내조명, 조리용 가스/전기료 등을 의미하며 사용한 양에 따라 개별 가구가 지불하는 비용이며 경우에 따라 일부의 항목이 월 임대료에 포함되기도 한다.

3) 역사 및 변천

공정시장임대료가 처음 설정되기 시작한 때에는 45분위로 결정되었으나, 1995년을 기준으로 40분위로 하향 조정되었다. 현재 대부분의 지역에서는 40분위를 기준으로 하고 있으나 일부지역은 45분위를 고수하고 있으며 50분위로 설정된 지역도 있다. 50분위 기준은 2002년 10월 2일 세가지 설정기준을 만족하는 지역에 한하여 적용되기 시작하였는데 그 기준은 1) 공정시장임대료 시장크기, 2) 저렴주택의 집중, 3) 바우처 프로그램 참여자의 집중이다.

4) 데이터

공정시장임대료 산정을 위한 자료로는 인구주택센서스, 미국커뮤니티조사(American Community Surrey, ACS), 무작위 전화조사 세 가지가 사용된다. 인구주택센서스 자료는 공정시장임대료의 기준연도를 설정하는데 있어 통계적으로 가장 신뢰도가 높은 자료를 제공한다. 2000년 센서스 자료는 2005년 공정시장임대료를 설정하는데 사용되었다. 미국커뮤니티조사는 2005년에 전체 형식이 시행되어 2008년 공정시장임대료 설정에 사용되었다. 무작위 전화조사(Random digit dialing, RDD)는 컴퓨터를 이용하여 전화번호를 무작위로 선택하여 조사를 실시하는 것이다. 전화조사는 매년 주택시장 상황을 평가하기 위해 한정된 수의 지역에서 수행된다.

기준연도 공정시장임대료가 설정되면, 소비자 물가지수를 이용하여 임대료와 유틸리티비용을 추정하고 업데이트하게 된다. 소비자 물가지수는 102개의 대도시권 공정시장임대료 지역에 대해 구득가능하고, 소비자 물가지수가 제공되지 않는 지역에 대해서는 지역별 소비자 물가지수 요인(regional CPI factors)을 이용하여 업데이트된다.

5) 현 황

미국의 평균적인 2실(Two bedrooms) 주택의 공정시장임대료 변화는 아래의 표에 정리되어 있다. 2000년 평균 625달러 수준이던 공정시장임대료가 2005년 762달러로, 2009년에는 889달러로 상승한 것으로 나타났다.

표 1 미국 2침실 주택의 평균 공정시장임대료 변화

연 도	2000	2001	2002	2003	2004
FMR ($)	625	646	696	735	754
연 도	2005	2006	2007	2008	2009
FMR ($)	762	786	812	861	889

자료: 미 연방주택청(HUD), 2010, FMR History.

미국 50대 대도시권의 공정시장임대료 수준은 아래의 표에서 보는 바와 같이 다양하게 분포되어 있다. 캘리포니아주의 샌프란시스코 대도시권이 가장 높은 수준의 공정시장임대료를 보이고 있어 2실 기준 $1,905에 이르고 있으며, 50대 대도시권 중 22개 대도시권의 2실 주택 공정시장임대료가 $1,000을 초과하는 것으로 나타나고 있다. 물론 상대적으로 저렴한 곳의 공정시장임대료는 $700 미만인 곳도 있다.

표 2 미국 주요 50대 대도시권의 2012년 공정시장 임대료 수준(2실 기준)

Metropolitan Area	FMR($)	Metropolitan Area	FMR($)
San Francisco, CA	1,905	Houston-Baytown-Sugar Land, TX	937
Nassau-Suffolk, NY	1,682	Orlando-Kissimmee, FL	936
Orange County, CA	1,652	Tampa-St.Petersburg-Clearwater, FL	926
San Jose, CA	1,623	Minneapolis-St.Paul, MN-WI	904
Bergen-Passaic, NJ	1,515	Denver, CO	893
Washington, DC-VA-MD	1,506	Portland-Vancouver, OR-WA	891
Los Angeles-Long Beach, CA	1,447	Phoenix-Mesa, AZ	870
New York, NY	1,424	Fort Worth-Arlington, TX	863
Oakland, CA	1,402	Atlanta, GA	842
San Diego, CA	1,378	Milwaukee-Waukesha, WI	822
Boston-Cambridge-Quincy, MA-NH	1,369	Detroit-Warren, Livonia, MI	798
Newark, NJ	1,289	St. Louis, MO-IL	792
Baltimore, MD	1,231	Charlotte-Gastonia-Concord, NC-SC	791
Fort Lauderdale, FL	1,187	Columbus, OH	790

Riverside-San Bernardino, CA	1,149	Salt Lake City, UT	774
Miami, FL	1,125	San Antonio, TX	760
Seattle-Bellevue, WA	1,098	Kansas City, MO-KS	754
Philadelphia, PA-NJ	1,075	Nashville, TN	751
VA Beach-Norfolk-Newport News, VA-NC	1,064	Indianapolis, IN	747
Hartford, CT	1,038	Cleveland-Lorain-Elyria, OH	727
Las Vegas, NV	1,024	Cincinnati-Middleton, OH-KY-IN	723
Sacramento, CA	1,021	Buffalo-Niagara Falls, NY	719
Austin-Round Rock, TX	989	Pittsburgh, PA	693
Chicago, IL	958	Greensboro-High Point, NC	653
New Orleans, LA	948	Dallas, TX*	670~1300

주: * Dallax, TX의 경우 2012년부터 우편번호에 따른 소규모 지역으로 공정시장임대료 지역이 구분되기 시작하여 하나의 중위값이 아닌 전체 카운티의 최대 최소값을 표시하였음.
출처: http://www.huduser.org/portal/atasets/fmr.html

4. 주택질 기준(Housing Quality Standards)

주택바우처 프로그램에 참여하고자 하는 임대인은 소유하고 있는 주택이 일정 수준의 질적 수준을 만족시키고 있는 양질의 주택임을 주택검사(inspection)을 통해 검증받아야 한다. 각 지역의 공공주택청에서 매년 주택검사를 실시하는데 이때 13개 항목의 요건이 요구된다. 그것은 위생시설, 조리시설, 공간 및 안전기준, 실내 온도환경, 조명 및 전기, 구조 및 재질, 실내 공기질, 수도 공급시설, 페인트, 접근기준, 위치 및 주변환경, 위생 상태, 화재 감지시설이 이에 해당된다. 각 항목에는 성능요구사항(performance requirement)과 세부적인 인정기준(acceptability criteria)으로 구성되어 있는데, 인정기준은 공공주택청이 해당 주택이 최소한의 주택질 기준을 충족하는지 판단하는데 도움을 주는 역할을 한다.[11] 각 항목별 성능요구사항과 인정기준을 정리하면 부표와 같다.[12]

11) 경우에 따라서는 주택의 상태가 완벽하게 모든 기준을 충족시키지 못하는 경우에도, 바우처 수혜가구가 이를 이미 인지하고 있으면서 이를 수용하고 해당 주택에 거주하기를 희망하는 경우에는, 공공주택청이 이를 고려하여 해당 주택이 주택검사에서 불합격되지 않고 바우처 주택으로 활용될 수 있도록 고려하고 있다(HUD, 2001).

12) 각 항목별 개념적인 가이드라인을 적시한 성능요구사항에 덧붙여, 구체적인 기준을 인정기

주택바우처 프로그램 참여가구에 대해서는 매년 정기적인 조사를 통해 소득수준이 적합한 수준인지 확인하는 절차(reexamination)를 거친다. 또한 거주하고 있는 주택에 대해서도 검사(inspection)를 통해 적절한 수준을 유지하고 있는지 검토하며 주택검사관(housing inspector)이 이를 담당한다.

Ⅲ. 바우처 프로그램을 통한 저소득층 주거복지 개선효과

주택바우처 프로그램을 통해 저소득층의 주거복지를 개선하는데 어떤 성과가 있었는지 그 성과를 가구, 근린, 조직이라는 세 가지 차원에서 살펴보고자 한다. 우선 가구차원에서는 과연 이 프로그램이 저소득층에게 혜택이 돌아갔는지, 수혜가구는 어떠한 특성을 가지고 있는지를 살펴본다. 그리고 근린차원에서 수혜가구들이 바우처 프로그램을 통해 주거지 이동의 선택권을 부여받기 때문에 프로그램 진입 전후의 근린주거환경을 비교함으로써 근린차원에서의 프로그램 성과를 살펴본다. 마지막으로 조직차원에서는 바우처 프로그램의 운영관리 책임이 있는 지방의 공공주택청의 운영실태 및 현황을 통하여 프로그램 성과를 살펴보고자 한다.

1. 가구 차원: 바우처 수혜자의 특성

2011년 9월 기준 미국의 주택바우처 프로그램으로 수혜를 입는 가구의 일반적인 현황이 아래의 표에 정리되어 있다. 소득은 연평균 $12,448으로 매우 낮고, $5,001~$10,000 수준의 소득 구간에 해당하는 가구가 전체 바우처 수혜가구의 1/3수준이다. 가구의 형태를 보면, 절반이상의 가구에 미성년 자녀가 있고(51%), 장애인 가구가 41%, 노인가구가 20% 수준이다. 인종적으로는 백인이 50%, 흑인이 45%로 나타난다. 가구원수별로는 1인 가구가 37%로 가장 많고, 2인 가구 21%,

준에서 명시하고 있다. 구체적인 인정기준 및 이에 대한 의미와 예외규정 등은 HUD(2001)의 제10장 Housing Quality Standards에 자세히 기술되어 있다.

표 3 주택바우처 수혜자의 특성

연평균 소득	$12,448	가구원 연령 구성	%
		5세 이하	13
연평균 소득 구간	%	6 ~ 17세	32
$0	4	18 ~ 50세	37
$1 ~ $5,000	11	51 ~ 61세	9
$5,001 ~ $10,000	33	62 ~ 82세	8
$10,001 ~ $15,000	24	83세 이상	1
$15,001 ~ $20,000	14		
$20,001 ~ $25,000	7	**가구원수**	%
$25,000 이상	8	1인	37
		2인	21
가구 형태	%	3인	18
장애가구	41	4인	13
노인가구	20	5인 이상	11
미성년 아이가 있는 가구	51		
편모+미성년아이 가구	47	**주택규모**	%
		스튜디오	2
프로그램 잔류기간	%	1실	24
1년 미만	16	2실	36
1 ~ 2년	9	3실	31
2 ~ 5년	26	4실	4
5 ~ 10년	27	5실 이상	1
10 ~ 20년	18		
20년 이상	4	**인종 구분**	%
		백인	50
히스패닉 구분	%	흑인	45
히스패닉	17	아시아인	2

자료: HUD, Residents Characteristics Report (2011년 9월말 기준).

3인 가구 18% 등 가구원수가 적다는 특징을 보이고 있다. 주택의 크기는 방 2개 주택이 가장 대표적인 유형이고 주택바우처 프로그램에 남아 있는 기간은 5년 이상 10년 미만이 27%로 가장 큰 비중을 보였다. 이와 비슷한 수준으로 2~5년

(26%), 그리고 10년 이상 장기간 프로그램에 잔류하고 있는 가구도 22%나 차지하는 것으로 드러났다. 이렇게 주택바우처 프로그램은 저소득 임차가구가 프로그램의 수혜를 받도록 하고 있으며, 특히 취약계층의 주거안정에 도움이 되도록 구성되어 있음을 알 수 있다. 프로그램 잔류기간면에서는 2년 미만, 2~5년, 5~10년, 10년 이상으로 구분할 때 각각이 약 1/4정도의 비중을 차지하고 있어, 신규 진입자에 비해 오랜 기간 혜택을 보는 가구 비율이 높음을 알 수 있다.

바우처 프로그램에 선정되기 위한 기준에는 크게 네 가지가 있는데 이는 가족 기준, 소득기준, 시민권 기준, 그리고 마약관련 범죄행위 여부이다. 이 중 소득기준을 통해 연방주택청에서는 저소득 가구에게 수혜가 돌아갈 수 있도록 프로그램을 고안하였다. 우선 연방주택청에서는 지역별, 가구규모별 소득기준을 설정하여 매년 이를 발표하고 있다.[13] 주택바우처 프로그램에 선정되기 위해 적용되는 소득기준은 두 가지가 있고, 공공주택청에서 해당지역에 지원 우선순위를 정한 가구를 지원하기 위해 사용하는 소득기준이 하나 더 있다. 우선 가장 기본적으로 사용되는 소득기준은 최저소득기준으로 이는 지역중위소득(Area Median Income)의 50% 이하에 해당하는 소득을 의미하며, 이 기준이 일차적으로 바우처 프로그램에 선정되기 위한 기준으로 사용된다. 두 번째는 저소득기준이다.[14] 이는 지역중위소득의 80% 이하에 해당하는 소득으로, 가구 소득이 최저소득기준 이상이지만, 지속적인 정부보조나 공공임대주택 거주가 필요하여 바우처 프로그램을 통해 지원해야 하는 가구를 위해 사용하는 기준이다. 마지막으로는 공공주택청에서 사용하는 소득기준이다. 이는 각 공공주택청에서 해당지역 거주민의 주택소요에 부응하기 위하여 위의 두 가지 기준 이외에 다른 저소득층을 규정하는 소득기준을 설정하여 적용할 수 있도록 하고 있다. 연방정부에서는 이렇게 지방에 일종의 재량권을 부여하여 지역 사정에 맞는 프로그램의 운영을 도모하고 프로그램의 유연성을 확보하고 있다.

무엇보다도 주택바우처 프로그램이 저소득층을 정책 수혜대상으로 하고 있음을 알 수 있는 것은 연방주택청의 소득기준을 통해서이다. 즉, 연방주택청에서

13) http://www.huduser.org/datasets/il.html
14) 우리나라에서 사용하는 차상위계층의 개념과 비슷하게 이해할 수 있을 것이다.

는 지역 중위소득을 발표하고 이를 기준으로 30% 이하에 해당하는 극빈층(extremely low-income)15) 소득기준을 각 지역 공공주택청에서 준수하도록 하고 있다. 즉, 매년 바우처 프로그램의 신규 수급자 선정에 있어 75%가 극빈층 소득기준에 해당하는 가구가 될 수 있도록 규정하고 있는 것이다. 이런 규정은 1998년 QHWRA법에 따라 기존의 주거비 보조 프로그램이 주택바우처 프로그램으로 합병되면서 신설된 소득기준(new federal income-targeting requirements)이다. 이는 저소득 주거비 보조가 가장 필요한 계층에게 주거비 보조금이 할당될 수 있도록 우선순위를 두기 위함이다(Solomon, 2005).

표 4 주택바우처 수급가구의 소득수준

	전체 수급가구	신규 수급가구	ELI*	ELI (%)	VLI* (%)	중위소득 ($)
1997	1,146,333	144,244	98,180	79.69	99.20	6,916
1998	1,261,449	166,490	114,053	77.20	98.98	7,332
1999	1,467,911	178,769	123,273	77.27	99.05	7,656
2000	1,351,963	174,937	120,434	76.41	98.93	8,004
2001	1,705,079	321,219	177,637	76.35	98.93	8,304
2002	1,691,502	248,000	180,262	79.21	99.11	8,378
2003	1,916,540	202,678	147,551	80.26	99.12	8,401
2004	1,892,230	150,317	110,281	79.81	98.95	8,400
2005	1,977,885	144,888	106,138	77.79	98.23	8,940
합 계	14,410,892	1,731,542	1,177,809	78.17	98.96	

주: * ELI와 VLI는 각각 지역중위소득의 30% 이하, 50% 이하를 의미.
자료: Dawkins. 2007. pp.74-76 표를 바탕으로 재구성.

15) 미국의 주택정책에 사용되는 소득구분은 지역중위소득(AMI, Area Median Income)을 기준으로 ELI(extremely low income), VLI(very low income), LI(low income) 등이 구분된다. ELI은 AMI의 30% 이하, VLI은 AMI의 50%, LI은 AMI의 80% 이하에 해당한다. 그러나 연방정부에서 정하는 빈곤선(Federal poverty line)은 지역별 중위소득과 상관없이 전국에 걸쳐 적용되는데, 가구의 크기에 따라 다를 뿐이다. 따라서 일반적으로 주택정책에 사용되는 소득기준과 빈곤선이 정확히 맞아 떨어지지는 않는데, 대체로 지역중위소득의 30% 정도가 빈곤을 나누는 기준으로 이해되고 있다(HUD, 1996).

1997년부터 2005년까지 새로이 바우처 프로그램의 보조를 받게 된 가구의 소득수준을 확인한 결과, 실제로 저소득층에게 재원이 할당되고 있음을 알 수 있었다. Dawkins(2007)에 따르면, 동기간 신규보조가구의 78%가 극빈층에 해당하는 가구이며, 이보다 약간 소득수준이 높은 지역중위소득의 50% 이하 가구(very low income)까지 포함하는 경우는 전체 신규 수급가구의 99%를 차지하는 것으로 나타났다. 따라서 주택바우처 프로그램이 소득기준 설정을 통해 저소득가구의 주거안정에 성공적으로 기여하고 있음을 알 수 있다.

2. 근린 차원: 바우처를 통한 주거수준 개선 효과(Neighborhood Characteristics)

주택바우처 프로그램은 저소득 참여가구가 자신이 거주할 곳을 찾는 주거선택권이 전적으로 개별 가구에게 맡겨져 있다. 그렇지만, 프로그램의 규정에 의하면, 각 공공주택청에서는 참여자들이 빈곤이 집중되지 않은, 빈곤율이 낮은 주거지를 선택하도록 장려하고 있다. 이런 정책적 시행을 하게 되는 배경에는 빈곤율이 낮은 좋은 주거지가 학교나 일자리에서 좀 더 나은 기회를 제공하므로 결과적으로 저소득층의 상향이동(upward mobility)에 도움이 될 것이라는 믿음이 깔려 있다. 반면 빈곤율이 높은 주거지역은 10대 임신, 학대, 사회적 부적응 등 사회적 문제와 연관되어 있기 때문이기도 한다. 빈곤이 집중한 지역에서는 경제적 기회가 적게 제공되고 이에 따라 신규 일자리 제공이 적게 되므로 상대적으로 실업률은 높고, 정부의 복지예산에 의해 생활하는 가구비율은 높기 때문에 문제시되고 있다(Galster, 1998). 그러나 어느 정도의 빈곤율이 개별 가구의 삶에 부정적인 영향을 미치는 지에 대한 절대적인 기준은 없다. 그럼에도 불구하고 대체로 40%의 빈곤율은 매우 심각한 빈곤집중(extreme poverty concentration)으로 언급이 되고 있고, 30%는 어느 정도 빈곤이 집중된 곳(moderate concentration)의 경계점으로 여겨진다.[16)]

16) 연방주택청에서도 센서스 트랙의 빈곤율이 40% 이상인 곳을 빈곤집중이 심각한 곳(extreme poverty)으로 정의하고 있다. 그 외에 Cloudia Coulton 등(1996) 의 연구에서도 40%를 심각

표 5 바우처 가구의 빈곤 집중 지역 분포

빈곤 집중도	50대 대도시권	중심도시	교외지역
10% 미만	28.4	14.3	48.3
10 ~ 20%	30.2	27.8	33.5
20 ~ 30%	19.2	24.2	12.1
30 ~ 40%	12.7	18.3	4.8
40% 이상	9.5	15.3	1.3

자료: Devine et al. 2003. p.27.

미국 50대 대도시권에서 주택바우처 수혜가구가 거주하는 지역[17]의 빈곤율을 조사한 연구에 따르면, 과반수 이상의 바우처 가구가 빈곤율이 20% 미만인 양호한 주거지에 거주하고 있는 것으로 나타났다. 한편 약 10% 가까운 가구가 빈곤율 40% 이상인 심각한 빈곤집중 지역에 거주하고 있었다. 중심도시에 거주하는 가구들은 교외지역 거주 가구에 비해 빈곤율이 높은 지역에 살 확률이 높게 나타나고 있었다(Devine et al., 2003).

미국 50대 대도시권을 대상으로, 바우처 지원을 받는 가구와 다른 프로그램의 지원을 받는 가구를 비교하면, 가구에게 주거선택권을 부여하고 있는 주택바우처 프로그램 참여자가 지역에 기반한 프로그램에 참여 가구에 비해 좀 더 나은 주거지에 살고 있음을 알 수 있다. 가구가 거주하는 지역의 빈곤율과 각 프로그램별 가구 거주비율을 비교한 결과를 보면, 공공임대주택 거주가구는 거의 반 정도(48.6%)가 빈곤이 심각한 지역에 거주하고 있었다. 이는 동일한 지역에 거주하는 주택바우처 소지자에 비해 5배 이상 높은 비율이다. 반면, 주택관련 지원을

한 빈곤집중 지역의 기준점으로 보고 있다. 그러나 Turner and Popkin (2000)의 경우는 30% 빈곤율은 심각한 수준으로 제시하고 있다.

17) 이 때 지역은 센서스 트랙(census tract)을 의미한다. 센서스 트랙(census tracts)은 카운티(county)의 일부분을 구성하는 공간이고 상대적으로 영구적인 통계단위이다. 센서스 트랙은 통계 데이터의 안정적인 제공이 주요한 제정 목적이다. 따라서 센서스 트랙 단위 경계를 구획할 때는 이것이 장기적으로 유지될 수 있는지를 고려하게 된다. 센서스 트랙은 일반적으로 1,200~8,000명을 포함하며 최적의 크기는 4,000명으로 알려져 있다(U.S. Census Bureau, 2010).

표 6 프로그램별 빈곤집중 정도 비교

빈곤 집중도	보조 없는 가구*	주택 바우처	프로젝트 바우처[18]	공공임대주택
10% 미만	41.3	28.4	18.2	7.0
10 ~ 20%	27.9	30.2	22.1	15.4
20 ~ 30%	14.3	19.2	15.2	11.5
30 ~ 40%	8.8	12.7	17.3	17.5
40% 이상	7.7	9.5	27.1	48.6

주: * 주택관련 보조금을 받지 않는 가구 중 지역별 공정시장 임대료 이하의 저렴한 주택에 사는 가구를 대상으로 한 수치임.
자료: Devine et al. 2003, p.31.

받지 않는 가구가 거주하는 지역의 빈곤율을 보면, 빈곤집중 지역에 거주하는 가구는 7.7%에 불과하고, 대부분이 빈곤율이 20% 미만인 양호한 주거지에 거주하고 있음을 알 수 있다.

한편, 지역의 소수인종 거주비율을 기준으로 주택바우처 참여가구의 거주지역 상태를 살펴보면, 공공임대주택 거주자에 비해 소수인종 비율이 낮은 지역에 거주하는 비율이 높게 나타났다. 그러나 주택바우처 참여자 중에서도 소수인종의 경우에는 상대적으로 소수인종 비중이 높은 지역에 거주하는 확률이 높았다. 주택 바우처 소지자의 경우, 자신의 주택을 결정할 때 공정시장임대료 이하의 임대용 주택을 찾아야 하므로, 임대용 주택 중 공정시장임대료 이하 주택의 분포가 큰 제약조건이 될 수 있다. 이러한 주택은 소수인종의 비율이 높거나 낮은 지역에 집중해 있다기 보다는 대체로 골고루 분포하고 있는 것으로 나타나며, 주택바우처 참여자 전체를 비교해보면 대체로 이에 상응하고 있음을 알 수 있다. 그러나

18) 주택바우처 프로그램이 개별 가구에게 지원을 하는 것이라면 프로젝트 바우처는 일정 프로젝트(주택)에 지원을 하는 바우처 프로그램이다. 주택바우처 프로그램에서는 공공주택청이 개별 가구와 임대차 계약을 체결했지만, 프로젝트 바우처의 경우, 개별 주택과 연계된 계약이 체결된다. 따라서 프로젝트 바우처 프로그램에서는 저소득 가구가 해당 주택에 거주하는 경우 주거비 보조를 받게 되지만, 해당 주택에서 다른 일반주택으로 이사하게 되면 주거비 보조가 중단된다. 물론 이러한 경우에도 주택바우처 프로그램 적격자인 경우, 대기자 명부에 등록하여 추후 주택바우처 프로그램에 따른 주거비 보조를 받을 수는 있다(http://www.hud.gov).

표 7 거주지역 빈곤율과 주거지원 프로그램 참여자 비교

소수인종 비율	임대용 주택비중		주택 바우처		공공임대주택	
	전 체	FMR 이하	전 체	소수인종	전 체	소수인종
10% 미만	21.5	18.2	17.7	2.3	12.0	1.5
10 ~ 30%	29.7	24.9	22.2	15.4	15.5	8.6
30 ~ 50%	17.0	16.2	15.6	18.8	12.4	11.5
50 ~ 80%	16.2	18.3	21.1	31.8	17.9	20.8
80% 이상	15.6	22.4	23.5	31.7	42.2	57.7
합 계	100.0	100.0	100.0	100.0	100.0	100.0

자료: Schwartz, 2010, p.191.

바우처 소지자 중 소수인종만을 대상으로 하는 경우에는 소수인종 비중이 높은 주거지역에 더 집중적으로 분포하는 것으로 나타난다. 공공임대주택의 경우에는 소수인종 비율이 80% 이상인 지역에 42.2%나 분포하고 있어 집중도를 가늠할 수 있으며, 특히 공공임대주택 거주자 중 소수인종만을 분리하여 비교하면 그 수치가 57.7%까지 상승하고 있다.

이렇게, 주택바우처 프로그램이 저소득 가구들의 주거선택을 통해 더 나은 주거지에 거주할 가능성을 높이는데 기여하고 있음을 알 수 있다. 특히 가구 소득이 매우 낮은 저소득층의 주거비를 경감하고 있었고, 공공임대주택 거주자에 비해 빈곤율이 상대적으로 낮고 소수인종의 거주비율이 낮은 지역에 거주할 가능성을 높이는 데 효과적임을 알 수 있었다. 그럼에도 불구하고, 주택바우처 소지자 중 소수인종들은 상대적으로 소수인종 비중이 높고 빈곤율이 높은 지역에 좀 더 분포하는 것으로 나타나 프로그램이 인종별 효과가 다름을 보여주고 있다.

3. 조직 차원: 공공주택청의 바우처 운영

주택바우처 프로그램의 운영을 책임지는 공공주택청은 각각이 지닌 지역 및 조직적 특성이 상이하다. 미국에서 주택바우처 프로그램을 운영하는 공공주택청이 약 2,500개 수준이므로 그 차이가 상당히 클 것임을 짐작할 수 있다. 미 전역을 대상으로 한 조사를 보면 바우처 소지자의 성공률이 평균 70% 내외인 것으로 나타난다. 성공률이라 함은, 바우처를 발급받은 적격 가구가 주어진 시간내에 공공주택청에서 요구하는 요구사항을 충족하는 적합한 주택을 찾는 비율을 의미한다. 뉴욕과 LA 공공주택청을 제외한 공공주택청에서의 바우처 성공률은 1993년 86%까지 높게 나타났었으나 2000년 기준 71% 수준인 것으로 나타났다. 이는 1985~1987년 사이의 조사결과와 비슷한 수준이다. 즉, 대도시권의 공공주택청에서 바우처를 발급받은 가구가 적격 주택을 찾을 가능성은 대체로 65%~73% 수준이라고 이해할 수 있다(Finkel & Buron, 2001).

또한 바우처를 발급받은 후 적절한 주택을 찾아서 임대차계약을 체결할 때까지 걸리는 시간을 조사한 결과에서는 평균 83일이 소요되는 것으로 나타났다. 공공주택청에서 적격 가구로 선정이 되면, 바우처라는 증서를 발급하는데 이때 최소한 60일의 탐색기간을 설정하도록 되어 있다. 그러나 60일 경과 후에 해당 가구가 적격 주택을 찾지 못하고 기간 연장을 요구하면 공공주택청의 자율로 그 기간을 연정할 수 있다.[19] 기간이 연장되는 경우 해당 가구에 서면통지하도록 정하고 있다(HUD, 2001).

표 8 주요 대도시권의 바우처 성공율

연 도	전국 평균	뉴욕, LA 제외시	뉴욕시	L A
1985~1987	68%	74%	33%	72%
1993	81%	86%	62%	NA
2000	69%	71%	57%	47%

주: 성공률은 48개 대도시권 공공주택청을 대상으로 한 조사결과임.
출처: Finkel & Buron, 2001. Section 8 voucher success rates. p.2-3.

19) 이때 연장하는 기간을 어느 정도로 정하는지, 몇 번을 연장할 수 있는지는 각 공공주택청의 자율에 맡기고 있다. 연방주택청에서는 최초 발급시 최소 60일의 기간을 명시하도록 규정하고 있다. 그러나 기간의 연장시 여러 가지 요건들을 고려할 것을 권하고 있다(주택시장 상황, 행정처리 기간, 가구의 건강상태나 급박한 상황발생, 가구가 얼마나 열심히 노력했는지 등).

표 9 주택탐색 기간

바우처 발급 후 임대차 계약시까지 소요 기간	성공가구 비율
30일 미만	18%
30일~59일	25%
60일~89일	19%
90일~119일	15%
120일~179일	16%
180일 이상	7%
평균 소요 기간	83일

출처: Finkel & Buron, 2001, p.2-5.

바우처 발급 초기에 설정된 60일 이내에 성공적으로 주택을 찾은 가구는 43%에 이르는 것으로 나타났고 추가적으로 30일이 더 소요된 가구가 19%, 추가적으로 30일이 더 소요되어 총 120일 기간이 소요된 경우가 15%에 달하는 것으로 조사되었다. 거의 1/4에 해당하는 가구(23%)가 적절한 주택을 찾는데 120일 이상이 필요했던 것으로 나타났다.[20)]

표 10 바우처 계약 주택의 위치적 특성

구 분	전체 바우처 소지자	성공한 바우처 소지자
성공, 현 거주주택	15%	21%
성공, 동일 행정구역내 이주	49%	72%
성공, 다른 행정구역으로 이주	3%	5%
성공, 확인 불가	1%	2%
실 패	32%	NA

출처: Finkel & Buron, 2001, p.2-10.

20) 이는 1990년대 초기의 연구 결과보다 더 긴 시간이 소요되는 것이다. 1990년대에는 주택탐색에 4개월까지 기간이 주어졌고, 1993년 연구에 따르면, 주택탐색에 성공한 가구는 대부분 처음 3개월 내에 집을 찾은 것으로 나타났다. 그리고 주택탐색에 실패한 가구의 80%는 3개월이 끝날 때 집 찾기를 그만두었다. 이와 대조적으로 2000년에는 적절한 주택을 찾아 계약을 체결하는데 3개월 이상이 소요된 가구가 38%에 이르는 것으로 나타났다.

바우처 소지자가 주택 계약을 성공한 케이스의 유형을 이사 여부에 따라 구분하면[21], 21%는 현재 거주하고 있는 주택에서 계약체결에 성공하였고, 72%는 이사를 하여 새로운 주택을 찾았는데, 바우처를 발급한 공공주택청의 관할하에 있는 행정구역내에서 이동한 경우이다. 행정구역을 벗어나, 다른 공공주택청 관리하의 지역으로 이동한 경우는 5% 수준인 것으로 나타났다.

Ⅳ. 바우처 관련 저소득층 자립 지원 프로그램

저소득 가구의 주거안정을 위하여 월임대료를 지원하는 주택바우처 프로그램은 그 특성상 한번 지원을 시작하면, 수급가구의 소득이 증가하지 않는 한 지속적인 지원이 이루어져야 하고, 이로 인해 저소득 가구의 근로의욕을 저하시키거나 빈곤의 늪에 빠질 수 있는 문제가 지적되고 있다.[22] 미국의 경우, 주택바우처 프로그램과 연계하여 수혜가구의 자립을 유인하는 여러 가지 프로그램이 함께 운영되고 있어 이하에서는 이를 간단히 소개하고자 한다.

1. 자가소유지원 바우처 프로그램(Homeownership Voucher Program)

주택바우처를 통한 자가소유지원 프로그램(Housing Choice Voucher Homeownership Program)은 연방주택청에서 만들어진 프로그램으로, 주택바우처 프로그램에 참여하는 저소득 가구의 내집 마련을 돕는 프로그램이다. 이 프로그램에 참여하는 것은 개별 가구의 자발적인 참여에 의해 결정되며 궁극적인 목적은 바우처 가구가 생애 첫 주택구입자가 되는 기회를 제공하고 안정적으로 삶을 영위하도록

21) 전국 전체 모집단을 고려하여 가중치를 둔 샘플에 기반한 결과이며 샘플 수는 2,609이다.

22) Priemus, H., Kemp, P.A. & Varady, D. (2005). Housing vouchers in the United States, Great Britain, and the Netherlands: Current issues and future perspectives. Housing Policy Debate, 16(3/4), pp.575-609.

돕는 것이다. 즉, 주택을 임대하는 것에서 벗어나 자기 집을 소유함으로써 개별 가구가 책임감 있는 시민으로 사회의 구성원으로 행동하도록 기대하고 결국 저소득 주민이 빈곤의 늪에서 벗어나 자립하는 것을 부수적으로 기대하고 있다고 할 수 있다.

자가소유지원 바우처 프로그램에 참여를 희망하는 가구는 현재 주택바우처 프로그램에 1년 이상 참여하고 규정위반 등이 없는 양호한 상태로 프로그램에 참여하고 있어야 한다. 그리고 참여 희망가구는 생애 첫 주택구입자이어야 하며, 최소한 연 소득 $15,000 이상으로 자가주택구입에 따른 경비를 지출할 수 있는 수준이어야 한다. 그러나 노인가구주나 장애가구주의 소득수준은 개별적으로 평가된다. 소득기준 이외에 고용기준이 적용되는데, 지원시점 기준으로 최소 1년간 풀타임 고용상태를 유지해야 한다. 주택 구입에 따른 최소 계약금액에 대하여도 연방주택청에서 기준을 설정하고 있다. 연방주택청에서는 최소 주택금액의 3%를 계약금으로 지불할 것으로 요구하고 있으며, 최소한 주택금액의 1%는 해당가구가 부담해야 하는 것으로 정하고 있다.[23] 이와 연계하여 가구자립 프로그램(Family Self Sufficiency Program)에 참여하면서 최소 위의 수준에 해당되는 에스크로 잔액을 보유한 가구는 자가주택 마련 프로그램 참여에 우선순위가 주어지기도 한다.

구입하고자 하는 주택은 주택은 현재 건설중이거나 이미 건설이 완료된 것이어야 하고, 단독주택이어야 하며, 주택은 바우처 프로그램기준에 따른 주택검사를 통과해야 한다. 또한 개별 가구가 지정한 검사관이 해당주택을 검사하고, 그 주택이 일반주택검사(General Home Inspection) 기준을 만족시켜야 하고, 거래시점에서의 주택검사를 통과해야 한다. 또한 주택을 판매하는 사람도 바우처 프로그램 참여를 거부당할 수 있는 주체이어서는 안되는 것으로 정하고 있다.

이외에도 개별 가구는 몇가지 의무사항을 충족시켜야 하는데, 우선 주택을 구입하고자 하는 가구는 반드시 생애첫주택구입자 카운셀링 세션을 참석해야 한다. 또한 주택을 구입하고자 하는 가구는 반드시 모기지 용어를 이해하고 있어야

---

23) 이러한 기준을 충족시키기 위해 공공주택청에 따라 일정 금액의 저축액을 보유하고 있어야 하는 요구조건을 제시하기도 한다. 예를 들면 일부 공공주택청에서는 최소한 $3,000의 저축을 요구하고 있다.

하며, 다음과 같은 어떤 변동사항에 대해서도 해당 주택청에 보고의무가 있다. 예를 들면, 주택을 파는 경우, 대출을 다시 받는 경우, 가구 구성원이나 소득이 변경되는 경우, 기타 주택을 유지하는데 영향을 미칠 수 있는 가구의 능력이나 상황이 변동되는 경우 등이 이에 해당한다. 최대 지원 가능한 한도는 20년 이상 대출시 15년간의 모기지 대출이거나 10년간 모기지 상환이며, 노인가구나 장애가구의 경우는 제한이 없다. 그러나 월 모기지를 상환하지 못하는 경우, 가구책임 해당 항목을 위반하는 경우, 기타 다른 프로그램 요구사항을 위반하는 경우 지원이 중단된다.

2. 가구자립 지원 프로그램(Family Self-sufficiency Program)

가구자립 지원 프로그램은 1990년 Cranston－Gonzalez National Affordable Housing Act에 의해 설립되어 주택바우처 프로그램 참여자 및 공공임대주택 거주민에게 교육, 직업훈련, 기타 서비스 제공등을 통해 자립을 할 수 있도록 돕기 위해 시작되었다. 바우처 지원을 받고 있는 가구 중 자발적으로 자립지원 프로그램 참여를 희망하는 가구에 한해 지원된다. 현재 바우처 지원을 받고 있는 가구 중 희망가구가 필요한 절차를 거쳐 가구자립 지원 프로그램에 등록되고 난 후, 일을 시작하거나 임금소득이 증가하게 되면 적금통장(earning escrow)이 개설된다. 개설되는 통장은 가구가 자립지원프로그램을 성공적으로 마치고 나면 해당 금액을 받을 수 있는 적금통장이다. 근로의욕 저감을 방지하기 위하여, 일을 시작하거나 임금소득의 증가로 인해 지불해야 하는 임대료가 증가하면 그에 해당하는 금액(이전 임대료와 인상된 임대료의 차액)에 해당하는 금액을 해당 지방 공공주택청에서 적금통장에 저축해 놓고 이에 대해 이자를 붙인다. 이 금액은 세금이 없고, 가구가 이 프로그램을 완수했을 때 수급할 수 있도록 하고 있다. 통장에 있는 금액을 인출할 수 있는 경우는 주택구입 자금, 자동차 구입, 학자금 지불시 등에 한정되어 있다.[24]

24) 현재 오하이오주의 Parma 공공주택청의 경우, $20에서 $10,000까지 통장에 누적되어 있다.

가구자립 지원 프로그램의 궁극적인 목표는 주택바우처 프로그램의 지원을 받는 가구의 경제적인 자립에 있다. 따라서 이를 위한 각종 서비스를 지원하고 있는데, 예를 들면 아동보육, 교통수단, 교육 훈련, 직업 훈련 및 고용상담, 알콜 중독 상담 및 치료, 자가소유를 위한 상담 등이다. 가구자립 지원 프로그램에 참여하는 가구주는 공공주택청과 가구자립 지원 프로그램 계약을 맺고 경제적 자립을 위한 노력과 의무를 다하게 된다. 5년 계약의 가구자립 지원 프로그램 계약서에서 구체적인 내용을 명시하고 있다. 이를 통해 개별가구는 더 이상 복지수당이 아닌 근로 소득을 통해 가정경제를 영위하는 경제적 자립을 달성해야 하고, 가구주가 직업을 찾아 안정적인 고용상태를 유지해야 한다. 만일 계약에 위배되는 경우, 각종 지원금과 서비스가 중단되고, 에스크로우 계좌를 몰수당하며, 주택바우처 프로그램을 통한 지원도 중단된다. 또한 해당 가구가 목표를 달성하고 나서라도, 필요한 경우에는 여전히 주거비 지원을 지속할 수 있다.[25)]

미국에 있는 100개의 공공주택청을 대상으로 한 조사결과에 따르면, 2008년 기준 주택바우처 수혜가구 중 28,469가구가 가구자립 지원 프로그램에 등록되어 있고, 연평균 소득은 $16,842 수준인 것으로 나타났다. 가구자립 지원 프로그램에 등록한지 4년이 경과한 시점에서 참여자들 중 24%가 프로그램이 모든 요구조건을 만족하고 이 프로그램을 성공적으로 졸업하였으며, 37%는 졸업하지 못하고 프로그램에서 탈퇴하였고, 나머지 39%는 여전히 가구자립 지원 프로그램에 등록되어 있는 것으로 나타났다. 성공적으로 졸업한 가구의 경우 에스크로 어카운트의 평균 잔액은 $5,294로 조사되었다(HUD, 2011b).[26)]

3. 바우처를 통한 가정결합 프로그램(Family Unification Program)

바우처를 통한 가정결합 프로그램은 적절한 집이 없어서 가족이 분리하여 거주해야 하는 경우에 이를 지원하기 위한 프로그램이다. 즉 한 가족이 한 집에

25) http://portal.hud.gov/hudportal/HUD?src=/program_offices/public_indian_housing/programs/hcv/fss
26) 이는 해당 가구가 프로그램에 처음 등록할 당시 평균 가구소득의 27%에 상당하는 금액이다.

살지 못하고 아이들과 분리거주 할 위협에 처하는 등 적절한 집이 가족분리 거주의 주요한 원인으로 작용하는 경우에 해당한다. 이 프로그램을 통해 민간주택시장에서 적절한 수준의 질을 담보하고 있는 집[27]을 임대하거나 구매할 수 있도록 도와준다. 이 프로그램에 등록하기 위한 가구는 주택바우처 프로그램에 적격한 가구들이어야 하고, 소득수준 역시 저소득 기준에 부합해야 한다. 또한 공공아동보육기관(public child welfare agency)을 통해 해당 가구가 아이들과 떨어져 살게 되거나, 아이들을 시설에 맡겨야 한다거나, 아이들을 시설에서 집으로 데려오지 못하는 이유 중 적절한 주택이 가장 큰 요인임을 증명할 수 있어야 한다.

이러한 자격요건을 충족시키고 나면, 적절한 주택을 찾는 것은 해당 가구의 의무이다. 주택의 질적 수준과 임대료 수준 및 바우처 프로그램에서 요구하는 다른 조건을 만족시키는지 확인하는 것은 공공주택청의 의무이다. 나머지 절차와 조건은 주택바우처 프로그램에서 요구하는 것과 동일하다. 가구는 소득의 30%를 임대료로 지출하고, 공공주택청은 임대료(또는 지불기준임대료 중 더 낮은 금액)와 그 차액을 지불하게 된다.[28]

V. 소결 및 시사점

주택바우처 프로그램은 공공임대주택이 지닌 주거이동의 한계를 극복하고 비용측면에서도 상대적으로 효율적인 주거비 지원 프로그램으로 이해되고 있다(Schwartz, 2010). 특히 저소득층을 위해 저렴한 주택을 직접 공급하는 것보다 비용면에서 효과적인 프로그램임이 연구를 통해 밝혀졌다. 앞서 살펴본 바와 같이 그 외에도 저소득 가구의 주거복지를 향상시키는 다른 긍정적인 효과를 거두고 있는 것으로 나타났다. 우선 극빈층 저소득 가구를 정책 타겟으로 설정하고 이를

---

27) decent, safe and sanitary housing

28) 물론 가구의 선택에 따라 임대료 수준이 높은 주택을 선택할 수도 있으나, 임대료가 높아서 발생하는 추가비용은 가구가 책임지고 지불해야 한다. 따라서 가구 소득의 30% 이상을 임대료로 지불하게 될 수도 있다.

달성하기 위해 소득기준을 적용한 수혜계층을 설정하여, 극빈층이 소득한계로 인해 빈곤이 집중된 주거지역에서 나와 바람직한 주거지에 거주할 수 있도록 하는데 기여하고 있다. 주거지 이동 가능성, 주거지 선택권은 주택바우처 프로그램이 지닌 큰 장점 중 하나인데, 주거지의 변화는 단지 물리적인 정주공간의 변화만을 의미하는 것이 아니라 주택을 둘러싼 근린 환경도 향상되는 효과를 가져오기 때문에 부차적으로 저소득 가구의 복지향상에 기여하는 것으로 평가되고 있다.[29)]

주택바우처 프로그램은 저소득 임차가구가 일정 수준의 주거비를 지불하고 나머지를 자신의 생활에 필요한 자금으로 사용할 수 있도록 만들어 주기 때문에, 동일한 소득수준의 저소득층이라도 바우처 프로그램에 참여하게 되는 경우, 빈곤층으로 전락하는 위험을 줄이는 효과도 있다. 또한 주거의 안정성은 특히 취약가구에게 큰 효과를 거두고 있다. 바우처 프로그램이 장애가구나 어린이가 있는 가구, 편모가정, 노인가구 등 취약가구의 주거 안정에 크게 기여하고 있다. 바우처 지원 때문에 이들 취약가구가 홈리스가 될 위험이 현저히 감소한 것으로 나타났다(Mills et al., 2006).

주거비 보조 프로그램들의 문제로 지적되는 것 중 하나는 보조를 받는 가구들이 일을 할 인센티브를 제공하지 못한다는 것이다. 즉 근로를 통한 수입의 증대를 결국 가구의 주거비 지출 비중을 높이고 정부로부터의 보조금을 축소시키기 때문에 수혜가구의 근로의욕을 저하시키는 문제가 있다는 것이다. 그러나 연구결과를 보면, 주택바우처 프로그램이 그런 부정적인 효과를 가져오지는 않았으며, 오히려 잘 고안된 복지 프로그램과 연계되었을 때 저소득 수혜자들의 근로의욕 고취에 도움이 되고, 일할 동기부여에 성공적이라고 나타나고 있다(Mills et al., 2006). 주거복지의 한 측면으로써 주택바우처 프로그램은 주거비 보조 이외에도 부가적으로 저소득 가구의 자립을 지원하는 프로그램을 운영하고 있다.

이렇게 주택바우처 프로그램이 물리적, 사회적, 경제적 부분에서 저소득 가

---

29) 저소득 가구는 주거지의 열악 이외에도 건강상의 문제를 많이 겪는 것으로 보고 되는데, 한 연구에서는 바우처를 통해 주거지를 이동한 가구가 빈곤율이 낮은 주거지로 이동함에 따라 정신건강도 상당히 향상되었다고 보고되고 있다. 그 정도는 매우 효과적인 처방이나 약물 복용에 버금가는 수준의 효과라고 한다(Kling et al., 2007).

구의 주거복지 향상에 기여하는 바가 인정되고 있기 때문에 주택바우처 프로그램은 정치적인 차이를 뛰어넘어 오래도록 지지를 받고 있다. 우리나라에서는 아직 주택바우처 프로그램이 본격적으로 실시되고 있지 않지만, 복지적 관점에서 주거급여를 지원하고 있다. 본격 실시에 앞서 시범사업을 실시하는 것이 필요하고, 그 효과를 확인할 수 있도록 충분한 기간과 자금을 투입하는 것이 필요하다. 충분한 검증을 거친 후에는 기존의 주거급여 프로그램과 일원화하여 주거비를 보조하는 시스템을 구축해야 한다. 또한 주거비 보조를 통한 저소득층의 안정과 자립을 도모하기 위해서는 단순한 자금 지원을 넘어서는 복지 프로그램이 연계되어야 할 것이다. 주택바우처와 같은 주거비 보조는 결국 저소득층의 주거복지를 위한 첫 번째 단계의 역할을 하는 것이고, 주거비지원을 바탕으로 주거안정성 확보, 나은 주거지 환경 영위, 근로의욕 고취 등 궁극적으로 가구의 자립에 기여할 수 있게 되기를 기대한다.

참고문헌

Coulton, C, et al. 1996, Geographic concentration of affluence and poverty in 100 metropolitan areas, 1990, *Urban Affairs Review*, 1996 November.

Dawkins, C. 2007, Income targeting of housing vouchers: What happened after the quality housing and work responsibility act? cityscape, *A Journal of Policy Development and Research.* 9(3):69－93.

Devine, D., Gray R., Rubin L., & Taghavi, L. 2003, *Housing Choice Voucher location patterns: Implications for participants and neighorhood welfare.* U.S. Department of Housing and Urban Development, Office of Policy Development and Research. Division of Program Monitoring and Research.

Finkel, M., & Buron, L. 2001, *Study on Section 8 voucher success rates: Vol.1 Quantitative study of success rates in metropolitan areas. Final report.* Washington, DC: Report prepared by Abt Associates, Inc. for the U.S. Department of Housing and Urban Development, Office of Policy Development and Research(November). Retrieved from http://www.huduser.org/publications/pdf/sec8success.pdf.

Galster, G. 1998, *An econometric model of the urban opportunity structure: Causation among city markets, social problems, and underserved areas.* Fannie Mae Foundations, Washington, DC.

Kingsley, T., Johnson, J., & Petit, K. 2003, Patterns of Section 8 relocation in the HOPE VI program, *Journal of Urban Affairs*, 25(4):427－447.

Kling, J., Liebman, J., & Katz, L. 2007, Experimental analysis of neighborhood effects. *Econometrica*, 75－1, January.

Lens, M., Ellen, I., & O'Regan K. 2011, Do vouchers help low－income house－holds live in safer neighborhoods? Evidence on the Housing Choice Voucher Program. Cityscape, *A Journal of Policy Development and Research*, 13(3): 135－159.

Mills, G. et al. 2006, *Effects of Housing Choice Vouchers on welfare families.*

prepared by Abt for the HUD Office of Policy Development and Research.

Popkin, S. 2002, *The HOPE VI program: What about the residents?* Washngton, DC: The Urban Institute, policy brief (December 11), Retrieved from http://www.urban.org/uploadedpdf/310593_HOPEVI.pdf

Reid, C. 2004, Family Self－sufficiency program, *Shelterforce* online, Issue #137, September/October 2004. Retrieved from http://www.nhi.org/online/issues/137/FSS.html

Rice, D., & Sard, B. 2009, *Decade of neglected has weakened federal low－income housing programs*. Center on Budget and Policy Priorities, February 24, Retrieved from http://www.cbpp.org/files/2－24－09hous.pdf

Sard, B. 2001, *Family Self－sufficiency program: HUD's best kept secret for promoting employment and asses growth*. Center on Budget and Policy Priorities. Retrieved from http://www.cbpp.org/archiveSite/4－12－01hous.pdf

Schwartz, A. 2010, *Housing policy in the United States*. Routledge.

Solomon, R. 2005, *Public housing reform and voucher success: Progress and challenges*. Brookings Institution Metropolitan Policy Program Working Paper. Retrieved from http://www.brookings.edu/~/media/Files/rc/reports/2005/01metropolitanpolicy_solomon/20050124_solomon.pdf

The Urban Institute. 2004, *Testing public housing deregulation: A summary assessment of HUD's "Moving to Work" demonstration*. Retrieved from http://portal.hud.gov/hudportal/documents/huddoc?id=DOC_10511.pdf

Turner, M., & Popkin, S. 2000, *Section 8 mobility and neighborhood health: Emerging issues and policy challenges*, The Urban Institute.

U. S. Census Bureau, 2010, *Geographic terms and concepts, resources for understanding census Bureau Geography*, Retrieved from http://www.census.gov/geo/www/2010census/GTC_10.pdf)

U. S. Department of Housing and Urban Development(HUD). 1996, *Rental housing assistance at a grossroads: A report to Congress on worst case houisng needs*. Office of Policy Development and Research. Washington, DC.

U. S. Department of Housing and Urban Development(HUD). 2000, *Random digit dialing surveys: A guide to assist larger housing agencies in preparing fair market rent comments.* Office of Policy Development and Research.

U. S. Department of Housing and Urban Development(HUD). 2001, *Voucher program guidebook: Housing Choice.* Office of Public and Indian Housing. Washington, DC.

U. S. Department of Housing and Urban Development(HUD). 2010a, *A Picture of Subsidized Household–2008.*

U. S. Department of Housing and Urban Development(HUD). 2011a, *FY2012 Budget Summary.*

U. S. Department of Housing and Urban Development(HUD). 2010b, *Report to Congress. Moving to Work: Interim policy applications and the future of the demonstration.* Office of Public and Indian Housing. Office of Policy Research and Development. Retrieved from http://portal.hud.gov/hudportal/documents/huddoc?id=DOC_10134.pdf

U. S. Department of Housing and Urban Development(HUD), 2011b, *Evaluation of the family self–sufficiency program: Prospective study.* Office of Policy Research and Development.

HUD 홈페이지, http://www.huduser.org

부 표

주택바우처 프로그램용 주택의 질 기준(Housing Quality Standards) 시설별 요구사항

① 위생시설
- 성능요구사항
- 주택은 반드시 주택내부에 위생시설을 포함하고 있어야 함
- 위생시설은 제대로 작동되고 있어야 하고, 깨끗한 상태이어야 함
- 위생설비는 프라이버시를 지킬 수 있는 상태로 사용될 수 있어야 함
- 인정기준
- 화장실은 분리된 공간에 위치하고 있어야 하고, 변기는 제대로 작동되어야 함
- 주택에는 고정된 세면대가 있고, 수도꼭지가 있어야 하고, 온수와 냉수사용에 문제가 없어야 함
- 주택에는 샤워시설이나 욕조가 있고, 온수와 냉수사용에 문제가 없어야 함
- 위생시설은 개별적인 또는 공공의 처리시설을 사용할 수 있어야 함 (공공 하수처리 시설과 연결되어 있어야 함)

② 조리시설 기준
- 성능요구사항
- 주택에는 적절한 위생상태를 갖추고 음식을 보관, 준비, 조리할 수 있는 공간과 시설을 갖추고 있어야 함
- 인정기준
- 주택에는 오븐과 스토브 또는 가스레인지를 갖추고 있어야 함. 전자레인지는 입주민이 준비할 수 있고, 임대인이 제공할 수도 있음
- 주택에는 입주가구에 적절한 크기의 냉장고가 있어야 함
- 모든 시설은 제대로 작동되어야 함
- 주택에는 제대로 작동되는 부엌 싱크대가 있어야 하며, 냉온수가 제공되어야 하고, 배수가 잘되고 하수처리 시스템과 연결되어 있어야 함
- 주택에는 음식을 저장하고, 준비하고 조리할 수 있는 공간이 있어야 함
- 음식물을 위생적인 상태에서 처리할 수 있는 시설이 요구됨

③ 공간 및 안전기준
- 성능요구사항
  - 주택은 충분한 공간과 안전을 보장해야 함
- 인정기준
  - 최소한 주택에는 거실, 부엌, 화장실이 있어야 함
  - 집은 최소한 침실 한 개 또는 2인당 1개의 잠잘 공간이 있어야 함
  - 외부에서 접근이 가능한 창문에는 잠금장치가 있어야 함
  - 외부로 나가는 문에는 반드시 잠금 장치가 있어야 함(현관문 자물쇠 필수)

④ 실내 온도 환경
- 성능요구사항
  - 주택은 건강상 유익한 적절한 온도를 유지할 수 있는 공간이어야 함
- 인정기준
  - 주택에는 라디에이터와 같은 적절한 보온장치가 마련되어야 함. 건강한 주거환경을 담보하기 위하여 각 방에 직접 또는 간접적으로 보온할 수 있는 장치가 마련되어야 함
  - 에어컨디션 장치가 존재하는 경우 방을 시원하게 할 만큼 충분히 안전하게 공급되어야 함
  - 보온 및 냉방 장치가 제대로 작동되어야 함
  - 주택에는 환기가 안되는 방에 가스나 기름을 태워서 보온을 하면 안됨

⑤ 조명 및 전기
- 성능요구사항
  - 모든 방에는 자연조명 또는 인공조명이 제공되어 일반적인 실내활동을 가능케 하고 거주민의 건강 및 안전을 담보해야 함
  - 주택에는 충분한 전력이 공급되어 거주민이 필요한 전기기구를 사용할 수 있어야 함
  - 전기시설이나 전기선은 외부에 노출되지 않아 화재위험에 노출되지 않아야 함
- 인정기준
  - 거실과 각 침실에는 최소한 한 개의 창문이 있어야 함
  - 부엌과 화장실은 적절한 상태로 작동되는 전정이 있어야 함
  - 부엌에는 적절한 상태로 작동되는 전기공급라인이 최소 한 개는 있어야 함
  - 거실과 각 침실에는 적절한 상태로 작동되는 전기공급라인이 최소 두 개는 있어야 함

⑥ 구조 및 재질

• 성능요구사항

– 주택은 구조적으로 견고해야 함

– 주택의 구조는 거주민의 안전과 건강을 위협하는 요소가 없어야 하고, 거주민을 환경으로부터 보호해야 함

• 인정기준

– 천정, 벽, 바닥은 심각한 문제가 없어야 함(예를 들면 기울어짐이나 큰 구멍, 헐렁한 외장재, 손실된 부분 등)

– 지붕은 구조적으로 견고해야 하고, 비바람을 견딜 수 있어야 함(weather－proof)

– 주택의 지반과 외부벽의 구조 및 표면은 심각한 결함이 없어야 함. 예를 들면, 심각한 기울어짐, 커다란 구멍 등과 같은 결함으로 외부 공기가 실내로 침투하거나 곤충 등의 감염을 일으키는 상태가 되면 안됨

– 실내외의 계단, 복도 등도 넘어지는 위험에 노출되어서는 안됨

– 엘리베이터는 안전하게 작동되어야 함

⑦ 실내 공기질

• 성능요구사항

– 주택은 거주민의 건강에 위협이 될만한 수준의 공기오염에 노출되면 안됨

• 인정기준

– 주택은 일산화탄소, 하수가스, 난방가스, 기타 다른 위험물질에 위험한 수준으로 노출되어서는 안됨

– 주택내부에는 실내 공기가 충분히 환기될 수 있어야 함

– 화장실에는 환기가 가능한 창문이 있거나 환풍기시설을 갖추고 있어야 함

– 모든 침실에는 최소한 한 개의 창문이 있어야 하고, 이 창문은 개폐가 가능해야 하며 제대로 작동되어야 함

⑧ 수도 공급시설

• 성능요구사항

– 수도시설은 오염되지 않아야 함

• 인정기준

– 주택에는 오염되지 않고 위생적인 민간 또는 공공 수도 설비가 공급되어야 함

⑨ 페인트

• 성능요구사항

– 납(lead) 성분 페인트 안전기준을 준수해야 함

• 인정기준
– 6세 미만의 아동이 거주하는 가구로 1978년 이전에 건축된 주택은 모든 요구사항을 준수해야 함(침실이 없는 주택 제외)

⑩ 접근기준
• 성능요구사항
– 각 주택은 다른 주택이나 승인이 없이 개별 주택에 접근할 수 있어야 함
– 각 주택은 화재시 이용가능한 대체 출구가 있어야 함
• 인정기준
– 주택으로 통하는 개별적인 출입구가 존재해야 함
– 화재의 경우에 이용할 수 있는 대체적인 출구가 있어야 함 (화재용 계단, 창문, 사다리 등)

⑪ 위치 및 주변환경
• 성능요구사항
– 주택이 위치한 곳과 주변환경은 거주민의 안전, 건강, 일반 복지에 위협이 될만한 소음이나 환경에 노출되어서는 안됨
• 인정기준
– 주택의 위치와 주변환경은 심각한 위험에 노출되어서는 안됨. 예를 들면 위험한 도보공간, 침수위험, 하수위험, 비정상적인 공기 오염, 먼지, 과다한 소음공해, 자동차 교통, 쓰레기 오염, 설치류 오염, 화재위험 등

⑫ 위생 상태
• 성능요구사항
– 주택과 주택설비시설은 위생적인 상태이어야 함
• 인정기준
– 주택과 주택설비시설은 해충이나 설치류의 감염위험이 없어야 함

⑬ 화재 감지시설
• 성능요구사항
– 지하층을 비롯하여 주택의 각 층에는 화재 감지시설이 필요함
– 화재감지시설은 화재 방지 협회 기준을 만족시켜야 함
– 거주민 중 청력장애인이 있는 경우 화재 감지시설은 이들을 위해 특별히 고안된 시설을 갖추어야 함
• 인정기준
– 지방주택청은 화재 감지시설이 지역이나 주의 소방법, 화재방지 협회 기준에 맞는 곳에 위치하고 제대로 작동하고 있는지 확인해야 함

제15장

주거복지정책과 토지임대부 분양주택

Ⅰ. 토지임대부 분양주택의 의미

해방 후 우리나라는 절대빈곤에서 탈피하고자 농업국가에서 산업화를 통한 경제성장을 추진하여 왔다. 제3공화국 이후 대기업위주의 급속한 경제성장, 지역불균형 성장전략, 주택건설 택지의 부족, 교육에 대한 열의 등으로 선진국과는 다른 양상으로 주택문제가 전개되었다. 1960~1970년대 산업화이후 나타난 주택문제의 주된 이슈는 주택가격의 급등, 임대주택시장의 불안정, 정부가 적극적으로 개입하고 있음에도 불구하고 주택을 둘러싼 불균형 문제가 심각하였고 주택에 대한 투기성향, 불량주택과 불량주거지역의 정비과정의 주거권 침해, 주거복지에 대한 무관심, 주택관리 문제가 등한시 되어 온 점이다. 이러한 급속한 경제성장은 농촌에서 도시로 인구의 대이동을 초래하였고, 수도권으로 인구집중을 심화시켰다. 수도권 인구는 급속하게 증가하였는데 매년 '70년대에는 44만 명, '80년대에는 48만 명, '90년대에는 33만 명, '00년대에는 26만 명 정도로 증가하여 현재 전체인구의 거의 절반을 차지하고 있다. 수도권으로의 인구집중은 주택문제를 심화시켰고 주택부족→가격상승→주택투기→가격상승→투기억제 등으로 일련의 가격상승 과정이 반복되는 원인이 되었다(장영희, 2010).

이에 정부는 2000년대 들어서 주택가격 안정과 부동산 투기억제를 위하여 주택공영개발, 분양가상한제, 공공택지 원가공개, 종합부동산세 등 세제 강화, 대출규제 강화 등 종합적인 부동산 정책을 추진해 왔다. 하지만 주택매매가격과 전세가격은 '04년부터 상승하기 시작하여 '05년과 '06년 사이에 급등하였다. '06년 성남시 판교지구와 파주시 운정신도시의 아파트 고분양가 논란, 그리고 '06년 9월, 서울시 '은평뉴타운 고분양가' 논란과 관련해 공공택지내 분양주택 가격의 적정성에 대한 논란이 있었다. 이를 계기로 시민단체, 학계 및 정치권에서는 사회적 이슈가 되고 있는 주택가격 상승을 해소하기 위한 방안으로 새로운 주택공급방식의 도입에 대한 논의가 활발히 진행되어 '05년부터 저렴한 주택을 공급하기 위하여 이른바 '반값아파트'[1]라는 "토지임대부 분양주택(이하 "토지임대주택"이라 한다)"과 "환매조건부 분양주택"등 새로운 주택공급방식의 도입에 관한 논의가 활발히 진행되었고 언론들도 많은 관심을 가지면서 사회적 이슈가 되었다.[2]

'토지임대주택'이라 함은 토지의 소유권은 주택을 분양한 분양주체가 갖고, 주택을 분양받은 소비자는 건물의 소유권과 대지에 대한 사용권을 다양한 임대형식으로 정해진 계약기간동안 가지는 것을 말한다. 이러한 주택공급방식은 우리나라에게는 다소 생소한 주택공급방식이고 주택을 재산형성의 수단으로 생각하는 대부분의 수요자입장에서는 언뜻 받아들이기 어려운 점이 있었다. 이에 정부는 논란이 있는 제도의 전면적인 도입에 앞서 시범사업을 위하여 '07년 4월 2일

---

1) '반값아파트'라는 용어는 법률적, 학술적 용어는 아니나 '토지임대부 분양주택'을 일반국민이 쉽게 이해하도록 홍준표 의원이 처음 사용하고 언론이 이를 받아 써 온 것이 언론용어로 일반화되었다.

2) 2006년에서 2008년 초에 걸쳐 홍준표 의원 주체 '아파트 반값공급 시민大토론회'(2006.02.10)와 '대지임대부 분양주택 공급촉진을 위한 특별조치법 및 대한토지주택공사법 제정을 위한 공청회'(2006.11.09), 대한국토·도시계획학회 및 한국주택학회 공동주체 '토지임대부 및 환매조건부 주택정책의 실현가능성 평가' 세미나(2006.12.27), 한나라당 정책실 주체 '대지임대부 분양주택' 토론회(2007.01.22), 국회 건설교통위원회 주최 '대지임대부 및 환매조건부 주택공급관련법 제정에 관한 공청회'(2007.04.16), 1가구 1주택 국민운동·환경정의 주최 긴급토론회(2007.10.31), 대한국토·도시계획학회 주관 '토지임대부 및 환매조건부' 주택 정책 평가 토론회(2008.01.10)가 있었다.

주택법 개정안을 의결, 9월 1일부터 시행하였다. 이를 근거로 10월에는 군포시 부곡 택지개발지구를 대상으로 토지임대주택을 공급하였으나 그 결과에 대해서는 다양한 의견이 쏟아졌다. 그 후 새로운 정부(이명박 정부)에 의해 「토지임대부 분양주택 공급촉진을 위한 특별조치법」(이하 "특별법"이라 한다)이 통과('09.04.01)되어 시행('09.10.23)되기에 이르렀다.[3)]

특별법 시행이후 2011년 11월 최초로 시행한 서울서초 보금자리주택단지 내 토지임대주택 358세대 공급은 성공적으로 분양되어 현재 토지임대주택이 도시서민들의 새로운 주택공급유형으로 관심 받고 있다.

일반적으로 주택은 그것이 건축되기 위해 반드시 토지를 필요로 하므로 토지와 분리하여 생각할 수 없다. 반면 토지는 고정되어 있어 이동이 불가능하고 이러한 토지를 어느 한사람이 소유 또는 점유하면 다른 사람의 소유 또는 점유가 불가능하다. 토지를 공공이 소유하면서 주택만 공급하면 '주택을 누구에게 언제 어떻게 어느 장소에 배분하느냐'하는 주택문제가 어느 정도 해결될 수 있지 않을까 생각한다. 이런 점에서 우리나라에 토지임대주택의 도입은 그 의미가 있다. 토지임대주택은 스웨덴, 싱가포르 등에서 성공적으로 시행된 제도이다. 토지임대주택은 '토지와 건물을 완전히 소유하는 방식'(분양주택)과 '토지와 건물을 임대하는 방식(임대주택)' 이외에 제3의 새로운 주택공급방식이다.

그러나 이러한 방식은 기존의 주택 수요자들의 소유권 의식에 비추어 시장에서 어떻게 수용될 것인지가 관심이었다. 대부분 국민들은 공공이든 개인이든 타인이 소유한 토지위에 있는 주택을 완전한 자산으로 간주하지 않으려는 경향이 있기 때문이다. 따라서 다양한 유형의 '내 집'의 하나로 인식하는 사회적 공감대 형성을 하여 이러한 인식론적 한계를 극복할 필요성이 있다. 이에 본 연구에서는 토지임대주택 정책의 정책적 요인들을 비교적 명확히 파악하고 있는 전문가들의 의견을 충분히 수렴하여 정책의 우선순위를 선정함으로써 토지임대주택의 확대공급 가능성과 효과를 극대화할 수 있는 정책 방향을 정하는 데 필요한 자료를 도출하고자 한다.

---

3) http://likms.assembly.go.kr/record/index.html(2010.04.20).

구체적으로는 첫째, 현재의 토지 및 주택정책의 현황과 문제점을 고찰하고 이러한 문제점을 극복하기 위한 대안적 정책인 토지임대주택의 논점이 무엇이고, 토지임대주택 공급을 저해하는 장애요인은 무엇인지를 살펴보고자 한다. 이를 위해서 본 연구에서는 토지임대주택 정책집행 시 고려할 세부 요인을 도출하는 데 목적이 있다. 둘째, 특별법 제정이후 토지임대주택에 대한 정부의 장·단기 계획이 전무한 현 상황에서 토지임대주택 공급정책 활성화에 영향을 미치는 세부요인들 사이의 정책적인 상대적 우선순위를 정해 정책 집행의 효율성을 높일 수 있도록 '선택과 집중'을 도모하는 데 그 목적이 있다. 셋째, 토지임대주택 공급을 위해 우선 되어야 할 내용들이 반드시 토지임대주택 정책에 반영되도록 하고 정책요소들이 효과적으로 지원을 받기 위해서는 관련 부처간의 협력관계가 이루어지도록 토지임대주택 활성화 방안을 제시하는 데 목적이 있다.

Ⅱ. 주거복지정책으로서 토지임대부 분양주택

1. 주거복지정책과 토지임대주택

현대 대부분의 국가는 기본적인 국가 목표의 하나로 복지사회의 건설을 추구한다. 제2차 세계대전이후 각 국가들은 국민들의 보건, 교육, 사회보장, 주택 등의 영역에서 많은 예산의 투입과 시장에 적극적으로 개입하여 왔다. 인간은 기본적으로 존엄성을 가지며 기본욕구의 충족이 필요한 데 그 중에는 스스로의 노력으로 자신의 기본적인 욕구를 충족하지 못하는 경우가 발생한다. 이러한 계층을 위해 사회복지적 주택서비스를 국가가 제공하는 정책분야를 '주거복지정책'이라 한다. 시장에서 적절한 주거를 구할 수 없는 사람들에게 인간다운 주거를 제공해야 할 책임이 국가에게 있다. 주택은 하나의 상품이기 이전에 인간생활의 필수품이기 때문이다. 이처럼 국민의 인간다운 주거생활의 보장을 위해 국가가 주택서비스를 제공하는 노력을 총칭하여 '주거복지'라 정의할 수 있다.

한편, 한국의 주택정책은 그동안 계층 중립적으로 추진되었다. 공급되는 주택이 분양이든, 임대를 목적으로 하는지를 구체적으로 구분하지 않고 많이 짓는 일에 치중하다 보니 공급되는 주택이 어떤 계층에 돌아가고 있는 지에 대한 평가가 소홀해졌다는 지적이 있어 왔다.

한편, 1987년 민주화 투쟁으로 국민들이 자신들의 정부를 대통령직선제로 직접 선택할 수 있게 되었고 이에 대한 반응으로 이후부터 정부는 이러한 국민들의 요구를 충족시킬 수 있는 다양한 계층을 위한 주택공급 프로그램을 쏟아냈다. 도시 영세민을 위한 영구임대주택, 도시 저소득층을 위한 공공임대주택(국민임대주택 포함), 근로자들을 위한 근로복지주택, 사원임대주택, 자가주택 소유를 원하는 계층을 위한 소형분양주택 및 민간분양주택 등이 추진되었다.

그러나 이러한 주택프로그램은 주로 분양과 임대주택으로 양분되는 주택공급 프로그램이었는데. 이러한 소요계층 중간에 있는, 분양주택을 구입하기는 소득수준이 부족하고 임대주택을 원치 않는 계층을 위한 주택공급 프로그램이 바로 '토지임대주택'이다.

중산층이하 도시 저소득층을 위한, 그들이 안정된 주거를 장기간 확보할 수 있는 토지임대주택의 공급도 광의의 주거복지 정책의 하나라고 할 수 있다. 앞으로의 주택정책은 주택 점유형태별, 소득계층별로 보다 세분되어져야 할 것이다.

2. 중간 주택점유시장의 형성 필요성

지금까지의 한국의 주택정책은 부족한 주택난 해소, 주택가격의 안정 차원에서 추진되었다. 그 결과 '09년 주택보급률은 111.0%(新주택보급률 101.2%)으로 양적인 주택부족 문제는 크게 완화되었다. 그러나 여전히 지역별 주택수급 불균형, 주택 구매력 저하, 계층간 주거격차 문제 등이 개선되지 못하고 있다. 전국 주택보급률에 비하여 서울시의 주택보급률은 '09년 기준으로 94.6%(新주택보급률 93.1%)이며 수도권 지역의 주택보급률은 99.9%(新주택보급률 95.4%)로 다른 지역에 비하여 여전히 낮으며, 특히 소득 대비 높은 주택가격으로 결혼 후 내 집 마련까지 걸리는 시간은 〈표 1〉과 같이 2000년대에 점차 길어져 '09년에는 평균 9.4년이나 소요되고 있다.

표 1 내 집 마련 소요기간

2000년	2001	2002	2003	2004	2005	2006	2007	2008	2009
6.8년	7.4	7.0	6.7	6.8	7.7	8.2	9.4	9.0	9.4

자료: 국민은행, 주택금융수요실태조사, 각 연도.

표 2 연소득 대비 주택가격(PIR)

구 분	2000년	2001	2002	2003	2004	2005	2006	2007	2008	2009
전 국	5.0배	4.6	5.5	6.2	5.5	5.6	6.4	6.6	7.6	7.7
서 울	7.9	7.5	6.4	8.9	7.2	8.0	8.9	9.8	10.5	8.9

자료: 국민은행, 주택금융수요실태조사, 각 연도.

또한, 자가 점유율은 지난 30년간 53~55% 수준에서 계속 정체된 상태에 머물러 있다. 2000~2006년간 연평균 51.6만호의 주택을 공급하였지만 내 집 마련 비율의 정체와 계층간 주거격차 심화는 주택의 양적 충족 시대를 지나 이제 주택문제를 새로운 관점에서 조명해 볼 필요가 있다. 특히, 무주택 서민들의 눈높이에서 선택할 수 있는 저렴하고 장기간 주거안정을 기할 수 있는 주택의 절대적 부족을 느끼고 있고, 이는 이들에게 주거비 부담과중, 주택임대차 시장의 불안의 근본 원인이 되고 있다.

최근에는 소득 양극화로 근로빈곤층이 확대되고 있고 이들은 더 이상 노동을 통해서 생활 향상이 곤란하여 결국 주거의 상향 이동도 어렵게 하고 있다. 〈표 2〉에서 보는 바와 같이 2009년에는 연소득 대비 주택가격(PIR)도 전국 7.7배, 서울 8.9배에 이르고 있는 실정이다. 특히 서울에서의 내 집 마련은 저소득 서민들에게는 단지 희망사항에 불과할 뿐이다.

따라서, 현재 우리나라에서 요구되는 주택정책은 주택을 저렴하게 공급하는 것은 물론이고 점진적인 주거 상향이동을 위한 시스템적 주택정책이 마련되어 '자가주택 마련'으로까지 가는 계단을 끊어지지 않게 해 주는 프레임을 형성해 줄 필요가 있다. 이러한 시각에서 선진 각국에서 새로이 형성되고 있는 '중간 주택점유 시장'(intermediate housing market)이 요구된다. 이는 자신의 소득 수준에서 부담

가능한(affordable) 주택시장으로서 공공임대주택과 일반분양주택 사이의 틈새를 연결하는 형태의 중간 주택(저렴한 분양주택, 토지임대주택, 지분형 주택 등)이 해당된다. 현재 고가의 주택가격이 아닌 서민층이 주택에 대한 지불능력(affordability)을 감안한 새로운 주택유형이 필요한 때라 할 수 있다. 중간적인 주택시장은 임대주택(social housing)과 분양주택(owing housing)과 같은 이분법적으로 분화된 주택시장 논리에서 벗어나 현재 양극화되는 주택시장의 완충지대를 형성할 필요성에 따라 도입되었다. 중간 주택점유시장의 형성은 공공임대주택과 민간분양주택의 주거비 격차가 심해짐에 따라 이를 완화하기 위한 정책적 필요성에서 대두된 것이다.[4]

최초 도입에 대한 언급은 2000년 런던시의 주택위원회에서 제안하였다.[5] 영국정부는 개인이 독립된 가구를 형성하여 10년이 지나도 주택시장에서 내 집을 마련하지 못한다면 정부가 이를 지원해야 한다는 인식을 갖고 있다.[6] 중간시장의 도입 배경은 생애최초 주택구입자의 주택마련 여건이 집값 폭등으로 더욱 힘들어지고 自家 구입자수 증가에 비하여 주택 재고 수 증가가 이에 미치지 못함에 따른 정책적 필요성에 근거하고 있다. 따라서, 중간적인 주택시장의 형성은 새로운 주택공급 방식의 추진으로 도입되어야 한다.

외국의 경우 중간적인 주택유형으로는 지분형 주택이나 저렴한 분양주택(Low-cost Housing)을 말하는 것으로 우리의 경우 토지임대주택이 여기에 해당된다고 할 수 있다. 토지임대주택은 분양주택으로서 공공성을 갖는 주택이며 주택에 대한 권리 중 일부를 분리하여 소유자와 공공이 나누어 가지는 주택으로서 분양주택과 임대주택 중간 형태를 가지는 주택의 성격을 지닌다. 2년마다 이사를 다녀야 하는 일반 전세주택에 비하여 '오랫동안 거주할 수 있는 집'인 분양주택인 장점이 있다. 영국은 '06년 4월, New HomeBuy의 경우 집값을 지불하는 방식의 옵션이 더욱 많아진 형태로 '부분분양' 혹은 '부분임대' 등으로 자가 주택 마련으

4) Wilcox, S.(2005), Affordability and the intermediate housing market, Joseph Rowntree Foundation.
5) 진미윤(2010), '주택정책과 사회정책으로서의 보금자리주택', 친서민 주택정책 전문가포럼 토론회 발제문, p.56.
6) Communities and Local Government(2006), Delivering Affordable Housing, London: CLG.

로 가는 기회를 다양화하고 있다. 유럽에서는 아직까지 중간 주택시장 도입 시점이 오래되지 않고 시장 점유 비중도 2% 안팎이기 때문에 성공적이었다고 평가하기는 어렵지만 이러한 새로운 시장의 개척은 당장 내 집 마련이 어렵기 때문에 조건부 임대주택에 일정기간 거주하다가 진정한 내 집으로 갈 수 있도록 하는 주택의 부담능력 제고 및 주택 사다리 구조를 형성하는 하나의 과정이라고 할 수 있다.[7] 이제 우리나라도 토지임대주택의 도입을 통해서 이러한 중간 주택 점유 시장을 형성해 나갈 필요성이 있다고 본다.

3. 현행 토지임대주택 정책의 위치

지금까지 우리나라의 주택정책은 신규 분양주택의 건설을 확대하는 것을 최우선 과제로 삼아왔다. 급격한 도시화와 소득수준의 증가에 따라 수도권과 대도시를 중심으로 주택의 절대적인 부족이 심각한 사회적인 문제로 등장하게 되었고, 이에 따라 주택공급 확대정책은 주택정책의 주된 목표로 설정되어 왔다. 정부는 단기간에 주택공급을 확대하기 위한 방안으로 총량적 주택공급 확대를 명확히 하고 법률적 기반으로 주택건설촉진법(주택법), 택지개발촉진법을 제정 또는 개정하여 뒷받침하고 사업주체로 중앙 공기업(LH 등)이나 지방공사(SH공사, 경기도시공사 등)를 설립하여 주택건설 업무를 담당하게 하였다. 또한, 사업방식으로 공영개발을 채택하여 전면수용을 통한 단기간에 대규모 택지개발이 가능하도록 하였다.

그러나 총량위주의 주택공급 확대정책은 그간의 가시적인 성과에도 불구하고 '자가주택보유율'이나 '자가주택점유율'의 증가에는 크게 기여하지 못한 것으로 나타났다. 그동안 주택보급률은 대폭 증가하였으나 자가 거주가구의 '자가주택점유율'은 1970년 이래 오히려 감소하였다. 인구·주택총조사 보고서에 따르면 자가점유율은 1970년에 71.7%, 1975년에 63.1%, 1980년에 58.6%였으나 2005년에 55.6%, 2010년에는 54.2%로 나타났다. 또한, '자가주택점유율'은 1995년 기준

---

7) 진미윤(2010), 전게서, p.57.

EU 평균 '자가주택점유율'이 56% 수준임을 고려할 때 외국에 비해 낮은 수준은 아니라고 할 수 있다. 그러나 EU국가의 경우 '자가주택점유율'이 낮은 경우 공공임대주택의 충분한 공급을 통해 주거의 안정성을 보장하고 있는 반면, 우리나라의 경우 공공임대주택 재고가 매우 낮아서 무주택자의 주거안정을 보장하는 데는 한계가 있다. 우리나라의 '자가주택점유율'이 낮은 것은 그동안의 주택공급 물량의 확대에만 치중했을 뿐, 무주택자에게 주택을 우선적으로 공급하거나 무주택자의 주택구입을 촉진하거나 지원하는 제도가 선진 각국에 비해 충분히 마련되어 있지 못했기 때문인 것으로 보인다(변창흠 외, 2007).

또한, 주택가격이 소득 수준에 비하여 지나치기 높은 상태에서 무주택자가 주택을 구입하는 데는 초기 구입자금이나 원리금 상환에 어려움이 있기 때문에 정부는 초기 주택의 분양가격을 인하하기 위한 방안, 초기 주택구입자금을 지원하기 위한 방안, 주택의 일부 지분만 구입하는 방안, 주택을 구성요소별로 주택과 토지로 분리하여 매각하는 방안, 개발이익을 활용하여 분양가격을 인하하는 방안 등을 강구하여야 한다. 그동안 우리나라의 주택공급 정책은 분양주택과 임대주택으로 이원화되어 있었다. 무주택자에게 분양주택을 공급함으로써 주택보급률과 '자가주택점유율'을 높이는 것이 주택정책의 주된 목표 중의 하나였다. 분양주택의 공급 확대를 통해 무주택자에게 내 집 마련의 기회를 확대하고 주거안정의 효과를 낳았으나 높은 분양가격과 이를 부담할 수 없는 낮은 소득수준 때문에 분양주택의 공급만으로 저소득층의 주택문제를 해결할 수가 없었다. 이에 따라 자기 소유의 주택이면서 분양가격이 저렴할 뿐만 아니라 부동산 가격 상승으로 인한 자본이익을 사회적으로 환수할 수 있는 새로운 제도의 도입이 요청되어 탄생한 것이 바로 '토지임대부 분양주택'이다.

일반적으로 주택소유권은 토지와 건물에 대해 배타적인 지배권으로서 주택과 관련하여 사용, 수익, 처분권을 독점적으로 소유하게 된다. 그러나 주택소유권 중 토지나 건물을 분리하거나 소유권의 권능을 분리하여 소유하거나 관리할 수 있다면 주택의 공공성을 어느 정도 확보할 수 있을 것이라는 것이 새로운 주택공급방식인 토지임대주택의 기본 취지이다. 공공주택 공급대상을 소득분위별로 볼 때 소득 1~2분위에게는 영구임대주택을, 소득4분위 이하에게는 국민임대주택을

그림 1 토지임대주택의 주택공급체계에서의 위치

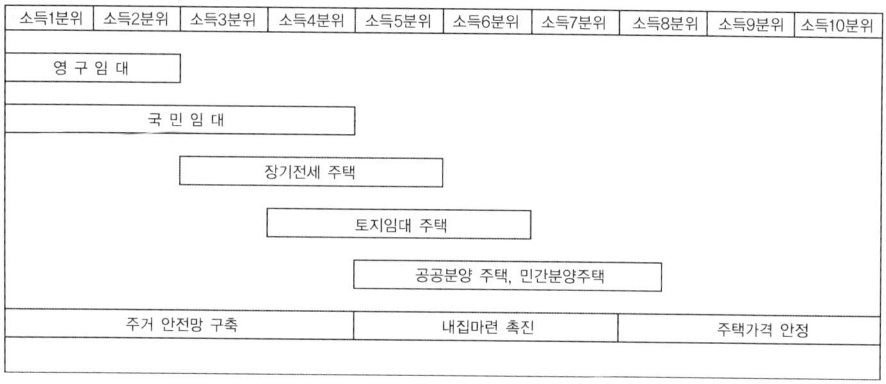

통하여 주거 안전망 구축을, 소득 3~5분위에게는 장기전세주택을 공급하고 있다.[8] 그리고 자력으로 주택 구입이 가능한, 중산층 진입이 가능한 계층인 소득 5~7분위에게는 내 집 마련 촉진을 위하여 공공분양주택이나 민간분양주택을 공급하는 것이 바람직하다고 본다. 그 중간에서 상향식 주택순환과정을 가정하여 주택을 통한 사다리 계층인 소득 4~6분위 계층에게 토지임대주택을 공급하는 것이 현 주택정책에서 토지임대주택의 정책적 위치라고 생각된다(그림 1 참조).

8) 장기전세주택은 건설형 장기전세주택 중 주택규모가 60㎡는 국민임대주택과 공급대상이 동일하고, 건설형 장기전세주택 중 60㎡ 규모 초과와 매입형 장기전세주택은 무주택자만을 대상으로 하고 소득 제한이 없기 때문에 소득 5분위까지를 대상으로 볼 수 있다.

Ⅲ. 토지임대부 분양주택의 도입배경

1. 우리나라 주택시장의 특성과 변화 동향

1) 우리나라 주택시장의 특성

우리나라 주택시장의 특성은 먼저, 수요자 측면에서 대부분의 사람들이 주택을 거주의 개념보다는 소유의 개념으로 인식하는 경향이 강하고 보통 사람들은 결혼 후 주택을 분양받거나 주택의 규모를 넓혀가는 과정에 자산 증식의 중요한 수단으로 생각하는 경향이 강하다는 점이다.

둘째, 공급자 측면에서는 주택을 건설할 택지부족과 주택공급의 비탄력적인 성질이 있다는 점이다. 정부에 의한 토지이용규제와 인구의 도시집중으로 대도시 및 도시 주변지역의 택지가 부족하다. 또한, 일반적으로 주택공급곡선은 단기에는 수직, 장기에는 우상향의 형태로 표시된다. 단기에는 비탄력적이다.

셋째, 주택가격의 상승으로 주거비 부담이 과다하고 최저주거기준 미달가구가 존재한다. 이는 많은 국가들이 경험하고 있는 것으로서 다른 물가에 비하여 상대적으로 빨리 상승하는 주택가격, 소득에 비하여 높은 주택가격으로 인한 임차가구의 주택구입에 어려움을 들 수 있다. 주택가격 상승과 함께 임대료의 상승도 임차가구에게는 큰 부담이 되고 있어 가구의 주택구매능력(affordability) 부족 문제가 제기된다(하성규, 2004). 인구주택총조사(2005)에 의하면 최저주거기준 미달가구는 전 가구 대비 13.1%인 206만가구나 존재한다.

넷째, 주택가격 변동의 파급과 대규모 아파트단지 위주의 주택공급이다. 여기에는 주택 신규분양시장과 재고주택 시장간 상호 파급, 대도시에서 지방으로 지역간 파급 등이 존재한다. 신규주택 물량의 80% 가량이 대단지 위주의 아파트이기 때문에 교통, 교육, 전기, 통신 등 기반시설의 추가적 설치를 동반하기 마련이다. 이런 기반시설 설치비용을 대부분 사업시행자가 부담하기 때문에 분양원가가 올라가게 된다. 우리나라 주택시장은 위와 같은 많은 구조적인 특성들이 있어 무주택 서민들을 위한 주택문제 해결을 어렵게 하고 있는 실정이다.

정부에서는 그동안 수많은 대책으로 주택정책을 진행에 왔지만 근본적인 처방이 되지 못하였다. 결국 이러한 문제점을 개선하기 위해서는 기존의 주택공급과는 다른 발상의 전환을 하여, 획기적인, 기존의 방식과는 전혀 다른, 새로운 주택공급방식이 필요하다고 생각한다. 이것이 바로 토지임대주택이다.

2) 주택시장의 변화와 가격 상승 특성

최근 10년간 주택가격 추이를 수도권을 중심으로 살펴보면, 외환위기 극복 이후부터 주택가격은 안정과 상승세를 반복하고 있는 상황이다. '01년 하반기 강남아파트를 중심으로 상승이 시작된 주택가격은 '02년에 들어서 가속화된 뒤 참여정부가 시작된 '03년에도 지속되었다. 정부의 '03년 '10.29대책' 이후 '04년까지 안정세를 보이던 주택가격은 '05년에 접어들어 서울과 수도권 지역의 아파트를 중심으로 가격이 폭등하였다. 이는 주로 〈표 3〉 에서 보는 바와 같이 '02년부터 '06년까지 수도권에 주택공급이 37.6만호에서 17.2만호로 지속적으로 감소하였기 때문인 것 같다.

중요한 특징은 '01년 이후 우리나라 주택가격 상승의 본질은 지역별로, 유형별로, 규모별로 차별화됐다는 점이다. 즉, 전국 집값이 골고루 오른 것이 아니라 정부가 지목한 이른바 '버블세븐'지역, 아파트, 그리고 중대형이 집중적으로 올랐다(김경환 외, 2008). 전체적으로 보면 '01년 초부터 주택가격이 최고조인 '06년 12월까지 서울의 아파트가격은 2.3배, 수도권 아파트 가격은 2.2배나 상승하였다. 또한, 2000년 이후 주택 매매가격 동향을 살펴보면, 전반적으로 상승과 하락을 반복하고 있는 데 '00에서 '02년까지 외환위기 이후 추락한 주택 매매가격이 반발 심리로 인하여 조금 상승하다가 '04년에는 다소 하락하였다. 그 후 '05~'06년에는 앞에서 설명한 바와 같이 주택 매각가격이 급속히 상승하는 과정을 거쳤다.

표 3 2000년 이후 수도권 집값상승률

수도권	2000	2001	2002	2003	2004	2005	2006	2007	2008
공급(만호)	24.1	30.4	37.6	29.7	20.6	19.8	17.2	30.3	19.8
가격(%)	3.1	19.2	29.3	10.1	-2.5	7.2	24.6	4.0	2.9

자료: 한국은행 경제통계시스템(http://ecos.bok.or.kr).

특히, 주택가격에 대한 논란이 가장 많았던 '06년 주택시장의 특성은 서울 강남지역 아파트 가격의 상승세가 지속된 가운데 과천, 평촌, 구리 등 서울 인접지역 아파트로 '쏠림현상'과 성남 판교지역 아파트 청약에서 떨어진 '조바심 수요'가 몰리면서 가격이 급등했다고 볼 수 있다. 그리고 서울지역 뉴타운 개발의 영향으로 강북지역의 단독주택, 다세대주택의 가격이 '06년 이후 큰 폭으로 상승하기도 하였다. 그 후 '06년 '11.15, 부동산시장 안정화 방안 대책' 발표이후 '07~'08년까지는 소강상태에 있는 형편이다(표 4 참조).

토지임대주택이 도입되기 직전 2000년대 중반기의 주택가격의 상승 배경을 살펴보면 다음과 같다. 첫째, 전반적인 집값 상승의 원인은 금융적 요인으로 사상 초유의 저금리, 주택담보대출의 급증, 풍부한 부동자금 등 주로 주택시장 외적인 변수였다(김경환 외, 2008). 서방 선진 7개국의 장기실질금리는 '95년 4%에서 '06년에는 1%까지 떨어졌다.[9] 한국금융연구원의 주간금융브리프('07.01.15)에서는 부동산 담보 융자, 과잉유동성, 부동산 대체 재테크 상품의 부족을 부동산 거품의 주요 원인으로 분석하고 있고 삼성경제연구원의 보고서('06.11.6)에 따르면 전국주택가격 버블 추정치의 68.2%가 금리요인에 의한 것이라고 분석하였다.

표 4 주택 매매가격 동향

(단위: %)

구 분	2000	2001	2002	2003	2004	2005	2006	2007	2008
전 국	0.4 (1.4)	9.9 (14.5)	16.4 (22.8)	5.7 (9.6)	-2.1 (-0.6)	4.0 (5.9)	11.6 (13.8)	3.1 (2.1)	3.1 (2.3)
수도권	2.3 (3.1)	13.9 (19.2)	21.8 (29.3)	7.4 (10.1)	-2.9 (-2.5)	5.1 (7.2)	20.3 (24.6)	5.6 (4.0)	5.0 (2.9)
서 울	3.1 (4.2)	12.9 (19.3)	22.5 (30.8)	6.9 (10.2)	-1.4 (-1.0)	6.3 (9.1)	18.9 (24.1)	5.4 (3.6)	5.0 (3.2)
강 북	1.4 (2.7)	7.7 (14.4)	16.3 (22.6)	2.9 (3.5)	-1.2 (-0.6)	3.3 (3.2)	14.8 (19.0)	8.7 (8.3)	8.8 (9.4)
강 남	4.4 (5.0)	17.5 (22.0)	27.4 (35.2)	10.5 (14.3)	-1.6 (-1.3)	9.4 (13.5)	22.7 (27.6)	2.6 (0.5)	1.3 (-1.9)

자료: 국토해양부(2009), 전국 주택가격 동향 조사, 괄호 안은 아파트.

9) 장기실질금리란 10년 만기 국채 수익률에서 물가상승률을 뺀 금리를 말한다.

또한, 자산가격과 유동성간의 관계분석연구(금융경제연구원)에서는 시중의 풍부한 유동성이 주택가격 상승을 초래하는 연결고리가 강화된 것으로 분석하였다. 따라서, 금리가 하락하면서 금융기관을 이탈한 시중자금이 상대적으로 높은 수익이 예상되는 주택시장으로 유입되면서 주택가격 상승을 이끌었고 '00년 이후 금리가 지속적으로 하락하면서 아파트가격은 큰 폭으로 상승하여 '04년 이후에는 금리가 완만한 상승추세를 보이고 있지만 금리 수준은 여전히 5%이하로 매우 낮았던 것이 주택가격의 지속적 상승에 영향을 주었다.

은행 등 금융기관의 수익창출 모델 제한과 '02년 이후 경쟁적 주택담보대출 확대에 따라 주택수요는 더욱 큰 폭으로 증가하여 재고주택가격과 신규 주택분양가격 상승을 견인하였다고 볼 수 있다(표 5 참조).

표 5 주택담보대출과 LTV 추이

(단위: 조원, %)

구 분	2000	2001	2002	2003	2004	2005	2006	2007	2008	2009
가계대출	241.0	303.5	391.1	420.9	449.4	494.5	529.5	474.0	515.9	546.7
주택담보대출	-	85	130.6	152.7	169.5	190.0	217.0	221.6	239.6	262.2
LTV	(33.9)	38.3	32.1	32.4	36.9	38.2	38.5	36.9	35.9	34.4

자료: http://ecos.bok.or.kr(2010.06.18).

둘째, 제도적 요인을 보면 분양가 자율화와 분양권 전매의 허용 등이 주택가격 인상에 영향을 미쳤고 분양가 자율화로 아파트 분양가는 매년 큰 폭으로 인상되었다. '03년 이후 분양가 인상률이 아파트가격 상승률을 상회하기도 하였다. 서울과 수도권의 수요 및 개발압력이 높은 지역을 중심으로 분양가 상승이 있었고 특히 서울 송파구는 2000년 대비 25.7평 초과 주택의 분양가가 3.1배 상승하기도 하였다.

셋째, 주택시장 내부요인 측면에서는 주택수급의 불균형에 따른 공급부족으로 주택가격이 상승하였다고 보여지는 바 서울과 수도권의 주택보급률이 향상되고 있으나, 여전히 공급은 부족한 실정이었다(표 6 참조).

표 6 주택보급률의 변화 추이

(단위: %)

구 분	2000	2001	2002	2003	2004	2005	2006	2007	2008	2009
서 울	77.4	79.7	82.4	86.3	89.2	89.7(93.7)	91.3(94.1	91.8(93.2)	93.8(93.6)	94.6(93.1)
수도권	86.1	88.6	91.6	92.8	93.9	96.8(96.0)	96.9(95.7)	96.9(95.0)	98.3(95.4)	99.9(95.4)
전 국	96.2	98.3	100.6	101.2	102.2	105.9(98.3)	107.1(99.2)	108.1(99.6)	109.9(100.7)	111.0(101.2)

자료: LH 국토주택정보처(2010), 「토지주택핸드북」, p.126.
2005년 이후 ( )의 자료는 新 주택보급률을 나타내고 있다.

한편, 주택수요가 집중되고 있는 서울은 '05년 신규 공급물량이 '02년의 $\frac{1}{3}$ 수준으로 급감(16만호→5.2만호)하고 서울은 민간 주택공급이 신규 공급량의 약 95%를 차지하나 토지이용 및 재건축 규제 강화로 민간 공급물량이 절대적으로 감소하는 등 민간 주택공급 감소로 분양시장이 대폭 축소되었다(표 7 참조).

표 7 지역별 주택건설실적 추이

(단위: 만호)

구 분	2000	2001	2002	2003	2004	2005	2006	2007	2008	2009
전 국	43.3	53.0	66.7	58.5	46.4	46.4	47.0	55.6	37.1	38.2
수도권	24.1	30.4	37.6	29.7	20.6	19.8	17.2	30.2	19.7	25.5
서 울	9.7	11.7	16.0	11.6	5.8	5.2	3.9	6.2	4.8	3.6
지 방	19.3	22.5	29.0	28.8	25.8	26.6	25.8	25.4	17.4	12.7

자료 : LH 국토주택정보처(2009), 「토지주택핸드북」, p.185.

2000년 이후 토지임대주택이 도입이 본격 논의 된 '06년까지 공공과 민간의 주택건설 실적을 보더라도 〈표 8〉 에서 보는 바와 같이 민간시장은 축소되고 공공부문에서의 주택공급이 '06년 30.6%로 다소 증가하고 있는 추세임을 알 수 있다. 이 외에도 아파트 브랜드 및 자재의 고급화 추세 등 복합적 요인에 기인하여 분양가가 재고주택 가격보다 더 급격하게 상승하였다고 본다.

표 8 주택수 및 연간 주택건설실적

(단위: 천호)

연 도	주택수	인구천명당 주택수(호)	연간주택 건설실적	공 공	민 간
2000	11,472	248.7	433	140(32.3%)	293(67.7%)
2001	11,892	251.1	530	128(24.2%)	402(75.8%)
2002	12,358	259.5	667	124(18.6%)	543(81.4%)
2003	12,669	264.8	585	120(20.5%)	465(79.5%)
2004	12,988	270.1	464	124(26.7%)	340(73.3%)
2005	13,223	279.7	464	141(30.4%)	323(69.4%)
2006	13,534	280.2	470	144(30.6%)	326(69.4%)
2007	13,793	284.7	556	157(28.2%)	399(71.8%)
2008	14,169	291.5	371	141(38.0%)	230(62.0%)
2009	14,456	296.5	382	168(44.0%)	214(56.0%)

자료: http://kostat.go.kr(2010.03.04), 각 년도 한국의 사회지표.

2. 택지공급 정책의 현황과 문제점

1) 택지 공급방식

택지개발방식은 토지의 취득방식, 개발주체, 개발토지의 처분방식에 따라 다양한 형태로 구분되다. 사업주체 측면에서는 공공과 민간으로 구분할 수 있고, 중간형태로서 제3섹타와 같은 혼합방식, 공공이 시행주체이면서 실제 사업은 민간에게 위탁하여 시행하는 위탁개발 방식이 있다. 또한, 토지취득방식에 따른 택지개발방식은 전면매수방식과 환지방식, 혼합방식이 있다. 그동안 주택공급을 위한 택지개발은 약 43%가 공공택지로, 약 57%는 기성시가지의 나대지 개발, 재개발 및 재건축사업, 비도시지역, 다가구 및 다세대주택 등 개별주택사업 등의 민간택지를 통해 공급해왔으나 '02년 '국토계획 및 이용에 관한 법률' 제정이후 공공택지의 비중은 확대되고 있으며, 최근 신도시건설 등을 통해 공공택지의 역할이 증대되고 있다. 공공택지 공급현황을 보면 〈표 9〉에서와 같이 LH가 67%, 지

표 9 공공택지 공급현황

(단위: 천㎡)

구 분	계	'81~'00	2001	2002	2003	2004	2005	2006	2007	2008	2009
계	875,609	489,178	28,026	29,436	24,367	41,536	40,384	46,358	65,232	51,943	59,151
L H	587,492	278,163	18,440	20,509	18,942	27,204	31,177	39,199	54,063	45,875	53,917
지자체	288,117	211,015	9,586	8,927	5,425	14,332	9,207	7,159	11,169	6,068	5,234
수도권	453,111	237,411	12,850	15,813	11,820	21,639	21,525	34,182	43,704	23,630	30,537
지방권	422,498	251,865	15,176	13,623	12,547	19,897	18,859	12,176	21,528	28,313	28,614

자료: 국토해양부·한국토지주택공사(2010), 「택지개발업무편람」, LH.

자체가 33%를 공급하고 있으며, 지역별로는 수도권이 52%, 지방권이 48%로 상대적으로 수도권에 집중되고 있는 실정이다.

공공택지의 대부분은 택지개발촉진법을 통한 택지개발사업으로 공급되고 있으며, 공공택지의 공급방식은 택지개발촉진법, 산업입지 및 개발에 관한 법률, 도시개발법 등 각 개별법으로 사용용도에 따라 공급방식을 달리 정하고 있다. 주택건설을 위한 공공택지는 모두 감정가격에 기반한 추첨방식이나 경쟁입찰 방식을 통해 공급됨에 따라 공급가격은 최소한 감정가격 이상으로 결정된다. 그 결과 택지공급가격과 주택가격 상승의 원인으로 작용하게 된다.

2) 택지 배분방식

택지개발업무처리지침 제13조에 의해 택지개발사업에서 주택건설용지는 공동주택건설용지, 단독주택건설용지, 근린생활시설용지로 구분하고, 공동주택용지와 단독주택용지의 비율은 지역별로 미리 정한 비율로 배분한다. 공동주택용지는 주택규모별로 미리 지정된 비율로 배분하되, 택지개발예정지구 지정권자가 해당지역의 여건을 고려하여 필요하다고 인정하는 경우에는 10% 범위 내에서 배분비율을 조정할 수 있다.

실제 택지개발사업에서 택지배분기준이 어떻게 적용되고 있는 지를 최근 개발한 제2기 5대 신도시를 기준으로 살펴보면

먼저, 공동주택 규모별 배분비율은 운정, 동탄, 아산 및 판교신도시의 경우

공동주택용지 주택규모별 배분기준에 있어 법적 기준인 10% 범위 내에서 준수하고 있는 것으로 나타났으나, 광교신도시의 경우 60㎡ 이하의 규모에서는 10%를 조정한 법적기준을 미치지 못하는 것으로 나타났다. 신도시의 택지공급이 대체적으로 소형 평형 보다는 중대형 평형을 건설할 수 있는 용지를 위주로 공급됨을 알 수 있다(2007, 변창흠 외).

또한, 분양주택과 임대주택의 배분기준을 살펴보면, 임대주택이 약 28%~35% 수준에 머물고 있어 개정된 택지공급 기준(45%이상)에는 미치지 못하는 것으로 나타났다. 이러한 현상은 그 동안 택지개발사업이 임대주택의 공급보다는 분양주택 중심으로 추진되어 주택공급을 통해 저소득층의 주거안정이라는 공공성 확보에는 다소 미치지 못하는 것으로 평가된다.10)

표 10 신도시 개발사업 공동주택 규모별 배분비율

(단위: ㎡)

구 분	운정 신도시	동탄 신도시	아산 신도시	판교 신도시	광교 신도시
60㎡이하	549,874(21.2%)	501,732(25.0%)	821,927(25.1%)	381,664(21.3%)	211,083(11.5%)
85㎡이하	979,774(37.7%)	893,865(44.4%)	1,216,500(37.1%)	574,687(32.0%)	762,774(41.5%)
85㎡초과	1,065,880(41.4%)	615,474(30.6%)	1,236,526(37.8%)	837,850(46.7%)	863,988(47.0%)
합 계	2,595,528(100%)	2,011,071(100%)	3,274,953(100%)	1,794,201(100%)	1,837,845(100%)

자료 : 국토해양부 신도시개발과(2010.10.29), 신도시 관련 통계자료.

표 11 신도시 개발사업 택지공급현황

(단위: ㎡)

구 분	운정 신도시	동탄 신도시	아산 신도시	판교 신도시	광교 신도시
임 대	734,254(28.3%)	632,318(31.4%)	963,453(29.4%)	638,577(35.6%)	566,948(30.9%)
분 양	1,861,274(71.7%)	1,378,753(68.6%)	2,311,500(70.6%)	1,155,624(64.4%)	1,270,897(69.1%
계	2,595,528(100%)	2,011,071(100%)	3,274,953(100%)	1,794,201(100%)	1,837,845(100%)

자료: 국토해양부 신도시개발과(2010.10.29), 신도시 관련 통계자료.

10) 변창흠 외(2007), 「공공자가주택의 이념적 근거와 정책효과 분석」, pp.49-51.

3) 택지 공급가격 기준

공공택지의 공급가격은 공공택지의 용도에 따라 조성원가 이하, 조성원가 수준, 조성원가 이상 등으로 나누어 공급하고 있다. 특히, 상업용지, 주상복합용지는 경쟁 입찰에 의한 낙찰가격으로 공급해 왔다. 그러나 택지조성비용 중 어디까지를 조성원가에 포함시킬 것인가에 대해서는 다양한 견해가 상충되고 있는 데, 2006.11.15 대책에서는 택지조성비 절감을 위하여 광역교통시설 등 기반시설 투자비용을 사업시행자만이 아니라 국가, 지자체가 분담하는 방안을 적극 도입하기로 하였다.

택지의 공급가격기준을 자세히 살펴보면, 사업시행자가 개발된 택지를 공급하고자 할 경우에는 〈표 12〉 에서와 같이 택지개발업무처리지침의 별표3에서 정하는 공급가격기준에 의하되, 이 경우 조성원가가 감정가격을 초과하는 경우에는 감정가격으로 공급할 수 있으며, 조성원가가 확정되기 전 공급계약을 체결하는 경우에는 계약당사자간에 동의 하에 추정조성원가를 기준으로 계약을 체결할 수 있다. 또한, 지침에 의해 정해지지 않은 택지의 공급가격 및 공급방법은 사업시행자가 별도로 정할 수 있다.

표 12 택지개발촉진법상 택지공급가격

구 분	용도별	공급지역		
		수 도·부산권	광역시	기타지역
조성원가 이하	▶임대주택건설용지			
	-60㎡이하 주택용지	-수도권65(85)/부산권60(80)	60(80)	60(70)
	-60㎡초과 85㎡이하 주택용지	-수도권85(100)/부산권80(90)	70(90)	60(80)
	▶국민주택규모의 용지			
	-60㎡이하 주택용지	-수도권95/부산권90	90	80
	▶공립학교용지	-무상	무상	무상
	-초·중·고			
	-200세대규모 미만 지구의 초·중·고			
조성원가 수준	▶공공용지	100	100	100
	▶협의양도인택지(단독주택용지)	-수도권: 감정가격	110	110
	▶국민주택규모의용지	-부산권: 110		
	(60㎡초과 85㎡이하 주택용지)	-수도권: 110	100	90
	▶사립학교용지	-부산권: 100		
	-초·중·고	100	100	100
조성원가 이상	▶단독주택건설용지	감정가격	감정가격	감정가격
	▶국민주택규모 초과용지 (85㎡ 초과주택용지)	"	"	"
	▶임대주택건설용지 (85㎡ 초과 149㎡ 이하 주택용지)	"	"	"
	▶공공용지	"	"	"
	▶상업용지 등(택지개발촉진법 시행령 제13조의2제2항 단서)	경쟁입찰에 의한 낙찰가격		
	▶주상복합용지	▶주거부분: 감정가격 ▶상업부분: 경쟁입찰에 의한 낙찰가격		

주: 1. 공급가격은 상한가격기준이며 지역여건에 따라 기준가격이하로 공급가능
2. 공공시설용지와 그 밖의 공공시설용지(학교포함)는 해당 공공시설의 관리주체 및 영리성에 따라 구분하여 결정
3. 주상복합용지는 지구단위계획에 명시된 상업부분과 주거부분 비율을 준수
4. 임대주택건설용지의 공급가격 중 ( )는 임대주택법 제16조 제1항 제4호에 해당하는 임대주택건설용지의 공급가격임.

자료: 택지개발업무처리지침 별표3(개정 2011.03.02).

4) 택지 및 주택공급 정책의 한계

주택공급용 택지는 주로 현재의 택지개발촉진법, 주택법, 임대주택법에 의해 택지 및 주택공급이 이루어져 왔다. 이러한 법률을 바탕으로 택지 및 주택공급을 위한 다양한 정책방안을 마련하여 시행하고 있다. ’10년 현재 주택보급률은 111.0%(新주택보급률 101.2%)로 주택의 양적 문제는 상당히 해소된 것으로 평가할 수 있다. 그러나 주택보급률은 지역간, 계층간 상당한 편차를 보이고 있으며 지방에서는 주택의 수요 부족으로 인하여 주택 미분양 및 건설업체의 부도가 지속되고 있다. 이러한 주택문제의 지역간 양극화 현상과 더불어 주택 배분의 계층간 불균형 문제도 상존하고 있다. ’10년 인구주택총조사 결과에 따르면 자가주택 점유비율은 전체 가구의 54.2%에 머물고 있으며, 전세가구의 비율은 전체 가구의 21.7%, 월세가구의 비율은 전체가구의 20.1% 수준에 이른다.

정부는 이러한 지역간, 계층간 주택소비의 불균형 문제를 완화시키기 위해 ’08년 9월 보금자리주택 공급프로그램을 발표하여 지속적으로 운영하고 있다. 그러나 자가 주택보유율은 50%대 수준에서 그치는 현실을 감안할 때 질적인 주택보급은 아직까지 그 성과를 나타내지 못하고 있다고 할 수 있다. 따라서, 저소득층의 주거안정을 위한 보금자리주택 정책을 재검토하는 한편 주택공급에 있어 저소득층의 주택보유를 증진시킬 수 있는 새로운 유형의 주택공급정책 개발을 통한 정책적 패러다임 전환이 시급한 시점이라고 할 수 있다(변창흠 외, 2007).

3. 공공임대주택 정책의 현황과 문제점

1) 임대주택의 유형과 공급방식

지금까지 공급한 공공임대주택은 영구임대, 공공임대(5년, 50년), 국민임대, 맞춤형 임대(다가구 매입임대, 전세임대), 10년 임대, 재개발·재건축임대, 중산층 장기거주 임대주택, 비축용 임대주택, 분납형 임대주택 등이 있었다. 또한, 정부에서는 저소득층의 주거안정을 위하여 신규 공공택지개발, 주택재개발·재건축, 주거환경개선사업, 도시개발사업 등에 임대주택 건설, 공급을 의무화 하고 있다.

'07년 5월부터 서울시가 중심이 되어 추진 중인 장기전세주택(SHift)는 시중 전세의 80%수준으로 공급하여 시세 대비 30% 수준으로 장기임대주택을 공급(아파트는 시세의 40% 적용)하고 있다. 비축용 임대주택은 청약저축 가입자를 대상으로 하여 최소 10년 임대후 세입자에게 분양우선권을 부여하는 분양전환부 임대주택으로 인근 임대료의 90% 수준에서 공급하려고 하였으나 시범사업 후 법적 근거를 마련하지 못하여 중단되었다.

공공임대주택에 대한 정부 계획안에 따르면, '06~'12년간 다가구매입은 4만 5천 호, 전세임대는 4만 호, 10년 임대는 25만 호, 전월세형 임대는 8만 호, 중대형 아파트 매입은 1만 1천 호를 공급할 계획이며, '13~'17년간 국민임대주택 50만 호, 비축용 임대는 50만호, 그리고 10년 임대와 전세임대는 30만호를 공급할 계획이었다. 그러나 이명박 정부 들어서 비축임대주택은 법적 근거를 마련하지 못하여 중단되었고, 국민임대주택과 공공분양주택은 보금자리주택 공급정책으로 일부 내용이 변경되었다. 정부는 총 150만호의 보금자리주택을 임대주택 80만호와 함께 소형분양주택 70만호를 건설할 계획이다. 그러나 '09년 10월, 주택공사와 토지공사의 통합으로 통합공사인 LH의 재무 유동성 위기로 인하여 많이 축소되고 있다.

2) 임대주택정책의 평가와 한계

(1) 임차가구 및 임대주택 재고 현황

'10년 말 현재 〈표 13〉에서 전세 376.6만(21.7%), 월세[11] 348.9만 가구(20.1%) 등 임차가구는 747.6만 가구로 총가구의 41.8%를 차지하고 있다. 1990년 이후 2010년까지 추이를 보면 총가구 중 自家 비중이 지속적으로 조금씩 증가다가 최근 조금 하락하고 있고 전세가구 비중은 1995년 이후 지속적으로 감소하고 있는 데, 이는 주택보급률 증가, 저금리에 따른 주택구입능력 확대와 1인 가구 증가 등 양면적으로 이해된다. 또한, 전세의 월세 전환이 확대 되고 월세형태의 공공임대주택 공급이 증가함에 따라 월세가구가 증가하고 있다.

11) 월세는 보증금 있는 월세, 보증금 없는 월세를 모두 포함한 것이다.

표 13 연도별 주택 점유 형태

(단위: 천 가구)

점유형태	1990	1995	2000	2005	2010
전 체	11,354(100%)	12,958(100%)	14,311(100%)	15,877(100%)	17,339(100%)
자 가	5,667(49.9%)	6,910(53.5%)	7,753(54.2%)	8,828(55.6%)	9,390(54.2%)
차 가	5,329(46.9%)	5,820(44.9%)	6,152(43.0%)	6,567(41.4%)	7,476(43.2%)
전 세	3,157(27.8%)	3,845(29.7%)	4,039(28.2%)	3,556(22.4%)	3,766(21,7%)
월 세	2,172(19.1%)	1,975(15.2%)	2,113(14.8%)	3,011(19.0%)	3,489(20.1%)
기 타	357(3.2%)	328(1.6%)	406(2.8%)	490(3.1%)	696(4.0%)

자료: 통계청(http://kostat.go.kr), 인구주택총조사(1990, 1995, 2000, 2005, 2010).

공공임대주택의 재고 부족으로 세입자 가구의 84.3%인 554만 4천 가구가 개인 등이 제공하고 임대하는 주택에 거주하는 데, '08년 말 기준으로 우리나라 전체 임대주택 재고는 약 134만 호임을 감안할 때, 제도권 외에 민간이 소유한 주택을 임차하여 거주하는 가구가 대부분임을 알 수 있다. 전체 임대주택 중 공급주체별로는 민간이 54%, 공공이 46%이다. 제도권 임대주택 수도 매년 지속적으로 증가하고 있으나, 아직은 전체 주택재고 1,417만호의 약 10%이며, 특히 장기공공임대주택 재고 비율이 전체 주택의 약 4%에 불과한 577,988호로, 우리나라 공공임대주택 재고가 임대주택 시장에서 안전판 역할을 하기에는 많이 부족하다고 볼 수 있다.

표 14 공급주체별 임대주택 재고 현황(2008년 말 기준)

(단위: 만호)

전 체	지자체	L H	민 간
134(100%)	17(13%)	45(33%)	72(54%)

자료: LH 재무개선특별위원회(2010), 「2010 주요 재무통계」, p.72.

표 15 장기 공공임대주택 현황(2008년 말 기준)

(단위: 호)

구 분	합 계	영구임대	50년공임	10년공공	국민임대	전세임대
전 체	577,988	190,077	100,949	4,217	258,056	24,689
LH	415,615	140,078	26,254	4,217	220,377	24,698
지자체	162,373	49,999	74,695	-	37,679	-

자료: LH 재무개선특별위원회(2010), 「2010 주요 재무통계」, p.72.

(2) 임대주택시장의 주거불안정 심화

공공임대주택, 국민임대주택, 매입임대주택 등 공공부문이 직접 공급하는 임대주택을 제외하면 전체 임차가구의 80% 이상이 민간부문이 임대하는 주택에 거주함에 따라 주거의 불안정 상태에 노출되어 있다. 현행 주택임대차보호법에서는 민간부문의 전·월세 입주자를 보호하기 위한 제도로 임차인의 거주권과 임대료 상승률 제한, 임대보증금의 보호 장치를 마련하고 있으나, 현실에서는 주거의 안정성을 보장해 주지 못하고 있다. 이에 따라 임차인은 2년마다 이사해야 하는 부담, 잦은 임대료 인상의 부담, 전세보증금 등의 임대보증금 미반환의 가능성, 임대인과 주택수선유지비 부담을 둘러싼 갈등 등의 어려움을 겪고 있다. 반면, 저금리 기조의 지속화에 따라 전세가 월세로의 전환이 빠르게 진행될 뿐만 아니라, 단독주택 재건축, 재개발사업, 뉴타운사업 등의 재정비사업의 추진으로 저소득층이 거주 할 수 있는 저렴한 주택의 재고가 급격히 감소하고 있다.

(3) 국민임대주택 공급정책의 한계

국민임대주택 정책은 '국민의 정부'에서 시작되어 '참여정부'에서 대폭 확대되어 '이명박 정부'에서 보금자리주택에 포함되어 '09~'18년 동안 40만호 공급 계획으로 수정되어 추진되고 있다. 참여정부는 장기임대주택 공급목표를 설정하고 장기임대주택 공급 확대정책을 강력하게 시행해 왔다. 현재까지 정부는 '98년부터 '09년까지 71.7천호(사업승인 기준)의 국민임대주택의 공급을 추진하였다. 이 중 294,675호의 주택을 실제 공급하고 231,302호의 주택이 입주되었다.

표 16 국민임대주택 사업추진 실적('98~09년)

(사업승인기준)

구분		계	'98~'02	'03~'08	'03	'04	'05	'06	'07	'08	'09
정부계획		750,000호	120,000	580,000	80,000	100,000	100,000	110,000	110,000	80,000	50,000
LH계획			48,500	472,300	55,000	80,000	75,000	88,000	100,000	74,300	42,596
총실적	**합계**	**717,455**	**118,782**	**551,401**	**71,791**	**91,423**	**96,183**	**96,812**	**110,310**	**84,882**	**47,272**
	건설	664,021	118,782	506,630	71,791	90,920	91,644	88,999	89,228	74,048	38,609
		669지구	(144)	(485)	(61)	(77)	(90)	(85)	(63)	(109)	(40)
	다가구매입	32,616	-	25,037	-	503	4,539	6,339	6,526	7,130	7,579
	부도매입	19,806	-	18,923	-	-	-	1,474	14,556	2,893	883
	미분양매입	1,012	-	811	-	-	-	-	-	811	201
LH	**소계**	**665,261호**	**116,580**	**497,334**	**63,501**	**85,315**	**79,866**	**89,749**	**103,758**	**75,145**	**41,347**
	건설	604,423	116,580	453,982	63,501	84,812	75,455	82,216	83,102	64,896	33,861
		562지구	(139)	(394)	(56)	(73)	(75)	(69)	(60)	(61)	(29)
	다가구매입	30,020	-	23,618	-	503	4,411	6,059	6,100	6,545	6,402
	부도매입	19,806	-	18,923	-	-	-	1,474	14,556	2,893	883
	미분양매입	1,012	-	811	-	-	-	-	-	811	201
지자체	**소계**	**62,194호**	**2,202**	**54,067**	**8,290**	**6,108**	**16,317**	**7,063**	**6,552**	**9,737**	**5,925**
	건설	59,598	2,202	52,648	8,290	6,108	16,189	6,783	6,126	9,152	4,748
		107지구	(5)	(91)	(5)	(4)	(15)	(16)	(3)	(48)	(11)
	다가구매입	2,596	-	1,419	-	-	128	280	426	585	1,177

자료: LH 기획조정실(2010), 「LH 재무 통계 및 참고자료」, p.158.

국민임대주택의 건설을 위한 재원은 평형별로 차등하도록 설계되었다. Ⅰ유형에 해당하는 11~15평형은 재정이 40%, 국민주택기금이 40%, 입주자 부담이 10%를 차지하는 반면, Ⅱ유형은 재정이 20%로 대폭 줄고 국민주택기금 45%, 입주자 부담이 25%로 대폭 늘어나는 구조이다. Ⅲ유형은 재정이 10%, 국민주택기

표 17 국민임대주택 재원 부담계획 대 실제 분담현황

구 분		평형(평)	재 정	국민주택기금	입주자부담	시행자부담
기 준	평 균	17.8평	19.4	46.4	24.2	10
	Ⅰ유형	11~15	40%	40%	10%	10%
	Ⅱ유형	16~18	20%	45%	25%	10%
	Ⅲ유형	19~24	10%	50%	30%	10%
실제 분담율		18.8평	13.1%	31.5%	15.9%	39.5%

주: 실제사업비는 '09년도 계획사업비 기준.
자료: LH 기획조정실(2010), 「LH 재무 통계 및 참고자료」, p.162.

금이 50%, 입주자부담이 30%로 되어 있다. 그러나 국민임대주택 건설, 공급에 소요되는 실제 비용 부담은 재정에서 13.1%, 국민주택기금에서 31.5%, 입주자부담이 15.9%에 그치고 대부분이 사업시행자자 39.5% 부담하는 결과를 가져와 공공임대주택의 지속적인 공급이 우려되는 상황이다. 이는 주로 정부 기준사업비와 실제 투입사업비의 차이(4,968천원/평→6,969천원/평), 기준 평형과 지자체와 협의하여 수립한 주택건설계획상 실제 건설 평형의 차이(17.8평→18.8평)에서 발생한 것이다.

그리고 실제 국민임대주택 건설과 공급에서는 여러 가지 문제점이 나타나고 있다. 우선, 국민임대주택 건설 목표를 달성하지 못했다는 점이다. '98~'09년 기간동안 국민임대주택 건설승인 실적은 계획대비 95.6%에 이르나 실제공급 실적은 사업승인 물량의 41% 수준에 불과한 것으로 나타났다. 이러한 공급물량의 부족에는 과도한 재정의존형 사업구조와 주된 사업시행자인 LH의 과도한 재정적인 부담이 주된 원인인 것으로 평가되고 있다. 〈그림 2〉 에서 보는 바와 같이 LH는 국민임대주택 1호를 건설하는 데 약 9천만 원의 금융부채가 발생하는 사업구조이기 때문에 사업의 지속가능성을 담보할 수 없는 형편이다.

그림 2 국민임대주택 재정지원 비교

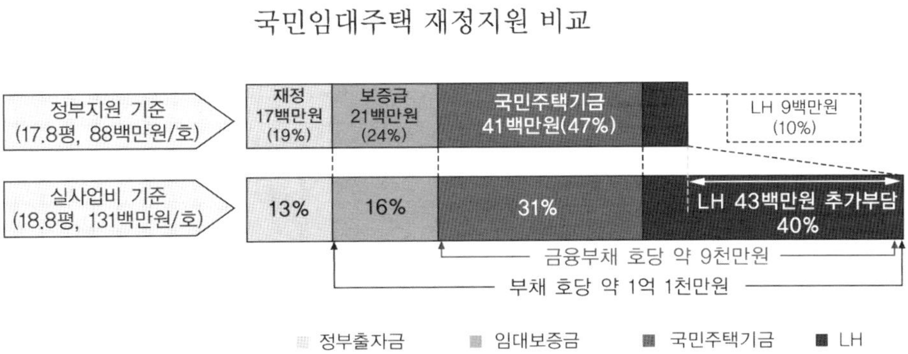

정부지원기준 = 17.8평 × 4,968천원 = 88백만원/호.
실사업비기준 = 18.8평 × 6,969천원 = 131백만원/호.
자료: LH 기획조정실(2010), 「LH 재무 통계 및 참고자료」, p.162.

현재 정부의 공공임대주택 정책의 대부분을 사업하고 있는 LH의 사업승인 후 미착공상태에 있는 공공임대주택은 '09년 말 현재 282,615호에 달한다. 이는 정부의 재정지원 여건이 당초에 비하여 부진하고 공기업인 LH도 재무역량을 초과하여 무리하게 사업을 집행한 결과로 보여진다.

표 18 사업승인 후 미착공 주택 현황

구 분	합 계	국민임대	영구임대	10년임대	5년임대
미착공 총계(A)	282,615	227,998	3,633	44,591	6,393
대지 미조성(B)	123,980	94,301	3,633	20,951	5,095
10년 착공예정(C)	36,282	25,946	-	9,925	411
실제 미착공 (D=A-B-C)	122,353	107,751	-	13,715	887

주: 대부분의 사업승인은 실시(지구)계획승인과 동시에 또는 대지조성 전에 이루어지므로 미착공호수의 일부는 토지보상 및 대지조성 단계에 있다.
자료: LH 기획조정실(2010), 「LH 재무 통계 및 참고자료」, p.155.

표 19 공공임대주택 임대료와 시중임대료 비교

구 분		수도권	비수도권	평 균
국민임대	표본수(호)	1,587	1,765	3,352
	전용면적(평균,㎡)	46.49	48.42	47.53
	LH 전세환산금액(평균/㎡)	817천원	609	704
	시중 전세시세(평균/㎡)	1,389천원	976	1,165
	시세대비(%)	58.9%	62.3%	60.4%
영구임대	표본수(호)	947	1,439	2,386
	전용면적(평균,㎡)	29.41	28.51	28.85
	LH전세환산금액(평균/㎡)	414	354	377
	시중전세시세(평균/㎡)	1,837	747	1,165
	시세대비(%)	22.5%	47.4%	32.3%

시중 전세시세는 자산실사 용역관련 '08.12월 기준 감정가액기준.
전세환산금액 = 월임대료÷월세전환이율(국민은행 월세전환이율 10%적용)+보증금.
자료: LH 기획조정실(2010), 「LH 재무 통계 및 참고자료」, p.97.

또한, 공공임대주택 중 국민임대주택과 영구임대주택에 대해 거주하는 세대를 수도권과 비수도권으로 나누어 실제 일부 표본을 조사한 결과 시중임대료 대비 국민임대주택은 60% 수준이고, 영구임대주택은 32% 수준으로 나타나 공공임대주택이 저소득층에게는 주거비 부담 완화가 상당한 수준이었다.

한편, 국민임대주택의 임대조건은 국민임대주택 표준임대조건 이하로 하여 시중시세를 감안하여 결정하고 있으나 최근 들어 시장가격 대비 국민임대주택의 임대료 비율이 증가하는 경향을 나타내고 있다. '02년에 입주하는 국민임대주택의 경우 시장가격대비 임대료 비율이 90% 이상인 주택의 비율이 1.5%에 불과하였으나 '06년에 입주하는 주택에서는 62.1%로 급증하였다(빈부격차·차별시정위원회, 2006).

이러한 현상은 국민임대주택의 규모가 커지면서 전용면적 50~60㎡ 규모의 주택이 확대되었을 뿐만 아니라 지방의 민간임대주택이 단독주택이나 다가구 주택 등으로 임대료가 지나치게 낮기 때문인 것으로 보인다. 국민임대주택의 높은 임대료는 입주자의 소득대비 임대료 비중으로 보아도 저소득층에게 과도한 부담으로 작용하고 있는 것으로 나타났다. 전국적으로 국민임대주택 입주자의 임대료와 관리비를 합한 주거비 부담률은 평균 22.6%이며, 소득별 주거비 부담은 소득이 낮을수록 높은 것으로 분석되었다. 그 중 100만 원 이하의 입주자는 무려 37.6%로 가장 높았으며, 특히 서울과 수도권에 거주하는 100만 원 이하인 입주자는 주거비부담률이 거의 50% 수준에 이르는 것으로 나타났다(빈부격차·차별시정위원회, 2006).

(4) 공공임대주택 공급의 한계와 정책방향

윤성일(2004)의 연구에 의하면 우리나라의 대표적인 공공임대주택인 국민임대주택의 문제점으로 임대료와 관리비의 부담 과중, 택지 확보 및 입지상의 문제점, 소형평형 위주의 공급정책, 저소득층의 집단거주로 인한 환경악화와 거주계층 분리, 재정확보의 어려움, 소유의식 부재로 인한 조기 노후, 슬럼화 우려 등의 문제점이 있다고 보았다. 월임대료와 관리비가 연체된 경우에 강제퇴거 등 행정처리가 곤란하다. '09년 6월 주택관리공단의 자료에 의하면 임대료 및 관리비가 1개월 이상 체납가구는 31,958가구로 LH 영구임대주택 전체호수의 22.8%에 달하며, 체납 임대료와 관리비는 33억 8,978만원에 달한다.

대한국토·도시계획학회(2004)에서는 국민임대주택의 사업 초창기 장기적으로 재원이 부족할 것을 예상하고 그 해결책으로 국민임대주택 공급방안의 유연성 확보, 국민주택기금의 안정적 재원 조성 필요('주택청약 종합저축'의 탄생으로 발전), 복권기금으로 국민임대주택 재원의 일부를 지원하되 지원 범위를 명확히 할 것 등을 제언하였다.

생각건대, 국민임대주택 건설과 같이 단기간 내 물량위주의 공공임대주택 확대 정책은 정부 재정의 막대한 부담, 관리에 있어서 시설물의 노후화, 유지비용 급증 등 임대주택 관리운영의 부담, 임대주택단지의 집단거주에 따른 문제점으로 청소년의 우범행위, 어른들의 일탈행위, 사회적 낙인 효과 등이 발생하고 있다.

따라서, 공공임대주택의 이러한 문제점을 해결하기 위해서는 국민들에게 내 집 마련의 기회를 확대해주면서 정부의 재정 지원을 줄이고 입주자의 주거비 부담을 완화시켜 줄 수 있는 주택공급 방식이 필요하다. 이렇게 함으로써 중·저소득층에게 내 집 마련의 기회를 확대하고 공공임대주택 건설에 소요되는 재정적인 부담이나 관리운영상의 부담을 줄일 수 있을 뿐만 아니라 입주자의 주거만족도도 제고할 수 있다. 이 경우 현재의 주택분양가격 수준으로는 저소득층이 주택구입의 능력이 부족하기 때문에 대안적인 분양주택으로 소개되고 있는 토지임대주택의 공급을 통해 지원할 수 있을 것이다.

Ⅳ. 토지임대부 분양주택의 특징과 도입과정

1. 주택공급방식 다양화로서 토지임대주택

1) 주택공급방식의 다양화 필요성

2000년 이후 지속적인 주택가격 상승은 금융·제도 등 복합적 요인이 이상거래에 따른 주택시장의 불안을 초래하고 저금리와 시중자금 유동성 과잉에 의한 금융적 요인, 주택 수급불안 등 주택시장 내부요인 그리고 분양권 전매허용 등 제도적 요인이 맞물린 복합적 시장요인에 의해 발생하였으나 금융요인이 주요 요인으로 평가받고 있다. 세계적 저금리 추세와 주택담보대출의 급증 등은 시중자금의 단기 부동성을 더욱 확대하였고 주택가격 상승추세는 재고주택 뿐 아니라 신규 분양주택의 가격도 급등시키는 결과를 초래하였다. 이는 분양가가 완전자율화된 이후 더욱 가속화되었고, 분양가 자율화 이후 서울시의 매매가는 연평균 14% 상승한 데 비해 분양가는 연평균 17% 내외 상승해 서민·중산층의 '내 집 마련' 기회 축소 및 상대적 박탈감의 원인이 되었다.

주택가격 안정을 위한 정책으로서는 안정적인 주택공급과 더불어 단기적으로는 금융·세제를 통한 수요관리와 가격규제 등이 있으며 주택가격 안정을 위한 장기적 정책으로는 신도시개발 등 공급확대 정책과 도심재개발을 통한 주택수급의 불일치 해소 등이 있다. 단기에 활용할 수 있는 정책으로는 금리조정, 주택담보인정비율(LTV)과 총부채상환비율(DTI) 제한 등 금융정책과 각종 부담금·세제를 통한 수요억제정책 그리고 분양가 상한규제, 용적률 완화, 토지보상비 절감, 인·허가 기간 단축 등을 통한 분양가격 조정 등이 있다.

이에 따라 정부에서는 주택시장 안정을 위한 투기억제책으로 '03년부터 부동산관련 세제 및 개발이익환수를 강화하는 한편 주택공영개발, 분양가상한제 확대, 분양원가내역 공시제도 확대 등으로 기존 재고주택 뿐 아니라 신규 분양주택에 대해서도 규제를 강화함으로써 주택시장 안정과 분양가 인하를 도모하고 있다.[12)]

한편, 지금까지 주된 택지개발 및 주택공급 방식이었던 공영개발사업은 계획적인 도시개발을 통해 도시의 물리적인 환경을 개선하고 주택의 대량공급을 통해 주거수준을 향상시켰다는 성과에도 불구하고 많은 문제점이 있었다. 그동안 공영개발사업을 통해 공급된 주택은 분양가격이 지나치게 높아서 주택공급 확대를 통해 주택가격을 안정시키기 보다는 오히려 기존 주택가격을 상승시켜 공영개발의 목적을 상실한 경우가 많았으며, 공영개발이나 도시재정비 사업을 통해 공급된 주택이 실수요자에게 전달되지 못했다. 즉, 파주시 운정지구 신도시, 은평뉴타운 등 공공부문이 개발한 택지에서 공급되는 주택이 높은 분양가를 책정함에 따라 공영개발사업이 정당성을 의심을 받았다. 이런 측면에서 2000년대 후반 신도시와 뉴타운 사업은 강남지역의 수요를 대체하는 고급 주거지 조성과 쾌적한 주거환경을 제공한다는 명분으로 고가 주택을 양산하고 있는 실정이었다. 주택공영개발 도입 취지의 재정립, 분양가 인하 제도의 정착과 안정, 주택수급에 따른 불로소득 환수 등을 달성하면서 실수요자를 중심으로 분양주택을 확대하기 위해서는 주택공급방식을 다양화할 필요가 있다.

그동안 공영택지개발을 통해 공급되는 주택유형은 공공분양주택과 공공임대주택 등 두 가지에 한정되어 왔다. 이 중 공공분양주택은 민간이 공급하는 주택과 마찬가지로 상품으로서 공급되는 반면, 공공임대주택은 10년 장기임대주택과 30년 국민임대주택 두 가지 유형으로 공급되고 있다. 공공분양주택은 소득에 비해 높은 분양가 때문에, 공공임대주택은 막대한 재정부담과 내집 마련 욕구 충족 불가능의 문제 때문에 공공주택 정책의 효과를 충분히 달성하지 못하고 있는 것이 현실이다.[13)]

우리나라 주택보급률은 '04년 100%를 넘어 '05년에는 105.9%로 증가하였으

12) 국토연구원(2007), "주택 분양가제도 개선방안 연구"(중간보고서), p.72.
13) 변창흠 외(2007), 「공공자가주택의 이념적 근거와 정책효과 분석」, p.1.

나, 「2010년 인구주택총조사」결과에 따르면 자가 점유율은 2000년 54.2%에서 2005년 55.6%로 약간 상승하였다가 2010년 다시 54.2%로 감소하였다. 그리고 자가소유율은 2005년 기준 60.3%에서 2010년 61.3%로 단 1%만 증가하였을 뿐이다. 이와 같은 현상은 전체 가구(1,588만7000가구)의 약 8.9%(104만7000가구)가 두 채 이상 집을 소유한 반면, 무주택자는 631만 가구로 전체가구의 39.7%를 차지하고 있는데 기인한다. 국토해양부와 통계청에 따르면 서울에서 자가 주택 비율은 41.1%, 남의 집을 빌려 사는 타가 비율은 59%이다. 절반 이상이 남의 집에 사는 것이다. 전국의 자가 주택 비율은 54.2%로 서울보다 높지만 44% 가량은 여전히 남의 집에 살고 있다. 자가 주택 비율이 낮은 것은 그만큼 주택을 실 거주 목적보다는 임대 등 투자를 위해 갖고 있는 사람이 많음을 보여준다. 이런 측면에서 공공의 역할은 그 어느 때 보다도 중요하다. 상대적으로 저렴한 가격에 '내 집 마련'의 갈망을 해결할 수 있다는 점에서다.

주택공급방식의 다양화는 높은 주택구입 가격으로 인한 과다한 가계의 주거비 부담을 줄이고, 저소득층이라는 특정계층과 주택보급률 확대를 중심으로 추진해 온 무주택 서민 주거안정 정책을 일부 보완해 서민·중산층인 실질적 수요자층에게 신규분양 공공주택이 원활히 공급되도록 하는데 제도 도입의 취지가 있다. 이와 같은 주택시장과 가격 안정정책이 실수요자인 서민계층에게 혜택이 돌아가도록 하는 정책 방안으로 제안된 것이 선진 여러 국가에서 경험한 바 있는 '토지임대주택'이다. 저렴한 주택공급을 통해 가계의 과도한 주거비 부담과 초기 비용 부담을 줄여 실수요자의 내 집 마련과 주택시장 안정에 기여할 것으로 기대된다.

토지임대주택 공급방식에 대한 대안적인 논의는 분양가 자율화이후 급등하고 있는 분양가를 인하 내지 안정시켜 서민층의 내 집 마련 기회를 확대하고, 개발이익이 최초입주자에 귀속되는 것을 억제하면서, 동시에 저렴한 주택을 공급하고자 하는 취지에서 대두되었다. 원가수준에서 주택을 저렴하게 공급하여 주택가격의 과잉평가를 해소하고, 시세와의 격차로 인한 잠재적 자본이득을 실현단계에서 지속적으로 환수할 수 있는 장치를 마련하여 투기를 원천 차단하는 주택공급방식으로 변화인 것이다.

2) 대안적 주택공급방식으로서 토지임대주택

우리나라의 경우 2000년 이후 땅값의 상승은 지속적으로 이루어져 왔다. 땅값의 상승은 필연적으로 주택가격과 전세금 등에 영향을 미친다. 주택은 위치의 고정성 때문에 택지의 확보가 필수적이고 주택가격 중 택지비의 비중이 증대하고 있음은 토지가격 상승과 연관되어 있다. 특히, 주택시장은 입지의 고정성 때문에 공간적 제한을 가지며, '서울시', '인천시', '경기도' 같은 지역시장의 의미를 지니게 된다. 우리나라에서 지역시장으로서의 수도권시장의 비중은 매우 크다고 할 수 있다. 최근 수도권에 공급된 주택을 살펴보면, 주택가격을 구성하는 내역(택지비+건축비+부대비용) 중 택지비의 비중이 지방에 비하여 수도권이 매우 크다는 것을 〈표 20〉을 보면 알 수 있다. 이는 대부분 택지보상비의 상승에 기인한다.

표 20 아파트 분양가격 중 택지비 비율

(단위: %)

구 분	2006년	2007	2008	2009	2010
전 국	53	39	36	42	39
수도권	55	47	47	49	47
지 방	36	27	28	29	27

* 자료: LH(2010), 아파트 분양가격 중 택지비 비율, 주택공급처 내부자료.

한편, '06년 이후 LH공사가 홈페이지에 공개한 26개 택지개발지구의 공공택지원가를 살펴보면, 수도권인 경기도는 양주시 옥정지구 4,302,495원/평~성남시 여수지구의 7,854,545원/평에 이르기까지 공시지가 인상에 따른 보상비 증가로 인하여 택지조성원가가 대단히 높게 나타났다. 지방은 최하 여수죽림지구의 1,493,603원/평~최고 청주율량 2지구 3,868,405원/평까지 수도권에 비하여 다소 낮게 나타났다. 따라서, 무주택 서민들의 주거안정을 위한 저렴한 주택 확보를 위해서는 주택가격 중 높은 택지비를 주택 분양원가에 반영하지 않고 임대로 하여 초기 주거비 부담을 낮출 수 있는 새로운 주택공급 방식으로서의 토지임대주택이 적극적으로 고려될 수 있다.

토지임대주택은 토지의 소유권은 주택을 분양한 기관 혹은 분양주체가 갖고, 주택을 분양받은 소비자는 건물의 소유권과 대지에 대한 사용권을 다양한 임대 형식으로 정해진 계약기간동안 가지는 것을 말한다. 적용대상은 공공택지에 한정되며 분양자는 토지임대기관에 토지임대료(지료)를 지불해야 한다. 원활한 사업진행을 위해서는 안정적이고 충분한 택지의 확보가 가능하여야 한다. 그러나 시장에서 작동되어 주택가격 및 주거안정이라는 목표달성을 위해서는 택지 확보, 재원조달, 임대료 수준이 관건이 될 것이다. 임대료나 분양가를 낮추기 위해서는 국·공유지 확보가 중요하나 '07년 말 현재 우리나라 국·공유지 보유는 국토 전체 면적(99,720㎢)의 23.5%에 불과한 23,460㎢이다. 이 중에서도 도시지역 내 국·공유지는 2.5%에 불과하여 충분한 택지 확보가 쉽지 않다.

제도의 실효성을 높이기 위해서는 서울 시내나 수도권에서 충분한 택지 확보가 중요하며 확보가 어려우면 재정을 투입해 택지를 매입해야 하나, 이때는 일부 토지임대주택 당첨자에게만 막대한 시혜를 주는 것으로 형평성 문제가 제기된다. 토지임대주택은 분양가에 땅값이 포함되지 않기 때문에 분양주택에 비해 초기에 낮은 분양가로 주택공급이 가능하고, 공공이 토지를 계속 보유하므로 개발이익 사유화가 제한되어 불로소득을 노리는 투기적 가수요 차단과 무분별한 재건축 방지 등을 통한 도시의 계획적 이용이 용이하다는 장점이 있다.

하지만 토지임대료를 조성원가 이상의 수준으로 책정할 경우 소비자의 실제 주거비 부담 축소정도가 크지 않을 수 있으며, 시세차익에 따른 청약과열 및 투기발생, 민원 및 행정비용이 유발되는 반면 토지임대료를 시세보다 저렴하게 책정할 경우 재정 투입에 따른 재정부담과 형평성 문제 등이 발생할 가능성이 있다. 또한, 시간이 흐를수록 건물의 가치가 떨어지는데 대한 대책, 재건축을 하게 될 경우의 비용부담 문제 등이 해결되어야 한다. 서민층을 대상으로 한 임대주택 건설을 약화시키는 문제가 발생하지 않고 초기 주택구입 자금 부담과 공공기관의 재정부담을 최소화하기 위해서는 위에서 지적한 문제점에 대한 충분한 검토가 필요하다.

2. 토지임대주택 국내 도입과정

1) 토지임대주택 제도 도입개요 및 도입당시 상황

토지임대주택의 도입 과정을 보면 계속되는 부동산시장 안정대책에도 불구하고 '05~'06년 부동산가격이 급등하자 여당인 열린우리당은 대통령선거를 1년 앞둔 상황에서 야당인 한나라당과 분양가 인하방안을 놓고 주도권 다툼을 벌이고 있는 상황이었다. 한나라당과 열린우리당이 각각 '대지임대부 분양방식'과 '환매조건부 분양방식'을 당론으로 채택하고 청와대가 반값아파트를 추진하겠다는 뜻을 내비친 데 이어 열린우리당의 부동산특위는 이들을 종합한 '공공주택 공급 촉진을 위한 특별법'을 추진키로 하였다. 공공택지를 공영 개발하여 국민임대주택, 환매조건부 주택, 토지임대주택 등 3가지 형태로 공급하기로 하고 법안은 현행 국민임대주택특별법, 환매조건부특별법, 토지임대주택특별법을 통합하는 형태가 될 것이라고 밝혔다.[14]

그러나 재정경제부와 건설교통부 등 정부부처에서는 택지를 조성하기 위해서는 단순히 택지보상비만 들어가는 것이 아니라 도로, 상하수도 시설 등 기반시설비용 등 많은 재원을 필요로 한다며 반값아파트를 신중히 다뤄야 한다는 입장이었다. '06년 12월 13일[15]에는 주택공사의 한행수 사장이 청와대를 다녀온 후 기자간담회를 통해 '주공은 다양한 주택공급방안에 대한 연구를 꾸준히 해 왔고 토지임대부도 그 중 하나이다. 또 연구결과를 청와대에 수차례 보고했다. 내년 중 시범적으로 적용할 계획도 있다'라고 하였다.[16]

그러나 12월 15일, 열린우리당과 정부는 부동산특위 전체회의에서 '재정 부담'에 대한 이견을 좁히지 못해 결정을 내리지 못한다. 권오규 부총리는 토지임대주택에 대해서는 재원 마련이, 환매조건부 분양에 대해서는 분양가 인하 효과가 크지 않다는 이유를 들며 부정적인 입장을 보였기 때문이다. 12월 19일, 열린우

---

14) 세계일보, 2006.12.13일자.

15) 12월 13일 오전에 이용섭 건교부장관, 한행수 주공사장, 김재현 토공사장들이 부동산 시장 안정화를 위한 간담회를 서울 팔레스호텔에서 하였다.(내일신문, 2006.12.13일자).

16) 중앙일보, 2006.12.14일자.

리당 의정연구센타가 국회에서 개최한 부동산정책 토론회에서 정부의 실무 정책 책임자인 재경부 노대래 정책조정국장도 '아직 정부의 방침이 정해진 것은 없다며 할부로 차를 구입한다고 해서 반값 차가 아니듯 토지임대주택 분양시 임대료 등을 계산하면 결국 지가의 95%를 부담하게 된다'고 반대 입장[17]이었다. 12월 20일, 이용섭 건교부장관은 논란이 증폭되고 있는 토지임대주택 및 환매조건부 주택 등 모든 방안에 대해 장·단점을 충분히 검토해 도입여부를 결정할 것이라고 건교부의 입장을 밝혔다.[18] 그럼에도 불구하고 건교부와 재경부 실무진은 여전히 이 제도에 대해 재정부담을 이유로 소극적이었다. 그러나 12월 22일 열린우리당은 정부측의 권오규 부총리, 이용섭 건교부장관이 참석한 가운데 국회에서 부동산대책 특별위원회 제3차 당정회의를 갖고 2007년부터 청약자격을 무주택자로 한정하여 공공택지에 환매조건부 및 토지임대주택을 시범 공급키로 합의하기로 함에 따라 토지임대주택 및 환매조건 분양주택이 새로운 주택공급방식으로 정책적 도입이 이루어진다. 열린우리당의 부동산 특별대책위원회는 정부의 소극적인 제도도입 의지에도 불구하고 건교부장관의 교체(추병직→이용섭)를 계기로 이를 설득하여 토지임대부 및 환매조건부 주택정책을 도입 결정하게 된다.

이와 같은 과정에서 대통령이나 건교부와 재경부는 주요 정책 행위자로 등장하지 않고 여당과 야당과 같은 정치권의 역할이 정책결정에 매우 중요하게 작용하였다는 것이다. 결론적으로 '부동산 가격의 폭등으로 인한 주택문제의 심각성'과 '대선을 앞둔 정치권의 다급함'이 그동안 많은 논란이 지속된 토지임대주택을 '06년 말에 시급히 도입하기로 결정한 이유라고 볼 수 있다(배문호, 2009).

한편 당시 연구기관이나 학계, 관련 연구자는 기존의 택지개발사업에 의한 주택공급 방식의 한계를 적시하면서 주택시장에서 매매가격 및 전세가격이 너무 상승하였으므로 새로운 주택공급방식에 대한 논의를 강조하면서 그 대안으로 토지임대주택을 위주로 한 저렴한 주택의 공급방식을 주장하고 있었다. 그러나 주택정책의 직접당사자인 건설교통부에서는 이에 대한 논의가 전혀 없었으며 건교부 고위 관료들은 정책의 실현가능성에 대하여 회의적이었다. 이렇게 본다면 토

17) http://news.chosun.com(2006.12.19).
18) 조선일보, 2006.12.21일자.

지임대주택 및 환매조건부 분양주택은 국회(여당과 야당)를 중심으로 한 정치권에서 집값 폭등에 대한 위기감에서 더욱 적극적으로 주장하였고 이를 정책당국에서 마지못해 수용할 수밖에 없었던 상황이었다. 〈표 21〉 은 토지임대주택 도입 및 시행과정상의 주요 일지를 정리한 것이다.

표 21 토지임대주택 도입 및 시행과정 주요 일지

일 자	내 용
2005.08.	주택도시연구원, 정책보고서(HURI FOCUS 제4호)에서 지대를 보증금으로 일시 납부하는 토지임대부 주택분양방식 제안
2006.02.01	홍준표 의원, 서울시 주택문제 해소를 위하여 '토지공급임대-건물민간분양'하는 방식을 기자회견을 통해 최초 제시
2006.02.10	홍준표 의원실 주관「아파트 반값공급」시민大토론회
2006.03.16	토지정의시민연대,「토지임대-건물분양 제도」 도입 주장(기업도시와 지방중소기업단지에 도입 주장)
2006.05.	홍준표 의원 서울시장 한나라당후보경선 공약으로 아파트 반값공급
2006.11.09	국회 홍준표 의원실 주최 '대지임대부 분양주택 공급촉진을 위한 특별조치법' 및 '대한토지주택공사법' 제정을 위한 공청회
2006.11.21	한나라당 홍준표 의원 '대지임대부 분양주택 공급촉진을 위한 특별조치법(안)' 53명 대표 발의
2006.11.29	상기 법안 한나라당 최고위원, 중진의원 연석회의에서 공식 당론 채택
2006.12.08	열린우리당 이계안의원 '환매조건부 분양주택 공급을 위한 내집마련 특별법(안)' 30명 대표 발의
2006.12.13	대한주택공사 사장, 정부방침이 결정되면 내년 시범실시 검토 발표
2006.12.22	정부와 열린우리당 당정협의에서 토지임대부 및 환매조건부 주택정책 도입 결정
2007.01.06	대한주택공사 한행수 사장, 돌연 사임
2007.01.11	정부, 1.11 부동산대책의 일환으로 시범사업 시행 발표
2007.01.22	「대지임대부 분양주택」토론회(한나라당)
2007.04.02	주택법 개정안 국회 본 의회 통과(토지임대부 분양주택과 환매조건부 분양주택 조항 신설)
2007.04.16	2대 특별법안 국회 건교위 주최 공청회
2007.04.20	주택법 개정안 공포(토지임대부 분양주택과 환매조건부 분양주택 조항 신설하여 2007.09.01부터 시행)
2007.05.04	건교부, '반값아파트' 군포부곡지구를 대상으로 시범사업 내부방침 결정

2007.07.09	건교부, '반값아파트' 시범사업지구 군포부곡 택지지구로 발표
2007.07.30	시범사업을 위한 구체적인 주택법 시행령 개정 공포
2007.10.15	시범사업 분양접수(10.17까지) 및 시범사업 재분양(11.02까지)
2007.11.09	시범사업 평가단(9명)을 구성하여 시범사업에 대한 연구 용역 수행
2008.01.10	대한국토 · 도시계획학회 주최 시범사업 정책평가 토론회
2008.02.25	이명박 정부 출범
2009.03.03	'토지임대부 분양주택 공급촉진을 위한 특별법' 국회 상임위 통과
2009.04.22	특별법안 공포(2009.10.23일부터 시행)
2010.04.20	2010년 주택종합계획에 '2010년 이후 시범 사업 추진을 통해 단계적 활성화 예정'이라고 발표
2011.10.~11	서울 강남 서초 보금자리주택단지내 토지임대주택 성공적으로 분양

2) 특별법안 발의(2006년 말)

한나라당의 홍준표 의원이 대표 발의한 '대지임대부 분양주택 공급촉진을 위한 특별조치법안'('06.11.21)에는 대지임대부 분양주택에 대한 정부의 재정지원 및 신도시·재건축사업 등에 우선적으로 건설하도록 의무화하는 한편, 대지임대기간은 40년, 용적률 특례 400%~1,500%, 무주택자·서민에게 공급하는 내용을 담고 있다. 한편, 열린우리당의 이계안 의원이 대표 발의한 환매조건부 분양주택 공급을 통한 내 집 마련 특별법안('06.12.08)에는 환매조건부 분양주택을 환매기간 10년인 '제한부 환매주택'과 '영구 환매주택'으로 구분하여 공급하는 한편, 활성화를 위하여 재정지원 및 신도시에의 우선건설 의무화, 무주택자에 한정하여 공급하는 내용 등을 담고 있다.

3) 제도의 도입 및 시범사업 발표(2007년 초)

'07년 「1.11 부동산대책」에서 양 제도에 대한 정부의 시범사업 추진방침을 발표하면서 우리 현실에 맞는 제도인지에 대한 논란이 가열되고 있는 점을 감안하여 시범사업 후 확대시행여부를 결정키로 하였다. 이를 위해 주택법 등을 개정하여 정책도입에 대한 근거를 마련하였으며, 그 내용을 정리하면 다음과 같다.[19]

19) 주택법제38조의5, 주택법 시행령 제42조의13~15.

토지임대주택은 그 개념을 토지 소유권은 주택을 분양한 자가 갖고, 건물에 대한 구분소유권은 주택을 분양받은 자가 갖는 방식으로 정의하고, 분양가는 분양가상한제 적용(상한액 중 택지비 제외 가격)하도록 하였다. 토지 임대료의 산정은 '택지공급가격×임대료율/12개월'로 하며, 여기서 임대료율은 사업주체의 자본비용(당시, 주공의 경우 3.96% 수준)을 적용하기로 하였다. 또한 임대료의 재계약 방법은 최초계약 이후 매 2년마다 자동 재계약이 되어 갱신되는 것으로 하였으며, 임대료 증감율은 2년간 당해 시·군·구 평균 지가상승률을 고려하여 조정하되 5%(주택임대차보호법의 범위)를 초과할 수 없도록 하였다. 토지임대기간은 30년(30년간 지상권 설정)으로 하고, 30년 임대기간 이후에는 임차인은 지상권 갱신청구권 또는 매수청구권(임대인이 갱신청구를 거부시) 행사가 가능하도록 하였다.

환매조건부 분양주택은 그 개념을 20년의 기간 동안에는 입주한 주택을 처분하는 경우 사업주체가 환매하는 것을 조건으로 분양하는 주택으로 정의하고, 분양가는 역시 분양가상한제를 적용하되, 일반분양주택보다는 택지공급가격을 인하하여 10% 내외 낮은 가격으로 책정하도록 하였다. 환매기간은 20년으로 하였으며, 환매가격은 해당 환매조건부 분양주택의 공급가격에 환매일까지 「은행법」에 따른 금융기관의 1년 만기 정기예금 평균이자율을 합산한 금액과 「부동산 가격공시 및 감정평가에 관한 법률」 제17조에 따라 환매일에 가장 가까운 시점에 공시된 공동주택가격 중 낮은 금액으로 하여 적정 기회비용만 인정하도록 하였으며, 전매제한 기간은 현행 전매제한제도를 적용하되, 예외적으로 질병이나 해외이주 등에 한해 환매를 인정하도록 하였다.

4) 특별법의 제정과정(2006~2009)

토지 가치상승에 대한 불로소득을 봉쇄하고 실수요자 중심의 주택을 공급함으로써 무주택 서민의 주거안정을 도모함과 동시에 장기적으로 주택 투기를 근절시키려는 취지에서 특별법이 제정되었다. 「대지임대부 분양주택 공급촉진을 위한 특별조치법」(안)'(이하 "당초 제정안"이라 한다)은 홍준표 의원 등 53인에 의하여 발의('06.11.21)되어 국회 건설교통위원회 회부('06.11.23), 제267회 국회(임시회) 제4차 건설교통위원회에 상정('07.04.17)되어 '07.04.18일(1차)과 '07.04.23일(2차)에 법안심사 소위원회에서 심사되었다. 일반 국민의 선호도, 택지 확보, 재원조달 방안 등에 대해 전반적인 검토가 필요하다는 의견이었다. 그러나 제17대 국회의 임기 종료로 이 법안은 자동 폐기되었다. 제18대 국회에서 홍준표 의원은 「토지임대부 분양주택 공급촉진을 위한 특별조치법」(안)(이하 "수정 제정안"이라 한다)을 의원 27명의 서명을 받아 재차 대표발의('08.10.13)하였다. 이 특별조치법안은 국토해양위에 회부('08.10.14), 법안심사 소위에 상정되어 '08.11.25(1차), '08.11.26(2차), '09.02.10(3차)에 걸쳐 심의되었다.

그 후 홍준표 의원이 대표발의 한 법안을 토대로 정부(국토해양부)의 의견을 반영, 수정한 법안을 주호영 의원이 대표 발의('08.12.23)하여 국토해양위 대안형식으로 제안되어 국토해양위에 통과('09.03.03)되었고 같은 날 오후 법제사법위를 통과하였으나 임시국회 회기 종료로 인해 본회의에서는 통과되지 못했다. 차기 제282회 국회(임시회) 본회의에서 통과('09.04.01)되어 공포('09.04.22), 시행('09.10.23) 되기에 이르렀다.[20]

5) 서울 서초지구의 토지임대주택 시범분양(2011)

특별법이 제정된 후에도 토지임대주택은 정부에 의해 즉각적으로 공급되지 못하였다. 그러나 택지개발과 주택건설을 일원화하여 토지임대주택을 원활히 공급하기 위해 설립한 한국토지주택공사(LH)는 동 공사 설립법 제8조(사업) 제1항에 '토지임대부 분양주택 사업'을 공사의 역할로 명시하고 있었다. 정부와 LH는 '11년 11월, 보금자리지구 시범단지인 서울 서초지구(우면동)에 토지임대주택을 공급하였다. 그 결과 전용 59~84㎡ 358가구에 모두 2,468명이 청약해 평균 경쟁률 6.89 대 1을 기록하여 꽤 높은 인기를 모았다.[21] 이번에 공급한 토지임대주택은 임대기간이 40년이고, 건물에 대해서는 5년이 지나면 자유롭게 매매할 수 있는 주택이다. 토지임대료를 매달 납부하여야 하며, 40년이 지난 뒤에는 입주자가 원할 경우 토지소유자(LH)의 동의를 받아 계속 거주하거나 개건축하는 것이 가능한 점이 군포 부곡지구 공급 때와 조금 다른 점이다. 분양가는 전용84㎡가 2억 460

20) http://likms.assembly.go.kr/record/index.html(2010.04.20).
21) 한겨레신문, 2011.11.21일자.

만원, 전용59㎡가 1억 4,480만원이고 토지임대료는 전용84㎡가 월 45만 2,000원, 전용59㎡가 월 31만 9천원으로 인근 지역에 비하여 매우 저렴한 편이다.[22)]

토지임대주택이 시행착오를 겪은 뒤 4년 만에 서초지구에서 성공적으로 분양된 배경은 다음과 같다. 첫째, 토지를 소유할 수 없는 재산권의 한계가 있는 데도 수요자들이 이를 감수해 선택한 것은 투자가치 보다 실 거주에 눈높이를 맞춘 저렴한 분양가격 책정의 결과로 볼 수도 있다. 둘째, 건물의 사용권을 중시한 것은 주택의 본래의 기능인 거주에 우선적인 가치를 두고 있는 수요자들의 의식의 변화를 알 수 있다. 즉, 한 집에 오래 머물고 싶어 하는 입주자의 입장에서 보면 토지임대주택은 다른 주택에서 볼 수 없는 특유의 장점을 지니고 있기 때문이다. 입주자 입장에서는 주택에 부수되는 토지를 최소한 40년간 점유권을 가질 수 있다는 사실은 사실상 '내 땅'과 다름없다고 생각할 수도 있다. 셋째, 특별법 제정이후 최초로 공급되는 토지임대주택의 입지는 군포부곡지구 때와는 달리 입지 면에서 매우 우수하다는 점이다. 단지의 규모나 입지에서 충분히 주목을 끌 수 있는 서울 강남지역의 서초지구 보금자리주택 단지 내에서 분양함으로써 수요자들의 관심을 모을 수 있었다.

Ⅴ. 토지임대주택에 대한 주요 쟁점

공공택지 내 분양가 상한제 도입, 택지조성원가 및 주택분양원가 공개, 공공택지 공급가격 인하 등 제반정책에도 불구하고, 신규 아파트 분양가격을 인하하는 데에는 한계가 있음이 지적되면서 2006년에 본격적으로 토지임대주택에 대한 도입 논의가 시작되었다. 이에 토지임대주택 공급을 둘러싸고 이 제도의 실현가능성 및 효과성에 대하여 다양한 찬반양론(pros and cons)의 논쟁이 있었다. 논의는 적극적 찬성하는 입장과 원칙적 찬성 입장에서 제기되는 보완적 논의들과 반대 입장에서 제기되는 문제점이 동시에 지적되었다.

---

22) 서초구 우면동 인근 전용 84㎡아파트가 국민은행 부동산시세기준으로 6억 5,000원대임을 감안하면 주변시세의 3분의 1가격이다.

1. 택지 확보의 문제

토지임대주택을 추진하는 데 있어 가장 논란이 많은 부분이 도시지역에는 가용 토지가 없어서 토지임대주택 정책을 지속적으로 시행하기가 어렵다는 점이다. 따라서, 토지임대주택을 공급하기 위해서는 저렴한 택지의 확보와 공급이 충분히 되어야 한다. 토지임대주택은 서구 선진국에서 주로 대도시 중심으로 이용되고 있다. 그 이유는 주택부족, 지가상승 등의 문제가 도시화의 진전과 더불어 주로 대도시에서 심각한 사회문제로 대두되었으며, 주택문제가 심각한 지역에 한하여 저렴한 주택공급, 계획적 개발, 개발이익환수 등 특정 정책목적을 달성하기 위한 실용적 차원에서 도입되었기 때문이다. 공공 토지임대를 시행하기 위해서는 토지매입을 위한 재정 투입이 뒷받침되어야 하고, 임대관리 및 운영을 위한 강력한 행정력이 요구되기 때문이다(이종권, 2005).

우리나라는 토지사유화를 기반으로 하는 토지사유제를 원칙적으로 보장하여 왔다. 이러한 과정을 거치면서 우리 국토 대부분이 개인과 기업 등 민간이 보유하게 되었고, 공공이 보유한 국·공유지는 극히 일부분에 그치고 있다. 국·공유지 비율은 '07년 말 현재 전국토의 23.5%에 불과한 수준이다. 이처럼 국·공유지 비율이 낮은 나라는 지구상 어느 곳에서도 찾아볼 수 없으며, 심지어 자본주의 체제가 정착된 영국, 미국, 유럽의 어느 나라보다도 낮은 것이 사실이다. 아시아 국가도 국·공유지가 우리나라보다 월등히 많아 국·공유지 비율이 '02년 현재 싱가포르는 81%, 대만은 69%에 달하고 있으며 우리와 유사하게 고지가와 부동산 투기문제를 경험했고 토지신화로 유명한 일본에서조차 국·공유지 비율이 '03년 현재 전국토의 37%에 달하여 우리보다 1.6배 높은 수준이다(정희남·최수, 2007:63-65).

그러나 국·공유지 비율이 낮다고 우리나라에 토지임대주택 공급방식을 적용할 수 없는 것은 아니다. 싱가포르나 홍콩과 같이 대부분의 주택을 토지임대방식으로 분양할 수는 없지만 신규로 공급되는 서민용 주택에만 토지임대방식을 적용한다면 현재 활용 가능한 국·공유지 중 도심 인근에 있는 나대지 상태의 토지로는 가능한 부분이 있을 것이다.

이종권 외(2005)의 연구에 의하면 토지임대주택 분양방식의 적용대상 지역으로는 주택공영개발지구나 투기과열지구, 행정중심복합도시, 기업도시·혁신도시 등 신도시, 도심내부의 기성시가지 등이 적절할 것으로 판단하고 있다. 왜냐하면, 위의 지구들이 저렴한 양질의 주택을 공급하여 서민주거 안정을 높이는 데 적절한 대상지일 뿐 아니라 개발이익의 사유화를 방지한다는 측면에서 토지수용의 정당성 확보도 가능하기 때문이다.

또한, 김태경 외(2007)의 연구에 의하면 수도권 지역에 토지임대주택을 지을 수 있는 이용 가능한 국·공유지는 다음과 같다. 첫째, 국가 균형발전 차원에서 이전되는 공공기관 이전 부지를 활용할 수 있다. 현재 수도권에서 지방으로 이전할 98개 공공기관이 296만평의 토지를 가지고 있다. 경기도에 소재하는 토지 면적이 일정규모 이상인 곳도 37개소 6,986천㎡의 부지나 있다. 둘째, 미군기지 이전에 따라 반환 예정인 부지가 총 612만평이 있다. 서울 용산에 7개기지 90만평과 파주, 의정부, 동두천 등지에 10개기지 522만평이 있다. 이를 기지는 '17년까지 순차적으로 반환 될 것이기 때문에 이를 적극적으로 활용할 수 있을 것이다. 셋째, 도시내 철도 차량기지, 철도부지 활용도 검토해 볼 수 있다. 용산 철도 차량기기의 경우 서울시가 '01년부터 지구단위지침을 통해 개발계획을 세워두었던 곳이고 구로동 전철차량기지 4만 5천 평도 정부가 이전을 위한 예비 타당성 조사를 실시하는 등 개발 가능한 지역이었다. 그 외 용인죽전, 성남모란 차량기지등도 있다. 일본, 미국 등에서도 차량기지를 지하화하고 지상에 대규모 주상복합아파트, 오피스텔을 지어 지역개발을 촉진하는 사례가 많다. 넷째, 고속도로 인근부지와 고가도로 상부를 활용할 수 있다. 다섯째, 도시내 터미널, 공영차고지, 공영주차장 등 시 공유지를 활용하는 방안을 검토할 수 있다고 주장한다. 그러나 이러한 점은 근본적인 해결책이 되지 못한다.

토지임대주택을 공급하고자 하는 정부의 정책적 실천의지만 있으면 택지 확보의 현실성 문제는 해결할 수 있다고 본다. 가장 확실한 방법은 국민임대주택처럼 그린벨트를 풀어 토지임대주택과 보금자리주택을 혼합 건설하는 방법이 실현가능한 방안이다. 이는 미래의 도시적 토지이용을 위해 현재의 도시 주변 지역의 그린벨트지역이나 농업으로서의 비교우위가 낮은 농지에 대한 규제를 완화하여 활용할 수 있다. 특히, 한미 FTA 등 농업부문의 개방과 관련하여 농지에 대한 도시적 용도로의 전환이 필요한 시점이기도 하다. 마침 정부에서는 '08년 9월, 전국에 '20년까지 그린벨트로서의 보전가치가 낮은 지역이나 기존시가지나 공단 근처를 중심으로 308㎢ 면적의 그린벨트 지역을 해제하여 이중 서민주택용지로 활용하기로 한 80㎢의 토지를 활용하면 택지문제는 어느 정도 해결 가능하다고 생각한다.

2. 재원 조달의 문제

토지임대주택의 공급을 위해서는 재원마련 방안도 해결해야 할 중요한 요소이다. 그러나 현재 활용하지 않는 국·공유지만으로도 토지임대주택 수요를 충분히 충족할 수 있다면 재원조달 문제는 크게 발생하지 않는다(김태경 외, 2007:147). 만일 그렇지 못할 경우 토지임대주택은 기본적으로 사업주체가 토지를 장기간 임대해주는 공공토지임대제의 하나이기 때문에 사업주체가 그 비용을 어떻게 감당하느냐 하는 문제이다. 스웨덴, 싱가포르의 경우는 보통 정부의 재정 지원, 금융기관의 융자, 토지임대료의 일시 수령 형태로 조달하고 있다. 우리의 경우도 분양 초기에 토지임대료를 전세금 형태로 받으면 재원 조달문제는 해결될 것으로 본다. 만일 토지임대료를 월세나 전·월세 혼합방식을 적용하면 자금이 부족할 우려가 있다. 이 경우는 국민주택기금 등 연·기금이나 자본시장을 통하여 조달할 수 있을 것이다(박헌주, 2006:10~11).

연간 정부운용 연기금 규모는 '06년 362조, '07년 310조원 등 연간 300조를 상회하고 있다. 현재 민자 유치 사업방식으로 정부가 추진하고 있는 BTL(Build-Transfer-Lease, 건설-양도-임대) 사업의 일환으로 토지임대주택을 공급 한다면 연·기금의 활용은 더욱 용이하고 연·기금의 수익성도 제고 될 것이다. 이는 특히 토지임대주택 공급정책 초기에 적극 도입 가능한 부문이다. BTL 사업의 경우 이미 도로, 다리, 댐 등의 SOC사업이 포화상태에 이르러 각 지자체에 연·기금을 써 달라고 요청하고 있는 현실을 감안하면 토지임대주택은 BTL 사업의 새로운 활로가 될 것이다. 특히, 토지임대주택은 사회기반시설과 달리 분양시점에 건물가격은 물론 전체 공사비의 60~70%에 달하는 자금을 조기회수 할 수 있을 뿐 아니라 매달 토지임대료가 회수되기 때문에 투자자금의 안정적인 회수가 가능하다. 그러나 BTL 사업의 수익성이 확보되려면 주택 분양이 성공적으로 이루어져야 하는 전제조건이 있다. 만일 미분양이 크게 발생할 경우 연·기금이나 민간 자본을 통한 자금 조달은 쉽지 않을 것이다(김태경 외, 2007:147).

그러나 보다 근본적인 재원 조달문제를 해결하기 위해서는 토지임대주택이 안정적으로 정착되기 까지는 외국의 경우처럼 정부에서 재원마련을 적극 지원해야 한다. 스웨덴의 경우 중앙정부가 사업시행 주체에게 토지매입비 뿐만 아니라 개발비와 관리비의 95%를 저리로 융자하고 있으며 토지비축을 위해서도 토지매입비의 50%를 저리로 융자하고, 비축 토지를 민간 임대제로 전환하는 경우에는 확대 지원하고 있다(박헌주, 2006:11).

3. 저렴한 주택가격 유도를 위한 용적률 조정

토지임대주택에 있어서 용적률 조정에 대한 문제는 재원마련을 금융적인 수단이외에 토지임대주택의 사업성을 보완할 다른 방안이 없느냐는 생각에서 토지임대주택의 취지를 감안하여 수분양자에게 토지임대료 부담을 줄여 줄 수 있는 방안의 하나로 검토되었던 것이다.

홍준표 의원의 주장에 따르면 서울을 기준으로 한 토지임대료를 30평형 대 주택을 기준으로 월 30만원 정도로 예측하고 있다. 예컨대 수도권의 30평형대 주택가격이 3억 원이고, 이 중 토지비가 1억 5천만 원이라는 가정에 정부·공공기관이 토지구입비용을 연 5%에 조달한다면 토지임대료는 750만원, 월 62만5천원이 된다. 만약에 용적률을 현재 200% 수준의 두 배인 400% 수준으로 상향 조정하면 임대료는 30만원 정도로 낮추는 것이 가능하다는 것이다(김태경 외, 2007:145).

여기서 더 나아가 이혜훈 의원의 주장(2007)에 따르면 서울 지역의 시가 6억 8천만 원 하는 34평 주택을 토지임대주택으로 공급할 경우 초기 비용 1억7천만 원에 월 토지임대료 17만원(연리 6% 적용)으로 공급할 수 있다고 주장한다. 이 경우 주택 분양가는 평당 건축비를 500만원[23]으로 추정하여 34평인 경우 1억 7천

23) 평당 기본형건축비와 지하주차장비 등 가산비용 350만원 + 분양이익 150만원으로 계산하였다.

만 원이고, 토지가격은 토지구입비 평당 1,000만원으로 보고 34평에 용적률 약 397%를 적용하면 세대 당 토지가격은 8,570만원이 된다. 토지가격의 60%인 5,100만원을 보증금 형태로 초기에 회수하면 월 토지임대료는 3,479만원 × 6% × 1/12 = 17만 원이 된다는 주장이다. 즉, 용적률을 400%정도 적용하면 토지임대료를 많이 줄일 수 있다는 계산이다.

이 점에 대하여 많은 사람들이 수도권 1기 신도시의 평균 용적률이 198%이고 제2기 신도시의 평균용적률이 184%인 점을 감안하면 용적률 400%는 주거환경 악화 등을 감안 할 때 현실적으로 도입이 어려운 것으로 판단되고 만일 용적률 400% 이상의 주거 단지는 열등재로 전락할 우려가 있다고 반론을 제기한다. 그러나 용적률을 높인다고 주거환경의 쾌적성에 문제가 생기지는 않는다. 층수가 높아지면 주거환경이 악화 될 것이라는 인식은 잘못된 것이다. 실제로 주거환경의 쾌적성 여부에 결정적인 영향을 미치는 것은 용적률이 아니라 건폐율이다. 즉, 용적률을 높이더라도 건폐율을 낮춰 주거환경의 쾌적성을 제고할 수 있기 때문이다. 예를 들어, 강남의 I－Park 아파트의 경우 용적률은 300%에 달하지만 건폐율이 10%에 불과하기 때문에, 용적률이 높음에도 불구하고 '친환경 건축물 1등급 인증아파트'이다(김태경, 2007).[24)]

허재완·박헌수(2007)의 연구에 의하면 1999년부터 2004년까지 준공된 46개 택지개발지구에 대해 개발밀도가 택지조성비에 미치는 영향을 헤도닉가격모형을 사용하여 추정한 결과 ha당 20인이 증가하는 경우 조성비(원/㎡)는 4.1%증가하지만, 가구가 증가함에 따라 가구당 조성비(원/㎡)는 11.8% 낮아지는 것으로 분석하였다. 토지임대주택의 경우 어느 지역에 공급하느냐에 따라 건폐율과 용적률 적용에 달라지겠지만 토지임대료에 대한 서민들의 부담을 완화시켜주기 위해서는 기존의 주택단지 개발과 달리 토지임대주택 건설지역의 경우 용적률을 어느 정도 완화시켜 줄 필요는 있다고 생각한다.

홍준표 의원도 이 부분에 대한 논란에 제기되자 자신이 대표 입법 발의한 「토

---

24) 그러나 주거환경 악화 주장에 대한 반론으로 친환경 건축물 인증을 들고 있으나 동 제도의 심사기준을 보면 총점 136점 중 일조권, 녹지공간 부문에 대한 배점이 13점에 불과하여 근거로 부적절하다는 견해도 있다.

지임대부 분양주택건설을 위한 특별법(안)」의 용적률 특례, 즉 '400%이상 1,500% 초과' 금지 부문을 다소 완화하여 250% 이상으로 수정하여 특별법을 제정하였다.

4. 분양가 및 기존주택의 하락 가능

토지임대주택의 경우 분양가격 산정시 토지대금을 포함하지 않기 때문에 초기 주택 구입자금이 부족한 수요자에게는 건물에 대한 건축비만 지급하고 주택을 구매할 수 있다는 측면에서 유리하다고 할 수 있다. 다만, 토지임대주택의 대지부문에 대해서는 토지임대주택을 사용하는 기간동안 토지임대료를 납부해야 하기 때문에 사실상 분양주택 전체를 지불하고 있는 셈이다. 따라서, 토지임대주택을 공급할 때 일반 분양주택에 비하여 분양가 인하 가능성은 초기 투입비용에 비해 다소 적게 들어간다는 점에서 20~30대 도시 근로자들에게 매우 유익한 주택제도라고 할 수 있다.

그러나 실질적인 분양가 인하를 위해서는 분양원가를 정확히 산정한 후 이를 검증하여 적정 수준의 사업자 이익만을 보장하는 수준에서 분양가를 정책적으로 책정하여야 한다. 또한, 실질적으로 이른바 '반값아파트'가 되기 위해서는 토지임대료를 대폭 낮춰야 하지만 토지임대료를 낮추는 데에는 한계가 있다. 토지임대료를 낮추기 위해서는 정부 재정지원이 선결되어야 하지만 정부 재정 지원 전체 금액에서 토지임대주택에 대한 지원 확대는 결국 다른 주거복지 부문의 지원을 줄여야 하기 때문이다. 다른 한편, 토지임대료를 낮추어 지원한다는 것은 주거비용에 대해 보조금을 지불하는 것과 같기 때문에 실질적으로 토지임대주택 제도가 임대주택 제도와의 차별성을 찾기는 쉽지 않을 것이다(정희남·최수; 2007:131).

토지임대주택 공급으로 저렴한 주택공급 효과를 최대화하려면 토지임대료를 낮게 책정하고 임대료 조정 폭도 낮추어야 하나 재원부담을 경감하고 개발이익을 적기 환수하기 위해서는 지가상승을 반영한 임대료의 주기적 조정이 필요하다. 또한, 토지이용을 계획적으로 통제하기 위해서는 토지임대기간 만기시 토지의 재수용이 가능하여야 하나 주거용 토지의 경우 토지임차인의 주거안정성을 확보하고 토지임차인에 의한 건축물의 유지, 관리 동기를 부여하기 위해서는 실제로는 임대계약이 자동 갱신되어야 하는 상충문제가 발생하고 있다(이종권, 2005).

토지임대주택은 토지에 대한 소유권을 공공이 가지고 있어 시간이 경과함에 따라 주택은 노후화되고 토지가격 상승에 따른 투기적 수요는 사라질 것이다. 따라서, 실수요자 위주로 주택수요시장에 재편되면서 주택임대시장은 가격이 안정화 되지만 주택분양시장에서 신규 분양주택가격과 기존 주택가격에 미치는 영향은 미미할 것으로 판단된다(김태경 외, 2007:144). 즉, 토지임대주택 공급정책으로 주택시장 안정효과에 대해서는 기대와 달리 그리 크지 않을 것으로 분석된다(정희남·최수, 2007:135).

그러나 토지임대주택이 기존 주택재고량에 영향을 줄 수 있을 만큼의 충분한 양이 공급된다면 토지임대주택의 분양가 인하는 주변 지역의 주택가격 인하 요인으로 작용하여 전체 부동산 시장이 안정되고 결국 서민 주거복지 증진으로 선순환 할 가능성도 있다. 이 점이 토지임대주택의 정책적 효과라고 할 수 있다.

5. 수요자들의 수용가능성

토지임대주택은 기존의 일반분양주택이나 임대주택과 완전히 다른 개념의 새로운 주택공급방식이기 때문에 과연 일반 국민들이 이를 수용할 사회적 공감대를 형성할 수 있는냐에 대한 논란이 있어 왔다. 특히, 해방이후 자본주의 경제체제가 우리 사회에 정착되었기 때문에 토지임대주택은 기존의 부동산 소유 관념에 배치되므로 국민들의 사고의 전환이 전제되어야 한다. 즉, 주택을 소유의 개념이 아니라 거주의 개념으로 보는 시각이 필요한 것이다.

대부분의 주택소유자들은 공공이든 개인이든 타인이 소유한 토지위에 있는 건물을 자신의 온전한 자산으로 간주하지 않는 경향이 있기 때문이다. 따라서, 토지임대주택을 국내에 도입할 경우에 검토할 사항들을 살펴보면 국내 환경에 비추어 볼 때, 토지임대를 통해 공급된 주택은 일반소유 주택과 전세의 중간 형태 또는 임대주택과 분양주택의 중간 형태의 특성을 가지고 있다. 즉, 토지임대제를 통해 공급된 주택의 입주자는 2년마다 계약을 해야 하는 전세주택에 비해 보다 안정적인 거주가 가능하고, 주택부문에 대한 소유권을 담보로 대출을 이용할 수 있으며, 임대주택과 달리 거래가 가능하다는 장점이 있다. 정부관점에서도 저렴한 주택공급이 가능하고 토지와 주택을 모두 임대하는 것에 비해 상대적으로 재원부담 및 수선유지 등 관리 부담이 작다는 장점이 있는 것이다. 그러나, 해외 토지임대제도의 성공적인 사례에도 불구하고 국내에는 다소 생소한 이런 제도를 시행함에 있어 고려해야할 사항들이 있다(이종권, 2005).

첫째, 토지임대제도는 공공의 토지소유를 전제조건으로 한다는 점으로 기본적으로 토지를 저렴하게 매입한 경우에 효과가 크다고 할 수 있다. 해외사례에서 정부가 토지를 일정 수준이상 확보한 이후 동 제도를 시행하였으며, 중앙정부 차원의 재정적 지원이 있었다. 동 제도의 시행 초기에는 토지매입비 조달을 위한 재정적 지원이 있어야 할 것이다.

둘째, 토지임대제도는 다양한 정책목표를 실현할 수 있는 수단이지만, 정책목표 간에 상충되는 부분이 있으므로 도입의 정책목표가 분명해야한다. 해외사례에서도 나타났듯이 저렴한 주택공급, 개발이익환수, 토지이용규제, 재원확보 등을 동시에 확보한 경우는 없다. 그 중에서도 가장 실현성이 큰 정책목표는 저렴한 주택공급의 수단으로 활용하는 것으로, 토지이용 규제나 개발이익 환수 등은 다른 제도를 통해 달성하는 것이 더 효과적일 것이다.

셋째, 토지임대제도는 정부가 융자를 하는 것과 비교되는 개념으로 토지 임대료율은 시중 대출금리 수준을 감안하여야 할 것이다.[25] 즉, 토지임대는 매월 이자만 상환하고 만기시 계약 갱신되거나, 건물 양도시 자동으로 승계되는 형태의 장기대출로 볼 수 있다. 임차인은 원금 상환부담이 없는 대신 토지에 대한 소유권을 갖지 못하며 지가 상승에 따른 자본이득을 포기하여야 한다. 따라서 우리나라처럼 금융을 이용한 주택구입이 용이하고 주택소유를 통한 자본이득 전망이 큰 시장상황 하에서는 토지임대주택에 대한 수요가 크지 않을 수 있다. 이를 감안하여 토지임대료율은 시중 대출금리 수준보다 낮게 책정하여 수요동기를 부여할 수도 있을 것이다.

---

25) 스칸디나비아 국가 중 스웨덴, 핀란드는 공공토지임대제도를 운영하고 있으나, 노르웨이는 저렴한 주택공급을 위해 토지임대제도 대신 주택구입자에게 융자보조 지원책을 활용하고 있다.

넷째, 임대기간이나 임대료 산정, 임대기간 만료 후 불확실성 등과 관련한 명확한 기준이 없을 경우 법정논쟁의 심화 등 민원발생 가능성이 크므로 제도적 보완장치가 필요할 것이다. 일례로 재계약 또는 재개발 등 부가적인 요인으로 임대료를 조정하는 경우에 토지의 가치평가로 인해 발생하는 문제, 동 제도를 통해 공급된 주택의 수혜가 실시 초기 최초계약자 뿐만 아니라 차기계약자에게도 돌아가기 위한 제도적 보완 문제가 있다.[26]

이 제도의 성공적 도입과 정착을 위해서는 동·서양 각 국가나 도시의 상황적 차별성이 제도의 성패에 어떻게 작용했는지를 이해하는 것이 매우 중요하다. 이를 통해 우리나라의 상황에 어느 정도 적합한지에 대한 면밀한 평가가 이루어져야 한다.

Ⅵ. 토지임대부 분양주택 활성화 방안

1. 토지임대주택의 활성화 방안의 모색

한국에 토지임대주택이 도입된 것은 2000년대 후반 수도권을 중심으로 한 주택가격 상승으로 국민들이 내 집 마련을 하는 데 어려움이 있어 필요한 지역과 계층의 수요에 적합한 다양한 주택공급 방식의 하나로 도입한 제도이다. 그러나 '07년 10월에 경기도 군포부곡지구에 시범 적용하였으나 국민들에게 외면당했다.

그 이유는 첫째, 분양가격이 3.3㎡당 450만 원대로, 이는 토지임대주택의 분양의향이 있는 사람들 중 54.4%만이 분양을 희망하는 수준이어서 분양가격이 높았다.

둘째, 토지임대료로 3.3㎡당 약 40만 원대로, 이는 토지임대주택의 분양의향이 있는 사람들 중 16.5%만이 분양받을 의향이 있다고 의사표시를 한 것과는 상당한 차이가 있는 임대료 수준이었다.

셋째, 시범사업 해당 지방정부인 경기도와 군포시는 적극적으로 반대하였고

---

26) 이종권 외(2005), 「토지임대부 주택공급방식 도입방안」, 주택도시연구원. p.54.

일부 언론들은 정부 주택정책에 대한 부정적인 면 만을 부각시키고 있었다. 정부 또한 이 제도에 대한 적극적인 정책추진 의지가 없었기 때문에 다른 일반지구보다 홍보에 소극적이었다.

넷째, 수요자 조사결과 토지임대주택은 고졸, 블루칼라층, 다세대나 연립주택거주자들이 선호하고 있었으나 시범사업 분양시 이를 고려한 수요대상 계층을 구분한 공급방안을 수립하여 시행하여야 했었다. 그러나 실제 분양시에는 일반분양주택과 동일하게 기존의 청약저축 가입자들을 대상으로 분양하여 수요대상 계층의 괴리를 고려하지 못하였다.[27] 그러나 시범 사업 후 대한국토·도시계획학회가 중심이 된 '시범사업 평가단'은 평가결과 제도 보완 후 사업의 본격적인 시행을 위해 2차 시범사업의 시행이 반드시 필요하다고 보았다.

이를 통하여 분양률에 영향을 미치는 제도적 특성과 입지특성에 따른 요인을 식별하기 위해 2차 시범사업 입지선정에 대한 면밀한 검토가 필요하다는 의견을 국토해양부에 제안하였다.

한편, 국회와 신정부(이명박 정부)는 2009년 4월 「토지임대부 분양주택 공급촉진을 위한 특별조치법」을 제정하여 2009.10.23일부터 시행하였다. 따라서, 토지임대주택은 활성화 방안이 마련되어야 한다. 이를 위해서는 정책방향 설정을 위한 주요 요소들을 도출하여 우선순위를 정하고 그 결과 우선순위가 높은 정책들을 중심으로 대책을 수립하여야 정책의 효율성과 성공가능성을 높일 수 있을 것이다.

2. 토지임대주택의 정책요소 우선순위 도출

본 연구는 토지임대주택 정책집행 시 고려할 세부 요인을 도출하는 데 목적이 있다. 이러한 연구 목적을 달성하기 위하여 전문가들의 직관을 동원하여 합의를 추출하여 문제를 추정하거나 구성원들의 의견을 수집·수렴하는 델파이 기법을 사용하였다.

---

27) 배문호 외(2010), "토지임대부 및 환매조건부 주택 시범사업 비교분석 연구", 한국부동산학보 제41집, 한국부동산학회.

델파이 참여자는 공무원, 공기업 직원, 학계 교수, 연구기관, 언론기관, 주택 관련 단체나 기관 등 6개 그룹으로 분류하여 예상표집 목표인원을 50명으로 하여 '10. 7~10월 사이에 진행되었다. 델파이 전문가 사전조사에는 6명(대상이 10명), 1차 조사에는 40명, 2차 조사에는 35명, 3차 조사(AHP 조사)에는 40명이 응답하였다. 2차 조사에서는 1차 조사에 참여하였던 국회 국토해양위원회 소속 국회의원실의 의견을 국회일정 때문에 받지 못하여 1차 조사에 비하여 회신이 다소 저조하였다.

그 결과 완성된 토지임대주택 정책의 계층분석 구조도는 〈표 22〉와 같다.

표 22 토지임대주택 정책의 계층분석 구조도

목 표	Level I	Level II
토지 임대 주택 공급 활성화	택지 확보 방안	- 공공기관의 토지비축 필요 - 보금자리주택 단지 등 입지가 양호한 지역 선정 - 각종 개발사업에 일정비율의 토지임대주택 용지로 배분 - 현재의 택지개발방식으로 택지를 확보하되 토지이용계획에 반영
	재원 조달 방안	- 국민주택기금 지원 확대 - 국민들의 사회적 합의시 정부 재정지원 - 토지임대료로 ABS 발행하여 자산유동화 - 토지임대료를 보증금형태로 지대일시금으로 수납
	토지임대 기간 및 토지사용권 보장	- 현행 토지임대기간(40년)동안 토지사용권 보장 및 다양화(30, 40, 50년 등) - 재건축시까지 토지임대기간 보증 및 임대기간 만료 후 재건축시 토지사용권 보장 - 재건축 및 리모델링 허용 및 완화 - 계약 갱신 청구 요건 완화(주택소유자 75% 요구 → 60%, 갱신은 1회 보장하고 2회부터 추가비용 징수)
	주택가격, 토지임대료 산정	- 주택가격 및 토지임대료 산정기준 정립 - 토지임대료 납부방법 다양화 - 토지임대료 요율적용 및 결정방법 개선 - 토지임대료는 2년마다 갱신하고 평균지가상승률 적용

한편, AHP 조사는 1~2차 델파이 조사를 통해 설계된 토지임대주택 정책 계층도에 의해서 구성되었다. AHP 조사는 기본적으로 쌍대비교를 통해서 Level Ⅰ에서 토지임대주택 활성화 방안 주요 부문간의 중요도의 가중치를 분석하였으며 Level Ⅱ에서는 정책 각 부문별 세부 요소들 간에 쌍대비교를 하여 하부 요소들의 가중치를 구하였다. 이러한 과정을 통해서 궁극적으로 토지임대주택 정책 각 부문(Level Ⅰ)과 각 세부요소(Level Ⅱ)의 점수를 종합하여 도출함으로써 전문가들이 인식하고 있는 토지임대주택 정책의 상대적 중요도를 계량적으로 도출하고자 하였다.

최종적으로 토지임대주택 정책의 4가지 부문별 세부항목의 가중치를 종합하여 토지임대주택 공급 활성화를 위한 정책적 요소 전체를 파악하였다. 전체 모형에서 보면, 궁극적인 목표인 '토지임대주택 공급 활성화를 위한 토지임대주택 정책적 요소의 우선순위 파악'을 위하여 추진되는 Level Ⅰ의 4개 정책 부문과 Level Ⅱ의 각 정책별 세부요소가 어느 정도의 중요도를 갖고 있는지 최종적으로 위계 수준별로 구해진 가중치를 종합하였다. Level Ⅰ과 Level Ⅱ 정책 부문과 요소들의 가중치를 종합한 복합가중치를 구하여 1,000점으로 환산했을 때 점수 및 우선순위는 〈그림 3〉과 같다.

그림 3 토지임대주택 활성화 정책방향 수립의 세부항목 및 중요도

복합가중치는 상위 계층 Level Ⅰ의 4개 정책부문의 가중치와 하위 계층 Level Ⅱ의 각 정책 부문별 세부 요소의 가중치를 곱하여 구한다. 상위계층 Level Ⅰ의 4개 정책부문의 중요도를 1,000점으로 환산한 결과, 재원 조달 방안이 312점, 택지 확보 방안이 261점, 주택가격 및 토지임대료 산정이 247점, 토지임대기간 및 토지사용권 보장이 180점 순으로 나타났다. 그리고, 이를 각 정책별 세부 요소의 도출된 중요도와 종합한 각 요소의 복합가중치의 최종 중요도의 결과는 〈표 23〉과 같다.

표 23 토지임대주택 정책 부문 세부 요소의 상대적 중요성과 순위

세부 요소	최종중요도	순 위
주택가격 및 토지임대료 산정기준 정립	12.5%	1
국민주택기금 지원 확대	9.8%	2
국민들의 사회적 합의시 정부 재정지원 필요	9.6%	3
보금자리주택단지 등 입지가 양호한 지역 선정	8.1%	4
공공기관의 토지비축 필요	7.9%	5
현행 토지임대기간(40년)동안 토지사용권 보장 및 다양화	6.7%	6
토지임대료로 ABS를 발행하여 자산유동화	6.1%	7
각종 개발사업에 일정비율의 토지임대주택 용지로 배분	6.0%	8
토지임대료를 보증금 형태로 지대 일시금으로 수납	5.7%	9
토지임대료 요율적용 및 결정방법 개선	5.6%	10
재건축시까지 토지임대기간 보증 및 재건축시 토지사용권 보장	5.4%	11
현재의 택지개발 방식으로 택지를 확보하되 토지이용계획에 반영	4.1%	12
토지임대료 납부 방법 다양화	3.9%	13
계약 갱신 청구요건 완화	3.1%	14
재건축 및 리모델링 허용 및 완화	2.7%	15
토지임대료는 2년마다 갱신하고 평균 지가상승율 적용	2.6%	16

토지임대주택 정책 활성화를 위한 정책방안 설정을 위한 16개 세부 요소 중 상위 5개 핵심 요소(Top 5)를 중심으로 한 정책적 시사점은 다음과 같다.

첫째, '주택가격 및 토지임대료 산정 등' 부문에서 '주택가격 및 토지임대료

산정기준 정립'이 절대적으로 중요한 요소로 나타났다. 전문가들은 토지임대주택 활성화를 위해서는 수요자 측면에서 가장 민감한 부분인 토지임대주택의 주택가격 결정방법의 명확화와 토지임대료 산정기준의 정립 기준이 시급함을 지적한 것이다. 이는 배문호·하성규(2010)의 수요자 조사결과와 유사하다고 할 수 있다. 둘째, 토지임대주택 정책 활성화에 있어서는 주 공급자인 정부차원의 재원 마련 부문이 중요한 문제로 지적 되고 있다. 저소득 계층을 위한 주택공급에서 국민주택기금의 지원 확대가 중요한 문제로 지적되고 있다. 군포부곡지구에 대한 시범사업 시 이에 대한 지원기준이 마련되어 있지 않았고, 그나마 마지못해 마련한 지원도 토지는 임대하고 주택만 분양하는 주택이라는 생각에서 기존의 동일평형 국민주택기금 지원금액의 50%만 지원하였다. 국민주택기금의 지원근거, 기준, 방법, 이율 등에 대한 개선이 요구되는 부문이다. 셋째, 토지임대주택에 대한 정부의 재정 지원이 필요하다고 지적하고 있다. 그러나 재정지원은 이에 대한 국민들간의 사회적인 합의와 명분이 필요하다고 전문가들은 지적하고 있다. 현재 정부재정이 지원되고 있는 주택은 영구임대주택과 국민임대주택 뿐이다. 이를 위해서는 토지임대주택의 주요 수요층을 명확히 하고 이들이 과연 재정지원을 할 만한 계층인지를 먼저 파악하여야 할 것이다. 이를 근거로 여론의 지지나 국회의 협조를 이끌어내야 할 것이다. 넷째, 보금자리주택단지 등 입지가 양호한 지역 선정이 중요한 것으로 나타났다. 어떠한 주택 유형이던지 입지는 중요한 요소이다. 특히 토지임대주택의 시범사업 시 군포부곡지구의 입지적 측면의 논란이 있었으며, 국토해양부가 대한국토·도시계획학회에 의뢰한 시범사업에 대한 평가에서도 2차 시범사업은 입지선정에 대한 면밀한 검토가 필요함을 지적한 바 있다.[28] 다섯째, 공공기관의 토지비축이 중요함을 확인할 수 있었다. 토지임대주택의 공급을 위해서는 우선, 전제 조건으로서 토지에 대한 비축이 필요함을 전문가들은 중요한 요소로 지적하였다. 최근에 우리나라도 토지은행 제도를 도입하여 장래 이용·개발이 필요한 토지의 선 확보를 통해 국가 차원의 토지수급 기반을 구축하기 시작하였다. 현재는 SOC 용지나 산업단지 등을 중심으로 시작하였으나 앞으

28) 대한국토·도시계획학회(2008), 「토지임대부 주택 및 환매조건부 주택 시범사업 성과분석 및 추진방안 검토 연구」, 국토해양부 발간. p.80.

로는 토지임대주택 용지를 위한 토지 비축도 필요하다고 본다.

3. 공급자 측면에서의 정책

토지임대주택의 활성화 방안으로써 주택공급자 측면에서의 정책으로는 택지 확보 방안, 재원 조달 방안과 공급대상 계층의 명확화 등 기타 정책요소 등 3가지를 들 수 있다.

먼저, 택지 확보 방안을 살펴보면, 토지임대주택을 추진하는 데 있어 가장 논란이 많은 부분이 도시지역에는 가용 토지가 없어서 토지임대주택 정책을 지속적으로 시행하기가 어렵다는 점이다. 토지임대주택 정책이 실현되려면 주택을 지을 토지를 어디에서, 또 얼마나 저렴한 가격에 확보할 수 있느냐가 관건이기 때문이다. 1948년 정부 수립 후 우리나라는 토지사유화를 기반으로 하는 토지사유제를 원칙적으로 보장하여 왔다. 이러한 과정을 거치면서 우리 국토 대부분이 개인과 기업 등 민간이 보유하게 되었고, 공공이 보유한 국·공유지는 극히 일부분에 그치고 있다. 도시화 및 산업화 과정에서 정부가 사회간접자본을 대규모로 설치하면서 국·공유지가 꾸준히 증가해 왔다고는 하지만, 여전히 국·공유지 비율은 '07년 말 현재 전국토의 23.5%에 불과한 수준이다. 국·공유지가 외국에 비하여 현저히 적은 23.5% 밖에 되지 않고, 그나마 대부분이 산림, 학교, 도로 등이며, 도시지역에서는 0.1% 밖에 안 되는 현실에서 어떻게 택지를 확보할 것인가가 문제이다. 이를 해결할 수 있는 방안으로는 ① 보금자리주택단지 등 입지가 양호한 지역을 우선 선정하고 ② 공공기관의 토지비축이 필요하고 ③ 각종 개발사업에 일정비율의 토지임대주택 용지로 배분하고 ④ 현재의 택지개발방식으로 택지를 확보하되 토지이용계획에 반영하는 등의 방법을 채택할 수 있을 것이다. 둘째, 재원 조달 방안을 살펴보면, 토지임대주택에 있어서 주택은 분양하지만 토지는 장기 임대하므로 초기 투입된 택지비의 회수기간 장기화로 인한 재원조달문제가 사업성패의 가장 중요한 요소라 할 수 있다. 토지와 건물을 모두 분양해 온 기존의 주택공급방식에서는 초기 토지매입과 택지조성에 필요한 재원을 조성택지를 매각함으로써 마련해왔는데, 토지임대주택에서는 토지를 매각하지 않기 때문에

'어떻게 초기 택지매입비와 택지조성비의 재원을 조달할 것인가?'가 문제이다. 따라서, 토지를 임대함에서 발생하는 지대수입을 통해 초기 택지비가 회수되기까지 재정지원 또는 자체 재원조달 수단을 마련할 필요가 있는 것이다. 이를 해결할 수 있는 방안으로는 ① 국민임대주택 지원 확대, ② 국민들의 사회적 합의시 재정 지원도 필요, ③ 토지임대료(지대)로 ABS를 발행하여 자산유동화, ④ 토지임대료를 지대일시금으로 수납하는 방법 등을 채택할 수 있을 것이다. 셋째, 기타 정책적 요소로는 공급대상 계층의 명확화 하는 것과 토지임대주택에 대한 홍보 강화를 들 수 있다. 토지임대주택의 경우 정책목표와 대상을 어떻게 설정할 것인가는 매우 중요한 사안이다. 정부는 '03년 5월 도시근로자 평균소득 자료를 기준으로 소득수준별 맞춤형 지원체계를 주요 내용으로 하는 '주거복지 지원 로드맵'을 마련하여 주친 중에 있다. 저소득층 내에서도 소득의 차가 존재하므로 저소득층 내 계층별 수요를 고려한 맞춤형 정책을 도입할 필요에서다. 군포시 부곡지구 시범분양에서는 소득 5~6분위 계층을 대상으로 공급하였으나 수요층이 미미하였다. 토지임대주택 수분양자는 건물에 대한 지불능력만 있는 저소득 계층이기 때문에 "자가 주택 구입능력이 부족한 계층"인 소득 4~5분위 계층으로 다소 하향 조정할 필요가 있다. 그리고 토지임대주택 수요층을 고려하여 홍보 방향을 정하되 주요 홍보 내용으로는 토지임대주택 제도적 특징이나 장점, 외국의 토지임대 사례와 운영방안 등을 정보 제공 차원에서 상세히 전달할 필요가 있다. 저렴한 가격의 주택공급이라는 점, 불로소득의 환수를 위한 주택으로서 주택시장의 안정을 가져올 수 있는 제도라는 점, 주택을 사용이라는 주거 위주의 주택임을 홍보하여 이러한 정보를 바탕으로 수요자가 자기 상황에 맞게 합리적인 선택을 할 수 있도록 지원할 필요가 있다.

4. 수요자 측면에서의 정책

토지임대주택의 활성화 방안으로써 주택수요자자 측면에서의 정책으로는 토지임대기간 및 토지사용권 보장, 부담 가능한 주택가격 및 토지임대료 산정, 용적률에 따른 토지임대료 변화 등 기타 정책요소 들 3가지를 들 수 있다. 먼저, 토지임대기간 및 토지사용권 보장 등을 살펴보면, ① 현행 토지임대기간 동안 토지사용권 보장 및 토지임대기간 다양화, ② 주택 재건축시 처리 방안, ③ 계약 갱신 청구요건 완화, ④ 재건축 및 리모델링 허용 및 완화 등을 정책적 요소로 고려할 수 있다. 둘째, 주택가격 및 토지임대료 산정 등을 살펴보면, ① 주택가격 및 토지임대료 산정기준 정립, ② 토지임대료 요율 적용 및 결정방법 개선, ③ 토지임대료 납부방법 다양화, ④ 토지임대료는 2년마다 갱신하고 평균지가상승률 적용을 고려할 수 있다. 셋째, 기타 정책 요소를 살펴보면, ① 토지임대주택 공급활성화를 위하여 보다 저렴한 주택을 공급하기 위한 방안의 하나로 용적률을 높여 고밀도로 적용하여 토지임대료를 낮출 수 있다. 이를 시뮬레이션해 보면, 먼저 토지임대료 산정의 기준이 되는 택지비는 시범사업 시 적용한 조성원가의 110%와 임대주택 건설용지로 공급 시 적용하는 조성원가 이하(85%)로 구분하였다. 이에 따른 용적률을 특별법 제15조 상의 허용 가능한 250%와 비록 용적률이 비현실적으로 높지만 토지임대주택 제도가 처음 대두 되었을 때 주장된 400%를 적용해 보면 〈표 24〉와 같이 토지임대료는 상당히 낮출 수 있음을 알 수 있었다. 택지조성원가를 조성원가의 110%를 적용하여 분석한 것은 74㎡가 호당 375,000원에서 278,000원으로, 84㎡가 425,000원에서 315,000원으로 약 25% 정도로 인하되었고, 택지조성원가를 조성원가의 85%를 적용하여 분석한 것은 호당 375,000원에서 172,000원으로, 425,000원에서 195,000원으로 약 53% 정도 대폭 인하됨을 알 수 있다. 용적률 완화가 입주자의 토지임대료 부담을 덜어주는 요소임은 틀림없다. 그러나 용적률을 완화하는 것은 토지임대료 절감을 위한 진정한 대안은 아니다. 주로 고층아파트를 건설하자는 것인데, 이것은 교통과 환경 문제 등 주거의 질을 훼손하는 또 다른 심각한 문제를 발생시킬 수 있기 때문이다. 이것과 조화될 수 있는 수준에서 용적률 완화는 적극 도입할 수 있을 것이다. 최근에 분양한 서울 서초지구 토지임대주택의 용적률은 군포부곡 시범지구의 용적률이 148%였는데 비하여 250%가 적용되어 매월 납부하는 토지임대료를 저렴하게 할 수 있는 하나의 요인이 되었다. ② 토지임대주택과 환매조건부 분양주택의 결합들 들 수 있다. 토지임대주택에 대해서는 환매조건부 주택제도를 반드시 병행하여 도입할 필요도 있다. 토지는 임대하고 주택은 분양하는 토지임대주택의 특성상 현행 사업구조에서 택지공급가격과 건축비의 인하, 국·공유지 보유 토지를 활용, 정부의 재정투자 등이 전제되지 않으면 분양가격과 토지임대료 인하에는 한계가 있다. 그러나 건축비를 인하하기 위해 가산비용이 포함되지 않는 표준건축비를 적용하거나 국·공유지를 활용하거나 재정투자가 이루어지기 위해서는 최초 분양자에 대한 자본이익을 환수하는 장치가 마련되어야 하며, 그 수단이 환매조건부를 의무화하는 것이다. 이러한 유형의 토지임대주택은 주거복지 차원에서 시행되는 소규모 단지, 보금자리주택단지, 소규모 평형 등을 건설하여 공급하도록 해야 한다. 반면, 환매조건부를 부여하지 않는 토지임대주택인 경우에는 인하되지 않는 시장에서 적용되는 토지사용료를 적용하도록 하는 것이 바람직하다.[29)]

표 24 군포부곡지구 토지임대료 산정(용적률 변동 시 시뮬레이션)

▸ 시뮬레이션 1: 조성원가의 110% 적용시

- 기본사항 (단위: 천원)

택지 조성원가	대지면적(㎡)	공급가격 (조성원가의 110%)	자본비용율	년간임대료	월간 임대료	월간 ㎡당
44,037,872	28,117	48,441,659	3.9663	1,921,342	160,112	5.7

자본비용율 = 자기자본비용율(1.9352) + 타인자본비용율(2.0311)

- 임대료 산정 내역

형 별	호별 대지면적(㎡)			호별 임대료(원/월)		
	시범사업 (148.19%)	250%적용	400%적용	시범사업 (148.19%)	250%적용	400%적용
74㎡A	65.82	48.44	24.39	375,000	278,000	139,000
74㎡B	65.74	48.71	24.36	375,000	278,000	139,000
84㎡	74.56	55.24	27.62	425,000	315,000	158,000

29) 변창흠 외(2007), 「공공자가주택의 이념적 근거와 정책효과 분석」, p.163.

▸ 시뮬레이션 2: 조성원가의 85% 적용시

- 기본사항

(단위: 천원)

택지 조성원가	대지면적 (㎡)	공급가격 (조성원가의 85%)	자본비용율	년간임대료	월 간	
					임대료	㎡당
44,037,872	28,117	37,432,191	3.9663	1,484,673	123,723	4.4

- 임대료 산정 내역

형 별	호별 대지면적(㎡)			호별 임대료(원/월)		
	시범사업 (148.19%)	250%적용	400%적용	시범사업 (148.19%)	250%적용	400%적용
74㎡A	65.82	39.02	24.39	290,000	172,000	108,000
74㎡B	65.74	38.97	24.36	290,000	172,000	108,000
84㎡	74.56	44.20	27.62	329,000	195,000	122,000

자료: 군포부곡 2B 블럭 용적률 변동 시 시뮬레이션, 기본 자료를 토대로 필자가 작성.

Ⅶ. 결론(정책 제언)

본 연구에서는 문헌 고찰과 델파이기법을 활용하여 토지임대주택 활성화를 위한 공급 정책적 세부 항목을 개발하였으며 개발된 정책 항목들 간에 중요도를 평가하였다. 따라서 '09년 10월, 특별법 시행이후 정부의 정책 집행자들의 무관심 속에 구체적인 실적이 없는 토지임대주택이 향후 정부의 주요 주택정책으로 구체화될 때, 부문별 세부 항목을 결정하고 토지임대주택 공급 활성화 정책 방향을 정하는 데 기여하게 될 것이다. 또한, 정책의 각 부문별 우선순위와 관련해서 정책내용 중 무엇을 먼저 실행에 옮길 것인가에 대한 지표 역할을 수행하게 될 것이다. 현재, 정책의 실질적인 현안들에 대한 해결방안이 모색되어야 함에도 불구하고 구체적 정책 지원의 방안이 설정되지 못하고 있어 다음과 같은 사항들을 연구 결과에 따라 정책 제언을 하고자 한다.

첫째, 토지임대주택 정책 세부 요소의 상대적 중요성에 대한 결과 주택가격 및 토지임대료 부분이 수요자나 공급자 입장에서 매우 중요한 요소로 나나났다. 그러므로 정부는 수요자의 공급대상 계층을 명확히 하고 이들이 부담가능한 주거비 부담 수준까지 주거비 부담을 낮추어 주는 정책 방안을 찾되 공급하는 사업 시행자(주로, 정부)의 재원 부담 능력과 균형을 유지하여야 한다.

둘째, 토지임대주택에 대한 준비가 미비하고 정확한 수요층의 요구를 간파하지 못한 시범사업으로 인한 결과를 교훈 삼아 이에 대한 정책결정자나 국민들의 인식을 전환시킬 필요가 있다. 토지임대주택에 대한 장·단점, 외국의 성공사례, 시범사업 시행의 문제점을 보완하여 특별법을 제정한 취지 등 토지임대주택에 대한 상세한 정보를 국민들이나 실수요자에게 제공하여야 한다.

셋째, 특별법이 제정되고 처음으로 발표된 정부의 '2010년도 주택종합계획'에는 토지임대주택에 대해서 '2010년 이후 시범사업 추진을 통해 단계적 활성화 예정'이라고만 명시되어 있을 뿐이다.[30] 정부는 특별법 제5조 제1항에 따라 주택종합계획을 수립함에 있어서 토지임대주택에 관한 사항을 포함시켜야 한다는 의무적 사항을 등한시 하고 있으며, 제5조 제2항에 의한 해당 연도 주택종합계획에 포함된 토지임대주택의 우선 건설을 위하여 필요한 재정 또는 국민주택기금이 지원되도록 해야 하는 것도 외면하고 있다. 향후 토지임대주택 제도가 성공하기 위해서는 각 공급 주체들이 '얼마나 저렴한 양질의 주택을 공급하느냐'하는 것이 핵심이므로 정부 당국의 적극적인 정책적 추진 의지가 요구된다.

넷째, 토지임대주택 활성화를 위한 법률적, 제도적인 정책지원 강화로 각 행위주체 간 연계성과 공기업 및 시민단체, 언론기관 등과의 유기적인 관계 정립을 통하여 원활한 정책지원의 근간이 마련되어야 한다.

다섯째, 주택공급자 측면의 정책과 주택수요자 측면의 정책을 우선순위를 고려하여 조화롭게 단계적으로 추진할 필요가 있으며 그 진행과정에 시민단체와 언론기관들의 비판적 참여를 유도하여야 한다.

따라서 본 연구는 토지임대주택 활성화를 위한 정책 방향을 설정하는 데 있어서 정책의 우선순위를 판단하는 중요한 평가 모델이 될 것이며 정책적 의사결

30) 국토해양부(2010), '2010년도 주택종합계획', 보도자료.

정을 하는 데 중요한 기초 자료가 될 것이다. 또한, 학문적 차원에서 토지임대주택 정책의 연구 지평을 확대하는 데 일익을 담당하게 될 것이다. 그러나 본 연구는 다음과 같은 몇 가지 한계를 내포하고 있다.

첫째, 토지임대주택 정책 계층도의 작성에 한계를 가지고 있다. 본 연구에서는 사전조사, 1~2차 조사 등 모두 세 차례 델파이 방식을 통해 4개 부문과 16개의 하위 요소로 정책 계층구조도를 구성하였으나 토지임대주택 정책의 모든 요소를 포괄하였다고 보기는 어렵다. 따라서 향후 토지임대주택 정책을 집행함에 있어 고려해야 할 세부기준 등에 대한 좀 더 체계적인 연구가 필요하다고 하겠다.

둘째, 설문지 배포와 수거방식의 문제이다. 본 연구에서는 설문지 배포와 수거를 e-mail을 주로 사용하고 일부는 FAX 또는 직접 배포하였다. 본 연구에서는 각 하위요소들 간의 상대적 중요도를 쌍대비교 하는 설문지를 구성하였는데, 사실 상대적 중요도를 쌍대비교하기 위해서는 응답자에 대한 사전 교육이 필요하고 충분한 설명이 전제되어야만 성실하고 일관성 있는 응답 결과를 확보할 수 있다. 그러나 본 연구는 주로 e-mail에 의존했기 때문에 응답자들이 쌍대비교에 대한 명확한 이해를 하지 못한 상태에서 응답함으로써 많은 응답결과가 일관성 비율의 임계치에 들지 못했다. 따라서 향후 연구에서는 응답자의 설문에 대한 충분한 설명과 사전교육이 이루어져야 한다.

셋째, 표본선정과 선정된 표본의 대표성의 문제이다. 물론 본 연구는 일반인을 대상으로 조사를 실시한 것이 아니라 전문가들을 대상으로 한 것이기 때문에 표본의 대표성은 그다지 중요하지 않았다. 그러나 전문가들에 설문을 의뢰함에 있어 연구자가 편의적으로 대상자를 선정하였다는 점은 연구의 객관성 및 신뢰성을 완벽하게 담보하였다고 보기는 어렵다. 향후 연구에서는 전문가들을 대상으로 한 조사라 할지라도 대표성을 확보할 수 있는 방안이 모색되어야 할 것이다.

참고문헌

국토연구원, 2007, 「주택 분양가제도 개선방안 연구」(중간보고서).

국토해양부, 2010, 2010년도 주택종합계획, 보도자료.

김경환·신혜경, 2008, 「주택정책의 방향전환을 위하여」, 한반도선진화재단.

김태경 외, 2007, 「토지임대부 및 환매조건부 분양제도에 관한 연구」, 경기개발연구원.

대한국토·도시계획학회, 2004, 「국민임대주택 건설정책에 대한 성과평가 및 안정적 재원 조성방안에 관한 연구」, 대한주택공사.

대한국토·도시계획학회, 2008, 「토지임대부 주택 및 환매조건부 주택 시범사업 성과 분석 및 추진방안 검토 연구」, 국토해양부.

박헌주, 2006, 土地賃貸付 住宅供給 政策 수원대학교 특강 자료, 주택도시연구원.

배문호, 2009, 토지임대부 및 환매조건부 주택 정책결정과정에 관한 연구, 제1회 중앙대학교 대학원 학술제 논문집:98－117.

배문호·하성규, 2010, 토지임대부 및 환매조건부 주택 시범사업 비교 분석 연구, 「한국 부동산학보」, 41:304－319.

변창흠 외, 2007, 「공공자가주택의 이념적 근거와 정책효과 분석」, 주택도시연구원.

빈부격차·차별시정위원회, 2006, 「공공건설임대주택의 가구별 임대료 차등화 방안에 관한 정책대안 검토」.

윤성일, 2004, 국민임대주택 거주자들의 주거비 부담과 거주의사에 관한 연구, 중앙대학교 석사학위논문.

이종권 외, 2005, 「토지임대부 주택공급방식 도입방안」, 주택도시연구원.

장영희, 2010, 주택정책의 전개와 공기업, 토지주택연구원 편저 「녹색의 나라, 보금자리의 꿈」, LH:83－106.

정희남·최수, 2007, 「공공택지 공급방식의 다양성 확보방안 연구: 대지임대부 주택공급 제도를 중심으로」, 국토연구원.

진미윤, 2010, 주택정책과 사회정책으로서의 보금자리주택, 친서민 주택정책 전문가 포럼 토론회 발제문.

하성규, 2004, 「주택정책론」, 제2전정 증보판, 박영사.

LH 국토주택정보처, 2010, 「토지주택핸드북」.

내일신문, "건교부장관, 주·토공 사장과 간담회," 2006년 12월 13일자.
세계일보, "공공택지 전면 공영개발," 2006년 12월 13일자.
조선일보, "반값아파트, 장단점 따져 도입여부 결정," 2006년 12월 21일자.
중앙일보, "반값아파트는 분양·임대 중간상품," 2006년 12월 14일자.
한계레, "아하 그렇구나 토지임대부 주택," 2011년 11월 21일자.

Communities and Local Government, 2006, *Delivering Affordable Housing*, London: CLG.

Wilcox, S. 2005, *Affordability and the intermediate housing market*, Joseph Rowntree Foundation.

http://likms.assembly.go.kr/record/index.html(2010.04.20).
http://ecos.bok.or.kr(2010.06.18).
http://kostat.go.kr(2010.03.04).
http://news.chosun.com(2006.12.19).

제16장

한국의 공공주택정책 평가와 과제

Ⅰ. 서 론

인간이 삶을 영위하기 위해 기본적으로 갖춰야 할 기초수요는 '의(衣), 식(食), 주(住)'이며, 이에 대한 재론의 여지는 없다. 국가마다 차이가 있지만, 소득수준이 일정 수준 이상의 국가에서 '의(衣), 식(食)'의 문제가 심각한 사회문제로 표출되는 경우는 드물다. 하지만, '주(住)'의 문제는 주택 고유의 특성과 사회적 속성, 개별적 가치재 등의 이유로 발생하는 문제가 복잡한 양상을 보이기 때문에 '주(住)'는 대부분 국가에서 주요한 정책과제로 채택, 관리하고 있다(김성연 외2, 2010).

이처럼 '주거(住居)'의 문제가 국가 정책에서 주목 받는 이유는 '주택'이 인간 삶의 중요한 재화라는 이유는 차치하고서라도 저소득층 등 사회적 약자의 존재에 기인한다고 판단된다. 즉, 주거 문제가 소위 시장의 '보이지 않는 손'에 의해 해결된다고 가정할 때, 국가의 주택시장 개입은 불필요하다. 하지만, 어느 국가에서나 사회적 소외계층 및 약자는 시장의 힘에 의한 주거안정이 거의 불가능하다고 볼 때, 이들에 대한 정부의 주택시장 개입은 당연한 결과로 귀결된다. 주택정책을 통한 정부의 주택시장 개입 정도는 대부분의 국가에서 정도의 차이가 있을 뿐, 적어도 사회적 약자에 대한 시장실패가 근본적 원인으로 지적되고 있다.

저소득층 등 사회적 약자의 주거안정을 위해 다양한 국가의 대응 중 대표적인 정책이 임대주택에 근간을 둔 공공주택 공급이다. 주요 선진국들의 장기임대주택 비율을 살펴보면, 네덜란드 32.0%, 영국 17.1%, 프랑스 19.0%, 일본 6.1%이고 OECD 국가 평균 11.5%, EU 평균 9.4%의 공공임대주택을 확보하고 있는 반면, 우리나라는 4.8%에 불과한 점은 향후 공공주택에 대한 정부의 관심과 노력이 필요함을 의미한다.

본 장은 사회적 약자의 주거안정을 위해서는 국가가 주도하는 공공주택정책이 지속적으로 진행되어야 함을 전제로 우리나라 공공주택정책에 대한 연혁적 고찰을 통해 시사점을 도출하고 향후 공공주택정책의 나아가야 할 방향을 제시하는 데 목적이 있다. 특히, 과거 역대 정부의 공공주택정책에 대한 고찰이 요구되는 이유는 과거의 역사적 경험이 미래를 준비하는 밑거름으로 작용할 것이라는 점에 착안하였다. 왜냐하면, 시대적, 사회적, 경제적 상황에 따라 역대 정부가 수립·집행한 공공주택정책에 대한 현실적이고 학술적인 평가는 과거에 경험한 유사한 정책 환경에 다시 직면하였을 때, 미래의 정부가 공공주택정책 수립에 있어 참고자료로 활용할 수 있다고 확신하기 때문이다.

Ⅱ. 정부의 주택시장 개입

1. 정부 개입

인간다운 삶을 영위하기 위해 기본적으로 갖춰야 할 기초수요는 '의(衣), 식(食), 주(住)'이며, 이에 대해서는 재론의 여지가 없다. 다만, 국가마다 차이가 있지만, 소득수준이 일정 수준 이상의 국가에서 '의(衣), 식(食)'의 문제가 심각한 사회문제로 표출되는 경우는 드물다. 하지만, '주(住)'의 문제는 주택 고유의 특성과 사회적 속성, 개별적 가치재 등의 이유로 발생하는 문제가 복잡한 양상을 보이기 때문에 '주(住)'는 자본주의, 사회주의 등 이념적 논의를 떠나 대부분 국가에서 주요한 정책 대상으로 채택, 관리하고 있다(김성연 외2, 2010).

주택시장에 정부가 개입하는 중요한 이유는 전통적인 시장실패(혹은 시장결함) 이론과 주택시장의 불균형 이론을 근거로 내세운다.

우선, 시장실패가 발생하는 이유에 대한 고전적 접근으로는 불완전경쟁, 정보의 불완전성, 공공재 존재 및 외부효과이다. 시장은 자원배분을 위한 중요한 역할과 상대적인 우월성을 보유함으로써 매우 중요한 기능을 수행하고 있다. 하지만, 시장실패 요인을 고려한다면, 시장에서 배분되는 자원이 항상 효율적인가의 문제에 직면하게 된다. 특히, 주택은 인간다운 삶의 위한 가장 기본적으로 갖춰야 하는 필수 재화로서 시장에 의한 배분에 모든 국민이 만족시키고 있는가에 대해서는 결국 주택 배분에 있어서 시장이 아닌 다른 주체의 역할이 필요함을 반증한다. 앞서 살펴본 사회적 약자는 시장에서 자신들이 원하는 주택을 소유 또는 점유하는데, 한계를 가진 집단으로서 주택문제에 있어 이들에 대한 자유방임적 시장 중심 사고는 자원배분의 비효율을 초래함으로써 종국적으로 사회 안정에 저해되는 잠재적 위험집단으로 변질될 우려가 있다. 이처럼 주택시장에 있어 사회적 약자를 위한 자원(주택)의 효율적 배분을 위해서 정부의 시장 개입은 필수불가결하게 인식되고 있다. 특히, 주택이 사회적 약자의 인간다운 삶을 영위하기 위한 필수 재화라는 전제하에 일반 경제적 재화와 다른 공공재적 특성은 국가의 주택시장 개입에 대한 당위성을 제고할 수 있는 중요한 요인이다.

둘째, 정부가 주택시장에 개입하는 또 다른 중요한 이유는 J. Doling(1997; 7~11)의 4가지 불균형에 대한 정의에서 찾을 수 있다. 각 불균형에 대한 개념을 살펴보면, ① 정적 불균형(static disequilibrium)은 주택의 총량적 불균형 개념이다. 즉, 국가, 지자체와 같은 특정 지리적 단위에 있어 전체 가구수와 전체 주거지 간 발생하는 불일치를 의미한다. 정적 불균형은 유량(流量, flow)보다는 저량(貯量, stock)의 시간적 개념으로 국가 또는 지자체별 가구수와 주택수의 비교 지표인 주택보급률(전체 주택수÷전체 가구수×100)로 판단이 가능하다. 즉, 일정기간 동안 특정 지리적 단위에 있어 주택보급률이 100% 이하인 경우 전체 가구수 대비 전체 주택수가 부족한 양적 불균형의 문제가 있음을 유추할 수 있다. ② 동적 불균형

(dynamic disequilibrium)은 시간적 흐름을 고려하여 주택 총량과 가구수의 추세를 반영한 불균형의 개념이다. 즉, 타 재화와 달리 시장에 주택을 공급하기 위해서는 최소 2~3년 건설기간이 필요하다. 따라서 주택시장의 불균형을 고려함에 있어 특정 시점의 수급량에 대한 논의와 함께 시간의 경과를 전제로 주택의 중장기 수급량에 대한 면밀한 검토가 주택정책 수립에 있어 중요한 의미를 가진다. ③ 공간적 불균형(spatial disequilibrium)은 국가 또는 지자체 내에서 지역 간 주택 수급량이 불일치하는 개념이다. 즉, 국가 또는 지자체의 전체적인 총량적 관점에서 볼 때, 주택의 수요와 공급이 일치한다 하더라도 지역 간 주택 수급량의 불일치가 발생할 수 있다. 극단적인 예를 들면, 총량적인 관점에서 사람이 살고 있지 않는 곳에 공급된 주택은 국가 또는 지자체의 주택 재고량을 증가시키는 반면, 주택시장의 균형을 위해서는 바람직하지 않다. 일반적으로 공간적 불균형은 주로 과거 교외화로 인해 도시외곽으로 이주한 계층이 다시 도시로 재진입(relocation)하여 교외주택이 공가로 남게 되는 현상으로 설명된다. ④ 질적 불균형(qualitative disequilibrium)은 물리적 구분과 경제적 구분으로 구분된다.[1] 우선 물리적 불균형을 살펴보면, 가구원수에 비해 매우 협소한 주택면적, 화장실 등 필수시설 미비, 난방 또는 상수시설 미비 등 인간다운 삶의 질(quality of life)을 영위하기 어려운 물리적, 기능적으로 미흡한 주택은 보통의 일반적인 주택으로 볼 수 없다는 개념이다. 2003년 7월, 주택법에 공식적으로 도입된 최저주거기준으로 주택의 질적 불균형을 파악할 수 있는데, '쾌적하고 살기 좋은 생활을 영위하기 위해 최소한의 주거수준'을 면적, 시설, 구조·성능·환경기준 등 세 부문으로 구분하고 있다. 경제적 불균형은 주택공급에 있어 소요(need)와 수요(demand)의 불일치(하성규, 2006)와 관련이 있다. 일반적으로 소요와 수요를 구분하는 기준은 주택에 대한 구매능력 또는 지불능력(affordability)의 유무에 있다. 즉, 주택에 대한 지불능력에 관계없이 주택을 필수재로 인식하고 점유하려는 속성이 소요이며, 지불능력을 반영한 주택 점유 속성을 수요로 본다. 따라서 시장에 공급되는 주택과 정부가 정책적으로 공급하는 주택의 주된 대상이 다르다고 인식할 때, 소요 및 수요 계층에 부합

---

1) J. Doling(1997)은 질적 불균형을 설명함에 있어 물리적인 측면에 한정한 반면, 본 글에서는 경제적 분류도 질적 불균형의 한 유형으로 판단하였다.

하도록 주택공급에 있어 정부의 개입이 필요함을 알 수 있다.

정부의 주택시장 개입은 사회적 약자가 인간다운 삶을 영위하기 위한 가장 기본적인 노력으로 특히, 사회적 약자는 시장의 힘에 의한 주거안정 도모가 용이하지 않기 때문에 이들 계층을 위한 정부의 주택정책 수립 및 집행은 지속적으로 추진되어야 한다. 즉, 주택이 사회적 약자의 인간다운 삶 추구를 위해 필수적인 재화로 인식된다면, 적어도 이들 계층에 대한 정부의 주택시장 개입은 지속가능성이 담보되어야 한다.

2. 사회적 약자의 주택문제 해결을 위한 정부 개입 유형[2)]

주택 재고수가 전체 가구수를 능가하는 주택공급률 100% 이상을 달성하고 있는 주요 선진국에서도 주택문제를 완벽하게 해결하였다고 볼 수 없다. 더욱이 국민소득수준이 낮은 개도국의 경우 선진국에 비해 주거수준은 더욱 열악하고 주택재고도 절대적 부족으로 심각한 주택난을 경험하고 있다. 이에 각국 정부는 다양한 주택정책을 전개하고 있는데, 특히, 사회적 약자의 주택문제 해결을 위해 주로 사용하는 정책을 구분해 보면, '생산자 보조방식'과 '소비자 보조방식'으로 나눌 수 있다. 물론, 경우에 따라서 앞의 두 보조방식을 혼합하여 실시하는 경우도 생각해 볼 수 있다(하성규, 2006). 따라서 본 절에서는 '생산자 보조방식'과 '소비자 보조방식'의 개념적 정립을 제시하고 이를 토대로 다음 장에서 기술하는 한국의 공공주택정책 평가에 활용하도록 한다.

1) 생산자 보조방식 개념 정립

제1차 세계 대전 이후 다량의 주택 파손과 폐허된 도시를 경험한 서유럽국가들은 주택난 및 주거불안을 겪고 있는 사람들을 위해 직접 주택을 공급하거나, 주택생산이 확대될 수 있도록 보조하는 생산자 보조방식(producer subsidy system)을 채택하였다. 생산자 보조방식은 주택 재고가 절대적으로 부족한 지역에서 주

2) 본 절에서 언급하는 '생산자 보조방식'과 '소비자 보조방식'은 하성규(2006) 제14장 내용을 토대로 정리하였다.

로 시행되고 있으며, 대표적 프로그램은 정부 또는 공공기관이 직접 주택재고를 확대시키는 사회주택(social housing, public housing) 건설이다.

협의의 생산자 보조방식은 정부 또는 공공기관[3]이 건설하는 사회주택에 대한 직·간접적인 보조를 의미하지만, 광의의 생산자 보조방식은 정부가 직접 주택을 공급하는 사회주택뿐만 아니라 비영리단체, 조합, 개인이 공급하는 임대주택의 보조방식을 포함한다. 즉, 교부금, 면세, 무이자주택자금대출 등 저소득층이 지불가능한 수준의 저렴한 임대주택 공급확대를 통칭하여 생산자 보조방식으로 인정될 수 있다.

주택생산자 보조방식의 장점으로는 단기간 주택의 생산·공급을 촉진하고 주택의 질적 수준을 향상시키며, 동시에 가시적 효과(혹은 정치적 효과)가 명확히 드러나게 된다. 다만, 생산자 보조방식은 상대적으로 정부 재정 부담이 크고 입주자 주거선택의 제한, 관리상 어려움 및 제한된 주택의 입주자 선정에 있어 형평성 문제가 발생할 수 있다.

2) 소비자 보조방식 개념 정립

대부분의 서유럽 국가들은 산업화와 도시화로 인한 주택문제 및 제1, 2차 세계 대전 이후 주택난이 어느 정도 해결되는 1960년대 들어 주택의 양적인 충족이 이뤄지는 시기에 종래 생산자 위주 보조방식에서 소비자 보조방식으로 주택정책의 변화가 발생하였다. 최초 소비자 보조방식은 1900년대 초 네덜란드에서 도입되었으며, 이후 1930년 스웨덴, 1940년 핀란드, 1944년 오스트리아, 1948년 프랑스, 1950~1960년대 들어와 유럽의 거의 모든 국가가 소비자 보조방식을 채택하였다.

소비자 보조방식은 정상적 주택 임대료를 지불할 수 없는 저소득층에게 임

---

3) 우리나라에서 사회주택을 공급하는 대표적인 공공기관은 대한주택공사(현, 한국토지주택공사)이다. 대한주택공사는 최초 1941년 6월, 조선주택영단령에 의해 설립되었으며, 주택건설, 주택공급 및 관리, 불량주택 개량 등 국민들의 주거 안정과 공공복리 증진에 기여함을 목적으로 1962년 1월, 대한주택공사법 제정을 토대로 설립되었다. 이후 정부는 대한주택공사가 건설하는 사회주택에 대한 자금 지원, 주택건설을 위한 법·제도 정비 등 단기간 주택의 집약적 공급 확대를 위해 직·간접적으로 지원하였다.

대료(주택수당, housing allowance) 보조, 정기적 수당(regular housing allowance) 제공을 가구원수, 주택소요수준 등에 따라 차등 보조방식으로 지급하였다. 소비자 보조방식은 주택시장의 원활한 작동을 전제로 수행되는데, 입주자의 임대료 부담을 경감시키고 생산자 보조방식에 비해 정부 재정지출을 절감할 수 있다. 또한, 현금을 통한 소비자 보조는 입주자의 선택의 폭이 넓고 기존 주택재고인 민간임대주택의 이용 효율성 제고 및 나아가 주택산업 육성에 기여할 수 있는 장점이 있다. 다만, 독점, 과점 등 시장실패가 발생하는 경우 소비자 보조방식의 효과가 발생하지 않을 수 있으며, 민간임대주택이 충분하지 않을 경우 임대료 상승 등 임대주택 시장의 불안요인으로 작용할 수 있다.

이상에서 살펴본 사회적 약자를 위한 정부의 주택시장 개입 유형에 따른 장·단점을 정리해 보면, <표 1>과 같다.

표 1 생산자 보조방식과 소비자 보조방식 대비

구 분	생산자 보조	소비자 보조
장 점	1) 주택공급의 촉진 2) 주택의 질적 수준 향상 3) 주거 빈곤층에게 직접적 혜택 4) 가시적 효과, 정치적 효과 5) 주택 부족률이 높은 지역에 유리	1) 정부의 재정지축의 절감 2) 입주자 임대료 부담 경감 3) 가구간의 형평성 유지 4) 주거선택의 자유 보장 5) 주택재고 이용의 효율성
단 점	1) 형평성 문제 2) 정부의 재정부담 가중 3) 주거선택의 제한 4) 관시상의 한계	1) 임대료 상승 유도 가능성 2) 임대료 보조액 및 수혜자 선정 어려움 3) 가구소득, 임대료의 확인상 어려움 4) 주택재고가 부족한 지역의 적용상 한계

자료: 하성규(2006; 288).

3. 공공주택 개념 정립

최근 우리나라에서 중요한 화두는 '복지(welfare)'이다. 복지의 사전적 정의를 살펴보면, '건강하고 편안하고 행복하게 살 수 있게 갖추어진 사회 환경'으로 규정하고 있다. 이때, 사회 환경의 범주에는 사회적 약자라 하더라도 인간다운 생활을 위해 기본적으로 필요한 환경에 노출되어야 함을 의미하며, 대표적 분야 중 하나가 주거환경이다. 대한민국 헌법 제35조 제3항에서도 천명한 바와 같이 '국가는 주택개발정책 등을 통하여 모든 국민이 쾌적한 주거생활을 할 수 있도록 노력하여야 한다.'고 명시하고 있는 것과 일맥상통하다. 즉, 국가는 국민이 생존권 보장, 인간다운 생활 및 행복 추구를 위해 쾌적한 주거생활을 영위할 수 있도록 주택의 건설 및 공급에 중요한 역할을 지속적으로 담당해야 함을 의미한다.

본 절에서는 '공공주택(public housing, social housing)'에 대한 개념 파악과 유형화를 시도하였다. 이를 토대로 대한민국 정부 수립부터 현재까지 정부가 추진한 공공주택정책 평가를 위한 대상과 역할을 학문적으로 정립하고 향후 공공주택이 나아가야 할 방향에 대하여 단초를 제공하였다.

공공주택은 학자별, 학문 분야별 다양하게 활용하고 있는데, 개념 정립을 위한 효율적 접근은 상대적 개념인 민간주택과 구별하는 것이다.[4] 따라서 주택공급 사업주체, 사업비 조달과 주택의 유형, 용도, 관리 주체 및 입주대상 등에 대한 논리 정리를 토대로 공공주택에 대한 개념을 정립하였다.

우선, 주택공급 사업주체와 관련하여 공공주택은 지방자치단체 및 주택공사 등 공공부문이 건설한 주택을 의미하는 반면, 민간주택은 민간주택건설사업자가 건설한 주택을 의미한다.

둘째, 주택 건설을 위한 재원조달을 통해 구분해 보면, 대표적인 공적 자금인 국민주택기금이 지원된 주택은 공공주택으로 인정하는 반면, 공적 자금인 지원되지 않는 주택을 민간주택으로 분류한다(하성규 외 공저, 2000; 136).

셋째, 공공주택의 중요한 특징은 저렴한 임대료로 영구히 임대되는 주택을 의미한다. 특히, 보편주의적 복지가 강조되는 북유럽 등 나라에서는 상대적으로 공공주택을 영구임대주택으로 인식[5]하고 있는 것이 일반적이다(박윤영, 2009; 220-

4) 이광석(2005)은 영국 공공주택정책 고찰에서 Rein(1989)이 제시한 3분론(a three-sector theory: beyond dualism)을 채택함으로써 주택정책은 정부영역, 중간영역, 민간영역으로 분류하였다. 하지만, 중간영역이 공익적 기능을 가진 (국가)기관이나 정부역할을 대행하는 영역으로 이해함으로써 자기이익을 대변하는 민간영역(또는 사적영역)과 차별화하였다.

5) 분양조건부 임대주택은 일정 기간이 지나면, 기존 입주자가 임대주택을 우선 분양받을 수 있는 권리를 갖고 있으며, 이는 소유권에 준하는 권리로 여기고 있다. 또한, 임대주택 관리

221).

이와 함께 넷째, 북유럽에서는 임대주택 입주자 자격이 유지되는 한 영구히 거주할 수 있도록 허용하고 있는데, 대부분의 나라에서는 임대주택 입주시 소득 상한 기준을 운영하고 있다(김종림 외, 2007; 104).[6]

다섯째, 공공주택으로서의 사회주택은 근본 목적이 저소득층 가구의 주거안정 도모를 목적으로 정치적 배려에서 나타난 공급 유형으로 사회복지적 주택공급의 한 형태로 인식하고 있다. 따라서 주택공급 목적이 이윤 추구가 목적이라면, 사회주택의 범주에 포함시킬 수 없다(하성규, 2006; 305-306: 이광석, 2005; 340). 이러한 논리는 이윤 추구가 주된 목적인가에 대한 구별로 민간주택과 공공주택 간 비교적 명확한 차이점으로 이해될 수 있다.

마지막으로 주택이 완공된 이후 소유권 여부, 임차인 선정 방법에 따라 공공주택과 민간주택의 분류가 가능하다. 즉, 공공주택은 지방자치단체 또는 공공부문(LH)이 소유하며, 입주자 선정 및 임대료 산정 등을 위해서 '영구임대주택(공공임대주택) 입주자 선정 및 관리에 관한 지침' 을 토대로 관리되고 있다. 반면, 민간주택은 주택 준공 이후 소유권 및 주택 관리 권한 등이 개별 등기권리자에게 귀속되는 차이점이 있다.

이상의 논의를 종합해 보면(표 2 참조), 공공주택은 민간주택과 대비되는 개념으로 지방자치단체 및 공공기관이 사업주체로서 공공주택자금(대표적으로 국민주택기금)을 통해 사업비를 조달하는 주택이다. 이와 함께 공공의 목적을 달성하기 위해 특별한 자격을 요구하는 장기 임대주택으로 공공부문이 소유하고 관리하는 주택을 통칭하는 개념이 공공주택이다.

에서도 분양주택에 준하여 처리되어야 할 측면이 많은 점 등을 이유로 공공임대주택에 분양조건부 임대주택은 포함하지 않는 것이 타당하다는 의견이 있다(하성규 외 공저, 2000; 169).

6) 북유럽 국가의 공공임대주택 입주 자격을 살펴보면, 공식적으로 소득 상한 기준이 없는 국가는 덴마크, 영국, 스웨덴이지만 실제 입주시에는 저소득층 및 사회취약계층이 우선하여 입주하게 된다. 다만, 입주자격에서 전 국민이 배제되고 있지는 않다(김종림 외, 2007; 104).

표 2 공공주택과 민간주택 구분

구 분	공공주택	민간주택
사업주체	지방자치단체 및 공공기관	민간 건설회사
사업비 조달	공공주택자금(기금)	민간 자금
대표 주택유형	장기 임대주택	분양주택
입주대상	특별한 자격 요구	자격 제한 없음
주택용도	공적 용도	사적 용도(이윤 추구)
주택 소유·관리	공공 부문	소유자 또는 점유자

Ⅲ. 한국의 공공주택정책 흐름과 평가

한국의 공공주택정책은 사회적 약자의 주거안정 도모를 위해 정부의 주택시장 개입에서 출발한다. 정부의 주택시장 개입의 가장 대표적인 사례가 공공주택 공급에 있으며, 공공주택의 양적, 질적 확대를 위한 시도로서 생산자 보조방식과 소비자 보조방식을 활용하고 있음에 대하여 전술하였다.

본 장에서는 대한민국 정부 수립(1948년 8월 15일) 이후 현재까지 한국 공공주택 정책의 흐름과 각 시대별 공공주택 정책에 대한 평가를 시도하였다. 한국은 지난 반세기 동안 빠른 산업화와 높은 경제성장, 급격한 인구증가와 대도시 집중에 따른 주택의 절대부족을 경험하였다. 이에 공공주택 정책의 시대별 구분을 위해서는 사회 전반에 걸쳐 발생하였던 시대적 요구와 국가 경제 전반에 걸친 사회상에 대한 고찰이 요구된다. 이와 함께 무엇보다도 공공주택 정책에 대한 당시 정부 의지가 중요한 요인으로 판단됨에 따라 공공주택 정책 흐름을 구분하기 위한 기준을 역대 정부의 지속기간으로 설정하였다. 또한, 역대 정부의 공공주택 정책 판단을 위한 기준은 당시 시대적, 사회적으로 요구되었던 사회적 약자의 주거안정에 대한 정부 의지와 당시 공급된 공공주택 유형이 일치하는가에 초점을 맞추었다. 본 장에서 살펴 본 사회적 약자와 공공주택 간 관계 파악은 향후 공공주택정책에 대한 과제 및 방향을 가늠하는데 활용 가능하다.

1. 군사정부(제3공화국~제6공화국, 1962~1992년)

1) 제3~5공화국(1962~1987)

(1) 1960년대 주택정책 평가

우리나라 주택정책에 있어 1962년부터 시작된 경제개발계획이 중요한 역사적 의미를 가진다. 우선, 경제개발계획 이전 단계에서는 전후(戰後) 피폐한 국토를 회복시키는데 정부의 역량이 집중되었다. 이 시기에 정책입안자에 의해 제시된 100만호 주택건설안(1954년), 주택건설 5개년 계획(1955년) 등 몇 차례 주택건설계획이 수립되었으나, 현실적 여건이 미흡해 제대로 실현되지 못하였다.

주택정책에 대한 정부차원의 접근이 본격적으로 논의된 시점은 1962년 제1차 경제개발 5개년 계획(1962~1966)이 시행되면서부터이다. 당시 경제적 상황을 살펴보면, 1962년 1인당 GNP는 87달러(13천 원)였으며, 전체 산업 중에서 광공업이 차지하는 비중이 1962년 16.4%에 불과(농림어업 37.0%)하는 농업 중심 국가의 모습이었다. 따라서 정부의 중요 관심 대상인 경제개발계획의 주된 목표가 경제성장 기반의 조성에 있었던 만큼 주택정책은 어디까지나 이 목표에 대해 부수적일 수밖에 없었다(대한주택공사, 2009; 223). 하지만, 1962년 1월 20일 법률 제985호로 「대한주택공사법」이 제정·공포되었다. 대한주택공사의 설립은 주택건설, 주택공급 및 관리, 불량주택 개량을 통해 국민들의 주거 안정과 공공복리 증진에 기여가 목적으로 제시되었다. 1966년 7월, 산업구조 근대화와 자립경제 확립을 목표로 제2차 경제개발 5개년 계획(1967~1971)의 주택투자계획은 투자재원의 제약으로 신규 수요에도 미달하는 공급계획이었던 1차 경제개발계획과 달리 인구증가, 도시집중화 및 가구단위 축소로 인한 신규 주택수요를 충분히 고려했다. 이와 더불어 전쟁 후 인구 급증으로 누적된 주택부족수를 감소시키기 위해 투자규모를 확대하고 주택정책의 효율화를 도모했다는 평가가 있다(대한주택공사, 2009:30). 제2차 경제개발 5개년 계획에서 주택투자액은 총 투자액의 9.3%에 해당 하는 813억 원으로 당시 GNP의 1.5%에 해당하는 것이다. 또한, 주택투자액 중 정부투자는 총 주택투자액의 6.4%인 47억 9,300만 원으로 과거 정부투자실적인 5%에 비해 현저히 증가한 것이다. 1960년대 주택정책은 당시 주택의 총량적 부족을 시급히 해결하기 위해 주택공급을 확대하고자 하는 정부의 노력을 엿볼 수 있다. 즉, 이 시기의 주택정책은 1950년대 구호차원에서 벗어나 경제정책의 일부분으로 건설 산업 부흥 차원에서 접근하였으며, 계획경제 체제의 출범과 함께 주택건설계획이 수립되었다는 데 정책적으로 커다란 의의가 있다. 하지만, 국가 경제발전을 위한 공업화 추진에 정부의 모든 역량이 집중된 시기인 점을 감안하면, 이 시기의 주택정책은 주택공급 확대를 목표로 관련 제도 기반 정비를 통해 주택시장에서 발생한 문제를 단편적으로 해소하는 소극적인 주택공급 정책이라고 평가할 수 있다(국토개발연구원, 1998). 물론, 당시 12평 규모의 공영아파트 가격이 평균 도시근로자 연 평균소득의 4~5배 수준이었던 점을 감안할 때, 당시 사회적 약자를 위한 공공주택 개념이 정립되지 않았음을 알 수 있다.

(2) 1970년대 주택정책 평가

1970년대 주택정책은 과거 경제정책에 종속된 부문계획에서 탈피하여 독자적인 정부정책 중요한 부분으로 다뤄졌다. 따라서 1960년대 국가자본주의적 관점에서 접근하였던 주택정책의 흐름이 국가주의로 수정됨에 따른 결과로 해석할 수 있다. 즉, 1971년 대통령 선거, 1972년 계엄령 선포 등 사회의 극심한 혼란 극복을 위해서 국가가 광범위한 통제력 확장함으로써 고도로 중앙집권화되고 권위주의적인 정부가 출현하게 되었다. 이러한 정치체제는 민간부문의 주택활동에 대한 강력한 통제력을 행사하였으며, 권력을 행사할수록 국가 정당성의 문제로 국민들의 주택소요(need)에 더 많은 국가의 책임이 부여되었다. 당시 민주화를 요구했던 시대적 상황과 맞물려 국가의 시장개입의 진행은 정치적 쟁점화의 증대를 초래하였으며, 정치적 부담이 커지는 만큼 국가가 더욱 개입해야 하는 누적적 순환효과가 발생한 것이다. 따라서 1970년대 정부에 대한 부정적 민심을 달래기 위한 방법으로 주택문제를 포함한 대중의 복지문제가 주요 관심사항으로 등장하였다.

유신개혁 직후 비상국무회의는 250만호 주택건설 10개년 계획을 발표하였다. 이 계획의 주요 골자를 살펴보면, 1972년부터 1976년까지 100만호, 1977년부터 1981년까지 150만호를 건설하되, 총 250만호 중 약 110만호는 공공자금의 지원으로 건설하고 공공주택 공급량을 전체 공급량의 44%로 설정하였다. 이를 위해 1972년 12월 주택건설촉진법을 제정하여 공공주택은 물론, 민간주택에 대해서도 개발계획, 시공계획 및 분양까지 정부가 직접 관리할 수 있는 권한을 부여하였다. 1976년 대한주택공사의 주택건설 실적을 살펴보면, 총 사업비 682억 원을 투입하여 총 1만 8925호 국민주택을 건설하여 약 10만 무주택국민에게 보금자리를 공급하였다. 그 내용을 살펴보면, 임대주택 7,000호, 국민주택자금에 의한 분양주택이 6,157호, AID 보증차관에 의한 분양주택이 4,170호 수탁건설주택이 1,058호 건설되었다.

1970년대 주택정책에 대해 미국 국제개발처는 주택건설촉진법 제정(1972)을 통해 정부가 주택문제의 중요성을 인정하였다는 평가를 전제로, ① 중간층 이상의 계층에 공공주택이 배분되는 현실, ② 공공주택 공급이 저소득층이 필요로 하는 바(needs)를 충분히 인식하지 못했으며, ③ 당시 공영주택 수준이 상당한 보조금 지원 없이는 저소득층이 감당하기 어려운 수준이었다는 사실, ④ 주택정책 결정이 사회적 합의를 결여하는 점에 대해서 비판하였다(Planning and Development Collaborative International, 1977). 그러나 우리나라 공공주택이 사회 불안의 해소를 위한 정치적 타협에서 출발하였다는 한계를 지적하더라도, 저소득층 등 사회적 약자에 대한 공공주택 공급이 필요하다는 정부 정책의 인식의 변화로 볼 수 있다. 따라서 이 시기는 우리나라에서 공공주택정책이 태동하였다는 데 정책적 함의를 가진다고 평가할 수 있다.

(3) 1980년대 주택정책 평가

1970년대 말 유신체제 붕괴에 따른 권력 공백기에 시민사회의 민주화 요구와 노사분쟁으로 인한 사회적 소요가 잇달았다. 이에 1980년 8월, 노동자들과 저소득 계층에 의한 사회적 동요를 억제하기 위해 국가보위비상대책위원회 입법회의는 공공주택 건설 및 택지개발계획안을 수립하였다. 이 안은 1981년부터 1991년까지 주택상황을 획기적으로 개선하기 위해 주택 5백만호를 건설함으로서 주택보급률을 90%까지 높이는 것(당시 주택보급률 77%)을 목표로 하였다. 하지만, 당시 정부예산 동결과 긴축통화정책은 500만호 건설계획 집행을 어렵게 하는 요인으로 작용하였으며, 특히, 사회적 약자인 저소득층의 주거불안은 급속하게 악화

되었다.

1981년 3월, 민간임대시장의 저소득층 주거불안을 완화하기 위해 '주택임대차보호법'을 제정하였다. 주요 내용은 임대차 기간 만료 전 갱신거절 통지가 없으면, 종전 임대차 계약이 자동갱신으로 간주, 소액 보증금 우선 변제, 임차권 상속인정, 임대차 의무기간 2년, 임차인 단독으로 임차권 등기를 할 수 있도록 임차인의 임차권 보호에 대한 규정이다. 이후 1982년 2월, 정부는 국민의 주거생활 안정을 도모하기 위해 '임대주택 육성방안'을 발표하고, 1984년 12월 '임대주택 촉진법'을 제정하였다. 이에 따라 주택건설종합계획 수립시 임대주택건설을 포함토록 하고 공공임대주택 입주대상 확대, 임대주택건설 촉진을 위한 택지, 금융 및 조세지원 확대를 주요 골자로 규정하였다. 이러한 조치에 힘입어 1982년부터 1987년까지 공급된 주택 총 1,399,372호 중 공공임대주택이 약 9.3%(129,637호)를 차지하는 등 임대주택공급이 1970년 대에 비해 획기적으로 증가하였다.

1980년대 공공주택정책을 평가해보면, 1970년대와 비교할 때, 공공주택 공급량은 획기적으로 개선되었음을 알 수 있다. 또한, 임차인 보호 및 공공주택인 임대주택 건설과 관련한 법률 제정은 공공주택에 대한 정부차원의 인식이 제고되었음을 확인할 수 있다. 다만, 1980년대 주택정책이 '선 공급 확대, 후 배분적 형평성 추구'의 기조하에서 신규 주택공급이 수도권에 집중됨에 따라 지역별 주택공급이 형평성을 유지하기 위한 노력이 미흡했다는 비판(하성규·최성연, 1998)은 당시 공공주택정책의 한계점으로 평가할 수 있다.

2) 제6공화국(1988~1992)

1980년대 중반까지 경제 성장위주 정부정책 추진으로 서민주택건설 등 복지정책 추진이 없이 구매력 있는 중산층 이상을 위한 주택공급에 치중하였던 한계가 있었다. 이에 무역흑자 등 호황 속에서 1988년－1989년의 급격한 부동산 가격상승은 자기 집을 갖지 못하고 불안정한 주거생활을 하던 노동자 등 저소득층의 고통을 가중시켰고 민심은 동요하였다. 특히, 1988년 4월 총선에서 여소야대의 정치환경 변화와 1989년 1월 중간평가 조기실시 방침 표명 등을 이유로 당시 노태우 정부는 정치적 지지를 높이기 위한 가시적인 정책이 필요했다. 이에 따라

1989년 2월, 영구임대주택 건설계획을 발표하였는데, 건설규모는 6대도시 생활보호대상자 23만 가구를 감안한 25만 가구로 결정되었다(하성규, 2007:211).

1989년 3월 30일에는 우리나라 최초의 영구임대주택인 서울시 도봉구 번동 영구임대아파트 기공식이 거행되었다. 번동지구는 10만 7,000여 평의 대지에 1,756억 원의 사업비를 투입하여 6,503호의 주택과 그에 필요한 부대복리시설 및 편익시설을 계획하였으며, 그 중 영구임대주택은 4,173호, 사업비는 709억 원으로 1990년 12월까지 건설·완료할 계획이었다. 번동지구 영구임대주택은 7평에서 12평까지 소형주택으로 주민소득 증가를 반영하여 확장형 주택으로 설계되었다. 그리고 입주자가 생활보호대상자 및 의료부조자임을 감안하여 여성취업자 및 맞벌이 부부를 위한 탁아소, 질병 초기진단 및 치료를 위한 보건소, 취업정보를 제공하는 취업정보센터, 가내수공업 형태의 아파트형 공장 등의 설치를 계획하였다(대한주택공사, 2009: 82). 영구임대주택단지에 대한 대한주택공사의 이러한 노력은 단순히 총량적인 주택건설에서 탈피, 주민들의 경제력 향상을 도모함으로써 거주환경 개선과 주민의 자조(自助)적 생활을 동시에 고려하였다는데, 정책적 의의가 있다.

특히, 1980년대 후반에는 88 서울 올림픽과 같은 대규모 국제행사와 경기 호전에 따른 부동산 시장이 다시 과열됨으로써 주택을 포함한 부동산 경기 과열을 억제하기 위한 정책이 1988년의 8·10부동산 종합대책과 1989년 일산, 분당 등 수도권내 5개 신도시를 건설하는 200만호 주택건설계획이 발표되었다. 근로자와 도시영세민 주거안정을 목표로 발표된 200만호 주택건설계획은 주택건설의 비중이 민간부문에서 공공부문으로 전환됨과 아울러 소득계층별 주택공급체계가 수립되었다는 데 시사점이 있다. 다시 말해 도시영세민의 사회복지 차원에서 영구임대주택, 산업평화 정착과 기업생산성 향상을 위해 저소득 무주택 근로자 대상으로 근로복지주택과 사원주택, 중산화 가능 계층을 위해서 장기임대주택과 소형 분양주택을 건설, 공급하였다. 그리고 중산층 이상은 시장 기능에 의해 주택수급이 자율적으로 이뤄질 수 있도록 정책적 노력을 진행하였다.[7)]

---

7) 이 시기에 정비된 주택 관련 제도를 살펴보면, 분양가격 원가연동제 실시(1989년), 사양선택제도 실시(1989년), 신도시 내 주택의 입주자선정에 관한 특례(1990년), 일정규모(공공주택 135㎡, 단독주택 165㎡)를 초과하는 주택 소유자는 1세대 1주택의 경우에도 청약 1순위에서

이 시기에 처음 도입된 영구임대주택정책은 실질적인 우리나라 사회주택 정책의 출발점으로 평가된다. 또한, 소득계층별 주택공급체계 확립은 이전 시점까지 공급자 중심의 주택 공급이 수요자 중심으로 전환되었다고 평가할 수 있다.

2. 문민정부(1993~1997년)

문민정부의 출현은 과거 권위주의적 군사정부와 단절을 의미한다. 당시 정치·사회적 변화를 살펴보면, 1993년 3월, 군부 내 핵심 사조직이었던 하나회 해산, 1995년 12월, 5·18특별처리법의 국회 통과를 계기로 역사 바로 세우기를 통해 12·12사태 관련자 구속·수감 등이 진행되었다. 과거 군사정부와 완전한 단절을 의미하는 상징적 사건은 국가와 시민사회 간 관계가 일방적 국가주도에서 어느 정도 균형 상태를 지향하게 됨을 의미한다(임서환, 2002:255).

과거 약 30여 년간 군사정부와 차별화에 나선 문민정부의 시장 지향적 내지 기업 친화적 정책은 주택정책에도 그대로 반영되었다. 1990년부터 부동산 경기가 침체하기 시작하여 1995년 중반 전국 미분양 아파트가 15만호에 이르게 되었다. 아파트 미분양 누적, 주택업계 과열경쟁 수주, 고액 이주비 지급 등 건설업계의 고질적 문제점으로 인해 1990년 30개 사에 불과하던 부도 주택건설업체 수가 1993년 354개, 1995년 912개사로 증가하였다. 부동산 침체와 경영난 가중으로 주택업계는 주택건설 관련 정부 규제 철폐 또는 완화를 요구하였으며, 그 결과 민간업체에 의한 준농림지역 택지개발이 허용되었다. 국토이용관리법 개정을 통해 준농림지역에서 5만㎡ 미만의 개발이 허용되고, 개발 용적률 상한선을 도시지역 주거지역과 동일한 400%로 설정하였다. 하지만, 준농림지역 개발에 따른 기반시설이 부족한 난개발로 인해 도로 등 기반시설 부족, 학교 등 공공시설 부족으로 주거환경의 악화를 초래함으로써 심각한 사회적 문제가 발생하였다. 이에 따라 1995년 10월, 1997년 9월, 국토이용관리법 시행령 개정을 통해 공동주택 건설 시 용적률 및 세대수를 제한하는 등 규제조치를 취하였으나, 수도권 난개발로 인한

제외함과 아울러 신도시 지역에 대한 20배수 공급제한 규정을 확대, 적용(1990년), 토지수용 과정에서 발생하는 민원을 줄이기 위해 토지보상제도 개선 등이 이뤄졌다.

부정적 파급효과의 발생을 경감시키는 데 한계가 있다. 당시 주택 공급 현황을 살펴보면, 총 주택건설 실적(3,125,797호) 중 임대주택 건설은 419,237호로 13.4%를 차지한 반면, 분양주택은 2,706,560호로 약 86.4%의 건설 실적을 보이고 있다(표 3 참조). 이후 국민의 정부와 참여정부의 실적과 비교해보더라도 문민정부의 공공주택정책에 대한 의지를 짐작할 수 있다. 즉, 신보수주의적 경제운영, 세계화 정책 추진은 공공부문의 직접적인 개입을 줄이고 민간부문의 지원을 통해 경제 활성화를 도모하는 것을 정책 기조로 이러한 시장 지향적 정책은 공공주택 공급에 직접적인 영향을 주었다.

결국, 문민정부는 제6공화국에서 최초 도입된 영구임대주택 프로그램에 대해서 이미 계획된 부분만 예산을 지원하고 종료하였다. 또한, 5년 및 50년 공공임대주택 10만호 공급 계획을 수립하였으나, 추진과정에서 3만호로 축소하였다. 공공임대주택에 대한 재정지원도 당초 호당 주택가격의 70%를 지원하려던 계획이 50% 수준으로 하향 조정되었다. 문민정부 공공주택 정책을 평가해보면, 총량적으로 주택공급은 증가하였으나, 저소득층, 특히 최하위소득계층의 주택난은 상대적으로 개선되지 않음으로써 사회적 약자인 도시저소득을 위한 공공임대주택 정책은 오히려 과거 정부에 비교하면, 후퇴하였다고 평가할 수 있다(임서환, 2002: 282-283).

표 3 연도별 임대 및 분양주택 건설실적

(단위: 호, %)

구 분	주택건설 실적	임대주택		분양주택	
		건설 실적	비 율	건설 실적	비 율
1993	695,319	41,525	6.0	653,794	94.0
1994	622,854	74,889	12.0	547,965	88.0
1995	619,057	83,032	13.4	536,025	86.6
1996	592,132	111,063	18.8	481,069	81.2
1997	596,435	108,728	18.2	487,707	81.8
문민정부	3,125,797	419,237	13.4	2,706,560	86.6
국민의 정부	2,340,629	488,287	20.9	1,852,342	79.1
참여정부	2,538,118	545,882	21.5	1,992,236	19.5

자료: 이종열·박광욱(2011, 60).

3. 국민의 정부(1998~2002년)

1997년도 경제적 상황은 침체된 국내수요에도 불구하고 6% GDP 성장률을 보였으며, 수출 호조로 인한 산업생산도 9% 증가하였다. 인플레도 4.3%로 과거 10년간 가장 낮은 수준을 나타냈고 실업률도 노동력의 약 2.5%수준으로 OECD 국가 중 가장 낮았다. 이처럼 건실한 실물경제 지표 이면에는 기업 부채 증가, 성장률 둔화로 인한 자금 순환의 문제가 심화되면서, 부도업체가 급증하는 문제점이 동반하여 발생하였으며, 동남아의 외환위기는 한국의 외환위기로 확대됨으로써 1997년 11월 21일 국제통화기금(IMF)에 구제 금융을 요청하였다.

1998년 2월, IMF 경제 위기와 함께 출범한 국민의 정부는 우선, 한국경제를 대내외 경쟁에 확대 개발하고 기업지배구조와 관행을 개혁, 투명성을 높이는 금융시스템과 재벌의 구조조정을 가속화하고, 시장을 외국자본에 개방하였다.

이러한 경제적 조치와 함께 주택정책은 '주택보급률 100% 달성으로 국민주거 생활 안정'에 초점을 맞추었다. IMF 구제 금융에 대한 경제운용으로 정부의 공공주택 공급은 종전 영구임대주택 또는 50년 임대주택에 비하여 재정부담이 상대적으로 덜한 국민임대주택을 건설·계획하였다.

2001년 3월 16일, 정부의 서민주거안정 전월세 종합대책이 마련되는데, 주요내용은 공공개발택지내 소형주택 비율을 50%에서 60%로 확대, 임대주택용지 공급비율을 10%에서 20%로 확대, 60~85㎡ 중형임대주택에 대한 취득세, 등록세 50% 감면 등을 제안하였다. 동년 5월 26일에는 임대주택활성화를 위한 방안으로 임대주택 용지 공급비율을 20%에서 30%로 확대, 임대주택 건설을 위한 개발제한구역 우선 해제, 주거환경개선지구 내 국민임대주택 건설 확대를 발표하였다. 8월 15일 대통령 경축사에서는 국민임대주택 20만호 건설 등 중산층과 서민 주거안정 대책을 천명하였으며, 2002년 4월 대통령 업무보고에서 임대료가 시중가의 40~50%로 저렴한 국민임대주택 50만호를 포함한 총 100만호의 장기임대주택을 건설, 전체 주택재고의 3.4%에 불과한 장기 공공임대주택 비율을 2012년까지 10%로 제고하는 공공주택 정책이 제안되었다.

특히, 2000년부터 2001년까지 수도권을 중심으로 한 주택가격과 전·월세 가격 급등 및 기업 구조조정으로 인한 대량실업의 결과 발생한 도시 저소득층을 위한 임대주택의 긴급한 필요로 정부는 국민임대주택 100만호 확대 건설계획을 수립하였다. 국민임대주택 100만호 건설은 주거복지효과가 상대적으로 큰 장기공공임대주택 재고를 확대함으로써 자력으로 주거 해결이 어려운 소득 1~4분위 계층의 주거안정 도모를 목적으로 하였다.[8] 국민임대주택의 본격적 추진은 참여정부에 이르러 '국민임대주택 건설 등에 관한 특별법' 제정을 통해 진행되었으나, 그 개념의 도입은 국민의 정부에서 처음 도입되었다. 국민임대주택은 공영주택법에 의한 공영주택 공급 이후 처음으로 가구의 소득을 기준으로 공급한다는 점에서 영구임대주택과 함께 공급대상 계층을 명확히 규정한 저소득층 주거복지 프로그램으로 볼 수 있다(임서환, 2002:311-312).

이상의 논의를 종합해보면, 국민의 정부 주택정책은 정부 수립 초기에는 IMF 구제 금융이라는 특수 환경으로 인해 주택의 소요(need)에 직접 대응하기보다는 시장기능을 유지하기 위해 시장제약 요인을 제거하고 공공부문보다는 민간부문을 활용하여 주택시장 안정화를 꾀하였다. 하지만, 금융위기 충격이 어느 정도 완화되는 2000년 이후에는 분배와 복지를 추구하는 입장으로 주택정책이 전환되었다. 특히 저소득층 등 사회적 약자를 위한 공공주택이 확대됨으로써 우리나라 공공임대주택 정책이 수요자와 공급자 모두를 지원하는 방향으로 전환되는 공공주택정책 발전기로 평가되고 있다.

4. 참여정부(2003~2007년)

참여정부는 가시적인 주택공급 목표를 제시해 수급불안에 대한 우려를 해소하고 주택정책의 공공성을 강화하는 측면을 강조하였다. 특히, 서민과 중산층을 위한 실수요자 중심의 주택시장 형성을 위한 노력을 경주하였는데, 무주택서민

8) 1999년 저소득층의 소득은 전년도 주택가격 하락폭 12.4%보다 큰 15.2%의 감소율을 나타냄으로써 주거비 부담이 상대적으로 커진 것으로 추정된다. 또한, 당시 공공임대주택 재고는 5년 임대를 포함 59만호로서 전체 주택재고의 5.5%에 불과한 실정이었다. 이에 더하여 소형주택의무 비율 규정이 완화됨에 따라 주택건설이 중대형 아파트 위주로 변화됨으로써 무주택 저소득 가구의 주택구입 기회는 이전 기간보다 훨씬 감소되었다(임서환, 2002: 302-303)

등을 우선하는 방향으로 청약제도를 개편하는 한편, 분양주택의 전매제한 기간을 확대함으로써 부동산 시장의 과열을 억제하고 투명성을 제고하였다(국민경제자문회의, 2007).

특히, 서민주거복지를 위한 제도적 기틀을 확립하고 소득수준별 맞춤형 지원체계 구현을 위해 '주거복지 지원 로드맵(2003.5.)'을 마련하였는데, 임대료 지불능력 취약계층인 소득 1분위는 다가구 매입임대 및 소형 국민임대주택을 공급하고 자가 구입능력 취약계층인 2~4분위 계층은 국민임대주택 공급 및 전월세자금지원을 확대하는 방향으로 정책을 추진하였다. 무엇보다도 참여정부는 공공임대주택을 서민주거 안정을 위한 안전판이라는 인식하에 공공임대주택 비중을 2012년까지 12%로 확대하고, 2017년에는 임대주택 재고가 전체 가구의 20% 수준에 도달할 수 있도록 국민임대주택 100만호 건설을 지속적으로 추진하였다. 특히, 국민임대주택은 국가 또는 지방자치단체의 재정 및 국민주택기금을 지원받아 30년 이상 임대할 목적으로 건설 또는 매입되는 주택으로 공급 대상은 무주택 여부와 소득을 기준으로 구분한다. 소득기준은 도시근로자 평균 가계소득의 50~70% 이하인 자가 주된 입주대상자[9]이며, 이러한 기준에 부합되는 소득 3분위 이하 계층을 저소득 서민의 범주로 판단하고 있는데, 참여정부는 공공주택의 대상을 소득 4분위 이하로 명확히 구분하고 있음을 알 수 있다.

9) 국민임대주택 입주자 선정기준을 살펴보면, 전용면적 50~60㎡은 청약저축에 가입한 무주택 세대주로서 전년도 도시근로자 가구당 월평균 소득의 70%(소득 3~4분위) 이하인 자, 무주택 세대주로서 전용면적 50㎡ 미만은 전년도 도시근로자 가구당 월평균 소득의 50%(소득 1~2분위) 이하인 자(우선공급)에 해당한다.

표 4 소득계층별로 차별화된 주거복지 지원 로드맵

계 층	특 징	주요 지원 내용
1분위	임대료 지불능력 취약계층	- 다가구 매입임대, 전세임대 - 소형 국민임대주택 공급 - 주거급여 지원 확대
2~4분위	자가 구입능력 취약계층	- 국민임대주택 집중 공급 - 불량주택 정비 활성화 - 전월세자금 지원 확대
5~6분위	정부지원시 자가 가능계층	- 중소형주택 저가 공급 - 주택구입자금 지원강화
7분위 이상	자력으로 자가 가능계층	- 시장기능에 일임 - 모기지론 등 금융지원

자료: 국민경제자문회의(2007, 596).

표 5 2017년 소득분위별 주거복지 지원 모습

<table>
<tr><td rowspan="7">주요 지원 내용</td><td colspan="6"></td><td>시장 기능에 일임</td></tr>
<tr><td colspan="5"></td><td colspan="2">모기지론 등 금융지원</td></tr>
<tr><td colspan="4"></td><td colspan="2">주택구입자금지원</td><td></td></tr>
<tr><td colspan="4"></td><td colspan="3">중대형 임대주택 공급</td></tr>
<tr><td colspan="2"></td><td colspan="3">중소형 임대주택 공급</td><td colspan="2"></td></tr>
<tr><td colspan="4">장기공공임대주택 공급
(국민임대, 매입·전세임대 등)</td><td colspan="3"></td></tr>
<tr><td colspan="4">주택바우처·전세자금대출 지원</td><td colspan="3"></td></tr>
<tr><td>특징</td><td colspan="2">주거수준 미흡/주거비 부담능력 취약계층</td><td colspan="2">자가주택구입 능력취약계층</td><td colspan="2">정부지원시 자가가능계층</td><td>자가주택 구입가능계층</td></tr>
<tr><td>소득계층</td><td>1분위</td><td>2분위</td><td>3분위</td><td>4분위</td><td>5분위</td><td>6분위</td><td>7분위 이상</td></tr>
</table>

자료: 국민경제자문회의(2007, 598).

표 6 임대주택공급 계획

	2006년	2012년	2017년
임대주택수(총주택대비)	80만호(6%)	230만호(15%)	340만호(20%)
순 증	-	150만호	110만호

자료: 국민경제자문회의(2007, 595).

참여정부의 주택정책 기조는 부동산시장의 수급불균형을 근본적으로 해소하고 장기적인 시장안정 유지를 위한 공급확대 정책으로 진단할 수 있다. 특히, 공공주택은 저소득층부터 중산층에 이르기까지 소득계층별 수요에 맞는 장기공공임대주택 건설과 공공부문 임대주택 비축을 확대하였다. 공공주택 세부 공급계획을 살펴보면, 비축용 장기임대주택은 연간 5만호씩 총 50만호를 '07~'17년까지 공급하고, 국민임대주택은 '13~'17년까지 연간 10만호씩 총 50만호를 지속 공급하며, 10년 임대, 전세임대 등도 '13~'17년까지 연가 6만호씩 총 30만호를 공급토록 계획하였다.

물리적 공공주택 공급 확대와 함께 금융측면에서는 생애최초 주택구입자금지원('05.11.~'06.11.), 저소득층 전세자금 대출 금리 인하('05.11.), 모기지론 지원 확대('05.10.~'06.12.), 국민주택기금 전세자금 지원규모 확대('06년부터 지속 시행) 등 저소득서민을 대상으로 수요자 보조 방식을 도입하였다.

이상에서 언급한 참여정부는 공공주택정책의 번영기로 평가될 수 있다. 즉, 과거 주택공급 위주의 주택정책에서 탈피, 저소득층을 위한 주거복지정책이 강화·확대되었다. 이를 위해 참여정부는 공공부문의 역할 강화 및 주택공급 목표를 구체적으로 제시하고 실천방안을 구체화하였다. 이 결과, 국민임대주택 거주기간을 30년으로 연장하는 등 2012년까지 100만호 건설계획이 추진되었다. 공공주택의 확대 공급을 위해 수도권 신도시 등 신규 택지 확보, 국민임대주택 단지의 밀도 상향 조정, 택지개발기간 단축 등 공공택지내 주택공급 확대를 추진하였다. 특히, 중요한 정책지원 대상계층인 최저주거기준 미달가구가 큰 폭으로 감소하는 성과를 달성하였다. 2000년 최저주거기준 미달가구는 전체 가구의 23.4%이었으나, 2005년에는 206만 가구인 13.0%로 감소하였다. 이와 함께 저소득층 소득수준에 맞도록 다가구매입임대, 전세임대, 장기임대주택, 비축용 장기임대주택 등 다양한 공공주택 공급과 수요자에 대한 폭 넓은 금융 지원을 병행 추진함으로써 저소득층을 위한 맞춤형 임대주택이 공급되기 시작하였다.

5. 현 정부(2008~현재)

2008년 현 정부의 주택정책의 기본 방향은 서민들의 자가 소유를 촉진하고 수요자의 선택을 다양화한 '보금자리주택 150만호 건설계획('09~'18)'이 추진 중에 있다. 보금자리주택의 공급계획을 살펴보면, 무주택 서민을 위해 수도권 100만호, 지방에 50만호의 보금자리주택을 LH와 지방공사 등 공공기관에서 직접 건설·공급하도록 했다. 공급 주택유형은 중소형 분양주택 70만호, 국민임대 및 10년 공공 임대주택 등 임대주택 80만호의 건설을 계획하였다. 특히, 이 중 최저소득계층을 위한 영구임대주택 10만호를 건설하며(표 8 참조), 공공이 직접 건설하는 150만호 외 중대형 분양주택 공급을 위해 민간업체도 50만호를 건설토록 하는 등 총 200만호 건설을 최종 목표로 설정하였다.

현 정부의 보금자리주택정책과 국민의 정부와 참여정부(1998~2007)에서 추진된 국민임대주택정책과 차이를 비교해보면, 다음과 같다(김성연, 2011). 첫째, 저소득서민을 위한 공공주택정책이 자가 주택까지 확대되었다. 국민의 정부와 참여정부(1998~2007) 10년 동안 국민임대주택의 확대 공급을 통한 저소득 서민 주거안정도모라는 정책적 합의가 현 정부에서는 자가주택 확대 공급을 통해 저소득 서민 주거안정을 도모하려는 방향으로 주택정책이 전환됨을 의미한다. 둘째, 이전 정부의 국민임대주택건설 축소로 인해 저소득 서민의 주거불안이 가중될 여지가 발생하였다. '12년까지 100만호 공급을 위한 국민임대주택의 정부 목표가 '18년으로 순연됨으로써 매년 공급되는 국민임대주택은 종전 약 10만 호/년에서 약 4만 호/년 수준으로 감소하는 결과를 초래하였다. 셋째, 보금자리주택사업을 통한 공공주택정책 대상을 소득 5분위로 확대하였으나, 실제 주택 청약기회 부여에 있어 세심한 정책적 배려가 요구된다. 현행 보금자리주택 청약조건을 살펴보면, 신혼부부 특별공급과 생애최초 특별공급 대상자에 대한 소득 규정이 있는 반면, 3

표 7 **보금자리주택 유형**(2009년~2018년)

<table>
<tr><th colspan="3">구 분</th><th>계획호수</th><th>내 용</th></tr>
<tr><td>분양</td><td colspan="2">공공분양주택</td><td>70만호</td><td>- 전용 85㎡이하 중소형 저가주택 공급</td></tr>
<tr><td rowspan="5">임대</td><td rowspan="2">장기공공임대주택</td><td>영구임대</td><td>10만호</td><td>「임대주택법」제16조 제1항 제1호에 따라 영구적인 임대를 목적으로 건설한 임대주택
- 재정지원으로 주변 전세시세의 30% 수준에서 공급하며, 공급대상은 최저 소득계층(수급자 등)</td></tr>
<tr><td>국민임대</td><td>40만호</td><td>「임대주택법」제16조 제1항 제2호에 따라 의무임대기간이 30년인 임대주택
- 주변 전세시세의 50%~80% 수준에서 공급하며, 주된 공급대상은 소득 4분위 이하계층</td></tr>
<tr><td rowspan="3">공공임대주택</td><td>10년임대</td><td rowspan="2">20만호</td><td>「임대주택법」제16조 제1항 제3호에 따라 의무임대기간이 10년인 임대주택
- 10년 임대 후 기간이자 또는 감정가로 분양전환</td></tr>
<tr><td>분납임대</td><td>「임대주택법 시행령」제22조 제3항에 따라 임대보증금 없이 분양전환금을 분할하여 납부하는 임대주택
- 최초 입주시 30%, 4년 및 8년 후 각각 20%, 10년 후 30%로 주택가격 분할 납부</td></tr>
<tr><td>장기전세</td><td>10만호</td><td>「임대주택법」제16조 제1항 제2호의2에 따라 20년의 범위안에서 전세계약을 통하여 공급하는 임대주택
- 임대료가 없는 전세방식으로 주변 전세시세의 80% 수준 공급</td></tr>
</table>

자료: 보금자리주택 업무처리지침 제4조, 국토해양부(2010; 11), 한국토지주택공사(2010; 8).

자녀 특별공급, 노부모부양 특별공급 및 일반 공급은 배점기준, 청약저축 가입기간을 토대로 분양주택 청약 요건을 정하고 있어 소득 5분위 이상의 중·상위 계층도 내집 마련 기회가 가능하다. 이는 소득 중·상위 계층에게도 청약기회가 동일하게 부여됨으로써 보금자리주택사업이 저소득층을 위한 공공주택정책의 일환으로 인식되기 위해서는 관련 법·제도적 정비가 필요하다.

이상에서 언급한 바와 같이 저소득 서민 주거안정 도모라는 정부의 주택정책 기조가 임대주택에서 분양주택 중심으로 변화되어 상대적으로 저소득층이 주로 거주할 수 있는 임대주택이 축소되는 결과가 초래됨으로써 이들 계층에 대한 주거 불안이 우려된다. 특히, 2000년대 들어 저소득층의 실질 소득증가율이 0%인 상황에서 저소득층의 내집 마련 기회는 더욱 길어졌음에도 불구하고(진미윤, 2011; 24) 분양주택의 공급을 토대로 저소득층의 내집 마련을 위한 정부의 저렴자가 주택공급 정책이 과연 적절한가에 대해서는 논란의 여지가 있다.

현 정부의 주택공급 유형에 있어서 임대주택뿐만 아니라 분양주택까지 확장됨으로써 공공주택정책의 외향적 확대는 도모하였으나, 공공주택의 직접 대상이 되는 소득 4분위 이하의 저소득 서민이 주거안정을 체감하기에는 한계가 있다고 판단된다.

6. 소 결

본 장에서는 우리나라 정부별 주택에 대한 주요 관점, 공공주택에 대한 정부 차원의 인식 및 시대별 추진된 공공주택정책에 대하여 살펴보았다. 따라서 정부별, 시대별 사회적 약자의 주거복지정책에 초점을 맞춰 공공주택정책을 평가해 보면, <표 8>과 같다.

대표적인 군사정부였던 1960~1980년대 제3~5공화국에서는 초기 공공주택정책에 대한 인식이 전무했던 시기에서 임대주택에 대한 인식이 태동되었다. 이 시기는 초기 주택이 절대적 부족했던 점을 감안하면, 사회적 약자의 주거안정 보다는 전 국민들의 주거안정에 정책적 초점을 맞출 수밖에 없는 정책적 한계가 있다. 이후 제6공화국에서는 사회적으로 민주화의 진전과 더불어 영구임대주택을 최초로 도입된 것을 보더라도 우리나라 사회주택정책의 출발점으로 인식할 수 있다. 특히, 도시영세민 대상 소득계층별 주택공급체계를 확립하였다는 점에서 이전 정부와 비교할 때, 공공주택정책이 발전하였다고 평가할 수 있다.

문민정부는 과거 군사정부와 모든 면에서 차별화를 시도하였다고 판단된다. 차별화를 위한 정부의 노력은 주택정책에 있어서도 이어지고 있다고 볼 수 있는데, 종전 정부가 담당하고 있던 주택공급을 민간주택건설사에게 일임한 측면을 부인할 수 없다. 당시 신자유주의적 경제 운영에 따른 시대적 상황은 정부의 공공주택에도 적용됨에 따라 공공임대주택 재정지원 하향 조정, 영구임대주택 건설 종료 등 공공주택정책에 있어서는 후퇴기로 인식할 수 있다.

IMF 구제 금융이라는 특수 환경에서 출발한 국민의 정부는 초기 주택 소요(need)의 문제를 문민정부에서 채택한 민간부문을 활용하여 대응하였으나, 금융위기 충격에서 벗어나는 2000년 이후 분배와 복지를 추구하는 방향으로 정부입장이 선회하였다. 이때, 저소득층 사회적 약자를 위한 공공주택이 확대됨과 아울러

표 8 우리나라 정부별 공공주택정책 비교·분석

정부		시기	공공주택정책	주요 내용
군사정부	제3~5 공화국	1960년대	미정립기	- 주택공급의 양적 확대 목표로 관련 제도 정비 - 소극적 주택공급 정책
		1970년대	인식기	- 정부의 주택문제 중요성 인정 - 사회적 약자에 대한 공공주택 공급 필요성 인식
		1980년대	태동기	- 이전 시기에 비해 공공주택 공급량 획기적 개선 - 임차인 보호 및 임대주택 건설 관련 법률 제정 - (1981)주택임대차보호법, (1982)임대주택 육성(안), (1984)임대주택촉진법
	제6공화국	1988~1992년	발전기	- 실질적인 사회주택 정책 출발점 - 도시영세민 대상 소득계층별 주택공급체계 확립 - 영구임대주택 최초 도입
문민정부		1993~1997년	후퇴기	- 민간 주택시장을 통한 주택공급 주력 - 공공임대주택 재정지원 하향 조정 - 영구임대주택 종료
국민의 정부		1998~2002년	확대 발전기	- 분배와 복지 중심의 주택정책 전환 - 저소득층 등 사회적 약자를 위한 공공주택 확대 - 공공임대주택 확대 공급
참여정부		2003~2007년	번영기	- 저소득층을 위한 주거복지정책 강화 · 확대 - 국민임대주택 100만호 건설 - 최저주거기준 미달가구 큰 폭 감소 성과 - 저소득층을 위한 맞춤형 임대주택 공급
현 정부		2008년 이후	축소기	- 공공주택정책의 분양주택으로 외향적 확대 - 저소득층 주거안정 체감에는 한계

참여정부에서 확대하였던 국민임대주택 건설이 최초로 시작되었다. 또한, 이 시기는 우리나라 공공주택정책이 수요자와 공급자 모두를 지원하는 방향으로 전환됨에 따라 공공주택정책의 발전기로 평가할 수 있다.

참여정부에서는 저소득 서민 등 사회적 약자를 중요한 주택정책의 대상으로 인식하였다. 따라서 2012년까지 국민임대주택 100만호 건설계획이 수립, 추진되었으며, 단기간 공공주택의 건설 공급을 위한 여러 제도적 장치가 마련되었다. 또한, 참여정부는 최저주거기준 미달가구가 큰 폭으로 감소하는 정책 결과를 달성하였으며, 이외에도 다가구매입임대, 전세임대, 장기임대주택, 비축용 장기임대주택 등 다양한 임대주택 정책이 제시된 바, 우리나라 공공주택정책의 번영기로 평가할 수 있다.

마지막으로 현 정부는 계속 진행중에 있기 때문에 공공주택정책에 대한 평가는 제한적일 수 있으나, 현 정부의 대표적인 주택정책인 보금자리주택사업을 살펴보면, 공공주택의 범위가 종전 임대주택에서 분양주택까지 확대된 점은 특이점으로 인식된다. 다만 정부 주택정책 기조가 저소득 서민 대상의 확대를 가져옴으로써 오히려 저소득층 주거불안이 야기될 수 있다는 점에서는 공공주택정책의 축소기로 평가될 여지가 크다.

Ⅳ. 결론: 향후 한국 공공주택정책 과제

본 글은 우리나라 공공주택정책을 평가하고 향후 과제를 제시함에 목적이 있다. 따라서 제2장에서는 공공주택정책의 주요대상인 사회적 약자에 대한 이론적 정립을 시도하였으며, 정부의 주택시장 개입의 논거를 토대로 공공주택정책 방법 등을 기술하였다. 이후 제3장에서는 역대 정부별, 시기별 추진하였던 공공주택정책에 대한 논의를 토대로 공공주택정책을 평가하였다. 이러한 이론적, 제도적, 시대적 논의를 바탕으로 향후 우리나라 공공주택정책의 바람직한 방향을 제시함으로서 미래 정부에서 사회적 약자를 위한 주거복지정책 수립시 참고할 수 있다고 판단되는 중요한 착안점 제안을 본 글의 결론으로 갈음하였다.

1. 정책대상 세분화에 따른 수요자 밀착형 공공주택 공급

우리나라에서 공공주택 공급대상을 세분화한 시점은 제6공화국에서 시도되었다. 이때, 최초 등장했던 영구임대주택은 최저소득계층인 생활보호대상자, 의료부조자 및 원호대상자(소득 10분위 중 1분위에 해당)를 대상으로 하였다. 이후 국민의 정부와 참여정부에는 전년도 도시 근로자 가구당 월평균 소득 이하인 자를 대상으로 장기임대주택을 공급하였으며, 전년도 월평균 임금총액 100만 원 이하인 자를 대상으로 사원임대주택을 공급하였다.

이러한 수요자 맞춤형 공공주택 기준의 문제점은 소득분위 차상위 계층에 대한 박탈감이 발생한다는 것이다. 가령, 소득 4분위 이하, 전년도 월평균 임금총액 100만 원 이하로 공공주택 입주자격을 정하는 경우 소득 4분위를 초과하는 차상위 계층 또는 임금총액 100만 원에 근접하나 기준을 초과하는 계층 등은 공공주택 정책의 수혜 대상에서 배제됨으로서 주거복지의 소외계층으로 남게 된다.

따라서 정부는 공공주택을 통해 정부가 담당해야 할 계층을 명확히 설정하고 대상 계층에 대해서는 수요자 소득수준을 고려하여 차등적으로 공공주택을 공급하는 정책이 요구된다. 즉, 소득 5분위 이상은 공공주택 공급에서 배제하고 자가주택 마련하거나 민간 공급 임대주택에 거주할 수 있도록 정부의 수요자 보조 방식으로 주거안정을 도모하는 방향으로 정책을 수립한다. 이와 함께 소득 4분위 이하를 공공주택 입주자로 정하는 경우 소득수준에 맞도록 임대주택의 임대료를 차등 적용하는 방안을 모색할 수 있다. 예를 들면, 현행 소득 10분위로 구분하는 가구당 소득을 주거비 지출에 따른 가계 부담능력을 고려하여 세분화하여 소득 1분위는 정부가 주거안정을 전적으로 책임지며, 소득분위가 한 등급씩 높아질수록 정부의 책임을 10%씩 경감하여 정부책임이 100% 경감되는 지점을 현행 소득 5분위로 구성한다면, 적어도 현행 소득분위로 인해 계층별 차별화되는 문제점을 해소할 수 있을 것으로 판단된다.

2. 사회적 약자 발굴·집행을 통한 공공주택정책 정착화

지금까지의 공공주택정책은 정부가 시혜적 측면으로 집행되어 온 것이 사실이다. 즉, 정부는 임대주택의 종류와 유형을 정하고 이를 소득수준과 연동하여 발표함으로써 정부의 역할이 종료되는 것이 일반적이다. 이후 LH 등에서 공공주택을 공급할 때에도 입주자 모집 요강에 정부에서 정한 임대주택 유형과 소득수준 등을 명기하고 입주자를 모집하고 있다. 하지만, 저소득층일수록 사회적 약자 계층일수록 정부에서 제시하고 있는 소득수준에 대한 정보 접근이라든지 본인이 대상 계층에 포함되는지 판단이 원활하지 않은 것이 현실이다. 왜냐하면, 정부에서 정하는 전년도 근로자 소득 70% 이하, 50% 이하 등의 조건은 일반 서민, 특히 사회적 약자가 제대로 숙지하기가 어렵기 때문이다.

따라서 지금까지 공공주택이 소득수준을 근거로 대상자에 맞춤형 임대주택을 정책적으로 공급하였다면, 향후 공공주택의 경우 대상 수요자를 찾아 가는 임대주택 정책집행이 요구된다. 즉, 공공주택이 공급되는 지역에서 수요자 발굴을 위해서는 동사무소 등이 사전에 조사된 가구당 소득을 활용하거나, 저소득층 등 사회적 약자 가구가 공공주택 입주를 원할 경우 사전에 소득수준 등에 대한 Data Base를 사전에 구축함으로써 최적의 공공주택을 대상자에게 직접 연결해 줄 수 있다. 이러한 사회적 약자 눈높이 맞춤형 공공주택 공급을 통해 정책 수혜계층 발굴과 이들 계층에 대한 직접적인 주거복지가 가능하며, 저소득층 등 사회적 약자는 정부에서 공급하는 공공주택을 실시간으로 공급 받게 됨으로써 정보부족으로 인해 공공주택 입주를 못하는 경우가 경감될 것으로 판단된다.

3. 공공주택 입주에서 관리까지 One-Stop 서비스 구현

제2차 세계대전 후 영국 노동당이 사회보장제도의 완벽한 실시를 주장하여 내세운 슬로건은 '요람에서 무덤까지(from the cradle to the grave)'이다. 즉, 출생에서 사망에 이르기까지 모든 국민의 최저생활을 국가가 완벽한 사회보장제도를 통하여 보장함으로써 국민생활의 불안을 해소하겠다는 뜻이다.

이러한 개념을 공공주택에 적용해보면, 가령, 기초생활수급자의 경우 정부에서 생계급여, 주거급여, 교육급여, 해산급여, 장제급여, 의료급여 등을 보조받고 있다. 이러한 현금성 지원을 받고 있음에도 불구하고 이들이 입주하는 영구임대주택 거주에 소요되는 관리비, 전기료 등 체납으로 인간다운 삶을 영위하지 못하고 있는 것도 현실이다. 따라서 영구임대주택에 거주함과 아울러 기초생활수급자 등이 받게 되는 주거급여 등을 LH 등 임대주택 관리주체에게 직접 지원함으로써 저소득층의 주거복지 및 주거안정을 우선 달성할 수 있다. 이는 현금지원에 따른 저소득층 등 사회적 약자의 도덕적 해이를 치유할 수 있는 방법이며, 오히려 이들에 대한 주거안정이 달성될 때, 가장 기본적인 인간다운 삶의 영위가 가능하다고 판단된다.

참고문헌

국민경제자문회의, 2007, 「참여정부의 경제정책의 평가 및 향후과제」.

국토개발연구원, 1998, 「주택정책의 회고와 전망」, 국토개발연구원 개원 20주년 기념 국토총서4.

국토해양부, 2010, 「보금자리주택 수요 추정과 중장기 전망에 관한 연구」.

김성연, 2011, 「저소득서민 주거안정시책 감사를 위한 실태분석」, 감사연구원.

김성연 외, 2010, 「공공참여를 통한 주택재개발사업 갈등관리 방안」, 토지주택연구원.

김종림 외, 2007, 「공공임대주택 정책 로드맵 구상 연구」, 주택도시연구원.

대한주택공사, 2009, 「아름다운 미래, 행복을 짓는 사람들」, 대한주택공사 47년의 발자취 – 연혁편.

박윤영, 2009, 우리나라 공공임대주택정책의 전개와 사회복지계의 관계, 「사회복지정책」, 36(4):215 – 240.

배문호, 2004, 공공임대 주택정책 정부별 비교 연구, 중앙대학교 사회개발대학원 석사학위논문.

이광석, 2005, 영국 공공주택정책의 성과와 평가, 「학술대회자료집」, 한국지방정부학회, 457 – 466.

이종열·박광욱, 2011, 한국정부의 주택정책에 나타난 이념성향에 관한 연구, 「한국행정학보」, 45(1):51~76.

임서환, 2002, 「주택정책 반세기」, 대한주택공사.

진미윤, 2011, 보금자리주택의 공급 특성과 무주택 저소득 가구를 위한 향후 주택정책 방향, 「한국주거학회논문집」, 22(2):21 – 33.

하성규, 2006, 「주택정책론」, 박영사(서울).

하성규, 2007, 「한국인의 주거 빈곤과 공공주택」, 집문당(경기).

하성규 외 공저, 2000, 「주택·도시·공공성」, 박영사(서울).

하성규·최성연, 1998, 1980년대 신규주택 배분에 관한 연구, 「국토계획」, 33(6):117 – 130.

한국토지주택공사, 2010, 「보금자리주택지구 업무편람」.

Doling J. 1997, *Comparative Housing Policy*, Macmillan Press ltd.

Rein, M. 1989, The Social Structure of Institutions: Neither Public nor Private, Kamerman, S. B. and A. J. Kahn(eds), 1999, *Privatization and the Welfare State*, Princeton: Princeton University Press.

Planning and Development Collaborative International, 1977, *A Case Study of the Korean Housing Investment Guaranty Program 1971–1977*, prepared by PADCO, Inc. for Office of Housing, Agency for International Development.

찾아보기

[ㄱ]
가구자립 지원 프로그램 392
가정결합 프로그램 393
고령가구 186
고령화 183, 185
고시원 149
공간적 불균형 472
공공영구임대주택 347
공공임대주택 50, 60, 76, 88, 117, 127, 229, 426
공공임대주택의 민영화 114
공공임대주택정책 341
공공주택 476
공공주택법 367
공공주택정책 478, 493, 495
공공주택청 374, 387
공동주택 규모별 배분비율 421
공영개발사업 435
공정시장임대료 372, 376
국민기초생활보장법 48
국민임대주택 486
국민임대주택 100만호 건설 487
국민임대주택 정책 428
규모별 공급비율 257
기초생활수급자 6

[ㄴ]
노숙 167
노숙위험 169
노숙인 정책 173
노숙인 주거정책 176
노숙인 161, 168
노인복지 189
농어촌 275
농어촌 주거실태조사 286
농어촌 주택 276, 293
농어촌 주택정책 274
농어촌지역 277
농어촌지역 인구 280

[ㄷ]
다가구 매입 임대주택 327
다중주택 156
대한주택공사 479
도시형생활주택 155
동적 불균형 471

[ㅁ]
매입임대주택 57, 158, 177
매입임대주택 프로그램 357

[ㅂ]
보금자리주택 63, 491
복지 29, 475
복지국가 29
복지소외계층 319
부랑인(浮浪人) 163
비영리 주택공급기관 84
비영리주택 86
비축용 장기임대주택 490

[ㅅ]
사회민주주의 국가 109
사회민주주의 복지국가 107
사회복지 24
사회적 기업 334
사회적 배제 340, 342
사회적 약자 2
사회적 자본 358
사회정책 24
사회주택 86, 105
사회통합 215
삶의 질 22
삶의 질 지표 22
상가세입자 261
생산자 보조방식 473
서포팅 피플 236
섹션 23 367
소비자 보조방식 474
소형분양주택 50
손실보상 259
수요자 보조 방식 490
숙박업소 146
순환용 임대주택 268
순환정비방식 258, 266
시장실패 471
신자유주의 27

[ㅇ]
연방주택청 373
영구임대주택 52, 60, 326, 483
영구임대주택정책 484
이주대책 259
임대 바우처 370
임대료 보조제도 178
임시수용시설 259
1인 가구 154
200만호 주택건설계획 483
NGO 333
NPO 333

[ㅈ]
자가소유지원 프로그램 390
자립생활지원 정책 244
자유주의 복지국가 107
자활 집수리 사업 325
장애시설보조금 236
장애인 211
장애인 가구 219
장애인 복지 226
재개발사업 247
재산소유의 민주주의 114
재정착률 254

저소득주택 세금면제 80
저층 주거지 262
저층 주거지 관리방식 263
적절한 주거 214
정부 개입 470
정적 불균형 471
젠트리피케이션 346
주거권 11
주거급여 230, 323
주거급여제도 52
주거복지 37, 315, 408
주거복지 모형 32
주거복지센터 331, 333
주거복지정책 40, 43, 69
주거복지지표 192
주거분리 314
주거비 보조(Housing Benefit) 120, 129, 236
주거비보조
주거빈곤 9, 188
주거선호 250
주거안정성 193
주거지원센터 269
주거취약계층 318
주택200만호 계획 45
주택개량 121
주택개량지원 131
주택개조지원정책 231, 234
주택바우처 78, 365
주택바우처 프로그램 66
주택보급률 418, 435
주택소요 13, 14
주택소유에 대한 권장정책 114
주택수당 시범사업 368
주택시장의 불균형 471
주택시장의 완충지대 411
주택임대차보호법 482
주택지불능력 265
주택질 기준 379
주택최저기준 14
준농림지역 484
준주택 155, 156
중간 주택점유시장 411
중급주택(Intermediate Housing) 118
지역사회 312
직선적 연속체 모형 329
질적 불균형 472
쪽방 139

[ㅊ]
차상위계층 6
최저생계비 6
최저주거기준 4, 57, 196, 286, 312, 316
최저주거기준 미달가구 490

[ㅋ]
커뮤니티개발공사 84

[ㅌ]
택지개발방식 420
택지의 공급가격기준 423

토지임대부 분양주택 413
토지임대주택 406, 436, 438, 443, 447, 448, 451, 452, 454, 460, 461
토지취득방식 420
투기억제책 435

[ㅍ]

평생주택기준 235

[ㅎ]

협동조합주의 복지국가 107
협동주택 87
홈리스 지원사업 프로그램 328
홈바이(HomeBuy) 제도 236
환매조건부 분양주택 443

저자약력(장별 집필순)

하성규

중앙대 도시계획·부동산학과 교수

영국 University College London, 도시계획학 박사

저서: 주택정책론(박영사, 2010) 외 다수

E-Mail: skha47@hanmail.net

이성우

서울대학교 지역정보전공 교수

미국 University of Sourthern California, 도시 및 지역계획학박사

저서: 로짓프라빗모형응용(박영사, 2012), 공간계량모형응용(박영사, 2006)

E-mail: seonglee@snu.ac.kr

황재희

서울대학교 조경-지역개발연구소 연구원

서울대학교 경제학석사

논문: 자가점유로 분석한 이혼여성의 주거안정성(The Impact of Divorce on Tenure Choice for Women in Korea) 2012. 한국주거학회지, '농촌정책 평가를 위한 모형 개발: 정주권개발사업과 전통테마마을사업을 중심으로' 한국농촌경제연구원 우수논문상 수상

E-mail: jessieh@snu.ac.kr

전희정

웨스트 조지아(University of West Georgia) 대학교 정치학 및 계획학과 조교수

미국 Ohio State University, 도시 및 지역계획학 박사

논문: Hee-Jung Jun and Hazel A. Morrow-Jones. 2011. Residential location decisions and density: The factors affecting homeowners' choice of denser neighborhoods, Housing and Society, 38(2): 117-141.

E-mail: hjun@westga.edu

서원석

중앙대학교 도시계획부동산학과 교수

미국 Ohio State University, 도시 및 지역계획학 박사

논문: Spatial Impacts of Microneighborhood Physical Disorder on Property Resale Values in Columbus, Ohio, Journal of Urban Planning and Development(2011)

E-Mail: wseo@cau.ac.kr

서종균
한국도시연구소 연구위원
중앙대학교 도시 및 지역계획학 박사
저서: 주거복지의 새로운 패러다임(공저, 사회평론, 2011)
E-mail: jongpal@gmail.com

김수현
세종대학교 도시부동산대학원 부교수
서울대학교 행정학 박사
저서: 부동산은 끝났다(오월의 봄, 2011), 주택정책의 원칙과 쟁점(한울아카데미, 2008)
E-mail: shkimsdi@sejong.ac.kr

조덕호
대구대학교 행정학과 교수
미국 University of Southern California, 도시및지역계획학 박사
논문: Dynamic Relationship between Housing Value and Interest Rates in the Korean Housing Market(2006), A Study on the Building of Ubiquitous Computing Spatial Environment of Local e-Government(2007)
E-mail: chodh@daegu.ac.kr

강미나
국토연구원 주택토지연구본부 연구위원
미국 Pennsylvania State University, 경제학 박사
한국 주택금융제도의 역사적 개관(2011)
장애인 주거실태와 주거정책 연구(2010)
E-mail: mnkang@krihs.re.kr

김태섭
주택산업연구원 연구위원
중앙대학교 도시 및 지역계획학 박사
저서: 한국도시재개발의 사회경제론(공저, 박영사, 2003)
E-mail: kemfkim@daum.net

박윤호
한국농어촌공사 책임연구원
서울대학교 도시계획학 박사
저서: 농촌계획의 이론과 실제(보성각)
E-mail: pakyoono@naver.com

윤원근
협성대학교 지역개발학과 교수
중앙대학교 경제학 박사
저서: 한국농촌계획론(대학출판사, 1999) 외 다수
E-mail: yoonwk@uhs.ac.kr

임경수
성결대학교 지역사회과학부 교수
중앙대학교 경제학 박사
저서: 지역특성에 따른 사회적 자본 측정지표 개발(공저, 푸른솔, 2006)
논문: "How to cultivate and Develop Global Saemaul Undong Model Village"(한국지역개발학회지, 2011)
E-mail: kslim@sungkyul.edu

서종녀
서울시복지재단
중앙대학교 도시계획학 박사
논문: 노숙인 주거실태조사 및 개선방안 연구(2011), 서울시 복지재단
E-mail: jongns@welfare.seoul.kr

박미선
국토연구원 책임연구원
미국 Cleveland State University, 도시정책학 박사
논문: Housing Choice Voucher Program: Patterns and Factors of Spatial Concentration in Cleveland(2010), Social Mix Policy: Lessons from Experiences in the United States(2010)
E-mail: mspark@krihs.re.kr

배문호
한국토지주택공사(LH) 부장
중앙대학교 도시및지역계획학 박사(주택정책 전공)
논문: 한국의 공공임대 주택정책과 주택정치, 토지임대부 및 환매조건부 주택 시범사업 비교분석 연구(2011) 외 다수
E-mail: titgmh@hanmail.net

김성연
감사원 감사연구원 연구관
중앙대학교 도시 및 지역계획학 박사
논문: 공공관리제도에 주인-대리인 이론을 적용한 시론(時論)적 연구(2011)
E-mail: 21cksy@naver.com

한봉수
서울특별시청 주택정책과 주택정책개발반 주무관
중앙대학교 도시 및 지역계획학 박사과정 수료
논문: World City로서 서울시 도시경쟁력 평가 연구(2012)
E-mail: bshan@seoul.go.kr

한국주거복지정책

2012년 8월 30일 초판인쇄
2012년 9월 5일 초판발행

공저자 하성규 외 17인
발행인 안 종 만
발행처 (주)박영사
서울특별시 종로구 평동 13-31번지
전화 (733)6771 FAX (736)4818
등록 1959. 3. 11. 제300-1959-1호(倫)

공저자와 협의하에 인지첩부를 생략함

www.pybook.co.kr e-mail: pys@pybook.co.kr

정 가 28,000원 ISBN 978-89-6454-294-1